5년 최다 **전체 수석** 합격자 배출

브랜드만족 **1위** 박문각

근거자료 후면표기

2025

2차 기본서

백운정 **민법(계약)**

박문각 행정사연구소 편_백운정

동영상 강의 www.pmg.co.kr

박문각

박문각 행정사

PREFACE

머리말

Ⅰ. 본 교재로의 초대

본서는 합격을 위한 목적 그 하나만을 염두에 두고 만들어진 것입니다. 이에 합격을 목적으로 하는 수험생들을 초대합니다.
우선 수험생들이 수험교재를 선택하는 데 참고가 되고, 또 본서를 선택한 독자들의 본서 활용방법에 편의를 제공하기 위해서 본서의 특징을 소개합니다.

Ⅱ. 본 교재의 특징

첫째, 수험서로서의 적합성

합격이라는 목적에 부합하기 위해, 본서에서는 합격의 지침이 될 수 있는 기출 쟁점과 판례를 중심으로 구성하였습니다. 2024년까지의 행정사시험을 비롯하여 법원승진시험, 법원행시 및 사법시험, 나아가 변호사시험, 법무사시험 등 그 일체를 분석하여 관련된 모든 지문과 2024년 9월까지 판례를 반영하였습니다.
따라서 본 교재에 담겨 있는 내용을 숙지하는 것만으로도 시험에 부족함이 없습니다.

둘째, 기본에 충실한 정리서

민법이 포함된 시험에는 크게 변호사, 법무사, 법원사무관 등 법률 실무가 양성을 위한 시험과 특정 분야의 전문가 양성을 위한 시험으로 나뉩니다. 이는 목적하는 방향에 따라 시험의 출제방향, 출제범위, 난이도 및 출제경향 등이 상이할 수밖에 없습니다.
본서에서는 이러한 목적에 따른 출제방향에 맞춰 기본적인 법률개념을 중심으로 조문과 판례를 정리하고, 학설 대립 부분의 서술을 자제하여 수험에 적합하도록 하였습니다.

셋째, 초심자를 위한 참고서

행정사시험을 대비하는 수험생 중에는 민법을 처음으로 접하거니와 법학을 처음으로 접하는 경우가 많습니다. 이러한 경우 법률용어 자체가 생소하여 어려움을 겪고, 여기에 판례까지 검토해야 하는 경우 그 어려움은 더 커지게 됩니다. 그런데 모든 국가시험의 공통적인 특징은 판례가 문제의 상당 부분을 차지한다는 것입니다. 본서는 Leading 판례 및 기본적이고도 중요한 판례를 중심으로 시험에 필요한 범위 내에서 분석·정리해 두었습니다. 이렇게 함으로써 판례를 좀 더 선명하게 정리할 수 있도록 함과 동시에 장기기억이 가능하도록 하였습니다. 또한 가급적 판례의 취지만을 소개하거나 압축 서술하지 않고 구체적인 핵심사항에 대한 원문을 그대로 인용하여 판례의 정확한 내용을 숙지하도록 하였습니다.
또한 다소 많아 보이는 판례들은 초심자가 판례를 찾아볼 수 있는 참고서로써 활용할 수 있도록 한 것이고, 이에 기출중심으로 강약을 두어 표시를 해 학습에 도움이 되도록 하였습니다

Ⅲ. 글을 마무리하며

아무쪼록 본서가 민법을 공부하는 수험생 여러분들에게 조금이라도 도움이 되었으면 합니다. 앞으로도 계속적으로 다듬고 보충하여 좀 더 좋은 책이 될 수 있도록 노력할 것임을 약속드리며, 수험생 여러분들의 조속한 합격을 기원합니다.

편저자 백운정

GUIDE

행정사 2차 시험 정보

1. 시험 일정: 매년 1회 실시

원서 접수	시험 일정	합격자 발표
2025년 8월경	2025년 10월경	2025년 12월경

2. 시험 과목 및 시간

<table>
<tr><th>교시</th><th>입실</th><th>시험 시간</th><th>시험 과목</th><th>문항 수</th><th>시험 방법</th></tr>
<tr><td>1교시</td><td>09:00</td><td>09:30~11:10
(100분)</td><td>[공통]
① 민법(계약)
② 행정절차론(행정절차법 포함)</td><td rowspan="2">과목당
4문항
(논술 1,
약술 3)
※ 논술 40점,
약술 20점</td><td rowspan="2">논술형 및
약술형
혼합</td></tr>
<tr><td>2교시</td><td>11:30</td><td>• 일반/해사
행정사
11:40~13:20
(100분)

• 외국어번역
행정사
11:40~12:30
(50분)</td><td>[공통]
③ 사무관리론
(민원 처리에 관한 법률, 행정업무의 운영 및 혁신에 관한 규정 포함)
[일반행정사]
④ 행정사실무법(행정심판사례, 비송사건절차법)
[해사행정사]
④ 해사실무법(선박안전법, 해운법, 해사안전기본법, 해사교통안전법, 해양사고의 조사 및 심판에 관한 법률)
[외국어번역행정사]
해당 외국어(외국어능력시험으로 대체 가능한 영어, 중국어, 일본어, 프랑스어, 독일어, 스페인어, 러시아어 등 7개 언어에 한함)</td></tr>
</table>

외국어능력검정시험 성적표 제출

2차 시험 원서 접수 마감일 전 5년 이내에 실시된 것으로 기준 점수 이상이어야 함

● 영어

시험명	TOEIC	TEPS	TOEFL	G-TELP	FLEX	IELTS
기준 점수	쓰기시험 150점 이상	쓰기시험 71점 이상	쓰기시험 25점 이상	GWT 작문시험에서 3등급 이상(1, 2, 3등급)	쓰기시험 200점 이상	쓰기시험 6.5점 이상

● 일본어, 중국어, 스페인어, 프랑스어, 독일어, 러시아어

시험명	FLEX (공통)	신HSK (중국어)	DELE (스페인어)	DELF/DALF (프랑스어)	괴테어학 (독일어)	TORFL (러시아어)
기준 점수	쓰기 시험 200점이상	6급 또는 5급 쓰기 60점 이상	C1 또는 B2 작문 15점 이상	C2 독해/작문 25점 이상 및 C1 또는 B2 작문 12.5점 이상	C2 또는 B2 쓰기 60점 이상 및 C1 쓰기 15점 이상	1~4단계 쓰기 66% 이상

시험의 면제

1. **면제 대상**: 공무원으로 재직한 사람과 외국어 번역 업무에 종사한 경력이 있는 사람 등은 행정사 자격시험의 전부 또는 일부가 면제된다(제2차 시험 일부 과목 면제).

2. 2차 시험 면제 과목

일반/해사행정사	행정절차론, 사무관리론
외국어번역행정사	민법(계약), 해당 외국어

합격자 결정 방법

1. **합격기준**: 1차 시험 및 2차 시험 합격자는 과목당 100점을 만점으로 하여 모든 과목의 점수가 40점 이상이고, 전 과목의 평균 점수가 60점 이상인 사람으로 한다(단, 2차 시험에서 외국어시험을 외국어능력검정시험으로 대체하는 경우에는 해당 외국어시험은 제외).

2. **최소합격인원**: 2차 시험 합격자가 최소선발인원보다 적은 경우에는 최소선발인원이 될 때까지 모든 과목의 점수가 40점 이상인 사람 중에서 전 과목 평균점수가 높은 순으로 합격자를 추가로 결정한다. 이 경우 동점자가 있어 최소선발인원을 초과하는 경우에는 그 동점자 모두를 합격자로 한다.

GUIDE

출제경향 분석

1. 11개년 기출분석표

구분	계약총론		계약간론				
	계약의 성립과 효력	계약의 해제와 해지	증여	매매	임대차	도급	기타
2회		법정해제와 합의해제의 차이점(20점)			임차인의 유익비상환청구권(20점)	도급의 위험부담(20점) 일의 완성전 도급인의 해제(20점)	조합채무에 대한 책임(20점)
3회	동시이행의 항변권의 성립요건(20점)			매매와 과실의 귀속(20점) 매매예약완결권(20점)	임차인의 지상물매수청구권(20점)		준소비대차(20점)
4회	청약의 승낙의 결합에 의하지 않은 계약성립(20점) 계약체결상의 과실책임(20점)			매도인의 담보책임(20점)	임차물의 무단전대(20점)		화해계약의 취소(20점)
5회	제3자를 위한 계약(20점)		증여의 특유한 해제원인(20점)	계약금(20점)	임차인의 부속물매수청구권(20점) 임차권의 양도(20점)		
6회	제537조의 채무자 위험부담주의(20점)			계약금의 일부 지급과 해약금 해제(20점) 이행기 전의 이행의 착수(20점) 물건의 하자에 대한 매도인의 담보책임(20점)	임차인의 지상물매수청구권(20점)		
7회	계약체결상의 부당파기(30점) 손해 배상책임의 범위(10점)			환매와 재매매 예약(20점)	권리금 회수기회의 보호제도(20점)		여행주최자의 의무와 담보책임(20점)
8회	동시이행의 항변권의 성립요건(20점)				임차인의 부속물매수청구권(20점) 임차권등기명령(20점)	주택신축계약의 법적성질과 소유권 귀속(20점) 수급인의 담보책임(20점)	
9회	제538조의 채권자 위험부담주의(20점)	합의해제와 제3자 보호(20점)	부담부 증여(30점)		상임법상 임차인의 계약갱신 요구권(20점)		조합의 탈퇴(20점)
10회	교차청약(20점)	합의해제와 제3자 보호(20점)		전부 타인권리 매매와 매도인의 담보책임(20점)	임대차 보증금의 반환(20점)		조합의 탈퇴(20점)
11회	제3자를 위한 계약(20점)	약정해제의 법적 효과(20점)		이행기 전의 이행의 착수의 해약금 해제(20점)	토지임차인의 지상물매수청구권(20점)	승강기 제작·설치 계약의 법적 성질과 소유권 귀속(20점)	
12회	계약체결상의 과실책임(20점)			전부 타인권리 매매와 매도인의 담보책임(20점)	상임법상 갱신청구권(20점) 권리금 회수기회의 보호제도(20점)		조합채무에 대한 책임(20점)

2. 2024년 민법 2차 총평

(1) 2024년 기출분석

[문제 1]은 사례 문제로 일반적인 예상과 달리 특별법인 상가임대차보호법에서 출제되었습니다. 올해 상가임대차보호법이 출제되리라 예상하였으나, 판례가 사례 문제로 출제된 것에 조금은 당황한 분도 있으리라 봅니다. 그러나 물음 (1)은 왼쪽 표에서 보듯이 9회차에서 기출된 논점이고, 실전 모의고사(일요일) 4회 문제 2에서 정당한 거절사유에 대한 포섭 문제를 풀어 보았습니다. 그러나 상가임대차 계약이 갱신요구권 개정 전에 체결된 경우이므로 개정법이 적용될 수 있는지 여부와 물음 (2)는 7회 기출논점인 권리금회수기회에 대한 사안 포섭과 관련하여 갱신요구권이 인정되지 않는 경우에도 인정되는지 여부에 대한 판례가 새로운 논점으로 추가되었습니다.
[문제 2]는 제535조의 계약체결상의 과실책임에 대한 단문이고 이는 4회 기출문제이며, 이미 사례 문제도 모의고사에서 푼 문제입니다. [문제 3]도 반복되어 기출된 전부 타인권리 매매와 매도인의 담보책임에 대한 문제가 사례형식으로 출제되었습니다.
또한 [문제 4]도 2회 기출 논점인 조합채무에 대한 조합원의 책임에 대한 것으로 특히 업무집행조합원에 의한 조합채무에 대한 사안으로 단권화에서 출제예상문제로 풀어본 문제였습니다.

(2) 총평

결론적으로 조금은 어렵게 나오리라 예상했으나, [문제 1]인 사례 문제가 상가임대차보호법상 논점으로 구성된 것을 제외하고는 예상한 범위 내에서 출제된 것이므로, 작년과 비교하자면, 다소 평이한 수준이었다고 보입니다.

3. 향후 공부방법론

(1) 단계별 학습방법론

① 먼저 기본서 학습을 통하여 전체적인 틀과 개념을 익히고, ② 다음으로 기출문제를 진도별로 풀어가며 기본서를 통하여 배운 부분이 어떻게 출제되는지 알아야 하며, 자신이 제대로 이해하고 있지 못하는 부분은 하나씩 정리해 나가야 합니다. ③ 마지막으로 실전과 동일한 형태의 모의고사(동형모의고사)를 통하여 문제를 푸는 감각을 익혀나가야 합니다. ④ 이후 시험 직전 1~2주 동안에는 그동안 자신이 공부하여 왔던 교재를 반복학습하여 암기하여야 합니다. 특히 마지막 1~2주 동안 전부 반복학습하여 암기하고 시험장에 들어가야 합니다. 혼자 정리하기 어렵다고 느끼는 경우에는 학원의 특강 등을 통하여 출제예상지문을 정리하거나 마무리특강을 통하여 전체적으로 중요사항을 정리하여야 합니다.

(2) 기출문제의 분석을 통한 향후 공부전략

"모든 시험의 시작과 끝은 기출문제다."라는 말이 있을 정도로 시험공부에 있어 기출문제의 분석과 정리는 중요한 부분입니다. 이를 통하여 출제되는 테마들을 알 수 있으므로 평소 공부할 때에도 출제 테마들을 중심으로 효과적인 학습을 할 수 있고, 기출지문들 중 중요 테마들은 반복 출제되므로 마지막 정리 시에도 도움이 됩니다. 그러므로 공부시간의 70~80%를 기출문제에 투자하여야 합니다. 기출분석으로 알 수 있듯이 70~80점은 기출지문만 숙지하면 가능합니다. 결국 조문을 기본으로 하여 기출판례를 중심으로 반복학습하고, 사례형 문제에 적응을 높여 나가면 고득점도 가능합니다.

STRUCTURE

구성 및 활용법

1

출제영역을 반영한 최적화된 교재 구성

출제될 가능성이 높은 내용을 중심으로 풍부한 설명을 덧붙여 수험자의 학습에 탄탄한 길라잡이가 될 수 있도록 구성하였다. 단순 암기를 통한 학습이 아니라 학습 내용을 정확하게 이해할 수 있도록 충실한 이론을 반영하였으며, 관련 판례와 조문의 수록을 통해 학습에 도움이 되도록 하여 행정사 자격시험 합격에 최적화된 교재로 만들었다.

Chapter 01 계약총칙

제1절 계약법 서설

01 계약의 의의

1. 계약이란 계약당사자의 서로 대립하는 두 개의 의사표시의 합치에 의하여 성립하는 법률행위를 말한다.
   넓은 의미의 계약에는 채권·채무의 발생을 목적으로 하는 채권계약 이외에도 저당권의 설정과 같은 물권의 변동을 목적으로 하는 물권계약, 혼인과 같은 친족법상의 계약 등을 모두 포함하는 개념이다. 그러나 좁은 의미의 계약은 채권관계의 발생을 목적으로 하는 채권계약만을 말하고, 계약법은 이것만을 그 대상으로 한다.

2. 개인이 자신의 의사에 따라 자기의 법률관계를 스스로 형성할 수 있다는 사적자치의 원칙은 법률행위, 특히 계약을 통해서 실현되므로, 결국 계약자유의 원칙은 사적자치를 실현하는 수단이 된다.

02 계약의 종류

1. 전형계약과 비전형계약

민법전에 규정되어 있는 15종(◎ 증여, 매매, 교환, 소비대차, 사용대차, 임대차, 고용, 도급, 여행계약, 현상광고, 위임, 임치, 조합, 종신정기금, 화해)의 계약을 전형계약이라 하고, 전형계약을 제외한 기타의 계약을 비전형계약(또는 무명계약)이라 한다. 계약자유의 원칙상 무명계약 역시 원칙적으로 유효하다.

2. 쌍무계약과 편무계약

(1) 구별기준

계약당사자가 서로 대가적 의미를 갖는 채무를 부담하는 계약을 쌍무계약이라 한다(◎ 매매·교환·임대차·고용·도급·조합·화해, 그리고 유상인 소비대차·위임·임치). 반면에 당사자 일방만이 채무를 부담하거나 또는 쌍방이 채무를 부담하더라도 그 채무가 서로 대가적 의미를 갖지 않는 편무계약이라고 한다(◎ 증여·사용대차·현상광고, 그리고 무상인 소비대차·위임·임치).

2

학습에 도움이 되는 관련 판례 및 법조문

계약법 관련 중요 내용 및 연계된 관련 판례, 법조문 등을 함께 수록함으로써 연계 학습을 통한 보다 정확한 이해에 도움이 될 수 있도록 구성하였다.

www.pmg.co.kr

⑤ **축소해석의 원칙**: 법률에 규정된 고객의 권리를 제한하거나 사업자의 책임을 제한하는 약관조항은 신의성실의 원칙에 근거하여 그 적용범위를 축소하여 해석하여야 한다.

판례

무면허면책약관조항의 축소해석
약관 소정의 무면허운전면책조항을 문언 그대로 무면허운전의 모든 경우를 아무런 제한 없이 보험의 보상대상에서 제외한 것으로 해석하게 되면, 절취운전이나 무단운전의 경우와 같이 자동차보유자는 피해자에게 손해배상책임을 부담하면서도 자기의 지배관리가 미치지 못하는 무단운전자의 운전면허소지 여부에 따라 보험의 보호를 전혀 받지 못하는 불합리한 결과가 생기는바, 결국 위 무면허운전면책조항이 보험계약자나 피보험자의 지배 또는 관리가능성이 없는 무면허운전의 경우에까지 적용된다고 보는 경우에는, 그 조항은 신의성실의 원칙에 반하는 공정을 잃은 조항으로서 약관의 규제에 관한 법률 제6조 제1, 2항, 제7조 제2, 3호의 각 규정에 비추어 무효라고 볼 수밖에 없기 때문에, 위 무면허운전면책조항은 위와 같은 무효의 경우를 제외하고, 무면허운전이 보험계약자나 피보험자의 지배 또는 관리가능한 상황에서 이루어진 경우에 한하여 적용되는 조항으로 수정해석을 할 필요가 있으며, 무면허운전이 보험계약자나 피보험자의 지배 또는 관리가능한 상황에서 이루어진 경우라고 함은 구체적으로는 무면허운전이 보험계약자나 피보험자 등의 명시적 또는 묵시적 승인하에 이루어진 경우를 말한다(대판(전) 1991. 12. 24, 90다카23899).

(3) **약관의 불공정성 통제**(내용통제)

제6조【일반원칙】
① 신의성실의 원칙을 위반하여 공정성을 잃은 약관 조항은 무효이다.
② 약관의 내용 중 다음 각 호의 어느 하나에 해당하는 내용을 정하고 있는 조항은 공정성을 잃은 것으로 추정된다.
1. 고객에게 부당하게 불리한 조항
2. 고객이 계약의 거래형태 등 관련된 모든 사정에 비추어 예상하기 어려운 조항
3. 계약의 목적을 달성할 수 없을 정도로 계약에 따르는 본질적 권리를 제한하는 조항

제16조【일부 무효의 특칙】
약관의 전부 또는 일부의 조항이 제3조 제4항에 따라 계약의 내용이 되지 못하는 경우나 제6조부터 제14조까지의 규정에 따라 무효인 경우 계약은 나머지 부분만으로 유효하게 존속한다. 다만, 유효한 부분만으로는 계약의 목적 달성이 불가능하거나 그 유효한 부분이 한쪽 당사자에게 부당하게 불리한 경우에는 그 계약은 무효로 한다.

① **일반원칙**: 신의성실의 원칙에 반하여 공정을 잃은 약관조항은 무효이다(동법 제6조 제1항). 그리고 고객이 예상하기 어려운 조항(의외조항)과 부당하게 불리한 조항, 본질적인 권리를 제한하는 조항은 불공정조항으로 추정된다(약관법 제6조 제2항).

판례

불공정약관으로서 무효라고 본 예
사업자가 상당한 이유 없이 자신이 부담하여야 할 위험을 고객에게 이전하는 내용의 약관조항은 고객의 정당한 이익과 합리적인 기대에 반할 뿐 아니라 사적자치의 한계를 벗어나는 것으로 무효라고 보아야 한다(대판 2010. 10. 28, 2008다83196).

행정사
백운정 민법(계약)

3

2013~2024년 기출문제 수록

행정사 자격시험이 주관식 논술형으로 작성해야 하는 만큼 수험자들이 느끼는 불안을 최소화시키기 위하여 기출문제와 모범답안을 수록하였다. 모범답안에는 꼼꼼한 내용 정리와 풍부한 해설을 달아 학습의 편의를 돕고자 하였으며, 실제로 답안을 작성해보면서 실전감각을 키우고 학습의 진행 정도를 파악하여 보다 완벽한 시험대비가 될 수 있도록 하였다.

4

부록으로 관련 법령을 수록

부록으로 민법, 약관법, 주택임대차보호법, 주택임대차보호법 시행령, 상가임대차법, 상가임대차법 시행령을 수록하여 학습의 효율성을 기하였다.

CONTENTS

차 례

부록 기출문제 모범답안 · 관련 법령

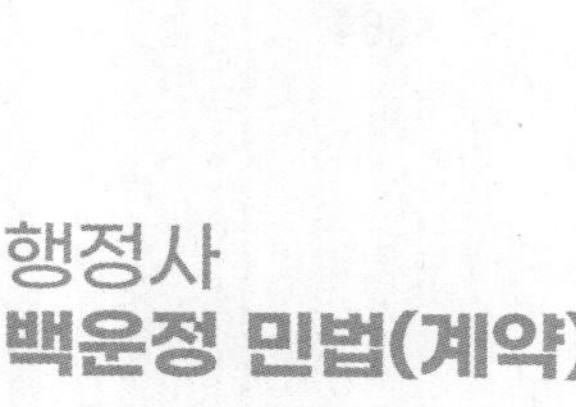
행정사
백운정 민법(계약)

Chapter

01

계약총칙

Chapter

01 계약총칙

제1절 계약법 서설

01 계약의 의의

1. 계약이란 계약당사자의 서로 대립하는 두 개의 의사표시의 합치에 의하여 성립하는 법률행위를 말한다.
   넓은 의미의 계약에는 채권·채무의 발생을 목적으로 하는 채권계약 이외에도 저당권의 설정과 같은 물권의 변동을 목적으로 하는 물권계약, 혼인과 같은 친족법상의 계약 등을 모두 포함하는 개념이다. 그러나 좁은 의미의 계약은 채권관계의 발생을 목적으로 하는 채권계약만을 말하고, 계약법은 이것만을 그 대상으로 한다.

2. 개인이 자신의 의사에 따라 자기의 법률관계를 스스로 형성할 수 있다는 사적자치의 원칙은 법률행위, 특히 계약을 통해서 실현되므로, 결국 계약자유의 원칙은 사적자치를 실현하는 수단이 된다.

02 계약의 종류

1. 전형계약과 비전형계약

민법전에 규정되어 있는 15종(예 증여, 매매, 교환, 소비대차, 사용대차, 임대차, 고용, 도급, 여행계약, 현상광고, 위임, 임치, 조합, 종신정기금, 화해)의 계약을 전형계약이라 하고, 전형계약을 제외한 기타의 계약을 비전형계약(또는 무명계약)이라 한다. 계약자유의 원칙상 무명계약 역시 원칙적으로 유효하다.

2. 쌍무계약과 편무계약

(1) 구별기준

계약당사자가 서로 대가적 의미를 갖는 채무를 부담하는 계약을 쌍무계약이라 한다(예 매매·교환·임대차·고용·도급·조합·화해, 그리고 유상인 소비대차·위임·임치). 반면에 당사자 일방만이 채무를 부담하거나 또는 쌍방이 채무를 부담하더라도 그 채무가 서로 대가적 의미를 갖지 않는 계약을 편무계약이라고 한다(예 증여·사용대차·현상광고, 그리고 무상인 소비대차·위임·임치).

(2) 구별실익

편무계약과는 달리 쌍무계약은 두 개의 채무가 상호 의존관계에 있기 때문에 성립・존속(소멸)・이행에 있어서 상호 견련성이 있다. 이 중 이행상 견련성은 동시이행의 항변권(제536조)으로, 존속상의 견련성은 위험부담(제537조, 제538조)으로 연결된다.

3. 유상계약과 무상계약

(1) 유상계약

① 계약의 쌍방당사자가 서로 대가적 의미를 가지는 재산상의 출연(出捐)을 하는 계약을 유상계약이라 한다. 따라서 쌍무계약은 모두 유상계약이다. 그러나 유상계약이 모두 쌍무계약인 것은 아니다(예 현상광고는 유상계약이지만, 편무계약임). 유상계약의 경우에는 매매에 관한 규정이 준용된다(제567조).

② 매매・교환・임대차・고용・도급・조합・현상광고・화해는 유상계약이고, 소비대차・위임・임치・종신정기금은 당사자 약정에 따라 유상계약・무상계약으로 모두 가능하다.

(2) 무상계약

쌍방의 대가적 의미의 출연이 없는 계약, 즉 ① 당사자 일방의 출연만 있는 계약(예 증여), ② 쌍방의 출연이 있더라도 그 급부 사이에 대가적 의미가 없는 경우를 무상계약이라 한다 (예 : 무상인 소비대차・위임・임치 등. → 부담부 증여, 사용대차는 무상계약임).

(3) 구별실익

유상계약에 관하여는 매매에 관한 담보책임 규정이 준용된다(제567조. 단, 도급은 특별규정이 존재). 따라서 유상계약의 채무자는 담보책임을 부담하나, 무상계약에서는 원칙적으로 담보책임이 발생하지 않는다(제559조 참조).

(4) 쌍무계약과 유상계약의 구별

쌍무계약은 계약의 성립단계부터 이행단계, 소멸단계 각각에 대가성이 있는 경우이지만(즉, 계약의 효과로서 생기는 채권관계만을 고찰하여 판단한다), 유상계약은 계약의 전 과정을 고찰하여 서로 대가적 의미가 있는 재산상의 출연이 있는 것을 의미한다(즉, 당사자 사이의 재산변동을 표준으로 삼는다).

4. 낙성계약과 요물계약

당사자 사이의 합의만으로 성립하는 계약을 낙성계약이라 하고, 합의 이외에 물건의 인도 또는 기타의 급부를 성립요건으로 하는 계약을 요물계약이라 한다. 전형계약 가운데 현상광고가 요물계약이고, 그 외에 계약금계약・보증금계약・대물변제(대판 1978. 8. 22, 77다1940)・예금계약도 요물계약이다.

5. 계속적 계약과 일시적 계약

(1) 계속적 계약이란 일정기간에 걸쳐 급부가 계속해서 행해져야 하는 것을 내용으로 하는 계약을 말한다. 소비대차 · 사용대차 · 임대차 · 고용 · 위임 · 임치 등이 이에 속한다. 반면 일시적 계약이란 급부의 실현에 시간적 계속성이 요구되지 않는 계약을 말하며, 매매 · 증여 · 교환 · 도급 등이 이에 속한다.

(2) 계속적 계약의 경우 ① 계약의 해소에 있어서 계약의 해제가 아니라 계약의 해지가 문제되고, ② 사정변경의 원칙이나 신의성실의 원칙이 고려될 여지가 많다(당사자 사이에 강한 신뢰관계가 존재하기 때문).

6. 요식계약과 불요식계약

계약의 성립에 일정한 방식을 필요로 하는가에 따른 구별인데, 민법은 방식의 자유를 채택하여 채권계약 중에서 요식계약으로 정해진 것은 없다.

7. 예약과 본계약

예약은 장차 일정한 계약을 체결할 것을 미리 약정하는 계약이며, 본계약은 이 예약에 의하여 장차 체결될 계약을 말한다.

03 계약의 자유와 그 제한

1. 계약자유의 원칙

계약자유의 원칙이란 당사자가 계약에 의한 법률관계를 자유롭게 형성하고, 그것이 법의 제한에 저촉되지 않는 한 그에 따른 구속력이 발생한다는 원칙이다. 그 내용으로 (1) 계약체결의 자유, (2) 상대방 선택의 자유, (3) 내용결정의 자유, (4) 방식의 자유 등이 있다.

(1) 계약체결의 자유

'체결의 자유'란 상대방과 계약을 체결하느냐, 않느냐를 당사자가 자유롭게 결정할 수 있는 자유를 의미한다.

(2) 상대방 선택의 자유

'상대방 선택의 자유'란 누구를 상대방으로 할 것인가를 자유롭게 결정할 수 있는 자유를 의미한다.

(3) 내용결정의 자유

① '내용결정의 자유'란 어떠한 내용으로 계약을 체결할 것인가의 자유를 의미한다.

② 계약자유의 원칙에서 가장 중요한 자유에 해당한다.

(4) 방식의 자유

'방식의 자유'란 어떠한 방식으로 계약을 체결할 것인가의 자유를 의미한다.

2. 계약자유의 제한

자본주의 폐단으로 당사자 사이의 대등한 지위확보가 어렵게 되자 당사자의 자유의사에 의한 법률관계의 형성은 명목상의 것일 뿐이고, 실질적인 계약자유가 실현되지 못하게 되었다. 이에 당사자 사이의 실질적 불평등을 제거하고 공정성을 보장하기 위해 법에 의한 제한이 필요하게 되었다.

(1) 계약체결의 자유에 대한 제한

계약체결의 청약을 받은 사람에게 청약에 대한 승낙의무가 부과되는 경우가 있다. 예컨대, 전기・가스・운송 등의 공익적 독점기업의 경우나, 공증인・집행관・법무사 등의 공공적 직무, 의사・조산사・간호사・약사・한약사 등의 공익적 직무의 경우에는 정당한 이유 없이 그 업무 또는 직무를 거절할 수 없다.

(2) 상대방 선택의 자유에 대한 강제

특정한 상대방과의 계약을 배척할 수 없거나 이를 받아들여야 하는 경우가 있다. 사업주가 근로자의 모집과 채용에 있어서 여성에 대하여 차별할 수 없다는 것이나(남녀고용평등과 일・가정 양립 지원에 관한 법률 제7조) 국가유공자예우 등에 관한 법률에 기한 고용명령 등이 그것이다.

(3) 내용결정의 자유에 대한 제한

계약의 내용이 강행법규에 위반하거나(제105조 참조), 선량한 풍속 기타 사회질서에 위반하는 경우(제103조, 제104조) 그 계약은 무효가 된다. 또한 경제적 약자에 불리한 조항에 대해서는 그 효력을 부인하는 주택임대차보호법・상가건물임대차보호법 등이 점차로 늘어나고 있다. 또한 약관에 의한 계약도 내용결정의 자유를 제한한다.

(4) 방식의 자유에 대한 강제

민법상의 계약은 원칙적으로 불요식계약이 원칙이지만 특정한 방식을 요구하는 경우가 있다. 유언(제1060조)이나 서면에 의한 증여(제555조)처럼 법률관계를 명확하게 하기 위하여 서면의 작성이 요구되고 서면이 그 법률행위의 효력을 좌우하는 경우가 있다.

⑸ 국가의 허가 · 증명 · 신고에 의한 제한

계약자유의 원칙이 인정되지만, 그 체결된 계약에 대하여 국가로부터 허가 또는 증명을 받게 하거나, 국가에 신고를 하도록 하는 경우가 있다. 예컨대, 국토의 계획 및 이용에 관한 법률에 의한 허가구역 내의 토지의 소유권 · 지상권의 이전 · 설정을 목적으로 하는 계약은 관할시장 · 군수 · 구청장의 허가를 받아야 하고, 농지를 취득하기 위한 계약에서는 소재지 관서로부터 농지취득자격증명을 얻어야 한다.

04 계약과 보통거래약관

오늘날 상당수의 계약이 약관에 의하여 체결된다. 개인은 사업주가 미리 정한 약관에 동의 또는 거부의 택일권만 가지는 것이 대부분이므로, 약관은 당사자의 계약자유를 제한하는 측면이 있다. 약관의 규제에 관한 법률을 살펴본다.

1. 서설

⑴ 약관의 개념

① 약관이란 그 명칭이나 형태 또는 범위를 불문하고 계약의 일방당사자가 다수의 상대방과의 사이에 계약을 체결하기 위하여 일정한 형식에 의하여 미리 마련한 계약의 내용이 되는 것, 즉 '사업자'가 장차 그의 업종에 속하는 다수의 계약을 체결할 때 계약에 포함시킬 목적으로 미리 일방적으로 마련한 정형적 계약내용 내지 계약조건을 의미한다.

② **약관의 기능** : 사업자는 불특정 다수의 고객과의 계약내용을 정형적으로 정함으로써 거래를 신속 · 확실하게 하기 위하여 약관을 이용한다.

③ 약관의 규제에 관한 법률(약칭: 약관법)의 규제대상인 약관이라 함은 그 명칭이나 형태 또는 범위를 불문하고 계약의 일방당사자가 다수의 상대방과 계약을 체결하기 위하여 일정한 형식에 의하여 마련한 계약의 내용이 되는 것을 말하고(약관법 제2조 제1호), 구체적인 계약에서 일방당사자와 상대방 사이에 교섭이 이루어져 계약의 내용이 된 조항은 작성상의 일방성이 없으므로 동법의 규제대상인 약관에는 해당하지 않는다.

⑵ 약관규제의 필요성

① 약관은 사업자가 미리 준비한 것이어서 사업자의 이해를 반영할 수밖에 없는 것인바, 거래에 따른 비용이나 위험을 고객에게 전가할 가능성이 없지 않다. 이처럼 약관에 의한 계약의 체결은 사업자에게 유리하고 고객에게 불리한 것이 되기 쉬우므로, 경제적 약자를 보호하고 각자의 실질적 평등을 이루기 위하여 약관에 특유한 법적 규제가 필요하며, 우리나라에서도 약관에 의한 사업자의 횡포에 대한 법의 공백상태에서 벗어나 1986년 약관법이 제정되었다.

② 약관은 사업자가 다수의 고객과 계약을 체결하기 위하여 일방적으로 작성한 것으로서 고객이 그 구체적인 조항내용을 검토하거나 확인할 충분한 기회를 가지지 못한 채 계약의 내용으로 되는 것이므로, 그 약관의 내용이 사적자치의 영역에 속하는 채무자위험부담주의에 관한 민법 제537조의 규정에 관한 것이라고 하더라도, 사업자가 상당한 이유 없이 자신이 부담하여야 할 위험을 고객에게 이전하는 내용의 약관조항은 고객의 정당한 이익과 합리적인 기대에 반할 뿐만 아니라 사적자치의 한계를 벗어나는 것이라고 할 것이고, 따라서 이러한 사적자치의 한계를 벗어나는 약관조항을 무효로 한다고 하여 사적자치의 원칙에 반한다고 할 수는 없다(대판 2005. 2. 18, 2003두3734).

약관의 규제에 관한 법률(약칭 : 약관법)

제1조【목적】

이 법은 사업자가 그 거래상의 지위를 남용하여 불공정한 내용의 약관(約款)을 작성하여 거래에 사용하는 것을 방지하고 불공정한 내용의 약관을 규제함으로써 건전한 거래질서를 확립하고, 이를 통하여 소비자를 보호하고 국민생활을 균형 있게 향상시키는 것을 목적으로 한다.

제2조【정의】

이 법에서 사용하는 용어의 정의는 다음과 같다.

1. "약관"이란 그 명칭이나 형태 또는 범위에 상관없이 계약의 한쪽 당사자가 여러 명의 상대방과 계약을 체결하기 위하여 일정한 형식으로 미리 마련한 계약의 내용을 말한다.
2. "사업자"란 계약의 한쪽 당사자로서 상대 당사자에게 약관을 계약의 내용으로 할 것을 제안하는 자를 말한다.
3. "고객"이란 계약의 한쪽 당사자로서 사업자로부터 약관을 계약의 내용으로 할 것을 제안받은 자를 말한다.

(3) 약관의 구속력 근거 – 계약설

약관이 계약 당사자에 대하여 구속력을 갖는 것은 그것이 법규범이기 때문이 아니라 계약 당사자 사이에서 그것을 계약 내용에 포함시키기로 합의하였기 때문이라고 보는 것(계약설)이 판례의 입장이다. 따라서 약관과 다른 개별약정이 존재하면 그것이 약관에 우선한다(약관법 제4조).

판례

약관의 구속력 근거 – 당사자의 합의(계약설)

약관이 계약당사자 사이에 구속력을 갖는 것은 그 자체가 법규범이거나 또는 법규범적 성질을 가지기 때문이 아니라 당사자가 그 약관의 규정을 계약내용에 포함시키기로 합의하였기 때문이므로 계약당사자가 명시적으로 약관의 규정과 다른 내용의 약정을 하였다면, 약관의 규정을 이유로 그 약정의 효력을 부인할 수는 없다(대판 1998. 9. 8, 97다53663; 대판 2017. 9. 26, 2015다245145).

예문해석에 의한 구속력의 배제

근저당설정계약서는 처분문서이므로 특별한 사정이 없는 한 그 계약 문언대로 해석하여야 함이 원칙이지만, 그 근저당권설정계약서가 금융기관 등에서 일률적으로 일반거래약관의 형태로 부동문자로 인쇄하여 두고 사용하는 계약서인 경우에 그 계약 조항에서 피담보채무의 범위를 그 근저당권 설정으로 대출받은 당해 대출금채무 외에 기존의 채무나 장래에 부담하게 될 다른 원인에 의한 모든 채무도 포괄적으로 포함하는 것으로 기재하였다고 하더라도, 당해 대출금채무와 장래 채무의 각 성립 경위 등 근저당설정계약 체결의 경위, 대출 관행, 각 채무액과 그 근저당권의 채권최고액과의 관계, 다른 채무액에 대한 별도의 담보확보 여부 등 여러 사정에 비추어 인쇄된 계약 문언대로 피담보채무의 범위를 해석하면 오히려 금융기관의 일반 대출 관례에 어긋난다고 보여지고 당사자의 의사는 당해 대출금채무만을 그 근저당권의 피담보채무로 약정한 취지라고 해석하는 것이 합리적일 때에는 위 계약서의 피담보채무에 관한 포괄적 기재는 부동문자로 인쇄된 일반거래약관의 예문에 불과한 것으로 보아 그 구속력을 배제하는 것이 타당하다(대판 1997. 5. 28, 96다9508).

(4) 약관의 계약으로의 편입

원칙적으로 사업자(작성자)가 약관을 명시 또는 설명하고, 상대방이 그 약관에 따라 계약을 체결하는 데 동의한 경우에만 계약내용으로 될 수 있다.

2. 약관의 규제에 관한 법률

(1) 약관의 편입통제 – 명시 · 설명의무

제3조【약관의 작성 및 설명의무 등】

① 사업자는 고객이 약관의 내용을 쉽게 알 수 있도록 한글로 작성하고, 표준화 · 체계화된 용어를 사용하며, 약관의 중요한 내용을 부호, 색채, 굵고 큰 문자 등으로 명확하게 표시하여 알아보기 쉽게 약관을 작성하여야 한다.

② 사업자는 계약을 체결할 때에는 고객에게 약관의 내용을 계약의 종류에 따라 일반적으로 예상되는 방법으로 분명하게 밝히고, 고객이 요구할 경우 그 약관의 사본을 고객에게 내주어 고객이 약관의 내용을 알 수 있게 하여야 한다. 다만, 다음 각 호의 어느 하나에 해당하는 업종의 약관에 대하여는 그러하지 아니하다.

1. 여객운송업
2. 전기 · 가스 및 수도사업
3. 우편업
4. 공중전화 서비스 제공 통신업

③ 사업자는 약관에 정하여져 있는 중요한 내용을 고객이 이해할 수 있도록 설명하여야 한다. 다만, 계약의 성질상 설명하는 것이 현저하게 곤란한 경우에는 그러하지 아니하다.

④ 사업자가 제2항 및 제3항을 위반하여 계약을 체결한 경우에는 해당 약관을 계약의 내용으로 주장할 수 없다.

① **명시의무**

㉠ 사업자는 계약체결에 있어서 고객에게 약관의 내용을 계약의 종류에 따라 일반적으로 예상되는 방법으로 명시하고, 고객이 요구할 때에는 해당 약관의 사본을 고객에게 교부하여 이를 알 수 있도록 하여야 한다(동법 제3조 제2항). 약관법 제3조 제2항, 제4항이 사업자에 대하여 약관의 명시의무와 약관 사본 교부의무를 부과하고 이를 위반하여 계약을 체결한 경우에는 약관을 계약의 내용으로 주장할 수 없도록 한 것은, 고객으로 하여금 각 당사자를 구속하게 될 내용을 미리 알고 약관에 의한 계약을 체결하도록 함으로써 예측하지 못한 불이익을 받게 되는 것을 방지하여 고객을 보호하려는 데 입법 취지가 있다.

㉡ 자동차종합보험계약에서 가족운전자한정운전특약(대판 2003. 8. 22, 2003다27054), 예금계약에서 예금채권의 양도금지특약(대판 1998. 11. 10, 98다20059) 등이 이에 해당한다.

② **설명의무**

㉠ 사업자는 약관에 정하여져 있는 중요한 내용을 고객이 이해할 수 있도록 설명하여야 한다(동법 제3조 제3항).

㉡ 그러나 ⓐ 계약의 성질상 설명이 현저하게 곤란한 경우에는 설명의무가 면제된다(동법 제3조 제2항 단서). ⓑ 또한 약관의 중요내용을 이루는 경우에도, 고객이 그 내용을 충분히 잘 알고 있는 경우, ⓒ 그 내용이 거래상 일반적이고 공통된 것이어서 고객이 별도의 설명 없이도 충분히 예상할 수 있었던 사항, ⓓ 이미 법령에 의하여 정하여진 것을 약관에 그대로 기재하거나 부연하는 정도에 불과한 사항에 대해서는 명시・설명의무가 면제된다.

판례

보험자의 명시・설명의무 면제 – 계약체결에 영향을 주지 않는 경우

명시・설명의무가 인정되는 것은 어디까지나 보험계약자가 알지 못하는 가운데 약관의 중요한 사항이 계약 내용으로 되어 보험계약자가 예측하지 못한 불이익을 받게 되는 것을 피하고자 하는 데 근거가 있으므로, 만약 약관조항에 관한 명시・설명의무가 제대로 이행되었더라도 그러한 사정이 보험계약의 체결 여부에 영향을 미치지 아니하였다면 약관조항은 명시・설명의무의 대상이 되는 보험계약의 중요한 내용이라고 할 수 없다(대판 2016. 9. 23, 2016다221023).

보험자의 명시・설명의무 면제 – 보험계약자가 약관의 내용을 잘 알고 있는 경우

보험약관의 중요한 내용에 해당하는 사항이라 하더라도 보험계약자나 그 대리인이 그 내용을 충분히 잘 알고 있는 경우에는 당해 약관이 바로 계약 내용이 되어 당사자에 대하여 구속력을 가지므로 보험자로서는 보험계약자 또는 그 대리인에게 약관의 내용을 따로 설명할 필요가 없다(대판 1999. 3. 9, 98다43342・43359).

보험자의 명시・설명의무 면제 – 예상가능한 사항, 법령에 이미 규정된 사항

약관에 정하여진 사항이라고 하더라도 거래상 일반적이고 공통된 것이어서 보험계약자가 별도의 설명 없이도 충분히 예상할 수 있었던 사항이거나, 이미 법령에 의하여 정하여진 것을 되풀이하거나 부연하는 정도에 불과한 사항이라면, 그러한 사항에 관하여까지 보험자에게 명시・설명의무가 있다고는 할 수 없다(대판 2007. 4. 27, 2006다87453).

보험자의 명시·설명의무 면제 – 확인적 규정에 불과한 경우
어느 약관 조항이 당사자 사이의 약정의 취지를 명백히 하기 위한 확인적 규정에 불과한 경우에는 상대방이 이해할 수 있도록 별도로 설명하지 아니하였다고 하여 그것이 (구)약관의 규제에 관한 법률 제3조 제2항(현행법 제3조 3항)에 위반된 것이라고는 할 수 없다(대판 1998. 2. 27, 96다8277).

---

③ 위반의 효과

㉠ 해당 약관을 계약의 내용으로 주장할 수 없다(동법 제3조 제4항).

판례

명시·설명의무 위반의 효과
보험자 및 보험계약의 체결 또는 모집에 종사하는 자는 보험계약의 중요한 내용에 대하여 구체적이고 상세한 명시·설명의무를 지고 있다고 할 것이어서 보험자가 이러한 보험약관의 명시·설명의무에 위반하여 보험계약을 체결한 때에는 그 약관의 내용을 보험계약의 내용으로 주장할 수 없다(대판 1998. 6. 23, 98다14191).

약관 사본 교부 위반의 주장할 수 없는 범위
약관법 제3조 제2항 및 제4항의 규정 내용과 입법 취지를 고려하면, 약관법 제3조 제4항에 따라 해당 약관을 계약의 내용으로 주장할 수 없는 사유로서 '약관 사본 교부와 관련하여 약관법 제3조 제2항을 위반하여 계약을 체결한 경우'라 함은 고객이 계약 체결 당시 사업자에게 약관 사본을 내줄 것을 요구하여 사업자가 약관 사본 교부의무를 부담하게 되었음에도 이를 이행하지 아니한 경우를 의미하고, 계약이 체결된 이후 고객이 사업자에게 약관의 사본을 내줄 것을 요구하고 사업자가 이에 불응한 경우까지 포함하는 것은 아니다(대판 2023. 6. 29, 2020다248384, 2020다248391).

㉡ 그러나 고객이 이를 계약의 내용으로 주장하는 것은 가능하다(위 조항의 반대해석).

판례

명시·설명의무 위반 vs 고지의무와의 관계(보험자의 해지권 ×)
보험자가 보험약관의 명시·설명의무에 위반하여 보험계약을 체결한 때에는 그 약관의 내용을 보험계약의 내용으로 주장할 수 없으므로, 보험계약자나 그 대리인이 그 약관에 규정된 고지의무를 위반하였다 하더라도 이를 이유로 보험계약을 해지할 수는 없다(대판 1997. 9. 9, 95다45873).

---

(2) 약관의 해석통제

제4조【개별 약정의 우선】
약관에서 정하고 있는 사항에 관하여 사업자와 고객이 약관의 내용과 다르게 합의한 사항이 있을 때에는 그 합의 사항은 약관보다 우선한다.
제5조【약관의 해석】
① 약관은 신의성실의 원칙에 따라 공정하게 해석되어야 하며 고객에 따라 다르게 해석되어서는 아니 된다.
② 약관의 뜻이 명백하지 아니한 경우에는 고객에게 유리하게 해석되어야 한다.

① **개별약정의 우선의 원칙**: 약관에서 정하고 있는 사항에 관하여 사업자와 고객이 약관의 내용과 다르게 합의한 사항이 있을 때에는 해당 합의사항은 약관에 우선한다(동법 제4조).

판례

보험약관의 해석에서 객관적 해석의 원칙과 개별 약정 우선의 원칙

약관의 규제에 관한 법률(이하 '약관법'이라 한다) 제5조 제1항 후단은 "약관은 고객에 따라 다르게 해석되어서는 아니 된다."라고 하여 객관적 해석의 원칙을 정하고 있다. 보험약관의 해석은 계약의 상대방이 아닌 평균적인 고객을 기준으로 약관을 사용하여 체결된 모든 계약에 통일적으로 해석되어야 한다. 그러나 보험사업자와 고객이 약관에서 정하고 있는 사항에 관하여 약관의 내용과 다르게 합의한 때에는 개별 약정으로 정한 사항이 약관보다 우선해서 계약의 내용이 된다(대판 2017. 9. 26, 2015다245145).

② **신의성실의 원칙**: 약관은 신의성실의 원칙에 따라 공정하게 해석되어야 한다(동법 제5조 제1항).

③ **통일적 해석의 원칙**: 약관은 고객에 따라 다르게 해석되어서는 안 된다(동법 제5조 제1항).

판례

약관의 해석 원칙

보통거래약관의 내용은 개개 계약체결자의 의사나 구체적인 사정을 고려함이 없이 평균적 고객의 이해가능성을 기준으로 하되 보험단체 전체의 이해관계를 고려하여 객관적·획일적으로 해석하여야 하고, 고객보호의 측면에서 약관내용이 명백하지 못하거나 의심스러운 때에는 약관작성자에게 불리하게 제한해석하여야 한다(대판 1996. 6. 25, 96다12009).

④ **작성자불이익의 원칙**: 약관의 뜻이 명백하지 아니한 경우에는 고객에게 유리하게, 즉 사업자에게 불리하게 해석되어야 한다(동법 제5조 제2항).

판례

보험약관의 해석에 있어 작성자 불이익의 원칙

보험약관은 신의성실의 원칙에 따라 해당 약관의 목적과 취지를 고려하여 공정하고 합리적으로 해석하되, 개개 계약 당사자가 기도한 목적이나 의사를 참작하지 않고, 평균적 고객의 이해가능성을 기준으로 보험단체 전체의 이해관계를 고려하여 객관적·획일적으로 해석하여야 한다. 위와 같은 해석을 거친 후에도 약관조항이 객관적으로 다의적으로 해석되고, 그 각각의 해석이 합리성이 있는 등 당해 약관의 뜻이 명백하지 아니한 경우에는 고객에게 유리하게 해석하여야 한다(대판 2018. 7. 24, 2017다256828).

약관의 해석에서 작성자 불이익의 원칙 및 약관의 목적과 취지를 고려하여 공정하고 합리적으로, 그리고 평균적 고객의 이해가능성을 기준으로 객관적이고 획일적으로 해석한 결과 약관 조항이 일의적으로 해석되는 경우, 작성자 불이익의 원칙이 적용되는지 여부(소극)

약관의 해석은 신의성실의 원칙에 따라 해당 약관의 목적과 취지를 고려하여 공정하고 합리적으로 해석하되, 개별 계약 당사자가 의도한 목적이나 의사를 참작하지 않고 평균적 고객의 이해가능성을 기준으로 객관적·획일적으로 해석하여야 한다. 위와 같은 해석을 거친 후에도 약관 조항이 객관적으로 다의적으로 해석되고 각각의 해석이 합리성이 있는 등 해당 약관의 뜻이 명확하지 않은 경우에는 고객에게 유리하게 해석하여야 한다. 그러나 약관의 목적과 취지를 고려하여 공정하고 합리적으로, 그리고 평균적 고객의 이해가능성을 기준으로 객관적이고 획일적으로 해석한 결과 약관 조항이 일의적으로 해석된다면 약관 조항을 고객에게 유리하게 해석할 여지가 없다(대판 2018. 10. 25, 2014다232784).

⑤ **축소해석의 원칙**: 법률에 규정된 고객의 권리를 제한하거나 사업자의 책임을 제한하는 약관조항은 신의성실의 원칙에 근거하여 그 적용범위를 축소하여 해석하여야 한다.

판례

무면허면책약관조항의 축소해석
약관 소정의 무면허운전면책조항을 문언 그대로 무면허운전의 모든 경우를 아무런 제한 없이 보험의 보상대상에서 제외한 것으로 해석하게 되면, 절취운전이나 무단운전의 경우와 같이 자동차보유자는 피해자에게 손해배상책임을 부담하면서도 자기의 지배관리가 미치지 못하는 무단운전자의 운전면허소지 여부에 따라 보험의 보호를 전혀 받지 못하는 불합리한 결과가 생기는바, 결국 위 무면허운전면책조항이 보험계약자나 피보험자의 지배 또는 관리가능성이 없는 무면허운전의 경우에까지 적용된다고 보는 경우에는, 그 조항은 신의성실의 원칙에 반하는 공정을 잃은 조항으로서 약관의 규제에 관한 법률 제6조 제1, 2항, 제7조 제2, 3호의 각 규정에 비추어 무효라고 볼 수밖에 없기 때문에, 위 무면허운전면책조항은 위와 같은 무효의 경우를 제외하고, 무면허운전이 보험계약자나 피보험자의 지배 또는 관리가능한 상황에서 이루어진 경우에 한하여 적용되는 조항으로 수정해석을 할 필요가 있으며, 무면허운전이 보험계약자나 피보험자의 지배 또는 관리가능한 상황에서 이루어진 경우라고 함은 구체적으로는 무면허운전이 보험계약자나 피보험자 등의 명시적 또는 묵시적 승인하에 이루어진 경우를 말한다(대판(전) 1991. 12. 24, 90다카23899).

(3) 약관의 불공정성 통제(내용통제)

제6조【일반원칙】
① 신의성실의 원칙을 위반하여 공정성을 잃은 약관 조항은 무효이다.
② 약관의 내용 중 다음 각 호의 어느 하나에 해당하는 내용을 정하고 있는 조항은 공정성을 잃은 것으로 추정된다.
1. 고객에게 부당하게 불리한 조항
2. 고객이 계약의 거래형태 등 관련된 모든 사정에 비추어 예상하기 어려운 조항
3. 계약의 목적을 달성할 수 없을 정도로 계약에 따르는 본질적 권리를 제한하는 조항

제16조【일부 무효의 특칙】
약관의 전부 또는 일부의 조항이 제3조 제4항에 따라 계약의 내용이 되지 못하는 경우나 제6조부터 제14조까지의 규정에 따라 무효인 경우 계약은 나머지 부분만으로 유효하게 존속한다. 다만, 유효한 부분만으로는 계약의 목적 달성이 불가능하거나 그 유효한 부분이 한쪽 당사자에게 부당하게 불리한 경우에는 그 계약은 무효로 한다.

① **일반원칙**: 신의성실의 원칙에 반하여 공정을 잃은 약관조항은 무효이다(동법 제6조 제1항). 그리고 고객이 예상하기 어려운 조항(의외조항)과 부당하게 불리한 조항, 본질적인 권리를 제한하는 조항은 불공정조항으로 추정된다(약관법 제6조 제2항).

판례

불공정약관으로서 무효라고 본 예
사업자가 상당한 이유 없이 자신이 부담하여야 할 위험을 고객에게 이전하는 내용의 약관조항은 고객의 정당한 이익과 합리적인 기대에 반할 뿐 아니라 사적자치의 한계를 벗어나는 것으로 무효라고 보아야 한다(대판 2010. 10. 28, 2008다83196).

② 불공정성 통제의 효과 – 일부무효의 특칙

㉠ 약관의 전부 또는 일부의 조항이 사업자의 명시·설명의무 위반으로 계약의 내용이 되지 못하거나 불공정약관조항에 해당하여 무효인 경우, 계약은 나머지 부분만으로 유효하게 존속한다(동법 제16조 본문 – 원칙적 유효).

㉡ 다만, 유효한 부분만으로는 계약의 목적달성이 불가능하거나 일방 당사자에게 부당하게 불리한 때에는, 해당 계약 전부를 무효로 한다(동법 제16조 단서 – 예외적 무효).

→ 민법 제137조는 원칙상 전부무효이고 예외적으로만 일부유효를 인정함에 반하여, 약관법은 그에 대한 특칙으로 원칙과 예외를 전도시키고 있다.

제2절 계약의 성립

제1관 _ 일반계약의 성립

계약은 원칙적으로 당사자들의 의사표시의 합치에 의해 성립하며, 합치는 청약과 승낙이라는 서로 대립하는 의사표시로 이루어진다. 물론 계약도 일반적인 법률행위의 성립요건을 갖추어야 한다. 또한 민법은 청약과 승낙에 의한 계약의 성립(제527조 ~ 제531조, 제534조)뿐만 아니라 의사실현에 의한 계약의 성립(제532조), 교차청약(제533조)에 대해서도 규정하고 있다.

01 계약의 성립요건으로서 합의

1. 의의

계약이 성립하려면 계약당사자 간에 서로 대립되는 의사의 합치, 즉 합의가 있어야 한다. 여기에는 객관적 합치(내용의 합치)와 주관적 합치(당사자의 일치)가 모두 필요하다. 따라서 둘 중 어느 하나라도 그 합치가 없으면 계약은 성립하지 않는다.

(1) 객관적 합치(내용의 합치)

계약이 성립하기 위해서는 당사자 사이에 계약의 내용에 관한 의사의 합치가 있어야 한다. 이러한 의사의 합치는 계약의 내용을 이루는 모든 사항에 관하여 있어야 하는 것은 아니고, 본질적 사항이나 중요 사항에 관하여 구체적으로 의사가 합치되거나 적어도 장래 구체적으로 특정할 수 있는 기준과 방법 등에 관한 합의가 있으면 충분하다(대판 2017. 5. 30, 2015다34437)(예 매매계약이 성립했다고 하기 위해서는 매매의 목적물과 그에 대한 매매대금에 대한 합의가 있어야 한다).

판례

'객관적 합치'의 정도 ★

① 계약이 성립하기 위하여는 당사자 사이에 의사의 합치가 있을 것이 요구되고 이러한 의사의 합치는 당해 계약의 내용을 이루는 모든 사항에 관하여 있어야 하는 것은 아니나 그 본질적 사항이나 중요 사항에 관하여는 구체적으로 의사의 합치가 있거나 적어도 장래 구체적으로 특정할 수 있는 기준과 방법 등에 관한 합의는 있어야 하며, 한편 당사자가 의사의 합치가 이루어져야 한다고 표시한 사항에 대하여 합의가 이루어지지 아니한 경우에는 특별한 사정이 없는 한 계약은 성립하지 아니한 것으로 보는 것이 상당하다고 할 것이다(대판 2001. 3. 23, 2000다51650).

② 매매계약은 매도인이 재산권을 이전하는 것과 매수인이 대금을 지급하는 것에 관하여 쌍방 당사자가 합의함으로써 성립하므로, i) 매매계약 체결 당시에 반드시 매매목적물과 대금을 구체적으로 특정할 필요는 없지만, ii) 적어도 매매계약의 당사자인 매도인과 매수인이 누구인지는 구체적으로 특정되어 있어야만 매매계약이 성립할 수 있다(대판 2021. 1. 14, 2018다223054).

(2) 주관적 합치(당사자의 일치)

계약의 상대방에 대한 일치가 있어야 한다. 즉 상대방이 누구인가에 관한 잘못이 없어야 한다.

2. 불합의와 착오

(1) 불합의

① '불합의'는 의사표시의 불일치, 즉 해석에 의하여 확정된 의사표시들의 객관적 의미가 일치하지 않는 경우이다. 이에는 당사자가 불합치를 모르고 있는 '무의식적 불합의'가 있는데, 이는 계약의 성립의 문제로서 불합의가 있는 경우 계약은 성립하지 않는다.

② 의사표시의 합치가 있는지 아니면 불합의가 있는지 여부는 법률행위의 해석으로 귀결된다. 즉 자연적 해석과 규범적 해석의 방법으로 한다. 따라서 자연적 해석의 방법으로 '오표시 무해의 원칙'이 적용되는 경우에는 양당사자의 내심적 진의가 완전히 일치하므로 계약이 성립하게 된다. 이는 계약의 성립이 부정되는 '불합의'와는 구별된다.

(2) 무의식적 불합의와 착오의 구별

반면 '착오'는 청약 또는 승낙의 어느 한 의사표시 내에서 표의자의 효과의사와 표시내용이 일치하지 않는 경우를 가리키며 그것은 의사표시의 효력문제이다. 따라서 불합의 여부를 먼저 검토하여 불합의로 판명되면 계약은 불성립이 되므로, 착오취소의 문제는 발생하지 않는다.

(3) 계약성립의 모습

① **청약과 승낙의 합치로 성립**: 계약은 일반적으로 서로 대립되는 두 개의 의사표시인 권리능력자의 청약과 상대방의 승낙이 합치됨으로써 성립한다.

② **교차청약에 의한 성립**: 당사자 간에 동일한 내용의 청약이 상호 교차된 경우에는 양 청약이 상대방에게 도달한 때에 계약이 성립한다(제533조).

③ **의사실현에 의한 성립**: 청약자의 의사표시나 관습에 의하여 승낙의 통지가 필요하지 아니한 경우에는 계약은 승낙의 의사표시로 인정되는 사실이 있는 때에 성립한다(제532조).

02 청약과 승낙의 합치에 의한 계약의 성립

1. 청약

(1) 의의 및 성질

① 청약이란 일방이 타방에게 일정한 내용의 계약을 체결할 것을 제의하는 일방적・확정적 의사표시를 말한다.

② 청약은 승낙이라는 다른 의사표시와 결합하여야 비로소 계약이라는 법률행위를 성립시키는 것이므로, 청약 그 자체는 하나의 의사표시(= 법률사실)일 뿐이고, 법률행위(= 법률요건)가 아니다. 따라서 그것 자체만으로는 법률효과가 발생하지 않는다.

(2) 청약의 요건

① **청약자**: 청약은 장차 계약의 일방 당사자가 될 특정인에 의하여 행해져야 한다. 그러나 청약자가 누구이냐가 그 청약의 의사표시 속에 명시적으로 표시될 필요는 없다(예 자동판매기의 설치).

② **청약의 상대방**: 청약의 의사표시는 상대방 있는 의사표시이지만, 상대방은 반드시 청약 당시에 특정되어 있을 필요는 없고, 불특정 다수인에 대한 것도 유효하다(→ 불특정 다수인에 대한 승낙이 인정되지 않는 것과 구별). 예컨대, 신문광고로 청약의 의사표시를 하는 경우나 자동판매기의 설치가 그렇다.

③ **청약의 확정성**: 청약은 승낙자의 단순한 승낙만 있으면 계약이 성립할 수 있을 정도로 내용이 확정적이어야 한다. 따라서 계약의 내용이 확정되지 않아 상대방의 승낙만으로 계약이 성립하지 않고, 다시 유인한 자의 승낙의 의사표시가 있어야만 계약이 성립하는 **'청약의 유인'과는 구별된다**(예 구인광고, 음식점 메뉴, 물품판매광고, 기차의 시간표 게시, 상품 카탈로그 배부 등은 '청약의 유인'에 해당하나, 정찰가격이 붙은 상품의 진열, 자동판매기 설치는 '청약'으로 볼 수 있다). 청약의 유인은 상대방으로 하여금 청약하도록 촉구하는 의사의 표시이다.

판례

청약의 의사표시의 요건 ★

① 계약이 성립하기 위한 법률요건인 청약은 그에 응하는 승낙만 있으면 곧 계약이 성립하는 구체적·확정적 의사표시여야 하므로, 청약은 계약의 내용을 결정할 수 있을 정도의 사항을 포함시키는 것이 필요하다(대판 2003. 4. 11, 2001다53059).

② 상가를 분양하면서 그곳에 첨단오락타운을 조성·운영하고 전문경영인을 두어 분양계약자들에게 일정액 이상의 수익을 보장한다고 광고를 하였으나, 체결된 분양계약서에는 그와 같은 내용이 기재되지 않은 사안에서, 이와 같은 광고는 청약의 유인에 불과할 뿐 상가분양계약의 내용으로 되었다고 볼 수 없어, 분양회사는 분양계약자에 대해 분양광고상의 의무를 부담하지 않는다고 하였다(대판 2001. 5. 29, 99다55601; 대판 2007. 6. 1, 2005다5843).[1] 또한 아파트의 외형·재질·구조 등과 같은 아파트 분양광고의 내용 중 구체적인 거래조건이 아닌 아파트 분양광고의 내용도 일반적으로 청약의 유인으로서의 성질을 가지는 데 불과하므로 이를 이행하지 아니하였다고 하여 분양자에게 계약불이행의 책임을 물을 수는 없다(대판 2019. 4. 23, 2015다28968).

③ 광고는 일반적으로 청약의 유인에 불과하지만 내용이 명확하고 확정적이며 광고주가 광고의 내용대로 계약에 구속되려는 의사가 명백한 경우에는 이를 청약으로 볼 수 있다. 나아가 광고가 청약의 유인에 불과하더라도 이후의 거래과정에서 상대방이 광고의 내용을 전제로 청약을 하고 광고주가 이를 승낙하여 계약이 체결된 경우에는 광고의 내용이 계약의 내용으로 된다. 나아가 당사자 사이에 계약의 해석을 둘러싸고 다툼이 있어 계약내용에 관한 서면에 나타난 당사자의 의사해석이 문제 되는 경우에는 문언의 내용, 약정이 이루어진 동기와 경위, 약정으로 달성하려는 목적, 당사자의 진정한 의사 등을 종합적으로 고찰하여 논리와 경험칙에 따라 합리적으로 해석하여야 한다(대판 2018. 2. 13, 2017다275447).

1 한편 다소의 과장광고가 상거래상 시인되는 점에 비추어 기망성도 없는 것으로 보았다.

(3) 청약의 효력

① 효력발생시기

> **제111조【의사표시의 효력발생시기】**
> ① 상대방이 있는 의사표시는 그 통지가 상대방에 도달한 때로부터 그 효력이 생긴다.
> ② 표의자가 그 통지를 발한 후 사망하거나 행위능력을 상실하여도 의사표시의 효력에 영향을 미치지 아니한다.

청약은 상대방이 있는 의사표시이므로 상대방에게 도달하여야 그 효력이 발생한다(제111조). 표의자가 그 통지를 발한 후 사망하거나 행위능력을 상실하여도 의사표시의 효력에 영향을 미치지 아니한다. 따라서 ㉠ 표의자가 사망한 경우에는 그 의사표시의 효력은 원칙적으로 상속인에게 미치며(다만 당사자의 인격 내지 개성이 중시되는 계약, 예컨대 고용·위임 등의 경우에는 상속인이 청약자의 지위를 승계하지 못하므로 청약은 그 효력을 잃게 된다), ㉡ 행위능력을 상실한 경우에는 표의자에게 그대로 효력이 발생하고, 다만 그 이후의 처리는 법정대리인에 의해 이루어진다.

② 청약의 구속력(= 비철회성)

> **제527조【계약의 청약의 구속력】**
> 계약의 청약은 이를 철회하지 못한다.

청약의 구속력이란 청약이 상대방에게 도달하면 청약자는 청약을 임의로 철회할 수 없다는 것을 의미한다(제527조). 다만 ㉠ 청약이 상대방에게 도달하기 전 또는 ㉡ 청약 시 철회권을 유보한 경우에는 이를 철회할 수 있다.

㉠ **승낙기간을 정한 경우**: 그 기간 중에는 계약의 청약을 철회하지 못한다(제527조).

㉡ **승낙기간을 정하지 않은 경우**: 청약자가 상당한 기간 내에 승낙의 통지를 받지 못한 때에는 그 효력을 잃는다(제529조). 따라서 상당한 기간 동안에는 철회하지 못하고 상당한 기간이 경과하면 청약의 효력상실로 철회의 여지가 없다.

㉢ **청약의 구속력 배제**: 청약자가 처음부터 철회의 자유를 유보한 경우, 불특정인에 대한 청약, 승낙기간을 정하지 않은 대화자 사이의 청약 등과 같이 상대방에게 부당하게 불이익을 줄 염려가 없는 경우에는 청약의 구속력이 배제된다.

③ **청약(구속력)의 존속기간(승낙적격)**: 청약은 그에 대한 승낙만 있으면 계약을 성립하게 하는 효력이 있는데, 보통 청약에는 승낙기간을 정하는 것이 보통이고, 이때에는 승낙기간이 경과하면 청약의 효력은 상실된다(제528조 제1항). 한편 승낙기간을 정하지 않은 때라도 승낙에 필요한 상당기간이 경과하면 청약은 그 효력을 잃는다(제529조). 이를 승낙적격이라 하는데, 결국 청약의 존속기간을 말한다. 따라서 청약은 그 존속기간(= 승낙기간) 동안에만 효력을 유지하며, 이 기간에만 청약자가 청약을 철회할 수 없는 청약의 구속력이 있다.

2. 승낙

(1) 의의

① 승낙은 청약의 상대방이 청약에 대응하여 계약을 성립시킬 것을 목적으로 청약자에 대하여 행하는 의사표시로서, 청약에 부합하는 내용이어야 한다. 따라서 불특정 다수인에 대한 승낙이란 있을 수 없다. 청약과 승낙은 그 내용에 있어서 객관적으로 합치되어야 한다. 따라서 조건이나 변경을 가한 승낙은 승낙이 아니다.

② 청약의 상대방은 승낙 여부의 자유를 가진다(계약자유의 원칙). 즉 청약의 상대방에게 청약을 받아들일 것인지 여부에 관하여 회답할 의무가 있는 것은 아니므로, 청약자가 미리 정한 기간 내에 이의를 하지 아니하면 승낙한 것으로 간주한다는 뜻을 청약 시 표시하였다고 하더라도 이는 상대방을 구속하지 아니하고 그 기간은 경우에 따라 단지 승낙기간을 정하는 의미를 가질 수 있을 뿐이다(대판 1999. 1. 29, 98다48903).

(2) 승낙기간

승낙기간은 청약의 존속기간이며, 이 기간 내에 승낙이 이루어져야 계약이 성립하게 된다.

① 승낙기간을 정한 경우

> **제528조【승낙기간을 정한 계약의 청약】**
> ① 승낙의 기간을 정한 계약의 청약은 청약자가 그 기간 내에 승낙의 통지를 받지 못한 때에는 그 효력을 잃는다.
> ② 승낙의 통지가 전항의 기간 후에 도달한 경우에 보통 그 기간 내에 도달할 수 있는 발송인 때에는 청약자는 지체 없이 상대방에게 그 연착의 통지를 하여야 한다. 그러나 그 도달 전에 지연의 통지를 발송한 때에는 그러하지 아니하다.
> ③ 청약자가 전항의 통지를 하지 아니한 때에는 승낙의 통지는 연착되지 아니한 것으로 본다.

그 기간 내에 승낙이 도달해야 하나, 그 기간 내에 도달할 만한 것인데 연착된 경우 청약자는 연착의 통지(책무)를 해야 한다. 이 경우 ㉠ 청약자가 연착통지를 했다면 계약은 불성립하고, 연착된 승낙은 새로운 청약으로 볼 수 있다. ㉡ 반면, 연착통지를 하지 않았으면 연착하지 않은 것으로 간주되어 승낙은 유효하고 승낙의 발송 시에 계약이 성립한다.

② 승낙기간을 정하지 않은 경우

> **제529조【승낙기간을 정하지 아니한 계약의 청약】**
> 승낙의 기간을 정하지 아니한 계약의 청약은 청약자가 상당한 기간 내에 승낙의 통지를 받지 못한 때에는 그 효력을 잃는다.

③ 연착된 승낙의 효력

> **제530조【연착된 승낙의 효력】**
> 전2조의 경우에 연착된 승낙은 청약자가 이를 새 청약으로 볼 수 있다.

연착된 승낙은 승낙으로서의 효력은 없으나, 새로운 청약으로서의 효력을 가질 수 있다. 따라서 종전의 청약자는 그 연착된 승낙에 대해 승낙을 함으로써 계약을 성립시킬 수 있다.

⑶ 조건을 붙이거나 변경을 가한 승낙

제534조【변경을 가한 승낙】
승낙자가 청약에 대하여 조건을 붙이거나 변경을 가하여 승낙한 때에는 그 청약의 거절과 동시에 새로 청약한 것으로 본다.

⑷ 계약의 성립시기(승낙의 효력발생시기)

제531조【격지자 간의 계약성립시기】
격지자 간의 계약은 승낙의 통지를 발송한 때에 성립한다.

① **원칙**: 계약은 승낙적격이 있는 동안에 승낙이 청약자에게 도달한 경우에 성립한다. 즉 계약의 성립시기는 승낙의 의사가 청약자에게 도달한 때이다(제528조 제1항).

② **격지자 사이**

㉠ **문제점**: 제528조 제1항은 도달해야 승낙이 유효하다고 규정하고 있는데, 제531조는 격지자 사이에서 승낙의 효력(계약의 성립)은 발송 시 발생한다고 규정함으로써, 양 규정이 모순되는 것이 아닌가 하는 의문이 제기된다.

㉡ 학설의 대립

ⓐ **해제조건설**(다수설): 계약은 승낙통지의 기간 내 부도달을 해제조건으로 하여 발신에 의해 효력이 생긴다는 견해이다. 이에 의하면 승낙의 통지를 발송한 때에 계약이 성립하지만, 그 통지가 청약의 존속기간 내에 청약자에게 도달하지 않으면 계약은 처음부터 성립되지 않은 것으로 된다. 승낙의 효력은 발신 시에 확정적으로 생기지만 승낙기간 내 또는 상당한 기간 내에 도달하지 않으면 계약은 성립하지 않는다는 점에서 발신주의를 중시하는 입장이다.[2]

ⓑ **정지조건설**: 승낙적격이 있는 기간 내에 승낙이 도달할 것을 정지조건으로 하여 승낙통지를 발송한 때에 소급하여 유효한 계약이 성립한다는 견해이다. 이에 의하면, 도달의 증명책임은 승낙자가 부담한다. 불착·연착의 불이익은 승낙자에게 귀속한다는 점에서는 해제조건설과 동일하다.

㉢ **검토**: 제531조가 거래의 신속을 위한 규정인 점에서, 그 취지에 부합하는 해제조건설이 타당하다.

③ **대화자의 사이**: 대화자 간의 경우에는 도달주의의 일반원칙(제111조)에 따른다.

---

2 ① 격지자 간 승낙은 도달 시 효력이 발생한다(×). ② 격지자 간 승낙은 기간 내 도달하지 않은 경우라도 발송만 되면 효력이 있어 계약이 성립한다(×).

03 기타의 방법에 의한 계약의 성립

1. 의사실현에 의한 계약의 성립

> **제532조【의사실현에 의한 계약성립】**
> 청약자의 의사표시나 관습에 의하여 승낙의 통지가 필요하지 아니한 경우에는 계약은 승낙의 의사표시로 인정되는 사실이 있는 때에 성립한다.

(1) 의의

① 청약자의 의사표시나 관습에 의해서 승낙의 통지가 필요하지 않은 경우에는 승낙의 의사표시가 없더라도 승낙의 의사표시로 인정되는 사실이 있는 때에 계약은 성립할 수 있다(제532조). 이를 '의사실현에 의한 계약성립'이라고 한다(예 매도청약과 함께 송부된 책을 줄을 그어가며 읽는 행위에 의해 계약은 성립한다).

② 승낙의 의사표시가 없는데도 계약이 성립하는 이유는 승낙자가 보여주는 일정한 행위로부터 승낙의 의사표시를 추단할 수 있기 때문이다.

(2) 계약의 성립시기

승낙의 의사표시로 인정되는 사실이 객관적으로 발생한 때이다. 청약자가 그 사실을 아는지 여부는 묻지 않는다.

판례

예금계약의 성립시기 ★
예금계약은 예금자가 예금의 의사를 표시하면서 금융기관에 돈을 제공하고 금융기관이 그 의사에 따라 그 돈을 받아 확인을 하면 그로써 성립하며, 금융기관의 직원이 그 받은 돈을 금융기관에 입금하지 아니하고 이를 횡령하였다고 하더라도 예금계약의 성립에는 아무런 소장이 없다(대판 1996. 1. 26, 95다26919).

2. 교차청약에 의한 계약의 성립

> **제533조【교차청약】**
> 당사자 간에 동일한 내용의 청약이 상호교차된 경우에는 양 청약이 상대방에게 도달한 때에 계약이 성립한다.

(1) 의의

교차청약은 당사자들이 우연히 동일한 내용을 가지는 청약을 상호 교차하여 행한 경우이다. 여기에는 청약에 대응하는 승낙이 없지만 실질적으로 양 당사자의 의사합치가 있으므로 계약이 성립한다(제533조).

(2) 계약의 성립시기

양 청약이 모두 상대방에게 도달한 때에 계약이 성립한다(제533조). 즉 나중의 청약이 상대방에게 도달한 때 계약이 성립한다.

3. 사실적 계약관계론

(1) 의의

통신이나 교통수단, 수도 · 가스의 공급 등과 같은 계약유형에 있어서, 당사자의 의사표시와 상관없이 사실적 행위만으로 계약의 성립을 인정하려는 이론(이른바, 사회정형적 행위이론)을 말한다.

(2) 인정 여부

사실적 계약관계론은 ① 법률행위에 관련한 민법학의 체계를 훼손하는 것이며, ② 이러한 형태의 계약은 묵시적 의사표시(포함적 의사표시) 내지 의사실현에 의한 계약성립과 같은 전통적인 계약이론에 의해서도 얼마든지 설명가능하고, 급부를 수령하면서도 계약성립을 거절하는 의사표시를 하는 것은 신의칙위반('모순된 이의유보 금지의 원칙')으로 처리할 수도 있으므로 이를 인정할 필요가 없다는 것이 통설의 태도이다.

제2관 _ 계약체결상의 과실책임

01 서설

1. 의의

계약체결을 위한 준비나 계약의 성립과정에서 당사자 일방의 책임 있는 사유로 상대방에게 손해를 발생시킨 경우 이를 배상할 책임을 계약체결상의 과실책임(= 체약상 과실책임)이라 한다(제535조).

2. 연혁

계약체결상 과실책임론은 보호의무론과 결부되어 논의되어 온 부분이다. 특히 독일법상 불법행위법에 의한 피해자 구제의 취약점, 예컨대 사용자책임에 관한 면책의 허용과 개별적 성립요건주의 및 채무불이행법상의 이원적 구조에 따른 채권자 구제의 한계선상에서 논의되어 왔으며, 독일민법의 제정과정에서 개별적인 규정으로 입법화되기에 이르렀다.

02 법적 성질

1. 이 책임의 본질에 관해서는 (1) 계약책임으로 보는 견해, (2) 불법행위책임으로 보는 견해, (3) 독자적인 법정책임이라고 보는 견해의 대립이 있으나, 다수설은 계약이 체결되기 전이라도 계약교섭단계에 이미 교섭당사자는 신의칙에 기초하여 보호의무를 부담하므로, 계약체결상의 과실책임은 바로 신의칙상의 보호의무의 위반에 대한 손해배상책임으로서, 그 본질은 계약책임에 해당한다고 본다(계약책임설).

2. 다만 판례는 계약교섭의 부당파기로 인한 손해배상을 청구한 사안에서, 불법행위책임을 인정한 바 있다. 그러나 판례가 계약체결상 과실책임의 본질을 불법행위책임으로 파악한다고 단정할 수는 없다.

03 원시적 불능으로 인한 계약체결상의 과실책임

> **제535조【계약체결상의 과실】**
> ① 목적이 불능한 계약을 체결할 때에 그 불능을 알았거나 알 수 있었을 자는 상대방이 그 계약의 유효를 믿었음으로 인하여 받은 손해를 배상하여야 한다. 그러나 그 배상액은 계약이 유효함으로 인하여 생길 이익액을 넘지 못한다.
> ② 전항의 규정은 상대방이 그 불능을 알았거나 알 수 있었을 경우에는 적용하지 아니한다.

1. 요건

(1) ① 원시적 · 객관적 · 전부불능이기 때문에 무효일 것, ② 상대방이 손해를 입었을 것, ③ 배상책임을 지는 일방 당사자의 고의(악의) · 과실, ④ 상대방의 선의 · 무과실을 요건으로 한다(제535조 제2항). 악의 또는 과실 있는 상대방을 보호할 필요가 없기 때문이다(대판 1986. 6. 25, 85다978).

(2) 매매 기타의 유상계약의 경우 계약내용의 일부가 객관적으로 원시적 불능이라도 계약은 유효하게 성립하고 담보책임으로 처리되므로(제574조, 제567조), 동 규정은 적용될 여지가 없다(대판 2002. 4. 9, 99다47396). 또한 원시적 불능이더라도 주관적 불능인 경우에는 계약은 유효하게 성립하고, 단지 담보책임(제570조, 제571조)이 문제될 뿐이다.

2. 효과

(1) 손해배상청구권의 발생

일방 당사자는 상대방이 그 계약의 유효를 믿었음으로 인하여 받은 손해(= 신뢰이익)를 배상하여야 하는데, 다만 그 배상액은 계약이 유효함으로 인하여 생길 이익액(= 이행이익)을 넘지 못한다(제535조 제1항).

(2) 부당이득반환청구와의 관계

계약 당시에 이미 채무의 이행이 불가능했다면 특별한 사정이 없는 한 채권자가 이행을 구하는 것은 허용되지 않고, 이미 이행한 급부는 법률상 원인 없는 급부가 되어 부당이득의 법리에 따라 반환청구할 수 있으며, 나아가 민법 제535조에서 정한 계약체결상의 과실책임을 추궁하는 등으로 권리를 구제받을 수 있다(대판 2017. 10. 12, 2016다9643).

04 제535조의 확대운용에 관한 논의

1. 개관

민법은 계약의 목적이 '원시적 불능'인 경우에 한하여만 제535조에서 이를 규정하고 있으나, 그 적용범위를 그 이외의 계약체결과정에서 발생하는 손해 유형에까지 확대할 것인지가 논의되고 있다. 이에 대해 판례는 제535조를 확대적용하지 않고, 원시적 · 객관적 · 전부불능의 경우로 한정하는 입장으로 평가되고 있다.

2. 구체적 유형별 검토

(1) 계약이 불성립된 경우

① **계약준비단계에서의 과실**: 계약준비단계에서 일방 당사자의 과실로 계약이 결렬되어 상대방이 재산상의 손해 또는 상해를 입은 경우의 문제이다(예 리놀륨융단사건, 바나나껍질사건이 이에 해당한다). 이에 대해 제535조의 확대적용을 긍정하는 입장과 불법행위책임을 통해 구제받을 수 있다는 견해의 대립이 있다.

판례

매매계약이 매매대금에 관한 의사의 불합치로 성립하지 아니한 경우, 민법 제535조를 유추적용하여 계약체결상의 과실에 따른 손해배상책임의 이행을 구할 수 있는지 여부(소극) ★

계약이 의사의 불합치로 성립하지 아니한 경우, 그로 인하여 손해를 입은 당사자가 상대방에게 부당이득반환청구 또는 불법행위로 인한 손해배상청구를 할 수 있는지는 별론으로 하고, 상대방이 계약이 성립되지 아니할 수 있다는 것을 알았거나 알 수 있었음을 이유로 민법 제535조를 유추적용하여 계약체결상의 과실로 인한 손해배상청구를 할 수는 없다(대판 2017. 11. 14, 2015다10929).

→ [사실관계] : 중고차를 매도하려는 乙(반소피고)과 이를 매수하려는 甲(반소원고) 사이에서 성명불상자가 양 당사자를 모두 기망함으로써 乙과 甲 사이에 매매대금에 관한 의사가 합치되지 아니하여 매매계약이 성립하지 않은 사안에서, 乙에게 과실이 있음을 들어 불법행위책임을 지우는 것은 별론으로 하고 민법 제535조를 유추적용하여 계약체결상의 과실로 인한 손해배상청구를 할 수는 없다고 본 사례이다.

② 계약교섭의 부당파기

판례

계약체결을 위한 교섭의 부당파기 ★

[1] 법적 구성

어느 일방이 교섭단계에서 계약이 확실하게 체결되리라는 정당한 기대 내지 신뢰를 부여하여 상대방이 그 신뢰에 따라 행동하였음에도 상당한 이유 없이 계약의 체결을 거부하여 손해를 입혔다면 이는 신의성실의 원칙에 비추어 볼 때 계약자유 원칙의 한계를 넘는 위법한 행위로서 불법행위를 구성한다고 할 것이다(대판 2001. 6. 15, 99다40418).

[2] 손해배상의 범위

① i) 계약교섭의 부당한 중도파기가 불법행위를 구성하는 경우 그러한 불법행위로 인한 손해는 일방이 신의에 반하여 상당한 이유 없이 계약교섭을 파기함으로써 계약체결을 신뢰한 상대방이 입게 된 상당인과관계 있는 손해로서 계약이 유효하게 체결된다고 믿었던 것에 의하여 입었던 손해, 즉 신뢰손해에 한정된다고 할 것이고, 이러한 신뢰손해란 예컨대 그 계약의 성립을 기대하고 지출한 계약준비비용과 같이 그러한 신뢰가 없었더라면 통상 지출하지 아니하였을 비용상당의 손해라고 할 것이며, 아직 계약체결에 관한 확고한 신뢰가 부여되기 이전 상태에서 계약교섭의 당사자가 계약체결이 좌절되더라도 어쩔 수 없다고 생각하고 지출한 비용, 예컨대 경쟁입찰에 참가하기 위하여 지출한 제안서, 견적서 작성비용 등은 여기에 포함되지 아니한다(대판 2003. 4. 11, 2001다53059).

ii) 계약교섭의 부당한 중도파기가 불법행위를 구성하는 경우, 상대방에게 배상책임을 지는 것은 계약체결을 신뢰한 상대방이 입게 된 상당인과관계 있는 손해이고, 한편 계약교섭 단계에서는 아직 계약이 성립된 것이 아니므로 당사자 중 일방이 계약의 이행행위를 준비하거나 이를 착수하는 것은 이례적이라고 할 것이므로, 설령 이행에 착수하였다고 하더라도 이는 자기의 위험 판단과 책임에 의한 것이라고 평가할 수 있지만, 만일 이행의 착수가 상대방의 적극적인 요구에 따른 것이고, 바로 위와 같은 이행에 들인 비용의 지급에 관하여 이미 계약교섭이 진행되고 있었다는 등의 특별한 사정이 있는 경우에는, 당사자 중 일방이 계약의 성립을 기대하고 이행을 위하여 지출한 비용 상당의 손해가 상당인과관계 있는 손해에 해당한다(대판 2004. 5. 28, 2002다32301).

② 침해행위와 피해법익의 유형에 따라서는 계약교섭의 파기로 인한 불법행위가 인격적 법익을 침해함으로써 상대방에게 정신적 고통을 초래하였다고 인정되는 경우라면, 그러한 정신적 고통에 대한 손해에 대하여는 별도로 배상을 구할 수 있다(대판 2003. 4. 11, 2001다53059).

---

(2) 계약이 무효이거나 취소된 경우

① 계약책임설의 입장에서 강행법규위반으로 무효인 경우에도 피해자를 보호하기 위하여 계약체결상의 과실책임규정을 유추적용하자고 하는 입장도 있으나, 판례는 일반불법행위책임으로 해결하여 손해액을 조정할 수 있다는 입장을 취한다(대판 1994. 1. 11, 93다26205 ― 투자수익보장약정사안).

② 계약책임설의 입장에서 계약체결상의 과실책임규정을 유추적용하자고 하는 입장도 있으나, 표의자의 경과실에 의한 착오취소 시 상대방에 대한 배상책임과 관련하여 판례는 불법행위책임을 부정한 바 있다(대판 1997. 8. 22, 97다13023).

→ 전문건설공제조합의 계약보증서 발급에 경과실이 있는 경우, 과실로 착오에 빠져 보증계약서를 발급한 것이나 그 착오를 이유로 보증계약을 취소하는 것은 위법성이 없어 불법행위를 구성하지 않는다.

제3절 계약의 효력

제1관 _ 총설

1. 계약의 효력 일반

계약의 효력은 계약이 성립요건과 유효요건을 모두 갖춘 것을 전제로 발생한다. 즉 ① 두 개 이상의 의사표시가 주관적 · 객관적으로 합치하여야 하고, ② 계약이 유효하여야 하므로, i) 계약당사자가 권리능력, 의사능력, 행위능력을 가지고 있고, ii) 계약의 목적이 확정성 · 가능성 · 적법성 및 사회적 타당성을 가지며, iii) 의사표시에 있어서 의사와 표시가 일치하고 하자가 없어야 한다.

2. 계약의 구속력

계약이 성립하면, 위에서 본 성립 · 유효요건이 구비되는 한 그 효력이 발생하여 당사자들을 구속한다. 또한 일단 구속력이 발생하면 당사자들 사이에 합의가 있거나 법률의 규정이 있는 경우(예 취소권이나 법정해제권)를 제외하고는 원칙적으로 당사자 일방의 의사에 기해 해소되지 못한다.

3. 쌍무계약에서의 특유한 효력

계약의 효력은 각각의 전형계약 내용에 따라 그 구체적 내용이 달라지는데, ① 모든 쌍무계약의 공통된 효력으로서 동시이행의 항변권(제536조)과 위험부담(제537조, 제538조), 그리고 ② 제3자를 위한 계약(제539조 ~ 제542조)이 문제된다.

제2관 _ 쌍무계약의 효력

01 쌍무계약의 견련성

1. 의의

쌍무계약의 경우 당사자 쌍방의 채무는 서로 대가적인 관계에 있기 때문에, 각 급부는 서로 운명을 같이 하는 의존관계에 있게 된다. 이러한 채무들 상호 간의 의존관계를 채무의 견련성이라고 한다.

2. 견련성의 내용

(1) 성립상의 견련성

쌍무계약으로 발생한 일방의 채무가 원시적 불능 및 불법 등으로 성립하지 않거나 또는 무효·취소된 경우에는 그 대가적 의미를 갖는 상대방의 채무도 성립하지 않는다.

(2) 존속상의 견련성

쌍무계약에 있어서 일방의 채무가 채무자에게 책임 없는 사유로 급부불능이 되어 더 이상 존속하지 않으면 그와 대가관계에 있는 상대방의 채무도 원칙적으로 소멸한다. 민법은 이를 위험부담의 문제로 하여 규정해 놓고 있다(제537조, 제538조).

(3) 이행상의 견련성

쌍무계약에 있어서 각 채무는 원칙적으로 동시에 이행될 것(상환으로 이행될 것)이 요구된다. 즉 상대방이 이행할 때까지 자기의 채무이행을 거절할 수 있는 관계에 있다. 이는 동시이행의 항변권으로 나타난다(제536조).

02 동시이행의 항변권

제536조【동시이행의 항변권】
① 쌍무계약의 당사자 일방은 상대방이 그 채무이행을 제공할 때까지 자기의 채무이행을 거절할 수 있다. 그러나 상대방의 채무가 변제기에 있지 아니하는 때에는 그러하지 아니하다.
② 당사자 일방이 상대방에게 먼저 이행하여야 할 경우에 상대방의 이행이 곤란할 현저한 사유가 있는 때에는 전항 본문과 같다.

1. 서설

(1) 의의 및 근거

당사자 일방이 자기 채무를 이행하거나 이행제공을 하지 않은 채 상대방에게 채무의 이행을 청구한 경우, 그 상대방은 단순청구한 자가 그의 채무를 이행할 때까지 자신의 채무의 이행을 거절할 수 있는데, 이를 동시이행의 항변권이라 한다(제536조 제1항). 이는 공평의 원칙에 그 취지가 있다.

(2) 법적 성질

다수설은 동시이행의 항변권은 연기적 항변권으로서 상대방의 청구가 있는 것을 전제로 성립하고, 이를 행사하지 않으면 상대방의 청구를 저지하는 효력이 생기지 않는다고 보는 항변권설(행사효과설)에 입각하고 있다(→ 다만, 항변권설에 의하더라도 예외적으로 이행지체저지효는 항변권이 존재하는 것만으로도 효력이 생긴다고 한다).

2. 요건

(1) 동일한 쌍무계약으로부터 발생한 대가적 채무의 존재

① **동일한 쌍무계약**: 쌍방의 채무가 동일한 쌍무계약이 아닌 다른 법률상 원인, 예컨대 각각 별개의 약정으로 상대방에 대하여 채무를 지게 된 경우에는 동시이행항변권이 인정되지 않는다.

판례

동시이행항변권의 성립요건 ★

당사자 쌍방이 각각 별개의 약정으로 상대방에 대하여 채무를 지게 된 경우에는 자기의 채무이행과 상대방의 어떤 채무이행과를 견련시켜 동시이행을 하기로 특약한 사실이 없다면 상대방이 자기에게 이행할 채무가 있다 하더라도 동시이행의 항변권이 생긴다고 볼 수 없다(대판 1989. 2. 14, 88다카10753).

임대차계약과 동시이행관계

① 임대차계약의 종료 시 건물명도의무와 보증금 반환의무 - 임대차계약의 기간이 만료된 경우에 임차인이 임차목적물을 명도할 의무와 임대인이 보증금 중 연체차임 등 당해 임대차에 관하여 명도 시까지 생긴 모든 채무를 청산한 나머지를 반환할 의무는 동시이행의 관계가 있다(대판(전) 1977. 9. 28, 77다1241). ★★

② 임대차계약 해제에 따른 임차인의 원상회복의무와 임대인의 약정 지연손해배상의무 - 임대차계약 해제에 따른 임차인의 임대차계약의 이행으로 이루어진 목적물인도의 원상회복의무와 임대인이 임차인에게 건물을 사용수익하게 할 의무를 불이행한 데 대하여 손해배상을 하기로 한 각서에 기하여 발생된 약정지연손해배상의무는 하나의 임대차계약에서 이루어진 계약이행의 원상회복관계에 있지 않고 그 발생원인을 달리하고 있어 특별한 사정이 없는 한 양자 사이에 이행상의 견련관계는 없으므로 임차인의 동시이행의 항변은 배척되어야 한다(대판 1990. 12. 26, 90다카25383).

③ 건물매수인이 아직 건물의 소유권을 취득하지 못한 채 매도인의 동의를 얻어 제3자에게 임대하였으나 매수인(임대인)의 채무불이행으로 매도인이 매매계약을 해제하고 임차인에게 건물의 명도를 구하는 경우 임차인은 매도인에 대한 관계에서 건물의 전차인의 지위와 흡사하다 할 것인바, 임대인의 동의 있는 전차인도 임차인의 채무불이행으로 임대차계약이 해지되면 특단의 사정이 없는 한 임대인에 대해서 전차인의 전대인에 대한 권리를 주장할 수가 없고, 또 임차인이 매매계약목적물에 대하여 직접 임차권을 취득했다고 보더라도, 대항력을 갖추지 아니한 상태에서는 그 매매계약이 해제되어 소급적으로 실효되면 그 권리를 보호받을 수가 없다는 점에 비추어 볼 때, 임차인의 건물명도의무와 매수인(임대인)의 보증금반환의무를 동시이행관계에 두는 것은 오히려 공평의 원칙에 반한다 할 것이다(대판 1990. 12. 7, 90다카24939). ★

② **대가적 채무의 존재**

㉠ 원칙적으로 '주된 급부의무' 상호 간에만 동시이행의 항변권이 인정된다. 따라서 동일 계약에 의해 생겼더라도 '부수적 급부의무'는 당사자가 그것을 동시이행하기로 특약하였거나 또는 그것이 당사자 일방에게 중요한 것으로 인정되는 경우 등의 특별한 사정이 없는 한 동시이행관계가 아니다.

㉡ 동산 매매의 경우에는 목적물의 인도와 대금지급이, 부동산 매매의 경우에는 매도인의 소유권이전등기의무 및 목적물인도의무와 매수인의 잔대금지급의무가 동시이행관계에 있다.

판례

혼합계약에서 당사자 상호 간 여러 의무가 포괄하여 동시이행관계에 있는지 여부(적극)
쌍무계약에서 서로 대가관계에 있는 당사자 쌍방의 의무는 원칙적으로 동시이행의 관계에 있고, 나아가 하나의 계약으로 둘 이상의 민법상의 전형계약을 포괄하는 내용의 계약을 체결한 경우에 당사자 일방의 여러 의무가 포괄하여 상대방의 여러 의무와 대가관계에 있다고 인정되면, 이러한 당사자 일방의 여러 의무와 상대방의 여러 의무는 동시이행의 관계에 있다(대판 2011. 2. 10, 2010다77385).

부수적 의무와 동시이행관계 인정 여부(소극) ★
쌍무계약에 있어서 상대방의 부수적 사항에 관한 의무위반만을 이유로 해서는 자기의 채무이행을 거절할 수 있는 동시이행의 항변권을 갖지 못한다(대판 1976. 10. 12, 73다584).

③ **본래의 당사자가 변경된 경우**

㉠ 채권양도 · 채무인수 · 준소비대차 · 상속의 경우는 당사자 변경에도 불구하고 채권 · 채무의 동일성이 유지되므로 동시이행항변권이 인정된다.

㉡ 반면에 경개는 그 동일성이 상실되므로 동시이행항변권은 소멸한다.

④ **본래의 급부가 손해배상채권으로 변경된 경우**: 일방의 채무가 이행불능 또는 계약해제 등으로 인해 그에 갈음한 손해배상채권으로 변경되어도 본래의 급부와의 동일성이 유지된다고 보아 동시이행항변권은 그대로 인정된다.

판례

이행불능으로 인한 손해배상채권의 경우 ★
채권자의 가등기를 말소할 의무와 채무자의 소유권이전등기절차를 이행할 의무가 동시이행의 관계에 있는 경우, 위 가등기말소의무는 위 소유권이전등기절차이행의무가 이행불능이 됨으로 인하여 발생한 채무자의 채권자에 대한 손해배상의무와도 여전히 동시이행의 관계에 있다(대판 1997. 4. 25, 96다40677 · 40684).

(2) 쌍방의 채무가 변제기에 있을 것

① **원칙**: 당사자 일방이 상대방보다 먼저 이행할 의무(선이행의무)를 지는 경우에는 동시이행의 항변권이 인정되지 않는다. 부동산매매에서 중도금지급의무, 담보물권에서 피담보채무의 변제의무(대판 1969. 9. 30, 69다1173) 등은 선이행의무를 부담하는 경우이다.

판례

피담보채무의 변제와 저당권설정등기말소의무 – 선이행관계 ★★
소비대차 계약에 있어서 채무의 담보목적으로 저당권 설정등기를 경료한 경우에 채무자의 채무변제는 저당권설정등기 말소등기에 앞서는 선행의무이며 채무의 변제와 동시이행 관계에 있는 것이 아니다(대판 1969. 9. 30, 69다1173).

② **예외**

㉠ **상대방 채무도 변제기가 도래한 경우**: 선이행의무자가 이행하지 않는 동안에 상대방의 채무도 변제기가 도래한 경우에는 선이행의무자라도 동시이행의 항변권을 행사할 수 있다.

판례

중도금의 이행지체 중 잔금기일의 도래 – 선이행의무이지만 예외적 동시이행관계 인정 ★★★

매수인이 선이행의무 있는 중도금을 지급하지 않았다 하더라도 계약이 해제되지 않은 상태에서 잔대금 지급일이 도래하여 그때까지 중도금과 잔대금이 지급되지 아니하고 잔대금과 동시이행관계에 있는 매도인의 소유권이전등기 소요서류가 제공된 바 없이 그 기일이 도과하였다면, 다른 특별한 사정이 없는 한, 매수인의 중도금 및 잔대금의 지급과 매도인의 소유권이전등기 소요서류의 제공은 동시이행관계에 있다 할 것이어서 그때부터는 매수인은 중도금을 지급하지 아니한 데 대한 이행지체의 책임을 지지 아니한다(대판 2002. 3. 29, 2000다577).

→ [보충] : 매수인이 선이행하여야 할 중도금 지급을 하지 아니한 채 잔대금지급일을 경과한 경우에는 매수인의 중도금 및 이에 대한 지급일 다음 날부터 잔대금지급일까지의 지연손해금과 잔대금의 지급채무는 매도인의 소유권이전등기의무와 특별한 사정이 없는 한 동시이행관계에 있다(대판 1991. 3. 27, 90다19930).

㉡ **불안의 항변권**: 당사자 일방이 선이행의무를 지는 경우라도 타방당사자의 채무의 이행이 곤란할 정도의 현저한 사유가 있는 때에는 선이행의무자에게 동시이행의 항변권이 인정된다(제536조 제2항).

판례

불안의 항변권 법리의 적용(대판 2022. 5. 13, 2019다215791) ★

① **구체적 계약관계에서 당사자 쌍방이 부담하는 채무 사이에 대가적인 의미가 있어 이행상 견련관계를 인정하여야 할 사정이 있는 경우, 민법 제536조 제1항에서 정한 동시이행의 항변권이 인정되는지 여부(적극) / 이러한 법리는 같은 조 제2항에서 정한 이른바 '불안의 항변권'의 경우에도 마찬가지로 적용되는지 여부(적극)**

동시이행의 항변권은 당사자 쌍방이 부담하는 각 채무가 고유의 대가관계에 있는 쌍무계약상 채무가 아니더라도 구체적 계약관계에서 당사자 쌍방이 부담하는 채무 사이에 대가적인 의미가 있어 이행상 견련관계를 인정하여야 할 사정이 있는 경우에는 이를 인정해야 한다. 이러한 법리는 민법 제536조 제1항뿐만 아니라 같은 조 제2항에서 정한 이른바 '불안의 항변권'의 경우에도 마찬가지로 적용된다.

② **민법 제536조 제2항에서 정한 '선이행의무를 지고 있는 당사자가 상대방의 이행이 곤란할 현저한 사유가 있는 때에 자기의 채무이행을 거절할 수 있는 경우'의 의미 및 상대방의 채무가 아직 이행기에 이르지 않았지만 이행기에 이행될 것인지 여부가 현저히 불확실하게 된 경우도 이에 해당하는지 여부(적극)**

민법 제536조 제2항에서 정한 '선이행의무를 지고 있는 당사자가 상대방의 이행이 곤란할 현저한 사유가 있는 때에 자기의 채무이행을 거절할 수 있는 경우'란 선이행채무를 지고 있는 당사자가 계약 성립 후 상대방의 신용불안이나 재산상태 악화 등과 같은 사정으로 상대방의 이행을 받을 수 없는 사정변경이 생기고 이로 말미암아 당초의 계약 내용에 따른 선이행의무를 이행하게 하는 것이 공평과 신의칙에 반하게 되는 경우를 가리킨다. 상대방의 채무가 아직 이행기에 이르지 않았지만 이행기에 이행될 것인지 여부가 현저히 불확실하게 된 경우에는 선이행채무를 지고 있는 당사자에게 상대방의 이행이 확실하게 될 때까지 선이행의무의 이행을 거절할 수 있다.

불안의 항변권 인정 사례

① 쌍무계약의 당사자 일방이 계약상 선이행의무를 부담하고 있는데, 그와 대가관계에 있는 상대방의 채무가 아직 이행기에 이르지 아니하였지만 이행기의 이행이 현저히 불투명하게 된 경우에는 제536조 제2항 및 신의칙에 의하여 그 당사자에게 반대급부의 이행이 확실해질 때까지 선이행의무의 이행을 거절할 수 있다(대판 2003. 5. 16, 2002다2423).

② 매매계약을 맺은 후에야 등기부상 매매목적물이 매도인의 소유가 아닌 것이 발견되었다면 매수인은 경우에 따라서는 민법 제588조에 의하여 중도금의 지급을 거절할 수 있고 그렇지 않다고 하더라도 계약에 있어서의 형평의 원칙이나 신의성실의 원칙에 비추어 선행의무에 해당하는 중도금지급의무라 하더라도 그 지급을 거절할 수 있다(대판 1974. 6. 11, 73다1632).

③ 구상권자에 대하여 파산이 선고된 후에 사전구상권을 행사하는 경우, 구상금채무의 보증인은 민법 제536조 제2항을 유추적용하여 사전구상에 대한 보증채무의 이행을 거절할 수 있다(대판 2002. 11. 26, 2001다833).

(3) 상대방이 자기 채무의 이행 또는 이행의 제공을 하지 않고 청구할 것

① **성립요건인지 여부**: 동시이행의 항변권은 상대방이 자신의 채무의 이행(또는 이행제공)을 하지 않고 반대급부의 청구를 할 때 그 상대방이 취득하는 권리로서 이해하는 것이 다수설이다. 이와 관련하여 다음과 같은 점이 문제된다.[3]

판례

임차인이 퇴거하면서 그 사실을 임대인에게 알리지 않은 경우

임차인의 임차목적물 명도의무와 임대인의 보증금 반환의무는 동시이행의 관계에 있다 하겠으므로, 임대인의 동시이행의 항변권을 소멸시키고 임대보증금 반환 지체책임을 인정하기 위해서는 임차인이 임대인에게 임차목적물의 명도의 이행제공을 하여야만 한다 할 것이고, 임차인이 임차목적물에서 퇴거하면서 그 사실을 임대인에게 알리지 아니한 경우에는 임차목적물의 명도의 이행제공이 있었다고 볼 수는 없다(대판 2002. 2. 26, 2001다77697).

② **가분급부의 일부이행 또는 불완전급부를 한 경우**: 일부이행을 하고 반대급부의 청구를 한 경우, 상대방은 이행되지 아니한 잔존부분에 상응하는 채무의 이행만을 거절할 수 있다(= 동시이행항변권의 가분성). 다만, 불완전 이행부분이 경미한 경우에는 신의칙상 동시이행항변권은 인정되지 않는다.

판례

동시이행항변의 범위

부동산매매계약에서 발생하는 매도인의 소유권이전등기의무와 매수인의 매매잔대금지급의무는 동시이행관계에 있고, 동시이행의 항변권은 상대방의 채무이행이 있기까지 자신의 채무이행을 거절할 수 있는 권리이므로, 매수인이 매도인을 상대로 매매목적 부동산 중 일부에 대해서만 소유권이전등기의무의 이행을 구하고 있는 경우에도 매도인은 특별한 사정이 없는 한 그 매매잔대금 전부에 대하여 동시이행의 항변권을 행사할 수 있다고 할 것이다(대판 2006. 2. 23, 2005다53187).

---

3 다만 이를 동시이행항변권의 성립요건이 아닌 효력 범위의 문제로 보는 견해가 존재한다(양창수, 민법주해 제9권, 제116면).

도급과 동시이행관계 ★★★

[1] 도급인의 하자보수에 갈음한 손해배상청구와 수급인의 공사대금채권

① 도급계약에 있어서 완성된 목적물에 하자가 있는 때에는 도급인은 수급인에 대하여 하자의 보수를 청구할 수 있고, 그 하자의 보수에 갈음하여 또는 보수와 함께 손해배상을 청구할 수 있는바, 이들 청구권은 특별한 사정이 없는 한 수급인의 보수지급청구권과 동시이행의 관계에 있다고 할 것이다(대판 2001. 6. 15, 2001다21632 · 21649).

② 완성된 목적물에 하자가 있어 도급인이 하자의 보수에 갈음하여 손해배상을 청구한 경우에, 도급인은 수급인이 그 손해배상청구에 관하여 채무이행을 제공할 때까지 그 손해배상액에 상응하는 보수액에 관하여만 자기의 채무이행을 거절할 수 있을 뿐이고 그 나머지 보수액은 지급을 거절할 수 없다고 할 것이므로, 도급인의 손해배상 채권과 동시이행관계에 있는 수급인의 공사대금 채권은 공사잔대금 채권 중 위 손해배상 채권액과 동액의 채권에 한하고, 그 나머지 공사잔대금 채권은 위 손해배상 채권과 동시이행관계에 있다고 할 수 없다(대판 1996. 6. 11, 95다12798).

[2] 수급인의 하자보수의무와 도급인의 공사대금지급채무

기성고에 따라 공사대금을 분할하여 지급하기로 약정한 경우라도 특별한 사정이 없는 한 하자보수의무와 동시이행관계에 있는 공사대금지급채무는 당해 하자가 발생한 부분의 기성공사대금에 한정되는 것은 아니라고 할 것이다. 왜냐하면, 이와 달리 본다면 도급인이 하자발생사실을 모른 채 하자가 발생한 부분에 해당하는 기성공사의 대금을 지급하고 난 후 뒤늦게 하자를 발견한 경우에는 동시이행의 항변권을 행사하지 못하게 되어 공평에 반하기 때문이다(대판 2001. 9. 18, 2001다9304).

계속적인 물품공급계약과 동시이행관계

계속적인 물품공급계약은 일정상품을 매기마다 계속적으로 공급하고 그 대금이 결제되는 것이므로 1회의 공급에 관한 의무를 이행치 아니함은 일부의 채무불이행에 해당된다 할 것이며 이미 공급된 물품 대금 중 일부를 지급하지 아니하고 있는 것이라면 물품공급자로서는 대금의 지급을 받을 때까지는 장래의 공급을 하지 못하겠다고 하는 항변권이 있다고 함이 공평의 원칙에 합당하다 할 것이다(대판(전) 1970. 3. 10, 69다2076).

③ **수령지체에 빠진 당사자의 동시이행의 항변권**: 상대방이 한 번의 이행제공을 하였으나 이를 수령하지 않아 수령지체에 빠진 당사자는 그 후에는 더 이상 동시이행의 항변권을 행사할 수 없는지가 문제되나, 그 이행제공이 계속되지 않는 한 동시이행의 항변권이 소멸하는 것은 아니므로, 과거에 수령지체에 빠진 당사자라도 여전히 동시이행의 항변권을 행사할 수 있다는 것이 통설 · 판례이다.

판례

상대방의 동시이행항변권을 소멸시키기 위한 이행제공의 정도 – 계속적 제공 필요 ★★★

쌍무계약의 당사자 일방이 먼저 한번 현실의 제공을 하고 상대방을 수령지체에 빠지게 하였다 하더라도 그 이행의 제공이 계속되지 않는 경우는 과거에 이행의 제공이 있었다는 사실만으로 상대방이 가지는 동시이행의 항변권이 소멸하는 것은 아니므로, 일시적으로 당사자 일방의 의무의 이행제공이 있었으나 곧 그 이행의 제공이 중지되어 더 이상 그 제공이 계속되지 아니하는 기간 동안에는 상대방의 의무가 이행지체 상태에 빠졌다고 할 수는 없다고 할 것이고, 따라서 그 이행의 제공이 중지된 이후에 상대방의 의무가 이행지체되었음을 전제로 하는 손해배상청구도 할 수 없다(대판 1999. 7. 9, 98다13754 · 13761).

PLUS

계약해제를 위한 이행제공의 정도 – 계속적 제공 불요

① 채무자를 이행지체에 빠뜨리기 위한 이행제공은 '최고기간' 동안 이행제공이 계속되어야 한다.

② 반면에 이러한 이행제공에 의하여 채무자가 이행지체에 빠져서 계약해제권이 일단 발생하고 나면, 그 해제권을 행사하여 계약 해제를 하기 위하여는 이행제공이 계속될 필요가 없다.

3. 효과

(1) 청구저지효(= 행사효과) – 이행거절권능

① 동시이행의 항변권은 상대방의 채무 이행이 있기까지 자신의 채무 이행을 거절할 수 있는 권리이다. 이것이 동시이행항변권의 본질적 효력이며, 일시적으로만 상대방의 청구권 작용을 저지하는 연기적 항변권이다.

② 이러한 청구저지효는 항변권을 행사해야만 그 효력이 발생하고, 항변권자의 원용이 없으면 법원은 항변권의 존재를 고려하지 않으므로 법원은 원고승소판결을 하게 된다(대판 1990. 11. 27, 90다카25222).

PLUS

동시이행의 항변권 법리

① 상대방의 이행청구 자체는 적법하다 – 동시이행의 항변권은 항변권자에게 이행거절의 '항변권'을 부여할 뿐이고, 그것이 상대방의 청구권 행사 자체를 방해하지는 않는다. 따라서 상대방은 자신의 반대채무를 이행(제공)하지 않고도 이행청구 자체는 적법하게 할 수 있다.

② 채무자가 항변권을 행사하지 않은 경우 – 원고 전부승소판결을 한다.

③ 채무자가 항변권을 행사한 경우 – 상환급부판결(= 질적일부인용판결)을 한다.

(2) 지체저지효(= 존재효과 : 당연효)

동시이행관계에 있는 경우라면 채무자가 자신의 이행을 하지 않는 것은 정당한 것으로 인정되기 때문에 그 자의 이행지체는 성립되지 않는다. 이행지체의 성립요건 중 위법성을 조각시키기 때문이다. 따라서 이행지체에 따른 책임은 면제된다. 이와 같은 효과는 이행지체의 책임이 없다고 주장하는 자가 반드시 동시이행의 항변권을 행사하여야만 발생하는 것은 아니다.

판례

지체저지효 – 존재효과설 ★★★

쌍무계약에서 쌍방의 채무가 동시이행관계에 있는 경우 일방의 채무의 이행기가 도래하더라도 상대방 채무의 이행제공이 있을 때까지는 그 채무를 이행하지 않아도 이행지체의 책임을 지지 않는 것이며, 이와 같은 효과는 이행지체의 책임이 없다고 주장하는 자가 반드시 동시이행의 항변권을 행사하여야만 발생하는 것은 아니므로, 동시이행관계에 있는 쌍무계약상 자기채무의 이행을 제공하는 경우 그 채무를 이행함에 있어 상대방의 행위를 필요로 할 때에는 언제든지 현실로 이행을 할 수 있는 준비를 완료하고 그 뜻을 상대방에게 통지하여 그 수령을 최고하여야만 상대방으로 하여금 이행지체에 빠지게 할 수 있는 것이다(대판 2001. 7. 10, 2001다3764).

(3) 기타 부수효

① **상계금지효**: 동시이행항변권이 붙어 있는 채권을 자동채권으로 상계하지 못한다(제492조 제1항 단서). 그러나 이를 수동채권으로 하여, 즉 채무자가 자기의 항변권을 포기하고 상계하는 것은 무방하다. 다만 양 채권이 서로 동시이행의 관계에 있는 경우에는 동시이행항변권이 붙은 채권을 자동채권으로 하는 상계는 허용된다.

② **이자발생의 정지**: 동시이행관계에 있는 금전채무에는 이자발생이 정지된다(제587조).

③ **점유의 불법 여부와 부당이득반환의무의 문제**: ㉠ 동시이행의 항변권은 점유를 정당화시키는 점유권원에 해당하므로 점유 자체가 불법행위를 구성하지는 않으나(= 위법성의 조각), ㉡ 동시이행의 항변권이 있다고 하여 사용·수익권이 인정되는 것은 아니므로, 그로 인해 실질적으로 얻은 이익이 있으면 부당이득반환의무(제741조)를 진다(실질적 이득론).

판례

동시이행항변권에 기한 점유가 불법점유에 해당하는지 여부 ★★

쌍무계약이 무효로 되어 각 당사자가 서로 취득한 것을 반환하여야 할 경우, 어느 일방의 당사자에게만 먼저 그 반환의무의 이행이 강제된다면 공평과 신의칙에 위배되는 결과가 되므로 각 당사자의 반환의무는 동시이행관계에 있다고 봄이 상당하다. 이에 따라 어느 당사자 일방이 무효로 된 계약의 목적물을 점유하더라도 상대방이 동시이행의 관계에 있는 자신의 반환의무를 이행하거나 적법하게 이행제공하는 등으로 당사자 일방의 동시이행 항변권을 상실시키지 아니한 이상, 그 점유는 불법점유라 할 수 없으므로 이로 인한 손해배상책임을 지지 아니하고, 이러한 효과는 손해배상책임이 없다고 주장하는 자가 반드시 동시이행의 항변권을 행사하여야만 발생하는 것이 아니다(대판 2019. 6. 13, 2019다208533).

동시이행항변권에 기하여 임차목적물을 계속 점유한 경우 법률관계 ★★★

① 임대차 종료 후 임차인의 임차목적물 명도의무와 임대인의 연체임료 기타 손해배상금을 공제하고 남은 임차보증금 반환의무와는 동시이행의 관계에 있으므로, 임차인이 동시이행의 항변권에 기하여 임차목적물을 점유하고 사용·수익한 경우, ㉠ 그 점유는 불법점유라 할 수 없어 그로 인한 손해배상책임은 지지 아니하되, ㉡ 다만 사용·수익으로 인하여 실질적으로 얻은 이익이 있으면 부당이득으로서 반환하여야 한다(대판 1998. 7. 10, 98다15545).

② 법률상의 원인 없이 이득하였음을 이유로 한 부당이득의 반환에 있어서 이득이라 함은 실질적인 이익을 가리키는 것이므로 법률상 원인 없이 건물을 점유하고 있다 하여도 이를 사용, 수익하지 않았다면 이익을 얻은 것이라고 볼 수 없는 것인 바, 임차인이 임대차계약 종료 이후에도 임차건물부분을 계속 점유하기는 하였으나 이를 사용·수익하지 아니하여 실질적인 이득을 얻은 바 없는 경우에는 그로 인하여 임대인에게 손해가 발생하였다 하더라도 임차인의 부당이득 반환의무는 성립될 여지가 없다(대판 1990. 12. 21, 90다카24076).

일방이 동시이행의 항변권을 상실하였음에도 동시이행 관계에 있지 아니한 다른 채권을 주장하면서 목적물 반환을 거부하는 것이 불법행위인지 여부 ★

쌍무계약이 무효로 되어 각 당사자가 서로 취득한 것을 반환하여야 할 경우, 어느 일방의 당사자에게만 먼저 그 반환의무의 이행이 강제된다면 공평과 신의칙에 위배되는 결과가 되므로 각 당사자의 반환의무는 동시이행의 관계에 있다고 봄이 상당하다. 이러한 동시이행의 항변권을 행사하여 계약 목적물을 계속 점유한 것이라면 그 점유를 불법점유라고 할 수 없을 것이나, 그러한 동시이행의 항변권을 상실하였음에도 불구하고 동시이행의 관계에 있지 아니한 채권이나 또한 상대방에 대하여 가지고 있지 아니한 채권을 주장하면서 그 목적물의 반환을 계속 거부하면서 점유하고 있다면, 이러한 점유는 적어도 과실에 의한 점유로서 불법행위를 구성한다(대판 1996. 6. 14, 95다54693).

④ **부동산매매계약에 있어서 소유권이전등기청구권과 동시이행 관계에 있는 매매대금채권의 소멸시효의 기산일**: 부동산에 대한 매매대금 채권이 소유권이전등기청구권과 동시이행의 관계에 있다고 할지라도 매도인은 매매대금의 지급기일 이후 언제라도 그 대금의 지급을 청구할 수 있는 것이며, 다만 매수인은 매도인으로부터 그 이전등기에 관한 이행의 제공을 받기까지 그 지급을 거절할 수 있는 데 지나지 아니하므로 매매대금 청구권은 그 지급기일 이후 시효의 진행에 걸린다(대판 1991. 3. 22, 90다9797).

4. 동시이행관계(제536조)의 확장

(1) 의의

동시이행의 항변권은 공평의 관념과 신의칙에 입각하여 각 당사자가 부담하는 채무가 서로 대가적 의미를 가지고 관련되어 있을 때 그 이행에 있어서 견련관계를 인정하여 당사자 일방은 상대방이 채무를 이행하거나 이행의 제공을 하지 아니한 채 당사자 일방의 채무의 이행을 청구할 때에는 자기의 채무 이행을 거절할 수 있도록 하는 제도이다. 이러한 제도의 취지에서 볼 때 당사자가 부담하는 각 채무가 쌍무계약에서 고유의 대가관계에 있는 채무가 아니더라도, 양 채무가 동일한 법률요건으로부터 생겨서 대가적 의미가 있거나 공평의 관점에서 보아 견련적으로 이행시킴이 마땅한 경우에는 동시이행의 항변권을 인정할 수 있다(대판 2018. 7. 24, 2017다291593).

판례

비쌍무계약에 확장 적용

원래 쌍무계약에서 인정되는 동시이행의 항변권을 비쌍무계약에 확장함에 있어서는 양 채무가 동일한 법률요건으로부터 생겨서 공평의 관점에서 보아 견련적으로 이행시킴이 마땅한 경우라야 한다(대판 2000. 10. 27, 2000다36118).

(2) 법률규정에 의한 동시이행관계

① 전세권소멸 시의 반환관계(제317조)
② 해제에서의 원상회복(제549조)
③ 매도인의 담보책임(제583조)
④ 도급에서의 손해배상청구권과 수급인의 보수청구권 사이(제667조)
⑤ 종신정기금의 해제(제728조)
⑥ 가등기담보에서 청산금지급의무와 본등기 · 인도의무 사이[가등기 담보 등에 관한 법률(약칭 : 가담법) 제4조]

(3) 판례가 인정한 동시이행관계

① 계약의 무효 · 취소로 인한 부당이득반환의무(대판 1976. 4. 27, 75다1241; 대판 2001. 7. 10, 2001다3764)

판례

계약의 무효·취소로 인한 당사자 쌍방의 부당이득반환의무 상호 간
동시이행의 항변권을 규정한 민법 제536조의 취지는 공평관념과 신의칙에 합당하기 때문이며 동조가 동법 제549조에 의하여 계약해제의 경우 각 당사자의 원상회복의무이행에 준용되고 있는 점을 생각할 때, ① 쌍무계약이 무효로 되어 각 당사자가 서로 취득한 것을 반환하여야 할 경우에 각 당사자의 반환의무는 동시이행의 관계에 있다(대판 1976. 4. 27, 75다1241; 대판 2007. 12. 28, 2005다38843). ② 매매계약이 취소된 경우에도 당사자 쌍방의 원상회복의무는 동시이행의 관계에 있다(대판 2001. 7. 10, 2001다3764).

② **어음·수표의 반환의무와 원인채무의 이행의무**: 기존채무와 어음, 수표채무가 병존하는 경우 원인채무의 이행과 어음, 수표의 반환이 동시이행의 관계에 있다 하더라도 채권자가 어음, 수표의 반환을 제공하지 아니하면 채무자에게 적법한 이행의 최고를 할 수 없다고 할 수는 없고, 채무자는 원인채무의 이행기를 도과하면 원칙적으로 이행지체의 책임을 지고, 채권자로부터 어음, 수표의 반환을 받지 아니하였다 하더라도 이 어음, 수표를 반환하지 않음을 이유로 위와 같은 항변권을 행사하여 그 지급을 거절하고 있는 것이 아닌 한 이행지체의 책임을 면할 수 없다(대판 1993. 11. 9, 93다11203).

③ **임대차계약의 종료 시 건물명도의무와 보증금 반환의무**: 임대차계약의 기간이 만료된 경우에 임차인이 임차목적물을 명도할 의무와 임대인이 보증금 중 연체차임 등 해당 임대차에 관하여 명도 시까지 생긴 모든 채무를 청산한 나머지를 반환할 의무는 동시이행의 관계가 있다(대판(전) 1977. 9. 28, 77다1241).

(4) 동시이행관계의 부정 예

① **피담보채무의 변제와 담보물권의 소멸의무**: 피담보채무의 변제(선이행)와 저당권설정등기의 말소(대판 1991. 4. 12, 90다9872)·질물 반환의무(통설) 또는 양도담보권의 말소의무(통설)는 동시이행의 관계에 있지 아니하다.

판례

금전채권의 채무자가 채권자에게 담보를 제공한 경우, 채무자의 변제의무와 채권자의 담보 반환의무가 동시이행관계에 있는지 여부(원칙적 소극) 및 이때 채권자가 담보를 반환하기 전에도 채무자가 이행지체 책임을 지는지 여부(원칙적 적극) ★
① 당사자 쌍방의 채무가 동시이행관계에 있는 경우 일방 채무의 이행기가 도래하더라도 상대방 채무의 이행제공이 있을 때까지는 채무를 이행하지 않아도 이행지체의 책임을 지지 않는다. ② (그러나) 금전채권의 채무자가 채권자에게 담보를 제공한 경우 특별한 사정이 없는 한 채권자는 채무자로부터 채무를 모두 변제받은 다음 담보를 반환하면 될 뿐 채무자의 변제의무와 채권자의 담보 반환의무가 동시이행관계에 있다고 볼 수 없다. 따라서 채권자가 채무자로부터 제공받은 담보를 반환하기 전에도 특별한 사정이 없는 한 채무자는 이행지체 책임을 진다(대판 2019. 10. 31, 2019다247651).

② **임대인의 임대차보증금 반환의무(선이행)와 임차권등기(주임법 제3조의3)의 말소의무** ★★ : 주택임대차보호법 제3조의3 규정에 의한 임차권등기는 이미 임대차계약이 종료하였음에도 임대인이 그 보증금을 반환하지 않는 상태에서 경료되게 되므로, 이미 사실상 이행지체에 빠진 임대인의 임대차보증금의 반환의무와 그에 대응하는 임차인의 권리를 보전하기 위하여 새로이 경료하는 임차권등기에 대한 임차인의 말소의무를 동시이행관계에 있는 것으로 해석할 것은 아니고, 특히 위 임차권등기는 임차인으로 하여금 기왕의 대항력이나 우선변제권을 유지하도록 해 주는 담보적 기능만을 주목적으로 하는 점 등에 비추어 볼 때, 임대인의 임대차보증금의 반환의무가 임차인의 임차권등기 말소의무보다 먼저 이행되어야 할 의무이다(대판 2005. 6. 9, 2005다4529).

③ **임차인의 임차목적물 반환의무와 임대인의 권리금 회수 방해로 인한 손해배상의무** : 임차인의 임차목적물 반환의무는 임대차계약의 종료에 의하여 발생하나, 임대인의 권리금 회수 방해로 인한 손해배상의무는 상가건물 임대차보호법에서 정한 권리금 회수기회 보호의무 위반을 원인으로 하고 있으므로 양 채무는 동일한 법률요건이 아닌 별개의 원인에 기하여 발생한 것일 뿐 아니라 공평의 관점에서 보더라도 그 사이에 이행상 견련관계를 인정하기 어렵다(대판 2019. 7. 10, 2018다242727).

5. 동시이행항변권의 행사와 권리남용

동시이행항변권의 요건을 갖춘 경우에도, 그 행사가 주로 자기 채무의 이행만을 회피하기 위한 수단이라고 보여지는 경우에는 그 항변권의 행사는 권리남용으로서 배척되어야 한다(대판 1992. 4. 28, 91다29972). 예컨대 임차인이 금 326,000원이 소요되는 전기시설의 원상회복을 하지 않은 채 건물을 반환한 경우, 임대인은 임차인이 원상회복을 하지 않았음을 이유로 금 1억 원 상당의 임대차보증금 전액의 반환을 거부할 동시이행의 항변권을 행사할 수는 없다(대판 1999. 11. 12, 99다34697).

✦ 동시이행의 항변권이 인정되는 경우

민법 및 특별법에서 인정하는 것	판례 내지 통설이 인정하는 것
① 전세권소멸과 동시이행(제317조) ② 계약해제로 인한 원상회복의무(제549조) ③ 매도인의 담보책임(제583조) ④ 도급인의 손해배상청구권과 수급인의 보수청구권 사이(제667조) ⑤ 종신정기금계약의 해제(제728조) ⑥ 가등기담보에 있어 청산금지급채무와 목적부동산에 대한 본등기 및 인도의무 사이(가담법 제4조 제3항) ⑦ 주택임대차보호법 제3조 제6항	① 계약이 무효, 취소된 경우의 당사자 상호 간의 반환의무(판례) ② 변제와 영수증의 교부(단, 변제와 채권증서의 반환은 동시이행관계에 있지 않다는 것이 통설·판례임) ③ 원인채무의 지급확보를 위하여 어음, 수표가 교부된 경우에 교부된 어음이나 수표가 반환될 때까지 원인채무의 이행의 거절 ④ 임차인이 임대목적물을 반환할 의무와 임대인이 명도 시까지 생긴 모든 채무를 청산한 나머지 보증금을 반환할 의무

03 위험부담

제537조【채무자위험부담주의】
쌍무계약의 당사자 일방의 채무가 당사자 쌍방의 책임 없는 사유로 이행할 수 없게 된 때에는 채무자는 상대방의 이행을 청구하지 못한다.
제538조【채권자귀책사유로 인한 이행불능】
① 쌍무계약의 당사자 일방의 채무가 채권자의 책임 있는 사유로 이행할 수 없게 된 때에는 채무자는 상대방의 이행을 청구할 수 있다. 채권자의 수령지체 중에 당사자 쌍방의 책임 없는 사유로 이행할 수 없게 된 때에도 같다.
② 전항의 경우에 채무자는 자기의 채무를 면함으로써 이익을 얻은 때에는 이를 채권자에게 상환하여야 한다.

1. 서설

(1) 의의

위험부담이란 쌍무계약에 있어서 당사자 일방의 채무가 채무자의 책임 없는 사유로 후발적으로 이행불능이 되어 소멸한 경우에 그로 인한 불이익(= 위험)을 누구에게 귀속시킬 것인가의 문제를 말한다. 즉 그에 대응하는 상대방의 채무도 소멸하는지의 문제이다.

(2) 위험의 종류

위험이란 급부가 당사자의 책임 없는 사유로 불능이 된 경우에 그로 인한 불이익을 말하는데, 이러한 위험에는 물건의 위험(= 급부위험)과 대가의 위험(= 반대급부의 위험) 두 종류가 있다. 일반적으로 위험부담이라고 할 때에는 대가위험(= 반대급부의 위험)을 말한다.

① **물건위험**: 채무자의 귀책사유 없이 급부불능이 된 경우에 채무자의 채무는 목적달성의 불능으로 소멸하며, 그 결과 채권자는 채무자에 대한 채권을 잃게 된다. 따라서 급부를 받지 못하게 되는 위험(= 급부위험)은 채권자가 부담한다.

② **대가위험**: 쌍무계약에서 급부의 목적물인 물건이 멸실됨으로써 자신의 급부의무를 면한 채무자가 상대방에 대하여 반대급부(= 대가)를 청구할 수 있는지의 문제를 대가위험의 문제라 한다. 이 경우 반대급부의무도 함께 소멸한다고 하면 채무자가 채권자로부터 반대급부(= 대가)를 받지 못하게 되므로 채무자가 대가위험을 부담한다.

(3) 민법의 태도

우리 민법은 제537조에서 원칙적으로 채무자위험부담주의를 채택하고 있으며, 제538조에서 예외적으로 채권자위험부담주의를 채택하고 있다.

(4) 위험부담 규정의 법적 성질

위험부담에 관한 제537조와 제538조는 임의규정이다(대판 2005. 2. 18, 2003두3734). 따라서 당사자의 특약으로 달리 정할 수 있다.

2. 원칙 - 채무자위험부담주의

(1) 의의

쌍무계약자의 당사자 일방의 채무가 당사자 쌍방의 책임 없는 사유로 이행불능이 된 때에는 채무자는 상대방의 이행을 청구하지 못한다(제537조).

(2) 요건

① **쌍무계약에서 쌍방 당사자의 귀책사유 없는 불능일 것**: 쌍무계약에서 당사자 일방의 채무가 당사자 쌍방의 귀책사유 없이 불능이 되어야 한다. 제3자의 행위로 인한 것이든 자연력에 의한 것이든 묻지 않는다. 후발적 불능이 채무자의 귀책사유에 의한 경우에는 이는 위험부담의 문제가 아니라 채무불이행(이행불능)의 문제가 된다.

② **후발적 불능일 것**: 급부가 계약성립 후에 불능에 이르러야 한다. 계약성립 당시부터 불능이 '원시적 불능'의 경우에는 위험부담의 문제는 발생하지 않고, 계약체결상 과실책임 내지 담보책임이 문제될 뿐이다.

(3) 효과

① **반대급부청구권의 소멸**: 채권자의 채무도 소멸하는 결과, 채무자는 상대방의 이행을 청구하지 못한다(제537조).

판례

이미 이행한 급부에 대한 부당이득반환청구의 가부 ★

민법 제537조는 채무자위험부담주의를 채택하고 있는바, 쌍무계약에서 당사자 쌍방의 귀책사유 없이 채무가 이행불능된 경우 채무자는 급부의무를 면함과 더불어 반대급부도 청구하지 못하므로, 쌍방 급부가 없었던 경우에는 계약관계는 소멸하고 이미 이행한 급부는 법률상 원인 없는 급부가 되어 부당이득의 법리에 따라 반환청구할 수 있다(대판 2009. 5. 28, 2008다98655, 대판 2021. 5. 27, 2017다254228).

이행불능의 경우 규율법리(대판 2017. 8. 29, 2016다212524; 대판 2017. 10. 12, 2016다9643) ★★

① 쌍무계약에서 계약 체결 후에 당사자 쌍방의 귀책사유 없이 채무의 이행이 불가능하게 된 경우 채무자는 급부의무를 면함과 더불어 반대급부도 청구하지 못하므로, 쌍방 급부가 없었던 경우에는 계약관계는 소멸하고, 이미 이행한 급부는 법률상 원인 없는 급부가 되어 부당이득의 법리에 따라 반환청구할 수 있다. 한편 ② 계약 당시에 이미 채무의 이행이 불가능했다면 특별한 사정이 없는 한 채권자가 이행을 구하는 것은 허용되지 않고, 이미 이행한 급부는 법률상 원인 없는 급부가 되어 부당이득의 법리에 따라 반환청구할 수 있으며, 나아가 민법 제535조에서 정한 계약체결상의 과실책임을 추궁하는 등으로 권리를 구제받을 수 있다.

---

② **채무의 일부불능**: 일부불능으로 인해 ㉠ 계약의 목적을 달성할 수 없는 경우에는 '전부불능'으로 다루어 위험부담의 문제로 된다. 그러나 ㉡ 나머지 잔존급부만으로도 계약목적을 달성할 수 있는 경우에는 그 불능에 비례하는 범위에서 채권자의 반대급부의무도 감축된다고 보는 것이 통설이다.

③ **대상청구권과의 관계**: 채무자가 급부불능으로 인해 급부에 갈음하는 이익(= 대상)을 취득하여 채권자가 그 대상을 청구하면 자신의 반대급부의무도 존속한다. 즉 대상청구권을 행사한 경우에는 위험부담의 문제(제537조)는 소멸한다.

PLUS

위험의 이전

채무자위험부담주의라고 해서 언제까지나 채무자가 위험을 부담한다는 의미가 아니다. 즉, 채무자가 일정한 시점까지는 위험을 부담하지만, 그 시점 이후에는 위험이 이전되어 채권자가 위험을 부담하게 된다. 통상은 채무자가 채무 내용에 좇은 중요부분의 이행을 마친 시점(= 목적물 인도 시)을 기준으로 위험이 이전된다.

3. 예외 - 채권자위험부담주의

(1) 의의

쌍무계약의 당사자 일방의 채무가 '채권자의 책임 있는 사유'로 이행할 수 없게 되거나 채권자지체 중에 불능이 된 때에는 채무자는 상대방의 이행을 청구할 수 있다(제538조 제1항).

(2) 요건

① **'채권자의 책임 있는' 사유로 인한 불능**: '채권자'의 책임 있는 사유로 인해 급부불능이 되어야 한다(제538조 제1항 제1문). 여기서 '채권자의 책임 있는 사유'란 채무불이행에 있어서 채무자의 귀책사유와 같은 개념은 아니고, 급부불능을 초래한 데에 대한 신의칙상의 비난 정도를 말한다(대판 2004. 3. 12, 2001다79013).[4]

판례

제538조 제1항의 '채권자의 책임 있는 사유' 의미

민법 제538조 제1항은 쌍무계약의 위험부담에 관한 채무자주의 원칙의 예외로서 "쌍무계약의 당사자 일방의 채무가 채권자의 책임 있는 사유로 이행할 수 없게 된 때에는 채무자는 상대방의 이행을 청구할 수 있다."고 규정하고 있다. 여기에서 '채권자의 책임 있는 사유'란 채권자의 어떤 작위나 부작위가 채무자의 이행의 실현을 방해하고 그 작위나 부작위는 채권자가 이를 피할 수 있었다는 점에서 신의칙상 비난받을 수 있는 경우를 의미한다(대판 2014. 11. 27, 2013다94701).

② **'채권자지체' 중에 '쌍방의 책임 없는' 사유로 인한 불능**: 채권자의 수령지체 중에 당사자 쌍방의 책임 없는 사유로 채무자가 이행할 수 없게 된 경우이어야 한다(제538조 제1항 제2문). 이와 관련하여 다음과 같은 문제가 있다.

---

4 판례는 영상물 제작공급계약상 수급인의 채무가 도급인과 협력하여 그 지시감독을 받으면서 영상물을 제작하여야 하므로 도급인의 협력 없이는 완전한 이행이 불가능한 채무이고, 한편 그 계약의 성질상 수급인이 일정한 기간 내에 채무를 이행하지 아니하면 계약의 목적을 달성할 수 없는 정기행위인 사안에서, 도급인의 영상물제작에 대한 협력의 거부로 수급인이 독자적으로 성의껏 제작하여 납품한 영상물이 도급인의 의도에 부합되지 아니하게 됨으로써 결과적으로 도급인의 의도에 부합하는 영상물을 기한 내에 제작하여 납품하여야 할 수급인의 채무가 이행불능케 된 경우, 이는 계약상의 협력의무의 이행을 거부한 도급인의 귀책사유로 인한 것이므로 수급인은 약정대금 전부의 지급을 청구할 수 있다고 하였다(대판 1996. 7. 9, 96다14364).

㉠ **채권자의 수령지체에 해당하기 위한 변제제공의 방법**: 민법 제400조 소정의 채권자지체가 성립하기 위해서는 민법 제460조 소정의 채무자의 변제 제공이 있어야 하고, 변제 제공은 원칙적으로 현실 제공으로 하여야 하며 다만 채권자가 미리 변제받기를 거절하거나 채무의 이행에 채권자의 행위를 요하는 경우에는 구두의 제공으로 하더라도 무방하고, 채권자가 변제를 받지 아니할 의사가 확고한 경우(이른바, 채권자의 영구적 불수령)에는 구두의 제공을 한다는 것조차 무의미하므로 그러한 경우에는 구두의 제공조차 필요 없다고 할 것이지만, 그러한 구두의 제공조차 필요 없는 경우라고 하더라도, 이는 그로써 채무자가 채무불이행책임을 면한다는 것에 불과하고, 민법 제538조 제1항 제2문 소정의 '채권자의 수령지체 중에 당사자 쌍방의 책임 없는 사유로 이행할 수 없게 된 때'에 해당하기 위해서는 현실 제공이나 구두 제공이 필요하다(대판 2004. 3. 12, 2001다79013).

㉡ **쌍방의 책임 없는 사유에 채무자의 경과실도 포함하는지 여부**: 채권자지체 중에 채무자는 고의나 중과실이 없는 한 면책되므로(제401조), 채권자지체 중 '쌍방의 책임 없는' 사유에는 '채무자의 경과실'로 인한 불능도 포함한다(통설).

(3) 효과

① **채무자의 반대급부청구권**: 채무자는 자신의 급부의무를 면하고 채권자에 대해 본래의 반대급부를 청구할 수 있다.

판례

사용자의 부당해고 시 근로자의 임금청구 가능성

① 원칙적 인정 – 사용자의 근로자에 대한 해고가 무효인 경우 근로자는 근로계약관계가 유효하게 존속함에도 불구하고 사용자의 귀책사유로 인하여 근로 제공을 하지 못한 셈이므로 민법 제538조 제1항에 의하여 그 기간 중에 근로를 제공하였을 경우에 받을 수 있는 반대급부인 임금 전부의 지급을 청구할 수 있다(대판 1981. 12. 22, 81다626).[5]

② 예외적 부정 – 해고가 없었다고 하더라도 취업이 사실상 불가능한 상태가 발생한 경우라든가 사용자가 정당한 사유에 의하여 사업을 폐지한 경우에는 사용자의 귀책사유로 인하여 근로제공을 못한 것이 아니므로 그 기간 중에는 임금을 청구할 수 없다. 따라서 해고기간 중 근로자가 징역형을 선고받아 상당기간 구속된 경우 해고가 무효라고 하더라도 구속기간 동안에는 근로자가 근로의 제공을 할 수 없는 처지였다고 할 것이므로 구속기간 동안의 임금을 청구할 수 없다(대판 1994. 9. 13, 93다50017).

---

5 ① 중간수입의 공제 – 사용자의 귀책사유로 인하여 해고된 근로자가 해고기간 중에 다른 직장에 종사하여 얻은 이익(이른바 중간수입)은 민법 제538조 제2항에서 말하는 채무를 면함으로써 얻은 이익에 해당하므로, 사용자는 위 근로자에게 해고기간 중의 임금을 지급함에 있어 위의 이익의 금액을 임금액에서 공제할 수 있다(대판 1991. 6. 28, 90다카25277). 그러나 상환하여야 할 이익은 채무를 면한 것과 상당인과관계에 있는 것에 한하므로, 해고 전부터 처의 주도로 경영하던 과수원에서 부업으로 얻어온 수입은 공제할 이익이 아니다(대판 1993. 5. 25, 92다31125).

② 중간수입 공제의 제한 – 근로기준법 제38조는 근로자의 최저생활을 보장하려는 취지에서 사용자의 귀책사유로 인하여 휴업하는 경우에는 사용자는 휴업기간 중 당해 근로자에게 그 평균임금의 100분의 70 이상의 수당을 지급하여야 한다고 규정하고 있고, 여기서의 휴업에는 개개의 근로자가 근로계약에 따라 근로를 제공할 의사가 있음에도 불구하고 그 의사에 반하여 취업이 거부되거나 또는 불가능하게 된 경우도 포함되므로 근로자가 사용자의 귀책사유로 인하여 해고된 경우에도 위 휴업수당에 관한 근로기준법이 적용될 수 있으며 이 경우에 근로자가 지급받을 수 있는 해고기간 중의 임금액 중 위 휴업수당의 한도에서는 이를 중간수입공제의 대상으로 삼을 수 없고, 그 휴업수당을 초과하는 금액 범위에서만 공제하여야 할 것이다(대판 1991. 12. 13, 90다18999).

② **채무자의 이익상환의무**(제538조 제2항) : 채권자가 예외적으로 위험을 부담하는 위의 두 경우에 채무자는 자기의 채무를 면함으로써 이익을 얻은 때에는 이를 채권자에게 상환하여야 한다. 그 이익이란 채무를 면한 것과 상당인과관계에 있는 것에 한한다.

4. 위험의 이전

(1) 의의

위험부담은 채무자에게 채무가 있는 상태에서 문제되는 것이고, 채무자위험부담주의상 대가의 위험은 원칙적으로 목적물을 이전하기 전에는 채무자가 부담한다는 것이다. 따라서 채무자가 채무의 이행을 마친 때에는 위험은 채권자에게 이전한다. 다만 구체적으로 언제 위험이 이전되는지가 문제된다.

(2) 동산의 경우

일반적으로 매매의 목적물이 동산인 경우에는 인도 시 위험이 상대방에게 이전된다. 인도에는 현실인도, 점유개정, 간이인도, 반환청구권 양도가 모두 포함된다.

(3) 부동산의 경우

위험의 이전 시기를 소유권이전등기 시로 볼 것인지, 목적물의 인도 시로 볼 것인지 여부가 문제된다. 이에 대하여 다수설은 등기이전이나 목적물의 인도 중 어느 하나라도 있으면 위험이 매수인에게 이전한다고 보는 입장이다.

(4) 채권자치제가 발생한 경우

채권자지체가 있으면 당사자 쌍방의 책임 없는 사유로 이행불능이 되더라도 채권자가 위험을 부담하므로(제538조 제1항 제2문), 채권자지체의 경우는 이행제공 시에 위험이 이전된다.

제3관 _ 제3자를 위한 계약

01 서설

1. 의의

(1) 개념

계약은 일반적으로 그 효력을 당사자 사이에서만 발생시킬 의사로 체결되지만, 제3자를 위한 계약이란 계약당사자(요약자와 낙약자) 간의 약정으로 계약당사자가 아닌 제3자로 하여금 직접 계약당사자의 일방에 대하여 권리(급부청구권)를 취득하게 하는 계약을 말한다(제539조). 즉, 계약당사자의 일방이 제3자에게 직접 채무를 부담할 것을 내용으로 하는 계약을 말한다.

제3자를 위한 계약 예

① 타인을 위한 보험계약, ② 변제를 위한 공탁, ③ 운송계약, ④ 채무자와 인수인 사이의 병존적 채무인수가 대표적인 예이다.

(2) 유사개념 – 부진정한 제3자를 위한 계약

제3자가 권리를 취득하지 않고 단지 채무자가 행한 급부를 수령할 수 있는 권한만을 갖는 경우를 부진정한 제3자를 위한 계약이라 한다. 이른바 이행인수의 경우가 대표적인 예에 해당한다.

2. 인정근거

제3자를 위한 계약은 사적 자치의 원칙, 즉 계약당사자의 자유로운 의사에 기한 것으로 유효하다고 본다(통설).

3. 적용범위

제3자에게 의무만을 부담지우는 약정은 사적 자치의 한계를 벗어난 것으로서 무효이다. 다만 제3자에게 권리를 취득케 하면서 동시에 일정한 의무를 부담시키는 것이 유효한지 여부가 문제되는데, 이에 대해 판례는 제3자를 위한 계약은 단순히 제3자에게 권리만을 부여하는 것을 필요로 하지 않고 제3자에게 일정한 부담하에 권리를 부여하는 것도 가능하다고 한다(대판 1965. 11. 9, 65다1620).

02 삼면관계 – 3자 사이의 법률관계

1. 요약자와 낙약자 사이의 관계(기본관계 · 보상관계)

기본관계는 제3자의 권리를 성립시키는 기초이므로 그것이 무효 · 취소되면 제3자는 채권을 취득하지 못한다. 즉, 기본관계의 흠결 · 하자는 계약의 효력에 영향을 미치고, 낙약자는 기본관계에서 생기는 항변권으로 수익자에게 대항할 수 있다(제542조).

2. 요약자와 제3자 사이의 관계(원인관계 · 대가관계)

제3자 수익의 원인관계로서 대가관계라고 한다. 이러한 대가관계는 제3자를 위한 계약 자체의 내용은 아니므로 대가관계의 흠결이나 하자는 계약의 성립이나 효력에 영향이 없으며, 대가관계가 없더라도 제3자를 위한 계약 그 자체는 유효하게 성립된다. 다만, 요약자는 제3자에 대하여 수령한 급부를 부당이득으로서 반환할 것을 청구할 수 있다.

3. 낙약자와 제3자 사이의 관계(급부관계 · 실행관계)

낙약자와 제3자 사이의 법률관계를 급부관계라고 한다. 이러한 급부관계도 계약관계는 아니다. 다만 수익자는 기본관계에 기하여 낙약자에 대해 급부청구권을 가진다.

03 성립요건

> 제539조 【제3자를 위한 계약】
> ① 계약에 의하여 당사자 일방이 제3자에게 이행할 것을 약정한 때에는 그 제3자는 채무자에게 직접 그 이행을 청구할 수 있다.
> ② 전항의 경우에 제3자의 권리는 그 제3자가 채무자에게 대하여 계약의 이익을 받을 의사를 표시한 때에 생긴다.

1. 요약자와 낙약자 간의 유효한 계약의 성립

요약자와 낙약자 사이의 기본계약은 계약의 성립요건과 유효요건을 모두 갖추어야 한다. 반면에 대가관계의 유효 여부는 제3자를 위한 계약의 효력에 영향을 미치지 않는다.

2. 제3자 약관의 존재(수익조항의 존재)

(1) 요약자와 낙약자 간의 계약의 내용으로 제3자에게 직접 권리를 취득하게 하는 약정이 있어야 한다. 이를 제3자 약관 혹은 제3자 수익조항이라고 한다. 이에 대한 당사자의 의사가 불분명한 경우에 그것이 제3자를 위한 계약인지 여부는 의사해석 문제로서, 계약 체결의 목적, 당사자가 한 행위의 성질, 계약으로 당사자 사이 또는 당사자와 제3자 사이에 생기는 이해득실, 거래 관행, 제3자를 위한 계약제도가 갖는 사회적 기능 등을 종합하여 계약당사자의 의사를 합리적으로 해석함으로써 판별할 수 있다(대판 2018. 7. 12, 2018다204992).

→ 병존적 채무인수계약은 제3자를 위한 계약이나 면책적 채무인수 · 이행인수 · 계약인수는 제3자를 위한 계약이 아니다.

(2) 계약의 당사자가 제3자에 대하여 가진 채권에 관하여 그 채무를 면제하는 계약도 제3자를 위한 계약에 준하는 것으로서 유효하다(대판 2004. 9. 3, 2002다37405).

3. 제3자(수익자)의 존재

수익자는 계약체결 당시에 처음부터 확정되어 있을 필요는 없고, 또한 현존하고 있어야 하는 것도 아니다. 따라서 태아나 설립 중 법인을 수익자로 하는 것도 가능하다.

04 효과

1. 수익자에 대한 효력

(1) 수익의 의사표시의 법적 성질

① **제3자의 채권취득의 요건**: 수익의 의사표시가 없더라도 제3자를 위한 계약은 성립하고 당사자 사이에 효력을 발생한다. 따라서 수익의 의사표시는 제3자를 위한 계약의 성립요건이나 유효요건이 아니고, 제3자가 채권을 취득하기 위한 요건일 뿐이다.

② **수익의 의사표시의 방법**: 수익의 의사표시는 낙약자에 대한 권리취득의 효과를 발생케 한다는 점에서 형성권에 해당한다. 이러한 수익의 의사표시는 낙약자(채무자)에 대해 하여야 하고, 명시적 또는 묵시적(예 급부의 이행청구, 요약자와 낙약자 간 계약서의 수취인란에 기명날인 등)으로 할 수 있다. 따라서 반드시 서면으로 이루어져야 할 필요는 없다.

판례

수익의 의사표시의 방법(대판 2006. 5. 25, 2003다45267) ★
주택분양보증은 구 주택건설촉진법 제33조의 사업계획승인을 얻은 자가 분양계약상의 주택공급의무를 이행할 수 없게 되는 경우 주택사업공제조합이 수분양자가 이미 납부한 계약금 및 중도금의 환급 또는 주택의 분양에 대하여 이행책임을 부담하기로 하는 조건부 제3자를 위한 계약인데, 제3자 지위에 있는 수분양자는 수익의 의사표시에 의하여 권리를 취득함과 동시에 의무를 부담할 수 있고, 제3자를 위한 계약의 수익의 의사표시는 명시적으로뿐만 아니라 묵시적으로도 할 수 있다.[6]

③ **행사기간 및 상대방의 최고권**

> **제540조【채무자의 제3자에 대한 최고권】**
> 전조의 경우에 채무자는 상당한 기간을 정하여 계약의 이익의 향수 여부의 확답을 제3자에게 최고할 수 있다. 채무자가 그 기간 내에 확답을 받지 못한 때에는 제3자가 계약의 이익을 받을 것을 거절한 것으로 본다.

㉠ 수익의 의사표시는 특별한 사정이 없으면 10년의 제척기간에 걸린다.

㉡ 낙약자는 상당한 기간을 정하여 계약의 이익의 향수 여부의 확답을 제3자에게 최고할 수 있고, 낙약자가 그 기간 내에 확답을 받지 못한 때에는 제3자가 계약의 이익을 받을 것을 거절한 것으로 본다.

(2) 수익의 의사표시 전의 제3자의 지위

제3자는 일방적인 의사표시에 의해 권리를 취득할 수 있는 지위, 즉 일종의 형성권을 갖는다. 이 권리는 재산적 색채가 강하므로 일신전속권이 아니다. 따라서 양도·상속은 물론이고 채권자대위권의 목적이 된다(다수설).

---

6 주택사업공제조합이 주택분양보증의 이행으로 승계시공자를 선정하여 잔여 공사를 시공하게 한 사안에서, 수분양자들의 묵시적인 수익의 의사표시가 있었고, 이로써 수분양자들은 주택분양보증약관에 따라 분양이행청구권을 취득함과 동시에 잔여 분양대금 지급채무를 부담한다고 한 사례이다.

(3) 수익의 의사표시 후의 제3자의 지위

제541조【제3자의 권리의 확정】
제539조의 규정에 의하여 제3자의 권리가 생긴 후에는 당사자는 이를 변경 또는 소멸시키지 못한다.

① 수익의 의사표시가 있으면 제3자는 계약상 권리를 직접 확정적으로 취득한다. 따라서 수익의 의사표시를 하여 제3자의 권리가 생긴 후에는, 당사자는 이를 변경 또는 소멸시키지 못한다(제541조).

② 다만 제3자는 계약의 당사자가 아니다. 따라서 제3자는 해제권이나 해제를 원인으로 한 원상회복청구권은 가지지 못한다. 다만 낙약자의 채무불이행이 있는 경우에 제3자는 낙약자에 대해 손해배상을 청구할 수 있다(대판 1994. 8. 12, 92다41559).

③ 제3자를 위한 계약이 무효・취소・해제된 경우, 수익자는 제3자 보호규정(제107조 제2항, 제108조 제2항, 제109조, 제110조, 제548조 제1항 단서)상의 제3자에 해당하지 않는다. 수익자는 '새로운 이해관계'를 맺은 자가 아니라, 제3자를 위한 계약으로부터 '직접' 권리를 취득한 자이기 때문이다.

판례

제541조의 임의변경・소멸의 금지 ★
제3자를 위한 계약에 있어서, 제3자가 민법 제539조 제2항에 따라 수익의 의사표시를 함으로써 제3자에게 권리가 확정적으로 귀속된 경우에는, 요약자와 낙약자의 합의에 의하여 제3자의 권리를 변경・소멸시킬 수 있음을 미리 유보하였거나 제3자의 동의가 있는 경우가 아니면, 계약의 당사자인 요약자와 낙약자는 제3자의 권리를 변경・소멸시키지 못하고, 만일 계약의 당사자가 제3자의 권리를 임의로 변경・소멸시키는 행위를 한 경우 이는 제3자에 대하여 효력이 없다(대판 2022. 1. 14, 2021다271183).

수익자의 지위 ★★
수익의 의사표시를 한 수익자는 낙약자의 채무불이행이 있는 경우 손해배상청구권이 있으나, 계약해제권이나 계약해제에 따른 원상회복청구권이 있다고 볼 수는 없다(대판 1994. 8. 12, 92다41559).
→ ① 제3자를 위한 계약의 당사자가 아닌 수익자는 계약의 해제권이나 해제를 원인으로 한 원상회복청구권이 있다고 볼 수 없다. 그러나 ② 제3자를 위한 계약에 있어서 수익의 의사표시를 한 수익자는 낙약자에게 직접 그 이행을 청구할 수 있을 뿐만 아니라 요약자가 계약을 해제한 경우에는 낙약자에게 자기가 입은 손해의 배상을 청구할 수 있는 것이므로, 수익자가 완성된 목적물의 하자로 인하여 손해를 입었다면 낙약자는 그 손해를 배상할 의무가 있다.

수익자의 제3자성 여부
① 제110조 제2항의 '제3자'에 해당 여부(적극) – 통설은 수익자는 제110조 제2항의 '제3자'에 해당한다고 본다. 따라서 제3자가 낙약자를 사기, 강박하여 요약자와 계약을 체결하게 한 때 낙약자는 요약자가 이를 알았거나 알 수 있었을 때 한하여 취소할 수 있다(제110조 제2항).
② 제3자 보호규정(제107조 제2항, 제108조 제2항, 제109조 제2항, 제110조 제3항, 제548조 제1항 단서)의 제3자성(소극) – 수익자는 기본계약을 기초로 '새로운 이해관계'를 맺은 자가 아니라, 기본계약으로부터 '직접' 권리를 취득한 자이므로 여기서 말하는 '제3자'에 해당하지 않는다.

2. 요약자에 대한 효력

(1) 요약자의 급부이행청구권

제3자가 낙약자에 대해 직접 급부의 이행을 청구할 수 있음은 물론이고, 요약자도 계약에 기초하여 낙약자에 대해 제3자에게 급부를 이행할 것을 청구할 수 있다.

판례

제3자를 위한 계약에서 요약자가 제3자의 권리와는 별도로 낙약자에 대하여 제3자에게 급부를 이행할 것을 요구할 수 있는 권리를 가지는지 여부(적극) ★★

제3자를 위한 계약에서 제3자는 채무자(낙약자)에 대하여 계약의 이익을 받을 의사를 표시한 때에 채무자에게 직접 이행을 청구할 수 있는 권리를 취득하고(민법 제539조), 요약자는 '제3자를 위한 계약의 당사자'로서 원칙적으로 제3자의 권리와는 별도로 낙약자에 대하여 제3자에게 급부를 이행할 것을 요구할 수 있는 권리를 가진다. 이때 낙약자가 요약자의 이행청구에 응하지 아니하면 특별한 사정이 없는 한 요약자는 낙약자에 대하여 제3자에게 급부를 이행할 것을 소로써 구할 이익이 있다(대판 2022. 1. 27, 2018다259565).

(2) 낙약자의 채무불이행으로 인한 계약해제권

수익자의 권리가 확정된 이후에도 낙약자의 채무불이행이 있는 경우에 요약자는 낙약자로 하여금 제3자에게 손해배상할 것을 청구할 수 있고, 수익자의 동의 없이 일방적으로 그 계약을 해제할 수 있다(대판 1970. 2. 24, 69다1410).

판례

제3자를 위한 계약관계에서 낙약자와 요약자 사이의 법률관계(이른바 기본관계)를 이루는 계약이 해제된 경우, 낙약자가 이미 제3자에게 급부한 것에 대해 계약해제에 기한 원상회복 또는 부당이득을 원인으로 제3자를 상대로 그 반환을 구할 수 있는지 여부(소극) ★★★

① 제3자를 위한 계약관계에서 낙약자와 요약자 사이의 법률관계(이른바 기본관계)를 이루는 계약이 해제된 경우 그 계약관계의 청산은 계약의 당사자인 낙약자와 요약자 사이에 이루어져야 하므로, 특별한 사정이 없는 한 낙약자가 이미 제3자에게 급부한 것이 있더라도 낙약자는 계약해제에 기한 원상회복 또는 부당이득을 원인으로 제3자를 상대로 그 반환을 구할 수 없다(대판 2005. 7. 22, 2005다7566 · 7573).

② 제3자를 위한 계약에서의 제3자가 계약해제 시 보호되는 민법 제548조 제1항 단서의 제3자에 해당하지 않음은 물론이나, 그렇다고 당연히 계약해제로 인한 원상회복의무를 부담해야 하는 것은 아니고, 또한 낙약자는 미지급급부에 대해서는 민법 제542조에 따라 계약해제에 따른 항변으로 제3자에게 그 지급을 거절할 수 있는 것이나, 이는 이미 지급한 급부에 대해 계약해제에 따른 원상회복을 구하는 것과는 다른 경우로서 동일한 법리가 적용될 수는 없는 것이므로, 원심이 같은 취지에서 본소와 반소청구를 판단하고 있는 것은 정당하고, 거기에 원고가 상고이유로 드는 이유모순의 위법이 없다.

민법 제548조 제1항 단서에서 정한 계약해제의 소급효가 제한되는 제3자의 의미/제3자를 위한 계약에서 낙약자와 요약자 사이의 법률관계(기본관계)에 기초하여 수익자가 요약자와 원인관계(대가관계)를 맺음으로써 해제 전에 새로운 이해관계를 갖고 그에 따라 등기, 인도 등을 마쳐 권리를 취득한 경우, 수익자가 민법 제548조 제1항 단서에서 정한 제3자에 해당하는지 여부(적극) ★

① 계약이 적법하게 해제되면 그 효력이 소급적으로 소멸하므로 그 계약상 의무에 기하여 실행된 급부는 원상회복을 위하여 부당이득으로 반환되어야 하고, 그 계약의 이행으로 변동이 되었던 물권은 당연히 그 계약이 없었던 상태로 복귀한다(민법 제548조 제1항 본문).

다만 이와 같은 계약해제의 소급효는 제3자의 권리를 해할 수 없으므로, 계약해제 이전에 계약으로 인하여 생긴 법률효과를 기초로 하여 새로운 권리를 취득한 제3자가 있을 때에는 그 계약해제의 소급효는 제한을 받아 그 제3자의 권리를 해하지 아니하는 한도에서만 생긴다(민법 제548조 제1항 단서). 이때 계약해제의 소급효가 제한되는 제3자는 일반적으로 그 해제된 계약으로부터 생긴 법률효과를 기초로 하여 해제 전에 새로운 이해관계를 가졌을 뿐만 아니라 등기, 인도 등으로 권리를 취득한 사람을 말한다.

② 나아가 제3자를 위한 계약에서도 낙약자와 요약자 사이의 법률관계(기본관계)에 기초하여 수익자가 요약자와 원인관계(대가관계)를 맺음으로써 해제 전에 새로운 이해관계를 갖고 그에 따라 등기, 인도 등을 마쳐 권리를 취득하였다면, 수익자는 민법 제548조 제1항 단서에서 말하는 계약해제의 소급효가 제한되는 제3자에 해당한다고 봄이 타당하다(대판 2021. 8. 18, 2018다244976).

---

3. 낙약자에 대한 효력

(1) 이행의무

낙약자는 제3자를 위한 계약의 당사자로서 기본관계에 기한 채무를 수익자에 대하여 이행할 의무를 진다.

(2) 낙약자의 항변권

> 제542조【채무자의 항변권】
> 채무자는 제539조의 계약에 기한 항변으로 그 계약의 이익을 받을 제3자에게 대항할 수 있다.

낙약자는 기본계약에 기한 항변으로 그 계약의 이익을 받을 제3자에게 대항할 수 있다(제542조), 이 항변은 요약자와 낙약자 사이의 계약 그 자체로부터 기인하는 것에 한한다(예 의사표시의 하자, 무효 · 취소 · 해제 · 해지, 동시이행의 항변 등). 따라서 그 계약 이외의 원인에 의하여 채무자가 채권자에게만 대항할 수 있는 항변(예 상계)으로는 제3자에게 대항하지 못한다.

판례

대가관계의 효력이 요약자와 낙약자 사이의 법률관계에 영향을 미치는지 여부(소극) ★★

제3자를 위한 계약의 체결 원인이 된 요약자와 제3자(수익자) 사이의 법률관계(이른바 대가관계)의 효력은 제3자를 위한 계약 자체는 물론 그에 기한 요약자와 낙약자 사이의 법률관계(이른바 기본관계)의 성립이나 효력에 영향을 미치지 아니하므로, ① 낙약자는 요약자와 수익자 사이의 법률관계에 기한 항변으로 수익자에게 대항하지 못하고, ② 요약자도 대가관계의 부존재나 효력의 상실을 이유로 자신이 기본관계에 기하여 낙약자에게 부담하는 채무의 이행을 거부할 수 없다(대판 2003. 12. 11, 2003다49771).

---

(3) 낙약자의 제3자에 대한 최고권

낙약자는 상당한 기간을 정하여 계약의 이익의 향수 여부의 확답을 제3자에게 최고할 수 있다. 낙약자가 그 기간 내에 확답을 받지 못한 때에는 제3자가 계약의 이익을 받을 것을 거절한 것으로 본다(제540조).

제4절 계약의 해제 · 해지

제1관 _ 계약의 해제

01 서설

1. 해제의 의의

(1) 개념

계약의 해제란 유효하게 성립한 계약의 효력을 당사자 일방의 의사표시에 의하여 소급적으로 소멸케 하는 것을 말한다.

(2) 구별개념

① **취소**

㉠ 해제는 계약에서만 인정되지만, 취소는 계약에 한하지 않고 모든 법률행위에서 인정된다.

㉡ 취소권은 제한능력 · 의사표시의 하자 · 착오 등을 이유로 법률의 규정에 의해 발생하지만, 해제는 당사자의 약정과 채무불이행 기타의 사유를 원인으로 하는 법률의 규정에 의해 발생한다.

㉢ 그러나 취소와 해제는 당사자의 일방적 의사표시에 의해 법률행위의 효력을 소급적으로 소멸시킨다는 점에서 동일하다.

판례

해제와 취소의 경합 ★★

매도인이 매수인의 중도금 지급채무 불이행을 이유로 매매계약을 적법하게 해제한 후라도 매수인으로서는 상대방이 한 계약해제의 효과로서 발생하는 손해배상책임을 지거나 매매계약에 따른 계약금의 반환을 받을 수 없는 불이익을 면하기 위하여 착오를 이유로 한 취소권을 행사하여 매매계약 전체를 무효로 돌리게 할 수 있다(대판 1996. 12. 6, 95다24982 · 24999).

② **철회**: 철회와 해제는 단독행위인 점에서는 같지만, 해제는 계약의 효력이 발생한 후 이를 해소시키는 점에서, 효력발생 전에 그 효력발생을 저지하는 철회와 다르다.

2. 해제권

(1) 의의 및 종류

유효하게 성립한 계약을 당사자 일방의 의사표시만으로 해소하기 위해서는 해제권이 주어져야만 하고, 이것은 당사자 간의 약정이나(= 약정해제권), 법률의 규정에 의해(= 법정해제권) 발생한다.

(2) 법적 성질

① 해제권은 당사자 일방의 의사표시만으로 유효하게 성립한 계약을 해소시키는 점에서 형성권이다.

② 해제권은 계약에 종된 권리로서, 계약당사자만이 가질 수 있고, 계약당사자의 지위를 승계하지 않는 한 해제권만의 양도는 허용되지 않는다. 따라서 계약 당사자(또는 그 지위를 승계한 자)가 아닌 채권의 양수인이나 제3자를 위한 계약에서의 제3자는 해제권이 없다.

02 해제권의 발생사유

1. 법정해제권

(1) 일반론

① **상대방의 귀책사유로 인한 채무불이행이 있을 것**: 모든 계약에 공통되는 법정해제권의 발생은 채무자의 귀책사유로 인한 채무불이행이 존재해야 한다. 즉 불가항력에 의한 채무불이행의 경우에는 해제권이 발생하지 않는다. 다만 채무불이행에는 여러 유형이 있으므로, 그에 따라 해제권의 발생요건도 각각 다르다.

② **주된 채무의 불이행이 있을 것**: 법정해제권의 발생요건인 채무불이행은 주된 채무의 그것이어야 하고, 부수적 의무나 보호의무의 불이행인 경우에는 원칙적으로 해제권이 인정되지 않는다는 점에 주의하여야 한다. 판례도 "민법 제544조에 의하여 채무불이행을 이유로 계약을 해제하려면, 당해 채무가 계약의 목적 달성에 있어 필요불가결하고 이를 이행하지 아니하면 계약의 목적이 달성되지 아니하여 채권자가 그 계약을 체결하지 아니하였을 것이라고 여겨질 정도의 주된 채무이어야 하고 그렇지 아니한 부수적 채무를 불이행한 데에 지나지 아니한 경우에는 계약을 해제할 수 없다. 또한 계약상의 의무 가운데 주된 채무와 부수적 채무를 구별함에 있어서는 급부의 독립된 가치와는 관계없이 계약을 체결할 때 표명되었거나 그 당시 상황으로 보아 분명하게 객관적으로 나타난 당사자의 합리적 의사에 의하여 결정하되, 계약의 내용·목적·불이행의 결과 등의 여러 사정을 고려하여야 한다"고 하였다(대판 2022. 6. 16, 2022다203804).

판례

부수적 의무의 불이행으로 인한 법정해제권 발생 여부(소극)

① 영상물 제작공급계약의 수급인이 내부적인 문제로 영상물제작 일정에 다소의 차질이 발생하여 예정된 일자에 시사회를 준비하지 못한 경우, 그와 같은 의무불이행은 그 계약의 목적이 된 주된 채무를 이행하는 과정에서의 부수된 절차적인 의무의 불이행에 불과하므로, 도급인은 그와 같은 부수적인 의무의 불이행을 이유로 계약을 해제할 수 없다(대판 1996. 7. 9, 96다14364).

② 채무불이행을 이유로 계약을 해제하려면, 당해 채무가 계약의 목적 달성에 있어 필요불가결하고 이를 이행하지 아니하면 계약의 목적이 달성되지 아니하여 채권자가 그 계약을 체결하지 아니하였을 것이라고 여겨질 정도의 주된 채무이어야 한다(대판 2005. 11. 25, 2005다53705). ★

영업권보호의무가 주된 채무인지 여부
계약상의 의무 가운데 주된 채무와 부수적 채무를 구별함에 있어서는 급부의 독립된 가치와는 관계없이 계약을 체결할 때 표명되었거나 그 당시 상황으로 보아 분명하게 객관적으로 나타난 당사자의 합리적 의사에 의하여 결정하되, 계약의 내용·목적·불이행의 결과 등의 여러 사정을 고려하여야 한다. (따라서) 상가의 일부 층을 먼저 분양하면서 그 수분양자에게 장차 나머지 상가의 분양에 있어 상가 내 기존 업종과 중복되지 않는 업종을 지정하여 기존 수분양자의 영업권을 보호하겠다고 약정한 경우, 그 약정에 기한 영업권 보호 채무는 분양계약의 주된 채무이다(대결 1997. 4. 7, 97마575).

(2) 이행지체에 의한 해제권의 발생

제544조【이행지체와 해제】
당사자 일방이 그 채무를 이행하지 아니하는 때에는 상대방은 상당한 기간을 정하여 그 이행을 최고하고 그 기간 내에 이행하지 아니한 때에는 계약을 해제할 수 있다. 그러나 채무자가 미리 이행하지 아니할 의사를 표시한 경우에는 최고를 요하지 아니한다.
제545조【정기행위와 해제】
계약의 성질 또는 당사자의 의사표시에 의하여 일정한 시일 또는 일정한 기간 내에 이행하지 아니하면 계약의 목적을 달성할 수 없을 경우에 당사자 일방이 그 시기에 이행하지 아니한 때에는 상대방은 전조의 최고를 하지 아니하고 계약을 해제할 수 있다.

① 채무자의 이행지체의 발생

㉠ 성립요건: 이행지체가 성립하기 위해서는 ⓐ 채무의 이행기가 도래하였을 것, ⓑ 채무의 이행이 가능함에도 이행하지 아니하였을 것, ⓒ 이행지체에 대하여 채무자에게 귀책사유가 있을 것, ⓓ 이행하지 않는 것이 위법할 것의 요건이 갖추어져야 한다.

㉡ 위법성: 채무자의 불이행이 위법해야 하므로 채무자가 동시이행항변권을 가지는 경우에는 지체저지효(존재효과)가 인정되므로, 반대채무의 이행 또는 이행제공을 하여 상대방을 이행지체에 빠뜨려야 한다. 그런데 동시이행의 항변권을 행사하는 경우에서와 달리 해제권을 행사하기 위해서는 이행제공이 계속될 필요는 없고 한 번의 이행제공으로 족하다. 다만 상대방이 최고기간 내에 이행 또는 이행의 제공을 하면 해제권은 소멸하는 것이므로, 상대방의 이행을 수령하고 자신의 채무를 이행할 수 있는 정도의 준비는 하여야 한다(대판 1996. 11. 26, 96다35590).

판례

해제의 요건으로 상대방을 이행지체에 빠뜨리기 위하여 필요한 자기채무의 이행제공의 정도
쌍무계약에서 상대방의 채무불이행을 이유로 계약을 해제하려면 먼저 자기의 채무이행을 제공하고 상당한 기간을 정하여 상대방의 채무이행을 최고함으로써 상대방으로 하여금 이행지체에 빠지게 하여야 하는 것인바, 자기의 채무의 이행에 상대방의 행위를 요하는 경우에는 이행의 준비를 완료한 다음 그 사실을 상대방에게 통지하고 수령을 최고하는 구두의 제공을 하면 되는 것이기는 하지만, 이 경우에도 상대방이 협력만 한다면 언제든지 현실로 이행을 할 수 있을 정도로 준비를 완료하고 그 사실을 상대방에게 통지하여 수령 기타 상대방의 협력과 상대방의 채무이행을 최고하여야만 상대방을 이행지체에 빠지게 할 수 있는 것이므로 단순히 자기의 채무를 이행할 준비태세를 갖추고 있는 것만으로는 부족하다(대판 1993. 4. 13, 92다56438).

상대방을 이행지체에 빠뜨린 후 계약해제를 위한 최고시 갖추어야 할 자기채무의 이행준비의 정도 ★
쌍무계약의 일방 당사자가 이행기에 한번 이행제공을 하여서 상대방을 이행지체에 빠지게 한 경우, 신의성실의 원칙상 이행을 최고하는 일방 당사자로서는 그 채무이행의 제공을 계속할 필요는 없다 하더라도, 상대방이 최고기간 내에 이행 또는 이행제공을 하면 계약해제권은 소멸되므로 상대방의 이행을 수령하고 자신의 채무를 이행할 수 있는 정도의 준비가 되어 있으면 된다(대판 1996. 11. 26, 96다35590).

② **상당한 기간을 정하여 이행을 최고할 것**

㉠ 최고의 개념: 채권자가 채무자에 대하여 채무의 이행을 촉구하는 것을 말한다.

㉡ 과다최고: 과다최고는 그 과다한 정도가 현저하고 채권자가 청구한 금액을 제공하지 않으면 그것을 수령하지 않을 것이라는 의사가 분명한 경우에는 그 최고는 부적법하고, 이러한 최고에 터 잡은 계약해제는 그 효력이 없다. 반면 과다최고인 경우에도 그 진의가 본래의 급부범위에서 이행을 청구한 것이라면, 본래의 급부범위 내에서 최고로서 유효하다(대판 1995. 9. 5, 95다19898).

판례

과다최고의 효력
채권자의 이행최고가 본래 이행하여야 할 채무액을 초과하는 금액의 이행을 요구하는 내용일 때에는, 그 과다한 정도가 현저하고 채권자가 청구한 금액을 제공하지 않으면 그것을 수령하지 않을 것이라는 의사가 분명한 경우에는 그 최고는 부적법하고, 이러한 최고에 터잡은 계약 해제는 그 효력이 없다(대판 1995. 9. 5, 95다19898).

㉢ 과소최고: 과소최고의 경우에는 원칙적으로 최고에 표시된 범위에 관해서만 그 효력이 생긴다.

㉣ 상당기간: 채무이행에 필요한 유예기간을 의미한다. 채권자가 지정한 기간이 지나치게 짧은 경우라도 최고로서의 효력은 있으므로 다시 기간을 정한 최고를 할 필요는 없다. 다만 상당기간이 경과한 때 해제권이 발생한다. 마찬가지로 기간을 정하지 않은 최고를 한 때에도 상당한 기간이 경과하면 해제권이 발생한다.

판례

기간을 정하지 않은 최고의 효력 ★
채무의 이행지체를 이유로 하는 계약해제에 있어서 그 전제요건인 이행최고는 반드시 미리 일정한 기간을 명시하여 최고하여야 하는 것은 아니고, 최고한 때로부터 상당한 기간이 경과하면 해제권이 발생한다고 볼 것이다(대판 1990. 3. 27, 89다카14110).

㉤ 최고가 불필요한 경우

ⓐ 채무자의 명백한 이행거절: 채무자가 미리 이행거절의 의사를 표시한 경우, 상대방은 자기 최고나 자기 채무의 이행제공 없이 계약을 해제할 수 있다.

ⓑ **정기행위의 경우**: 계약의 성질(절대적 정기행위) 또는 당사자의 의사표시(상대적 정기행위)에 의하여 일정한 시일 또는 일정한 기간 내에 이행하지 아니하면 계약의 목적을 달성할 수 없을 경우 당사자 일방이 그 시기에 이행하지 아니한 때에는, 그 시기 이후에는 급부를 이행하더라도 채권의 목적을 달성할 수 없으므로 상대방은 최고 없이 계약을 해제할 수 있다(제545조). 절대적 정기행위의 경우에는 이행불능으로 다룬다(대판 1996. 7. 9, 96다14364 참고).

ⓒ **기타**: 그 밖에 특약이 있는 경우이거나 또는 이행불능의 경우에는 최고가 필요 없다(대판 1976. 6. 22, 76다473).

③ **채무자가 최고기간 내에 이행하지 않을 것**: 채권자가 채무자에게 지급하여야 할 채무의 이행을 최고한 것을 부적법한 이행의 최고라고 할 수는 없다고 할지라도 그 이행을 지체하게 된 전후 사정, 그 이행에 관한 당사자의 태도, 소송의 경과 등 제반 사정에 비추어 보아 채무자가 최고기간 또는 상당한 기간 내에 이행하지 아니한 데에 정당한 사유가 있다고 여겨질 경우에는 신의칙상 그 최고기간 또는 상당한 기간 내에 이행 또는 이행의 제공이 없다는 이유로 해제권을 행사하는 것이 제한될 수 있다(대판 2013. 6. 27, 2013다14880).

(3) 이행불능에 의한 해제권의 발생

> **제546조【이행불능과 해제】**
> 채무자의 책임 있는 사유로 이행이 불능하게 된 때에는 채권자는 계약을 해제할 수 있다.

① **의의**: 채무자의 책임 있는 사유로 이행이 불능하게 된 때에는 채권자는 계약을 해제할 수 있다(제546조).

② **요건**: 이행불능이 성립하기 위해서는 ㉠ 후발적 불능이 되었을 것, ㉡ 그 불능이 채무자에게 책임 있는 사유에 기인할 것, ㉢ 이행불능이 위법할 것을 요건으로 한다.

㉠ **이행불능의 판단기준**: 이행불능은 단순히 절대적·물리적 불능인 경우가 아니라 경험법칙상 또는 거래관념상 채무자의 이행실현이 기대될 수 없는 경우를 말한다.

㉡ **채무자의 귀책사유**: 이행불능을 이유로 계약을 해제하기 위해서는 그 이행불능이 채무자의 귀책사유에 의한 경우여야만 한다 할 것이므로(제546조), 매도인의 매매목적물에 관한 소유권이전의무가 이행불능이 되었다고 할지라도, 그 이행불능이 매수인의 귀책사유에 의한 경우에는 매수인은 그 이행불능을 이유로 계약을 해제할 수 없다(대판 2002. 4. 26, 2000다50497).

㉢ **위법성**: 상대방의 잔대금지급의무가 매도인의 소유권이전등기의무와 동시이행관계에 있다고 하더라도 매도인의 소유권이전등기의무가 이행불능이 되어, 이를 이유로 매매계약을 해제함에는 그 이행의 제공은 필요하지 않다(대판 2003. 1. 24, 2000다22850).

판례

이행불능으로 인한 계약해제에 동시이행관계의 반대급부 이행제공이 필요한지 여부(소극) ★★
매도인의 매매계약상의 소유권이전등기의무가 이행불능이 되어 이를 이유로 매매계약을 해제함에 있어서는, 상대방의 잔대금지급의무가 매도인의 소유권이전등기의무와 동시이행관계에 있다고 하더라도 그 이행의 제공을 필요로 하는 것은 아니다(대판 2003. 1. 24, 2000다22850).

PLUS

계약해제 시 최고가 필요 없는 경우

① 채무자가 미리 이행을 거절한 경우(제544조 단서)
② 정기행위에 있어서의 이행지체(제545조)
③ 담보책임에서 계약의 목적을 달성할 수 없는 경우의 해제(제570~제578조, 제581조, 제668조)
④ 이행불능으로 인한 계약의 해제
⑤ 불완전이행이 있었는데 완전이행이 불가능한 경우
⑥ 사정변경의 원칙에 의해 계약을 해제하는 경우

③ **해제권의 발생시기**: 이행불능으로 인한 계약해제권의 발생시기는 이행불능이 생긴 때이며, 이행기 전에 불능으로 된 때에도 이행기를 기다릴 필요 없이 해제권이 발생한다.

④ **일부불능의 경우**: 일부불능이 있는 경우에 급부가 가분적이고 나머지 부분만으로도 계약의 목적을 달성할 수 있을 때에는 불능부분에 대해서만 해제할 수 있고, 그렇지 않은 경우에는 계약 전체에 대하여 해제할 수 있다(대판 1996. 2. 9, 94다57817).

판례

일부불능과 계약해제의 범위
계약의 일부의 이행이 불능인 경우에는 이행이 가능한 나머지 부분만의 이행으로 계약의 목적을 달할 수 없을 경우에만 계약 전부의 해제가 가능하다고 할 것인데도, 원심이 이행이 가능한 부분만의 이행으로 계약의 목적을 달할 수 있는지 여부에 관하여 전혀 심리・판단도 하지 않은 채 이행불능을 이유로 한 계약해제를 인용한 것은, 심리미진의 잘못이 있거나 채무의 일부불능으로 인한 계약의 해제에 관한 법리를 오해한 위법이 있다(대판 1996. 2. 9, 94다57817).

(4) 불완전이행에 의한 해제권의 발생

① **의의**: 채무자가 적극적으로 이행행위를 하였으나 그것이 채무의 내용에 좇은 완전한 이행이 아니라, 하자(흠) 있는 불완전한 이행이었기 때문에 채권자에게 손해가 발생한 경우를 말한다.

② **요건**: ㉠ 이행행위가 있었을 것, ㉡ 이행이 불완전할 것, ㉢ 채무자의 귀책사유 및 위법성이 인정될 것이 필요하다.

③ **효과 – 해제권의 발생**

㉠ 명문규정은 없으나 불완전이행도 채무불이행의 일종이므로 법정해제권이 인정된다.

㉡ 주된 급부의무 위반인 경우에는 완전이행이 가능하면 상당한 기간을 정하여 완전이행을 최고한 후에 최고 기간 내에 완전이행이 없으면 해제권이 발생하고, 완전이행이 불가능하면 이행의 최고 없이도 곧바로 해제권이 발생한다.

㉢ 부수적 주의의무를 위반한 경우에는 원칙적으로 해제권이 인정되지 않는다. 다만 그 불이행으로 인하여 채권자가 계약을 달성할 수 없는 경우에는 예외적으로 해제권이 인정될 수 있다.

판례

불완전이행의 경우 최고가 필요한지 여부

수임인이 위임계약상의 채무를 제대로 이행하지 아니하였다 하여 위임인이 언제나 최고 없이 바로 그 채무불이행을 이유로 하여 위임계약을 해제할 수 있는 것은 아니고, 아직도 수임인이 위임계약상의 채무를 이행하는 것이 가능하다면 위임인은 수임인에 대하여 상당한 기간을 정하여 그 이행을 최고하고, 수임인이 그 기간 내에 이를 이행하지 아니할 때에 한하여 계약을 해제할 수 있다(대판 1996. 11. 26, 96다27148).

부수적 의무의 불완전이행을 이유로 한 해제(소극) ★

계약 본래의 목적은 이미 달성되었고 부수적 채무의 이행만이 지체 중에 있는 경우에는 그 불이행으로 인하여 채권자가 계약을 달성할 수 없는 경우 또는 특별한 약정이 있는 경우를 제외하고는 원칙적으로 계약 전체의 해제를 허용할 수 없다고 해석함이 상당하다(대판 1968. 11. 5, 68다1808).

(5) 기타 해제권 발생이 문제되는 경우

① 이행거절에 의한 해제권 발생

㉠ 의의: 이행거절이란 채무자가 이행이 가능함에도 불구하고 이행의사가 없음을 채권자에 대하여 종국적이고 진지하게 표시하여 객관적으로 보아 채권자로 하여금 채무자의 임의이행을 더 이상 기대할 수 없는 경우를 말한다.

㉡ 인정 여부 및 근거: 독자적인 채무불이행 유형으로 보는 견해가 다수설과 판례이다. 그 근거는 현행 민법상으로 제390조 및 제544조 단서를 들 수 있다.

판례

이행거절의 효과와 판단기준 ★★

계약상 채무자가 계약을 이행하지 아니할 의사를 명백히 표시한 경우에 채권자는 신의성실의 원칙상 이행기 전이라도 이행의 최고 없이 채무자의 이행거절을 이유로 계약을 해제하거나 채무자를 상대로 손해배상을 청구할 수 있고, 채무자가 계약을 이행할 의사를 명백히 표시하였는지 여부는 계약 이행에 관한 당사자의 행동과 계약 전후의 구체적인 사정 등을 종합적으로 살펴서 판단하여야 한다(대판 2005. 8. 19, 2004다53173).

㉢ 요건: 이행거절이 인정되기 위해서는 ① 채무이행이 가능할 것, ② (진지하고 종국적으로) 이행거절의 의사표시를 명백히 할 것, ③ 객관적으로 보아 채권자로 하여금 채무자의 임의이행을 더 이상 기대할 수 없을 것, ④ 위법성이 인정될 것을 요한다.

㉣ **효과 – 해제권의 발생**: 채무자가 이행기가 도래하기 이전에 이행거절의사를 밝히는 경우에는 이행기의 도래 여부와 관계없이 계약을 해제할 수 있으며(대판 1992. 9. 14, 92다9463 참고), 당사자 쌍방의 채무가 그 이행기를 모두 도과한 후 일방의 이행거절이 있으면 자기채무의 이행제공이나 최고 없이 계약을 해제할 수 있다(대판 2008. 10. 23, 2007다54979).

판례

명백한 이행거절인 경우 ★

쌍무계약에 있어서 계약당사자의 일방은 상대방이 채무를 이행하지 아니할 의사를 미리 표시한 경우에는 최고 없이 그 계약을 해제할 수 있는 것이고 이 경우 위 당사자 일방은 자기의 채무의 이행의 제공없이 적법하게 그 계약을 해제할 수 있는 것이다(대판 1980. 3. 25, 80다66). (예컨대) 부동산 매도인이 중도금의 수령을 거절하였을 뿐만 아니라 계약을 이행하지 아니할 의사를 명백히 표시한 경우, 매수인은 신의성실의 원칙상 소유권이전등기의무 이행기일까지 기다릴 필요 없이 이를 이유로 매매계약을 해제할 수 있다(대판 1993. 6. 25, 93다11821).

이행거절이 철회된 경우 ★

쌍무계약에 있어서 계약당사자의 일방은 상대방이 채무를 이행하지 아니할 의사를 명백히 표시한 경우에는 최고나 자기 채무의 이행제공 없이 그 계약을 적법하게 해제할 수 있으나, 그 이행거절의 의사표시가 적법하게 철회된 경우 상대방으로서는 자기 채무의 이행을 제공하고 상당한 기간을 정하여 이행을 최고한 후가 아니면 채무불이행을 이유로 계약을 해제할 수 없다(대판 2003. 2. 26, 2000다40995).

② **채권자지체로 인한 해제권의 발생**

㉠ **의의**: 채권자지체란 채무의 이행에 있어서 채권자의 수령 등 일정한 협력을 필요로 하는 경우에 채무자가 채무의 내용에 좇은 이행을 제공하였음에도 불구하고 채권자가 수령하지 않거나 수령을 할 수 없거나 기타 협력을 하지 아니하여 채무자의 채무이행이 지체된 상태에 놓인 것을 말한다(제400조).

㉡ **법적 성질**: 채권자지체의 법적 성격을 채무불이행책임으로 파악하는 다수설의 입장에서는 ① 채권자의 고의·과실, 위법성을 요건으로 하고, ② 그 효과로서 채무자에게 손해배상청구권과 계약해제권이 인정된다고 한다.

㉢ **요건**: ① 채권의 성질상 채무의 이행에 채권자의 협력이 필요할 것, ② 채무의 내용에 좇은 이행의 제공이 있을 것, ③ 채권자의 수령거절 또는 수령불능이 있을 것, ④ 채권자의 귀책사유·위법성이 인정되어야 한다(채권자지체의 법적 성질에 대해 채무불이행책임설에 의할 때에만 필요하고, 법정책임설을 따를 때에는 필요하지 않다).

㉣ **효과 – 해제권의 발생**: 채권자지체 그 자체를 이유로 해제권이 발생하느냐는 채권자지체의 성질을 어떻게 이해하느냐에 따라서 그 결론을 달리하게 된다. 채권자지체의 법적 성질에 대한 ① 채무불이행책임설에 의하면 채무자는 채권자에게 상당한 기간을 정하여 수령을 최고하고, 그 기간 내에 수령하지 않으면 해제권이 발생한다. 반면 ② 법정책임설에 의하면 채권자의 수령지체에 의한 해제권의 발생은 인정될 수 없다.

③ 사정변경의 원칙에 의한 해제권의 발생

㉠ 일시적 계약: 판례는 과거 사정변경으로 인한 해제권을 인정하지 않았으나(대판 1963. 6. 12, 63다452 참고), 최근 판례는 이를 긍정하는 입장을 전제로 그 구체적인 요건을 제시하고 있다.

판례

사정변경에 의한 계약해제(대판 2007. 3. 29, 2004다31302)
이른바 사정변경으로 인한 계약해제는, 계약성립 당시 당사자가 예견할 수 없었던 현저한 사정의 변경이 발생하였고 그러한 사정의 변경이 해제권을 취득하는 당사자에게 책임 없는 사유로 생긴 것으로서, 계약내용대로의 구속력을 인정한다면 신의칙에 현저히 반하는 결과가 생기는 경우에 계약준수 원칙의 예외로서 인정되는 것이고, 여기에서 말하는 사정이라 함은 계약의 기초가 되었던 객관적인 사정으로서, 일방 당사자의 주관적 또는 개인적인 사정을 의미하는 것은 아니다. 또한, 계약의 성립에 기초가 되지 아니한 사정이 그 후 변경되어 일방 당사자가 계약 당시 의도한 계약목적을 달성할 수 없게 됨으로써 손해를 입게 되었다 하더라도 특별한 사정이 없는 한 그 계약내용의 효력을 그대로 유지하는 것이 신의칙에 반한다고 볼 수도 없다.
→ [사실관계]: 지방자치단체로부터 매수한 토지가 공공공지에 편입되어 매수인이 의도한 음식점 등의 건축이 불가능하게 되었더라도 이는 매매계약을 해제할 만한 사정변경에 해당하지 않고, 매수인이 의도한 주관적인 매수목적을 달성할 수 없게 되어 손해를 입었다 하더라도 매매계약을 그대로 유지하는 것이 신의칙에 반한다고 볼 수도 없다고 한 사례이다.

㉡ 계속적 계약: 판례는 "회사의 임원이나 직원의 지위에 있기 때문에 회사의 요구로 부득이 회사와 제3자 사이의 계속적 거래로 인한 회사의 채무에 대하여 보증인이 된 자가 그 후 회사로부터 퇴사하여 임원이나 직원의 지위를 떠난 때에는 보증계약성립 당시의 사정에 현저한 변경이 생긴 경우에 해당하여 사정변경을 이유로 보증계약을 해지할 수 있다"고 하여 계속적 보증계약에서 사정변경에 의한 해지권을 인정하고 있다(대판 1990. 2. 27, 89다카1381; 대판 2002. 2. 26, 2000다48265).

판례

기간의 정함이 없는 계속적 보증계약에 있어서의 보증인의 해지권과 보증책임
기간의 정함이 없는 이른바 계속적 보증계약에 있어서는 보증인의 주채무자에 대한 신뢰가 깨지는 등 보증인으로서 보증계약을 해지할 만한 상당한 이유가 있는 경우에 보증인으로 하여금 그 보증계약을 그대로 유지·존속케 한다는 것은 사회통념상 바람직하지 못하므로 그 계약해지로 인하여 상대방인 채권자에게 신의칙상 묵과할 수 없는 손해를 입게 하는 등 특단의 사정이 있는 경우를 제외하고 보증인은 일방적으로 이를 해지할 수 있다고 할 것이고, 이 경우 보증인은 해지 이후에 발생한 채무에 대해서는 보증책임을 부담하지 않는다(대판 2002. 2. 26, 2000다48265).

2. 약정해제권의 발생

(1) 의의

① 계약의 당사자가 당사자 일방 또는 쌍방을 위하여 해제권의 유보에 관하여 특약을 한 경우에는 계약에 의하여 해제권이 발생한다(제543조 제1항). 특히 매매 기타의 유상계약에서 계약금이 교부된 경우에는 해제권 유보의 특약이 있는 것으로 다루어진다(제565조 참조).

② 계약에 해제조건이 붙어 있는 경우에 그 조건이 성취되면 계약의 효력은 소멸하는데, 이는 약정해제와 유사하다. 다만 해제조건의 경우에는 조건의 성취라는 사실에 의하여 법률행위가 당연히 효력을 잃게 되는 데 비하여, 약정해제의 경우에는 약정에 기하여 해제권이 발생하여도 그것이 행사되어야 해제의 효과가 발생하는 점에서 차이가 있다.

(2) 내용

① 해제권의 행사방법이나 시기, 효과에 관하여 특약을 한 경우에는 그 특약에 따라야 한다. 다만 특약이 없으면 상대방에 대한 의사표시로 한다. 이 경우 손해배상청구는 그것이 채무불이행을 원인으로 하는 것이 아니기 때문에 인정되지 않는다.

② 법정해제권과는 별개이므로, 당사자에게 약정해제권과 법정해제권이 경합하여 발생할 수 있다. 즉 계약당사자 중 어느 일방에 대한 약정해제권의 유보 또는 위약벌에 관한 특약의 유무 등은 채무불이행으로 인한 법정해제권의 성립에 아무런 영향을 미칠 수 없다(대판 1990. 3. 27, 89다카14110).

③ 채무불이행을 전제로 하는 손해배상청구는 인정되지 않는다(대판 1983. 1. 18, 81다89 참고).

④ 해제의 불가분성 규정, 원상회복규정, 제3자 보호규정 등은 법정해제와 동일하게 적용되나, 제544조, 제545조, 제546조는 적용되지 않는다.

판례

약정해제권과 법정해제권의 경합 ★

계약서에 명문으로 위약 시의 법정해제권의 포기 또는 배제를 규정하지 않은 이상, 계약당사자 중 어느 일방에 대한 약정해제권의 유보 또는 위약벌에 관한 특약의 유무 등은 채무불이행으로 인한 법정해제권의 성립에 아무런 영향을 미칠 수 없다(대판 1990. 3. 27, 89다카14110).

03 해제권의 행사

제543조【해지, 해제권】

① 계약 또는 법률의 규정에 의하여 당사자의 일방이나 쌍방이 해지 또는 해제의 권리가 있는 때에는 그 해지 또는 해제는 상대방에 대한 의사표시로 한다.

② 전항의 의사표시는 철회하지 못한다.

1. 해제권 행사의 자유

해제권이 발생한 경우에도, 이를 행사할 것인지 여부는 해제권자의 자유이다. 매매계약체결에 관하여 대리권을 수여받은 자는 당연히 그 계약해제권에 대한 대리권까지 수여받았다고 할 수는 없다(대판 1993. 1. 15, 92다39365; 대판 2008. 1. 31, 2007다74713).

2. 해제권 행사의 방법

(1) 방법

해제권을 행사하는 경우에는 상대방에 대한 의사표시로써 한다(제543조 제1항). 따라서 상대방에게 도달한 때로부터 그 효력이 생긴다.

(2) 조건 · 기한

해제의 의사표시에는 조건 또는 기한을 붙이지 못한다. 다만 상대방의 불이익으로 되지 않는 조건을 붙이는 것은 허용된다(예 최고를 하면서 최고기간 내에 이행하지 않으면 당연히 해제된 것으로 본다고 한 것은 최고기간 내의 불이행을 정지조건으로 하는 해제의 의사표시로 볼 수 있지만, 이 경우는 상대방을 특별히 불리하게 하는 것이 아니므로 유효하다는 것이 통설 · 판례이다. 대판 1981. 4. 14, 80다2381 참고).

(3) 해제의 의사표시의 철회

해제의 의사표시는 상대방에게 도달하여 그 효력이 발생한 뒤에는 철회할 수 없다(제543조 제2항). 그러나 그 의사표시에 착오가 있거나 하자가 있을 경우에는 이를 이유로 철회할 수 있다(대판 1991. 2. 26, 90다19664).

(4) 해제권의 행사기간 - 10년의 제척기간(형성권)

3. 해제권의 불가분성

제547조【해지, 해제권의 불가분성】
① 당사자의 일방 또는 쌍방이 수인인 경우에는 계약의 해지나 해제는 그 전원으로부터 또는 전원에 대하여 하여야 한다.
② 전항의 경우에 해지나 해제의 권리가 당사자 1인에 대하여 소멸한 때에는 다른 당사자에 대하여도 소멸한다.

① 해제권의 불가분성은 하나의 계약에 관해 당사자 일방 또는 쌍방이 수인인 경우, 그 계약으로 발생하는 채무가 분할채무이든 연대채무이든 묻지 않고 언제나 적용된다.
② 해제권의 불가분성에 관한 규정은 당사자의 특약으로 배제할 수 있는 임의규정이다(대판 1994. 11. 18, 93다46209).

04 해제의 효과

1. 해제의 효과에 관한 법적구성

(1) 견해의 대립 및 판례의 태도

해제의 효과에 대하여 통설·판례는 해제에 의하여 계약은 처음부터 존재하지 않았던 것으로 되고, 계약에 의한 채권관계는 소급적으로 소멸한다고 보아, 미이행채무는 이행의무를 면하고, 기이행채무는 법률상 원인 없는 급부가 되어 수령자는 부당이득반환의무를 부담한다고 본다(직접효과설).[7]

판례

해제의 효과에 관한 법적구성

① 민법 제548조 제1항 본문에 의하면 계약이 해제되면 각 당사자는 상대방을 계약이 없었던 것과 같은 상태에 복귀케할 의무를 부담한다는 뜻을 규정하고 있는 바 계약에 따른 채무의 이행으로 이미 등기나 인도를 하고 있는 경우에 그 원인행위인 채권계약이 해제됨으로써 원상회복 된다고 할 때 그 이론 구성에 관하여 소위 채권적 효과설과 물권적 효과설이 대립되어 있으나 우리의 법제가 물권행위의 독자성과 무인성을 인정하고 있지 않는 점과 민법 제548조 제1항 단서가 거래안정을 위한 특별규정이란 점을 생각할 때, 계약이 해제되면 그 계약의 이행으로 변동이 생겼던 물권은 당연히 그 계약이 없었던 원상태로 복귀한다 할 것이다(대판 1977. 5. 24, 75다1394).

② 계약의 해제권은 일종의 형성권으로서 당사자의 일방에 의한 계약해제의 의사표시가 있으면 그 효과로서 새로운 법률관계가 발생하고 각 당사자는 그에 구속되는 것이므로, 일방 당사자의 계약위반을 이유로 한 상대방의 계약해제 의사표시에 의하여 계약이 해제되었음에도 상대방이 계약이 존속함을 전제로 계약상 의무의 이행을 구하는 경우 계약을 위반한 당사자도 당해 계약이 상대방의 해제로 소멸되었음을 들어 그 이행을 거절할 수 있다(대판 2001. 6. 29, 2001다21441).

---

(2) 직접효과설(통설·판례)에 따른 구체적 내용

① **계약의 소급적 소멸(해방효)**: 계약상 채권관계가 소급적으로 소멸하므로, 당사자는 계약관계의 구속으로부터 해방되고, 법정채권관계로 전환된다.

이 경우 원상회복청구권의 성질은 부당이득반환이다. 단, 반환범위는 제748조가 아닌 제548조에 의한다.

→ 이 경우 제201조~제203조는 적용되지 않는다.

---

7 주된 계약이 해제에 의해 실효되면 종된 계약도 실효된다. 판례도 대지에 관하여 매매계약을 체결하면서 매수인들에게 한 대지 사용승낙은 매매계약이 유효하게 존속하는 것을 전제로 하는 부수적인 사용대차계약으로서 주된 매매계약이 해제되면 이 사용대차계약도 실효된다고 하였다(대판 1991. 9. 24, 91다9756, 9763).
이에 반해 해제에 의한 계약의 소급적 소멸을 부정하고, 채권관계는 원상회복을 위한 청산관계로 전환된다고 보는 견해도 있다(청산관계설).

② **계약해제와 물권의 변동**[8]: 판례는 "우리의 법제가 물권행위의 독자성과 무인성을 인정하고 있지 않는 점과 민법 제548조 제1항 단서가 거래안정을 위한 특별규정이란 점을 생각할 때, 계약이 해제되면 그 계약의 이행으로 변동이 생겼던 물권은 말소등기 없이 당연히 그 계약이 없었던 원상태로 복귀한다"고 판시하여 물권적 효과설을 취하고 있다. 이에 따르면 원인행위인 채권계약이 해제되면 물권행위도 소급하여 무효가 되고, 회복자의 원상회복청구권은 소유권에 기한 물권적 청구권의 성질을 가진다.

2. 당사자 간의 효과

(1) 원상회복의무(직접효과설 및 물권적 효과설에 의함)

> **제548조 【해제의 효과, 원상회복의무】**
> ① 당사자 일방이 계약을 해제한 때에는 각 당사자는 그 상대방에 대하여 원상회복의 의무가 있다. 그러나 제3자의 권리를 해하지 못한다.
> ② 전항의 경우에 반환할 금전에는 그 받은 날로부터 이자를 가하여야 한다.

① **의의**: 당사자 일방이 계약을 해제한 때에는 각 당사자는 그 상대방에 대하여 원상회복의 의무가 있다. 그러나 제3자의 권리를 해하지 못한다.

② **성질**: 원상회복의무의 성질은 부당이득으로서의 반환의무이지만, 이에 관해서는 부당이득의 반환범위에 관한 제748조가 적용되는 것이 아니라 제548조가 그 특칙으로서 적용된다. 따라서 그 이익 반환의 범위는 이익의 현존 여부나 상대방의 선의·악의를 불문하고 특단의 사유가 없는 한 받은 이익의 전부이다(대판 2014. 3. 13, 2013다34143).

판례

원상회복의무의 성질과 그 이익 반환의 범위 ★★

① 계약이 해제되면 그 효력이 소급적으로 소멸함에 따라 그 계약상 의무에 기하여 이행된 급부는 원상회복을 위하여 부당이득으로 반환되어야 하는 것이다(대판 2008. 2. 14, 2006다37892).

② 계약 해제의 효과로서 원상회복의무를 규정하는 민법 제548조 제1항 본문은 부당이득에 관한 특별규정의 성격을 가지는 것으로서, 그 이익 반환의 범위는 이익의 현존 여부나 상대방의 선의·악의를 불문하고 특단의 사유가 없는 한 받은 이익의 전부이다(대판 2014. 3. 13, 2013다34143).

③ **원상회복의 내용**

㉠ **원물반환의 원칙**: 원물이 존재하면 그 물건을 상대방에 반환하여야 한다. 금전의 경우에는 그 받은 날로부터 이자를 가산하여 반환하여야 한다. 그 이자는 법정이율에 의해 계산된다.

---

8 이에 대해 ① 해제에 의한 채권행위의 소멸에도 불구하고 물권행위에 영향을 미치지 아니하므로, 물권행위와 그에 기초한 물권변동은 유효하게 존속한다고 보는 채권적 효과설과 ② 물권행위의 유인성을 인정하는 전제에서, 해제에 의한 채권행위의 소멸은 물권행위에 영향을 미치므로 물권변동도 소급적으로 효력을 상실하여 물권은 말소등기 없이 당연히 종전 소유자에게 복귀한다고 보는 물권적 효과설의 대립이 있다.

판례

이자 가산

법정해제권 행사의 경우 당사자 일방이 그 수령한 금전을 반환함에 있어 그 받은 때로부터 법정이자를 부가함을 요하는 것은 민법 제548조 제2항이 규정하는 바로서, 이는 원상회복의 범위에 속하는 것이며 일종의 부당이득반환의 성질을 가지는 것이고 반환의무의 이행지체로 인한 것이 아니므로, 부동산 매매계약이 해제된 경우 매도인의 매매대금 반환의무와 매수인의 소유권이전등기말소등기 절차이행의무가 동시이행의 관계에 있는지 여부와는 관계없이 매도인이 반환하여야 할 매매대금에 대하여는 그 받은 날로부터 민법 소정의 법정이율인 연 5푼의 비율에 의한 법정이자를 부가하여 지급하여야 하고, 이와 같은 법리는 약정된 해제권을 행사하는 경우라 하여 달라지는 것은 아니다(대판 2000. 6. 9, 2000다9123).

ⓛ **가액반환의 예외**: 원물이 채무자의 귀책사유로 멸실·훼손되는 등으로 원물반환이 불가능한 경우에는 가액반환을 해야 한다. 이 경우 가액산정은 회복불능 당시의 목적물의 시가를 기준으로 하여야 한다.

ⓒ **과실·사용이익의 반환**: 급부받은 물건으로부터 과실을 취득하거나 사용을 하여 이득을 얻은 때에는 그 과실 및 사용이익도 함께 반환하여야 한다. 즉, 제201조가 적용되지 않으므로, 선의의 점유자인 경우에도 과실을 반환해야 한다. 따라서 매도인은 제548조 제2항에 따라 반환할 금전에 받은 날로부터 반환할 때까지의 이자를 가산해야 하고, 매수인 역시 목적물을 인도받아 사용해 온 대가로서 임료상당액을 부당이득으로 반환해야 한다.

판례

매수인의 사용이익(임료상당액) 반환의무의 인정 ★

매매계약에서 매수인이 잔대금을 지급하지 않아 매도인이 매매계약을 해제한 경우, 원상복구의 내용으로서 매수인은 계약체결 시부터 목적물을 인도받아 사용해 온 대가 즉 임료상당액을 부당이득으로 반환해야 한다(대판 1968. 12. 6, 68다1869).

ⓔ **과실상계의 적용·준용 여부**: 과실상계는 본래 채무불이행 또는 불법행위로 인한 손해배상책임에 대하여 인정되는 것이고, 매매계약이 해제되어 소급적으로 효력을 잃은 결과 매매당사자에게 해당 계약에 기한 급부가 없었던 것과 동일한 재산상태를 회복시키기 위한 원상회복의무의 이행으로서 이미 지급한 매매대금 기타의 급부의 반환을 구하는 경우에는 적용되지 아니하며, 계약의 해제로 인한 원상회복청구권에 대하여 해제자가 해제의 원인이 된 채무불이행에 관하여 '원인'의 일부를 제공하였다는 등의 사유를 내세워 신의칙 또는 공평의 원칙에 기하여 일반적으로 손해배상에 있어서의 과실상계에 준하여 권리의 내용이 제한될 수 있다고 하는 것은 허용되어서는 아니 된다(대판 2014. 3. 13, 2013다34143).

(2) 손해배상의 청구

> 제551조【해지, 해제와 손해배상】
> 계약의 해지 또는 해제는 손해배상의 청구에 영향을 미치지 아니한다.

① **의의 및 성질**: 계약의 해지 또는 해제는 손해배상의 청구에 영향을 미치지 아니한다(제551조). 따라서 계약해제가 되어도 채무불이행에 따른 손해배상청구는 여전히 할 수 있다.

② **손해배상의 범위**: 원칙적으로 제551조의 손해배상은 채무불이행이 기한 손해배상이므로, 그 배상의 범위는 제390조 이하에 의하여 결정된다. 따라서 이행이익의 배상이 원칙이나, 판례는 예외적으로 그에 갈음한 신뢰이익의 배상도 긍정한다.

판례

채무불이행을 이유로 한 계약해제 시 신뢰이익의 배상을 구할 수 있는지 여부(적극) ★

① 채무불이행을 이유로 계약해제와 아울러 손해배상을 청구하는 경우 그 계약이행으로 인하여 채권자가 얻을 이익, 즉 이행이익의 배상을 구하는 것이 원칙이고, 다만 일정한 경우에는 그 계약이 이행되리라고 믿고 채권자가 지출한 비용 즉 신뢰이익의 배상도 구할 수 있는 것이지만, 중복배상 및 과잉배상 금지원칙에 비추어 그 신뢰이익은 이행이익에 갈음하여서만 구할 수 있고, 그 범위도 이행이익을 초과할 수 없다(대판 2007. 1. 25, 2004다51825). 그러나 ② 채권자가 계약의 이행으로 얻을 수 있는 이익이 인정되지 않는 경우라면, 채권자에게 배상해야 할 손해가 발생하였다고 볼 수 없으므로, 당연히 지출비용의 배상을 청구할 수 없다(대판 2017. 2. 15, 2015다235766).

채무불이행을 이유로 한 계약해제 시 손해배상청구의 신뢰이익배상의 범위

채무불이행을 이유로 계약해제와 아울러 손해배상을 청구하는 경우에 그 계약이행으로 인하여 채권자가 얻을 이익 즉 이행이익의 배상을 구하는 것이 원칙이지만, 그에 갈음하여 그 계약이 이행되리라고 믿고 채권자가 지출한 비용 즉 신뢰이익의 배상을 구할 수도 있다고 할 것이고, 그 신뢰이익 중 계약의 체결과 이행을 위하여 통상적으로 지출되는 비용은 통상의 손해로서 상대방이 알았거나 알 수 있었는지의 여부와는 관계없이 그 배상을 구할 수 있고, 이를 초과하여 지출되는 비용은 특별한 사정으로 인한 손해로서 상대방이 이를 알았거나 알 수 있었던 경우에 한하여 그 배상을 구할 수 있다고 할 것이고, 다만 그 신뢰이익은 과잉배상금지의 원칙에 비추어 이행이익의 범위를 초과할 수 없다(대판 2002. 6. 11, 2002다2539).

③ **손해배상의 예정과의 관계**: 손해배상의 예정이 있는 경우는 해제권이 행사되더라도 손해배상예정의 약정은 효력을 잃지 않으므로 예정된 가액으로 배상한다.

(3) 해제와 동시이행

> **제549조【원상회복의무와 동시이행】**
> 제536조(= 동시이행의 항변권)의 규정은 전조(= 해제와 원상회복)의 경우에 준용한다.

계약이 해제되면 계약당사자는 상대방에 대하여 원상회복의무와 손해배상의무를 부담하는데, 이때 계약당사자가 부담하는 원상회복의무뿐만 아니라 손해배상의무도 함께 동시이행의 관계에 있다(대판 1996. 7. 26, 95다25138 · 25145).

3. 제3자의 보호

(1) 제548조 제1항 단서의 의의

계약 해제로 인한 원상회복의무는 제3자의 권리를 해하지 못한다는 제548조 제1항 단서의 규정은 해제의 효과에 대하여 물권적 효과설을 취할 경우에는 주의적 규정에 불과한 것이 아니라 소급효를 제한하는 규정으로서 적극적인 의미를 가진다.

(2) 제3자의 의의와 범위

① 제3자란 해제된 계약으로부터 생긴 법률적 효과를 기초로 하여 해제된 계약의 목적물에 대해 새로운 이해관계를 가졌을 뿐 아니라 등기·인도 등으로 완전한 권리를 취득한 자를 말한다.

② 보호되는 제3자의 범위에 관하여 판례는 '해제의 의사표시가 있기 전'에는 선의·악의를 불문하고 이해관계를 맺은 자는 보호되지만, '해제의 의사표시가 있은 후'에 그 해제에 의한 이해관계를 갖게 된 제3자는 선의인 경우에 한하여 보호된다는 입장이다.

판례

미등기 무허가건물에 관한 매매계약이 해제되기 전에 매수인으로부터 무허가건물을 다시 매수하고 무허가건물관리대장에 소유자로 등재된 자가 제548조 제1항 단서의 제3자에 해당하는지 여부(소극)

민법 제548조 제1항 단서에서 규정하는 제3자라 함은 해제된 계약으로부터 생긴 법률적 효과를 기초로 하여 새로운 이해관계를 가졌을 뿐 아니라 등기·인도 등으로 완전한 권리를 취득한 사람을 지칭하는 것이다. 그런데 미등기 무허가건물의 매수인은 소유권이전등기를 마치지 않는 한 건물의 소유권을 취득할 수 없고, 소유권에 준하는 관습상의 물권이 있다고도 할 수 없으며, 현행법상 사실상의 소유권이라고 하는 포괄적인 권리 또는 법률상의 지위를 인정하기도 어렵다. 또한, 무허가건물관리대장은 무허가건물에 관한 관리의 편의를 위하여 작성된 것일 뿐 그에 관한 권리관계를 공시할 목적으로 작성된 것이 아니므로 무허가건물관리대장에 소유자로 등재되었다는 사실만으로는 무허가건물에 관한 소유권 기타의 권리를 취득하는 효력이 없다. 따라서 미등기 무허가건물에 관한 매매계약이 해제되기 전에 매수인으로부터 해당 무허가건물을 다시 매수하고 무허가건물관리대장에 소유자로 등재되었다고 하더라도 건물에 관하여 완전한 권리를 취득한 것으로 볼 수 없으므로 민법 제548조 제1항 단서에서 규정하는 제3자에 해당한다고 할 수 없다(대판 2014. 2. 13, 2011다64782).

매수인과 매매예약을 체결한 후 그에 기한 소유권이전청구권 보전을 위한 가등기를 마친 사람이 위 '제3자'에 포함되는지 여부(적극) ★

민법 제548조 제1항 단서에서 말하는 제3자는 일반적으로 해제된 계약으로부터 생긴 법률효과를 기초로 하여 해제 전에 새로운 이해관계를 가졌을뿐만 아니라 등기, 인도 등으로 권리를 취득한 사람을 말하는 것인바, 매수인과 매매예약을 체결한 후 그에 기한 소유권이전청구권 보전을 위한 가등기를 마친 사람도 위 조항 단서에서 말하는 제3자에 포함된다(대판 2014. 12. 11, 2013다14569).

채권을 압류 또는 전부한 채권자의 제3자 해당 여부 및 해제의 효과(대판 2000. 4. 11, 99다51685)

민법 제548조 제1항 단서에서 말하는 제3자란 일반적으로 그 해제된 계약으로부터 생긴 법률효과를 기초로 하여 해제 전에 새로운 이해관계를 가졌을 뿐 아니라 등기, 인도 등으로 완전한 권리를 취득한 자를 말하므로 계약상의 채권을 양수한 자나 그 채권 자체를 압류 또는 전부한 채권자는 여기서 말하는 제3자에 해당하지 아니한다.

(3) 적용범위

법정해제의 경우뿐만 아니라, 합의해제, 실권조항의 경우에도 '제3자 보호' 규정(제548조 제1항 단서)이 적용된다.

✦ 기타 제548조 제1항 단서의 '제3자' 해당 여부와 관련하여 주의할 사항

구분	제548조 제1항 단서의 '제3자' 긍정 예	제548조 제1항 단서의 '제3자' 부정 예
1	계약 목적물 자체에 대한 대항력 있는 권리를 취득한 자(소유권 · 저당권 등)	계약상 채권 자체를 양수받은 자(채권양수인 등)
2	계약 목적물을 가압류한 자(대판 2000. 1. 14, 99다40937)	계약상 채권 자체에 대한 압류 · 전부채권자(대판 2000. 4. 11, 99다51685)
3	계약 목적물을 임차하여 대항요건을 갖춘 임차인(대판 1996. 8. 20, 96다17653)	건물매수인으로부터 건축허가명의만을 양수한 자(대판 2007. 4. 26, 2005다19156)

4. 해제된 계약의 부활

계약이 해제된 후에 계약당사자의 일방이 이의 없이 그 계약목적물을 받거나 대금에 대한 약정이자나 일부변제를 수령한 경우, 당사자 간에 해제된 계약을 부활시키는 (묵시적인) 약정이 있는 것으로 봄이 상당하고, 이러한 경우 매도인으로서는 새로운 이행의 최고 없이 바로 해제권을 행사할 수 없다(대판 1980. 7. 8, 80다1077; 대판 1992. 10. 27, 91다483).

05 해제권의 소멸

1. 일반적 소멸사유

(1) 제척기간의 경과

해제권은 형성권이므로 10년의 제척기간 내에 행사하여야 한다.

(2) 해제권의 포기

해제권자의 일방적 의사표시로 해제권을 포기할 수 있다.

(3) 해제권의 실효

해제권을 갖는 자가 상당한 기간이 경과하도록 이를 행사하지 않아 상대방으로서도 이제는 해제권이 행사되지 아니할 것이라고 신뢰할 만한 사정이 있는 경우에는 실효의 원칙상 해제권의 행사가 인정되지 않는다.

(4) 채무자의 이행 또는 이행의 제공

해제권이 발생하였더라도, 채권자가 아직 해제권을 행사하기 전에는 채무자는 본래의 채무내용에 좇은 이행과 지연배상을 함으로써 해제권을 소멸시킬 수 있다.

2. 해제권에 특유한 소멸사유

(1) 해제권 행사 여부의 최고에 의한 소멸

> **제552조【해제권 행사 여부의 최고권】**
> ① 해제권의 행사의 기간을 정하지 아니한 때에는 상대방은 상당한 기간을 정하여 해제권 행사 여부의 확답을 해제권자에게 최고할 수 있다.
> ② 전항의 기간 내에 해제의 통지를 받지 못한 때에는 해제권은 소멸한다.

민법 제552조에 의하여, 해제권의 행사의 기간을 정하지 아니한 때에는 상대방은 상당한 기간을 정하여 해제권 행사 여부의 확답을 해제권자에게 최고할 수 있고, 그 기간 내에 해제의 통지를 받지 못한 때에는 해제권은 소멸하는 것이지만, 이로 인하여 그 후 새로운 사유에 의하여 발생한 해제권까지 행사할 수 없게 되는 것은 아니다(대판 2005. 12. 8, 2003다41463).

(2) 목적물의 멸실 등

> **제553조【훼손 등으로 인한 해제권의 소멸】**
> 해제권자의 고의나 과실로 인하여 계약의 목적물이 현저히 훼손되거나 이를 반환할 수 없게 된 때 또는 가공이나 개조로 인하여 다른 종류의 물건으로 변경된 때에는 해제권은 소멸한다.

(3) 해제권의 불가분성에 의한 소멸

> **제547조 제2항【해지, 해제권의 불가분성】**
> 전항의 경우에 해지나 해제의 권리가 당사자 1인에 대하여 소멸한 때에는 다른 당사자에 대하여도 소멸한다.

06 유사제도

1. 해제계약(합의해제)

(1) 의의

계약의 해제는 단독행위이지만, 해제계약(합의해제)은 해제권의 유무를 불문하고 계약당사자 쌍방이 합의에 의하여 기존 계약의 효력을 소멸시켜 당초부터 계약이 체결되지 않았던 것과 같은 상태로 복귀(회복)시킬 것을 내용으로 하는 새로운 계약이다. 일종의 처분행위이므로 이행의 문제가 남지 않는다(대판 1992. 8. 18, 92다6266).

(2) 요건

① 합의해제가 성립하기 위해서는 일반적인 계약의 성립과 마찬가지로, 기존 계약의 효력을 소멸시키기로 하는 내용의 청약과 승낙이라는 서로 대립하는 의사표시가 합치되어야 한다. 법정해제와는 달리 채무불이행을 요건으로 하지 않는다.

② 계약당사자의 일방이 계약해제에 따른 원상회복 및 손해배상에 관한 조건을 제시한 경우라면 그 조건에 관한 합의까지 이루어져야 합의해제가 성립한다.

판례

묵시적 합의해제 ★

① 합의해제의 요건 – 계약이 합의해제되기 위하여는 일반적으로 계약이 성립하는 경우와 마찬가지로 계약의 청약과 승낙이라는 서로 대립하는 의사표시가 합치될 것을 그 요건으로 하는 것이지만, 계약의 합의해제는 명시적인 경우뿐만 아니라 묵시적으로도 이루어질 수 있는 것이므로 계약 후 당사자 쌍방의 계약 실현 의사의 결여 또는 포기가 쌍방 당사자의 표시행위에 나타난 의사의 내용에 의하여 객관적으로 일치하는 경우에는, 그 계약은 계약을 실현하지 아니할 당사자 쌍방의 의사가 일치됨으로써 묵시적으로 해제되었다고 해석함이 상당하다(대판 2002. 1. 25, 2001다63575).

② 계약의 장기간 방치 – 묵시적인 합의해제를 한 것으로 인정되려면 계약이 체결되어 그 일부가 이행된 상태에서 당사자 쌍방이 장기간에 걸쳐 나머지 의무를 이행하지 아니함으로써 이를 방치한 것만으로는 부족하고, 당사자 쌍방에게 계약을 실현할 의사가 없거나 계약을 포기할 의사가 있다고 볼 수 있을 정도에 이르러야 한다(대판 2011. 2. 10, 2010다77385). 따라서 계약 후 당사자 쌍방의 계약실현 의사의 결여 또는 포기로 인하여 쌍방 모두 이행의 제공이나 최고에 이름이 없이 장기간 이를 방치하였다면 그 계약은 당사자 쌍방의 계약을 실현하지 아니할 의사의 일치로 묵시적으로 해제되었다고 해석함이 상당하다(대판 1988. 10. 11, 87다카2503).

(3) 효과

① **계약의 소급소멸**: 계약은 소급적으로 소멸하며(대판 1994. 9. 13, 94다17903 참고), 판례의 유인론에 의하면 물권변동도 소급하여 소멸하므로, 말소등기 없이도 물권이 복귀한다.

판례

합의해제에 기한 물권의 복귀 ★★

매매계약이 합의해제된 경우에도 매수인에게 이전되었던 소유권은 당연히 매도인에게 복귀하는 것이므로 합의해제에 따른 매도인의 원상회복청구권은 소유권에 기한 물권적 청구권이라고 할 것이고 이는 소멸시효의 대상이 되지 아니한다(대판 1982. 7. 27, 80다2968).

② 법정해제 규정의 적용 여부

㉠ 당사자 사이: 합의해제는 계약이므로 단독행위인 해제에 관한 민법규정이 적용되지 않는다. 그 결과 해제계약에 따른 법률관계는 원칙적으로 해제계약의 내용에 따르게 된다. 따라서 ⓐ 합의해제 시 손해배상에 관한 약정 등이 없는 한 채무불이행으로 인한 손해배상청구를 할 수 없고(대판 1989. 4. 25, 86다카1147), ⓑ 합의해제로 인하여 반환할 금전에 그 받은 날로부터 이자를 반드시 가산하여야 하는 것도 아니다(대판 1996. 7. 30, 95다16011).

판례

합의해제의 효력과 민법상 해제에 관한 규정의 적용 여부(소극)

합의해제의 효력은 그 합의의 내용에 의하여 결정되고 이에는 해제에 관한 민법 제543조 이하의 규정은 적용되지 아니한다(대판 1979. 10. 30, 79다1455).

합의해제와 채무불이행에 기한 손해배상 ★

① 계약이 합의해제된 경우에는 그 해제 시에 당사자 일방이 상대방에게 손해배상을 하기로 특약하거나 손해배상청구를 유보하는 의사표시를 하는 등 다른 사정이 없는 한 채무불이행으로 인한 손해배상을 청구할 수 없다(대판 1989. 4. 25, 86다카1147).

② 계약이 합의에 따라 해제되거나 해지된 경우에는 특별한 사정이 없는 한 채무불이행으로 인한 손해배상을 청구할 수 없으나, 상대방에게 손해배상을 하기로 특약하거나 손해배상 청구를 유보하는 의사표시가 있으면 그러한 특약이나 의사에 따라 손해배상을 하여야 한다. 그와 같은 손해배상의 특약이 있었다거나 손해배상 청구를 유보하였다는 점은 이를 주장하는 당사자가 증명할 책임이 있다(대판 2021. 3. 25, 2020다285048).

③ 계약을 합의하여 해제하거나 해지하면서 상대방에게 손해배상을 하기로 하는 특약이나 손해배상청구를 유보하는 의사표시를 하였는지를 판단할 때에도 법률행위 해석에 관한 법리가 적용된다. 위와 같은 특약이나 의사표시가 있었는지는 합의해제ㆍ해지 당시를 기준으로 판단하여야 하는데, 원래의 계약에 있는 위약금이나 손해배상에 관한 약정은 그것이 계약 내용이나 당사자의 의사표시 등에 비추어 합의해제ㆍ해지의 경우에도 적용된다고 볼 만한 특별한 사정이 없는 한 합의해제ㆍ해지의 경우에까지 적용되지는 않는다(대판 2021. 5. 7, 2017다220416).

합의해제에 제548조 제2항이 적용되는지 여부 ★

합의해제 또는 해제계약이라 함은 해제권의 유무에 불구하고 계약 당사자 쌍방이 합의에 의하여 기존의 계약의 효력을 소멸시켜 당초부터 계약이 체결되지 않았던 것과 같은 상태로 복귀시킬 것을 내용으로 하는 새로운 계약으로서, 그 효력은 그 합의의 내용에 의하여 결정되고 여기에는 해제에 관한 민법 제548조 제2항의 규정은 적용되지 아니하므로, 당사자 사이에 약정이 없는 이상 합의해제로 인하여 반환할 금전에 그 받은 날로부터의 이자를 가하여야 할 의무가 있는 것은 아니다(대판 1996. 7. 30, 95다16011).

㉡ 제3자 보호규정: 제548조 제1항 단서는 제3자 보호를 위해 유추적용된다. 따라서 계약의 합의해제에 있어서도 제3자의 권리를 해할 수 없다.

판례

합의해제 – 제3자 보호 규정의 적용

계약의 합의해제에 있어서도 민법 제548조의 계약해제의 경우와 같이 이로써 제3자의 권리를 해할 수 없다. (따라서) 계약해제 시 계약은 소급하여 소멸하게 되어 해약당사자는 각 원상회복의 의무를 부담하게 되나, 이 경우 계약해제로 인한 원상회복등기 등이 이루어지기 이전에 해약당사자와 양립되지 아니하는 법률관계를 가지게 되었고 계약해제 사실을 몰랐던 제3자에 대하여는 계약해제를 주장할 수 없고, 이 경우 제3자가 악의라는 사실의 주장ㆍ입증책임은 계약해제를 주장하는 자에게 있다(대판 2005. 6. 9, 2005다6341).

---

(4) 합의해제의 실효

① 해제계약을 해제할 수 있는지 여부가 문제되는데, 이에 대해 판례는 해제합의는 위 원계약을 소멸시키는 것으로서 원계약의 소멸로써 그 효과는 완결되고 합의해제 자체의 이행의 문제는 발생할 여지가 없으므로, 채무불이행을 이유로 원계약에 대한 해제합의를 해제할 수는 없다고 하였다(대판 1992. 8. 18, 92다6266).

판례

해제계약을 해제할 수 있는지 여부 ★

토지의 매매계약을 체결하였다가 매수인의 사정으로 매도인이 위 토지를 다시 매수하고 원계약을 해제하기로 약정한 경우에 있어, 위 재계약상의 해제합의는 위 원계약을 소멸시키는 것으로서 위 원계약의 소멸로써 그 효과는 완결되고 합의해제 자체의 이행의 문제는 발생할 여지가 없으므로, 원계약의 매도인이 위 재계약상의 매매대금 지급의무를 불이행하였다고 하더라도 이를 이유로 위 원계약에 대한 해제합의를 해제할 수는 없다(대판 1992. 8. 18, 92다6266).

② 다만 매매계약을 합의해제한 후 그 합의해제를 무효화시키고 해제된 계약을 다시 부활시키는 약정은 계약자유의 원칙상 적어도 당사자 사이에서는 가능하다(대판 2006. 4. 13, 2003다45700).

2. 정지조건부 해제

해제권을 행사하면서 조건(최고한 기간 내에 이행이 없으면 계약을 해제한다)을 붙인 경우에, 그 기간의 경과로 계약은 해제된다. 따라서 피고가 정지조건부 해제를 주장하기 위해서는 ① 원고의 채무이행을 최고한 사실, ② 최고 당시 최고기간 내에 원고의 채무가 이행되지 않을 것을 정지조건으로 하는 해제의 의사표시를 한 사실, ③ 원고가 최고기간 내에 자신의 채무를 이행하지 아니한 사실, ④ 피고에게 원고의 채무와 동시이행관계에 있는 자신의 채무가 있으면 이를 이행하였거나 그 이행의 제공을 한 사실을 주장·입증하면 된다.

판례

정지조건부 해제의 의사표시의 가부 및 효력

일정한 기간을 정하여 채무이행을 최고함과 동시에 그 기간 내에 이행이 없을 때에는 계약을 해제하겠다는 의사를 표시한 경우에는 그 기간의 경과로 그 계약은 해제된 것으로 보아야 한다(대판 1979. 9. 25, 79다1135·1136).

3. 실권조항

(1) 의의 및 허용성

① 실권조항이란 계약의 당사자가 정한 조건(주로 채무불이행)이 성취되면 계약이 자동적으로 실효되는 것으로 정한 경우로서,[9] 해제의 의사표시가 없어도 조건의 성취라는 사실만으로 계약이 실효된다는 점과 계약의 성질을 갖는다는 점에서 해제와는 다르다.

② 실권약관은 해제조건부 계약으로서 계약자유의 원칙상 유효하다.

9 이를 계약의 내용으로 정하는 특약을 실권특약이라 한다.

(2) 효력

① 계약이 당연 실효되는지 여부

㉠ 계약금의 경우

판례

'위약 시 자동해제 약정'의 의미 – 해제권 유보

매도인이 위약 시에는 계약금의 배액을 배상하고 매수인이 위약 시에는 지급한 계약금을 매도인이 취득하고 계약은 자동적으로 해제된다는 조항은, 위약 당사자가 상대방에 대하여 계약금을 포기하거나 그 배액을 배상하여 계약을 해제할 수 있다는 해제권 유보조항이라 할 것이고, 최고나 통지 없이 해제할 수 있다는 특약이라고 볼 수 없다(대판 1982. 4. 27, 80다851).

㉡ 중도금의 경우

판례

실권약관의 효력 – 선이행의무인 '중도금' 지급 불이행 ★★

① 매매계약에 있어서 매수인이 중도금을 약정한 일자에 지급하지 아니하면 그 계약을 무효로 한다고 하는 특약이 있는 경우, 매수인이 약정한 대로 중도금을 지급하지 아니하면 (해제의 의사표시를 요하지 않고) 그 불이행 자체로써 계약은 그 일자에 자동적으로 해제된 것이라고 보아야 한다(대판 1991. 8. 13, 91다13717).

② 매수인이 중도금을 약정한 일자에 지급하지 아니 하면, 계약이 해제된 것으로 한다는 특약이 있는 실권약관부 매매계약에 있어서는 매수인이 약정의 중도금 지급의무를 이행하지 아니하면, 그 계약은 그 일자에 자동적으로 해제된 것으로 보아야 하며, 매도인이 그 후에 중도금의 지급을 최고하였다 하더라도, 이는 은혜적으로 한 번 지급의무를 이행할 기회를 준 것에 지나지 아니한다(대판 1980. 2. 12, 79다2035).

㉢ 잔금의 경우

판례

실권약관의 효력 제한 – 동시이행관계인 '잔금' 지급 불이행

① 부동산 매매계약에 있어서 매수인이 잔대금 지급기일까지 그 대금을 지급하지 못하면 그 계약이 자동적으로 해제된다는 취지의 약정이 있더라도 특별한 사정이 없는 한 매수인의 잔대금 지급의무와 매도인의 소유권이전등기의무는 동시이행의 관계에 있으므로, 매도인이 잔대금 지급기일에 소유권이전등기에 필요한 서류를 준비하여 매수인에게 알리는 등 이행의 제공을 하여 매수인으로 하여금 이행지체에 빠지게 하였을 때에 비로소 자동적으로 매매계약이 해제된다고 보아야 하고, 매수인이 그 약정 기한을 도과하였더라도 이행지체에 빠진 것이 아니라면 대금 미지급으로 계약이 자동해제된 것으로 볼 수 없다(대판 1998. 6. 12, 98다505).

② 부동산 매매계약에 있어서 매수인이 잔대금 지급기일까지 그 대금을 지급하지 못하면 그 계약이 자동적으로 해제된다는 취지의 약정이 있더라도 매도인이 이행의 제공을 하여 매수인을 이행지체에 빠뜨리지 않는 한 그 약정기일의 도과 사실만으로는 매매계약이 자동해제된 것으로 볼 수 없으나, 매수인이 수회에 걸친 채무불이행에 대하여 잔금 지급기일의 연기를 요청하면서 새로운 약정기일까지는 반드시 계약을 이행할 것을 확약하고 불이행 시에는 매매계약이 자동적으로 해제되는 것을 감수하겠다는 내용의 약정을 한 특별한 사정이 있다면, 매수인이 잔금 지급기일까지 잔금을 지급하지 아니함으로써 그 매매계약은 자동적으로 실효된다(대판 2007. 12. 27, 2007도5030).

② **제3자 보호 규정의 적용**

판례

실권약관 – 제3자 보호 규정의 적용
계약 당사자의 일방이 계약을 해제하였을 때에는 계약은 소급하여 소멸하고 각 당사자는 원상회복의 의무를 지게 되나, 이 경우 계약해제로 인한 원상회복등기 등이 이루어지기 전에는 계약의 해제를 주장하는 자와 양립되지 아니하는 법률관계를 가지게 되었고 계약해제 사실을 몰랐던 제3자에 대하여는 계약해제를 주장할 수 없으며, 이러한 법리는 실권특약부 매매계약이 그 특약에 의하여 소급적으로 실효되는 경우에도 마찬가지로 적용된다(대판 2000. 4. 21, 2000다584).

제2관 _ 계약의 해지

제550조 【해지의 효과】
당사자 일방이 계약을 해지한 때에는 계약은 장래에 대하여 그 효력을 잃는다.

01 의의

해지란 계속적 계약관계에서 일방적 의사표시로써 계약의 효력을 장래에 향하여 소멸케 하는 행위를 말하고, 이와 같이 해지할 수 있는 권리를 해지권이라 한다. 해지권은 해제권과 마찬가지로 형성권이다.

02 해지권의 발생

1. 약정해지권

계속적 계약을 체결하면서 당사자 일방이나 쌍방을 위하여 해지권을 보류하는 특약을 할 수도 있으며, 이 경우에는 그 특약에 의하여 해지권이 발생한다.

2. 법정해지권

법정해지권의 일반적 공통 발생원인에 대해서는 명문의 규정이 없다. 다만 계약각칙에서 각종의 계속적 계약에 관하여 개별적으로 그 해지권의 발생원인을 규정하고 있다(임대차의 경우 제625조, 제627조, 제640조, 고용의 경우 제657조 등).

3. 사정변경을 이유로 한 해지권

판례는 '신뢰파괴' 내지 '현저한 사정변경'을 이유로 한 해지권을 인정하고 있다. 특히 계속적 보증계약에서 해지할 만한 상당한 이유가 있는 경우에 보증인의 계약해지를 인정하고 있다.

판례

계속적 계약의 해지사유 - 신뢰파괴

계속적 계약은 당사자 상호 간의 신뢰관계를 그 기초로 하는 것이므로, 당해 계약의 존속 중에 당사자의 일방이 그 계약상의 의무를 위반함으로써 그로 인하여 계약의 기초가 되는 신뢰관계가 파괴되어 계약관계를 그대로 유지하기 어려운 정도에 이르게 된 경우에는 상대방은 그 계약관계를 막바로 해지함으로써 그 효력을 장래에 향하여 소멸시킬 수 있다고 봄이 타당하다(대판 1995. 3. 24, 94다17826).

03 해지권의 행사

해지권의 행사에 관한 내용은 해제권의 경우와 동일하다. 즉 그 행사는 상대방에 대한 의사표시로 하고, 해제권 행사 및 소멸의 불가분성은 해지권의 경우에도 적용된다(제547조 제2항).

04 해지의 효과

1. 비소급효

해지는 '장래에 향하여' 효력을 발생한다는 점에서 계약의 효력을 '소급적으로' 소멸시키는 해제와 구별된다.

2. 손해배상의 청구

계약의 해지는 손해배상의 청구에 영향을 미치지 아니한다(제551조). 다만 이 경우의 손해배상은 상대방의 채무불이행을 전제로 인정된다.

05 유사제도 – 합의해지

판례

계약의 합의해지의 성립 여부 및 판단(대판 2018. 12. 27, 2016다274270)

① 계약의 합의해지는 계속적 채권채무관계에서 당사자가 이미 체결한 계약의 효력을 장래에 향하여 소멸시킬 것을 내용으로 하는 새로운 계약으로서, 이를 인정하기 위해서는 계약이 성립하는 경우와 마찬가지로 기존 계약의 효력을 장래에 향하여 소멸시키기로 하는 내용의 청약과 승낙이라는 서로 대립하는 의사표시가 합치될 것을 요건으로 한다. ② 계약의 합의해지는 묵시적으로 이루어질 수도 있으나, 계약에 따른 채무의 이행이 시작된 다음에 당사자 쌍방이 계약실현 의사의 결여 또는 포기로 계약을 실현하지 않을 의사가 일치되어야만 한다. ③ 이와 같은 합의가 성립하기 위해서는 쌍방 당사자의 표시행위에 나타난 의사의 내용이 객관적으로 일치하여야 하므로 계약당사자 일방이 계약해지에 관한 조건을 제시한 경우 그 조건에 관한 합의까지 이루어져야 한다. 한편 ④ 당사자 사이에 계약을 종료시킬 의사가 일치되었더라도 계약 종료에 따른 법률관계가 당사자들에게 중요한 관심사가 되고 있는 경우 그러한 법률관계에 관하여 아무런 약정 없이 계약을 종료시키는 합의만 하는 것은 경험칙에 비추어 이례적이고, 이 경우 합의해지가 성립하였다고 보기 어렵다.

ME
MO

행정사
백운정 민법(계약)

Chapter

02

계약각칙 - 각종의 계약

Chapter

02 계약각칙 – 각종의 계약

제1절 증여

01 서설

1. 의의

> 제554조【증여의 의의】
> 증여는 당사자 일방이 무상으로 재산을 상대방에 수여하는 의사를 표시하고 상대방이 이를 승낙함으로써 그 효력이 생긴다.

증여란 당사자 일방(증여자)이 무상으로 재산을 상대방(수증자)에게 수여하는 의사를 표시하고 상대방이 이를 승낙함으로써 성립하는 계약을 말한다(제554조).

2. 법적 성질

① 증여는 낙성 · 편무 · 무상 · 불요식의 계약이다. 따라서 단독행위인 유증과 구별된다.
② 불요식행위이므로 구두에 의해서도 증여는 유효하게 성립한다. 다만 서면에 의하지 않는 증여에는 특별해제권이 인정된다(제555조).

02 증여의 효력

1. 증여자의 급부의무

증여자는 증여계약에 따라 증여목적의 재산을 수증자에게 이전할 의무를 부담한다. 따라서 증여의 목적이 타인의 재산이라면 그것을 취득하여 이전하여야 한다(제569조 참조).

2. 증여자의 담보책임

> 제559조【증여자의 담보책임】
> ① 증여자는 증여의 목적인 물건 또는 권리의 하자나 흠결에 대하여 책임을 지지 아니한다. 그러나 증여자가 그 하자나 흠결을 알고 수증자에게 고지하지 아니한 때에는 그러하지 아니하다.
> ② 상대부담 있는 증여에 대하여는 증여자는 그 부담의 한도에서 매도인과 같은 담보의 책임이 있다.

(1) 원칙적 부정

증여자는 증여의 목적인 물건 또는 권리에 하자나 흠결이 있어도 원칙적으로 담보책임을 지지 않는다(제559조 제1항 본문).

(2) 예외적 인정

① 증여자가 그 하자나 흠결을 알고 수증자에게 고지하지 않은 때에는 예외적으로 담보책임을 진다(제559조 제1항 단서).

② 또한 부담부증여의 경우 증여자는 그 '부담의 한도'에서 매도인과 같은 담보책임이 있다(제559조 제2항).

3. 증여에 특유한 해제

(1) 서면에 의하지 않은 증여

> **제555조【서면에 의하지 아니한 증여와 해제】**
> 증여의 의사가 서면으로 표시되지 아니한 경우에는 각 당사자는 이를 해제할 수 있다.

① **의의**: 민법은 증여의 의사가 서면으로 표시되지 아니한 경우에는 각 당사자는 이를 해제할 수 있다고 규정하고 있다(제555조). 이는 ㉠ 증여자가 경솔하게 증여하는 것을 방지함과 동시에 ㉡ 증여자의 의사를 명확하게 하여 후일에 분쟁이 생기는 것을 피하려는 것이다.

② **해제권 발생요건**: 증여의사가 서면으로 표시되지 않을 것을 요한다. 서면에 의한 증여인 경우에는 제555조의 특별해제는 할 수 없다. 판례는 ㉠ 서면의 형식에 대해서 증여의사가 서면에 나타나 있으면 충분하다는 입장이다(대판 1988. 9. 27, 86다카2634). 예컨대, 서면의 문언 자체는 증여계약서가 아닌 매도증서로 되어 있다고 하더라도 작성경위에 비추어 증여의사를 인정할 수 있으면 제555조의 서면에 해당한다고 본다(대판 1991. 9. 10, 91다6160). 또한 ㉡ 서면의 작성시기에 대해서 증여계약체결 이후에 작성되어도 무방하다는 입장이다. 즉 민법 제555조 소정의 증여의 의사가 표시된 서면의 작성시기에 대하여는 법률상 아무런 제한이 없으므로 증여계약이 성립한 당시에는 서면이 작성되지 않았더라도 그 후 계약이 존속하는 동안 서면을 작성한 때에는 그때부터는 서면에 의한 증여로서 당사자가 임의로 이를 해제할 수 없게 된다(대판 1989. 5. 9, 88다카2271).

③ **해제권의 내용**

㉠ 해제의 의미(법적 성질): 민법 제555조에서 말하는 증여계약의 해제는 민법 제543조 이하에서 규정한 본래 의미의 해제와는 달리 형성권의 제척기간의 적용을 받지 않는 특수한 철회에 해당한다.

판례

민법 제555조의 해제 법적 성질(= 철회) 및 제척기간의 적용 여부(소극) ★
민법 제555조에서 말하는 증여계약의 해제는 민법 제543조 이하에서 규정한 본래 의미의 해제와는 달리 형성권의 제척기간의 적용을 받지 않는 특수한 철회로서, 10년이 경과한 후에 이루어졌다 하더라도 원칙적으로 적법하다(대판 2009. 9. 24, 2009다37831).

ⓛ 해제권의 행사
ⓐ 해제는 각 당사자, 즉 증여자뿐만 아니라 수증자도 할 수 있다.
ⓑ 해제의 의사표시는 명시적일 것을 요구하지 않고 묵시적으로도 가능하다.

ⓒ 해제권의 소멸: 형성권의 제척기간의 적용을 받지 않는 특수한 철회로서, 10년이 경과한 후에 이루어졌다 하더라도 원칙적으로 적법하다.

ⓔ 민법 총칙상의 취소와의 경합: 해제는 민법 총칙상의 취소와는 요건과 효과가 다르므로 경합하여 발생한다.

판례

총칙상 취소와의 경합 ★★
민법 제47조 제1항에 의하여 생전처분으로 재단법인을 설립하는 때에 준용되는 민법 제555조는 "증여의 의사가 서면으로 표시되지 아니한 경우에는 각 당사자는 이를 해제할 수 있다"고 함으로써 서면에 의한 증여(출연)의 해제를 제한하고 있으나, 그 해제는 민법 총칙상의 취소와는 요건과 효과가 다르므로 서면에 의한 출연이더라도 민법 총칙규정에 따라 출연자가 착오에 기한 의사표시라는 이유로 출연의 의사표시를 취소할 수 있고, 상대방 없는 단독행위인 재단법인에 대한 출연행위라고 하여 달리 볼 것은 아니다(대판 1999. 7. 9, 98다9045).

(2) 수증자의 망은행위

제556조 【수증자의 행위와 증여의 해제】
① 수증자가 증여자에 대하여 다음 각호의 사유가 있는 때에는 증여자는 그 증여를 해제할 수 있다.
1. 증여자 또는 그 배우자나 직계혈족에 대한 범죄행위가 있는 때
2. 증여자에 대하여 부양의무 있는 경우에 이를 이행하지 아니하는 때
② 전항의 해제권은 해제원인 있음을 안 날로부터 6월을 경과하거나 증여자가 수증자에 대하여 용서의 의사를 표시한 때에는 소멸한다.

① **의의**: 수증자가 증여자 또는 그 배우자나 직계혈족에 대하여 범죄행위를 한 때, 수증자가 증여자에 대하여 부양의무가 있는 경우에 이를 이행하지 아니하는 때에는 증여자는 그 증여를 해제할 수 있다(제556조 제1항).

판례

민법 제556조 제1항 제1호에서 정한 '범죄행위'의 의미와 이에 해당하는지 판단하는 기준 및 이때 수증자가 그 범죄행위로 형사처벌을 받을 필요가 있는지 여부(소극) ★

민법 제556조 제1항 제1호는 '수증자가 증여자에 대하여 증여자 또는 그 배우자나 직계혈족에 대한 범죄행위가 있는 때에는 증여자는 그 증여를 해제할 수 있다.'고 정한다. 이는 중대한 배은행위를 한 수증자에 대해서까지 증여자로 하여금 증여계약상의 의무를 이행하게 할 필요가 없다는 윤리적 요청을 법률적으로 고려한 것이다. 여기에서 '범죄행위'란 수증자가 증여자에게 감사의 마음을 가져야 함에도 불구하고 증여자가 배은망덕하다고 느낄 정도로 둘 사이의 신뢰관계를 중대하게 침해하여 수증자에게 증여의 효과를 그대로 유지시키는 것이 사회통념상 허용되지 아니할 정도의 범죄를 저지르는 것을 말한다. 이때 이러한 범죄행위에 해당하는지는 수증자가 범죄행위에 이르게 된 동기 및 경위, 수증자의 범죄행위로 증여자가 받은 피해의 정도, 침해되는 법익의 유형, 증여자와 수증자의 관계 및 친밀도, 증여행위의 동기와 목적 등을 종합적으로 고려하여 판단하여야 하고, 반드시 수증자가 그 범죄행위로 형사처벌을 받을 필요는 없다(대판 2022. 3. 11, 2017다207475).

② **제556조 제1항 제2호의 부양의무**: 여기서 부양의무(제556조 제1항 제2호)라 함은 제974조에 규정되어 있는 직계혈족 및 그 배우자 또는 생계를 같이 하는 친족 간의 부양의무를 가리키는 것으로서, 친족 간이 아닌 당사자 사이의 약정에 의한 부양의무는 여기에 해당하지 않는다(대판 1996. 1. 26, 95다43358). 그것은 '부담부 증여'에서 '부담'의 불이행 문제일 뿐이다.

③ **제척기간**: 이 해제권은 해제원인 있음을 안 날로부터 6개월을 경과하거나 증여자가 수증자에 대하여 용서의 의사를 표시한 때에는 소멸한다(제556조 제2항).

(3) 사정변경에 의한 해제

제557조【증여자의 재산상태변경과 증여의 해제】
증여 계약 후에 증여자의 재산상태가 현저히 변경되고 그 이행으로 인하여 생계에 중대한 영향을 미칠 경우에는 증여자는 증여를 해제할 수 있다.

(4) 특별해제의 제한

제558조【해제와 이행완료부분】
전3조(서면에 의하지 않은 증여, 망은행위, 사정변경으로 인한 증여의 특별해제)의 규정에 의한 계약의 해제는 이미 이행한 부분에 대하여는 영향을 미치지 아니한다.
→ 이 점에서 본조는 해제의 효과로서의 원상회복의무(제548조)에 대한 특칙이 된다.

① **이행완료부분에 대한 효력**: 증여에 특유한 해제원인에 기한 증여의 해제는 이미 이행한 부분에 대하여는 영향을 미치지 않는다(제558조). 즉 이미 이행한 부분에 대해서는 해제할 수 없으며, 원상회복을 청구할 수 없다. 즉 본조는 해제의 효과로서의 원상회복의무(제548조)에 대한 특칙이 된다.

② **'이미 이행한 부분'의 의미 및 판단**

㉠ 의미: '이미 이행한'이라고 하는 것은 증여자가 증여계약에서 부담한 채무의 주요한 부분이 실행된 것을 의미한다. 다만 이미 이행한 부분인지의 판단과 관련해서는 다음과 같이 나누어 살펴볼 필요가 있다.

㉡ 구체적 판단

ⓐ 동산의 경우: 동산증여의 경우 인도가 이행이라고 하는 점에 대해서는 다툼이 없다. 여기서의 인도는 현실인도뿐만 아니라, 간이인도·점유개정·반환청구권의 양도도 포함된다.

ⓑ 부동산의 경우: i) 물권변동에 관하여 형식주의를 채택하고 있는 현행 민법의 해석으로서는 부동산 증여에 있어서 이행이 되었다고 함은 그 부동산의 인도만으로써는 부족하고 이에 대한 소유권이전등기절차까지 마친 것을 의미한다(대판 1976. 2. 10, 75다2295). 따라서 등기가 이루어진 이상 그 인도가 없다고 하더라도 이는 이미 이행된 것에 해당한다. ii) 증여자가 서면에 의하지 않고 소유권이전등기가 경료되지 않은 매수 토지를 증여하였으나 위 토지에 관한 소유권이전등기청구권을 수증자에게 양도하고 매도인에게 양도통지까지 마친 경우에는, 그 이후 증여자의 상속인들에 의한 서면에 의하지 아니한 증여라는 이유의 해제는 이에 아무런 영향을 끼치지 않는다(대판 1998. 9. 25, 98다22543). 그러나 iii) 증여자의 의사에 기하지 아니한 원인무효의 등기가 마쳐진 경우에는 증여계약의 적법한 이행이 있다고 볼 수 없어, 서면에 의하지 아니한 증여를 이유로 해제할 수 있다(대판 2009. 9. 24, 2009다37831).

③ **'영향을 미치지 아니한다'의 의미**: 이미 이행된 부분에 대하여는 해제권을 행사할 수 없다는 의미이다.

판례

일부이행의 경우 나머지 부분 해제 가부

망인이 생전에 서면에 의하지 아니한 의사표시로 부동산의 지분을 증여하고 그의 뜻에 따라 증여한 부동산의 지분 중 일부 지분에 대하여만 소유권이전등기를 경료하고, 나머지 지분은 소유권이전등기를 경료하지 않은 채 사망하였다면, 증여계약에 따른 권리의무를 승계한 상속인은 이미 이행된 지분에 관하여는 증여의 의사표시를 해제할 수 없다고 하겠으나, 아직 이행되지 아니한 지분에 관한 증여의 의사표시는 민법 제555조에 의하여 이를 해제할 수 있다고 할 것이다(대판 2003. 4. 11, 2003다1755).

03 특수한 증여

1. 부담부증여

제561조【부담부증여】
상대 부담 있는 증여에 대하여는 본절의 규정 외에 쌍무계약에 관한 규정을 적용한다.

(1) 부담부증여란 수증자가 증여를 받으면서 일정한 급부를 하기로 하는 증여이다(예 재산을 증여하되 수증자가 증여자의 자녀를 부양할 것을 약속하는 경우).

(2) 부담부증여의 경우에는 수증자가 급부의무를 지기는 하나 그것이 증여자의 의무와 대가관계에 있지는 않으므로 그것은 편무·무상계약이다. 다만 증여자는 그 부담의 한도에서 매도인과 같은 담보의 책임이 있다(제559조).

(3) 부담부증여에 대하여는 증여에 관한 규정 외에 쌍무계약에 관한 규정(예 동시이행의 항변권, 위험부담, 해제 규정 등)이 준용된다(제561조). 그 결과 부담의무 있는 수증자가 자신의 의무를 이행하지 않은 때에는 비록 증여계약이 이행되어 있더라도 증여자는 계약을 해제할 수 있고, 그 경우 민법 제558조는 적용되지 아니한다(대판 1997. 7. 8, 97다2177).

판례

부담의 불이행을 이유로 한 해제 – 제558조의 적용배제 ★★★

① 민법 제556조 제1항 제2호에 규정되어 있는 '부양의무'라 함은 민법 제974조에 규정되어 있는 직계혈족 및 그 배우자 또는 생계를 같이 하는 친족 간의 부양의무를 가리키는 것으로서, 친족 간이 아닌 당사자 사이의 약정에 의한 부양의무는 이에 해당하지 아니하여 민법 제556조 제2항이나 민법 제558조가 적용되지 않는다(대판 1996. 1. 26, 95다43358).

② 상대 부담 있는 증여에 대하여는 민법 제561조에 의하여 쌍무계약에 관한 규정이 준용되어 부담의무 있는 상대방이 자신의 의무를 이행하지 아니할 때에는, 비록 증여계약이 이미 이행되어 있다 하더라도 증여자는 계약을 해제할 수 있고, 그 경우 민법 제555조와 제558조는 적용되지 아니한다(대판 1997. 7. 8, 97다2177).

2. 정기증여

제560조【정기증여와 사망으로 인한 실효】
정기의 급여를 목적으로 한 증여는 증여자 또는 수증자의 사망으로 인하여 그 효력을 잃는다.
→ 따라서 상속되지 않는다.

정기적으로 무상으로 재산을 주는 것을 목적으로 한 정기증여(예 매월 100만 원씩 증여한다는 계약)는 증여자 또는 수증자의 사망으로 인하여 그 효력을 잃고 상속되지 않는다(제560조).

3. 사인증여

제562조【사인증여】
증여자의 사망으로 인하여 효력이 생길 증여에는 유증에 관한 규정을 준용한다.

(1) 사인증여는 증여자의 사망으로 인하여 효력이 생기는 증여로서, 실질적인 효과상 유증과 유사하므로 유증에 관한 규정을 준용한다(제562조).

(2) 다만, 사인증여는 계약임에 반하여, 유증은 단독행위이므로 유증의 능력, 방식, 승인과 포기 등에 관한 규정은 준용되지 않는다(통설 · 판례).

판례

유증의 방식에 관한 규정이 사인증여에도 준용되는지 여부(소극)
민법 제562조는 사인증여에 관하여는 유증에 관한 규정을 준용하도록 규정하고 있지만, 유증의 방식에 관한 민법 제1065조 내지 제1072조는 그것이 단독행위임을 전제로 하는 것이어서 계약인 사인증여에는 적용되지 아니한다(대판 2001. 9. 14, 2000다66430 · 66447).

포괄적 사인증여에 포괄적 유증 규정인 제1078조가 준용되는지 여부(소극) ★
민법 제562조가 사인증여에 관하여 유증에 관한 규정을 준용하도록 규정하고 있다고 하여, 이를 근거로 포괄적 유증을 받은 자는 상속인과 동일한 권리 의무가 있다고 규정하고 있는 민법 제1078조가 포괄적 사인증여에도 준용된다고 해석하면 포괄적 사인증여에도 상속과 같은 효과가 발생하게 된다. 그러나 포괄적 사인증여는 낙성 · 불요식의 증여계약의 일종이고, 포괄적 유증은 엄격한 방식을 요하는 단독행위이며, 방식을 위배한 포괄적 유증은 대부분 포괄적 사인 증여로 보여질 것인바, 포괄적 사인증여에 민법 제1078조가 준용된다면 양자의 효과는 동일하게 되므로, 결과적으로 포괄적 유증에 엄격한 방식을 요하는 요식 행위로 규정한 조항들은 무의미하게 된다. 따라서 민법 제1078조가 포괄적 사인 증여에 준용된다고 하는 것은 사인증여의 성질에 반하므로 준용되지 아니한다고 해석함이 상당하다(대판 1996. 4. 12, 94다37714).

제2절 매매

제1관 _ 총설

01 매매의 의의

> 제563조 【매매의 의의】
> 매매는 당사자 일방이 재산권을 상대방에게 이전할 것을 약정하고 상대방이 그 대금을 지급할 것을 약정함으로써 그 효력이 생긴다.

1. 매매는 당사자 일방(매도인)이 상대방(매수인)에게 재산권의 이전을 약정하고, 상대방은 그 대금을 지급할 것을 약정함으로써 성립하는 계약이다(제563조).

2. 매매는 낙성・쌍무・불요식계약이고, 가장 전형적인 유상계약에 해당한다.

02 유상계약에의 준용

> 제567조 【유상계약에의 준용】 본절의 규정은 매매 이외의 유상계약에 준용한다. 그러나 그 계약의 성질이 이를 허용하지 아니하는 때에는 그러하지 아니하다.

제2관 _ 매매의 성립

01 합의에 의한 성립

1. 의사의 합치가 있을 것

당사자 일방(매도인)이 재산권의 이전을, 상대방(매수인)이 이에 대한 대금의 지급을 약정함으로써 매매계약은 성립한다. 이를 제외한 사항(예 계약의 비용, 채무의 이행시기, 변제의 장소 등)에 대해서까지 반드시 합의가 있을 필요는 없다. 즉 나머지 사항들은 법규정 혹은 보충적 해석을 통해 메워진다.

판례

매매목적물과 대금이 반드시 계약체결 당시 구체적으로 특정되어 있어야 하는지 여부(소극) ★

① 매매는 당사자 일방이 재산권을 상대방에게 이전할 것을 약정하고 상대방이 그 대금을 지급할 것을 약정함으로써 그 효력이 발생하는 것이므로 매매계약은 매도인이 재산권을 이전하는 것과 매수인이 그 대가로서 대금을 지급하는 것에 관하여 쌍방 당사자의 합의가 이루어짐으로써 성립하는 것이며, 그 경우 매매목적물과 대금은 반드시 그 계약체결 당시에 구체적으로 특정할 필요는 없고 이를 사후에라도 구체적으로 특정할 수 있는 방법과 기준이 정하여져 있으면 족하다(대판 1986. 2. 11, 84다카2454).

② 당사자 사이에 계약을 체결하면서 일정한 사항에 관하여 장래의 합의를 유보한 경우에 당사자에게 계약에 구속되려는 의사가 있고 그 계약 내용을 나중에라도 구체적으로 특정할 수 있는 방법과 기준이 있다면 계약 체결 경위, 당사자의 인식, 조리, 경험칙 등에 비추어 당사자의 의사를 탐구하여 계약 내용을 정해야 한다. 매매대금의 확정을 장래에 유보하고 매매계약을 체결한 경우에도 이러한 법리가 적용된다 (대판 2020. 4. 9, 2017다20371).

2. 매매계약의 목적

(1) 재산권의 이전

낙성계약이므로 타인의 물건일지라도 매매의 목적으로 할 수 있고(제569조 이하. 단, 이 경우 담보책임이 문제된다), 장래 성립하는 재산권도 매매의 목적이 될 수 있으며, 모든 재산적 가치 있는 것(예 물권 · 채권 · 공유지분 · 지적재산권 등)도 매매의 목적이 된다.

(2) 매매대금의 지급

반대급부로 매매대금이 지급되어야 하므로, 금전 이외의 다른 물건이나 권리의 이전을 약정하는 것은 매매가 아니라 교환이 된다(제569조 참조).

3. 계약의 성립 관련 특별규정

매매의 성립과 관련하여 민법은 매매의 예약(제564조), 해약금(제565조), 계약비용의 부담(제566조)의 3가지 특별규정을 두고 있으며, 이는 다른 유상계약에도 준용된다.

02 매매의 예약

제564조【매매의 일방예약】
① 매매의 일방예약은 상대방이 매매를 완결할 의사를 표시하는 때에 매매의 효력이 생긴다.
② 전항의 의사표시의 기간을 정하지 아니한 때에는 예약자는 상당한 기간을 정하여 매매완결 여부의 확답을 상대방에게 최고할 수 있다.
③ 예약자가 전항의 기간 내에 확답을 받지 못한 때에는 예약은 그 효력을 잃는다.

1. 서설

(1) 의의

매매예약은 장차 본계약인 매매계약을 체결할 것을 미리 약속하는 계약을 말한다. 통상 채권담보를 위한 수단으로서 많이 활용되고 있다(예 甲이 乙에게 금전을 대여하면서 그 대여금채권의 담보를 위하여 乙 소유의 부동산에 관해 매매예약을 하고, 매매예약에 기하여 소유권이전등기청구권 보전의 가등기를 해 두는 경우가 이에 해당한다).

(2) 예약의 종류

① **편무예약 · 쌍무예약(승낙의무제도)**: 본계약을 체결하여야 할 승낙의무를 지는 자가 당사자 일방인 경우를 편무예약, 당사자 쌍방 모두인 경우를 쌍무예약이라고 한다.

② **일방예약 · 쌍방예약(예약완결권제도)**: 일방적 의사표시만으로 본계약을 성립시킬 권리, 즉 예약완결권을 당사자 일방만이 가지는 경우를 일방예약, 당사자 쌍방이 모두 가지는 경우를 쌍방예약이라고 한다. 예약완결권은 형성권으로서 상대방의 승낙을 기다리지 않고 본계약을 성립시킨다.

2. 예약의 성립

예약도 하나의 채권계약이다. 따라서 청약과 승낙이라는 두 당사자의 의사표시의 합치에 의해 성립하며, 본계약의 본질적 요소가 되는 내용은 예약당시에 확정되어 있거나 확정될 수 있는 것이어야 한다(대판 1993. 5. 27, 93다4908).

3. 매매의 일방예약

(1) 일방예약의 추정

민법은 특히 예약의 종류 중 일방예약에 관한 규정을 두고 있기 때문에 당사자의 특별한 약정이 없으면, 일방예약으로 추정된다고 할 것이다(제564조 제1항).

(2) 예약완결권

① **개념**: 매매의 일방예약에 의하여 일방 당사자는 상대방에 대하여 예약완결의 의사표시를 할 수 있는 권리를 가지는데, 이를 예약완결권이라고 한다.

② **성질**: 예약완결권은 일방의 의사표시만으로써 본계약인 매매를 성립시킨다는 점에서 일종의 형성권이다.

③ **가등기 및 양도성**: 예약완결권은 가등기할 수 있고(부동산등기법 제88조, 제3조), 재산권의 성질도 있어 양도할 수 있다. 예약완결권이 가등기되어 있는 경우라면 가등기에 대한 부기등기의 형식으로 경료할 수 있다(대판(전) 1998. 11. 19, 98다24105).

④ **행사방법**

㉠ **당사자**: 예약완결권은 완결권자가 예약의무자(예약상대방 또는 그 법정승계인)에 대하여 행사하여야 한다. 완결권이 양도된 때에는 당연히 그 양수인이 완결의 의사표시를 하여야 한다. 다만 매매예약상 권리자가 수인인 경우 그 예약완결권을 수인이 공동으로 행사하여야 하는지에 대해서는 문제가 있다.

㉡ **행사기간**: ⓐ 당사자가 계약에서 정한 때에는 그에 따른다. 약정이 없으면 예약의무자는 상당한 기간을 정하여 최고할 수 있고(제564조 제2항), 그 기간 내에 확답을 받지 못한 때에

는 예약은 효력을 잃는다(제564조 제3항). 또한 ⓑ 예약완결권은 일종의 형성권으로서 당사자 사이에 그 행사기간을 약정한 때에는 그 기간 내에, 그러한 약정이 없는 때에는 그 예약이 성립한 때로부터 10년 내에 이를 행사하여야 한다(대판 2018. 11. 29, 2017다247190).

판례

매매예약완결권의 성질 및 제척기간

① 매매의 일방예약에서 예약자의 상대방이 매매예약 완결의 의사표시를 하여 매매의 효력을 생기게 하는 권리, 즉 매매예약의 완결권은 일종의 형성권으로서 당사자 사이에 그 행사기간을 약정한 때에는 그 기간 내에, 그러한 약정이 없는 때에는 그 예약이 성립한 때로부터 10년 내에 이를 행사하여야 하고, 그 기간을 지난 때에는 예약완결권은 제척기간의 경과로 인하여 소멸한다.

② 제척기간에 있어서는 소멸시효와 같이 기간의 중단이 있을 수 없다(대판 2003. 1. 10, 2000다26425).

→ 따라서 매매예약완결권을 가진 자가 예약목적물인 부동산을 인도받아 사용하는 경우라도 예약완결권의 행사기간이 진행된다.

⑤ **행사의 효과**: 완결의 의사표시를 함과 동시에 상대방의 승낙 없이 본계약인 매매는 성립한다.

03 계약금(계약)

1. 의의

계약을 체결할 때에 그 계약에 부수하여 당사자 일방이 상대방에 대하여 교부하는 금전 기타의 유가물을 계약금이라 하고, 그 계약금의 지급을 약정하는 합의를 계약금계약이라고 한다. 계약금은 그 작용에 따라 (1) 증약계약금, (2) 위약계약금, (3) 해약계약금으로 구분할 수 있다.

2. 계약금계약의 성질

(1) 요물계약

계약금계약은 금전 기타의 유가물의 교부를 요건으로 하므로 요물계약에 해당한다. 따라서 단지 계약금을 지급하기로 약정만 한 단계에서는 아직 계약금으로서의 효력은 발생하지 않는다(대판 2008. 3. 13, 2007다73611). 다만, 계약금의 수수가 매매와 동시에 이루어질 필요는 없다(대판 1999. 10. 26, 99다48160).

(2) 종된 계약

계약금계약은 매매 기타의 계약에 부수하여 행하여지는 종된 계약에 해당한다. 따라서 주된 계약인 매매가 무효, 취소되면 계약금계약도 당연히 실효된다.

3. 증약계약금

증약계약금은 계약체결의 증거로서의 의미를 갖는 계약금을 말한다.

4. 위약계약금

(1) 의의

위약계약금이란 계약의 당사자가 계약내용에 위반했을 경우에 일정한 효과를 발생시키는 계약금을 말하는데, 계약금이 위약계약금으로 되려면 반드시 특약(예 매도인은 배액상환, 매수인은 포기약정)이 있어야 한다. 이러한 위약계약금은 성질상 위약벌과 손해배상액의 예정으로 구분할 수 있다.

판례

계약금은 특약이 없는 경우에도 위약금의 성질을 갖는지 여부(소극) ★★
유상계약을 체결함에 있어서 계약금이 수수된 경우 계약금은 해약금의 성질을 가지고 있어서, 이를 위약금으로 하기로 하는 특약이 없는 이상 계약이 당사자 일방의 귀책사유로 인하여 해제되었다 하더라도 상대방은 계약불이행으로 입은 실제 손해만을 배상받을 수 있을 뿐 계약금이 위약금으로서 상대방에게 당연히 귀속되는 것은 아니다(대판 2010. 4. 29, 2007다24930).

(2) 위약벌로서의 계약금

위약벌은 교부자의 채무불이행이 있을 때 수령자가 벌로서 몰수하는 계약금이다. 계약금이 위약벌인 경우에 교부자의 상대방에게 손해가 발생하면 그는 계약금과 별도로 손해배상도 청구할 수 있다. 또한 위약벌은 손해배상액의 예정과 다르므로 법원이 직권으로 감액할 수도 없다. 다만 위약벌이 공서양속에 반하는 경우에는 전부 혹은 일부가 무효로 될 수 있다(대판 1993. 3. 23, 92다46905).

(3) 손해배상액의 예정으로서의 계약금

손해배상액의 예정이란 채무불이행의 경우에 채무자가 지급해야 할 손해배상액을 당사자 사이에서 미리 계약으로 정하는 것을 말한다(제398조 제1항). ① 예정액이 부당히 과소한 경우라고 하더라도 계약자유의 원칙상 이를 제한하는 명문 규정이 없으므로 증액은 인정되지 않는다(다수설). 판례도 마찬가지이다. 즉 실손해가 예정액보다 크다는 것을 증명하더라도 별도의 손해배상청구는 할 수 없다(대판 1993. 4. 23, 92다41719; 대판 1968. 6. 22, 67다737). 다만 ② 손해배상의 예정액이 부당히 과다한 경우에 법원은 직권으로 적당히 감액할 수 있다(제398조 제2항).

(4) 양자의 구별

당사자의 의사에 따르고, 의사가 불분명한 경우 민법은 위약금에 대해 '손해배상액의 예정'을 위한 것으로 추정한다(제398조 제4항).

5. 해약계약금 - 해약금에 의한 해제(일종의 약정해제권)

제565조【해약금】
① 매매의 당사자 일방이 계약당시에 금전 기타 물건을 계약금, 보증금 등의 명목으로 상대방에게 교부한 때에는 당사자 간에 다른 약정이 없는 한 당사자의 일방이 이행에 착수할 때까지 교부자는 이를 포기하고 수령자는 그 배액을 상환하여 매매계약을 해제할 수 있다.
② 제551조(= 해제와 손해배상)의 규정은 전항의 경우에 이를 적용하지 아니한다.

(1) 의의

해약계약금이란 계약의 해제권을 유보하기 위하여 수수된 계약금을 말한다. 민법은 원칙적으로 계약금을 해약금으로 추정한다(제565조).

(2) 요건

① **금전 기타 물건을 계약금 등 명목으로 교부할 것**: 계약금계약은 요물계약으로서 약정한 계약금이 현실적으로 교부되어야 성립한다. 나아가 계약금계약이 유효하게 성립하였음을 전제로 한다. 여기서 약정한 계약금의 전부를 지급하지 않은 경우에도 계약금계약이 성립한다고 보아 해약금에 의한 주계약의 해제가 가능한지 문제되는데, 판례는 이 경우 계약금계약 자체의 해제는 긍정하지만 계약금계약은 성립하지 아니하므로 해약금에 의한 해제를 이유로 해서 당사자가 임의로 주계약을 해제할 수는 없다고 보는 입장이다(대판 2008. 3. 13, 2007다73611).

판례

계약금계약의 요건 및 계약금 지급약정만 한 단계에서 민법 제565조 제1항의 계약해제권이 발생하는지 여부(소극) ★★★

① 계약이 일단 성립한 후에는 당사자의 일방이 이를 마음대로 해제할 수 없는 것이 원칙이고, 다만 주된 계약과 더불어 계약금계약을 한 경우에는 민법 제565조 제1항의 규정에 따라 임의 해제를 할 수 있기는 하나, 계약금계약은 금전 기타 유가물의 교부를 요건으로 하므로 단지 계약금을 지급하기로 약정만 한 단계에서는 아직 계약금으로서의 효력, 즉 위 민법 규정에 의해 계약해제를 할 수 있는 권리는 발생하지 않는다고 할 것이다. 따라서 당사자가 계약금의 일부만을 먼저 지급하고 잔액은 나중에 지급하기로 약정하거나 계약금 전부를 나중에 지급하기로 약정한 경우, 교부자가 계약금의 잔금이나 전부를 약정대로 지급하지 않으면 상대방은 계약금 지급의무의 이행을 청구하거나 채무불이행을 이유로 계약금약정을 해제할 수 있고, 나아가 위 약정이 없었더라면 주계약을 체결하지 않았을 것이라는 사정이 인정된다면 주계약도 해제할 수도 있을 것이나, 교부자가 계약금의 잔금 또는 전부를 지급하지 아니하는 한 계약금계약은 성립하지 아니하므로 당사자가 임의로 주계약을 해제할 수는 없다 할 것이다(대판 2008. 3. 13, 2007다73611).

② 매도인이 '계약금 일부만 지급된 경우 지급받은 금원의 배액을 상환하고 매매계약을 해제할 수 있다'고 주장한 사안에서, '실제 교부받은 계약금'의 배액만을 상환하여 매매계약을 해제할 수 있다면 이는 당사자가 일정한 금액을 계약금으로 정한 의사에 반하게 될 뿐 아니라, 교부받은 금원이 소액일 경우에는 사실상 계약을 자유로이 해제할 수 있어 계약의 구속력이 약화되는 결과가 되어 부당하기 때문에, 계약금 일부만 지급된 경우 수령자가 매매계약을 해제할 수 있다고 하더라도 해약금의 기준이 되는 금원은 '실제 교부받은 계약금'이 아니라 '약정 계약금'이라고 봄이 타당하므로, 매도인이 계약금의 일부로서 지급받은 금원의 배액을 상환하는 것으로는 매매계약을 해제할 수 없다(대판 2015. 4. 23, 2014다231378).

② 당사자 사이에 다른 약정이 없을 것

㉠ 제565조 제1항에 의하면 계약금은 '다른 약정'이 없으면 해약금으로 추정되는데, 계약금이 '위약 시 계약금 몰수, 배액상환'이라는 특약에 의해 위약금으로 인정되는 경우 이 특약을 제565조 제1항의 '다른 약정'에 해당한다고 보아 해약금의 성질을 배제하는 것인지가 문제된다.

㉡ 이에 대해 판례는 "매매당사자 사이에 수수된 계약금에 대하여 매수인이 위약하였을 때에는 이를 무효로 하고 매도인이 위약하였을 때에는 그 배액을 상환할 뜻의 약정이 있는 경우에는 특별한 사정이 없는 한 그 계약금은 민법 제398조 제1항 소정의 손해배상액의 예정의 성질을 가질 뿐만 아니라 민법 제565조 소정의 해약금의 성질도 가진 것으로 볼 것"이라고 하여 병존긍정설의 입장을 취하고 있다(대판 1992. 5. 12, 91다2151).

③ **교부자는 포기하고 수령자는 배액 상환**: 계약금의 '교부자'는 계약금을 포기하고 해제의 의사표시만으로 해제할 수 있으나, '수령자'는 해제의 의사표시와 함께 그 배액을 제공하여야만 해제할 수 있다(대판 1992. 7. 28, 91다33612 참고). 이 경우 그 배액의 제공만 있으면 충분하고, 상대방이 이를 수령하지 않는다고 하여 공탁까지 할 필요는 없다(대판 1992. 5. 12, 91다2151).

판례

해약금에 의한 해제의 요건

매매당사자 간에 계약금을 수수하고 계약해제권을 유보한 경우에 매도인이 계약금의 배액을 상환하고 계약을 해제하려면 계약해제 의사표시 이외에 계약금 배액의 이행의 제공이 있으면 족하고 상대방이 이를 수령하지 아니한다 하여 이를 공탁하여야 유효한 것은 아니다(대판 1992. 5. 12, 91다2151).

④ **해제 의사표시 도달 전에 일방이 이미 이행에 착수한 사실이 없을 것**: 당사자의 일방이 이행에 착수한 후에는 해제할 수 없다(제565조 제1항). 다만 강행규정은 아니므로 특약으로 이행에 착수한 이후에도 해제할 수 있는 것으로 정할 수 있다.

㉠ 당사자 일방의 의미: 판례는 민법 제565조 제1항에서 말하는 당사자의 일방이라는 것은 매매 쌍방 중 어느 일방을 지칭하는 것이고, 상대방이라 국한하여 해석할 것이 아니므로, 비록 상대방인 매도인이 매매계약의 이행에는 전혀 착수한 바가 없다 하더라도 매수인이 중도금을 지급하여 이미 이행에 착수한 이상 매수인은 민법 제565조에 의하여 계약금을 포기하고 매매계약을 해제할 수 없다고 한다(대판 2000. 2. 11, 99다62074).

ⓛ 이행에 착수할 때까지

ⓐ 이행착수의 의미 : 이행의 착수란 단순히 이행의 준비를 하는 것만으로는 부족하고, 채무의 이행행위의 일부를 행하거나 이행에 필요한 전제행위를 하는 것을 말한다. 구체적으로, ⅰ) 중도금의 지급 등 이행행위의 일부를 행하거나, 매도인으로부터 매매목적 부동산의 소유권이전등기를 경료받기 위하여 매수인이 잔대금을 준비하고 매도인에 대하여 등기소에 동행할 것을 촉구하거나, 잔대금을 지급할 준비를 하고서 매수 가옥의 인도를 요구하는 등의 행위는 이행의 착수에 해당한다(대판 1993. 5. 25, 93다1114; 대판 2006. 11. 24, 2005다39594).[10] 반면 ⅱ) 토지거래허가구역 내의 토지에 관하여 매매계약을 체결하고 계약금만 주고받은 상태에서 토지거래허가를 받은 경우 "그러한 사정만으로는 아직 이행의 착수가 있다고 볼 수 없어 매도인으로서는 민법 제565조에 의하여 계약금의 배액을 상환하여 매매계약을 해제할 수 있다"는 것이 판례이다(대판 1993. 1. 19, 92다31323). 나아가 유동적 무효상태인 매매계약의 경우, 매수인이 매도인의 의무이행을 촉구하였거나 매도인이 토지거래허가를 위한 협력의무 이행을 거절함에 대하여 의무이행을 구하는 소송을 제기하여 1심에서 승소판결을 받은 것만으로는 매수인이 그 계약의 이행에 착수하였다고 할 수 없다고 하였다(대판 1997. 6. 27, 97다9369). 또한 매도인이 매수인에 대하여 매매계약의 이행을 최고하고 매매잔대금의 지급을 구하는 소송을 제기한 것만으로는 이행에 착수하였다고 볼 수 없다는 것이 판례이다(대판 2008. 10. 23, 2007다72274 · 72281).

판례

제565조 제1항의 '이행착수'의 의미 ★

매수인은 민법 제565조 제1항에 따라 본인 또는 매도인이 이행에 착수할 때까지는 계약금을 포기하고 계약을 해제할 수 있는바, 여기에서 이행에 착수한다는 것은 객관적으로 외부에서 인식할 수 있는 정도로 채무의 이행행위의 일부를 하거나 또는 이행을 하기 위하여 필요한 전제행위를 하는 경우를 말하는 것으로서 단순히 이행의 준비를 하는 것만으로는 부족하고, 그렇다고 반드시 계약내용에 들어맞는 이행제공의 정도에까지 이르러야 하는 것은 아니지만, 매도인이 매수인에 대하여 매매계약의 이행을 최고하고 매매잔대금의 지급을 구하는 소송을 제기한 것만으로는 이행에 착수하였다고 볼 수 없다(대판 2008. 10. 23, 2007다72274 · 72281).

ⓑ 이행기 전 이행의 착수 : 판례는 ⅰ) 이행의 착수는 그 이행기의 약정이 있는 경우라 하더라도 당사자가 채무의 이행기 전에는 착수하지 아니하기로 하는 특약을 하는 등의 특별한 사정이 없는 한 이행기 전에 이행에 착수할 수 있다고 하였다(대판 1993. 1. 19, 92다31323; 대판 2006. 2. 10, 2004다11599). 다만 ⅱ) 매도인이 제565조에 의하여 계약을 해제한다는 의사표시를 하고 일정한 기한까지 해약금의 수령을 최고하며 기한을 넘기면 공탁하겠다고 통지를 한 이상 중도금 지급기일은 매도인을 위하여서도 기한

10 매매계약 당시 매수인이 중도금 일부의 지급에 갈음하여 매도인에게 제3자에 대한 대여금채권을 양도하기로 약정하고 그 자리에 제3자가 참석한 경우에도 이행의 착수에 해당한다(대판 2006. 11. 24, 2005다39594).

의 이익이 있다고 보는 것이 옳고, 따라서 이 경우에는 매수인이 이행기 전에 이행에 착수할 수 없는 특별한 사정이 있는 경우에 해당하여 매수인은 매도인의 의사에 반하여 이행할 수 없다고 보는 것이 옳으며, 매수인이 이행기 전에, 더욱이 매도인이 정한 해약금 수령기한 이전에 일방적으로 이행에 착수하였다고 하여도 매도인의 계약해제권 행사에 영향을 미칠 수 없다고 하였다(대판 1993. 1. 19, 92다31323).

판례

민법 제565조에서 해제권 행사의 시기를 당사자의 일방이 이행에 착수할 때까지로 제한한 취지 및 이행기의 약정이 있는 경우, 이행기 전에 이행에 착수할 수 있는지 여부(한정 적극) ★★

민법 제565조가 해제권 행사의 시기를 당사자의 일방이 이행에 착수할 때까지로 제한한 것은 당사자의 일방이 이미 이행에 착수한 때에는 그 당사자는 그에 필요한 비용을 지출하였을 것이고, 또 그 당사자는 계약이 이행될 것으로 기대하고 있는데 만일 이러한 단계에서 상대방으로부터 계약이 해제된다면 예측하지 못한 손해를 입게 될 우려가 있으므로 이를 방지하고자 함에 있고, 이행기의 약정이 있는 경우라 하더라도 당사자가 채무의 이행기 전에는 착수하지 아니하기로 하는 특약을 하는 등 특별한 사정이 없는 한 이행기 전에 이행에 착수할 수 있다(대판 2006. 2. 10, 2004다11599).

→ [사실관계 및 해설] : 매매계약의 체결 이후 시가 상승이 예상되자 매도인이 구두로 구체적인 금액의 제시 없이 매매대금의 증액요청을 하였고, 매수인은 이에 대하여 확답하지 않은 상태에서 중도금을 이행기 전에 제공하였는데, 그 이후 매도인이 계약금의 배액을 공탁하여 해제권을 행사한 사안에서, 시가 상승만으로 매매계약의 기초적 사실관계가 변경되었다고 볼 수 없어 '매도인을 당초의 계약에 구속시키는 것이 특히 불공평하다'거나 '매수인에게 계약내용 변경요청의 상당성이 인정된다'고 할 수 없고, 이행기 전의 이행의 착수가 허용되어서는 안 될 만한 불가피한 사정이 있는 것도 아니므로 매도인은 위의 해제권을 행사할 수 없다고 한 사례이다.

매도인에게도 기한의 이익이 인정되는 경우, 매수인이 이행기 전에 이행착수할 수 있는지 여부(소극) ★★

부동산 매매계약에서 중도금 또는 잔금 지급기일은 일반적으로 계약금에 의한 해제권의 유보기간의 의미를 가진다고 이해되고 있으므로, 계약에서 정한 매매대금의 이행기가 매도인을 위해서도 기한의 이익을 부여하는 것이라고 볼 수 있다면, 채무자가 이행기 전에 이행에 착수할 수 없는 특별한 사정이 있는 경우에 해당한다고 할 수 있다. 이에 해당하는지 여부는 채무 내용, 이행기가 정하여진 목적, 이행기까지 기간의 장단 및 그에 관한 부수적인 약정의 존재와 내용, 채무 이행행위를 비롯하여 당사자들이 계약 이행과정에서 보인 행위의 태양, 이행기 전 이행행위가 통상적인 계약의 이행에 해당하기보다 상대방의 해제권의 행사를 부당하게 방해하기 위한 것으로 볼 수 있는지, 채권자가 채무자의 이행의 착수에도 불구하고 계약을 해제하는 것이 신의칙에 반한다고 볼 수 있는지 등 여러 가지 사정을 종합하여 구체적으로 판단해야 한다(대판 2024. 1. 4, 2022다256624).

(3) 효과

① 해약금에 의한 해제에도 소급효는 있으나, 이는 당사자 일방의 이행이 있기 전에 한하므로, 따로 원상회복의무는 발생하지 않는다.

② 채무불이행을 원인으로 하는 것이 아니므로, 손해배상의무는 발생하지 않는다.

③ 상대방의 채무불이행이 있는 때에는 해약금해제와는 별도로 채무불이행을 이유로 해제(제544조 내지 제546조)할 수 있고, 그 경우에는 해제 일반의 효과(원상회복의무 · 손해배상)가 발생한다.

판례

약정해제권과 법정해제권의 경합
계약서에 명문으로 위약 시의 법정해제권의 포기 또는 배제를 규정하지 않은 이상, 계약당사자 중 어느 일방에 대한 약정해제권의 유보 또는 위약벌에 관한 특약의 유무 등은 채무불이행으로 인한 법정해제권의 성립에 아무런 영향을 미칠 수 없다(대판 1990. 3. 27, 89다카14110).

04 매매계약의 비용부담

제566조【매매계약의 비용의 부담】
매매계약에 관한 비용은 당사자 쌍방이 균분하여 부담한다.

제3관 _ 매매의 효력

01 매매의 기본적 효력

제568조【매매의 효력】
① 매도인은 매수인에 대하여 매매의 목적이 된 권리를 이전하여야 하며 매수인은 매도인에게 그 대금을 지급하여야 한다.
② 전항의 쌍방의무는 특별한 약정이나 관습이 없으면 동시에 이행하여야 한다.

1. 매도인의 의무

(1) 재산권이전의무

① 매도인은 매수인에 대하여 매매의 목적이 된 권리를 이전하여야 한다(제568조 제1항). 따라서 매매의 목적인 권리가 등기 · 등록 · 인도 등의 공시방법을 갖추어야 하는 것이면 등기 · 등록에 협력하거나 인도하여야 하고, 채권인 경우에는 채무자에게 통지하는 등의 대항요건을 갖추어야 한다.

② 따라서 부동산 매매의 경우에는 소유권이전의무의 이행 또는 이행제공사실로서 목적물의 소유권이전에 관련된 등기서류를 교부하여야 한다.

③ 또한 매도인은 특별한 사정이 없는 한 제한이나 부담이 없는 완전한 소유권을 이전해 주어야 할 의무가 있으므로, 매매목적물에 가압류등기나 (근)저당권등기가 되어 있는 경우에는 소유권이전에 관련된 등기서류뿐만 아니라 이들 등기의 말소에 필요한 서류까지 교부 또는 제공하여야 한다.

④ 매수인의 대금지급의무와는 특약이나 관습이 없으면 동시이행관계에 있다(제568조 제2항).

(2) 과실의 귀속

제587조【과실의 귀속, 대금의 이자】
매매계약 있은 후에도 인도하지 아니한 목적물로부터 생긴 과실은 매도인에게 속한다. 매수인은 목적물의 인도를 받은 날로부터 대금의 이자를 지급하여야 한다. 그러나 대금의 지급에 대하여 기한이 있는 때에는 그러하지 아니하다.
제102조 제1항【과실의 취득】
천연과실은 그 원물로부터 분리하는 때에 이를 수취할 권리자에게 속한다.

① 원칙 - 매도인의 과실취득(제587조 특칙)

㉠ 물건에서 생기는 과실은 '수취할 권리자'에게 귀속하는 것이 원칙이다(제102조 원칙). 그러나 매매의 경우 특별히 과실과 이자의 간편한 결제를 위해, 목적물 인도 전에는 본래의 과실수취권자를 따지지 않고 매도인에게 과실수취권을 인정한다(제587조 특칙).

㉡ 그 결과 매도인은 목적물의 인도를 지체하더라도 매매대금을 완전히 지급받고 있지 않는 한 인도할 때까지의 과실을 수취할 수 있다(대판 2004. 4. 23, 2004다8210).

㉢ 여기서 과실은 대금의 이자에 대응한 것이므로 매수인이 대금을 완전히 지급하지 않은 때에는 매도인의 이행지체가 있더라도 매수인은 목적물인도의무의 지체로 인한 손해배상을 청구할 수 없다(대판 2004. 4. 23, 2004다8210).

판례

매매대금미완납 매수인의 과실취득 및 손해배상청구의 가부(소극) ★
민법 제587조에 의하면, 매매계약 있은 후에도 인도하지 아니한 목적물로부터 생긴 과실은 매도인에게 속하고, 매수인은 목적물의 인도를 받은 날로부터 대금의 이자를 지급하여야 한다고 규정하고 있는바, ① 이는 매매당사자 사이의 형평을 꾀하기 위하여 매매목적물이 인도되지 아니하더라도 매수인이 대금을 완제한 때에는 그 시점 이후의 과실은 매수인에게 귀속되지만, ② 매매목적물이 인도되지 아니하고 또한 매수인이 대금을 완제하지 아니한 때에는 매도인의 이행지체가 있더라도 과실은 매도인에게 귀속되는 것이므로 매수인은 인도의무의 지체로 인한 손해배상금의 지급을 구할 수 없다(대판 2004. 4. 23, 2004다8210).

② 예외 - 매수인의 과실취득

그러나 매수인이 매매대금을 모두 지급한 때에는 그 이후의 과실은 매수인에게 속한다(대판 1993. 11. 9, 93다28928). 만약 이때에도 매도인에게 과실수취권을 인정하면 매도인은 2중의 이득을 얻기 때문이다.

2. 매수인의 대금지급의무

(1) 의의

매수인은 매도인의 권리이전에 대한 반대급부로서 대금지급의무를 부담한다. 이것은 원칙적으로 매도인의 의무와 동시이행의 관계에 있다(제568조). 대금지급의 시기 및 장소는 일반적으로 특약에 의해 정해지지만, 그러한 특약이 없는 경우를 위하여 민법은 다음과 같은 규정을 두고 있다.

(2) 대금지급기일

> **제585조【동일기한의 추정】**
> 매매의 당사자 일방에 대한 의무이행의 기한이 있는 때에는 상대방의 의무이행에 대하여도 동일한 기한이 있는 것으로 추정한다.

(3) 대금지급장소

> **제586조【대금지급장소】**
> 매매의 목적물의 인도와 동시에 대금을 지급할 경우에는 그 인도장소에서 이를 지급하여야 한다.

대금지급채무는 일종의 종류채무이므로 지참채무의 원칙에 의해 매도인의 주소에서 지급하여야 하지만(제467조 제2항), 그에 대한 특칙으로 매매의 목적물의 인도와 동시에 대금을 지급하는 경우에는 그 목적물의 인도장소에서 대금을 지급하여야 한다(제586조).

(4) 이자

> **제587조【과실의 귀속, 대금의 이자】**
> 매매계약 있은 후에도 인도하지 아니한 목적물로부터 생긴 과실은 매도인에게 속한다. 매수인은 목적물의 인도를 받은 날로부터 대금의 이자를 지급하여야 한다. 그러나 대금의 지급에 대하여 기한이 있는 때에는 그러하지 아니하다.

매수인은 목적물의 인도를 받은 날로부터 대금의 이자를 지급하여야 한다. 그러나 대금의 지급에 대하여 기한이 있는 때에는 그러하지 아니하다(제587조).

판례

매수인이 매매목적물을 미리 인도받았으나 대금 지급을 거절할 정당한 사유가 있는 경우, 민법 제587조에 따른 이자 지급의무를 면하는지 여부(적극) ★

민법 제587조는 "매매계약이 있은 후에도 인도하지 아니한 목적물로부터 생긴 과실은 매도인에게 속한다. 매수인은 목적물의 인도를 받은 날로부터 대금의 이자를 지급하여야 한다."라고 규정하고 있다. 그러나 매수인의 대금 지급의무와 매도인의 근저당권설정등기 내지 가압류등기 말소의무가 동시이행관계에 있는 등으로 매수인이 대금 지급을 거절할 정당한 사유가 있는 경우에는 매매목적물을 미리 인도받았다 하더라도 위 민법 규정에 의한 이자를 지급할 의무는 없다고 보아야 한다(대판 2018. 9. 28, 2016다246800).

(5) 대금지급거절권

> **제588조【권리주장자가 있는 경우와 대금지급거절권】**
> 매매의 목적물에 대하여 권리를 주장하는 자가 있는 경우에 매수인이 매수한 권리의 전부나 일부를 잃을 염려가 있는 때에는 매수인은 그 위험의 한도에서 대금의 전부나 일부의 지급을 거절할 수 있다. 그러나 매도인이 상당한 담보를 제공한 때에는 그러하지 아니하다.
> **제589조【대금공탁청구권】**
> 전조의 경우에 매도인은 매수인에 대하여 대금의 공탁을 청구할 수 있다.

02 매도인의 담보책임

1. 서설

(1) 의의

매매의 목적인 '권리에 하자'가 있거나 또는 권리의 객체인 '물건에 하자'가 있는 경우에 매도인이 매수인에 대하여 지는 책임을 매도인의 담보책임이라고 한다. 이 중 특히 후자에 관한 담보책임을 하자담보책임이라 한다.

(2) 법적 성질[11]

담보책임의 본질에 대한 판례의 입장은 통일적이지 못하며, 담보책임의 종류에 따라 그 본질과 손해배상의 범위를 달리 파악하고 있다. 즉 ① 제570조(전부 타인권리 매매), 제572조(일부 타인권리 매매), 제581조(종류물매매)의 담보책임에서는 채무불이행책임설 · 이행이익배상설을 취하고 있다고 볼 수 있지만, ② 그 외의 담보책임의 경우는 명백하지는 않지만 간접적으로 법정책임설 · 신뢰이익배상설을 밝히고 있다.

(3) 채무불이행책임(특히 불완전이행책임)과의 관계

① **문제점**: 매매의 목적인 권리 또는 물건에 원시적 하자가 있고, 그러한 하자에 채무자인 매도인의 귀책이 인정되는 경우 담보책임 외에 채무불이행책임까지도 인정되는지가 문제된다.

② **판례의 태도**: 판례는 매도인에게 귀책사유가 있는 경우에 담보책임과 아울러 채무불이행책임도 병존적으로 인정할 수 있다는 경합설의 입장이다. 따라서 매수인은 담보책임의 요건이 구비되어 있는 때에는 담보책임을 물을 수도 있고, 채무불이행책임의 요건이 갖추어져 있는 때에는 그 요건을 입증하여 채무불이행책임을 물을 수도 있다(= 채무불이행책임과의 경합인정).

---

11 ① 법정책임설(다수설): 담보책임은 매매계약의 유상성에 기하여 법률에 의하여 인정된 일종의 법정책임으로서, 매도인의 귀책사유를 묻지 않는 무과실책임으로서 신뢰이익의 배상을 지향한다.
② 채무불이행책임설: 매도인은 하자 없는 완전한 물건을 인도할 의무를 부담한다는 전제하에, 하자 있는 상태로 인도하였다면 계약위반의 책임을 진다. 따라서 담보책임은 채무불이행책임의 성질을 갖고, 견해의 대립은 있지만 논리적으로는 이행이익의 배상을 지향한다.

판례

타인의 권리매매에 있어서 담보책임과 채무불이행책임의 경합인정 ★

타인의 권리를 매매의 목적으로 한 경우에 있어서 그 권리를 취득하여 매수인에게 이전하여야 할 매도인의 의무가 매도인의 귀책사유로 인하여 이행불능이 되었다면 매수인이 매도인의 담보책임에 관한 민법 제570조 단서의 규정에 의해 손해배상을 청구할 수 없다 하더라도 채무불이행 일반의 규정(민법 제546조, 제390조)에 좇아서 계약을 해제하고 손해배상을 청구할 수 있다(대판 1993. 11. 23, 93다37328).

하자담보책임과 불완전이행책임의 경합 ★★

토지 매도인이 성토작업을 기화로 다량의 폐기물을 은밀히 매립하고 그 위에 토사를 덮은 다음 도시계획사업을 시행하는 공공사업시행자와 사이에서 정상적인 토지임을 전제로 협의취득절차를 진행하여 이를 매도함으로써 매수자로 하여금 그 토지의 폐기물처리비용 상당의 손해를 입게 하였다면 매도인은 이른바 불완전이행으로서 채무불이행으로 인한 손해배상책임을 부담하고, 이는 하자 있는 토지의 매매로 인한 민법 제580조 소정의 하자담보책임과 경합적으로 인정된다(대판 2004. 7. 22, 2002다51586).

채무불이행책임의 요건인 귀책사유의 입증책임

매매계약당시 그 토지의 소유권이 매도인에 속하지 아니함을 알고 있던 매수인은 매도인에 대하여 그 이행불능을 원인으로 손해배상을 청구할 수 없고, 다만 그 이행불능이 매도인의 귀책사유로 인하여 이루어진 것인 때에 한하여 그 손해배상을 청구할 수 있는 것이므로, 그 이행불능이 매도인의 귀책사유로 인한 것인가는 매수인이 입증해야 한다(대판 1970. 12. 29, 70다2449).

확대손해와 담보책임의 경합인정 ★

매도인이 매수인에게 공급한 부품이 통상의 품질이나 성능을 갖추고 있는 경우, 나아가 내한성이라는 특수한 품질이나 성능을 갖추고 있지 못하여 하자가 있다고 인정할 수 있기 위하여는, 매수인이 매도인에게 완제품이 사용될 환경을 설명하면서 그 환경에 충분히 견딜 수 있는 내한성 있는 부품의 공급을 요구한 데 대하여, 매도인이 부품이 그러한 품질과 성능을 갖춘 제품이라는 점을 명시적으로나 묵시적으로 보증하고 공급하였다는 사실이 인정되어야만 할 것이고, 특히 매매목적물의 하자로 인하여 확대손해 내지 2차 손해가 발생하였다는 이유로 매도인에게 그 확대손해에 대한 배상책임을 지우기 위하여는 채무의 내용으로 된 하자 없는 목적물을 인도하지 못한 의무위반사실 외에 그러한 의무위반에 대하여 매도인에게 귀책사유가 인정될 수 있어야만 한다(대판 1997. 5. 7, 96다39455).

2. 매도인의 권리의 하자에 대한 담보책임

(1) 전부 타인권리 매매

제569조【타인의 권리의 매매】
매매의 목적이 된 권리가 타인에게 속한 경우에는 매도인은 그 권리를 취득하여 매수인에게 이전하여야 한다.
제570조【동전 - 매도인의 담보책임】
전조의 경우에 매도인이 그 권리를 취득하여 매수인에게 이전할 수 없는 때에는 매수인은 계약을 해제할 수 있다. 그러나 매수인이 계약당시 그 권리가 매도인에게 속하지 아니함을 안 때에는 손해배상을 청구하지 못한다.
제571조【동전 - 선의의 매도인의 담보책임】
① 매도인이 계약당시에 매매의 목적이 된 권리가 자기에게 속하지 아니함을 알지 못한 경우에 그 권리를 취득하여 매수인에게 이전할 수 없는 때에는 매도인은 손해를 배상하고 계약을 해제할 수 있다.
② 전항의 경우에 매수인이 계약당시 그 권리가 매도인에게 속하지 아니함을 안 때에는 매도인은 매수인에 대하여 그 권리를 이전할 수 없음을 통지하고 계약을 해제할 수 있다.

① **의의**: 매매의 목적이 된 권리가 타인에게 속한 경우, 일단 그 매매계약은 유효하고 매도인은 그 권리를 취득하여 매수인에게 이전하여야 할 의무를 지게 되는데(제569조), 매도인이 그 권리를 취득하여 매수인에게 이전할 수 없는 때에는 담보책임이 발생한다(제570조).

판례

매매의 목적이 된 권리가 매도인이 아닌 타인에게 속한 경우, 매도인이 매매계약을 체결할 수 있는지 여부(적극) 및 이러한 법리는 매매의 목적이 된 권리가 매도인과 타인의 공유라고 해도 마찬가지인지 여부(적극) ★
매매의 목적이 된 권리가 매도인이 아닌 타인에게 속한 경우에도 매도인은 매매계약을 체결할 수 있고, 이때 매도인은 그 권리를 취득하여 매수인에게 이전하여야 할 의무를 부담한다(제569조). 이와 같은 법리는 매매의 목적이 된 권리가 매도인과 타인의 공유라고 해도 마찬가지이다(대판 2021. 6. 24, 2021다220666).

② **요건**

㉠ 타인 권리의 매매: 타인의 권리를 자신의 이름으로 매매하는 경우이어야 한다. 자신이 계약의 당사자가 된다는 점에서 '대리'와 구별된다.

판례

미등기매수인의 전매가 타인권리 매매인지 여부(소극) ★
① 부동산을 매수한 자가 그 소유권이전등기를 하지 아니한 채 이를 다시 제3자에게 매도한 경우에는 그것을 민법 제569조에서 말하는 '타인의 권리 매매'라고 할 수 없다.
→ 그 매도인은 부동산을 사실상 처분할 수 있을 뿐 아니라 법률상으로도 처분할 수 있는 권원에 의하여 매도한 것이므로 이를 민법 제569조 소정의 타인의 권리의 매매에 해당한다고 해석할 수는 없다(판결이유 중에서).

② (따라서 위의 경우) 부동산의 매수인이 소유권을 보존하기 위하여 자신의 출재로 피담보채권을 변제함으로써 그 부동산에 설정된 저당권을 소멸시킨 경우에는, 매수인이 그 부동산 매수 시 저당권이 설정되었는지의 여부를 알았든 몰랐든 간에 이와 관계없이 민법 제576조 제2항에 의하여 매도인에게 그 출재의 상환을 청구할 수 있다(대판 1996. 4. 12, 95다55245).

위임장을 제시하였으나 대리관계의 표시없이 매매계약을 체결한 경우에 타인물의 매매로 되는지 여부 (소극) ★★

매매위임장을 제시하고 매매계약을 체결하는 자는 특단의 사정이 없는 한 소유자를 대리하여 매매행위하는 것이라고 보아야 하고, 매매계약서에 대리관계의 표시 없이 그 자신의 이름을 기재하였다고 해서 그것만으로 그 자신이 매도인으로서 타인물을 매매한 것이라고 볼 수는 없다(대판 1982. 5. 25, 81다1349).

㉡ 권리의 이전불능

ⓐ 제570조는 매수인 보호를 위한 규정으로, 권리의 이전불능이란 채무불이행에 있어서와 같은 정도로 엄격하게 해석할 필요가 없고, 사회통념상 매수인에게 해제권을 행사시키거나 손해배상을 구하게 하는 것이 형평에 맞는다고 인정되는 정도의 이행장애가 있으면 족하고, 반드시 객관적 불능에 한하는 엄격한 개념이 아니다(대판 1982. 12. 28, 80다2750).

ⓑ 다만 그 이전불능이 매수인의 귀책사유에 의한 때에는 매도인은 본조의 담보책임을 지지 않는다(대판 1979. 6. 26, 79다564).

③ **담보책임의 내용**

㉠ 매수인의 선·악의를 불문하고 계약해제권이 인정되나(제570조 본문), 손해배상청구권은 선의의 매수인에게만 인정된다(제570조 단서).

㉡ 계약을 해제하기 위해 상대방에게 이행의 최고를 할 필요는 없고, 손해배상의 범위는 불능 당시의 시가를 표준으로 그 계약이 완전히 이행된 것과 동일한 경제적 이익을 배상할 의무가 있다(대판(전) 1967. 5. 18, 66다2618).

판례

매수인이 제570조에 의하여 매매를 해제하고 구하는 원상회복의 범위 ★

순차로 매매되어 소유권이전등기가 경료된 부동산에 관하여 본래의 소유자가 등기명의자를 상대로 한 원인무효에 의한 이전등기말소 소송에서 승소확정한 경우에 최후의 매수자가 자기에의 매도인에 대하여 민법 제570조에 의하여 매매를 해제하고 구하는 원상회복은 민법 제548조 제2항에 의한다(대판 1974. 5. 14, 73다1564)
→ 따라서 매도인은 매매대금과 이를 받은 날로부터 법정이자를 가산하여 반환하여야 한다.

타인의 권리매매에 있어서 이행불능으로 인한 손해배상의 범위 ★

타인의 권리를 매매한 자가 권리이전을 할 수 없게 된 때에는 매도인은 선의의 매수인에 대하여 불능 당시의 시가를 표준으로 그 계약이 완전히 이행된 것과 동일한 경제적 이익을 배상할 의무가 있다(대판(전) 1967. 5. 18, 66다2618).

㉢ 선의 매도인은 그 권리를 취득하여 매수인에게 이전할 수 없는 때에는 손해를 배상하고 계약을 해제할 수 있다. 다만 매수인이 계약당시 그 권리가 매도인에게 속하지 아니함을 안 때에는 매도인은 매수인에 대하여 그 권리를 이전할 수 없음을 통지하고 계약을 해제할 수 있다(제571조).

판례

일부의 권리를 이전할 수 없는 경우, 민법 제571조 제1항의 적용 가부(소극) ★

민법 제571조 제1항은 선의의 매도인이 매매의 목적인 권리의 「전부」를 이전할 수 없는 경우에 적용될 뿐 매매의 목적인 권리의 일부를 이전할 수 없는 경우에는 적용될 수 없고, 마찬가지로 수 개의 권리를 일괄하여 매매의 목적으로 정하였으나 그중 일부의 권리를 이전할 수 없는 경우에도 위 조항은 적용될 수 없다(대판 2004. 12. 9, 2002다33557).[12]

④ **제척기간**: 행사기간에 관하여는 제572조의 경우와는 달리 민법상 정함이 없다(제573조 참조). 따라서 ㉠ 해제권은 매매계약이 존속하는 한 이를 행사할 수 있다. ㉡ 다만 손해배상청구권은 보통의 채권 소멸시효기간인 10년의 시효에 걸린다.

(2) 일부 타인권리 매매

제572조【권리의 일부가 타인에게 속한 경우와 매도인의 담보책임】

① 매매의 목적이 된 권리의 일부가 타인에게 속함으로 인하여 매도인이 그 권리를 취득하여 매수인에게 이전할 수 없는 때에는 매수인은 그 부분의 비율로 대금의 감액을 청구할 수 있다.

② 전항의 경우에 잔존한 부분만이면 매수인이 이를 매수하지 아니하였을 때에는 선의의 매수인은 계약 전부를 해제할 수 있다.

③ 선의의 매수인은 감액청구 또는 계약해제 외에 손해배상을 청구할 수 있다.

① **요건**: 매매의 목적인 권리의 일부가 타인에게 속하기 때문에 매도인이 그 부분의 권리를 취득하여 매수인에게 이전할 수 없는 경우여야 한다(제572조 제1항). 여기서 권리의 하자는 일부권리의 이전불능이라는 데 그 특징이 있다.

판례

부동산 매매계약의 목적물인 대지의 일부가 타인에게 속하고 건물의 일부도 타인의 토지 위에 건립되어 있는데 건물의 일부가 그 피침범 토지소유자의 권리행사로 존립을 유지할 수 없게 된 경우, 민법 제572조의 매도인의 담보책임규정이 유추적용 되는지 여부(적극) ★

매매계약에서 건물과 그 대지가 계약의 목적물인데 건물의 일부가 경계를 침범하여 이웃 토지 위에 건립되어 있는 경우에 매도인이 그 경계 침범의 건물부분에 관한 대지부분을 취득하여 매수인에게 이전하지 못하는 때에는 매수인은 매도인에 대하여 민법 제572조를 유추적용하여 담보책임을 물을 수 있다. 그리고 그

12 매도인이 그의 명의로 등기된 토지 15필지에 대해 일괄하여 매매대금을 정하고 이를 매수인에게 매도하였는데, 후에 이 중 3필지가 판결을 통해 타인의 소유로 밝혀진 경우, 매도인이 그 3필지 토지만에 대해 제571조를 근거로 매매계약의 일부해제를 구한 사례이다.

경우에 이웃 토지의 소유자가 소유권에 기하여 그와 같은 방해상태의 배제를 구하는 소(건물일부의 철거청구의 소)를 제기하여 승소의 확정판결을 받았으면, 다른 특별한 사정이 없는 한 매도인은 그 대지부분을 취득하여 매수인에게 이전할 수 없게 되었다고 봄이 상당하다(대판 2009. 7. 23, 2009다33570).[13]

② 담보책임

㉠ 매수인의 선 · 악의를 불문하고 권리의 일부가 타인에게 속한 부분의 비율로 대금의 감액을 청구할 수 있다(제572조 제1항). 그리고 선의의 매수인에 한해, 잔존한 부분만이면 이를 매수하지 아니하였을 때에는 계약전부를 해제할 수 있다(제572조 제2항). 또한 선의의 매수인에 한해, 대금감액 또는 계약해제와 이울러 손해배상도 청구할 수 있다(제572조 제3항).

㉡ 이 경우 손해배상의 범위는 원칙적으로 매도인이 매매의 목적이 된 권리의 일부를 취득하여 매수인에게 이전할 수 없게 된 때의 이행불능이 된 권리의 시가, 즉 이행이익 상당액이라고 할 것이다(대판 1993. 1. 19, 92다37727).

판례

손해배상의 범위 – 이행이익 ★

매매의 목적이 된 권리의 일부가 타인에게 속함으로 인하여 매도인이 그 권리를 취득하여 매수인에게 이전할 수 없게 된 때에는 선의의 매수인은 매도인에게 담보책임을 물어 이로 인한 손해배상을 청구할 수 있는 바, 이 경우에 매도인이 매수인에 대하여 배상하여야 할 손해액은 원칙적으로 매도인이 매매의 목적이 된 권리의 일부를 취득하여 매수인에게 이전할 수 없게 된 때의 이행불능이 된 권리의 시가, 즉 이행이익 상당액이라고 할 것이다(대판 1993. 1. 19, 92다37727).

③ 제척기간

제573조【전조의 권리행사의 기간】
전조의 권리는 매수인이 선의인 경우에는 사실을 안 날로부터, 악의인 경우에는 계약한 날로부터 1년 내에 행사하여야 한다.

매수인이 '선의'인 경우에는 '사실을 안 날'로부터 1년, '악의'인 경우에는 '계약한 날'로부터 1년 내에 행사하여야 한다(제573조).

판례

기산점 – '사실을 안 날'의 의미

민법 제573조 소정의 권리행사기간의 기산점인 선의의 매수인이 '사실을 안 날'이라 함은 단순히 권리의 일부가 타인에게 속한 사실을 안 날이 아니라 그 때문에 매도인이 이를 취득하여 매수인에게 이전할 수 없게 되었음이 확실하게 된 사실을 안 날을 말하는 것이다(대판 1991. 12. 10, 91다27396).

13 민법 제572조는 단일한 권리의 일부가 타인에게 속하는 경우에만 한정하여 적용되는 것이 아니라, 수개의 권리를 일괄하여 매매의 목적으로 한 경우에도 특별한 사정이 없는 한 역시 적용된다는 것이다(대판 1989. 11. 14, 88다카13547).

(3) 목적물의 수량부족 · 일부멸실

제574조【수량부족, 일부멸실의 경우와 매도인의 담보책임】
전2조의 규정은 수량을 지정한 매매의 목적물이 부족되는 경우와 매매목적물의 일부가 계약당시에 이미 멸실된 경우에 매수인이 그 부족 또는 멸실을 알지 못한 때에 준용한다.

① **요건**: ㉠ 수량을 지정한 매매에 있어서 목적물이 부족하거나 목적물의 일부가 계약당시에 이미 멸실된 경우에 담보책임이 발생한다. ㉡ 수량을 지정한 매매이기 위해서는 당사자가 매매의 목적인 특정물이 일정한 수량을 가지고 있다는 데 주안을 두고 대금도 그 수량을 기준으로 하여 정한 경우(예 부동산매매에서 평수에 따라 평당 가액으로 매매대금을 정한 경우)이어야 한다.

판례

'수량을 지정한 매매'의 의미 ★★

① 의의 - ㉠ 민법 제574조에서 규정하는 '수량을 지정한 매매'라 함은 당사자가 매매의 목적인 '특정물'이 일정한 수량을 가지고 있다는 데 주안을 두고 대금도 그 수량을 기준으로 하여 정한 경우를 말하는 것이다. (즉) 부동산 매매계약에 있어서 매수인이 일정한 면적이 있는 것으로 믿고 매도인도 그 면적이 있는 것을 명시적 또는 묵시적으로 표시하며, 나아가 계약당사자가 면적을 가격을 정하는 여러 요소 중 가장 중요한 요소로 파악하고, 그 객관적 수치를 기준으로 가격을 정하는 경우이어야 한다(대판 2001. 4. 10, 2001다12256). ㉡ 매매계약을 체결함에 있어 토지의 면적을 기초로 하여 평수에 따라 대금을 산정하였는데 토지의 일부가 매매계약 당시에 이미 도로의 부지로 편입되어 있었고, 매수인이 그와 같은 사실을 알지 못하고 매매계약을 체결한 경우 매수인은 민법 제574조에 따라 매도인에 대하여 토지 중 도로의 부지로 편입된 부분의 비율로 대금의 감액을 청구할 수 있다(대판 1992. 12. 22, 92다30580).

② 수량지정매매가 아닌 경우 - 토지의 매매에 있어서 목적물을 공부상의 평수에 따라 특정하고 단위면적당 가액을 결정하여 단위면적당 가액에 공부상의 면적을 곱하는 방법으로 매매대금을 결정하였다고 하더라도 이러한 사정만으로 곧바로 그 토지의 매매를 '수량을 지정한 매매'라고 할 수는 없는 것이고, 만일 당사자가 그 지정된 구획을 전체로서 평가하였고 평수에 의한 계산이 하나의 표준에 지나지 아니하여 그것이 당사자들 사이에 대상 토지를 특정하고 대금을 결정하기 위한 방편이었다고 보일 때에는 '수량을 지정한 매매'가 아니라고 할 것이다(대판 2001. 4. 10, 2001다12256).

③ 아파트분양계약 - 목적물이 일정한 면적(수량)을 가지고 있다는 데 주안을 두고 대금도 면적을 기준으로 하여 정하여지는 아파트분양계약은 이른바 수량을 지정한 매매라 할 것이다(대판 2002. 11. 8, 99다58136).

매매목적물을 전체로서 평가한 경우

민법 제574조에서 규정하는 '수량을 지정한 매매'라 함은 당사자가 매매의 목적인 특정물이 일정한 수량을 가지고 있다는 데 주안을 두고 대금도 그 수량을 기준으로 하여 정한 경우를 말하는 것이므로, 토지의 매매에 있어 목적물을 등기부상의 평수에 따라 특정한 경우라도 당사자가 그 지정된 구획을 전체로서 평가하였고 평수에 의한 계산이 하나의 표준에 지나지 아니하여 그것이 당사자들 사이에 대상토지를 특정하고 대금을 결정하기 위한 방편이었다고 보일 때에는 이를 가리켜 수량을 지정한 매매라 할 수 없다(대판 1993. 6. 25, 92다56674).

② **적용범위**

㉠ '수량 지정 매매'는 특정물매매에서만 인정되며, 불특정물매매에서 수량이 부족한 때에는 채무불이행이 될 뿐이다.

㉡ 원시적 일부불능의 경우가 이에 해당한다. 원시적 전부불능은 무효로서 계약체결상의 과실책임(제535조)이 문제될 뿐이고, 후발적 불능인 경우에는 채무불이행이나 위험부담의 문제로 귀착된다.

판례

부당이득반환청구 · 계약체결상 과실책임 적용 여부(소극) ★★★

부동산매매계약에 있어서 실제면적이 계약면적에 미달하는 경우에는 그 매매가 수량지정매매에 해당할 때에 한하여 민법 제574조, 제572조에 의한 대금감액청구권을 행사함은 별론으로 하고, 그 매매계약이 그 미달 부분만큼 일부 무효임을 들어 이와 별도로 일반 부당이득반환청구를 하거나 그 부분의 원시적 불능을 이유로 민법 제535조가 규정하는 계약체결상의 과실에 따른 책임의 이행을 구할 수 없다(대판 2002. 4. 9, 99다47396).

③ **담보책임의 내용**: 매수인이 '선의'인 경우에 한해 대금감액청구권 · 계약해제권 · 손해배상청구권이 인정된다(제574조).

④ **제척기간**: 매수인이 수량부족 또는 일부멸실의 사실을 안 날로부터 1년 내에 행사하여야 한다.

(4) 용익권에 의한 제한

제575조【제한물권 있는 경우와 매도인의 담보책임】

① 매매의 목적물이 지상권, 지역권, 전세권, 질권 또는 유치권의 목적이 된 경우에 매수인이 이를 알지 못한 때에는 이로 인하여 계약의 목적을 달성할 수 없는 경우에 한하여 매수인은 계약을 해제할 수 있다. 기타의 경우에는 손해배상만을 청구할 수 있다.

② 전항의 규정은 매매의 목적이 된 부동산을 위하여 존재할 지역권이 없거나 그 부동산에 등기된 임대차계약이 있는 경우에 준용한다.

③ 전2항의 권리는 매수인이 그 사실을 안 날로부터 1년 내에 행사하여야 한다.

① **요건**: 매매의 목적물이 지상권 · 지역권 · 전세권 · 질권 · 유치권 또는 대항력을 갖춘 임대차의 목적이 된 경우나, 매매의 목적이 된 부동산을 위하여 있어야 할 지역권이 존재하지 않는 경우에 담보책임이 발생한다(제575조).

② **담보책임의 내용**: 선의의 매수인은 계약의 목적을 달성할 수 없는 경우에 한하여 계약을 해제할 수 있고, 기타의 경우에는 손해배상만을 청구할 수 있다. 그러나 감축되어야 할 금액을 비율적으로 산출할 수 없기 때문에 대금감액청구권은 인정되지 않는다.

판례

민법 제581조 제1항, 제580조 제1항, 제575조 제1항에서 말하는 '목적물에 하자가 있는 때 매수인은 그 하자로 인하여 계약의 목적을 달성할 수 없는 경우'의 의미 및 그 판단기준

민법 제581조 제1항, 제580조 제1항, 제575조 제1항은 매매의 목적물에 하자가 있는 때 매수인은 그 하자로 인하여 계약의 목적을 달성할 수 없는 경우에 한하여 계약을 해제할 수 있고, 기타의 경우에는 손해배상만을 청구할 수 있다고 규정하고 있다. 여기서 목적물의 하자로 인하여 계약의 목적을 달성할 수 없다는 것은, 그 하자가 중대하고 보수가 불가능하거나 가능하더라도 장기간을 요하는 등 계약해제권을 행사하는 것이 정당하다고 인정되는 경우를 의미한다. 또한, 매매목적물의 하자로 인하여 계약의 목적을 달성할 수 없게 되었는지 여부는 계약에 이르게 된 동기 및 목적, 계약 당시 당사자가 처한 상황, 목적물의 종류와 성상, 하자의 내용 및 정도, 보수에 소요되는 기간이나 비용 등 계약 체결 전후의 여러 사정들을 종합적으로 고려하여 매수인의 입장에서 객관적으로 판단하여야 한다(대판 2023. 4. 13, 2022다296776).

③ **제척기간**: 사실을 안 날로부터 1년 내에 행사하여야 한다.

(5) 담보권에 의한 제한 – 저당권 · 전세권의 행사가 있는 경우

제576조【저당권, 전세권의 행사와 매도인의 담보책임】
① 매매의 목적이 된 부동산에 설정된 저당권 또는 전세권의 행사로 인하여 매수인이 그 소유권을 취득할 수 없거나 취득한 소유권을 잃은 때에는 매수인은 계약을 해제할 수 있다.
② 전항의 경우에 매수인의 출재로 그 소유권을 보존한 때에는 매도인에 대하여 그 상환을 청구할 수 있다.
③ 전2항의 경우에 매수인이 손해를 받은 때에는 그 배상을 청구할 수 있다.

제577조【저당권의 목적이된 지상권, 전세권의 매매와 매도인의 담보책임】
전조의 규정은 저당권의 목적이 된 지상권 또는 전세권이 매매의 목적이 된 경우에 준용한다.

① **요건**

㉠ 매매의 목적이 된 부동산에 설정된 저당권 또는 전세권의 행사로 매수인이 그 소유권을 취득할 수 없거나 취득한 소유권을 상실한 경우에 담보책임이 발생한다.

㉡ 매도인과 매수인 사이에 채무인수 또는 이행인수에 관한 특약이 없어야 한다. 이러한 특약이 존재하는 경우에는, 특별한 사정이 없는 한 매수인으로서는 매도인에 대하여 제576조 제1항의 담보책임을 면제하여 주었거나 이를 포기한 것으로 보아야 한다.

판례

가등기에 기한 본등기의 경료로 소유권을 상실하게 된 경우 적용 법조(민법 제576조) ★★

가등기의 목적이 된 부동산을 매수한 사람이 그 뒤 가등기에 기한 본등기가 경료됨으로써 그 부동산의 소유권을 상실하게 된 때에는 매매의 목적 부동산에 설정된 저당권 또는 전세권의 행사로 인하여 매수인이 취득한 소유권을 상실한 경우와 유사하므로, 이와 같은 경우 민법 제576조의 규정이 준용된다고 보아 같은 조 소정의 담보책임을 진다고 보는 것이 상당하고 민법 제570조에 의한 담보책임을 진다고 할 수 없다(대판 1992. 10. 27, 92다21784).

가압류 목적이 된 부동산을 매수한 이후 가압류에 기한 강제집행으로 부동산 소유권을 상실한 경우에도 매도인의 담보책임에 관한 민법 제576조가 준용되는지 여부(적극) ★★

가압류 목적이 된 부동산을 매수한 사람이 그 후 가압류에 기한 강제집행으로 부동산 소유권을 상실하게 되었다면 이는 매매의 목적 부동산에 설정된 저당권 또는 전세권의 행사로 인하여 매수인이 취득한 소유권을 상실한 경우와 유사하므로, 이와 같은 경우 매도인의 담보책임에 관한 민법 제576조의 규정이 준용된다고 보아 매수인은 같은 조 제1항에 따라 매매계약을 해제할 수 있고, 같은 조 제3항에 따라 손해배상을 청구할 수 있다고 보아야 한다(대판 2011. 5. 13, 2011다1941).

저당권 · 전세권이 설정되어 있는 경우의 담보책임

저당권은 점유할 권리를 수반하지 않으므로 저당권이 설정되어 있더라도 매수인의 용익은 방해받지 않는다. 따라서 저당권이 존재하는 것만으로 담보책임이 발생하지는 않는다. 그에 비하여 전세권은 용익물권이므로 그것이 설정되어 있는 것만으로 담보책임을 발생시킨다(제575조). 그런데 전세권의 우선변제권능 · 경매청구권능이 행사되면 저당권이 실행되는 것과 같은 결과가 되므로 제576조에서 추가로 담보책임을 인정하고 있다.

② **담보책임의 내용**

㉠ 매수인은 선 · 악을 불문하고 계약을 해제할 수 있고, 아울러 손해배상을 청구할 수 있다.

㉡ 매수인이 피담보채무를 변제하면 제576조에 의하지 않아도 출재한 것의 상환청구를 할 수 있다(변제자대위, 제481조). 제576조는 그 이외에 손해배상도 청구할 수 있는 점에서 차이가 있다.

③ **제척기간**: 제척기간의 제한은 없다.

(6) **경매의 경우**

제578조【경매와 매도인의 담보책임】

① 경매의 경우에는 경락인은 전8조의 규정에 의하여 채무자에게 계약의 해제 또는 대금감액의 청구를 할 수 있다.

② 전항의 경우에 채무자가 자력이 없는 때에는 경락인은 대금의 배당을 받은 채권자에 대하여 그 대금전부나 일부의 반환을 청구할 수 있다.

③ 전2항의 경우에 채무자가 물건 또는 권리의 흠결을 알고 고지하지 아니하거나 채권자가 이를 알고 경매를 청구한 때에는 경락인은 그 흠결을 안 채무자나 채권자에 대하여 손해배상을 청구할 수 있다.

① **요건**

㉠ **당사자**: ⓐ 경매의 법적 성질은 사법상 매매이다. 따라서 경락인은 매수인의 지위에, 채무자는 매도인의 지위에 있다(담보책임자). ⓑ 채무자가 1차적 책임을 지고, 배당받은 채권자가 2차적 책임을 진다. ⓒ 민법 제578조 제1항의 채무자에는 임의경매에 있어서의 물상보증인도 포함되는 것이므로 경락인이 그에 대하여 적법하게 계약해제권을 행사했을 때에는 물상보증인은 경락인에 대하여 원상회복의 의무를 진다(대판 1988. 4. 12, 87다카2641).

㉡ **권리의 하자에 한함**: 경매에서의 담보책임은 권리의 하자에만 인정되며, 물건의 하자가 존재하는 경우에는 담보책임을 물을 수 없다(제580조 제2항).

㉢ **유효한 공경매에 한함**: 본조의 적용을 받는 경매는 국가기관이 행하는 공경매만을 의미하며, 경매 자체가 무효인 경우에는 적용되지 않는다.

판례

경매절차 자체가 무효인 경우 – 담보책임 부정

민법 제578조 제1항, 제2항은 매매의 일종인 경매에 있어서 목적물의 하자로 인하여 경락인이 경락의 목적인 재산권을 완전히 취득할 수 없을 때에 매매의 경우에 준하여 매도인의 위치에 있는 경매의 채무자나 채권자에게 담보책임을 부담시켜 경락인을 보호하기 위한 규정으로서, 그 담보책임은 매매의 경우와 마찬가지로 경매절차는 유효하게 이루어졌으나 경매의 목적이 된 권리의 전부 또는 일부가 타인에게 속하는 등의 하자로 경락인이 완전한 소유권을 취득할 수 없거나 이를 잃게 되는 경우에 인정되는 것이고, 경매절차 자체가 무효인 경우에는 경매의 채무자나 채권자의 담보책임은 인정될 여지가 없다(대판 1993. 5. 25, 92다15574).

민법 제578조, 제580조 제2항에서 매도인의 담보책임에 대하여 '경매'에 관한 특칙을 둔 취지 및 위 각 조항에서 말하는 '경매'가 국가나 대행 기관 등이 법률에 기하여 목적물 권리자의 의사와 무관하게 행하는 매도행위만을 의미하는지 여부(적극)

민법은 제570조부터 제584조까지 매도인의 담보책임을 규정하면서 제578조와 제580조 제2항에서 '경매'에 관한 특칙을 두고 있다. 민법이 특칙을 둔 취지는 경매의 사법상 효력이 매매와 유사하다고는 하나, 매매는 당사자 사이의 의사합치에 의하여 체결되는 것인 반면 경매는 매도인의 지위에 있는 채무자 의사와 무관하게 국가기관인 법원에 의하여 실행되어 재산권이 이전되는 특수성이 있고, 이러한 특수성으로 인해 경매절차에 관여하는 채권자와 채무자, 매수인 등의 이해를 합리적으로 조정하고 국가기관에 의하여 시행되는 경매절차의 안정도 도모할 필요가 있으므로, 일반 매매를 전제로 한 담보책임 규정을 경매에 그대로 적용하는 것은 부당하다는 고려에 따른 것이다. 따라서 민법 제578조와 민법 제580조 제2항이 말하는 '경매'는 민사집행법상의 강제집행이나 담보권 실행을 위한 경매 또는 국세징수법상의 공매 등과 같이 국가나 그를 대행하는 기관 등이 법률에 기하여 목적물 권리자의 의사와 무관하게 행하는 매도행위만을 의미하는 것으로 해석하여야 한다(대판 2016. 8. 24, 2014다80839).

② **담보책임의 내용**

㉠ **해제권 · 대금감액청구권**: 경락받은 권리에 하자가 있는 경우에는, 하자의 유형에 따라 경락인은 채무자에게 계약의 해제 또는 대금감액의 청구를 할 수 있다(제578조 제1항). 민법 제578조 제1항의 채무자에는 임의경매에 있어서의 물상보증인도 포함되는 것이므로 경락인이 그에 대하여 적법하게 계약해제권을 행사했을 때에는 물상보증인은 경락인에 대하여 원상회복의 의무를 진다(대판 1988. 4. 12, 87다카2641).

㉡ **대금반환청구권**: 채무자가 무자력일 때는 2차적으로 대금의 배당을 받은 채권자가 책임을 진다. 즉 경락인은 그러한 채권권자에 대하여 대금의 전부나 일부의 반환을 청구할 수 있다(제578조 제2항).

㉢ **손해배상청구권**

ⓐ **원칙적 부정**: 경매의 경우에는 권리의 하자가 있더라도 손해배상책임은 원칙적으로 생기지 않는다. 본래 경매가 채무자의 의사에 의하지 않은 매매이기 때문이다.

ⓑ **예외적 긍정**: 그러나 '채무자가 물건 또는 권리의 흠결을 알고 고지하지 않은 때'와 '채권자가 이를 알고 경매를 청구한 때'에는 예외적으로 채무자나 채권자가 손해배상책임을 진다(제578조 제3항). 채무자와 채권자가 모두 고지의무를 위반한 경우에는 연대책임을 진다(통설).

③ **제척기간**: 제570조 내지 제575조에서 정한 제척기간이 준용된다.

(7) 채권의 매매

제579조【채권매매와 매도인의 담보책임】
① 채권의 매도인이 채무자의 자력을 담보한 때에는 매매계약 당시의 자력을 담보한 것으로 추정한다.
② 변제기에 도달하지 아니한 채권의 매도인이 채무자의 자력을 담보한 때에는 변제기의 자력을 담보한 것으로 추정한다.

① **의의**: 채권을 매매한 경우 채권의 하자란 매수인이 채권을 행사하여 만족을 얻지 못하는 것, 즉 채무자의 무자력을 말한다.

② **원칙 – 채무자의 자력에 대한 담보책임 부정**: 채권의 매도인은 채권의 존재와 채권액에 대해서만 책임을 지나, 채무자의 변제 자력에 대해서는 책임을 지지 않는 것이 원칙이다.

③ **예외 – 특약이 있는 경우 채무자의 자력에 대한 담보책임 긍정**: 다만, 매도인이 매수인에 대하여 채무자의 자력을 담보한다는 특약을 한 경우에는 책임을 진다. 이때 어느 시기를 표준으로 한 채무자의 자력을 담보한 것인지에 대하여 민법은 ㉠ 변제기가 도래한 채권의 매도인이 채무자의 자력을 담보한 경우에는 매매계약 당시의 자력을 담보한 것으로 추정하고, ㉡ 변제기에 도달하지 아니한 채권의 매도인이 채무자의 자력을 담보한 경우에는 변제기의 자력을 담보한 것으로 추정한다(제579조).

④ **책임의 내용**: 매도인이 매수인이 채무자의 무자력으로 인해 변제받지 못한 부분에 대해 손해배상책임을 진다.

3. 매도인의 물건의 하자에 대한 담보책임(= 하자담보책임)

(1) 특정물의 하자담보책임

제580조【매도인의 하자담보책임】
① 매매의 목적물에 하자가 있는 때에는 제575조 제1항(= 제한물권 관련 담보책임)의 규정을 준용한다. 그러나 매수인이 하자있는 것을 알았거나 과실로 인하여 이를 알지 못한 때에는 그러하지 아니하다.
② 전항의 규정은 경매의 경우에 적용하지 아니한다.

제582조【전2조의 권리행사기간】
전2조(= 물건의 하자에 대한 매도인의 담보책임)에 의한 권리는 매수인이 그 사실을 안 날로부터 6월 내에 행사하여야 한다.

① **요건**: ㉠ 매매의 목적물에 하자가 있을 것, ㉡ 매수인은 선의·무과실일 것이 요구된다.

㉠ 매매의 목적물에 하자가 있을 것

ⓐ **하자의 의의 및 존재시기**: 매매의 목적물에 하자가 있어야 한다. 여기서 '하자'란 해당 종류의 물건이 거래에서 요구되는 통상의 품질이나 성능을 갖추지 못한 경우(객관적 하자)이거나, 당사자가 예정 또는 보증한 성질을 결여한 경우(주관적 하자)를 말한다(대판 2000. 10. 27, 2000다30554·30561). 하자의 존부는 '매매계약 성립 시'를 기준으로 판단한다.

판례

하자의 개념 ★

① 매매의 목적물이 거래통념상 기대되는 객관적 성질이나 성능을 갖추지 못한 경우 또는 당사자가 예정하거나 보증한 성질을 갖추지 못한 경우에 매도인은 민법 제580조에 따라 매수인에게 그 하자로 인한 담보책임을 부담한다(대판 2021. 4. 8, 2017다202050).

② 매도인이 매수인에게 공급한 기계가 통상의 품질이나 성능을 갖추고 있는 경우, 그 기계에 작업환경이나 상황이 요구하는 품질이나 성능을 갖추고 있지 못하다 하여 하자가 있다고 인정할 수 있기 위하여는, 매수인이 매도인에게 제품이 사용될 작업환경이나 상황을 설명하면서 그 환경이나 상황에 충분히 견딜 수 있는 제품의 공급을 요구한 데 대하여, 매도인이 그러한 품질과 성능을 갖춘 제품이라는 점을 명시적으로나 묵시적으로 보증하고 공급하였다는 사실이 인정되어야만 할 것임은 물론이나, 매도인이 매수인에게 기계를 공급하면서 당해 기계의 카탈로그와 검사성적서를 제시하였다면, 매도인은 그 기계가 카탈로그와 검사성적서에 기재된 바와 같은 정도의 품질과 성능을 갖춘 제품이라는 점을 보증하였다고 할 것이므로, 매도인이 공급한 기계가 매도인이 카탈로그와 검사성적서에 의하여 보증한 일정한 품질과 성능을 갖추지 못한 경우에는 그 기계에 하자가 있다고 보아야 한다(대판 2000. 10. 27, 2000다30554·30561).

신축건물의 매도인이 하자보수를 약정한 경우 책임을 지는 하자의 범위

신축건물이나 신축한 지 얼마 되지 않아 그와 다름없는 건물을 매도하는 매도인이 매수인에 대하여 매도건물에 하자가 있을 때에는 책임지고 그에 대한 보수를 해 주기로 약정한 경우, 특별한 사정이 없는 한 매도인은 하자 없는 완전한 건물을 매매한 것을 보증하였다고 할 것이므로 매도인은 계약 당시 또는 매수인이 인도받은 후에 용이하게 발견할 수 있는 하자뿐만 아니라 건물의 본체부분의 구조상의 하자 특히 품질이 떨어지는 재료를 사용하는 등 날림공사로 인한 하자 등 바로 발견할 수 없는 하자는 물론 당초의 하자로부터 확산된 하자에 대하여도 책임을 져야 한다(대판 1993. 11. 23, 92다38980).

ⓑ **법률상 장애가 물건의 하자에 해당하는지 여부**: 매매목적물에 법률상 장애가 있는 경우(예 공장부지로 사용하려고 매수하였으나 관계법령상 공장의 건축이 불가능한 토지였던 경우)에 이를 권리의 하자로 볼 것인지, 물건의 하자로 볼 것인지 문제된다. 권리의 하자로 보면 경매를 통해 목적물을 취득한 경우에도 담보책임을 물을 수 있으나, 물건의 하자로 보면 이 경우 담보책임을 물을 수 없기 때문이다. 이에 대하여 i) 다수설은 소유권 행사에 대한 제한이므로 권리의 하자로 보나, ii) 판례는 물건의 하자로 본다(대판 2000. 1. 18, 98다18506 참고).

판례

법률상 장애 – 물건의 하자 ★★

① 물건의 하자로 취급 – 매매의 목적물이 거래통념상 기대되는 객관적 성질 · 성능을 결여하거나, 당사자가 예정 또는 보증한 성질을 결여한 경우에 매도인은 매수인에 대하여 그 하자로 인한 담보책임을 부담한다 할 것이고, 한편 건축을 목적으로 매매된 토지에 대하여 건축허가를 받을 수 없어 건축이 불가능한 경우, 위와 같은 법률적 제한 내지 장애 역시 매매목적물의 하자에 해당한다 할 것이나, 다만 위와 같은 하자의 존부는 매매계약 성립시를 기준으로 판단하여야 할 것이다(대판 2000. 1. 18, 98다18506).

② 착오취소의 배제 – 매매계약 당시 장차 도시계획이 변경되어 공동주택, 호텔 등의 신축에 대한 인 · 허가를 받을 수 있을 것이라고 생각하였으나 그 후 생각대로 되지 않은 경우, 이는 법률행위 당시를 기준으로 장래의 미필적 사실의 발생에 대한 기대나 예상이 빗나간 것에 불과할 뿐 착오라고 할 수는 없다(대판 2007. 8. 23, 2006다15755).

㉡ 매수인은 선의 · 무과실일 것: 매수인은 선의 · 무과실이어야 한다. 이에 대한 입증책임은 매도인이 진다.

판례

하자담보책임의 법적 성질과 과실상계 ★★

민법 제581조, 제580조에 기한 매도인의 하자담보책임은 법이 특별히 인정한 무과실책임으로서 여기에 민법 제396조의 과실상계 규정이 준용될 수는 없다 하더라도, 담보책임이 민법의 지도이념인 공평의 원칙에 입각한 것인 이상 하자 발생 및 그 확대에 가공한 매수인의 잘못을 참작하여 손해배상의 범위를 정함이 상당하다(대판 1995. 6. 30, 94다23920).

---

② 담보책임의 내용

㉠ 계약해제권: 계약의 목적을 달성할 수 없는 경우 계약을 해제할 수 있다.[14]

㉡ 손해배상청구권: 계약해제와 별도로 손해가 있으면 손해배상을 청구할 수 있다.

판례

하자담보책임과 채무불이행책임의 경합

① 토지 매도인이 성토작업을 기화로 다량의 폐기물을 은밀히 매립하고 그 위에 토사를 덮은 다음 도시계획사업을 시행하는 공공사업시행자와 사이에서 정상적인 토지임을 전제로 협의취득절차를 진행하여 이를 매도함으로써 매수자로 하여금 그 토지의 폐기물처리비용 상당의 손해를 입게 하였다면 매도인은 이른바 불완전이행으로서 채무불이행으로 인한 손해배상책임을 부담하고, 이는 하자 있는 토지의 매매로 인한 민법 제580조 소정의 하자담보책임과 경합적으로 인정된다(대판 2004. 7. 22, 2002다51586).

---

14 매도인이 불법운행하여 150일간 운행정지처분된 차량을 매도한 경우, 매수인이 그 차량을 매수하여 즉시 운행하려 하였다면 매수인으로서는 다른 차량을 대체하지 않고는 그 목적을 달할 수 없는 경우도 예상되므로 매수인이 그런 하자있음을 알지 못하고 또 이를 알지 못한 데에 과실이 없는 때에는 민법 제580조의 매도인에게 하자담보책임이 있는 경우에 해당하여 매수인은 그 매매계약을 해제할 수 있다(대판 1985. 4. 9, 84다카2525).

② 매매의 목적물에 하자가 있는 경우 매도인의 하자담보책임과 채무불이행책임은 별개의 권원에 의하여 경합적으로 인정된다. 이 경우 특별한 사정이 없는 한 하자를 보수하기 위한 비용은 매도인의 하자담보책임과 채무불이행책임에서 말하는 손해에 해당한다. 따라서 매매 목적물인 토지에 폐기물이 매립되어 있고 매수인이 폐기물을 처리하기 위해 비용이 발생한다면 매수인은 그 비용을 민법 제390조에 따라 채무불이행으로 인한 손해배상으로 청구할 수도 있고, 민법 제580조 제1항에 따라 하자담보책임으로 인한 손해배상으로 청구할 수도 있다(대판 2021. 4. 8, 2017다202050).

→ [사실관계] : 甲이 국가로부터 토지를 매수하여 건물을 신축하기 위해 건축허가를 받고 지목을 '전'에서 '대지'로 변경하였는데, 위 토지에서 굴착공사를 하다가 약 1~2m 깊이에서 폐합성수지와 폐콘크리트 등 약 330t의 폐기물이 매립되어 있는 것을 발견하였고, 이를 처리하기 위한 비용을 지출한 사안에서, 매립된 폐기물의 내용, 수량, 위치와 처리비용 등을 고려하면 토지에 위와 같은 폐기물이 매립되어 있는 것은 매매 목적물이 통상 갖출 것으로 기대되는 품질이나 상태를 갖추지 못한 하자에 해당하고, 토지의 지목을 '전'에서 '대지'로 변경하였다는 사정으로 폐기물이 매립되어 있는 객관적 상태를 달리 평가할 수 없으므로, 국가는 甲에게 하자담보책임으로 인한 손해배상으로 폐기물 처리비용을 지급할 의무가 있다고 본 사례이다.

③ **제척기간**: 매수인이 그 사실을 안 날로부터 6월 내에 행사하여야 한다.

판례

하자의 존부판단 및 '그 사실을 안 날'의 의미

① 표고버섯 종균을 접종한 표고목의 발아율이 일률적으로 정상적인 발아율의 1/100에도 미치지 못하는 현상이 발생한 경우, 종균을 생산한 회사의 대표가 관리를 잘못하여 종균에 문제가 있다고 말한 사실, 다른 구입처에서 구입한 종균을 동일한 통상의 접종 및 재배조건에서 접종한 표고목에서는 종균이 정상적으로 발아한 사실 등 제반 사정에 비추어, 그 종균은 종균으로서 통상적으로 갖추어야 할 품질이나 특성을 갖추지 못한 하자가 있음을 인정할 수 있다.

② (한편) 표고버섯 종균에 하자가 존재하는 사실을 알았다고 하기 위하여는 종균을 접종한 표고목에서 종균이 정상적으로 발아하지 아니한 사실을 알았다는 것만으로는 부족하고, 종균이 정상적으로 발아하지 아니한 원인이 바로 종균에 존재하는 하자로 인한 것임을 알았을 때라야 비로소 종균에 하자가 존재하는 사실을 알았다고 볼 것이다(대판 2003. 6. 27, 2003다20190).

담보책임에 관한 매수인의 권리행사의 (제척)기간의 성질 ★★

민법 제582조 소정의 매도인의 하자담보책임에 관한 매수인의 권리행사기간은 재판상 또는 재판 외의 권리행사기간이고 재판상 청구를 위한 출소기간은 아니다(대판 1985. 11. 12, 84다카2344).

하자담보에 기한 매수인의 손해배상청구권이 소멸시효의 대상이 되는지 여부(적극) 및 소멸시효의 기산점 (= 매수인이 매매 목적물을 인도받은 때)(대판 2011. 10. 13, 2011다10266) ★★★

매도인에 대한 하자담보에 기한 손해배상청구권에 대하여는 민법 제582조의 제척기간이 적용되고, 이는 법률관계의 조속한 안정을 도모하고자 하는 데에 취지가 있다. 그런데 하자담보에 기한 매수인의 손해배상청구권은 권리의 내용·성질 및 취지에 비추어 민법 제162조 제1항의 채권 소멸시효의 규정이 적용되고, 민법 제582조의 제척기간 규정으로 인하여 소멸시효 규정의 적용이 배제된다고 볼 수 없으며, 이때 다른 특별한 사정이 없는 한 무엇보다도 매수인이 매매 목적물을 인도받은 때부터 소멸시효가 진행한다고 해석함이 타당하다.

→ [사실관계 및 해설] : 甲이 乙 등에게서 부동산을 매수하여 소유권이전등기를 마쳤는데 위 부동산을 순차 매수한 丙이 부동산 지하에 매립되어 있는 폐기물을 처리한 후 甲을 상대로 처리비용 상당의 손해배상청구소송을 제기하였고, 甲이 丙에게 위 판결에 따라 손해배상금을 지급한 후 乙 등을 상대로 하자담보책임에 기한 손해배상으로서 丙에게 기지급한 돈의 배상을 구한 사안에서, 甲의 하자담보에 기한 손해배상청구권은 甲이 乙 등에게서 부동산을 인도받았을 것으로 보이는 소유권이전등기일로부터 소멸시효가 진행하는데, 甲이 그로부터 10년이 경과한 후 소를 제기하였으므로, 甲의 하자담보책임에 기한 손해배상청구권은 이미 소멸시효 완성으로 소멸되었다고 본 사례이다.

(2) 종류물의 하자담보책임

제581조【종류매매와 매도인의 담보책임】
① 매매의 목적물을 종류로 지정한 경우에도 그 후 특정된 목적물에 하자가 있는 때에는 전조의 규정을 준용한다.
② 전항의 경우에 매수인은 계약의 해제 또는 손해배상의 청구를 하지 아니하고 하자 없는 물건을 청구할 수 있다.

제582조【전2조의 권리행사기간】
전2조(= 물건의 하자에 대한 매도인의 담보책임)에 의한 권리는 매수인이 그 사실을 안 날로부터 6월 내에 행사하여야 한다.

① **요건**: 매매의 목적물은 종류로 지정하였는데, 그 후 특정된 목적물에 하자가 있어야 한다. 역시 매수인은 그 하자에 관해 선의·무과실이어야 한다.

② **담보책임**

㉠ **해제권 또는 손해배상청구권**: 특정물의 하자담보책임이 준용된다.

㉡ **완전물급부청구권**: 다만 종류물에 대한 담보책임으로 민법은 완전물급부청구권을 인정하고 있다. 따라서 매수인은 계약해제권 또는 손해배상청구권을 행사하지 않고 하자 없는 완전물의 급부를 청구할 수 있다. 즉 계약해제권 또는 손해배상청구권과 완전물급부청구권은 선택적 관계에 있다.

판례

종류매매에서 하자담보의무의 이행이 공평의 원칙에 반하는 경우 매수인의 완전물급부청구권 행사를 제한할 수 있는지 여부(적극) **및 그 판단 기준**

민법의 하자담보책임에 관한 규정은 매매라는 유상·쌍무계약에 의한 급부와 반대급부 사이의 등가관계를 유지하기 위하여 민법의 지도이념인 공평의 원칙에 입각하여 마련된 것인데, 종류매매에서 매수인이 가지는 완전물급부청구권을 제한 없이 인정하는 경우에는 오히려 매도인에게 지나친 불이익이나 부당한 손해를 주어 등가관계를 파괴하는 결과를 낳을 수 있다. 따라서 매매목적물의 하자가 경미하여 수선 등의 방법으로도 계약의 목적을 달성하는 데 별다른 지장이 없는 반면 매도인에게 하자 없는 물건의 급부의무를 지우면 다른 구제방법에 비하여 지나치게 큰 불이익이 매도인에게 발생되는 경우와 같이 하자담보의무의 이행이 오히려 공평의 원칙에 반하는 경우에는, 완전물급부청구권의 행사를 제한함이 타당하다. 그리고 이러한 매수인의 완전물급부청구권의 행사에 대한 제한 여부는 매매목적물의 하자의 정도, 하자 수선의 용이성, 하자의 치유가능성 및 완전물급부의 이행으로 인하여 매도인에게 미치는 불이익의 정도 등의 여러 사정을 종합하여 사회통념에 비추어 개별적·구체적으로 판단하여야 한다(대판 2014. 5. 16, 2012다72582).[15]

③ **제척기간**: 매수인은 그 사실을 안 날로부터 6월 내에 행사하여야 한다.

판례

완전물급부청구권의 제척기간 내 행사로 손해배상청구권 행사의 기간준수 효과가 있는지 여부(적극)

(종류물 매매의 하자담보책임으로서) 손해배상청구권은 동시에 완전물급부의무의 이행불능으로 인한 손해배상청구권과 같은 내용을 가지는 것으로서 완전물급부청구권의 변형물로 볼 수 있으므로, 일단 매수인이 그 권리행사 기간 안에 완전물급부청구권을 행사한 이상 손해배상청구권은 제582조가 정하는 제척기간에 걸리지 않는다(대판 2000. 2. 11, 97다7202).

(3) 담보책임과 동시이행

제583조【담보책임과 동시이행】

제536조(= 동시이행의 항변권)의 규정은 제572조 내지 제575조, 제580조 및 제581조의 경우에 준용한다.

15 甲이 乙 주식회사로부터 자동차를 매수하여 인도받은 지 5일 만에 계기판의 속도계가 작동하지 않는 하자가 발생하였음을 이유로 乙 회사 등을 상대로 신차 교환을 구한 사안에서, 위 하자는 계기판 모듈의 교체로 큰 비용을 들이지 않고서도 손쉽게 치유될 수 있는 하자로서 하자수리에 의하더라도 신차구입이라는 매매계약의 목적을 달성하는 데에 별다른 지장이 없고, 하자보수로 자동차의 가치하락에 영향을 줄 가능성이 희박한 반면, 매도인인 乙 회사에 하자 없는 신차의 급부의무를 부담하게 하면 다른 구제방법에 비하여 乙 회사에 지나치게 큰 불이익이 발생되어서 오히려 공평의 원칙에 반하게 되어 매수인의 완전물급부청구권의 행사를 제한함이 타당하므로, 甲의 완전물급부청구권 행사가 허용되지 않는다고 한 사례이다.

4. 담보책임 면제의 특약

제584조【담보책임면제의 특약】
매도인은 전15조에 의한 담보책임을 면하는 특약을 한 경우에도 매도인이 알고 고지하지 아니한 사실 및 제3자에게 권리를 설정 또는 양도한 행위에 대하여는 책임을 면하지 못한다.

담보책임규정은 강행규정이 아니므로, 이를 배제하거나 경감하는 특약은 유효하다. 다만 매도인이 알고 고지하지 아니한 사실 및 제3자에게 권리를 설정 또는 양도한 경우에는 신의칙상 그 면책특약은 효력을 상실한다(제584조).

5. 다른 제도와의 비교

(1) 담보책임과 원시적 불능

급부가 원시적 · 객관적으로 전부불능인 경우에는 계약은 처음부터 무효이고, 계약체결상의 과실책임(제535조)만 문제될 뿐이다. 반면, 원시적 · 주관적 불능인 경우와 원시적 · 일부 불능인 경우에는 계약은 전부에 대해 유효하게 성립하고, 매도인은 그 불능부분에 대하여 담보책임을 진다(제570조, 제574조).

(2) 담보책임과 위험부담

매도인의 귀책사유 없이 목적물이 후발적으로 전부 멸실된 경우에는 위험부담의 법리(제537조, 제538조)가 적용된다. 그러나 원시적 일부 불능의 경우에는 담보책임(제574조)이 적용된다.

(3) 담보책임과 착오취소

매매계약 내용의 중요 부분에 착오가 있는 경우 매수인은 매도인의 하자담보책임이 성립하는지와 상관없이 착오를 이유로 매매계약을 취소할 수 있다.

판례

매매계약 내용의 중요 부분에 착오가 있는 경우, 매수인이 매도인의 하자담보책임이 성립하는지와 상관없이 착오를 이유로 매매계약을 취소할 수 있는지 여부(적극) ★★★
민법 제109조 제1항에 의하면 법률행위 내용의 중요 부분에 착오가 있는 경우 착오에 중대한 과실이 없는 표의자는 법률행위를 취소할 수 있고, 민법 제580조 제1항, 제575조 제1항에 의하면 매매의 목적물에 하자가 있는 경우 하자가 있는 사실을 과실 없이 알지 못한 매수인은 매도인에 대하여 하자담보책임을 물어 계약을 해제하거나 손해배상을 청구할 수 있다. 착오로 인한 취소 제도와 매도인의 하자담보책임 제도는 취지가 서로 다르고, 요건과 효과도 구별된다. 따라서 매매계약 내용의 중요 부분에 착오가 있는 경우 매수인은 매도인의 하자담보책임이 성립하는지와 상관없이 착오를 이유로 매매계약을 취소할 수 있다(대판 2018. 9. 13, 2015다78703).

(4) 담보책임과 사기취소

사기에 의하여 하자 있는 물건이 매매된 경우에는 사기의 규정(제110조)과 담보책임의 규정이 경합하게 되어, 사기에 의한 계약취소와 담보책임규정의 경합이 긍정된다(통설 · 판례).

판례

타인의 권리의 매매의 경우 제110조(사기취소)의 경합 여부(적극) ★★

민법 제569조가 타인의 권리의 매매를 유효로 규정한 것은 선의의 매수인의 신뢰 이익을 보호하기 위한 것이므로, 매수인이 매도인의 기망에 의하여 타인의 물건을 매도인의 것으로 알고 매수한다는 의사표시를 한 것은 만일 타인의 물건인줄 알았더라면 매수하지 아니하였을 사정이 있는 경우에는 매수인은 민법 제110조에 의하여 매수의 의사표시를 취소할 수 있다(대판 1973. 10. 23, 73다268).

(5) 담보책임과 불법행위책임

소속 공무원의 과실이 관여되어 허위로 마쳐진 소유권이전등기를 믿고 부동산을 취득함으로써 손해를 입었다면 국가도 피해자에 대하여 불법행위에 기한 손해배상책임을 부담한다고 할 것이고, 피해자가 반드시 그 부동산의 양도인을 상대로 매도인의 담보책임에 기한 손해배상청구를 먼저 혹은 동시에 하여야 하는 것은 아니다(대판 2000. 9. 5, 99다40302).

PLUS

매도인의 담보책임의 내용

① 해제권: 모든 경우에 해제권은 존재한다. 계약목적달성이 불가능한 경우에만 행사가능하며 최고가 불필요하다. 선의의 매수인이 행사가능함이 원칙이나, 예외적으로 전부타인권리매매(제570조)와 저당권 등 실행시 담보책임(제576조)의 경우에는 매수인이 악의이더라도 해제권 행사가 가능하다.

② 손해배상청구권: 모든 경우에 존재하나 선의자에 한하여 행사가능하다. 단 저당권 등 실행시 담보책임인 제576조의 경우에는 악의도 행사가능하다. 이는 다른 청구권과 함께 행사 가능한데, 예외적으로 완전물급부청구권의 행사가 가능한 제581조의 경우에는 손해배상청구권 행사가 불가하다.

③ 대금감액청구권: 이는 계약의 일부해제로서의 성격을 지닌다. 양적 하자의 경우만 인정되는 것으로 일부타인권리의 경우, 선악불문하고 행사가능하나, 수량부족 또는 일부멸실의 경우에는 선의자만 행사가능하다. 주의할 것은 제한물권 있는 경우나 실행시는 불가능하고 물건의 하자에도 적용되지 않는다는 점이다.

④ 완전물 급부청구권: 종류매매의 담보책임(제581조)에만 적용되는 규정이다.

⑤ 제척기간: 물건은 6월, 나머지의 경우 1년의 제척기간이 존재하는 것이 원칙이나, 예외적으로 전부타인권리와 저당권 등 실행시 담보책임의 경우에는 제척기간이 없다.

제4관 _ 환매

제590조【환매의 의의】
① 매도인이 매매계약과 동시에 환매할 권리를 보류한 때에는 그 영수한 대금 및 매수인이 부담한 매매비용을 반환하고 그 목적물을 환매할 수 있다.
② 전항의 환매대금에 관하여 특별한 약정이 있으면 그 약정에 의한다.
③ 전2항의 경우에 목적물의 과실과 대금의 이자는 특별한 약정이 없으면 이를 상계한 것으로 본다.
제591조【환매기간】
① 환매기간은 부동산은 5년, 동산은 3년을 넘지 못한다. 약정기간이 이를 넘는 때에는 부동산은 5년, 동산은 3년으로 단축한다.
② 환매기간을 정한 때에는 다시 이를 연장하지 못한다.
③ 환매기간을 정하지 아니한 때에는 그 기간은 부동산은 5년, 동산은 3년으로 한다.
제592조【환매등기】
매매의 목적물이 부동산인 경우에 매매등기와 동시에 환매권의 보류를 등기한 때에는 제3자에 대하여 그 효력이 있다.
제593조【환매권의 대위행사와 매수인의 권리】
매도인의 채권자가 매도인을 대위하여 환매하고자 하는 때에는 매수인은 법원이 선정한 감정인의 평가액에서 매도인이 반환할 금액을 공제한 잔액으로 매도인의 채무를 변제하고 잉여액이 있으면 이를 매도인에게 지급하여 환매권을 소멸시킬 수 있다.
제594조【환매의 실행】
① 매도인은 기간 내에 대금과 매매비용을 매수인에게 제공하지 아니하면 환매할 권리를 잃는다.
② 매수인이나 전득자가 목적물에 대하여 비용을 지출한 때에는 매도인은 제203조(= 점유자의 비용상환청구권)의 규정에 의하여 이를 상환하여야 한다. 그러나 유익비에 대하여는 법원은 매도인의 청구에 의하여 상당한 상환기간을 허여할 수 있다.
제595조【공유지분의 환매】
공유자의 1인이 환매할 권리를 보류하고 그 지분을 매도한 후 그 목적물의 분할이나 경매가 있는 때에는 매도인은 매수인이 받은 또는 받을 부분이나 대금에 대하여 환매권을 행사할 수 있다. 그러나 매도인에게 통지하지 아니한 매수인은 그 분할이나 경매로써 매도인에게 대항하지 못한다.

01 서설

1. 의의

환매란 매도인이 매매계약과 동시에 특약으로 그가 매각한 매매목적물을 다시 사올 수 있는 권리(= 환매권)를 유보한 경우, 일정기간 내에 그 권리를 행사하여 매수인으로부터 목적물을 다시 사오는 것을 말한다.

2. 환매의 종류와 기능

(1) 환매는 매도인이 매도한 목적물을 다시 매수하고자 할 때에 이용하는 수단으로 쓰인다(= 순수한 환매).

(2) 오늘날 환매는 보통 채권담보의 수단으로 이용된다. 즉 甲이 乙로부터 5천만 원을 빌리기 위해 자신 소유의 토지를 乙에게 5천만 원의 매매대금으로 매각하면서, 장래 변제기에 피담보채권을 변제하고 그 토지를 다시 회수하기 위해 매매계약과 동시에 환매의 특약을 맺는 것이 그러하다. 이와 같이 매매의 형식을 빌려 얻는 비전형담보제도를 매도담보라고 하며, 보통 매도담보는 환매(= 담보목적의 환매) 또는 재매매의 예약이라는 형태로 행해진다. 매도담보와 결부되어 이용되는 담보목적의 환매는 제607조와 제608조가 적용되며, 특히 부동산의 환매에는 가등기담보 등에 관한 법률이 적용된다.

3. 환매에 대한 규제

(1) 민법의 환매에 관한 규정(제590조 내지 제595조)은 매도인이 매도한 목적물을 다시 매수하고자 할 때에 이용하는 수단으로서 활용되는 순수한 환매를 전제로 한 것이다.

(2) 반면 매도담보와 결부되어 이용되는 담보목적의 환매는 제607조와 제608조가 적용되며, 특히 부동산의 환매에는 가등기담보 등에 관한 법률이 적용된다.

02 법적 성질

민법상 환매의 성질과 관련하여 통설은 매도인의 환매의 의사표시만으로 매도인과 매수인 사이에 두 번째의 매매계약이 성립하는 것으로 구성한다(재매매예약설). 이에 따르면 환매특약부 매매를 재매매의 예약으로 파악하여 환매권은 예약완결권의 성질을 갖는 것으로 본다. 따라서 환매권이 행사되면 두 번째의 매매가 이루어진다고 한다.

→ 환매권이 행사되면 매수인으로부터 매도인에게로 다시 소유권이전등기를 경료함

03 환매의 요건

1. 목적물

현행 민법상 목적물에 제한이 없으므로, 부동산 · 동산 나아가 그 밖의 재산권도 환매의 대상이 될 수 있다.

2. 환매특약의 시기

(1) 환매의 특약은 매매계약과 동시에 하여야 한다(제590조 제1항).

→ 매매계약의 성립 후에 환매약정을 하면 환매의 특약으로서 인정되지는 않지만, 이 약정이 무효인 것은 아니고 재매매의 예약이 된다.

(2) 환매의 특약은 매매계약과는 별개의 계약이지만, 어디까지나 매매계약의 종된 계약에 불과하므로 매매계약이 실효되면 그 특약도 효력을 잃는다.

(3) 매매의 목적물이 부동산인 경우에 매매등기와 동시에 환매권의 보류를 등기한 때에는 제3자에 대하여 그 효력이 있다(제592조). 따라서 환매등기 후에 제3자의 저당권등기가 마쳐진 경우, 매도인이 환매기간 내에 적법하게 환매권을 행사하면 제3자의 저당권은 소멸한다(대판 2002. 9. 27, 2000다27411).

3. 환매대금

(1) 매도인은 '영수한 매매대금과 매수인이 부담한 매매비용'을 반환하고 환매할 수 있다(제590조 제1항). 다만 환매대금에 관하여 특별한 약정이 있으면 그에 의한다(제590조 제2항).

(2) 이 경우 목적물의 과실과 대금의 이자는 특별한 약정이 없으면 이를 상계한 것으로 본다(제590조 제3항).

4. 환매기간

(1) 환매기간은 부동산은 5년, 동산은 3년을 넘지 못한다(제591조 제1항). 만약 약정기간이 이를 넘는 때에는 부동산은 5년, 동산은 3년으로 단축한다(제591조 제1항). 또한 환매기간을 정한 때에는 다시 이를 연장하지 못한다(제591조 제2항).

(2) 환매기간을 정하지 아니한 때에는 그 기간은 부동산은 5년, 동산은 3년으로 한다(제591조 제3항).

04 환매의 실행

1. 환매권의 행사방법

매도인이 환매기간 내에 환매대금을 제공하고 환매의 의사표시를 하여야 한다. 따라서 환매의 의사표시만으로는 환매의 효과가 발생하지 않고 환매대금을 실제로 제공하여야 한다(제594조 제1항).

2. 환매권의 대위행사

환매권은 양도성이 있는 재산권으로서 일신전속권이 아니므로 매도인의 채권자는 이를 대위행사할 수 있다(제404조). 그러나 매도인의 채권자가 매도인을 대위하여 환매하고자 하는 때에는 매수인은 법원이 선정한 감정인의 평가액에서 매도인이 반환할 금액을 공제한 잔액으로 매도인의 채무를 변제하고 잉여액이 있으면 이를 매도인에게 지급하여 환매권을 소멸시킬 수 있다(제593조).

05 환매의 효과

1. 통설인 재매매의 예약설에 의하면 환매권이 행사되면 두 번째의 매매(환매)가 성립한다.

2. 따라서 당사자 사이에는 두 번째의 매매에 의한 권리·의무가 발생하고, 부동산인 경우 그 이행으로서 소유권이전등기를 경료하여야 소유권이 환매권자에게 복귀한다.

✦ 환매와 재매매의 예약 비교

구분	환매	재매매의 예약
기능	주로 매도담보에 결부되어 담보기능을 한다.	좌동
법적 성질	환매권은 형성권이다.	예약완결권도 형성권이다.
체결시기	매매계약과 동시에 하여야 한다.	매매계약 후에도 가능하다.
행사기간	부동산은 5년, 동산은 3년	예약완결권은 10년의 제척기간
등기의 종류	환매 등기	청구권 보전을 위한 가등기
권리의 행사	환매권의 행사는 대금제공을 요건으로 한다.	대금제공을 그 요건으로 하지 않는다.

소유권유보부매매

1. 서설

(1) 의의

매매계약을 체결함에 있어 매도인이 매매목적물을 매수인에게 인도하되 매매대금이 모두 지급될 때까지 매도인에게 소유권을 유보하고, 매수인이 매매대금을 완납하면 소유권이 자동적으로 매수인에게 이전되기로 한다는 특약이 있는 매매의 형태를 말한다.

(2) 기능

소유권유보부매매는 매도인이 매매대금을 지급받지 못하는 등의 사유가 발생하면 유보된 소유권에 기하여 매매목적물을 회수할 수 있도록 함으로써 매매대금채권을 확보하기 위한 수단으로서의 기능이 있다.

2. 법적 성질

소유권유보부매매의 법적 성질에 대해서 다수설은 매수인의 매매대금완납을 정지조건으로 하여 소유권이 이전된다고 본다. 판례도 "소유권유보의 특약을 한 경우, 목적물의 소유권을 이전한다는 당사자 사이의 물권적 합의는 매매계약을 체결하고 목적물을 인도한 때 이미 성립하지만 대금이 모두 지급되는 것을 정지조건으로 하므로, 목적물이 매수인에게 인도되었다고 하더라도 특별한 사정이 없는 한 매도인은 대금이 모두 지급될 때까지 매수인뿐만 아니라 제3자에 대하여도 유보된 목적물의 소유권을 주장할 수 있고, 다만 대금이 모두 지급되었을 때에는 그 정지조건이 완성되어 별도의 의사표시 없이 목적물의 소유권이 매수인에게 이전된다. 그리고 이는 매수인이 매매대금의 상당 부분을 지급하였다고 하여도 다를 바 없다."고 하였다(정지조건부 소유권이전설).

3. 소유권유보부매매의 성립

(1) 소유권유보의 특약이 있을 것

매매계약에 부수하여 매수인의 매매대금채권담보를 목적으로 하는 소유권유보의 특약이 있어야 한다.

(2) 목적물

소유권유보부매매가 동산에 대해 인정되는 것은 당연하다. 다만 부동산의 경우 전형적인 담보제도가 있기 때문에 소유권유보부매매를 인정할 것인지 문제된다.

이에 대해 최근 판례는 "부동산과 같이 등기에 의하여 소유권이 이전되는 경우에는 등기를 대금완납시까지 미룸으로써 담보의 기능을 할 수 있기 때문에 굳이 소유권유보부매매의 개념을 원용할 필요성이 없으며, 일단 매도인이 매수인에게 소유권이전등기를 경료하여 준 이상은 특별한 사정이 없는 한 매수인에게 소유권이 귀속되는 것"이라고 하여 부정하였다(대판 2010. 2. 25, 2009도5064).

(3) 피담보채권

소유권유보는 원칙적으로 매매목적물에 대한 매매대금채권 그 자체를 피담보채권으로 한다.

4. 소유권유보부매매의 효력

(1) 대내적 효력

소유권유보의 특약이 있는 경우 매도인은 매수인에게 목적물의 점유를 이전하여 사용·수익하게 할 의무를 지며, 매수인은 정기적으로 약정된 할부금을 지체 없이 지급해야 할 의무를 진다.

(2) 대외적 효력

① 물권적 기대권의 취득과 처분: 매수인은 목적물의 소유권을 취득하는 것은 아니지만 매매대금의 완납이라는 정지조건의 성취로 소유권을 취득할 수 있는 물권적 기대권을 취득하게 된다. 따라서 물권적 기대권 자체(조건부 권리)를 처분할 수 있다(제149조).

② 매수인의 처분행위의 효력: 매수인은 소유권자가 아니므로 목적물을 처분하면 그 처분행위는 무권리자 처분행위로 무효이다. 판례도 "대금이 모두 지급되지 아니한 상태에서 매수인이 목적물을 다른 사람에게 양도하더라도, 양수인이 선의취득의 요건을 갖추거나 소유자인 소유권유보매도인이 후에 처분을 추인하는 등의 특별한 사정이 없는 한 그 양도는 목적물의 소유자가 아닌 사람이 행한 것으로서 효력이 없어서, 그 양도로써 목적물의 소유권이 매수인에게 이전되지 아니한다."고 하였다(대판 2010. 2. 11, 2009다93671).

5. 소유권유보의 소멸

소유권유보가 소멸하는 경우는 ① 매수인이 매매대금을 완납한 때, ② 매도인이 소유권유보를 포기한 때 등을 들 수 있다.

제3절 교환

제596조【교환의 의의】
교환은 당사자쌍방이 금전이외의 재산권을 상호 이전할 것을 약정함으로써 그 효력이 생긴다.
제597조【금전의 보충지급의 경우】
당사자 일방이 전조의 재산권이전과 금전의 보충지급을 약정한 때에는 그 금전에 대하여는 매매대금에 관한 규정을 준용한다.

01 의의

1. 교환이란 당사자 쌍방이 금전 이외의 재산권을 서로 이전할 것을 약정함으로써 성립하는 계약을 말한다(제596조).

2. 당사자 간에 서로 '금전 이외의 재산권'을 이전하는 점에서, 매수인이 금전을 지급하는 매매와 구별되고, 재산권이 아닌 노무의 제공이나 일의 완성 등은 교환의 목적이 될 수 없다.

02 성립

1. 의사의 합치

교환은 낙성계약이므로 당사자 사이의 의사의 합치만 있으면 성립한다.

2. 객체 및 보충금

교환계약의 객체는 당사자 쌍방 모두 금전 이외의 재산권이다. 만일 재산권들의 가치가 균등하지 않아서 일방 당사자가 일정금액으로 보충하기로 약정한 경우에도(보충금 지급약정) 교환계약은 성립한다. 다만 그 보충금에 관하여는 매매대금에 관한 규정을 준용한다(제597조).

03 효과

1. 교환에 따라 각 당사자는 목적이 된 재산권을 그 상대방에게 이전해 줄 채무를 부담한다. 그 밖에 쌍무계약에 따른 효과, 예컨대 동시이행의 항변권 등이 발생한다.

2. 교환은 유상계약이므로 매매에 관한 규정이 준용된다(제567조). 따라서 교환계약의 당사자들 사이에 담보책임도 인정된다.

제4절 소비대차

01 서설

1. 의의

> **제598조 【소비대차의 의의】**
> 소비대차는 당사자 일방이 금전 기타 대체물의 소유권을 상대방에게 이전할 것을 약정하고 상대방은 그와 같은 종류, 품질 및 수량으로 반환할 것을 약정함으로써 그 효력이 생긴다.

소비대차란 당사자의 일방(대주)이 금전 기타 대체물의 소유권을 상대방(차주)에게 이전할 것을 약정하고, 상대방은 그와 동종 · 동질 · 동량의 물건을 반환할 것을 약정함으로써 성립하는 계약을 말한다(제598조).

2. 법적 성질

소비대차는 ① 당사자의 합의만으로 성립하는 낙성 · 불요식계약이며, 원칙적으로 이자를 요소로 하지 않으므로 무상 · 편무계약이다(제598조). ② 다만 특약에 의해 이자를 지급하기로 한 경우(이자부 소비대차)에는 유상 · 쌍무계약이 된다.

판례

소비대차가 요물계약인지 여부(소극)
민법상 소비대차는 이른바 낙성계약이므로, 차주가 현실로 금전 등을 수수하거나 현실의 수수가 있은 것과 같은 경제적 이익을 취득하여야만 소비대차가 성립하는 것은 아니다(대판 1991. 4. 9, 90다14652).

02 소비대차의 성립

1. 소비대차는 낙성계약이므로, 당사자 사이의 합의만으로 성립한다. 즉, 대주가 금전 기타 대체물을 현실적으로 차주에게 교부하는 것은 소비대차의 성립요건이 아니다.

2. 소비대차의 목적물은 금전 기타 대체물이어야 한다.

03 소비대차의 효력 및 종료

1. 대주의 의무

(1) 목적물에 관한 소유권이전의무

대주는 목적물의 소유권을 차주에게 이전해 줄 의무가 있다(제598조).

(2) 담보책임

> **제602조【대주의 담보책임】**
> ① 이자 있는 소비대차의 목적물에 하자가 있는 경우에는 제580조 내지 제582조(= 매도인의 담보책임)의 규정을 준용한다.
> ② 이자 없는 소비대차의 경우에는 차주는 하자 있는 물건의 가액으로 반환할 수 있다. 그러나 대주가 그 하자를 알고 차주에게 고지하지 아니한 때에는 전항(= 매도인의 담보책임)과 같다.

① **이자부 소비대차의 경우**: 이자 있는 소비대차의 목적물에 하자가 있는 경우에는 제580조 내지 제582조(= 매도인의 담보책임)의 규정을 준용하여 대주는 차주에게 담보책임을 진다(제602조 제1항).

② **무이자 소비대차의 경우**: 이자 없는 소비대차는 무상이므로 원칙상 대주의 담보책임은 없다. 이 경우에 차주는 하자 있는 물건의 가액으로 반환할 수 있고, 대주를 상대로 하자 없는 물건의 급부청구를 할 수 없다. 그러나 대주가 그 하자를 알고 차주에게 고지하지 아니한 때에는 담보책임을 진다(제602조 제2항).

2. 차주의 의무

(1) 목적물반환의무

① 원칙

> **제603조【반환시기】**
> ① 차주는 약정시기에 차용물과 같은 종류, 품질 및 수량의 물건을 반환하여야 한다.
> ② 반환시기의 약정이 없는 때에는 대주는 상당한 기간을 정하여 반환을 최고하여야 한다. 그러나 차주는 언제든지 반환할 수 있다.

㉠ 반환시기의 약정이 있는 경우: 차주는 약정시기에 차용물과 같은 종류, 품질 및 수량의 물건을 반환하여야 한다(제603조 제1항).

㉡ 반환시기의 약정이 없는 경우: 차주는 언제든지 반환할 수 있으나, 대주는 상당한 기간을 정하여 반환을 최고하여야 한다(제603조 제2항).

② **예외**

제604조【반환불능으로 인한 시가상환】
차주가 차용물과 같은 종류, 품질 및 수량의 물건을 반환할 수 없는 때에는 그때의 시가로 상환하여야 한다. 그러나 제376조 및 제377조 제2항의 경우에는 그러하지 아니하다.
제606조【대물대차】
금전대차의 경우에 차주가 금전에 갈음하여 유가증권 기타 물건의 인도를 받은 때에는 그 인도 시의 가액으로써 차용액으로 한다.

㉠ 하자 있는 물건: 하자 있는 물건의 경우 그 물건의 가액을 반환하면 된다(제602조 제2항 본문).
㉡ 반환불능: 반환불능인 경우 불능이 된 때의 차용물의 시가로 상환하여야 한다(제604조).
㉢ 대물대차: 대물이 아니라 금전을 반환한다. 특히 민법은 차주를 보호하기 위하여 그 인도 시의 가액을 차용액으로 한다고 규정하고 있다(제606조). 이 규정은 강행규정이다(제608조).

(2) 이자지급의무

제600조【이자계산의 시기】
이자있는 소비대차는 차주가 목적물의 인도를 받은 때로부터 이자를 계산하여야 하며 차주가 그 책임 있는 사유로 수령을 지체할 때에는 대주가 이행을 제공한 때로부터 이자를 계산하여야 한다.

당사자 사이에 이자약정을 맺은 경우 차주는 이자를 지급할 의무를 진다. 이자는 차주가 목적물의 인도를 받은 때로부터 계산하여야 한다(제600조).

3. 실효 · 해제에 관한 특칙

(1) 목적물 인도 전 파산 – 소비대차의 실효

제599조【파산과 소비대차의 실효】
대주가 목적물을 차주에게 인도하기 전에 당사자 일방이 파산선고를 받은 때에는 소비대차는 그 효력을 잃는다.
→ 해지권이 발생하는 것이 아니라, 계약 자체가 실효된다는 점을 주의한다.

(2) 무이자소비대차 – 목적물 인도 전 해제권

제601조【무이자소비대차와 해제권】
이자 없는 소비대차의 당사자는 목적물의 인도 전에는 언제든지 계약을 해제할 수 있다. 그러나 상대방에게 생긴 손해가 있는 때에는 이를 배상하여야 한다.

04 대물반환의 예약과 차주의 보호

제607조 【대물반환의 예약】
차용물의 반환에 관하여 차주가 차용물에 갈음하여 다른 재산권을 이전할 것을 예약한 경우에는 그 재산의 예약당시의 가액이 차용액 및 이에 붙인 이자의 합산액을 넘지 못한다.
제608조 【차주에 불이익한 약정의 금지】
전2조의 규정에 위반한 당사자의 약정으로서 차주에 불리한 것은 환매 기타 여하한 명목이라도 그 효력이 없다.

1. 의의 및 취지

(1) 대물반환의 예약이란 소비대차에 있어서 차주가 본래의 급부에 갈음하여 다른 재산권을 이전할 것을 미리 예약한 경우를 말한다.

(2) 이러한 대물변제예약의 경우에는 대주가 폭리를 취하는 수단으로 이용되는 경우가 많다. 그 때문에 민법은 제607조, 제608조에서 그에 '그 효력'을 제한하고 있으며, 이들 규정만으로 불충분하다고 보아, 대물변제예약과 함께 가등기를 한 때에 엄격한 청산절차를 거치도록 하는 내용의 '가등기담보 등에 관한 법률'을 제정・시행하고 있다.

2. 요건(동조의 적용범위)

(1) (준)소비대차에 의한 채무

소비대차나 준소비대차로 발생한 채무에 한해 적용되며, 매매대금지급・전세금반환채무 등에는 그 적용이 없다.[16]

판례

제607조・제608조가 적용되지 않는 경우 ★

① 전세금반환채무(소극) – 민법 제607조에서 말하는 차용액이라 함은 소비대차계약 또는 준소비대차계약에 의하여 차주가 반환할 의무가 있는 것만을 의미하는 것이고, 널리 유상행위에 수반하여 행하여지는 경우는 이에 포함되지 아니하므로, 전세금반환채무의 일부반환에 갈음하여 본건 대지에 대한 소유권을 양도하기로 약정한 것은 민법 제607조, 제608조에 의하여 무효라고 판단할 수 없다(대판 1965. 9. 21, 65다1302).

② 매매대금채무(소극) – 매매계약으로 인한 대금지급채무의 변제에 갈음하여 어떤 부동산에 대한 소유권을 양도하기로 약정하는 것은 소비대차계약 또는 준소비대차계약 관계에서 생긴 대물변제의 예약이라고 할 수 없으므로 본조, 본법 제608조의 규정이 적용될 수 없다(대판 1971. 2. 23, 70다2802).

16 계의 청산을 위한 채무(소극) – 일종의 조합관계였던 계의 청산관계로 부담하게 되었던 채무를 변제하기 위하여 대물변제의 예약이 이루어진 경우에는, 이는 소비대차관계로서 생긴 대물변제의 예약이라고는 할 수 없는 것이니, 민법 제607조, 608조의 규정은 적용될 수 없다(대판 1968. 11. 26, 68다1468).

(2) 목적물

대물반환의 예약 목적물은 아무런 제한이 없으므로, 동산·부동산, 그 밖의 재산권을 목적으로 할 수 있다.

판례

'가등기담보 등에 관한 법률'의 적용 목적물
동법은 등기·등록에 의하여 공시되는 부동산 등의 권리에 관하여 가등기 또는 소유권이전등기를 경료한 경우에만 적용된다.

(3) 대물변제의 예약

변제기 전에 대물변제를 하기로 예약한 경우에 적용된다. 따라서 변제기가 도래한 후에 이루어진 대물변제에는 가사 그 시가가 그 채무의 원리금을 초과한다고 하더라도 본조의 적용이 없다(대판 1992. 2. 28, 91다25574).

판례

대물변제의 경우 민법 제607조, 제608조가 적용되는지 여부(소극)
채무자가 채권자 앞으로 차용물 아닌 다른 재산권을 이전한 경우에 있어 그 권리의 이전이 채무의 이행을 담보하기 위한 것이 아니고 그 채무에 갈음하여 상대방에게 완전히 그 권리를 이전하는 경우 즉 대물변제의 경우에는 가사 그 시가가 그 채무의 원리금을 초과한다고 하더라도 민법 제607조, 제608조가 적용되지 아니한다(대판 1992. 2. 28, 91다25574).

(4) 목적물의 예약당시의 가액이 차용액 및 이에 붙인 이자의 합산액을 넘을 것

목적물의 가액이 차용액과 그 이자의 합산액을 넘는지 여부는 예약 당시를 기준으로 하여야 하며, 소유권이전 당시를 기준으로 할 것이 아니다(대판 1996. 4. 26, 95다34781).

3. 효과 - 제608조의 '효력이 없다'의 의미

판례는 민법 제607조, 제608조에 위반된 대물변제의 약정은 대물변제의 예약으로서는 무효가 되지만, 특별한 사정이 없으면 당사자 사이에 청산절차를 밟아야 하는 약한 의미의 양도담보를 설정하기로 하는 약정으로서는 유효하다고 본다(대판 1999. 2. 9, 98다51220).

판례

민법 제607조, 제608조에 위반한 대물변제약정의 효력 – 약한 의미의 양도담보로서 유효 ★
민법 제607조, 제608조에 위반된 대물변제의 약정은 대물변제의 예약으로서는 무효가 되지만 약한 의미의 양도담보를 설정하기로 하는 약정으로서는 유효하되, 다만 그에 기한 소유권이전등기를 미처 경료하지 아니한 경우에는 아직 양도담보가 설정되기 이전의 단계이므로 가등기담보 등에 관한 법률 제3조 소정의 담보권 실행에 관한 규정이 적용될 여지가 없는 한편, 채권자는 양도담보의 약정을 원인으로 하여 담보목적물에 관하여 소유권이전등기절차의 이행을 청구할 수 있다(대판 1999. 2. 9, 98다51220).

05 준소비대차

1. 서설

제605조【준소비대차】
당사자 쌍방이 소비대차에 의하지 아니하고 금전 기타의 대체물을 지급할 의무가 있는 경우에 당사자가 그 목적물을 소비대차의 목적으로 할 것을 약정한 때에는 소비대차의 효력이 생긴다.

(1) 의의

당사자 쌍방이 소비대차에 의하지 아니하고 금전 기타의 대체물을 지급할 의무가 있는 경우에 당사자가 그 목적물을 소비대차의 목적으로 할 것을 약정한 때에는 소비대차의 효력이 생기는데(제605조), 이러한 약정에 기하여 발생한 소비대차를 준소비대차라고 한다(예 매매계약상의 매매대금지급채무를 지고 있는 매수인이 매도인과 이와 같은 매매대금액을 소비대차로 한다고 약정하는 경우이다).

(2) 경개와의 구별

준소비대차는 기존채무를 소멸시키고 신채무를 성립시키는 계약인 점에서 경개와 같지만, 경개에 있어서는 기존채무와 신채무 사이에 동일성이 없는 반면, 준소비대차에 있어서는 원칙적으로 동일성이 인정된다는 점에 차이가 있다.

판례

경개와의 구별 ★
① **경개와의 차이점** – 준소비대차는 당사자 쌍방이 소비대차에 의하지 아니하고 금전 기타의 대체물을 지급할 의무가 있는 경우에 당사자가 그 목적물을 소비대차의 목적으로 할 것을 약정한 때에 성립하는 것으로서, 기존채무를 소멸케 하고 신채무를 성립시키는 계약인 점에 있어서는 경개와 동일하지만, 경개에 있어서는 기존채무와 신채무 사이에 동일성이 없는 반면, 준소비대차에 있어서는 원칙적으로 동일성이 인정된다는 점에 차이가 있다.
② **경개와의 구별기준** – 기존채권, 채무의 당사자가 그 목적물을 소비대차의 목적으로 할 것을 약정한 경우 그 약정을 경개로 볼 것인가 또는 준소비대차로 볼 것인가는 일차적으로 당사자의 의사에 의하여 결정되고, 만약 당사자의 의사가 명백하지 않을 때에는 특별한 사정이 없는 한 동일성을 상실함으로써 채권자가 담보를 잃고 채무자가 항변권을 잃게 되는 것과 같이 스스로 불이익을 초래하는 의사를 표시하였다고는 볼 수 없으므로 일반적으로 준소비대차로 보아야 하지만, 신채무의 성질이 소비대차가 아니거나 기존채무와 동일성이 없는 경우에는 준소비대차로 볼 수 없다(대판 2003. 9. 26, 2002다31803 · 31810).

대환의 법적 성질 – 준소비대차
현실적인 자금의 수수 없이 형식적으로만 신규대출을 하여 기존채무를 변제하는 이른바 대환은 특별한 사정이 없는 한 형식적으로는 별도의 대출에 해당하나 실질적으로는 기존채무의 변제기의 연장에 불과하므로 그 법률적 성질은 기존채무가 여전히 동일성을 유지한 채 존속하는 준소비대차로 보아야 하며, 이 경우 채권자와 보증인 사이에 보증인의 보증책임을 면제하기로 약정을 한 경우 등 특별한 사정이 있는 경우를 제외하고는 기존채무에 대한 보증책임이 존속된다(대판 2003. 8. 19, 2003다11516).

2. 성립요건

(1) 기존채무가 유효하게 존재할 것

기존채무가 무효이거나 부존재하면 준소비대차가 성립하지 않는다(대판 1962. 1. 18, 4294민상 493). 다만 기존채무에 관하여는 별도의 제한이 없다. 제605조는 기존채무가 소비대차에 의하지 아니할 것을 요구하고 있으나, 기존의 채무가 별개의 소비대차에 의하여 발생한 경우라도 준소비대차가 성립할 수 있다. 판례도 마찬가지이다(대환사례).

판례

기존 채무의 존재여부와 기존 채무가 존재하지 않거나 무효된 경우 준소비대차계약의 효력 ★

준소비대차계약이 성립하려면 당사자 사이에 금전 기타의 대체물의 급부를 목적으로 하는 기존 채무가 존재하여야 하고, 기존 채무가 존재하지 않거나 또는 존재하고 있더라도 그것이 무효가 된 때에는 준소비대차계약은 효력이 없다. 준소비대차계약의 채무자가 기존 채무의 부존재를 주장하는 이상 채권자로서는 기존 채무의 존재를 증명할 책임이 있다(대판 2024. 4. 25, 2022다254024).

(2) 기존채무의 목적물을 소비대차의 목적으로 한다는 합의가 존재할 것

기존채무의 목적물을 소비대차의 목적으로 한다는 합의가 있어야 한다. 이 경우 계약의 당사자는 기존채무의 당사자와 일치하여야 한다.

판례

준소비대차의 당사자 ★

준소비대차는 소비대차에 의하지 아니하고 금전 기타의 대체물을 지급할 의무가 있는 경우에 당사자가 그 목적물을 소비대차의 목적물로 할 것을 약정함으로써 당사자 사이에 소비대차의 효력이 생기는 것을 말하는 것으로서 기존 채무의 당사자가 그 채무의 목적물을 소비대차의 목적물로 한다는 합의를 할 것을 요건으로 하므로 준소비대차계약의 당사자는 기초가 되는 기존 채무의 당사자이어야 한다(대판 2002. 12. 6, 2001다2846).

3. 효력

(1) 소비대차로서의 효력

준소비대차가 성립하면 소비대차의 효력이 생긴다(제605조). 다만 준소비대차에서 대주는 목적물의 소유권을 이미 이전하였으므로, 대주의 목적물이전의무는 없고 차주의 반환의무만이 문제된다.

(2) 기존채무의 소멸과 신채무의 성립

준소비대차에 의하여 기존채무는 소멸하고 소비대차상의 신채무가 성립한다. 신채무와 기존채무의 소멸은 서로 조건을 이루어 기존채무가 부존재하거나 무효인 경우에는 신채무는 성립하지 않고 신채무가 무효이거나 취소된 때에는 기존채무는 소멸하지 않았던 것이 된다.

⑶ 기존채무와 신채무의 동일성

① 기존채무와 신채무는 원칙적으로 동일성이 있으므로, 기존채무에 관하여 존재하는 담보 · 보증과 동시이행의 항변권은 당사자의 의사나 그 계약의 성질에 반하지 않는 한 신채무에도 그대로 존속한다.

② 다만 시효는 채무 자체의 성질에 의하여 결정될 것이지 당사자의 의사에 의해 결정될 것은 아니므로, 언제나 신채무를 기초로 하여 결정된다.

제5절 사용대차

제609조【사용대차의 의의】
사용대차는 당사자 일방이 상대방에게 무상으로 사용, 수익하게 하기 위하여 목적물을 인도할 것을 약정하고 상대방은 이를 사용, 수익한 후 그 물건을 반환할 것을 약정함으로써 그 효력이 생긴다.
제610조【차주의 사용, 수익권】
① 차주는 계약 또는 그 목적물의 성질에 의하여 정하여진 용법으로 이를 사용, 수익하여야 한다.
② 차주는 대주의 승낙이 없으면 제3자에게 차용물을 사용, 수익하게 하지 못한다.
③ 차주가 전2항의 규정에 위반한 때에는 대주는 계약을 해지할 수 있다.
제611조【비용의 부담】
① 차주는 차용물의 통상의 필요비를 부담한다.
② 기타의 비용에 대하여는 제594조 제2항(= 점유자의 비용상환청구)의 규정을 준용한다.
제612조【준용규정】
제559조(= 목적물인도전 파산과 소비대차의 실효), 제601조(= 무이자소비대차의 목적물인도전 해제)의 규정은 사용대차에 준용한다.
제613조【차용물의 반환시기】
① 차주는 약정시기에 차용물을 반환하여야 한다.
② 시기의 약정이 없는 경우에는 차주는 계약 또는 목적물의 성질에 의한 사용, 수익이 종료한 때에 반환하여야 한다. 그러나 사용, 수익에 족한 기간이 경과한 때에는 대주는 언제든지 계약을 해지할 수 있다.
제614조【차주의 사망, 파산과 해지】
차주가 사망하거나 파산선고를 받은 때에는 대주는 계약을 해지할 수 있다.
제615조【차주의 원상회복의무와 철거권】
차주가 차용물을 반환하는 때에는 이를 원상에 회복하여야 한다. 이에 부속시킨 물건은 철거할 수 있다.
제616조【공동차주의 연대의무】
수인이 공동하여 물건을 차용한 때에는 연대하여 그 의무를 부담한다.
제617조【손해배상, 비용상환청구의 기간】
계약 또는 목적물의 성질에 위반한 사용, 수익으로 인하여 생긴 손해배상의 청구와 차주가 지출한 비용의 상환청구는 대주가 물건의 반환을 받은 날로부터 6월 내에 하여야 한다.
제654조【준용규정】
제615조 내지 제617조(= 원상회복 · 철거의무, 공동차주의 연대채무, 손해 및 비용상환의무)의 규정은 임대차에 이를 준용한다.

01 서설

1. 의의

사용대차란 당사자 일방(대주)이 상대방(차주)에게 무상으로 사용 · 수익하게 하기 위해서 목적물을 인도할 것을 약정하고, 상대방은 이를 사용 · 수익한 후 그 물건을 반환할 것을 약정함으로써 성립하는 계약을 말한다(제609조).

2. 소비대차와 사용대차의 차이점

(1) 사용대차는 소유권의 이전 없이 차주가 일정기간 사용·수익한 후에 그 차용물 자체를 그대로 반환한다는 점에서, 소유권의 이전이 존재하는 소비대차와 다르다.

(2) 이용의 대가를 지급하지 않는 무상의 계약이라는 점에서 임대차와는 다르다.

3. 법적 성질

사용대차는 물건의 이용대가를 지급하지 않는 무상·편무계약이다. 또한 당사자 간의 합의만으로 성립하는 낙성·불요식계약이며, 계속적 채권관계의 성질을 갖는다.

02 성립

사용대차는 당사자의 합의만으로 성립한다. 그리고 물건의 사용·수익을 목적으로 하는 계약으로서, 물건에 관해서만 성립한다(제609조). 따라서 동산 또는 부동산만이 사용대차의 목적물이 될 수 있다.

03 사용대차의 효력

1. 대주의 의무

(1) 대주는 차주가 사용·수익할 수 있도록 목적물을 인도할 의무를 지고, 인도 후에는 유상계약인 임대차와는 달리 차주의 사용·수익을 방해하지 않을 소극적 의무를 부담할 뿐이다. 따라서 차주는 필요비의 상환을 청구할 수 없다(제611조 제1항).

(2) 사용대차는 무상계약이므로 증여의 담보책임에 관한 규정(제559조)이 준용된다(제612조).

2. 차주의 권리와 의무

(1) 차주는 목적물에 대한 사용·수익권을 가진다. 이 경우 차주는 계약 또는 그 목적물의 성질에 의하여 정하여진 용법으로 사용·수익하여야 하며(제610조 제1항), 대주의 승낙이 없으면 제3자에게 차용물을 사용·수익하게 하지 못한다(제610조 제2항). 만약 차주가 이에 위반한 때에는 대주는 계약을 해지할 수 있다(제610조 제3항).

판례

사용대차에서 대주의 승낙 없이 차주의 권리를 양도받은 자가 대주에게 대항할 수 있는지 여부(소극)

사용대차와 같은 무상계약은 증여와 같이 개인적 관계에 중점을 두는 것이므로 당사자 사이에 특약이 있다는 등의 특별한 사정이 없으면 사용대차의 차주는 대주의 승낙이 없이 제3자에게 차용물을 사용, 수익하게 하지 못한다(민법 제610조 제2항). 차주가 위 규정에 위반한 때에는 대주는 계약을 해지하거나(민법 제610조 제3항), 계약을 해지하지 않고서도 제3자에 대하여 그 목적물의 인도를 청구할 수 있으며, 사용대차에서 차주의 권리를 양도받은 자는 그 양도에 관한 대주의 승낙이 없으면 대주에게 대항할 수 없다(대판 2021. 2. 4, 2019다202795).

사용차주에게 자신의 사용·수익을 위하여 사용대주가 목적물을 처분하는 것까지 금지시킬 권능이 있는지 여부(소극) ★

사용대차계약에 따라 사용차주는 목적물을 사용·수익할 권리를 취득하고 이를 위하여 사용대주에게 목적물의 인도를 구할 권리를 가진다고 할 것이지만, 나아가 사용차주에게 자신의 사용·수익을 위하여 소유자인 사용대주가 목적물을 처분하는 것까지 금지시킬 권능이 있다고 할 수는 없다(대판 2007. 1. 26, 2006다60526).

(2) 차주는 차용물을 대주에게 반환할 때까지 선량한 관리자의 주의로 보관할 의무를 진다(제374조).

(3) 사용대차는 무상계약이어서 대주는 사용·수익에 적합한 상태를 유지할 의무가 없다. 따라서 차용물에 관한 통상의 필요비는 차주가 부담한다. 다만 유익비 기타 비용은 대주가 부담한다(제611조).

(4) 차주가 차용물을 반환하는 때에는 이를 원상에 회복하여야 하고, 이에 부속시킨 물건은 철거할 수 있다(제615조). 수인이 공동하여 물건을 차용한 때에는 연대하여 그 의무를 부담한다(제616조). 이는 분할채권관계의 원칙에 대한 예외에 해당한다.

04 사용대차의 종료

1. 존속기간의 만료 등

(1) 차용물의 반환시기를 정한 때에는 그 만료 시에 사용대차는 당연히 종료한다.

(2) 반환시기의 약정이 없는 경우에는 계약 또는 목적물의 성질에 의한 사용·수익이 종료한 때에 사용대차는 종료하고, 차주는 차용물을 반환하여야 한다(제613조 제2항 본문).

2. 사용대차의 해지

대주는 (1) 차주가 차용물을 정하여진 용법으로 사용·수익하지 않거나, 대주의 승낙 없이 제3자에게 차용물을 사용·수익하게 한 때에 계약을 해지할 수 있다(제610조 제3항). 또한 (2) 반환시기의 약정이 없는 경우에 사용·수익에 충분한 기간이 경과한 때(제613조 제2항 단서), (3) 차주가 사망하거나 파산선고를 받은 때에 계약을 해지할 수 있다(제614조).

판례

민법 제613조 제2항에서 사용대차계약의 해지사유로 들고 있는 사용수익에 충분한 기간이 경과한 때에 해당하는지 판단하는 기준

민법 제613조 제2항은 사용대차계약의 해지사유로서 사용수익에 충분한 기간이 경과한 때를 들고 있다. 여기에 해당하는지는 사용대차계약 당시의 사정, 차주의 사용기간 및 이용 상황, 대주가 반환을 필요로 하는 사정 등을 종합적으로 고려하여 공평의 입장에서 대주에게 해지권을 인정하는 것이 타당한지에 따라 판단하여야 한다(대판 2018. 6. 28, 2014두14181).

건물의 소유를 목적으로 한 토지 사용대차에 있어 대주가 차주의 사망을 이유로 계약을 해지할 수 있는지 여부 ★

일반으로 건물의 소유를 목적으로 하는 토지 사용대차에 있어서는, 당해 토지의 사용수익의 필요는 당해 지상건물의 사용수익의 필요가 있는 한 그대로 존속하는 것이고, 이는 특별한 사정이 없는 한 차주 본인이 사망하더라도 당연히 상실되는 것이 아니어서 그로 인하여 곧바로 계약의 목적을 달성하게 되는 것은 아니라고 봄이 통상의 의사해석에도 합치되므로, 이러한 경우에는 민법 제614조의 규정에 불구하고 대주가 차주의 사망 사실을 사유로 들어 사용대차계약을 해지할 수는 없다(대판 1993. 11. 26, 93다36806).

3. 사용대차의 해제

무이자 소비대차의 목적물 인도 전 해제권에 관한 규정(제601조)은 사용대차에 준용한다(제612조). 따라서 목적물의 인도 전 대주 또는 차주는 언제든지 계약을 해제할 수 있다.

제6절 임대차

제1관 _ 총설

01 의의 및 성질

1. 의의

> **제618조【임대차의 의의】**
> 임대차는 당사자 일방이 상대방에게 목적물을 사용, 수익하게 할 것을 약정하고 상대방이 이에 대하여 차임을 지급할 것을 약정함으로써 그 효력이 생긴다.

임대차란 당사자의 일방(임대인)이 상대방(임차인)에게 목적물을 사용·수익하게 할 것을 약정하고, 상대방이 이에 대하여 차임을 지급할 것을 약정함으로써 성립하는 계약이다(제618조).

2. 법적 성질

임대차는 원칙적으로 당사자들의 합의에 의해 성립되는 유상·쌍무·낙성·불요식계약이다. 따라서 적어도 임대차의 본질적 요소인 목적물과 차임에 대하여 당사자들의 합치가 있어야 한다. 즉 차임지급을 계약의 본질적 요소로 한다(단, 차임은 금전에 한하지 않음).

3. 소비대차·사용대차와의 구별

(1) 임대차는 타인의 물건을 사용·수익하는 것을 목적으로 하고, 계속적 채권관계라는 점에서 소비대차·사용대차와 동일하다.

(2) 그러나 소비대차는 목적물의 소유권 이전이 있음에 반하여, 사용대차와 임대차는 소유권의 이전이 없고, 사용·수익 완료 후 목적물 자체를 반환하여야 한다는 점에서 차이가 있다. 나아가 사용대차는 무상계약임에 반하여 임대차는 유상계약인 점이 다르다.

02 부동산임차권의 물권화 경향(임차인의 보호)

1. 부동산임차인의 보호필요성

경제적 약자인 임차인은 불리한 내용의 계약을 체결할 우려가 많고, 또한 "매매의 임대차를 깨뜨린다."는 법언에 의하여 채권에 불과한 임차권을 가지고서 임차목적물의 양수인에게 대항할 수 없어 법적 지위가 불안하다. 그리하여 민법 및 각종의 특별법에 의하여 부동산임차인의 지위가 강화되고 있는데, 이러한 현상을 임차권의 물권화 경향이라고 한다.

2. 부동산임차인의 보호에 관련된 민법의 규정

부동산임차권 강화의 내용으로는 (1) 대항력 강화, (2) 존속기간의 보장, (3) 방해배제청구, (4) 임차권의 양도·전대 등이 거론되고 있다.

(1) 임차권의 대항력

제621조【임대차의 등기】
① 부동산임차인은 당사자 간에 반대 약정이 없으면 임대인에 대하여 그 임대차등기절차에 협력할 것을 청구할 수 있다.
② 부동산임대차를 등기한 때에는 그때부터 제3자에 대하여 효력이 생긴다.

제622조【건물등기 있는 차지권의 대항력】
① 건물의 소유를 목적으로 한 토지임대차는 이를 등기하지 아니한 경우에도 임차인이 그 지상건물을 등기한 때에는 제3자에 대하여 임대차의 효력이 생긴다.
② 건물이 임대차기간 만료 전에 멸실 또는 후폐한(낡아서 쓸모없게 된) 때에는 전항의 효력을 잃는다.

임차인은 임대인에게 임대차등기절차에 협력할 것을 청구할 수 있을 뿐이다. 따라서 임대인이 등기에 동의하지 않는 한 임차권의 등기는 불가능하다(제621조). 다만, 건물의 소유를 목적으로 하는 토지임대차는 이를 등기하지 않더라도 임차인이 그 지상건물을 등기한 때에는 제3자에 대해 대지임차권을 가지고 대항할 수 있다(제622조). 또한 주택 및 상가건물의 경우에는 일정한 요건(주택은 인도와 주민등록, 상가건물은 인도와 사업자등록)하에 대항력을 취득한다(주임법 제3조 제1항, 상임법 제3조, 제6조).

(2) 임차권의 존속기간의 보장

부동산임차인의 사용·수익권을 보호하기 위해 최단기간의 보장이 필요한데, 이에 대해 민법은 제651조 제1항에서 원칙적으로 임대차의 기간은 20년을 넘지 못하는 것으로 하여 최장존속기간을 제한할 뿐이었다. 그러나 동 조항은 헌법재판소에 의한 위헌결정으로 그 효력이 상실되었고 개정법에서 삭제되었다. 반면에 민법은 최단존속기간을 보장하는 규정은 두고 있지 않은데, 이러한 점이 문제가 있다고 지적되고 있다. 다만 주택과 상가건물에 대해서는 특별법에 의해 각각 2년과 1년으로 최단기간이 보장된다(주임법 제4조 제1항, 상임법 제9조 참조).

(3) 임차인의 방해배제청구권

제3자가 임차목적에 대한 임차인의 사용·수익을 방해하는 경우에 임차인이 임차권 자체에 기해 그 방해의 배제를 청구할 수 있는지에 관해, 통설은 ① 임차권이 대항력을 갖춘 경우에는 임차권에 기해서, ② 그리고 대항력을 갖추지 못한 적법한 임차권이라면 점유권에 기한 물권적 청구권을 통하거나 임대인의 물권적 청구권을 대위하여, 임차물의 반환 내지 방해제거 및 예방을 청구할 수 있다고 본다. ③ 그러나 대항력이나 점유를 모두 갖추지 못한 경우에는 임차권에 기해서 방해배제청구를 인정할 수 없다.

(4) 임차권의 양도 · 전대

임차인의 투하자본의 회수를 위하여 임차권의 양도 및 전대를 자유롭게 할 필요가 있는데, 민법은 임차권의 양도와 전대의 자유를 인정하지 않고 언제나 임대인의 동의를 요구하고 있다(제629조).

제2관 _ 민법상의 임대차

01 임대차의 성립

1. 임대차는 낙성계약이므로 당사자의 합의만으로 성립하고, 또 임대차는 의무부담행위로서 임대인에게 처분권이 있을 것을 요하지 않는다(대판 1965. 5. 31, 65다562). 즉 권원 없는 자가 타인의 소유물을 자기 이름으로 임대하더라도 의무부담행위로서 임대차계약은 유효하게 성립한다.

2. 따라서 목적물이 임대인의 소유가 아님을 몰랐다고 하여 임대차계약을 해지할 수는 없고, 반드시 임대인의 소유일 것을 특히 계약의 내용으로 삼은 경우에 한하여 착오를 이유로 임대차계약을 해지할 수 있다(대판 1975. 1. 28, 74다2069).

판례

타인소유물의 임대차계약
임대인이 임대차 목적물에 대한 소유권 기타 이를 임대할 권한이 없다고 하더라도 임대차계약은 유효하게 성립한다(대판 1996. 9. 6, 94다54641).

02 임대차의 존속기간

1. 존속기간을 정한 경우

(1) 계약으로 정한 기간

제619조 【처분능력, 권한없는 자의 할 수 있는 단기임대차】
처분의 능력 또는 권한 없는 자가 임대차를 하는 경우에는 그 임대차는 다음 각호의 기간을 넘지 못한다.
1. 식목, 채염 또는 석조, 석회조; 연와조 및 이와 유사한 건축을 목적으로 한 토지의 임대차는 10년
2. 기타 토지의 임대차는 5년
3. 건물 기타 공작물의 임대차는 3년
4. 동산의 임대차는 6월

① **최장기간의 제한**: 임대차의 존속기간은 원칙적으로 최장 20년을 넘지 못한다는 민법 제651조 제1항 규정은 헌법재판소의 위헌결정으로 효력이 상실되어 개정법에서 삭제되었으므로, 이제는 20년 이상의 임대차계약이 가능하게 되었다(헌재결 2013. 12. 26, 2011헌바234).

② **최단기간의 보장**

㉠ **원칙**: 민법은 최단존속기간을 보장하는 규정은 두고 있지 않은데, 이러한 점이 문제가 있다고 지적되고 있다. 다만 주택과 상가건물에 대해서는 특별법에 의해 각각 2년과 1년으로 최단기간이 보장된다(주임법 제4조 제1항, 상임법 제9조 참조).

㉡ **예외**: 다만 처분능력, 권한 없는 자의 단기임대차의 경우에만 임대차기간의 최장기를 제한하는 규정만 있을 뿐이다.

판례

임대차기간을 영구로 정한 임대차계약이 허용되는지 여부(원칙적 적극)

구 민법(2016. 1. 6. 법률 제13710호로 삭제되기 전의 것) 제651조에서는 '석조, 석회조, 연와조 또는 이와 유사한 견고한 건물 기타 공작물의 소유를 목적으로 하는 토지임대차 및 식목, 채염을 목적으로 하는 토지임대차'를 제외한 임대차의 존속기간을 20년으로 제한하고 있었으나, 헌법재판소는 2013. 12. 26. 위 조항의 입법취지가 불명확하고, 과잉금지원칙을 위반하여 계약의 자유를 침해한다는 이유로 헌법에 위반된다는 결정을 선고하였다. 결국 민법 제619조에서 처분능력, 권한 없는 자의 단기임대차의 경우에만 임대차기간의 최장기를 제한하는 규정만 있을 뿐, 민법상 임대차기간이 영구인 임대차계약의 체결을 불허하는 규정은 없다.

임차인은 언제라도 영구 임대차기간에 관한 권리를 포기할 수 있는지 여부(적극) 및 이때 임대차계약은 임차인에게 기간의 정함이 없는 임대차가 되는지 여부(적극)

소유자가 소유권의 핵심적 권능에 속하는 사용·수익의 권능을 대세적으로 포기하는 것은 특별한 사정이 없는 한 허용되지 않으나, 특정인에 대한 관계에서 채권적으로 사용·수익권을 포기하는 것까지 금지되는 것은 아니다.

따라서 임대차기간이 영구인 임대차계약을 인정할 실제의 필요성도 있고, 이러한 임대차계약을 인정한다고 하더라도 사정변경에 의한 차임증감청구권이나 계약 해지 등으로 당사자들의 이해관계를 조정할 수 있는 방법이 있을 뿐만 아니라, 임차인에 대한 관계에서만 사용·수익권이 제한되는 외에 임대인의 소유권을 전면적으로 제한하는 것도 아닌 점 등에 비추어 보면, 당사자들이 자유로운 의사에 따라 임대차기간을 영구로 정한 약정은 이를 무효로 볼 만한 특별한 사정이 없는 한 계약자유의 원칙에 의하여 허용된다고 보아야 한다.

특히 영구임대라는 취지는, 임대인이 차임지급 지체 등 임차인의 귀책사유로 인한 채무불이행이 없는 한 임차인이 임대차관계의 유지를 원하는 동안 임대차계약이 존속되도록 이를 보장하여 주는 의미로, 위와 같은 임대차기간의 보장은 임대인에게는 의무가 되나 임차인에게는 권리의 성격을 갖는 것이므로 임차인으로서는 언제라도 그 권리를 포기할 수 있고, 그렇게 되면 임대차계약은 임차인에게 기간의 정함이 없는 임대차가 된다(대판 2023. 6. 1, 2023다209045).

(2) 기간의 갱신

① 계약에 의한 갱신

㉠ 자유의사에 의한 갱신: 민법 제651조 제1항과 제2항은 모두 삭제(2016. 1. 6. 삭제)되었으므로, 계약자유의 원칙상 얼마든지 당사자 합의로 존속기간의 제한 없이 또한 갱신횟수의 제한 없이 몇 번이든 갱신할 수 있다. 다만 토지임대차의 경우 당사자 사이에 갱신의 합의가 이루어지지 않는 경우를 대비하여 민법은 간접적으로 갱신을 강제하고 있다(제643조).

㉡ 갱신의 간접적 강제

> **제643조 【임차인의 갱신청구권, 매수청구권】**
> 건물 기타 공작물의 소유 또는 식목, 채염, 목축을 목적으로 한 토지임대차의 기간이 만료한 경우에 건물, 수목 기타 지상시설이 현존한 때에는 제283조(= 지상권자의 갱신청구권, 지상물매수청구권)의 규정을 준용한다.

ⓐ 갱신청구권(= 청구권): 건물 기타 공작물의 소유 또는 식목·채염·목축을 목적으로 하는 토지임대차에 있어서, 그 기간이 만료된 때 건물·수목 기타의 지상시설이 현존하는 경우에는 임차인은 계약의 갱신을 청구할 수 있다(제643조).

ⓑ 지상물매수청구권(= 형성권): 임대인이 토지임차인의 갱신청구권에 응하지 않는 경우에는 토지임차인은 상당가격으로 지상물의 매수를 청구할 수 있다(제643조, 제283조). 이 지상물매수청구권은 형성권이므로 사실상 앞서의 갱신청구권이 간접적으로 강제되는 효과를 얻는다. 다만 임차인의 차임연체 기타 채무불이행으로 인해 임대차계약이 해지되었을 때에는 계약의 갱신을 청구할 여지가 없고 따라서 지상시설의 매수청구도 할 수 없다(대판 1991. 4. 23, 90다19695).

판례

채무불이행에 기한 해지의 경우 지상물매수청구의 가부(소극) ★★★
임차인의 차임연체 기타 채무불이행으로 인해 임대차계약이 해지되었을 때에는 계약의 갱신을 청구할 여지가 없고 따라서 지상시설의 매수청구도 할 수 없다(대판 1991. 4. 23, 90다19695).

② 묵시의 갱신(= 법정갱신)

> **제639조 【묵시의 갱신】**
> ① 임대차기간이 만료한 후 임차인이 임차물의 사용, 수익을 계속하는 경우에 임대인이 상당한 기간 내에 이의를 하지 아니한 때에는 전임대차와 동일한 조건으로 다시 임대차한 것으로 본다. 그러나 당사자는 제635조(= 기간의 약정 없는 임대차의 해지통고)의 규정에 의하여 해지의 통고를 할 수 있다.
> ② 전항의 경우에 전임대차에 대하여 제3자가 제공한 담보는 기간의 만료로 인하여 소멸한다.

㉠ 요건: ① 임대차기간 만료 후에도 임차인이 임차물의 사용·수익을 계속하고, ② 임대인이 상당한 기간 내에 이의를 하지 않는 때이다(제639조 제1항 본문).

㉡ 효과

ⓐ 전임대차와 동일한 조건으로 다시 임대차한 것으로 본다. 다만, 그 존속기간은 기간의 약정이 없는 것으로 되어, 당사자는 제635조(= 기간의 약정 없는 임대차의 해지통고)의 규정에 의하여 해지의 통고를 할 수 있다(제639조 제1항 단서).

ⓑ 묵시의 갱신이 되는 경우에는 전 임대차에 대하여 제3자가 제공한 담보는 전 임대차기간이 만료된 때에 법률상 당연히 소멸한다(제639조 제2항). 이때 소멸하는 담보는 제3자가 제공한 것만이며, 당사자가 제공한 것은 소멸하지 않는다.

판례

민법 제639조 2항(제3자 제공 담보의 소멸)이 계약에 의한 갱신의 경우에도 적용되는지 여부(소극)

민법 제639조 제1항의 묵시의 갱신은 임차인의 신뢰를 보호하기 위하여 인정되는 것이고, 이 경우 같은 조 제2항에 의하여 제3자가 제공한 담보는 소멸한다고 규정한 것은 담보를 제공한 자의 예상하지 못한 불이익을 방지하기 위한 것이라 할 것이므로, 민법 제639조 제2항은 당사자들의 합의에 따른 임대차 기간연장의 경우에는 적용되지 않는다(대판 2005. 4. 14, 2004다63293).

㉢ 강행규정성: 제639조는 제652조에서 강행규정으로 열거되어 있지는 않으나, 그 성질상 강행규정으로 본다(통설·판례).

2. 존속기간을 정하지 않은 경우 - 해지통고

(1) 당사자의 계약해지의 자유

제635조【기간의 약정 없는 임대차의 해지통고】

① 임대차 기간의 약정이 없는 때에는 당사자는 언제든지 계약해지의 통고를 할 수 있다.

② 상대방이 전항의 통고를 받은 날로부터 다음 각호의 기간이 경과하면 해지의 효력이 생긴다.

1. 토지, 건물 기타 공작물에 대하여는 임대인이 해지를 통고한 경우에는 6월, 임차인이 해지를 통고한 경우에는 1월
2. 동산에 대하여는 5일

① 임대차의 당사자가 그 존속기간을 계약으로 정하지 않은 때에 당사자는 언제든지 계약해지의 통고를 할 수 있고, 그 경우 해지의 효력은 상대방이 해지통고를 받은 날로부터 일정한 기간이 경과한 후에 생긴다. 그 기간을 해지기간이라고 한다(제635조 제1항).

② 해지기간은 토지·건물 기타 공작물에 대하여는 임대인이 해지를 통고한 경우에는 6개월이고, 임차인이 해지를 통고한 경우에는 1개월이며, 동산에 대하여는 누가 해지통고를 하든 5일이다(제635조 제2항).

(2) 전차인의 보호

> **제638조【해지통고의 전차인에 대한 통지】**
> ① 임대차계약이 해지의 통고로 인하여 종료된 경우에 그 임대물이 적법하게 전대되었을 때에는 임대인은 전차인에 대하여 그 사유를 통지하지 아니하면 해지로써 전차인에게 대항하지 못한다.
> ② 전차인이 전항의 통지를 받은 때에는 제635조 제2항(= 해지통고기간)의 규정을 준용한다.

3. 단기임대차의 존속기간

> **제619조【처분능력, 권한없는 자의 할 수 있는 단기임대차】**
> 처분의 능력 또는 권한 없는 자가 임대차를 하는 경우에는 그 임대차는 다음 각호의 기간을 넘지 못한다.
> 1. 식목, 채염 또는 석조, 석회조, 연와조 및 이와 유사한 건축을 목적으로 한 토지의 임대차는 10년
> 2. 기타 토지의 임대차는 5년
> 3. 건물 기타 공작물의 임대차는 3년
> 4. 동산의 임대차는 6월
>
> **제620조【단기임대차의 갱신】**
> 전조의 기간은 갱신할 수 있다. 그러나 그 기간만료 전 토지에 대하여는 1년, 건물 기타 공작물에 대하여는 3월, 동산에 대하여는 1월 내에 갱신하여야 한다.

처분능력 및 권한 없는 자도 임대차계약을 맺을 수 있으나, 너무 장기의 임대차를 허용하게 되면 사실상 처분 결과를 가져오므로 단기임대차를 규정하고 있다(제619조).

03 임대차의 효력

1. 임대인의 의무

(1) 목적물을 사용 · 수익하게 할 의무

> **제623조【임대인의 의무】**
> 임대인은 목적물을 임차인에게 인도하고 계약존속 중 그 사용, 수익에 필요한 상태를 유지하게 할 의무를 부담한다.

임대인이 임차인에 대하여 '사용 · 수익에 필요한 상태를 유지하게 할 의무'를 부담하는 결과, 임대인은 ① 목적물 인도의무, ② 수선의무, ③ 제3자가 임차인의 사용 · 수익을 방해하는 경우 그 방해를 제거해야 하는 방해제거의 의무를 진다.

① **목적물 인도의무**: 임대인은 임차인이 목적물을 사용 · 수익할 수 있도록 하기 위해 목적물을 임차인에게 인도할 의무를 진다(제623조).

② 수선의무

㉠ 범위

ⓐ 소규모의 것에 대해서는 임대인은 수선의무를 부담하지 않으나, 대규모의 것에 대해서는 임대인이 수선의무를 부담한다(판례).

ⓑ 임대인의 수선의무는 임대인에게 귀책사유가 있는 경우는 물론 귀책사유가 없는 경우에도 마찬가지로 인정된다(대판 2010. 4. 29, 2009다96984).

02

판례

임대인의 임차목적물 사용 · 수익상태 유지의무가 임대인의 귀책사유 없이 하자가 발생한 경우 면해지는지 여부(소극) 및 임대인이 그와 같은 하자 발생 사실을 몰랐거나 임차인이 이를 알거나 알 수 있었더라도 마찬가지인지 여부(적극) ★

① 임대인은 임차인이 목적물을 사용 · 수익할 수 있도록 목적물을 임차인에게 인도하여야 한다(제623조 전단). 임차인이 계약에 의하여 정하여진 목적에 따라 사용 · 수익하는 데 하자가 있는 목적물인 경우 임대인은 하자를 제거한 다음 임차인에게 하자 없는 목적물을 인도할 의무가 있다. 임대인이 임차인에게 그와 같은 하자를 제거하지 아니하고 목적물을 인도하였다면 사후에라도 위 하자를 제거하여 임차인이 목적물을 사용 · 수익하는 데 아무런 장해가 없도록 해야만 한다.

② 임대인의 임차목적물의 사용 · 수익상태 유지의무는 임대인 자신에게 귀책사유가 있어 하자가 발생한 경우는 물론, 자신에게 귀책사유가 없이 하자가 발생한 경우에도 면해지지 아니한다. 또한 임대인이 그와 같은 하자 발생 사실을 몰랐다거나 반대로 임차인이 이를 알거나 알 수 있었다고 하더라도 마찬가지이다(대판 2021. 4. 29, 2021다202309).

ⓒ 한편 임대차계약 당시 예상치 못한 임차인의 특별한 용도로의 사용 · 수익에 대해서는 임대인이 그에 적합한 상태를 유지할 의무는 없다(대판 1996. 11. 26, 96다28172).

판례

임대인이 수선의무를 부담하게 되는 목적물의 파손 · 장해의 정도 – 대규모수선

임대차계약에 있어서 임대인은 목적물을 계약 존속 중 그 사용 · 수익에 필요한 상태를 유지하게 할 의무를 부담하는 것이므로, 목적물에 파손 또는 장해가 생긴 경우, ① 그것이 임차인이 별 비용을 들이지 아니하고도 손쉽게 고칠 수 있을 정도의 사소한 것이어서 임차인의 사용 · 수익을 방해할 정도의 것이 아니라면 임대인은 수선의무를 부담하지 않지만, ② 그것을 수선하지 아니하면 임차인이 계약에 의하여 정해진 목적에 따라 사용 · 수익할 수 없는 상태로 될 정도의 것이라면 임대인은 그 수선의무를 부담한다(대판 2004. 6. 10, 2004다2151).

㉡ 수선의무 면제특약의 효력

ⓐ 임대인의 수선의무를 면제하는 특약도 일단 유효하다.

ⓑ 그러나 특약에서 수선의무의 범위를 명시하고 있는 등의 특별한 사정이 없는 한 소규모의 수선에 한하고, 대규모의 것은 그 특약범위에 포함되지 않고 여전히 임대인이 수선의무를 부담한다(판례).

판례

임대인의 수선의무 면제특약 시 면제되는 수선의무의 범위 – 소규모 수선에 한함
임대인의 수선의무는 특약에 의하여 이를 면제하거나 임차인의 부담으로 돌릴 수 있으나, 그러한 특약에서 수선의무의 범위를 명시하고 있는 등의 특별한 사정이 없는 한 그러한 특약에 의하여 임대인이 수선의무를 면하거나 임차인이 그 수선의무를 부담하게 되는 것은 통상 생길 수 있는 파손의 수선 등 소규모의 수선에 한한다 할 것이고, 대파손의 수리, 건물의 주요 구성부분에 대한 대수선, 기본적 설비부분의 교체 등과 같은 대규모의 수선은 이에 포함되지 아니하고 여전히 임대인이 그 수선의무를 부담한다고 해석함이 상당하다 (대판 1994. 12. 9, 94다34692).

㉢ **위반의 효과**: 임대인이 수선의무를 위반한 경우, 임차인은 ⓐ 손해배상을 청구할 수 있고, 임대차계약을 해지할 수 있다. ⓑ 다만 차임지급거절이 문제되는데, 이에 대해 판례는 임대차계약에 있어서 목적물을 사용수익케 할 임대인의 의무와 임차인의 차임지급의무는 상호 대응관계에 있으므로 임대인이 목적물에 대한 수선의무를 불이행하여 임차인이 목적물을 전혀 사용할 수 없을 경우에는 임차인은 차임전부의 지급을 거절할 수 있으나, 수선의무불이행으로 인하여 부분적으로 지장이 있는 상태에서 그 사용수익이 가능할 경우에는 그 지장이 있는 한도 내에서만 차임의 지급을 거절할 수 있을 뿐 그 전부의 지급을 거절할 수는 없다고 한다(대판 1997. 4. 25, 96다44778).

③ **방해제거의무**: 제3자가 임차인의 사용・수익을 방해하는 경우, 임대인은 자신의 채무의 일환으로서 제3자에 대해 그 방해의 제거를 구할 의무를 진다.

(2) 임대인의 담보책임

임대차는 유상계약이므로 매매에 관한 규정이 준용되어(제567조), 임대인은 매도인과 같은 담보책임을 진다.

(3) 기타 의무 – 보호의무

① 통상의 임대차관계에서는 임차인의 안전을 배려하거나 도난을 방지하는 등의 보호의무까지도 부담한다고 볼 수 없으나(대판 1999. 7. 9, 99다10004), ② 숙박계약(일시 사용을 위한 임대차)의 경우에는 고객에게 위험이 없는 안전하고 편안한 객실 및 관련 시설을 제공함으로써 고객의 안전을 배려하여야 할 보호의무가 있다(대판 1997. 10. 10, 96다47302).

2. 임차인의 권리

(1) 목적물을 사용・수익할 권리(임차권)

제654조【준용규정】
제610조 제1항(= 사용대차 차주의 사용・수익권), 제615조 내지 제617조(= 원상회복・철거의무, 공동차주의 연대채무, 손해 및 비용상환의무)의 규정은 임대차에 이를 준용한다.

① **의의**: 임차인은 목적물에 대한 사용·수익권, 즉 임차권을 가진다(제618조). 다만, 임차인은 계약 또는 그 목적물의 성질에 의하여 정하여진 용법으로 임차물을 사용·수익하여야 한다(제654조, 제610조 제1항). 임차인이 이를 위반한 경우 임대인은 계약을 해지할 수 있다(제654조, 제610조 제3항).

② **임차권의 대항력**: 임차권이 대항력을 갖는다는 것은 임차인이 제3자에 대해 자신의 임차권을 주장할 수 있음을 의미한다. 따라서 제3자가 소유권자임을 이유로 임차목적물의 반환을 청구하면 대항력 있는 임차인은 이를 거절할 수 있다.

㉠ 민법상 대항력

ⓐ 부동산임차인이 임대차를 등기한 경우(제621조)

> **제621조【임대차의 등기】**
> ① 부동산임차인은 당사자간에 반대 약정이 없으면 임대인에 대하여 그 임대차등기절차에 협력할 것을 청구할 수 있다.
> ② 부동산임대차를 등기한 때에는 그때부터 제3자에 대하여 효력이 생긴다.

ⓑ 건물소유를 목적으로 한 토지임대차에서 지상건물을 등기한 경우(제622조)

> **제622조【건물등기 있는 차지권의 대항력】**
> ① 건물의 소유를 목적으로 한 토지임대차는 이를 등기하지 아니한 경우에도 임차인이 그 지상건물을 등기한 때에는 제3자에 대하여 임대차의 효력이 생긴다.
> ② 건물이 임대차기간 만료 전에 멸실 또는 후폐(낡아서 쓸모없게 된)한 때에는 전항의 효력을 잃는다.

㉡ 주택임대차보호법상 대항력

ⓐ 주택임대차는 그 등기가 없더라도 주택의 인도와 주민등록을 마친 때에는 그 다음 날(다음 날 오전 0시)부터 대항력을 갖는다. 전입신고를 한 때에는 주민등록이 된 것으로 본다(주임법 제3조 제1항). 또한 주택의 양수인은 임대인의 지위를 승계하므로, 임대차계약에 기한 법률효과도 양수인에게 승계된다(동법 제3조 제4항).

ⓑ 임대차가 종료된 후 보증금을 반환받지 못한 임차인은 임차주택의 소재지를 관할하는 지방법원 등에 임차권등기명령을 신청할 수 있고(주임법 제3조의3 제1항), 임차권등기명령의 집행으로 임차권등기가 경료되면, 이사를 간 경우에도 이전의 대항력 및 우선변제권은 그대로 유지한다(주임법 제3조의3 제5항).

판례

대항력의 내용 - 임대인 지위의 승계

주택의 임차인이 제3자에 대하여 대항력을 구비한 후에 그 주택의 소유권이 양도된 경우에는 그 양수인이 임대인의 지위를 승계하게 되는 것으로 임대차보증금반환채무도 주택의 소유권과 결합하여 일체로서 이전하는 것이며, 이에 따라 양도인의 임차보증금반환채무는 소멸하는 것이다(대판 1989. 10. 24, 88다카13172).

임대인 지위 승계 시 임차인의 해지권

임대차계약에 있어 임대인의 지위의 양도는 임대인의 의무의 이전을 수반하는 것이지만 임대인의 의무는 임대인이 누구인가에 의하여 이행방법이 특별히 달라지는 것은 아니고, 목적물의 소유자의 지위에서 거의 완전히 이행할 수 있으며, 임차인의 입장에서 보아도 신 소유자에게 그 의무의 승계를 인정하는 것이 오히려 임차인에게 훨씬 유리할 수도 있으므로 임대인과 신 소유자와의 계약만으로써 그 지위의 양도를 할 수 있다 할 것이나, 이 경우에 임차인이 원하지 아니하면 임대차의 승계를 임차인에게 강요할 수는 없는 것이어서 스스로 임대차를 종료시킬 수 있어야 한다는 공평의 원칙 및 신의성실의 원칙에 따라 임차인이 곧 이의를 제기함으로써 승계되는 임대차관계의 구속을 면할 수 있고, 임대인과의 임대차관계도 해지할 수 있다(대판 2002. 9. 4, 2001다64615).

㉢ 상가건물임대차보호법상 대항력: 상가의 인도와 사업자등록을 신청한 때에는 그 다음 날부터 대항력을 갖는다(상임법 제3조). 또한 임차권등기명령제도도 인정된다(상임법 제3조).

대항력의 내용

1. 임차부동산의 양수인에 대한 효력

(1) 임대인 지위의 승계

① 의의: 양수인은 양도인이 갖는 종래 임대인의 지위를 그대로 승계한다. 주택임대차보호법에서는 양수인에게 임대인으로서의 지위가 당연히 승계하는 것으로 규정하고 있는데(주임법 제3조 제4항), 이러한 내용은 민법의 해석에도 유추적용된다는 것이 통설이다.

② 임차주택의 양수인: 양수인의 권리취득의 원인은 불문한다. 따라서 매매·증여·상속·경매·계약해제 등의 경우도 포함한다. 그리고 사실상 소유자로 권리행사를 하는 자도 여기의 양수인에 해당한다고 봄이 판례이다. 구체적으로 ㉠ 강제경매에 있어서의 경락인(대판 1992. 7. 14, 92다12827), ㉡ 건물이 무허가로 미등기인 경우 그 미등기건물의 (미등기)양수인(대판 1987. 3. 24, 86다카164), ㉢ 건물의 매도인이 매수인에게 매도하고 매수인이 이를 임대하여 그 임차인이 대항력을 갖춘 후 위 매매계약이 해제된 경우 계약해제로 소유권을 회복한 전 소유자(대판 2003. 8. 22, 2003다12717) 등은 여기의 양수인에 해당한다.

(2) 구체적 법률관계

① 차임·임차권의 존속기간·비용상환청구권·부속물매수청구권: 임대인의 권리·의무가 부동산의 소유권과 결합하여 일체로서 양수인에게 이전한다. 따라서 목적물을 사용·수익케 할 의무, 차임, 임차권의 존속기간도 양수인과의 사이에서 그대로 승계되므로 임차인은 양수인에게 차임을 지급하여야 하고, 임대차는 약정된 존속기간 동안 존속한다. 또한 비용상환청구권과 부속물매수청구권도 양수인에 대하여 행사할 수 있다.

② 보증금반환청구권

㉠ 임차인으로서의 지위: 임차인으로서 보증금반환청구권을 양수인에게 주장할 수 있기 위해서는 대항력을 갖춘 경우이어야 한다. 다만 임차인이 대항력을 취득한 후에 임차주택이 양도되어 양수인이 일단 임차보증금반환채무를 부담하게 된 이상, 그 후 임차인이 주민등록을 다른 곳으로 옮겼다 하여도 양수인의 임차보증금반환채무가 소멸하는 것은 아니다(대판 1993. 12. 7, 93다36615).

㉡ 종전 임대인의 지위: 주택의 임차인이 제3자에 대하여 대항력을 구비한 후에 그 주택의 소유권이 양도된 경우에는 임대차보증금반환채무도 주택의 소유권과 결합하여 일체로서 이전하는 것이며, 이에 따라 양도인의 임차보증금반환채무는 소멸하는 것이다(대판 1989. 10. 24, 88다카13172). 따라서 주택 양수인이 임차인에게 임대차보증금을 반환하였다 하더라도, 이는 자신의 채무를 변제한 것에 불과할 뿐, 양도인의 채무를 대위변제한 것이라거나, 양도인이 위 금액 상당의 반환채무를 면함으로써 법률상 원인 없이 이익을 얻고 양수인이 그로 인하여 위 금액 상당의 손해를 입었다고 할 수 없다(대판 1993. 7. 16, 93다17324).

㉢ 임차인의 이의권 : 다만 임차인이 임대인의 지위승계를 원하지 않는 경우에는, 임차인이 임차주택의 양도사실을 안 때로부터 상당한 기간 내에 이의를 제기함으로써 승계되는 임대차관계의 구속으로부터 벗어날 수 있다고 봄이 상당하고, 그와 같은 경우에는 양도인의 임차인에 대한 보증금 반환채무는 소멸하지 않는다(대판 2002. 9. 4, 2001다64615).

2. 제한물권자에 대한 효력

(1) 저당권자와의 관계

저당권자와의 관계에서는 저당권의 등기일과 임차권의 대항력 취득일의 선후를 기준으로 우열이 정해진다. 특히 저당권은 경매를 통한 매각으로 모두 소멸하므로 최선순위 담보물권과 임차권의 대항력의 선후를 기준으로 우열이 정해진다. 따라서 ① 최선순위 담보물권자보다 먼저 대항력을 취득한 경우에는 매각대금이 완납되어도 임차권은 소멸하지 않고, 임차인은 매각 받은 자에게 임차권을 주장할 수 있다. ② 그러나, 최선순위 담보물권자보다 나중에 대항력을 취득한 경우 매각대금이 완납되면 임차권은 소멸하고, 임차인은 경매절차에서 배당을 받는 수밖에 없다. 이 경우 우선변제권 있는 임차인이라도 경매법원이 이를 알 수 없기 때문에 반드시 배당요구를 하여야만 배당을 받을 수 있다.

(2) 용익물권자와의 관계

임차물에 전세권 · 지상권 등이 설정된 경우 그들의 등기일과 임차권의 대항력 취득일의 선후에 의해 우열이 정해진다.

(2) 비용상환청구권

제626조【임차인의 상환청구권】

① 임차인이 임차물의 보존에 관한 필요비를 지출한 때에는 임대인에 대하여 그 상환을 청구할 수 있다.

② 임차인이 유익비를 지출한 경우에는 임대인은 임대차 종료 시에 그 가액의 증가가 현존한 때에 한하여 임차인의 지출한 금액이나 그 증가액을 상환하여야 한다. 이 경우에 법원은 임대인의 청구에 의하여 상당한 상환기간을 허여할 수 있다.

제654조【준용규정】

제615조 내지 제617조(= 원상회복 · 철거의무, 공동차주의 연대채무, 손해 및 비용상환의무)의 규정은 임대차에 이를 준용한다.

제617조【손해배상, 비용상환청구의 기간】

계약 또는 목적물의 성질에 위반한 사용, 수익으로 인하여 생긴 손해배상의 청구와 차주가 지출한 비용의 상환청구는 대주가 물건의 반환을 받은 날로부터 6월 내에 하여야 한다.

① **의의** : 임차인이 임차목적물의 사용 · 수익함에 있어서 비용을 지출한 경우, 지출된 비용을 회수할 수 있는 수단을 강구할 필요가 있는데, 그와 같은 투하자본의 회수를 위한 수단으로서 민법은 제626조에서 비용상환청구권을 규정하고 있다. 다만 제626조의 비용상환청구권에 관한 규정은 임의규정이다.

② **필요비상환청구권**

㉠ **의의** : 임대인은 임차인이 임차물을 사용 · 수익할 수 있도록 그에 필요한 상태를 유지하여 줄 의무를 부담하므로(제623조), 임차인이 임차물의 가치보존을 위해 필요비를 지출하였다면 마땅히 임대인에게 그 상환을 청구할 수 있다(제626조 제1항).

ⓛ 요건

ⓐ 임차목적물의 보존에 관하여 비용을 지출하였을 것

ⓑ 임대인이 부담할 비용일 것: 필요비상환청구권은 제623조에 따라 임대인이 수선의무를 부담하기 때문에 인정되는 것이므로, 임대인의 수선의무의 범위에 속하지 않는 경우의 비용지출은 필요비라 할 수 없다. 예컨대, 임차목적물에 파손이 생긴 경우 그것이 임차인이 별 비용을 들이지 아니하고도 손쉽게 고칠 수 있을 정도의 사소한 것이어서 임차인의 사용·수익을 방해할 정도의 것이 아니라면 임대인은 수선의무를 부담하지 않으므로, 이 경우에 그 파손부분을 임차인이 수선하더라도 필요비를 청구할 수 없다.

ⓒ 임대인의 승낙 및 이득 여부: 필요비는 임차목적물의 보존을 위한 것으로서 그 지출에 임대인의 동의를 요하지 않으며, 유익비와 달리 이득의 현존 여부를 문제삼지 않는다.

ⓒ 효과

ⓐ 행사시기 및 기간: i) 임차인이 필요비를 지출하면 임대차 종료 시까지 기다릴 필요 없이 임대인에 대하여 즉시 비용상환청구권을 행사할 수 있다(제626조 제1항). ii) 다만 필요비를 받지 않은 채 임대인에게 목적물을 반환한 후에는 6개월 내에 행사하여야 한다(제654조, 제617조). 즉 6개월의 제척기간에 걸린다.

ⓑ 상환청구액: 필요비의 현존 여부와 상관없이 임대인에게 지출한 비용 전액을 청구할 수 있다.

ⓒ 동시이행의 항변권과 유치권

- 임차인의 차임지급의무는 임대인의 수선의무 또는 그 변형인 필요비상환의무와 동시이행의 관계에 있다. 따라서 임차인은 임대인의 차임지급청구에 대해 동시이행의 항변권을 행사하여 차임지급을 거절할 수 있다.

판례

민법 제626조 제1항에서 정한 '필요비'의 의미 / 임대인이 필요비상환의무를 이행하지 않는 경우, 임차인이 지출한 필요비 금액의 한도에서 차임의 지급을 거절할 수 있는지 여부(원칙적 적극) ★★

① 임대차는 타인의 물건을 빌려 사용·수익하고 그 대가로 차임을 지급하기로 하는 계약이다(민법 제618조). 임대차계약에서 임대인은 목적물을 계약존속 중 사용·수익에 필요한 상태를 유지하게 할 의무를 부담한다(민법 제623조). 임대인이 목적물을 사용·수익하게 할 의무는 임차인의 차임지급의무와 서로 대응하는 관계에 있으므로, 임대인이 이러한 의무를 불이행하여 목적물의 사용·수익에 지장이 있으면 임차인은 지장이 있는 한도에서 차임의 지급을 거절할 수 있다.

② 임차인이 임차물의 보존에 관한 필요비를 지출한 때에는 임대인에게 상환을 청구할 수 있다(민법 제626조 제1항). 여기에서 '필요비'란 임차인이 임차물의 보존을 위하여 지출한 비용을 말한다. 임대차계약에서 임대인은 목적물을 계약존속 중 사용·수익에 필요한 상태를 유지하게 할 의무를 부담하고, 이러한 의무와 관련한 임차물의 보존을 위한 비용도 임대인이 부담해야 하므로, 임차인이 필요비를 지출하면, 임대인은 이를 상환할 의무가 있다. 임대인의 필요비상환의무는 특별한 사정이 없는 한 임차인의 차임지급의무와 서로 대응하는 관계에 있으므로, 임차인은 지출한 필요비 금액의 한도에서 차임의 지급을 거절할 수 있다(대판 2019. 11. 14, 2016다227694).

- 또한 임차인은 필요비상환청구권에 기하여 유치권을 행사할 수 있다(필요비상환청구권은 임차목적물에 관하여 생긴 채권이기 때문).

③ 유익비상환청구권

㉠ 의의: 유익비란 임차인이 임차물의 객관적 가치를 증가시키기 위하여 투입한 비용으로서, 임차인이 유익비를 지출한 경우에는 임대인은 임대차 종료 시에 그 가액의 증가가 현존한 때에 한하여 임차인이 지출한 금액이나 그 증가액을 상환하여야 한다(제626조 제2항). 가치증가에 따른 이익을 임대인이 얻는 점에서 그 상환을 구할 수 있도록 함에 취지가 있다.

㉡ 요건

ⓐ **임차목적물의 객관적 가치를 증가시키기 위하여 비용을 지출하였을 것**: 임차목적물의 객관적 가치 증가와 관계없는 지출비용은 임대인에게 아무런 이익이 되지 않기 때문에 유익비에 해당하지 않는다. 따라서 임차인의 주관적 취미나 특수한 영업적 목적을 위해 지출한 비용은 이에 포함되지 않는다. 판례에 따르면, i) 음식점 영업을 위한 내부공사비(대판 1991. 8. 27, 91다15591), ii) 카페 영업을 위한 내부시설 공사비(대판 1991. 8. 27, 91다15591), iii) 간이음식점 영업을 위한 간판설치비(대판 1994. 9. 30, 94다20389)는 유익비가 아니라고 한다.

ⓑ **임차인이 지출한 결과가 임차목적물의 구성부분으로 될 것**: 유익비상환청구권은 임차인이 그의 비용으로 부가한 것이 독립성을 가지지 않고 건물에 부합된 경우에만 인정된다. 부가한 것이 독립성 있는 물건일 때에는 임차인이 그 소유권을 취득하므로 철거권(제654조, 제617조)과 부속물매수청구권(제646조)이 문제될 뿐이다.

ⓒ **가액의 증가가 현존할 것**: 임차인이 유익비를 지출하여 증가된 가액이 임대차 종료 시에 현존하여야 한다(제626조 제2항).

㉢ 행사 – 당사자(상대방): ⓐ 대항력 있는 임차인의 경우 법정승계에 따라 임대인의 권리·의무는 부동산의 소유권과 결합하여 일체로서 양수인에게 이전한다. 따라서 임차인은 양수인에 대하여 비용상환청구권을 행사할 수 있다. 그러나 ⓑ 대항력 없는 임차인의 경우 법정승계는 인정되지 않으므로 임차인은 종전 소유자에게 비용상환청구를 할 수 있을 뿐이다.

㉣ 효과

ⓐ **행사시기 및 기간**: i) 임차인은 임대차 종료 시에 비로소 유익비의 상환청구를 할 수 있다(제626조 제2항). 이 경우 임대차 종료의 원인이 무엇인지는 묻지 않는다. 따라서 임차인의 차임연체를 이유로 임대차계약이 해지된 경우라도 상관없다. ii) 다만 임대인에게 목적물을 반환한 후에는 6개월 내에 행사하여야 한다(제654조, 제617조). 즉 6개월의 제척기간에 걸린다. 다만 법원이 일정기간 상환의 유예를 허여할 수 있으며, 그러한 경우에는 그 기간이 경과한 때로부터 6월의 기간을 기산한다.

ⓑ **상환청구액**: 임차인은 그가 지출한 금액과 현존하는 증가된 가액 중 임대인이 선택한 것을 임대인에게 청구할 수 있다(선택채권). 임차인은 지출금액과 현존하는 증가액 양자에 대한 주장·입증을 하여야 하고, 임차인의 주장·입증이 있으면 임대인은 그중 액수가 적은 것을 선택하게 된다.

ⓒ **동시이행의 항변권과 유치권**: i) 임차인은 비용상환청구권에 관하여 유치권을 취득한다(제320조). 다만, 유익비의 상환에 관하여 법원으로부터 상당한 기간을 허여받은 경우에는 유치권은 성립하지 않는다. ii) 유익비상환청구권은 임대차 종료 시에 발생하므로 차기의 차임지급과의 동시이행의 문제는 발생하지 않는다. 다만 임대인의 임차목적물 인도 청구에 대해서는 임차인은 유익비상환청구권으로 동시이행항변권을 행사할 수 있다.

④ **비용상환청구권의 포기특약**: 임차인의 비용상환청구권에 관한 제626조의 규정은 임의규정이므로, 이를 포기하는 당사자의 약정도 유효하다.

판례

유익비상환청구권의 포기약정 - 유효 ★★

① 임대차계약 체결 시 임차인이 임대인의 승인 하에 임차목적물인 건물부분을 개축 또는 변조할 수 있으나 임차목적물을 임대인에게 명도할 때에는 임차인이 일체 비용을 부담하여 원상복구를 하기로 약정하였다면, 이는 임차인이 임차목적물에 지출한 각종 유익비의 상환청구권을 미리 포기하기로 한 취지의 특약이라고 봄이 상당하다(대판 1994. 9. 30, 94다20389).

② "임차인이 임차건물을 증축·개축하였을 시는 임대인의 승낙유무를 불구하고 그 부분이 무조건 임대인의 소유로 귀속된다."고 하는 약정은 임차인이 원상회복의무를 면하는 대신 투입비용의 변상이나 권리주장을 포기하는 내용이 포함되었다고 봄이 상당하다 할 것이고, 이러한 약정의 특별한 사정이 없는 한 유효하다(대판 1983. 2. 22, 80다589).

(3) 부속물매수청구권(건물 등 임차인의 경우)

제646조【임차인의 부속물매수청구권】
① 건물 기타 공작물의 임차인이 그 사용의 편익을 위하여 임대인의 동의를 얻어 이에 부속한 물건이 있는 때에는 임대차의 종료 시에 임대인에 대하여 그 부속물의 매수를 청구할 수 있다.
② 임대인으로부터 매수한 부속물에 대하여도 전항과 같다.

① 의의 및 성질

㉠ 건물 기타 공작물의 임차인이 그 사용의 편익을 위하여 임대인의 동의를 얻어 이에 부속한 물건이나 임대인으로부터 매수한 부속물이 있는 때에는 임대차의 종료 시에 임대인에 대하여 그 부속물의 매수를 청구할 수 있다(제646조).

㉡ 이러한 임차인의 부속물매수청구권은 형성권이며, 이에 관한 제646조의 규정은 강행규정이다(제652조). 다만, 일시사용을 위한 임대차의 경우에는 적용되지 않는다(제653조).

② 요건

㉠ 건물 기타 공작물의 임대차일 것 : 부속물매수청구권은 '건물 기타 공작물'에 대한 임대차의 경우에만 인정된다. 토지임대차의 경우에는 제643조에 의해 규율되며, 동산임대차의 경우에는 매수청구권이 인정되지 않는다.

㉡ 임차목적물의 사용의 객관적 편익을 위해 부속시킨 독립한 물건일 것

ⓐ 본조의 부속물이라 함은 건물에 부속된 물건으로 임차인의 소유에 속하고, 건물의 구성부분을 이루지 않는 독립한 물건이어야 한다(예 차양, 출입문, 샤시, 전기수도시설 등). 임차물의 구성부분이 된 경우에는 유익비상환청구권의 대상이 될 수 있을 뿐이다(대판 1983. 2. 22, 80다589).

ⓑ 이러한 부속물은 건물 등의 객관적 이용가치를 증대시키는 것이어야 한다. 부속된 물건이 오로지 임차인의 특수목적에 사용하기 위하여 부속된 것일 때는 이를 부속물매수청구권의 대상이 되는 물건이라 할 수 없다(대판 1982. 1. 19, 81다1001).

판례

부속물매수청구권의 대상 ★

① 부속물의 의미 – 민법 제646조가 규정하는 건물임차인의 매수청구권의 대상이 되는 부속물이라 함은 건물에 부속된 물건으로 임차인의 소유에 속하고, 건물의 구성부분이 되지 아니한 것으로서 건물의 사용에 객관적인 편익을 가져오게 하는 물건이라 할 것이므로, 부속된 물건이 오로지 임차인의 특수목적에 사용하기 위하여 부속된 것일 때는 이를 부속물매수청구권의 대상이 되는 물건이라 할 수 없을 것이나, 이 경우 당해 건물의 객관적인 사용목적은 건물 자체의 구조와 임대차계약 당시 당사자 사이에 합의된 사용목적, 기타 건물의 위치, 주변의 환경 등 제반 사정을 참작하여 정하여지는 것이라 할 것이다. (따라서) 기존건물과 분리되어 독립한 소유권의 객체가 될 수 없는 증축 부분이나 임대인의 소유에 속하기로 한 부속물은 매수청구의 대상이 될 수 없다(대판 1982. 1. 19, 81다1001).

② 건물의 증·개축부분 – ㉠ 건물자체의 수선 내지 증·개축부분은 특별한 사정이 없는 한 건물자체의 구성부분을 이루고 독립된 물건이라고 보이지 않으므로, 임차인의 부속물매수청구권의 대상이 될 수 없다(대판 1983. 2. 22, 80다589).[17] ㉡ 건물 임차인이 자신의 비용을 들여 증축한 부분을 임대인 소유로 귀속시키기로 하는 약정은 임차인이 원상회복의무를 면하는 대신 투입비용의 변상이나 권리주장을 포기하는 내용이 포함된 것으로서 특별한 사정이 없는 한 유효하므로, 그 약정이 부속물매수청구권을 포기하는 약정으로서 강행규정에 반하여 무효라고 할 수 없고 또한 그 증축 부분의 원상회복이 불가능하다고 해서 유익비의 상환을 청구할 수도 없다(대판 1996. 8. 20, 94다44705).

㉢ 임대인의 동의를 얻거나 임대인으로부터 매수하여 부속한 것일 것

ⓐ 임대인의 동의는 부속물의 부속 전후 언제라도 가능하며 묵시적으로 이루어져도 무방하다.

17 기존 건물과 분리되어 독립한 물건으로 볼 수 없는 증·개축부분이나 또는 임대인의 소유에 속하기로 한 부속물은 부속물매수청구권의 대상이 될 수 없고, 다만 비용상환청구권의 대상이 될 수 있을 뿐이다.

ⓑ 임대인으로부터 매수한 부속물의 경우에는 임차인이 임대인의 동의를 얻어 직접 부속시킨 경우와는 달리 그것이 건물 등의 일반적인 객관적 이용가치를 증가시켰느냐의 여부는 묻지 않는다.

㉣ 임대차가 종료하였을 것

ⓐ 통설은 제646조가 특별히 종료원인을 제한하고 있지 않으므로 임차인의 채무불이행으로 해지된 경우에도 임차인의 매수청구권을 인정한다.

ⓑ 그러나 판례는 제643조의 지상물매수청구권과 마찬가지로 임차인의 채무불이행으로 인하여 해지된 경우에는 임차인의 부속물매수청구권을 인정하지 않는다(대판 1990. 1. 23, 88다카7245 · 7252).

③ **행사**

㉠ 당사자

ⓐ 부속물매수청구권자에는 건물 등에 부속물을 부속시킨 임차인과 임대인의 동의를 얻은 임차권의 양수인 및 전차인이 포함된다.

ⓑ 부속물매수청구의 상대방에는 부속물의 부가에 동의한 임대인과 임차권에 대항력이 있는 경우 임대인으로부터 그 지위를 승계한 자도 포함된다.

㉡ 방법: 부속물매수청구는 임차인의 일방적 의사표시로써 충분하고 특별한 방식을 요하지 않는다. 따라서 재판상으로든 재판 외에서든 가능하며, 구두로든 서면으로든 행사할 수 있다.

㉢ 시기: 행사시기에 관하여는 제한이 없으므로, 임차인은 부속물이 존재하는 한 건물 등을 임대인에게 인도한 후라도 행사할 수 있다.

④ **효과**

㉠ 매매계약의 성립

ⓐ 부속물매수청구권은 형성권이므로, 임차인의 매수청구권 행사에 의하여 곧바로 부속물에 대한 매매계약이 성립한다. 따라서 임차인은 부속물에 대한 대금지급청구권을, 임대인은 부속물인도청구권을 취득하게 되고, 부속물매매대금의 지급과 부속물의 인도가 동시이행의 관계에 있음은 당연하다.

ⓑ 부속물의 시가의 산정시기는 부속물매수청구 시이다(대판 1995. 6. 30, 95다12927).

㉡ 부속물매수대금지급의무와 건물인도의무와의 관계

ⓐ 동시이행의 관계: 부속물매매대금의 지급과 임차목적물의 인도도 동시이행의 관계에 있는지가 문제되는데, 이에 관해 판례는 임대인이 임차보증금을 반환하였더라도 부속물의 매매대금을 지급하지 않았다면 임차인은 부속물은 물론 임차목적물 전부의 인도를 거절할 수 있다고 판시하여 동시이행의 항변권을 인정하고 있다(대판 1981. 11. 10, 81다378).

ⓑ **유치권 인정 여부**: 부속물매매대금채권에 기해 임차목적물에 대하여 유치권을 주장할 수 있는지가 문제되는데, 부속물은 임차물과는 별개의 독립한 물건이고 부속물에 관한 매매대금채권은 임차물에 관하여 생긴 채권이 아니므로 유치권은 부정된다는 것이 통설・판례이다(대판 1977. 12. 13, 77다115 참조).

⑤ **매수청구권의 포기특약**: 부속물매수청구권은 강행규정이므로, 임차인의 매수청구권을 배제 또는 제한함으로써 임차인에게 불리한 특약은 효력이 없다(제652조). 다만 임대차계약의 전체과정을 살펴보아 그러한 특약이 임차인에게 불리하지 않은 것이라면 그 특약을 무효로 볼 것은 아니다.

판례

민법 제646조에 위반되는, 임차인에게 불리한 약정이 아니라고 한 예 ★

건물임차인인 피고들이 증・개축한 시설물과 부대시설을 포기하고 임대차 종료 시의 현상대로 임대인의 소유에 귀속하기로 하는 대가로 임대차계약의 보증금 및 월차임을 파격적으로 저렴하게 하고, 그 임대기간도 장기간으로 약정하고, 임대인은 임대차계약의 종료 즉시 임대건물을 철거하고 그 부지에 건물을 신축하려고 하고 있으며 임대차계약 당시부터 임차인도 그와 같은 사정을 알고 있었다면 임대차계약 시 임차인의 부속시설의 소유권이 임대인에게 귀속하기로 한 특약은 단지 부속물매수청구권을 배제하기로 하거나 또는 부속물을 대가없이 임대인의 소유에 속하게 하는 약정들과는 달라서 임차인에게 불리한 약정이라고 할 수 없어 유효하다(대판 1982. 1. 19, 81다1001).

✦ 부속물매수청구권과 비용상환청구권의 비교

구분		부속물매수청구권	비용상환청구권
공통점		목적물의 객관적 편익을 가져와야 한다. 따라서 임차인의 특수목적을 위한 것은 부속물매수청구도 불가능하고, 비용상환청구도 인정되지 않는다.	
차이점	성질	형성권	청구권
	요건	① 독립성 여부 – 부속물은 건물과는 독립된 물건으로서, 임대인의 동의를 얻어 부속시키거나 임대인으로부터 매수한 것이어야 한다. 반면, 독립성을 상실하여 건물의 구성부분을 이루는 경우에는 비용상환청구권으로 해결한다. 비용상환청구권은 임대인의 동의나 임대인으로부터 매수한 것일 필요는 없다. ② 임차인의 채무불이행에 의한 계약해지 시 – 비용상환청구권은 인정되나, 부속물매수청구는 인정되지 않는다(판례).	
	발생시기	임대차 종료 시	필요비는 즉시, 유익비는 임대차 종료 시
	유치권	부정	인정
	성격	강행규정(제652조)	임의규정(제652조 참조)
	적용범위	일시사용을 위한 임대차의 경우에는 적용되지 않는다.	일시사용을 위한 임대차의 경우에도 적용된다.

(4) 토지임차인의 지상물매수청구권(← 토지 임차인 경우)

제643조 【임차인의 갱신청구권, 매수청구권】
건물 기타 공작물의 소유 또는 식목, 채염, 목축을 목적으로 한 토지임대차의 기간이 만료한 경우에 건물, 수목 기타 지상시설이 현존한 때에는 제283조(= 지상권자의 갱신청구권, 지상물매수청구권)의 규정을 준용한다.

① **의의 및 성질**

㉠ 토지임차인은 토지임대차의 기간이 만료한 경우에 건물·수목 기타 지상시설이 현존한 때에는 1차적으로 임대인에게 계약의 갱신을 청구할 수 있고(제643조, 제283조 제1항), 만일 임대인이 그 갱신청구를 거절한 경우에는 지상물의 매수를 청구할 수 있다(제643조, 제283조 제2항). 이는 지상건물 등의 잔존가치를 보존하고자 하는 국민경제적 요청과 토지소유자의 배타적 소유권 행사로 인해 희생당하기 쉬운 임차인의 보호를 위해 마련된 것이다.

㉡ ⓐ 계약갱신청구권은 청약의 일종인 청구권일 뿐이므로 임대인은 이를 거절할 수 있으나, 지상물매수청구권은 형성권이다. ⓑ 제643조의 규정은 강행규정이다(제652조).

② **요건**

㉠ **건물 기타 공작물의 소유 등을 목적으로 한 토지임대차일 것**: 매수청구권이 인정되기 위해서는 건물 기타 공작물의 소유 또는 식목·채염·목축을 목적으로 한 토지임대차이어야 한다.

㉡ **임대차기간의 만료로 임차권이 소멸하였을 것**

ⓐ 토지임차권이 기간만료로 인하여 소멸하였을 것을 요하므로, 토지임차인의 차임연체 등 채무불이행으로 인해 임대차계약이 해지된 경우에는 임차인에게 지상물의 매수청구권을 인정할 수 없다(대판 1997. 4. 8, 96다54249).

ⓑ 기간의 약정이 없는 토지임대차계약을 임대인이 해지통고한 경우에는 계약갱신을 거절한 것이라고 할 수 있으므로, 토지임차인은 곧바로 지상물의 매수를 청구할 수 있다(대판 1995. 2. 3, 94다51178).

㉢ **임대차기간의 만료 시 임차인 소유의 지상건물 등이 존재할 것**: ⓐ 행정관청의 허가를 받지 않은 부적법한 건물이라도 그 대상이 되며(대판 1997. 12. 23, 97다37753), ⓑ 임대차계약 당시 기존건물이거나 임대인의 동의를 얻어 신축한 것에 한정되지 않는다(대판 1993. 11. 12, 93다34589). 따라서 임차인 자신이 설치한 것이 아니라 이미 설치되어 있는 지상시설을 임차인이 양수한 경우에도 매수청구권은 인정된다. 다만, 임대목적에 반하여 축조되고, 임대인이 예상할 수 없을 정도의 고가의 것이라면 매수청구가 인정되지 않는다(대판 1993. 11. 12, 93다34589 등). 나아가 ⓒ 임차인 소유의 건물이 구분소유의 객체가 되지 아니하고 또한 임대인 소유의 토지 외에 임차인 또는 제3자 소유의 토지 위에 걸쳐서 건립되어 있다면 임차인의 건물매수청구는 허용되지 아니한다(대판 1997. 4. 8, 96다

45443). ⓓ 건물을 매수하여 점유하고 있는 사람은 소유자로서의 등기명의가 없다 하더라도 그 권리의 범위 내에서는 그 점유 중인 건물에 대하여 법률상 또는 사실상의 처분권을 가지고 있으므로, 지상물매수청구권 제도의 목적(국민경제적 관점에서 지상 건물의 잔존 가치를 보존하고, 토지소유자의 배타적 소유권 행사로 인하여 희생당하기 쉬운 임차인을 보호하기 위한 제도)과 미등기 매수인의 법적 지위 등에 비추어 볼 때, 종전 임차인으로부터 미등기 무허가건물을 매수하여 점유하고 있는 임차인은 특별한 사정이 없는 한 비록 소유자로서의 등기명의가 없어 소유권을 취득하지 못하였다 하더라도 임대인에 대하여 지상물매수청구권을 행사할 수 있는 지위에 있다(대판 2013. 11. 28, 2013다48364).

㉣ 임대인이 임차인의 계약갱신청구를 거절하였을 것

ⓐ 임대차계약기간이 만료함에 따라 임차인은 계약갱신을 구할 수 있고, 임대인이 계약갱신청구를 거절하면 비로소 매수청구권을 행사할 수 있다.

ⓑ 기간의 약정이 없는 토지임대차계약을 임대인이 해지통고한 경우에는 계약갱신을 거절한 것이라고 할 수 있으므로, 토지임차인은 곧바로 지상물의 매수를 청구할 수 있다(대판 1995. 2. 3, 94다51178).

③ 행사

㉠ 당사자

ⓐ 매수청구권자는 지상물의 소유자에 한한다(대판 1993. 7. 27, 93다6386).

ⓑ 매수청구의 상대방은 원칙적으로 임차권이 소멸할 당시의 토지소유자인 임대인이다. 그러나 임대목적 토지가 양도된 경우에는 임차인이 대항력을 갖춘 경우에 한하여, 임대인으로부터 토지를 양수한 제3자에 대하여 매수청구권을 행사할 수 있다(대판 1977. 4. 26, 75다348).

판례

민법 제643조에 따른 임차인의 지상물매수청구권 행사의 상대방 및 토지소유자가 아닌 제3자가 임대차계약의 당사자로서 토지를 임대한 경우, 토지소유자가 지상물매수청구권의 상대방이 될 수 있는지 여부(원칙적 소극) ★★★

① 건물 등의 소유를 목적으로 하는 토지임대차에서 임대차 기간이 만료되거나 기간을 정하지 않은 임대차의 해지통고로 임차권이 소멸한 경우에 임차인은 민법 제643조에 따라 임대인에게 상당한 가액으로 건물 등의 매수를 청구할 수 있다. 임차인의 지상물매수청구권은 국민경제적 관점에서 지상건물의 잔존 가치를 보존하고 토지소유자의 배타적 소유권 행사로부터 임차인을 보호하기 위한 것으로서, 원칙적으로 임차권 소멸 당시에 토지소유권을 가진 임대인을 상대로 행사할 수 있다. 임대인이 제3자에게 토지를 양도하는 등으로 토지소유권이 이전된 경우에는 임대인의 지위가 승계되거나 임차인이 토지소유자에게 임차권을 대항할 수 있다면 새로운 토지소유자를 상대로 지상물매수청구권을 행사할 수 있다.

② 한편, 토지소유자가 아닌 제3자가 토지 임대행위를 한 경우에는, ㉠ 제3자가 토지소유자를 적법하게 대리하거나 토지소유자가 제3자의 무권대리행위를 추인하는 등으로 「임대차계약의 효과가 토지소유자에게 귀속」되었다면 토지소유자가 임대인으로서 지상물매수청구권의 상대방이 된다. 그러나 ㉡ 제3자가 임대차계약의 당사자로서 토지를 임대하였다면, 토지소유자가 임대인의 지위를 승계하였다는 등의 특별한 사정이 없는 한 임대인이 아닌 토지소유자가 직접 지상물매수청구권의 상대방이 될 수는 없다(대판 2017. 4. 26, 2014다72449).

토지 소유자가 아닌 제3자가 토지를 임대한 경우, 임대인이 지상물매수청구권의 상대방이 되는지 여부(원칙적 소극) ★★

건물의 소유를 목적으로 하는 토지 임차인의 지상물매수청구권 행사의 상대방은 원칙적으로 임차권 소멸 당시의 토지 소유자인 임대인이다. 토지 소유자가 아닌 제3자가 토지를 임대한 경우에 임대인(제3자)은 특별한 사정이 없는 한 지상물매수청구권의 상대방이 될 수 없다(대판 2022. 4. 14, 2020다254228).

ⓛ **방법 및 시기**: 건물의 소유를 목적으로 한 토지 임대차가 종료한 경우에 임차인이 그 지상의 현존하는 건물에 대하여 가지는 매수청구권은 그 행사에 특정의 방식을 요하지 않는 것으로서 재판상으로뿐만 아니라 재판 외에서도 행사할 수 있는 것이고, 그 행사의 시기에 대하여도 제한이 없는 것이므로 임차인이 자신의 건물매수청구권을 제1심에서 행사하였다가 철회한 후 항소심에서 다시 행사하였다고 하여 그 매수청구권의 행사가 허용되지 아니할 이유는 없다(대판 2002. 5. 31, 2001다42080).

④ **효과**

㉠ 매매계약의 성립

ⓐ 지상물매수청구권은 이른바 형성권으로서 그 행사로 임대인·임차인 사이에 지상물에 관한 매매계약이 곧바로 성립하게 되며, 임차인의 건물반환 및 그 소유권이전등기의무와 토지 임대인의 건물대금지급의무는 서로 동시이행관계에 있다(대판 1998. 5. 8, 98다2389).

ⓑ 매매대금은 매수청구권 행사 당시의 시가에 의한다.

판례

민법 제643조의 지상물매수청구권을 행사한 경우 적절하게 산정된 시가를 법원이 임의로 증감하여 정할 수 있는지 여부(소극) ★

건물 소유를 목적으로 한 토지임대차계약의 기간이 만료함에 따라 지상건물 소유자가 임대인에 대하여 민법 제643조에 따른 지상물매수청구권을 행사한 경우에 그 건물의 매수가격은 건물 자체의 가격 외에 건물의 위치, 주변 토지의 여러 사정 등을 종합적으로 고려하여 매수청구권의 행사 당시 건물이 현재하는 대로의 상태에서 평가된 시가를 말한다. 그런데 민법 제643조에서 정한 지상물매수청구권은 이른바 형성권이므로, 그 행사로써 곧바로 임대인과 임차인 사이에 임차 토지 지상의 건물에 관하여 매수청구권 행사 당시의 건물 시가를 대금으로 하는 매매계약이 체결된 것과 같은 효과가 발생한다. 따라서 지상물매수청구의 대상이 된 건물의 매수가격에 관하여 당사자 사이에 의사합치가 이루어지지 않았다면, 법원은 위와 같은 여러 사정을 종합적으로 고려하여 인정된 매수청구권 행사 당시의 건물 시가를 매매대금으로 하는 매매계약이 성립하였음을 인정할 수 있을 뿐, 그와 같이 인정된 시가를 임의로 증감하여 직권으로 매매대금을 정할 수는 없다(대판 2024. 4. 12, 2023다309020, 2023다309037).

ⓛ **법원의 조치**: 토지임대인이 임대차기간 만료 후 임차인을 상대로 토지인도 및 건물철거청구를 한 경우, 임차인이 지상물매수청구권을 행사하고 그와 같은 항변이 받아들여지면 법원은 ⓐ 청구기각판결을 하여야 하고 상환이행판결을 할 수 없다. 토지임대차 종료 시 임대인의 건물철거와 그 부지인도 청구에는 건물매수대금 지급과 동시에 건물명도를 구하는 청구가 포함되어 있다고 볼 수 없기 때문이다. 그러나 ⓑ 법원으로서는

임대인이 종전의 청구를 계속 유지할 것인지, 아니면 대금지급과 상환으로 지상물의 명도를 청구할 의사가 있는 것인지를 석명하여 소를 변경하게 한 후 매매대금과의 상환이행을 명하는 판결을 함으로써 분쟁의 1회적 해결을 꾀하여야 한다. 만일 이와 같은 석명권 행사 없이 원고청구를 그냥 기각하면 위법하다(대판(전) 1995. 7. 11, 94다34265).

㉢ 부당이득반환의무 인정 여부

ⓐ 건물 기타 공작물의 소유를 목적으로 한 대지임대차에 있어서 임차인이 그 지상건물 등에 대하여 민법 제643조 소정의 매수청구권을 행사한 후에 그 임대인인 대지의 소유자로부터 매수대금을 지급받을 때까지 그 지상건물 등의 인도를 거부할 수 있다고 하여도, 지상건물 등의 점유·사용을 통하여 그 부지를 계속하여 점유·사용하는 한 그로 인한 부당이득으로서 부지의 임료 상당액은 이를 반환할 의무가 있다(대판 2001. 6. 1, 99다60535).

ⓑ 나아가 판례는 타인 소유의 토지 위에 권한 없이 건물을 소유하고 있는 자는 그 자체로써 특별한 사정이 없는 한 부당이득한 것으로 보아야 하므로, 임대차가 적법하게 종료한 이후의 임차인은 실제 건물을 사용·수익하지 않고 있다 하더라도 대지의 차임에 상당하는 부당이득반환의무를 진다고 하였다(대판 2003. 11. 13, 2002다57935).

⑤ **매수청구권의 포기특약**: 토지임차인의 지상물매수청구권에 관한 규정은 강행규정이며, 이에 위반하는 것으로서 임차인에게 불리한 약정은 그 효력이 없다(제652조). 그러나 임대차계약의 과정을 전체적으로 살펴보아 그러한 특약이 실질적으로 임차인에게 불리하지 않은 것이라면 그 특약은 유효하다.

판례

지상물매수청구권 배제특약 – 원칙적 무효(강행규정 위반) ★★

① **원칙적 무효** – 토지 임대인과 임차인 사이에 임대차기간 만료 후 임차인이 지상건물을 철거하여 토지를 인도하고, 만약 지상건물을 철거하지 아니할 경우에는 그 소유권을 임대인에게 이전하기로 한 약정은, 민법 제643조 소정의 임차인의 지상물매수청구권을 배제키로 하는 약정으로서 임차인에게 불리한 것이므로 민법 제652조의 규정에 의하여 무효이다(대판 1991. 4. 23, 90다19695).

② **임차인에게 불리하지 않은 경우에는 유효** – 임차인의 매수청구권에 관한 민법 제643조의 규정은 강행규정이므로 이 규정에 위반하는 약정으로서 임차인에게 불리한 것은 그 효력이 없는바, 임차인에게 불리한 약정인지의 여부는 우선 당해 계약의 조건 자체에 의하여 가려져야 하지만 계약체결의 경위와 제반 사정 등을 종합적으로 고려하여 실질적으로 임차인에게 불리하다고 볼 수 없는 특별한 사정을 인정할 수 있을 때에는 위 강행규정에 저촉되지 않는 것으로 보아야 한다(대판 1997. 4. 8, 96다45443).

3. 임차인의 의무

(1) 차임지급의무

① **의의**: 임차인은 임차물을 사용·수익하는 대가로서 임대인에게 차임을 지급할 의무를 부담한다(제618조). 차임은 반드시 금전일 필요는 없으며 물건으로 지급해도 무방하다.

② **차임의 지급시기**

> **제633조【차임지급의 시기】**
> 차임은 동산, 건물이나 대지에 대하여는 매월 말에, 기타 토지에 대하여는 매년 말에 지급하여야 한다. 그러나 수확기 있는 것에 대하여는 그 수확 후 지체 없이 지급하여야 한다.

차임의 지급시기는 약정으로 정함이 일반적이나, 약정이 없으면 동산·건물 및 대지의 임대차는 매월 말에, 기타 토지의 임대차는 매년 말에 지급하여야 한다(제633조 본문 – 후급 원칙). 한편, 수확기에 있는 것의 임대차에 있어서는 그 수확 후 지체 없이 지급하여야 한다(제633조).

③ **차임감액청구권과 증감청구권**

> **제627조【일부멸실 등과 감액청구, 해지권】**
> ① 임차물의 일부가 임차인의 과실 없이 멸실 기타 사유로 인하여 사용, 수익할 수 없는 때에는 임차인은 그 부분의 비율에 의한 차임의 감액을 청구할 수 있다.
> ② 전항의 경우에 그 잔존부분으로 임차의 목적을 달성할 수 없는 때에는 임차인은 계약을 해지할 수 있다.
>
> **제628조【차임증감청구권】**
> 임대물에 대한 공과부담의 증감 기타 경제사정의 변동으로 인하여 약정한 차임이 상당하지 아니하게 된 때에는 당사자는 장래에 대한 차임의 증감을 청구할 수 있다.

㉠ 임차물의 '일부'가 임차인의 과실 없이 멸실 기타 사유로 인하여 사용·수익할 수 없는 때에는 임차인은 그 부분의 비율에 의한 차임의 감액을 청구할 수 있다(제627조 제1항). 다만 그 잔존부분으로 임차의 목적을 달성할 수 없는 때에는 임차인은 계약을 해지할 수 있다(제627조 제2항).

㉡ 임대물에 대한 공과부담의 증감 기타 경제사정의 변동으로 인하여 약정한 차임이 상당하지 아니하게 된 때에는 당사자는 장래에 대한 차임의 증감을 청구할 수 있다(제628조).

㉢ 차임증감청구권은 형성권이므로, 상대방의 승낙 여부와 관계없이 증감청구의 의사표시로 효력이 발생한다.

판례

차임증액청구의 효력발생시기

민법 제628조에 의하여 장래에 대한 차임의 증액을 청구하였을 때에 그 청구가 상당하다고 인정되면 그 효력은 재판 시를 표준으로 할 것이 아니고 그 청구 시에 곧 발생한다고 보는 것이 상당하고 그 청구는 재판 외의 청구라도 무방하다(대판 1974. 8. 30, 74다1124).

민법 제628조에 의해 차임증액을 청구한 경우 법원의 결정에 의해 증액된 차임의 이행기 ★
임대인이 민법 제628조에 의하여 장래에 대한 차임의 증액을 청구하였을 때에 당사자 사이에 협의가 성립되지 아니하여 법원이 결정해 주는 차임은 증액청구의 의사표시를 한 때에 소급하여 그 효력이 생기는 것이므로, 특별한 사정이 없는 한 증액된 차임에 대하여는 법원 결정 시가 아니라 증액청구의 의사표시가 상대방에게 도달한 때를 이행기로 보아야 한다(대판 2018. 3. 15, 2015다239508, 239515).

---

④ 차임연체와 해지

> **제640조【차임연체와 해지】**
> 건물 기타 공작물의 임대차에는 임차인의 차임연체액이 2기의 차임액에 달하는 때에는 임대인은 계약을 해지할 수 있다.
> **제641조【동전】**
> 건물 기타 공작물의 소유 또는 식목, 채염, 목축을 목적으로 한 토지임대차의 경우에도 전조의 규정을 준용한다.
> **제642조【토지임대차의 해지와 지상건물 등에 대한 담보물권자에의 통지】**
> 전조의 경우에 그 지상에 있는 건물 기타 공작물이 담보물권의 목적이 된 때에는 제288조(= 저당권자에 대한 통지)의 규정을 준용한다.

㉠ 건물 기타 공작물의 임대차에는 임차인의 차임연체액이 2기의 차임액에 달하는 때에는 임대인은 계약을 해지할 수 있다(제640조).

㉡ 여기의 2기는 연속할 필요가 없으며 연체한 차임의 '합산액'이 2기분에 달하면 된다. 해지를 위하여 최고를 할 필요는 없다.

㉢ 임대인 지위가 양수인에게 승계된 경우에도 이미 발생한 연체차임채권은 따로 채권양도의 요건을 갖추지 않는 한 승계되지 않는다. 따라서 양수인이 연체차임채권을 양수받지 않은 이상 승계 이후의 연체차임액이 3기 이상의 차임액에 달하여야만 비로소 임대차계약을 해지할 수 있다(대판 2008. 10. 9, 2008다3022 참조).

⑤ **공동임차인의 연대의무**: 수인이 공동으로 목적물을 임차한 경우 그 수인의 임차인이 연대하여 의무를 부담한다(제654조, 제616조).

⑥ 법정담보물권

㉠ **토지임대인의 법정질권**: 토지임대인이 임차지에 부속한 임차인 소유의 동산 등을 압류한 때 인정된다(제648조). 일시사용을 위한 임대차에는 적용이 없다(제653조).

> **제648조【임차지의 부속물, 과실등에 대한 법정질권】**
> 토지임대인이 임대차에 관한 채권에 의하여 임차지에 부속 또는 그 사용의 편익에 공용한 임차인의 소유동산 및 그 토지의 과실을 압류한 때에는 질권과 동일한 효력이 있다.

㉡ **토지임대인의 법정저당권**: 토지임대인이 지상의 임차인 소유 건물을 압류한 때 인정된다(제649조). 일시사용을 위한 임대차의 경우에도 적용된다.

> **제649조【임차지상의 건물에 대한 법정저당권】**
> 토지임대인이 변제기를 경과한 최후 2년의 차임채권에 의하여 그 지상에 있는 임차인소유의 건물을 압류한 때에는 저당권과 동일한 효력이 있다.

ⓒ 건물임대인의 법정질권: 건물임대인이 그에 부속한 임차인 소유의 동산을 압류한 때 성립한다(제650조). 일시사용을 위한 임대차에는 적용이 없다(제653조).

> **제650조【임차건물 등의 부속물에 대한 법정질권】**
> 건물 기타 공작물의 임대인이 임대차에 관한 채권에 의하여 그 건물 기타 공작물에 부속한 임차인소유의 동산을 압류한 때에는 질권과 동일한 효력이 있다.

(2) 임차물의 사용 · 수익상의 의무

① **용법에 따른 사용 · 수익의 의무**: 임차인은 임대차계약 또는 그 목적물의 성질에 의하여 정하여진 용법으로 임차물을 사용 · 수익하여야 한다(제654조, 제610조 제1항).

② **선관의무**: 임차인은 임대차종료 시 임차물 자체를 반환하여야 하는 특정물인도채무를 지므로, 선량한 관리자의 주의로 임차물을 보존할 의무를 부담한다(제374조).

판례

임차물반환채무가 이행불능이 된 경우 그 귀책사유에 대한 입증책임(= 임차인)
임차인은 임차건물의 보존에 관하여 선량한 관리자의 주의의무를 다하여야 하고, 임차인의 임차물반환채무가 이행불능이 된 경우, 임차인이 그 이행불능으로 인한 손해배상책임을 면하려면 그 이행불능이 임차인의 귀책사유로 말미암은 것이 아님을 입증할 책임이 있다(대판 2006. 1. 13, 2005다51013 · 51020).[18]

③ **통지의무**

> **제634조【임차인의 통지의무】**
> 임차물의 수리를 요하거나 임차물에 대하여 권리를 주장하는 자가 있는 때에는 임차인은 지체없이 임대인에게 이를 통지하여야 한다. 그러나 임대인이 이미 이를 안 때에는 그러하지 아니하다.

④ **임차인의 인용의무**

> **제624조【임대인의 보존행위, 인용의무】**
> 임대인이 임대물의 보존에 필요한 행위를 하는 때에는 임차인은 이를 거절하지 못한다.

---

18 임차건물이 건물구조의 일부인 전기배선의 이상으로 인한 화재로 소훼되어 임차인의 임차목적물반환채무가 이행불능이 되었다고 하더라도, 당해 임대차가 장기간 계속되었고 화재의 원인이 된 전기배선을 임차인이 직접 하였으며 임차인이 전기배선의 이상을 미리 알았거나 알 수 있었던 경우에는, 당해 전기배선에 대한 관리는 임차인의 지배관리 영역 내에 있었다 할 것이므로, 위와 같은 전기배선의 하자로 인한 화재는 특별한 사정이 없는 한 임차인이 임차목적물의 보존에 관한 선량한 관리자의 주의의무를 다하지 아니한 결과 발생한 것으로 보아야 한다는 이유로 임차인의 손해배상책임을 인정한 사례이다. 그러나 임차건물이 전기배선의 이상으로 인한 화재로 일부 소훼되어 임차인의 임차목적물반환채무가 일부 이행불능이 되었으나 발화부위인 전기배선이 건물구조의 일부를 이루고 있어 임차인이 전기배선의 이상을 미리 알았거나 알 수 있었다고 보기 어렵다면, 그 하자를 수리 유지할 책임은 임대인에게 있으므로 임차목적물반환채무의 이행불능은 임대인으로서의 의무를 다하지 못한 결과이고 임차인의 임차목적물의 보존에 관한 선량한 관리자의 주의의무를 다하지 아니한 결과라고 볼 수 없다고 하였다(대판 2000. 7. 4, 99다64384).

> **제625조【임차인의 의사에 반하는 보존행위와 해지권】**
> 임대인이 임차인의 의사에 반하여 보존행위를 하는 경우에 임차인이 이로 인하여 임차의 목적을 달성할 수 없는 때에는 계약을 해지할 수 있다.

(3) 임차물반환의무 및 원상회복의무

① **임차물반환의무**: 임대차가 종료되면 임차인은 임차목적물 자체를 임대인에게 반환하여야 할 계약상의 의무를 부담한다.

② **원상회복의무 및 부속물철거권**: 임차인이 임차물을 반환하는 때에는 이를 원상으로 회복하여야 하고, 부속시킨 물건은 철거할 수 있다(제654조, 제615조).

판례

임대인의 귀책사유로 해지된 경우 ★
임대차계약이 중도에 해지되어 종료하면 임차인은 목적물을 원상으로 회복하여 반환하여야 하는 것이고, 임대인의 귀책사유로 임대차계약이 해지되었다고 하더라도 임차인은 그로 인한 손해배상을 청구할 수 있음은 별론으로 하고 원상회복의무를 부담하지 않는다고 할 수는 없다(대판 2002. 12. 6, 2002다42278).

임차인이 임차목적물을 수리하거나 변경한 경우, 임차목적물을 반환하는 때 수리·변경 부분을 철거하여 임대 당시의 상태로 사용할 수 있도록 해야 하는지 여부(원칙적 적극)
임차인이 임대인에게 임차목적물을 반환하는 때에는 원상회복의무가 있다(민법 제654조, 제615조). 임차인이 임차목적물을 수리하거나 변경한 때에는 원칙적으로 수리·변경 부분을 철거하여 임대 당시의 상태로 사용할 수 있도록 해야 한다. 다만 원상회복의무의 내용과 범위는 임대차계약의 체결 경위와 내용, 임대 당시 목적물의 상태, 임차인이 수리하거나 변경한 내용 등을 고려하여 구체적·개별적으로 정해야 한다(대판 2019. 8. 30, 2017다268142).

4. 보증금과 권리금

(1) 보증금

① 의의 및 기능

㉠ 보증금이란 부동산임대차, 특히 건물임대차에 있어서 임차인의 차임 기타 채무를 담보하기 위하여 임차인이나 제3자가 임대인에게 교부하는 금전 기타 유가물을 말한다.

㉡ 보증금은 임대차관계에서 생길 수 있는 임차인의 차임, 손해배상채무 등 모든 채무를 담보하고, 이를 보증금에서 충당할 수 있는 기능을 갖는다.

② **보증금의 법적 성질**[19]: 판례는 "임차보증금은 임대차계약에 의해 임대인이 임차인에 대하여 갖는 일체의 채권을 담보하는 것으로서, 임대차 종료 후에 임대인에게 명도할 때 체불

19 보증금의 법적 성질에 대해서는 ① 정지조건설(정지조건부반환채무를 수반하는 금전소유권이전설 – 반환채무가 수반된 금전소유권이 임대인에게 이전하되, 반환채무는 임차인의 반대채무가 없음을 정지조건으로 한다는 견해)과 ② 해제조건설(해제조건부반환채무를 수반하는 금전소유권이전설 – 반환채무가 수반된 금전소유권이 임대인에게 이전화되, 반환채무는 임차인의 반대채무가 있음을 해제조건으로 한다는 견해)의 대립이 있다. 양설의 근본적인 차이는 증명책임을 지는 자가 누구냐 하는 점이다. 정지조건설에 의하면 임차인 자신이 스스로 반대채무가 없음을 주장·입증해야 하지만, 해제조건설에 의하면 임대인이 임차인에게 반대채무가 있음을 주장·입증해야 한다. 판례는 '임차인이 지는 채무가 소멸하였다는 사실(반대채무가 없다는 사실)은 그 보증금의 반환을 구하는 임차인이 주장·입증하여야 한다(대판 2005. 9. 28, 2005다8323·8330)'고 함으로써 정지조건설의 입장을 전제로 하는 것으로 평가된다.

임료 등 모든 피담보채무를 공제한 잔액이 있을 것을 조건으로 하여 그 잔액에 관한 임차인의 보증금반환청구권이 발생한다"고 하였다. 이에 따르면, 임대차가 종료한 때에 보증금의 반환채무가 발생하나 다만 임차인의 채무불이행 등으로 인한 공제는 임차물의 반환 시까지로 본다.

③ **보증금계약**: 보증금은 보증금계약에 의하여 수수된다(요물계약). 보증금계약은 임대차에 부수하는 종된 계약이므로 임대차계약이 유효하게 성립되어야 한다. 보증금계약의 당사자는 보통 임대인과 임차인이나, 임차인 대신 제3자가 당사자로 될 수도 있다.

④ **보증금의 효력**

㉠ **담보적 효력**: 보증금은 차임의 연체, 목적물의 보존의무위반에 따른 손해배상의무 등 임대차관계에서 발생할 수 있는 임차인의 모든 채무뿐만 아니라, 임대차종료 후 목적물반환 전에 발생한 채무도 담보한다.

판례

임차인은 보증금이 있음을 이유로 연체차임의 지급을 거절할 수 있는지 여부(소극)

임대차보증금은 임대차계약이 종료된 후 임차인이 목적물을 명도할 때까지 발생하는 차임 및 기타 임차인의 채무를 담보하기 위하여 교부되는 것이므로 특별한 사정이 없는 한 임대차계약이 종료되었다 하더라도 목적물이 명도되지 않았다면 임차인은 보증금이 있음을 이유로 연체차임의 지급을 거절할 수 없다(대판 1999. 7. 27, 99다24881).

㉡ **보증금의 충당**: 원칙적으로 임대인은 임대차가 종료한 후에 보증금으로 임차인의 채무변제에 충당하여야 하나, 차임연체의 경우에는 이미 이행기의 도과로 임차인의 채무불이행이 있는 것이므로 임대차종료 전이라도 보증금으로 연체차임에 충당할 수도 있다. 다만 이 경우 연체차임에 충당할 것인가는 임대인의 자유이다.

㉢ 임대차계약의 갱신과 보증금

ⓐ **계약에 의한 갱신**: 임대차계약이 합의에 의해 갱신된 경우 임차인이 제공한 보증금이든 제3자가 제공한 보증금이든 모두 갱신된 임대차의 보증금으로 효력을 유지한다.

ⓑ **묵시의 갱신(법정갱신)과 보증금**: 법정갱신이 있는 경우 임차인이 제공한 보증금은 그 효력을 유지하나 제3자가 제공한 보증금은 그 효력을 잃으므로 반환하여야 한다(제639조 제2항). 다만 판례는 제3자가 제공한 보증금은 존속한다는 입장이다.

제639조【묵시의 갱신】

① 임대차기간이 만료한 후 임차인이 임차물의 사용, 수익을 계속하는 경우에 임대인이 상당한 기간 내에 이의를 하지 아니한 때에는 전임대차와 동일한 조건으로 다시 임대차한 것으로 본다. 그러나 당사자는 제635조(= 기간의 약정 없는 임대차의 해지통고)의 규정에 의하여 해지의 통고를 할 수 있다.

② 전항의 경우에 전임대차에 대하여 제3자가 제공한 담보는 기간의 만료로 인하여 소멸한다.

판례

민법 제639조 제2항 소정의 담보의 의미
민법 제639조 제2항에서 말하는 담보라 함은 질권, 저당권 그 밖의 보증 등을 가리키는 것으로 보아야 할 것이고 건물의 임차보증금채권이 양도되었을 경우까지도 포함되는 개념이라고 해석할 수 없다(대판 1977. 6. 7, 76다951).

⑤ 보증금의 반환청구

㉠ **보증금반환청구권의 발생시기 · 범위**: 보증금반환청구권은 임대차 종료 시에 발생하고 바로 이행기에 도달하지만, 그 반환액수는 임차목적물의 인도 시에 확정된다. 즉 보증금반환청구권은 임대차가 종료된 후라도 '목적물 반환 시'까지 발생하는 모든 채무를 공제한 잔액에 관하여 발생한다(대판 1988. 1. 19, 87다카1315).

판례

보증금이 담보하는 채무가 별도의 의사표시 없이 당연히 공제되는지 여부(적극) ★★★
임대차계약에 있어 임대차보증금은 임대차계약 종료 후 목적물을 임대인에게 명도할 때까지 발생하는, 임대차에 따른 임차인의 모든 채무를 담보하는 것으로서, 그 피담보채무 상당액은 임대차관계의 종료 후 목적물이 반환될 때에, 특별한 사정이 없는 한, 별도의 의사표시 없이 보증금에서 당연히 공제되는 것이므로, 임대인은 임대차보증금에서 그 피담보채무를 공제한 나머지만을 임차인에게 반환할 의무가 있다(대판 2005. 9. 28, 2005다8323 · 8330).

보증금이 수수된 임대차계약에서 차임채권이 양도된 경우, 임차인이 목적물을 반환할 때까지 연체한 차임 상당액을 보증금에서 공제할 것을 주장할 수 있는지 여부(적극) ★★
부동산 임대차에서 수수된 보증금은 차임채무, 목적물의 멸실 · 훼손 등으로 인한 손해배상채무 등 임대차에 따른 임차인의 모든 채무를 담보하는 것으로서 피담보채무 상당액은 임대차관계의 종료 후 목적물이 반환될 때에 특별한 사정이 없는 한 별도의 의사표시 없이 보증금에서 당연히 공제되므로, 보증금이 수수된 임대차계약에서 차임채권이 양도되었다고 하더라도, 임차인은 임대차계약이 종료되어 목적물을 반환할 때까지 연체한 차임 상당액을 보증금에서 공제할 것을 주장할 수 있다(대판 2015. 3. 26, 2013다77225).

공제대상에서의 제외
부동산임대차에서 임차인이 임대인에게 지급하는 임대차보증금은 임대차관계가 종료되어 목적물을 반환하는 때까지 그 임대차관계에서 발생하는 임차인의 모든 채무를 담보한다. 그러나 임대차관계와 사실상 관련되어 있는 채무라고 하더라도, 임대인과 임차인 사이에서 장래 임대목적물 반환 시 원상복구비용의 보증금 명목으로 지급하기로 약정한 금액 등과 같이, 임대차관계에서 당연히 발생하는 임차인의 채무가 아니라 임대차계약과 별도로 이루어진 약정 등에 기하여 비로소 발생하는 채무의 경우에는, 반환할 임대차보증금에서 당연히 공제할 수 있는 것은 아니다(대판 2013. 6. 27, 2012다65881).

㉡ 공제될 채무의 주장 · 입증책임

ⓐ 임대차보증금에서 공제하려면 임대인으로서는 그 주장을 하여야 하고, 나아가 공제될 차임채권 등의 발생원인에 관한 주장 · 입증책임을 진다.

ⓑ 반면, 그 발생한 채권의 소멸에 관한 주장 · 입증책임은 임차인이 진다.

판례

임대차보증금에서 공제될 채무의 주장 · 입증책임 ★

임대차계약의 경우 임대차보증금에서 그 피담보채무 등을 공제하려면 임대인으로서는 그 피담보채무인 연체차임, 연체관리비 등을 임대차보증금에서 공제하여야 한다는 주장을 하여야 하고 나아가 그 임대차보증금에서 공제될 차임채권, 관리비채권 등의 발생원인에 관하여 주장 · 입증을 하여야 하는 것이며, 다만 그 발생한 채권이 변제 등의 이유로 소멸하였는지에 관하여는 임차인이 주장 · 입증책임을 부담한다(대판 2005. 9. 28, 2005다8323 · 8330).

㉢ **보증금반환의무와 목적물반환의무의 동시이행관계**: 임대차계약의 종료에 의한 임차인의 임차목적물 반환의무와 연체차임 등 명도 시까지 생긴 임차인의 모든 채무를 공제한 임대인의 보증금반환의무는 동시이행의 관계에 있다(대판(전) 1977. 9. 28, 77다1241).

판례

임차보증금반환청구권과 목적물반환의무의 동시이행관계

① 임대인의 보증금 반환의무는 임대차관계가 종료되는 경우에 그 보증금 중에서 목적물을 반환받을 때까지 생긴 연체차임 등 임차인의 모든 채무를 공제한 나머지 금액에 관하여서만 비로소 이행기에 도달하여 임차인의 목적물반환 의무와 서로 동시이행의 관계에 있다(대판 1987. 6. 23, 87다카98; 대판 2005. 9. 28, 2005다8323 · 8330). ★★

② 임대차관계가 종료된 후 임차인이 목적물을 임대인에게 반환하였으면 임대인은 보증금을 무조건으로 반환하여야 하고, 임차인으로부터 목적물의 인도를 받는 것과의 상환이행을 주장할 수 없다. 그리고 이는 종전의 임차인이 임대인으로부터 새로 목적물을 임차한 사람에게 그 목적물을 임대인의 동의 아래 직접 넘긴 경우에도 다를 바 없다. 그 경우 임차인의 그 행위는 임대인이 임차인으로부터 목적물을 인도받아 이를 새로운 임차인에게 다시 인도하는 것을 사실적인 실행의 면에서 간략하게 한 것으로서, 법적으로는 두 번의 인도가 행하여진 것으로 보아야 하므로, 역시 임대차관계 종료로 인한 임차인의 임대인에 대한 목적물반환의무는 이로써 제대로 이행되었다고 할 것이기 때문이다(대판 2009. 6. 25, 2008다55634).

임대인이 임대차 종료 후 임대차보증금의 반환의무를 이행하거나 적법한 이행제공을 하지 않는 경우, 임차인이 임차목적물반환의무의 이행지체로 인한 손해배상책임을 지는지 여부(소극) ★★

임대차계약의 종료에 의하여 발생된 임차인의 임차목적물 반환의무와 임대인의 연체차임 등을 공제한 나머지 임대차보증금의 반환의무는 동시이행관계에 있으므로, 임대인이 나머지 임대차보증금의 반환의무를 이행하거나 적법한 이행제공을 하여 임차인의 동시이행항변권을 상실시키지 아니한 이상, 임차인이 임차목적물반환의무를 이행하지 아니하고 임차목적물을 계속 점유하고 있다고 하더라도, 임차인은 임대인에 대하여 임차목적물반환의무의 이행지체로 인한 손해배상책임을 지지 아니한다(대판 2006. 10. 13, 2006다39720).

보증금을 반환받을 때까지의 임차인의 점유가 불법점유인지 여부(소극) ★★

① 임대차계약 종료의 후에도 임차인이 동시이행의 항변권을 행사하여 임차건물을 계속 점유해 온 것이라면, 임대인이 임차인에게 위 보증금반환의무를 이행하였다거나 그 현실적인 이행의 제공을 하여 임차인의 건물명도의무가 지체에 빠지는 등의 사유로 동시이행의 항변권을 상실하지 않는 이상, 임차인의 건물에 대한 점유는 불법점유라고 할 수 없다(대판 1990. 12. 21, 90다카24076). 따라서 임차인으로서는 이에 대한 손해배상의무도 없다(대판 1998. 5. 29, 98다6497).

→ 결국 임차인의 점유를 불법점유로 주장하기 위해서는 임대인이 잔존임차보증금 반환채무의 이행제공이 계속되어 왔음을 주장·입증하여야 한다.

② 임차인이 그러한 동시이행항변권을 상실하였는데도 목적물의 반환을 계속 거부하면서 점유하고 있다면, 달리 점유에 관한 적법한 권원이 인정될 수 있는 특별한 사정이 없는 한 이러한 점유는 적어도 과실에 의한 점유로서 불법행위를 구성한다(대판 2020. 5. 14, 2019다252042).

임차인의 동시이행항변권에 의한 점유계속과 부당이득 성립 여부 ★★★

① 원칙(적극) - 임차인이 동시이행의 항변권에 기하여 임차목적물을 사용·수익한 경우에도 그로 인하여 임대인에게 손해를 끼치는 한에 있어서는 부당이득이 된다.

② 실질적 이익을 얻지 않은 경우(소극) - 법률상의 원인 없이 이득하였음을 이유로 한 부당이득의 반환에 있어서 이득이라 함은 실질적인 이익을 가리키는 것이므로 법률상 원인 없이 건물을 점유하고 있다 하여도 이를 사용·수익하지 않았다면 이익을 얻은 것이라고 볼 수 없는 것인바, 임차인이 임대차계약 종료 이후에도 동시이행의 항변권을 행사하는 방법으로 목적물의 반환을 거부하기 위하여 임차건물부분을 계속 점유하기는 하였으나 이를 본래의 임대차계약상의 목적에 따라 사용·수익하지 아니하여 실질적인 이득을 얻은 바 없는 경우에는 그로 인하여 임대인에게 손해가 발생하였다 하더라도 임차인의 부당이득반환의무는 성립되지 않는다(대판 1992. 4. 14, 91다45202).

임대차 종료 후 임차인의 동시이행항변권에 의한 점유계속과 보증금반환채권에 대한 소멸시효가 진행하는지 여부 ★

① 임대차가 종료함에 따라 발생한 임차인의 목적물반환의무와 임대인의 보증금반환의무는 동시이행관계에 있다. 따라서 임대차 종료 후 임차인이 보증금을 반환받기 위해 목적물을 점유하는 경우 보증금반환채권에 대한 권리를 행사하는 것으로 보아야 하고, 임차인이 임대인에 대하여 직접적인 이행청구를 하지 않았다고 해서 권리의 불행사라는 상태가 계속되고 있다고 볼 수 없다.
주택임대차보호법 제4조 제2항은 "임대차기간이 끝난 경우에도 임차인이 보증금을 반환받을 때까지는 임대차관계가 존속되는 것으로 본다."라고 정하고 있다. 제정된 상가건물 임대차보호법도 같은 내용의 규정을 두고 있다(제9조 제2항). 이는 임대차기간이 끝난 후에도 임차인이 보증금을 반환받을 때까지는 임차인의 목적물에 대한 점유를 임대차기간이 끝나기 전과 마찬가지 정도로 강하게 보호함으로써 임차인의 보증금반환채권을 실질적으로 보장하기 위한 것이다.

② 위와 같은 소멸시효 제도의 존재 이유와 취지, 임대차기간이 끝난 후 보증금반환채권에 관계되는 당사자 사이의 이익형량, 주택임대차보호법 제4조 제2항의 입법 취지 등을 종합하면, 주택임대차보호법에 따른 임대차에서 그 기간이 끝난 후 임차인이 보증금을 반환받기 위해 목적물을 점유하고 있는 경우 보증금반환채권에 대한 소멸시효는 진행하지 않는다고 보아야 한다(대판 2020. 7. 9, 2016다244224, 2016다244231).

㉣ **유치권의 성립 여부**: 보증금반환청구권은 '그 물건에 관하여 생긴 채권(제320조)'이 아니므로 이를 확보하기 위하여 임차목적물에 대하여 유치권을 행사할 수 없다(대판 1976. 5. 11, 75다1305).

⑥ **임차목적물의 소유권이전과 보증금반환채무의 승계**

㉠ **대항력 있는 임차권의 경우**: 임차인은 목적물의 소유권을 취득한 양수인에게 임차권을 대항할 수 있으며, 보증금에 관한 권리·의무도 양수인에게 이전하고, 양도인은 보증금반환채무를 면한다(대판 1996. 11. 22, 96다38216).

㉡ **대항력 없는 임차권의 경우**: 양도인과 양수인 사이에 보증금에 관한 인수계약이 없는 한 임차인은 양도인(임대인)에 대하여만 보증금의 반환청구를 할 수 있고, 양수인에 대하여는 보증금의 반환청구를 할 수 없다.

(2) 권리금

① **의의**: 권리금은 토지 또는 건물의 임대차에 부수하여 임차물이 가지는 특수한 장소적 이익의 대가 등으로서 임차인이 임대인에게 지급하는 금전이다.

② **효력**: 임차보증금과 달리, 임대차가 종료하더라도 임차인은 임대인에게 권리금의 반환을 청구하지 못하고, 이를 인정하기 위해서는 반환의 약정이 있는 등 특별한 사정이 있을 것이 필요하다(대판 1989. 2. 28, 87다카823). 나아가 판례는 임대인의 사정으로 임대차계약이 중도에 해지되는 것과 같은 특별한 사정이 있는 때에는 권리금 중 잔존기간에 대응하는 금액은 반환청구를 할 수 있다고 하였다(대판 2008. 4. 10, 2007다76993).

판례

계약서에 '모든 권리금을 인정함'이라고 기재한 경우, 권리금 반환약정으로 볼 수 있는지 여부(소극)
통상 권리금은 새로운 임차인으로부터만 지급받을 수 있을 뿐이고 임대인에 대하여는 지급을 구할 수 없는 것이므로 임대인이 임대차계약서의 단서 조항에 권리금액의 기재 없이 단지 '모든 권리금을 인정함'이라는 기재를 하였다고 하여 임대차 종료 시 임차인에게 권리금을 반환하겠다고 약정하였다고 볼 수는 없고, 단지 임차인이 나중에 임차권을 승계한 자로부터 권리금을 수수하는 것을 임대인이 용인하고, 나아가 임대인이 정당한 사유 없이 명도를 요구하거나 점포에 대한 임대차계약의 갱신을 거절하고 타에 처분하면서 권리금을 지급받지 못하도록 하는 등으로 임차인의 권리금 회수 기회를 박탈하거나 권리금 회수를 방해하는 경우에 임대인이 임차인에게 직접 권리금 지급을 책임지겠다는 취지로 해석해야 할 것이다(대판 2000. 4. 11, 2000다4517).

04 임차권의 양도와 임차물의 전대

1. 서설

(1) 의의

임차권의 양도란 임차권을 그 동일성을 유지하면서 이전하는 계약을 말한다. 반면 임차물의 전대는 임차인이 임대인(전대인)으로서 임차물을 다시 제3자에게 사용·수익케 하는 계약(보통은 임대차이나 사용대차여도 무방하다)을 말한다.

(2) 법적 성질

① **임차권의 양도**: 통설은 임차권의 양도는 지명채권의 양도로서 준물권계약(처분행위)의 성질을 가진다고 본다.

② **임차물의 전대**: 낙성·불요식의 채권계약으로 임대인의 동의가 없더라도 유효하게 성립한다. 특히, 기존의 임대차관계가 소멸하지 않고 존속한다는 점에서 임차권의 양도와 구별된다.

(3) 민법의 규정

① 민법은 임차권의 양도 및 임대물의 전대를 원칙적으로 금지하고, 임대인의 동의가 있는 경우에만 예외적으로 인정한다. 임대인의 동의 없이 임차권의 양도나 임차물을 전대한 경우에는 임대인이 임대차계약을 해지할 수 있다(제629조).

② 제629조의 취지는, 무단양도나 무단전대가 무효라는 의미가 아니다. 즉 임대인의 동의가 없더라도 일단 당사자 간에는 유효하나, 임대인에 대하여 아무 효력이 없다는 의미이다.

③ 건물의 소부분의 경우에는 적용되지 않으므로 임대인의 동의를 요하지 않는다(제632조).

02

2. 임차권의 양도

(1) 임대인의 동의가 있는 임차권의 양도

① 임대차계약에 따른 임차인의 권리와 의무는 양수인에게 포괄적으로 이전하고, 양도인은 임차인의 지위에서 벗어난다. 즉 임차인의 지위가 양수인에게 승계되는 효과가 발생하여 임대인과 양수인 사이에 임대차관계가 계속된다.[20]

② 따라서 장래의 차임지급의무는 양수인에게 이전된다. 그러나 이미 발생한 연체차임의무나 의무위반으로 인한 손해배상의무는 특약이 없는 한 이전하지 않는다.

③ 임차보증금반환채권도 양수인에게 당연히 이전하는지가 문제되는데, 이에 관해 판례는 "임대차보증금에 관한 구 임차인의 권리·의무관계는 구 임차인이 임대인과 사이에 임대차보증금을 신 임차인의 채무불이행의 담보로 하기로 약정하거나 신 임차인에 대하여 임대차보증금반환채권을 양도하기로 하는 등의 특단의 사정이 없는 한 신 임차인에게 승계되지 아니한다"고 판시하여, 당연승계를 부정하는 입장이다(대판 1998. 7. 14, 96다17202). 통설은 이에 반대한다.

(2) 임대인의 동의가 없는 무단양도

제629조【임차권의 양도, 전대의 제한】
① 임차인은 임대인의 동의 없이 그 권리를 양도하거나 임차물을 전대하지 못한다.
② 임차인이 전항의 규정에 위반한 때에는 임대인은 계약을 해지할 수 있다.

---

20 임차권의 양도에 대한 법적 성질을 지명채권의 양도로 보는 입장에서도 마치 계약인수설과 동일하게 해석하는 이유는, 임차권 양도는 실제 양도인과 양수인 사이에서 대부분 양도인의 지위를 이전하는 합의를 하게 되고 또 그것에 임대인이 동의하면 그것이 임대인에게도 효력이 있게 된다고 보기 때문이다. 이에 따르면 임대인의 동의는 임차권의 승계적 이전의 권능을 임차인에게 주는 의사표시이다.

① **양도인(= 임차인)과 양수인 사이의 관계**

㉠ **양도계약의 효력**: 임대인의 동의가 없더라도 양도계약 자체는 유효하므로 양수인은 임차권을 취득하나, 임대인 및 제3자에게 대항할 수 없을 뿐이다. 이 경우 임차인은 양수인을 위하여 임대인의 동의를 받아 줄 의무가 있다(대판 1986. 2. 25, 85다카1812).

판례

무단양도의 효력 - 유효 ★

임대인의 동의를 받지 아니하고 임차권을 양도한 계약도 이로써 임대인에게 대항할 수 없을 뿐 임차인과 양수인 사이에는 유효한 것이고 이 경우 임차인은 양수인을 위하여 임대인의 동의를 받아 줄 의무가 있다(대판 1986. 2. 25, 85다카1812).

㉡ **양도인의 담보책임**: 임대인의 동의가 없어 임차물을 사용·수익할 수 없는 경우에는 담보책임의 규정에 따라 양수인은 계약을 해제하거나 손해배상의 청구를 할 수 있다(일종의 타인권리매매에 해당).

② **임대인과 임차인 사이의 관계**

㉠ **임대차관계의 존속**: 임대인과 임차인 사이의 임대차계약은 여전히 유효하게 존속하므로, 임차인은 임대인에 대해 여전히 차임지급의무와 목적물보관의무 등을 진다. 이 경우 양수인은 임차인의 이행보조자의 지위에 있으므로(제391조), 양수인의 행위로 임대인에게 손해가 발생하면 임대인은 임차인에게 손해배상을 청구할 수 있다.

㉡ **해지권과 그 제한**(배신행위이론): 임대인은 임차인의 무단양도를 이유로 임대차계약을 해지할 수 있다(제629조 제2항). 다만 판례는 제629조 제2항의 적용범위를 제한하고 있는바, 이에 따르면 "임차인의 변경이 당사자의 개인적인 신뢰를 기초로 하는 계속적 법률관계인 임대차를 더 이상 지속시키기 어려울 정도로 당사자 간의 신뢰관계를 파괴하는 임대인에 대한 배신행위가 아니라고 인정되는 특별한 사정이 있는 때에는 임대인은 자신의 동의 없이 임차권이 이전되었다는 것만을 이유로 민법 제629조 제2항에 따라서 임대차계약을 해지할 수 없다."고 한다(대판 1993. 4. 13, 92다24950).

판례

임차권 무단양도시 임대인의 해지권 ★★

① 제629조 해지권의 취지 - 민법 제629조는 임차인은 임대인의 동의 없이 그 권리를 양도하거나 전대하지 못하고, 임차인이 이에 위반한 때에는 임대인은 계약을 해지할 수 있다고 규정하고 있는바 이는 민법상의 임대차계약은 원래 당사자의 개인적 신뢰를 기초로 하는 계속적 법률관계임을 고려하여 임대인의 인적 신뢰나 경제적 이익을 보호하여 이를 해치지 않게 하고자 함에 있으며, 임차인이 임대인의 승낙 없이 제3자에게 임차물을 사용·수익시키는 것은 임대인에게 임대차관계를 계속시키기 어려운 배신적 행위가 될 수 있는 것이기 때문에 임대인에게 일방적으로 임대차관계를 종지시킬 수 있도록 하고자 함에 있다(대판 1993. 4. 27, 92다45308).

② 임대인의 해지권이 제한되는 특별한 사정 – 임차인의 변경이 당사자의 개인적인 신뢰를 기초로 하는 계속적 법률관계인 임대차를 더 이상 지속시키기 어려울 정도로 당사자 간의 신뢰관계를 파괴하는 임대인에 대한 배신행위가 아니라고 인정되는 특별한 사정이 있는 때에는 임대인은 자신의 동의 없이 임차권이 이전되었다는 것만을 이유로 민법 제629조 제2항에 따라서 임대차계약을 해지할 수 없고, 그와 같은 특별한 사정이 있는 때에 한하여 경락인은 임대인의 동의가 없더라도 임차권의 이전을 임대인에게 대항할 수 있다고 봄이 상당한바, 위와 같은 특별한 사정이 있는 점은 경락인이 주장·입증하여야 한다(대판 1993. 4. 13, 92다24950).

③ **임대인과 양수인 사이의 관계**

㉠ **불법점유**: 양수인은 임대인에 대하여 임차권의 취득을 주장할 수 없으므로 목적물에 대한 양수인의 점유는 불법점유가 된다.

㉡ **목적물반환청구권**: 임대인은 소유권에 기한 물권적 청구권으로서 목적물반환청구를 할 수 있다. 다만 임대인은 임차인과의 임대차계약을 해지하지 않는 한, 목적물을 직접 자기(= 임대인)에게 반환할 것을 청구할 수 없고 임차인에게 반환하도록 청구할 수 있다.

㉢ **손해배상청구권**: 임대인은 임대차계약을 해지하지 않는 한 여전히 임차인에게 차임을 청구할 수 있으므로, 무단양도로 인한 손해가 발생하지 않아 양수인에게 별도로 손해배상청구나 부당이득반환을 청구할 수 없다(임대차계약을 해지한다면 손해배상청구가 가능하다).

판례

임차인이 임대인의 동의를 받지 않고 제3자에게 임차권을 양도하거나 전대하는 등의 방법으로 임차물을 사용·수익하게 한 경우, 제3자에게 불법점유를 이유로 한 차임 상당 손해배상청구나 부당이득반환청구를 할 수 있는지 여부

① 임대차계약이 존속하는 경우(소극) – 임차인이 임대인의 동의를 받지 않고 제3자에게 임차권을 양도하거나 전대하는 등의 방법으로 임차물을 사용·수익하게 하더라도, 임대인이 이를 이유로 임대차계약을 해지하거나 그 밖의 다른 사유로 임대차계약이 적법하게 종료되지 않는 한 임대인은 임차인에 대하여 여전히 차임청구권을 가지므로, 임대차계약이 존속하는 한도 내에서는 제3자에게 불법점유를 이유로 한 차임 상당 손해배상청구나 부당이득반환청구를 할 수 없다.

② 임대차계약이 종료된 경우(적극) – 임대차계약이 종료된 이후에는 임차물을 소유하고 있는 임대인은 제3자를 상대로 위와 같은 손해배상청구나 부당이득반환청구를 할 수 있다(대판 2023. 3. 30, 2022다296165).

3. 임차물의 전대

(1) 임대인의 동의가 있는 전대

제630조【전대의 효과】

① 임차인이 임대인의 동의를 얻어 임차물을 전대한 때에는 전차인은 직접 임대인에 대하여 의무를 부담한다. 이 경우에 전차인은 전대인에 대한 차임의 지급으로써 임대인에게 대항하지 못한다.

② 전항의 규정(= 임대인의 동의 얻은 전대차)은 임대인의 임차인에 대한 권리행사에 영향을 미치지 아니한다.

① **전대인(임차인)과 전차인 사이의 관계**

㉠ 전대차계약의 내용에 따라 정해진다. 그리고 전차인은 임대인에게 직접 의무를 부담하게 되지만(제630조 제1항), 그렇더라도 전차인과 전대인의 관계는 유지된다. 따라서 그 내용이 임대차라면, 전차인은 임차인(= 전대인)에게 차임지급의무를 부담하고, 목적물을 사용·수익하게 해 줄 것을 청구할 수 있다.

㉡ 다만 전차인이 임대인에게 차임을 지급하였다면 그 범위에서 전차인은 임차인에 대한 차임지급의무를 면한다.

② **임대인과 임차인 사이의 관계**: 종전의 임대차관계는 전대차의 성립에 의해 아무런 영향을 받지 않고 여전히 존속하므로, 임대인은 임차인에게 차임청구 등 임대차계약상 권리를 행사할 수 있다(제630조 제2항).

③ **임대인과 전차인 사이의 관계**

㉠ **민법의 규정**: 임대인과 전차인 사이에는 직접적인 (임대차)계약관계가 없으므로, 전차인은 임대인에 대하여 직접 권리를 가지거나 계약상의 의무를 부담하지 않는다. 그러나 ⓐ 민법 제630조 제1항은 임대인 보호를 위해 전차인은 임대인에 대해 직접 의무를 부담한다는 규정을 두고 있다. 나아가 ⓑ 민법은 전차인의 보호를 위해 제638조(해지통고의 통지를 받을 권리 등), 제644조(임대청구권과 지상물매수청구권), 제647조(부속물매수청구권) 등 제한적으로 임대인을 상대로 직접 권리행사가 가능하도록 하는 등 몇 가지 특별규정을 두고 있다(통설).

㉡ 전차인의 임대인에 대한 직접 의무부담

ⓐ **차임지급의무**: 전차인은 전대인(임차인)뿐만 아니라 임대인에 대해서도 차임채무를 부담한다(제630조 제1항). 따라서 전차인이 전대인에게 차임채무를 이행한 경우 그 한도에서 임대인에 대한 차임채무가 소멸함은 당연하다. 그런데 민법은 전대인에 대한 차임의 지급으로써 임대인에게 대항하지 못한다고 규정하고 있어(제630조 제2항), 그 해석상 문제가 있다. 이에 대해 판례는 "민법 제630조 제1항의 규정에 의하여 전차인이 임대인에게 대항할 수 없는 차임의 범위는 전대차계약상의 차임지급시기를 기준으로 하여 그 전에 전대인에게 지급한 차임에 한정되고, 그 이후에 지급한 차임으로는 임대인에게 대항할 수 있다"고 한다(대판 2008. 3. 27, 2006다45459).

판례

민법 제630조 제1항에 따라 임대인의 동의를 얻은 전대차의 전차인이 전대인에 대한 차임의 지급으로 임대인에게 대항할 수 없게 되는 차임의 범위

민법 제630조 제1항은 임차인이 임대인의 동의를 얻어 임차물을 전대한 때에는 전차인은 직접 임대인에 대하여 의무를 부담하고, 이 경우에 전차인은 전대인에 대한 차임의 지급으로써 임대인에게 대항할 수 없다고 규정하고 있는바, 위 규정에 의하여 전차인이 임대인에게 대항할 수 없는 차임의 범위는 전대차계약상의 차임지급시기를 기준으로 하여 그 전에 전대인에게 지급한 차임에 한정되고, 그 이후에 지급한 차임으로는 임대인에게 대항할 수 있다(대판 2008. 3. 27, 2006다45459).

→ [해설]: 전대차계약 종료와 전대차목적물의 반환 당시 전차인의 연체차임은 전대차보증금에서 당연히 공제되어 소멸하며, 이는 전대차계약상의 차임지급시기 이후 발생한 채무소멸사유이므로, 전차인의 연체차임채무가 여전히 남아있음을 전제로 한 임대인의 청구에 대해 전차인은 이로써 대항할 수 있다고 본 사례이다.

임차인이 임대인의 동의를 얻어 임차물을 전대한 경우, 임대인과 임차인, 임차인과 전차인, 임대인과 전차인 사이의 법률관계 및 전차인이 전대차계약상 차임지급시기 전에 전대인에게 차임을 지급한 사정을 들어 임대인에게 대항할 수 있는지 여부(소극)(대판 2017. 12. 28, 2017다265266)
① 임차인이 임대인의 동의를 얻어 임차물을 전대한 경우, 임대인과 임차인 사이의 종전 임대차계약은 계속 유지되므로 여전히 임대인은 임차인에게 차임을 청구할 수 있는 한편(민법 제630조 제2항), 임차인과 전차인 사이에는 별개의 새로운 임대차계약이 성립하므로 임차인은 전차인에 대하여 차임을 청구할 수 있다. 반면에 ② 임대인과 전차인 사이에는 직접적인 법률관계가 형성되지는 않고 다만 임대인 보호를 위하여 전차인은 임대인에 대하여 직접 의무를 부담할 뿐이며, 이때 전차인은 전대차계약상의 차임지급시기 전에 전대인에게 차임을 지급한 사정을 들어 임대인에게 대항하지 못한다(민법 제630조 제1항).

ⓑ 목적물반환의무: 임차인이 임차물을 전대하여 그 임대차 기간 및 전대차 기간이 모두 만료된 경우에는, 그 전대차가 임대인의 동의를 얻은 여부와 상관없이 임대인으로서는 전차인에 대하여 소유권에 기한 반환청구권에 터 잡아 목적물을 자신에게 직접 반환해 줄 것을 요구할 수 있고, 전차인으로서도 목적물을 임대인에게 직접 명도함으로써 임차인(전대인)에 대한 목적물 명도의무를 면한다(대판 1995.12.12, 95다23996).

㉢ 전차인 보호를 위한 특별규정

ⓐ 전차권의 존속기간

> **제631조【전차인의 권리의 확정】**
> 임차인이 임대인의 동의를 얻어 임차물을 전대한 경우에는 임대인과 임차인의 합의로 계약을 종료한 때에도 전차인의 권리는 소멸하지 아니한다.

ⓑ 임대인의 해지로부터의 보호

> **제638조【해지통고의 전차인에 대한 통지】**
> ① 임대차계약이 해지의 통고로 인하여 종료된 경우에 그 임대물이 적법하게 전대되었을 때에는 임대인은 전차인에 대하여 그 사유를 통지하지 아니하면 해지로써 전차인에게 대항하지 못한다.
> ② 전차인이 전항의 통지를 받은 때에는 제635조 제2항(= 해지통고기간)의 규정을 준용한다.

민법 제638조 제1항, 제2항 및 제635조 제2항에 의하면 임대차계약이 해지 통고로 인하여 종료된 경우에 그 임대물이 적법하게 전대되었을 때에는 임대인은 전차인에 대하여 그 사유를 통지하지 아니하면 해지로써 전차인에게 대항하지 못하고, 전차인이 통지를 받은 때에는 토지, 건물 기타 공작물에 대하여는 임대인이 해지를 통고한 경우에는 6월, 임차인이 해지를 통고한 경우에는 1월, 동산에 대하여는 5일이 경과하면 해지의 효력이 생긴다고 할 것이지만 민법 제640조에 터 잡아 임차인의 차임연체액이 2기의 차임액에 달함에 따라 임대인이 임대차계약을 해지하는 경우에는 전차인에 대하여 그 사유를 통지하지 않더라도 해지로써 전차인에게 대항할 수 있고, 해지의 의사표시가 임차인에게 도달하는 즉시 임대차관계는 해지로 종료된다(대판 2012. 10. 11, 2012다55860).

ⓒ 건물전차인의 부속물매수청구권

> **제647조【전차인의 부속물매수청구권】**
> ① 건물 기타 공작물의 임차인이 적법하게 전대한 경우에 전차인이 그 사용의 편익을 위하여 임대인의 동의를 얻어 이에 부속한 물건이 있는 때에는 전대차의 종료 시에 임대인에 대하여 그 부속물의 매수를 청구할 수 있다.
> ② 임대인으로부터 매수하였거나 그 동의를 얻어 임차인으로부터 매수한 부속물에 대하여도 전항과 같다.

ⓓ 토지전차인의 임대청구권과 지상물매수청구권

> **제644조【전차인의 임대청구권, 매수청구권】**
> ① 건물 기타 공작물의 소유 또는 식목, 채염, 목축을 목적으로 한 토지임차인이 적법하게 그 토지를 전대한 경우에 임대차 및 전대차의 기간이 동시에 만료되고 건물, 수목 기타 지상시설이 현존한 때에는 전차인은 임대인에 대하여 전전대차와 동일한 조건으로 임대할 것을 청구할 수 있다.
> ② 전항의 경우에 임대인이 임대할 것을 원하지 아니하는 때에는 제283조 제2항의 규정을 준용한다.

판례

전차인의 임대청구권과 매수청구권 행사의 요건 ★

민법 제644조 소정의 전차인의 임대청구권과 매수청구권은 토지임차인이 토지임대인의 승낙하에 적법하게 그 토지를 전대한 경우에만 인정되는 권리이다(대판 1993. 7. 27, 93다6386).

(2) 임대인의 동의가 없는 무단전대

① 전대인(임차인)과 전차인 사이의 관계

㉠ **전대차계약의 효력**: 임대인의 동의가 없더라도 전대차계약 자체는 유효하고, 임대인 및 제3자에게 대항할 수 없을 뿐이다. 이 경우 임차인은 전차인을 위하여 임대인의 동의를 받아 줄 의무가 있다(대판 1986. 2. 25, 85다카1812).

㉡ **전대인의 담보책임**: 임대인의 동의가 없어 임차물을 사용·수익할 수 없는 경우에는 담보책임의 규정에 따라 전차인이 계약을 해제하거나 손해배상의 청구를 할 수 있다(일종의 타인권리매매에 해당).

② 임대인과 임차인(전대인) 사이의 관계

㉠ **임대차관계의 존속**: 임대인과 임차인 사이의 임대차계약은 여전히 유효하게 존속하므로, 임차인은 임대인에 대해 여전히 차임지급의무 등을 진다.

㉡ **해지권과 그 제한**(배신행위이론): 반면, 임대인은 임차인의 무단전대를 이유로 임대차계약을 해지할 수 있다(제629조 제2항). 다만 판례는 임대인에 대한 배신행위가 아닌 경우에는 해지권이 제한된다는 입장이다(무단양도의 경우와 동일하게 다룬다).

판례

배신행위이론

임차인이 비록 임대인으로부터 별도의 승낙을 얻지 아니하고 제3자에게 임차물을 사용·수익하도록 한 경우에 있어서도, 임차인의 당해 행위가 임대인에 대한 배신적 행위라고 할 수 없는 특별한 사정이 인정되는 경우에는, 임대인은 자신의 동의 없이 전대차가 이루어졌다는 것만을 이유로 임대차계약을 해지할 수 없으며, 전차인은 그 전대차나 그에 따른 사용·수익을 임대인에게 주장할 수 있다 할 것이다(대판 2007. 11. 29, 2005다64255).

③ **임대인과 전차인 사이의 관계**

㉠ **불법점유**: 전차인은 전대인으로부터 취득한 임차권을 가지고서 임대인에게 대항하지 못하므로 목적물에 대한 전차인의 점유는 불법점유가 된다.

㉡ **목적물반환청구권**: 임대인은 소유권에 기한 물권적 청구권으로서 목적물반환청구를 할 수 있다. 다만 임차인과의 임대차계약을 해지하지 않는 한, 목적물을 직접 자기(=임대인)에게 반환할 것을 청구할 수 없고 임차인에게 반환하도록 청구할 수 있다.

㉢ **손해배상청구권**: 임대인은 임대차계약을 해지하지 않는 한 여전히 임차인에게 차임을 청구할 수 있으므로, 무단전대로 인한 손해가 발생하지 않아 전차인에게 별도로 손해배상청구나 부당이득반환을 청구할 수 없다.

판례

임차인이 임대인의 동의를 받지 않고 제3자에게 임차권을 양도하거나 전대하는 등의 방법으로 임차물을 사용·수익하게 한 경우, 제3자에게 불법점유를 이유로 한 차임 상당 손해배상청구나 부당이득반환청구를 할 수 있는지 여부

① 임대차계약이 존속하는 경우(소극) – 임차인이 임대인의 동의를 받지 않고 제3자에게 임차권을 양도하거나 전대하는 등의 방법으로 임차물을 사용·수익하게 하더라도, 임대인이 이를 이유로 임대차계약을 해지하거나 그 밖의 다른 사유로 임대차계약이 적법하게 종료되지 않는 한 임대인은 임차인에 대하여 여전히 차임청구권을 가지므로, 임대차계약이 존속하는 한도 내에서는 제3자에게 불법점유를 이유로 한 차임 상당 손해배상청구나 부당이득반환청구를 할 수 없다.

② 임대차계약이 종료된 경우(적극) – 임대차계약이 종료된 이후에는 임차물을 소유하고 있는 임대인은 제3자를 상대로 위와 같은 손해배상청구나 부당이득반환청구를 할 수 있다(대판 2023. 3. 30, 2022다296165).

(3) 건물의 소부분 전대의 경우

제632조【임차건물의 소부분을 타인에게 사용케 하는 경우】

전3조의 규정은 건물의 임차인이 그 건물의 소부분을 타인에게 사용하게 하는 경우에 적용하지 아니한다.

건물의 임차인이 그 임차건물의 소부분을 타인에게 사용하게 하는 경우에는 전대의 제한(제629조), 전대의 효과(제630조), 전차인의 권리의 확정(제631조) 등의 규정은 적용되지 않는다(제632조). 그러나 제632조는 임의규정이다.

05 임대차의 종료

1. 임대차의 종료원인

(1) 존속기간의 만료

임대차의 존속기간을 약정한 경우에는 그 기간의 만료로 임대차는 종료한다. 다만, 갱신에 관한 합의, 법정갱신 등이 성립하면 임대차는 존속한다. 그러나 법정갱신의 경우 당사자는 제635조의 규정에 의하여 해지의 통고를 할 수 있다.

(2) 해지통고

① 존속기간의 약정이 없는 경우

> **제635조【기간의 약정 없는 임대차의 해지통고】**
> ① 임대차 기간의 약정이 없는 때에는 당사자는 언제든지 계약해지의 통고를 할 수 있다.
> ② 상대방이 전항의 통고를 받은 날로부터 다음 각호의 기간이 경과하면 해지의 효력이 생긴다.
> 1. 토지, 건물 기타 공작물에 대하여는 임대인이 해지를 통고한 경우에는 6월, 임차인이 해지를 통고한 경우에는 1월
> 2. 동산에 대하여는 5일

양 당사자는 자유롭게 언제든지 해지통고를 할 수 있다(제635조 제1항). 단, 해지의 효력이 발생하기 위해서는 제635조 제2항의 기간이 경과하여야 한다.

② 존속기간의 약정이 있는 경우

> **제636조【기간의 약정 있는 임대차의 해지통고】**
> 임대차기간의 약정이 있는 경우에도 당사자 일방 또는 쌍방이 그 기간 내에 해지할 권리를 보류한 때에는 전조의 규정(= 6월, 1월, 5일)을 준용한다.
> **제637조【임차인의 파산과 해지통고】**
> ① 임차인이 파산선고를 받은 경우에는 임대차기간의 약정이 있는 때에도 임대인 또는 파산관재인은 제635조의 규정에 의하여 계약해지의 통고(= 6월, 1월, 5일)를 할 수 있다.
> ② 전항의 경우에 각 당사자는 상대방에 대하여 계약해지로 인하여 생긴 손해의 배상을 청구하지 못한다.

(3) 즉시해지[21]

존속기간의 약정이 있더라도 다음의 경우에는 임대차계약을 즉시 해지할 수 있다. 이 경우에는 제635조 제2항의 일정기간의 경과를 기다리지 않고 해지의 의사표시가 도달한 때에 바로 그 효력이 생긴다.

① 임대인이 임차인의 의사에 반하여 보존행위를 함으로써 임대차의 목적을 달성할 수 없는 때(제625조)

② 임차물의 일부가 임차인의 과실 없이 멸실한 경우에 그 잔존부분만으로는 임차의 목적을 달성할 수 없는 때(제627조 제2항)

③ 임차인이 임대인의 동의 없이 무단으로 임차권을 양도하거나 임차물을 전대한 때(제629조 제2항)

④ 차임연체액이 2기의 차임액에 달하는 때(제640조, 제641조)

02

(4) 임대인 지위의 양도와 임차인의 해지

임대인과 신 소유자와의 계약만으로써 그 지위의 양도를 할 수 있다 할 것이나, 이 경우에 임차인이 원하지 아니하면 임대차의 승계를 임차인에게 강요할 수는 없는 것이어서 스스로 임대차를 종료시킬 수 있어야 한다는 공평의 원칙 및 신의성실의 원칙에 따라 임차인이 곧 이의를 제기함으로써 승계되는 임대차관계의 구속을 면할 수 있고, 임대인과의 임대차관계도 해지할 수 있다(대판 2002. 9. 4, 2001다64615).

(5) 임대차의 당연종료

임대차계약이 성립된 후 그 존속기간 중에 임대인이 임대차 목적물에 대한 소유권을 상실한 사실 그 자체만으로 바로 임대차에 직접적인 영향을 미친다고 볼 수는 없지만, 임대인이 임대차 목적물의 소유권을 제3자에게 양도하고 그 소유권을 취득한 제3자가 임차인에게 그 임대차 목적물의 인도를 요구하여 이를 인도하였다면 임대인이 임차인에게 임대차 목적물을 사용·수익케 할 의무는 이행불능이 되었다고 할 것이고, 이러한 이행불능이 일시적이라고 볼 만한 특별한 사정이 없다면 임대차는 당사자의 해지 의사표시를 기다릴 필요 없이 당연히 종료되었다고 볼 것이다(대판 1996. 3. 8, 95다15087).

---

21 참고로, 판례는 주된 채무의 불이행을 요구하는 계약해제 또는 해지의 요건, 구 임대주택법(2009. 3. 25. 법률 제9541호로 개정되기 전의 것, 이하 '구 임대주택법'이라 한다)의 입법 취지와 목적, 임대주택의 해제 또는 해지사유에 관한 관련 법령의 문언과 내용 및 취지에 비추어 볼 때, 임대사업자가 임대차계약서상의 채무불이행을 이유로 임대차계약을 해제 또는 해지하려면, 해당 채무가 임대차계약의 주된 채무에 해당하여야 함은 물론, 해당 채무를 위반한 임차인으로 하여금 임대주택을 사용·수익하도록 용인하는 것이 구 임대주택법의 입법 취지에 반하거나 임대사업자의 임대인으로서의 권리를 본질적으로 침해하는 등 구 임대주택법 시행령(2010. 3. 26. 대통령령 제22102호로 개정되기 전의 것) 제26조 제1항 또는 표준임대차계약서 제10조 제1항에서 정한 그 밖의 해제 또는 해지사유와 동등하게 평가될 정도로 중대한 사유이어야 하고, 이에 이르지 못한 경우에는 임대차계약을 해제 또는 해지할 수 없다고 하였다(대판 2018. 2. 8, 2016다241805).

2. 임대차종료의 효과

(1) 일반적 효력

임대차는 이른바 계속적 계약으로서 그 종료의 효과는 장래에 대하여 생길 뿐이다. 임대차종료 시 임차인은 목적물을 원상으로 회복하여 임대인에게 반환하여야 하고, 임대인은 보증금 중 연체차임 등 해당 임대차에 관하여 명도 시까지 생긴 모든 채무를 청산한 나머지를 반환할 의무가 있으며, 이는 임차인의 임차목적물 반환의무와 동시이행관계에 있다. 그 밖에 임차인은 유익비상환청구, 부속물매수청구를 할 수 있다.

판례

임대차종료 시 임차인의 원상회복의무의 내용

임대차종료로 인한 임차인의 원상회복의무에는 임차인이 사용하고 있던 부동산의 점유를 임대인에게 이전하는 것은 물론 임대인이 임대 당시의 부동산 용도에 맞게 다시 사용할 수 있도록 협력할 의무도 포함한다. 따라서 임대인 또는 그 승낙을 받은 제3자가 임차건물 부분에서 다시 영업허가를 받는 데 방해가 되지 않도록 임차인은 임차건물 부분에서의 영업허가에 대하여 폐업신고절차를 이행할 의무가 있다(대판 2008. 10. 9, 2008다34903).

(2) 임대차종료 후 임차인의 임차목적물 계속점유에 따른 법률관계

① **불법행위에 따른 손해배상책임**: 임대차종료 후 임차인의 임차목적물 명도의무와 임대인의 연체임료 기타 손해배상금을 공제하고 남은 임차보증금 반환의무와는 동시이행의 관계에 있으므로, 임차인이 동시이행의 항변권에 기하여 임차목적물을 점유하고 사용·수익한 경우 그 점유는 불법점유라 할 수 없어 그로 인한 손해배상책임은 지지 아니한다(대판 1998. 7. 10, 98다15545).

② **부당이득반환의무**: 법률상의 원인 없이 이득하였음을 이유로 한 부당이득의 반환에 있어서 이득이라 함은 실질적인 이익을 가리키는 것이므로 법률상 원인 없이 건물을 점유하고 있다 하여도 이를 사용 수익하지 않았다면 이익을 얻은 것이라고 볼 수 없는 것인바, 임차인이 임대차계약 종료 이후에도 동시이행의 항변권을 행사하는 방법으로 목적물의 반환을 거부하기 위하여 임차건물부분을 계속 점유하기는 하였으나 이를 본래의 임대차계약상의 목적에 따라 사용 수익하지 아니하여 실질적인 이득을 얻은 바 없는 경우에는 그로 인하여 임대인에게 손해가 발생하였다 하더라도 임차인의 부당이득반환의무는 성립되지 않는다(대판 1992. 4. 14, 91다45202).

06 일시임대차

제653조【일시사용을 위한 임대차의 특례】
제628조, 제638조, 제640조, 제646조 내지 제648조, 제650조 및 전조의 규정은 일시사용하기 위한 임대차 또는 전대차인 것이 명백한 경우에는 적용하지 아니한다.

일시사용을 위한 임대차인지 여부는 임대차의 목적, 임차목적물의 성질 등 제반사정을 종합적으로 고려하여 사회일반의 관념에 따라 판단한다. 이러한 일시사용을 위한 임대차의 경우에는 차임증감청구권(제628조), 전차인에 대한 해지통고의 통지(제638조), 차임연체와 해지(제640조), 임차인의 부속물매수청구권(제646조), 전차인의 부속물매수청구권(제647조), 임차지의 부속물과 과실 등에 대한 법정질권(제648조), 임차건물 등의 부속물에 대한 법정질권(제650조), 강행규정(제652조) 등의 적용이 없다.

07 편면적 강행규정

제652조【강행규정】
제627조, 제628조, 제631조, 제635조, 제638조, 제640조, 제641조, 제643조 내지 제647조의 규정에 위반하는 약정으로 임차인이나 전차인에게 불리한 것은 그 효력이 없다.

일부멸실 등과 감액청구, 해지권(제627조), 차임증감청구권(제628조), 임대인의 동의를 얻은 전대차의 경우에 있어서 전차인의 권리의 확정(제631조), 기간의 약정 없는 임대차의 해지통고(제635조), 해지통고의 전차인에 대한 통지(제638조), 차임연체와 해지(제640조, 제641조), 임차인의 갱신청구권과 매수청구권(제643조), 전차인의 임대청구권과 매수청구권(제644조), 지상권목적토지의 임차인의 임대청구권과 매수청구권(제645조), 임차인의 부속물매수청구권(제646조), 전차인의 부속물매수청구권(제647조), 나아가 판례는 묵시의 갱신(제639조)도 강행규정으로 본다.

판례

차임증감청구권에 관한 규정의 성격
임대차계약에 있어서 차임은 당사자 간에 합의가 있어야 하고, 임대차기간 중에 당사자의 일방이 차임을 변경하고자 할 때에도 상대방의 동의를 얻어서 하여야 하며, 그렇지 아니한 경우에는 민법 제628조에 의하여 차임의 증감을 청구하여야 할 것이고, 만일 임대차계약 체결 시에 임대인이 일방적으로 차임을 인상할 수 있고 상대방은 이의를 할 수 없다고 약정하였다면, 이는 강행규정인 민법 제628조에 위반하는 약정으로서 임차인에게 불리한 것이므로 민법 제652조에 의하여 효력이 없다(대판 1992. 11. 24, 92다31163).

제3관 _ 특별법에 의한 임대차 관계의 규율

01 주택임대차보호법상의 주택임대차

1. 제정목적

주임법 제1조【목적】
이 법은 주거용 건물의 임대차에 관하여 '민법'에 대한 특례를 규정함으로써 국민 주거생활의 안정을 보장함을 목적으로 한다.

2. 적용범위

주임법 제2조【적용 범위】
이 법은 주거용 건물(이하 '주택'이라 한다)의 전부 또는 일부의 임대차에 관하여 적용한다. 그 임차주택의 일부가 주거 외의 목적으로 사용되는 경우에도 또한 같다.

(1) 주거용 건물일 것

주택임대차보호법은 주거용 건물(이하 '주택'이라 함)의 전부 또는 일부에 관한 임대차에 관하여 적용되며(동법 제2조 제1문), 그 임차주택의 일부가 주거 외의 목적으로 사용되는 경우에도 적용된다(동법 제2조 제2문). 그러나 비주거용 건물의 일부를 주거로 사용하는 경우에는 동법이 적용되지 않는다(판례).

판례

비거주용 건물의 일부가 주거용으로 사용되는 경우 주택임대차보호법의 적용 여부(소극) ★★
임차주택의 일부가 주거 외의 목적으로 사용되는 경우에도 주택임대차보호법 제2조의 규정에 의하여 그 법률의 적용을 받는 주거용 건물에 포함되나 주거생활의 안정을 보장하기 위한 입법의 목적에 비추어 거꾸로 비주거용 건물에 주거의 목적으로 일부를 사용하는 경우에는 동법 제2조가 말하고 있는 일부라는 범위를 벗어나 이를 주거용 건물이라 할 수 없고 이러한 건물은 위 법률의 보호대상에서 제외된다(대판 1987. 4. 28, 86다카2407).

(2) 판단기준

여기서 주거용 건물인지 비주거용 건물인지 여부는 공부상의 표시만을 기준으로 할 것이 아니라 실제 용도에 따라 결정하여야 한다(대판 1998. 12. 27, 87다카2024). 구체적으로 주거용과 비주거용이 겸용되는 경우 그 임대차의 목적, 전체 건물과 임대차목적물의 구조와 형태 및 임차인의 임대차목적물의 이용관계 그리고 임차인이 그 곳에서 일상생활을 영위하는지 여부 등을 아울러 고려하여 합목적적으로 결정하여야 한다(대판 1996. 6. 14, 96다7595).

판례

'주거용 건물'의 의미
주택임대차보호법 제2조 소정의 주거용 건물에 해당하는지 여부는 임대차목적물의 공부상의 표시만을 기준으로 할 것이 아니라 그 실지 용도에 따라서 정하여야 하고 또 건물의 일부가 임대차의 목적이 되어 주거용과 비주거용으로 겸용되는 경우에는 구체적인 경우에 따라 그 임대차의 목적, 전체 건물과 임대차목적물의 구조와 형태 및 임차인의 임대차목적물의 이용관계 그리고 임차인이 그 곳에서 일상생활을 영위하는지 여부 등을 아울러 고려하여 합목적적으로 결정하여야 한다(대판 1996. 6. 14, 96다7595).

'주거용 건물'인지 여부 ★
① 방 2개와 주방이 딸린 다방이 주택임대차보호법 제2조 후문의 주거용 건물에 해당하지 아니한다(대판 1996. 3. 12, 95다51953).
② 여인숙 방 10개 중 1개를 내실로 사용한 경우 주거용 건물에 해당하지 아니한다(대판 1987. 4. 28, 86다카2407).
③ 건물이 공부상으로는 단층 작업소 및 근린생활시설로 표시되어 있으나 실제로 甲은 주거 및 인쇄소 경영 목적으로, 乙은 주거 및 슈퍼마켓 경영 목적으로 임차하여 가족들과 함께 입주하여 그 곳에서 일상생활을 영위하는 한편 인쇄소 또는 슈퍼마켓을 경영하고 있으며, 甲의 경우는 주거용으로 사용되는 부분이 비주거용으로 사용되는 부분보다 넓고, 乙의 경우는 비주거용으로 사용되는 부분이 더 넓기는 하지만 주거용으로 사용되는 부분도 상당한 면적이고, 위 각 부분이 甲·乙의 유일한 주거인 경우 주택임대차보호법 제2조 후문에서 정한 주거용 건물로 인정된다(대판 1995. 3. 10, 94다52522).

(3) 판단시점

주거용 건물인지의 판단은 임대차계약 체결 당시를 기준으로 한다. 따라서 그 당시 비주거용이었는데 그 후 주거용으로 임의개조한 경우라면 특별한 사정이 없는 한 주택임대차보호법은 적용되지 아니한다.

판례

주거용 건물인지의 판단시점
주택임대차보호법이 적용되려면 먼저 임대차계약 체결 당시를 기준으로 하여 그 건물의 구조상 주거용 또는 그와 겸용될 정도의 건물의 형태가 실질적으로 갖추어져 있어야 하고, 만일 그 당시에는 주거용 건물부분이 존재하지 아니하였는데 임차인이 그 후 임의로 주거용으로 개조하였다면 임대인이 그 개조를 승낙하였다는 등의 특별한 사정이 없는 한 위 법의 적용은 있을 수 없다(대판 1986. 1. 21, 85다카1367).

(4) 임차인이 법인인 경우

① 주임법에 의한 임차인의 보호는 법인인 임차인에게는 인정되지 않는다(대판 1997. 7. 11, 96다7236).
② 다만, 전세임대주택을 지원하는 대통령령이 정하는 일정한 법인에 한하여는 주임법이 적용된다. 그 결과 대항력(주임법 제3조 제2항) 및 우선변제권(주임법 제3조의2)이 인정된다.

⑸ 일시사용을 위한 임대차 – 적용배제

주임법 제11조【일시사용을 위한 임대차】
이 법은 일시사용하기 위한 임대차임이 명백한 경우에는 적용하지 아니한다.

3. 대항력

주임법 제3조【대항력 등】
① 임대차는 그 등기가 없는 경우에도 임차인이 주택의 인도와 주민등록을 마친 때에는 그 다음 날부터 제3자에 대하여 효력이 생긴다. 이 경우 전입신고를 한 때에 주민등록이 된 것으로 본다.
② 국민주택기금을 재원으로 하여 저소득층 무주택자에게 주거생활 안정을 목적으로 전세임대주택을 지원하는 법인이 주택을 임차한 후 지방자치단체의 장 또는 그 법인이 선정한 입주자가 그 주택을 인도받고 주민등록을 마쳤을 때에는 제1항(= 대항력)을 준용한다. 이 경우 대항력이 인정되는 법인은 대통령령으로 정한다.
③ 중소기업기본법 제2조에 따른 중소기업에 해당하는 법인이 소속 직원의 주거용으로 주택을 임차한 후 그 법인이 선정한 직원이 해당 주택을 인도받고 주민등록을 마쳤을 때에는 제1항을 준용한다. 임대차가 끝나기 전에 그 직원이 변경된 경우에는 그 법인이 선정한 새로운 직원이 주택을 인도받고 주민등록을 마친 다음 날부터 제3자에 대하여 효력이 생긴다.
④ 임차주택의 양수인(그 밖에 임대할 권리를 승계한 자를 포함한다)은 임대인의 지위를 승계한 것으로 본다.
⑤ 이 법에 따라 임대차의 목적이 된 주택이 매매나 경매의 목적물이 된 경우에는 민법 제575조 제1항·제3항 및 같은 법 제578조를 준용한다.
⑥ 제5항의 경우에는 동시이행의 항변권에 관한 민법 제536조를 준용한다.

⑴ 의의

주택임차인은 임대인에 대한 채권자일 뿐이지만 대항력을 갖추게 되면 물권자와 유사한 지위를 획득하여, 주택의 양수인이나 후순위권리자에 대한 관계에서도 자신의 임차권을 주장할 수 있다.

⑵ 요건

① 적법한 임대차계약이 있을 것

㉠ 주택임차인이 임차권을 가지고 제3자에게 대항할 수 있으려면 그 당연한 전제로 주임법에 의하여 보호되는 임차권을 적법·유효하게 취득하여야 한다. 따라서 임대차가 주임법의 적용을 받지 않는 경우에는 대항력을 가질 수 없다.

㉡ 다만 그 임대차가 반드시 주택의 소유자가 임대한 것에 한정되지는 않는다. 주택의 소유자는 아니지만 적법하게 임대차계약을 체결할 수 있는 권한을 가진 임대인이 임대한 경우도 주임법의 적용을 받는다.

㉢ 판례는 임의경매절차에서 아직 매각대금을 납부하지 않은 상태에 있는 최고가매수신고인의 지위에 있다는 사정만으로는 적법한 임대권한이 있다고 볼 수 없다고 하였다 (대판 2014. 2. 27, 2012다93794).[22]

판례

주택 소유자는 아니지만 적법한 임대권한을 가진 임대인과 임대차계약을 체결한 경우에도 주택임대차보호법이 적용되는지 여부(적극) ★★★

주택임대차보호법이 적용되는 임대차는 반드시 임차인과 주택 소유자인 임대인 사이에 임대차계약이 체결된 경우에 한정되는 것은 아니고, 주택 소유자는 아니더라도 주택에 관하여 적법하게 임대차계약을 체결할 수 있는 권한을 가진 임대인과 임대차계약이 체결된 경우도 포함된다(대판 2012. 7. 26, 2012다45689).

매매계약의 이행으로 목적물을 인도받은 미등기매수인이 한 임대차계약 ★★

매매계약의 이행으로 매매목적물을 인도받은 매수인은 그 물건을 사용·수익할 수 있는 지위에서 그 물건을 타인에게 적법하게 임대할 수 있다(대판 1971. 3. 31, 71다309).

보증금의 전부지급이 대항력 취득요건인지 여부(소극) ★

인도와 전입신고를 마친 임차인은 적법하게 임대차계약을 체결하여 그 임대차관계가 유지되고 있으면 족하고, 반드시 새로운 이해관계인이 생기기 전까지 임대인에게 보증금을 전부 지급해야 하는 것은 아니다(대판 2001. 1. 19, 2000다61855).

---

② 주택의 인도와 주민등록을 마칠 것

㉠ 대항력의 존속요건성: 주택의 인도 및 주민등록이라는 대항요건은 그 대항력 취득 시에만 구비하면 족한 것이 아니고, 그 대항력을 유지하기 위하여서도 계속 존속하고 있어야 한다(대판 1998. 1. 23, 97다43468).

㉡ 주택의 인도: 임차인이 주택을 인도받아 점유하여야 한다. '주택의 인도'에는 주택의 직접점유뿐만 아니라 간접점유의 취득(임차인이 전대를 하는 경우)도 포함된다(대판 2007. 11. 29, 2005다64255). 다만 해당 주택에 실제로 거주하지 아니하는 간접점유자에 불과한 임차인 자신의 주민등록으로는 대항력의 요건을 적법하게 갖추었다고 할 수 없으며, 임차인과의 점유매개관계에 기하여 해당 주택에 실제로 거주하는 직접점유자가 자신의 주민등록을 마친 경우에 한하여 비로소 그 임차인의 임대차가 제3자에 대하여 적법하게 대항력을 취득할 수 있다(대판 2001. 1. 19, 2000다55645).

---

22 甲이 임의경매절차에서 최고가매수신고인의 지위에 있던 乙과 주택임대차계약을 체결한 후 주택을 인도받아 전입신고를 마치고 임대차계약서에 확정일자를 받았는데, 다음날 乙이 매각대금을 완납하고 丙 주식회사에 근저당권설정등기를 마쳐준 사안에서, 乙이 최고가매수신고인이라는 것 외에는 임대차계약 당시 적법한 임대권한이 있었음을 인정할 자료가 없는데도, 甲이 아직 매각대금을 납부하지도 아니한 최고가매수신고인에 불과한 乙로부터 주택을 인도받아 전입신고 및 확정일자를 갖추었다는 것만으로 주택임대차보호법 제3조의2 제2항에서 정한 우선변제권을 취득하였다고 본 원심판결에 법리오해 등의 위법이 있다고 한 사례이다.

㉢ 주민등록

ⓐ **전입신고 포함**: 임차인이 전입신고를 하더라도 주민등록이 되기까지는 시간적 간격이 있으므로, 주임법은 그 보호의 공백을 메우기 위해 전입신고를 한 때에 주민등록이 된 것으로 본다고 정하였다(주임법 제3조 제1항).

ⓑ **공시방법으로서의 의미**: 공시방법으로서의 '주민등록'은 단순히 형식적으로 주민등록이 경료된 것만으로는 부족하고, 주민등록에 의해 표상되는 점유관계가 임차권을 매개로 하는 점유임을 제3자가 인식할 수 있어야 한다(대판 2001. 1. 30, 2000다58026). 이는 대항력의 유지를 위한 존속요건이다(대판 1987. 2. 24, 86다카1695).

판례

가족의 주민등록 포함 여부(유효) ★★

주택임대차보호법상의 대항요건인 주민등록은 임차인 본인뿐 아니라 그 배우자나 자녀 등 가족의 주민등록을 포함한다(대판 1987. 10. 26, 87다카14).

임대차관계의 공시방법으로서의 '주민등록' ★★★

유효요건 – 주민등록이 어떤 임대차를 공시하는 효력이 있는가의 여부는 그 주민등록으로 제3자가 임차권의 존재를 인식할 수 있는가에 따라 결정된다고 할 것이므로, 주민등록이 대항력의 요건을 충족시킬 수 있는 공시방법이 되려면 단순히 형식적으로 주민등록이 되어 있다는 것만으로는 부족하고, 주민등록에 의하여 표상되는 점유관계가 임차권을 매개로 하는 점유임을 제3자가 인식할 수 있는 정도는 되어야 한다(대판 2001. 1. 30, 2000다58026).

주민등록과 주소가 일치할 것 ★

① **등기부상 표시와 다른 경우(무효)** – 임차인이 임대차계약을 체결함에 있어 그 임차주택을 등기부상 표시와 다르게 현관문에 부착된 호수의 표시대로 그 임대차계약서에 표시하고, 주택에 입주하여 그 계약서상의 표시대로 전입신고를 하여 그와 같이 주민등록표에 기재된 후 그 임대차계약서에 확정일자를 부여받은 경우, 그 임차주택의 실제 표시와 불일치한 표시로 행해진 임차인의 주민등록은 그 임대차의 공시방법으로 유효한 것으로 볼 수 없어 임차권자인 피고가 대항력을 가지지 못하므로, 그 주택의 경매대금에서 임대차보증금을 우선변제받을 권리가 없다(대판 1996. 4. 12, 95다55474).

② **사후에 등기부상 표시와 달라진 경우(무효)** – 건축 중인 주택에 대한 소유권보존등기가 경료되기 전에 그 일부를 임차하여 주민등록을 마친 임차인의 주민등록상의 주소 기재가 그 당시의 주택의 현황과 일치한다고 하더라도, 그 후 사정변경으로 등기부 등의 주택의 표시가 달라졌다면 특별한 사정이 없는 한 달라진 주택의 표시를 전제로 등기부상 이해관계를 가지게 된 제3자로서는 당초의 주민등록에 의하여 당해 주택에 임차인이 주소 또는 거소를 가진 자로 등록되어 있다고 인식하기 어렵다고 할 것이므로, 그 주민등록은 그 제3자에 대한 관계에서 유효한 임대차의 공시방법이 될 수 없다고 할 것이며, 이러한 이치는 입찰절차에서의 이해관계인 등이 잘못된 임차인의 주민등록상의 주소가 건축물관리대장 및 등기부상의 주소를 지칭하는 것을 알고 있었다고 하더라도 마찬가지이다(대판 2003. 5. 16, 2003다10940).

주택의 인도와 주민등록이 대항력 유지를 위한 존속요건인지 여부(적극) ★★

주택임대차보호법 제3조 제1항에서 주택임차인에게 주택의 인도와 주민등록을 요건으로 명시하여 등기된 물권에 버금가는 강력한 대항력을 부여하고 있는 취지에 비추어볼 때 달리 공시방법이 없는 주택임대차에서는 주택의 인도 및 주민등록이라는 대항요건은 그 대항력 취득 시에만 구비하면 족한 것이 아니고, 그 대항력을 유지하기 위하여서도 계속 존속하고 있어야 한다. (따라서) 주택의 임차인이 그 주택의 소재지로 전입신고를 마치고 그 주택에 입주함으로써 일단 임차권의 대항력을 취득한 후 어떤 이유에서든지 그 가족과 함께 일시적이나마 다른 곳으로 주민등록을 이전하였다면, 이는 전체적으로나 종국적으로 주민등록의 이탈이라고 볼 수 있으므로, 그 대항력은 그 전출 당시 이미 대항요건의 상실로 소멸되는 것이고, 그 후 그 임차인이 얼마 있지 않아 다시 원래의 주소지로 주민등록을 재전입하였다 하더라도, 이로써 소멸되었던 대항력이 당초에 소급하여 회복되는 것이 아니라 그 재전입한 때부터 그와는 동일성이 없는 새로운 대항력이 재차 발생하는 것이다(대판 1998. 1. 23, 97다43468).

(3) 대항력 취득시기

주택의 임차인이 주택의 인도와 주민등록을 마친 때에는, '그 다음 날'부터 제3자에 대하여 효력이 생긴다(주임법 제3조 제1항 본문). 따라서 주택의 인도 및 주민등록이라는 동법에 의한 대항요건과 그 주택에 대한 제3자의 저당권등기가 같은 날 이루어진 경우에는 이 규정에 의하여 제3자의 저당권이 주택임차권보다 우선하게 된다.

판례

대항력이 생기는 시점인 '다음 날'의 의미 ★

주택임대차보호법 제3조의 임차인이 주택의 인도와 주민등록을 마친 때에는 그 '다음 날부터' 제3자에 대하여 효력이 생긴다고 함은 익일 오전 영시부터 대항력이 생긴다는 취지이다(대판 1999. 5. 25, 99다9981).

(4) 대항력의 내용

① 임차부동산의 양수인에 대한 효력

㉠ **법정승계 – 임대인 지위의 승계**: 임차주택이 양도된 때에는 임차주택의 양수인은 임대인의 지위를 승계한 것으로 본다(주임법 제3조 제4항). 여기의 '양수인'이려면 주택을 임대할 권리나 이를 수반하는 권리를 종국적·확정적으로 이전받았어야 한다. 양수인의 권리취득의 원인은 불문한다. 따라서 매매·증여·상속·경매·계약해제 등의 경우도 포함한다. 구체적으로 ⓐ 강제경매에 있어서의 경락인(대판 1992. 7. 14, 92다12827), 명의신탁자로부터 임차한 경우의 명의수탁자(대판 1999. 4. 23, 98다49753), 건물이 무허가로 미등기인 경우 그 미등기건물의 (미등기)양수인(대판 1987. 3. 24, 86다카164), 건물의 매도인이 매수인에게 매도하고 매수인이 이를 임대하여 그 임차인이 대항력을 갖춘 후 위 매매계약이 해제된 경우 계약해제로 소유권을 회복한 전 소유자(대판 2003. 8. 22, 2003다12717) 등은 여기의 양수인에 해당한다. 반면 ⓑ 임차권에 우선하는 저당권에 기하여 경락을 받은 자는 여기의 양수인에 해당하지 않고(대판 1987. 2. 24, 86다카1936), 주택의 양도담보의 경우는 채권담보를 위

하여 신탁적으로 양도담보권자에게 주택의 소유권이 이전될 뿐이어서, 특별한 사정이 없는 한, 양도담보권자가 주택의 사용수익권을 갖게 되는 것이 아니고 또 주택의 소유권이 양도담보권자에게 확정적 · 종국적으로 이전되는 것도 아니므로 임차주택의 양도담보권자도 이 법 조항에서 말하는 '양수인'에 해당되지 아니한다(대판 1993. 11. 23, 93다4083).

판례

임차인이 대항력을 갖추지 못한 경우 임차주택의 이전 시 임차보증금 반환의무를 부담하는 자(= 임대인)
주택임대차보호법 제3조 제4항에 따라 임차주택의 양수인이 임대인의 지위를 승계하는 것은 어디까지나 임차인이 대항력을 갖추고 있는 것을 요건으로 하므로 대항력을 갖추지 못한 임차인의 경우 임차주택이 다른 사람에게 이전되었더라도 임대인이 임차보증금 반환의무를 부담하는 것이 원칙이다. 따라서 이 사건 경매절차에서 소외인이 이 사건 주택의 소유권을 취득하기 전에 원고가 전출함으로써 대항력을 상실한 이상 임대인의 지위는 소외인에게 승계되지 아니하므로 피고가 잔여 임차보증금 반환의무를 부담한다(대판 2023. 6. 29, 2020다276914).

임차인이 경매절차에서 현황조사를 마친 후 전출함으로써 대항력을 상실한 후, 임대인에게 남은 임차보증금의 반환을 청구하는 것이 신의성실의 원칙에 반하는 행위인지 여부(소극)
임차주택의 양수인에게 대항할 수 있는 임차권자라도 스스로 임대차관계의 승계를 원하지 않을 때에는 승계되는 임대차관계의 구속을 면할 수 있다고 보는 것이 공평의 원칙 또는 신의성실의 원칙에 부합한다(대판 1996. 7. 12, 94다37646 등 참조). 따라서 원고가 이 사건 경매절차에서 현황조사를 마친 후 전출함으로써 대항력을 상실하고 피고에게 남은 임차보증금의 반환을 청구하였다고 하여 이를 두고 신의성실의 원칙에 반하는 행위라고 볼 수는 없다(대판 2023. 6. 29, 2020다276914).

미등기무허가 건물의 양수인이 임대인 지위를 승계하는지 여부(적극) ★★
주택임대차보호법의 목적과 동법 제3조 제4항의 규정에 비추어 볼 때, 건물이 미등기인 관계로 그 건물에 대하여 아직 소유권이전등기를 경료하지는 못하였지만 그 건물에 대하여 사실상 소유자로서의 권리를 행사하고 있는 자는 전소유자로부터 위 건물의 일부를 임차한 자에 대한 관계에서는 위 사실상 소유자가 동법 제3조 제4항 소정의 주택의 양수인으로서 임대인의 지위를 승계하였다고 볼 수 있다(대판 1987. 3. 24, 86다카164).

주택 임차인이 법인인 경우, 주택의 양수인이 임대인의 지위를 당연히 하는지 여부(원칙적 소극)
법인은 주택임대차보호법 제3조 제1항이 정하는 대항요건의 하나인 주민등록을 마칠 수 없는 점에 비추어 보면, 주택을 임차한 법인에는 주택임대차보호법 제3조 제2항, 제3항이 정하는 경우를 제외하고는 주택임대차보호법 제3조가 적용되지 않는다. 그러므로 임차주택의 양수인이 임대인의 지위를 당연히 승계한다는 내용의 주택임대차보호법 제3조 제4항도 주택 임차인이 법인인 경우에는 원칙적으로 적용되지 않는다. 따라서 임대인이 법인을 임차인으로 하는 주택을 양도한 경우에는 임대인의 임대차보증금 반환채무를 양수인이 면책적으로 인수하였다는 등의 특별한 사정이 없는 한 임대인의 법인에 대한 임대차보증금 반환채무는 위 주택 양도에도 불구하고 소멸하지 아니한다(대판 2024. 6. 13, 2024다215542).

ⓛ 구체적 법률관계

ⓐ **차임 · 임차권의 존속기간 · 비용상환청구권 · 부속물매수청구권**: 임대인의 권리 · 의무가 부동산의 소유권과 결합하여 일체로서 양수인에게 이전한다. 따라서 목적물을 사용 · 수익케 할 의무, 차임, 임차권의 존속기간도 양수인과의 사이에서 그대로 승계되므로 임차인은 양수인에게 차임을 지급하여야 하고, 임대차는 약정된 존속기

간 동안 존속한다. 또한 비용상환청구권과 부속물매수청구권도 양수인에 대하여 행사할 수 있다.

ⓑ 보증금반환청구권

- **임차인으로서의 지위**: 임차인으로서 보증금반환청구권을 양수인에게 주장할 수 있기 위해서는 대항력을 갖춘 경우이어야 한다. 다만 임차인이 대항력을 취득한 후에 임차주택이 양도되어 양수인이 일단 임차보증금반환채무를 부담하게 된 이상, 그 후 임차인이 주민등록을 다른 곳으로 옮겼다 하여도 양수인의 임차보증금반환채무가 소멸하는 것은 아니다(대판 1993. 12. 7, 93다36615).
- **종전 임대인의 지위**: 주택의 임차인이 제3자에 대하여 대항력을 구비한 후에 그 주택의 소유권이 양도된 경우에는 임대차보증금반환채무도 주택의 소유권과 결합하여 일체로서 이전하는 것이며, 이에 따라 양도인의 임차보증금반환채무는 소멸하는 것이다(대판 1989. 10. 24, 88다카13172). 따라서 주택 양수인이 임차인에게 임대차보증금을 반환하였다 하더라도, 이는 자신의 채무를 변제한 것에 불과할 뿐, 양도인의 채무를 대위변제한 것이라거나, 양도인이 위 금액 상당의 반환채무를 면함으로써 법률상 원인 없이 이익을 얻고 양수인이 그로 인하여 위 금액 상당의 손해를 입었다고 할 수 없다(대판 1993. 7. 16, 93다17324).
- **임차인의 이의권**: 다만 임차인이 임대인의 지위승계를 원하지 않는 경우에는, 임차인이 임차주택의 양도사실을 안 때로부터 상당한 기간 내에 이의를 제기함으로써 승계되는 임대차관계의 구속으로부터 벗어날 수 있다고 봄이 상당하고, 그와 같은 경우에는 양도인의 임차인에 대한 보증금 반환채무는 소멸하지 않는다(대판 2002. 9. 4, 2001다64615).

판례

양수인의 임대인 지위승계에 임차인의 동의가 필요한지(소극) ★

주택임대차보호법 제3조 제1항 및 제2항에 의하면, 임차인이 주택의 양수인에 대하여 대항력이 있는 임차인인 이상, 양수인에게 임대인으로서의 지위가 당연히 승계된다 할 것이고, 그 주택에 대하여 임차인에 우선하는 다른 권리자가 있다고 하여 양수인의 임대인으로서의 지위의 승계에 임차인의 동의가 필요한 것은 아니다(대판 1996. 2. 27, 95다35616).

임대인의 지위승계의 효과 – 양수인의 보증금반환채무 ★★★

① 주택임대차보호법상의 대항력을 갖춘 후 임대부동산의 소유권이 이전되어 그 양수인이 임대인의 지위를 승계하는 경우에는 임대차보증금반환채무도 부동산의 소유권과 결합하여 일체로서 이전하는 것이며 이에 따라 양도인의 보증금반환채무는 소멸한다(대판 1987. 3. 10, 86다카1114).

② 주택임대차보호법 제3조 제1항의 대항요건을 갖춘 임차인의 임대차보증금반환채권에 대한 압류 및 전부명령이 확정되어 임차인의 임대차보증금반환채권이 집행채권자에게 이전된 경우, 제3채무자인 임대인으로서는 임차인에 대하여 부담하고 있던 채무를 집행채권자에 대하여 부담하게 될 뿐 그가 임대차목적물인 주택의 소유자로서 이를 제3자에게 매도할 권능은 그대로 보유하는 것이며, 위와 같이 소유자인 임대인이 당해 주택을 매도한 경우 주택임대차보호법 제3조 제2항(현행법 제3조 제4항)에 따라 전부채권자에 대한 보증금지급의무를 면하게 되므로, 결국 임대인은 전부금지급의무를 부담하지 않는다(대판 2005. 9. 9, 2005다23773).

대항력과 우선변제권의 겸유
임차인의 보호를 위한 주택임대차보호법 제3조 제1항, 제2항, 제3조의2 제1항, 제2항, 제4조 제2항, 제8조 제1항, 제2항 규정들의 취지에 비추어, 위 규정의 요건을 갖춘 임차인은 임차주택의 양수인에게 대항하여 보증금의 반환을 받을 때까지 임대차관계의 존속을 주장할 수 있는 권리와 보증금에 관하여 임차주택의 가액으로부터 우선변제를 받을 수 있는 권리를 겸유하고 있다고 해석되고, 이 두 가지 권리 중 하나를 선택하여 행사할 수 있다(대판 1993. 12. 24, 93다39676).

② 제한물권자에 대한 효력

㉠ 저당권자와의 관계: 저당권자와의 관계에서는 저당권의 등기일과 임차권의 대항력 취득일의 선후를 기준으로 우열이 정해진다. 특히 저당권은 경매를 통한 매각으로 모두 소멸하므로 최선순위 담보물권과 임차권의 대항력의 선후를 기준으로 우열이 정해진다. 따라서 ⓐ 최선순위 담보물권자보다 먼저 대항력을 취득한 경우에는 매각대금이 완납되어도 임차권은 소멸하지 않고, 임차인은 매각받은 자에게 임차권을 주장할 수 있다. ⓑ 그러나 최선순위 담보물권자보다 나중에 대항력을 취득한 경우 매각대금이 완납되면 임차권은 소멸하고, 임차인은 경매절차에서 배당을 받는 수밖에 없다. 우선변제권 있는 임차인이라도 경매법원이 이를 알 수 없기 때문에 반드시 배당요구를 하여야만 배당을 받을 수 있다.

판례

다른 물권적 권리와 대항력 있는 주택임차권의 순위 ★

① 선순위저당권이 있는 경우 – 경매목적 부동산이 경락된 경우에는 소멸된 선순위저당권보다 뒤에 등기되었거나 대항력을 갖춘 임차권은 함께 소멸하는 것이고, 따라서 그 경락인은 주택임대차보호법 제3조에서 말하는 임차주택의 양수인 중에 포함된다고 할 수 없을 것이므로 경락인에 대하여 그 임차권의 효력을 주장할 수 없다(대판 2000. 2. 11, 99다59306).

② 후순위저당권의 실행으로 주택이 경락된 경우 – 후순위저당권의 실행으로 목적부동산이 경락된 경우에는 민사소송법 제728조, 제608조 제2항의 규정에 의하여 선순위저당권까지도 당연히 소멸하는 것이므로, 이 경우 비록 후순위저당권자에게는 대항할 수 있는 임차권이라 하더라도 소멸된 선순위저당권보다 뒤에 등기되었거나 대항력을 갖춘 임차권은 함께 소멸하는 것이고, 따라서 그 경락인은 주택임대차보호법 제3조에서 말하는 임차주택의 양수인 중에 포함된다고 할 수 없을 것이므로 경락인에 대하여 그 임차권의 효력을 주장할 수 없다(대판 1999. 4. 23, 98다32939).

㉡ 용익물권자와의 관계: 임차물에 전세권·지상권 등이 설정된 경우 그들의 등기일과 임차권의 대항력 취득일의 선후에 의해 우열이 정해진다.

(5) 임차권등기명령제도

> **주임법 제3조의3【임차권등기명령】**
> ① 임대차가 끝난 후 보증금이 반환되지 아니한 경우 임차인은 임차주택의 소재지를 관할하는 지방법원·지방법원지원 또는 시·군 법원에 임차권등기명령을 신청할 수 있다.
> ④ 임차권등기명령의 신청을 기각하는 결정에 대하여 임차인은 항고할 수 있다.
> ⑤ 임차인은 임차권등기명령의 집행에 따른 임차권등기를 마치면 제3조 제1항·제2항 또는 제3항에 따른 대항력과 제3조의2 제2항에 따른 우선변제권을 취득한다. 다만, 임차인이 임차권등기 이전에 이미 대항력이나 우선변제권을 취득한 경우에는 그 대항력이나 우선변제권은 그대로 유지되며, 임차권등기 이후에는 제3조 제1항·제2항 또는 제3항의 대항요건을 상실하더라도 이미 취득한 대항력이나 우선변제권을 상실하지 아니한다.
> ⑥ 임차권등기명령의 집행에 따른 임차권등기가 끝난 주택(임대차의 목적이 주택의 일부분인 경우에는 해당 부분으로 한정한다)을 그 이후에 임차한 임차인은 제8조에 따른 우선변제를 받을 권리가 없다.
> ⑧ 임차인은 제1항에 따른 임차권등기명령의 신청과 그에 따른 임차권등기와 관련하여 든 비용을 임대인에게 청구할 수 있다.
> ⑨ 금융기관 등은 임차인을 대위하여 제1항의 임차권등기명령을 신청할 수 있다. 이 경우 제3항·제4항 및 제8항의 "임차인"은 "금융기관 등"으로 본다.

① **의의 및 취지**: 임대차가 종료되더라도 보증금을 반환받지 못하면 임차인은 대항력과 우선변제권을 잃을 염려 때문에 이사를 해야 할 사정이 있어도 못하게 된다. 대항력 요건인 주택의 인도와 주민등록은 존속요건이기 때문이다. 따라서 주임법은 임차권등기가 되면 대항력 및 우선변제권을 그대로 유지케 함으로써 임차인을 보호하기 위하여 임차권등기명령제도를 마련하고 있다.

② **방법**: 임대차가 종료된 후 보증금을 반환받지 못한 임차인은 임차주택의 소재지를 관할하는 법원에 임차권등기명령을 신청한다(주임법 제3조의3 제1항).

③ **효과**

㉠ 이전의 대항력 및 우선변제권의 유지: 임차권등기명령의 집행으로 임차권등기가 경료되면, 이사를 가서 '주택의 인도' 요건을 구비하지 못하게 되더라도 이전의 대항력 및 우선변제권이 그대로 유지된다(동법 제3조의3 제5항).

㉡ 효력발생의 시기: 이와 같은 효과는 임차권등기의 경료 시부터 발생하므로, 임차권등기명령을 신청한 후 곧바로 이사나 전출을 한 경우에는 이미 취득한 대항력 또는 우선변제권을 상실하고, 임차권등기명령이 발령된 후 임차권등기가 마쳐지기 전에 곧바로 이사나 전출을 한 경우에도 마찬가지이다. 그러나 그 후 임차권등기가 마쳐진 경우에는 그때부터 대항력 및 우선변제권을 다시 취득한다.

㉢ 임차권등기말소의무와 임차보증금반환의무의 관계: 판례는 임대인의 임대차보증금의 반환의무와 임차권등기에 대한 임차인의 말소의무를 동시이행관계에 있는 것으로 해석할 것은 아니고, 특히 임차권등기는 임차인으로 하여금 기왕의 대항력이나 우선변

제권을 유지하도록 해 주는 담보적 기능만을 주목적으로 하는 점 등에 비추어 볼 때, 임대인의 임대차보증금의 반환의무가 임차인의 임차권등기 말소의무보다 먼저 이행되어야 할 의무라고 한다(대판 2005. 6. 9, 2005다4529).

판례

임차권등기말소의무와 임차보증금반환의무의 관계 ★★

주택임대차보호법 제3조의3 규정에 의한 임차권등기는 이미 임대차계약이 종료하였음에도 임대인이 그 보증금을 반환하지 않는 상태에서 경료되게 되므로, 이미 사실상 이행지체에 빠진 임대인의 임대차보증금의 반환의무와 그에 대응하는 임차인의 권리를 보전하기 위하여 새로이 경료하는 임차권등기에 대한 임차인의 말소의무를 동시이행관계에 있는 것으로 해석할 것은 아니고, 특히 위 임차권등기는 임차인으로 하여금 기왕의 대항력이나 우선변제권을 유지하도록 해 주는 담보적 기능만을 주목적으로 하는 점 등에 비추어 볼 때, 임대인의 임대차보증금의 반환의무가 임차인의 임차권등기 말소의무보다 먼저 이행되어야 할 의무이다(대판 2005. 6. 9, 2005다4529).

4. 존속의 보호

(1) 최단기간의 보장

주임법 제4조【임대차기간 등】

① 기간을 정하지 아니하거나 2년 미만으로 정한 임대차는 그 기간을 2년으로 본다. 다만, 임차인은 2년 미만으로 정한 기간이 유효함을 주장할 수 있다.

② 임대차기간이 끝난 경우에도 임차인이 보증금을 반환받을 때까지는 임대차관계가 존속되는 것으로 본다.

(2) 묵시의 갱신

주임법 제6조【계약의 갱신】

① 임대인이 임대차기간이 끝나기 6개월 전부터 2개월 전까지의 기간에 임차인에게 갱신거절의 통지를 하지 아니하거나 계약조건을 변경하지 아니하면 갱신하지 아니한다는 뜻의 통지를 하지 아니한 경우에는 그 기간이 끝난 때에 전 임대차와 동일한 조건으로 다시 임대차한 것으로 본다. 임차인이 임대차기간이 끝나기 2개월 전까지 통지하지 아니한 경우에도 또한 같다.

② 제1항의 경우 임대차의 존속기간은 2년으로 본다.

③ 2기의 차임액에 달하도록 연체하거나 그 밖에 임차인으로서의 의무를 현저히 위반한 임차인에 대하여는 제1항을 적용하지 아니한다.

주임법 제6조의2【묵시적 갱신의 경우 계약의 해지】

① 제6조 제1항에 따라 계약이 갱신된 경우 같은 조 제2항에도 불구하고 임차인은 언제든지 임대인에게 계약해지를 통지할 수 있다.

② 제1항에 따른 해지는 임대인이 그 통지를 받은 날부터 3개월이 지나면 그 효력이 발생한다.

① **의의**

㉠ 묵시적 갱신이란 임대인이 임대차기간이 끝나기 6개월 전부터 2개월 전까지의 기간에 임차인에게 갱신거절의 통지를 하지 아니하거나 계약조건을 변경하지 아니하면 갱신하지 아니한다는 뜻의 통지를 하지 아니한 경우 그 기간이 끝난 때에 전 임대차와 동일한 조건으로 다시 임대차한 것으로 보는 것을 말한다(주임법 제6조 제1항 전문).

㉡ 계약의 묵시적 갱신에 관한 규정은 강행규정이다(주임법 제10조).

② **요건**

㉠ 임대인이 임대차기간이 끝나기 6개월 전부터 2개월 전까지의 기간에 임차인에게 갱신거절의 통지를 하지 아니하거나 계약조건을 변경하지 아니하면 갱신하지 아니한다는 뜻의 통지를 하지 아니한 경우이어야 한다(주임법 제6조 제1항 전문).

㉡ 임차인이 임대차기간이 끝나기 2개월 전까지 통지하지 아니한 경우에도 동일하다(주임법 제6조 제1항 후문).

㉢ 다만 2기의 차임액에 달하도록 연체하거나 그 밖에 임차인으로서의 의무를 현저히 위반한 임차인에 대하여는 위와 같은 묵시적 갱신조항이 적용되지 아니한다(주임법 제6조 제3항).

③ **효과**

㉠ 갱신의 내용: 전 임대차와 동일한 조건으로 다시 임대차한 것으로 본다(주임법 제6조 제1항 전문).

판례

주택임대차계약이 갱신된 경우, 최초 임대차계약에 의한 대항력과 우선변제권이 그대로 유지되는지 여부 (적극) ★★

주택에 관하여 임대차계약을 체결한 임차인이 주민등록과 주택의 인도를 마친 때에는 그 다음날부터 제3자에 대하여 대항력이 생기고, 또한 임대차계약증서에 확정일자를 갖춘 임차인은 민사집행법에 따른 경매를 할 때에 후순위권리자 등보다 우선하여 보증금을 변제받을 권리를 가진다. 그리고 대항력과 우선변제권을 갖춘 임대차계약이 갱신된 경우에도 종전 보증금의 범위 내에서는 최초 임대차계약에 의한 대항력과 우선변제권이 그대로 유지된다(대판 2012. 7. 12, 2010다42990).

㉡ 존속기간: 묵시적 갱신의 경우 임대차의 존속기간은 그 정함이 없는 것으로 보는 민법의 임대차와는 달리, 주택임대차보호법에서는 그 존속기간을 2년으로 보는 것으로 규정하고 있다(주임법 제6조 제2항).

㉢ 임차인의 계약해지 통지권

ⓐ 묵시적 갱신의 경우 임차인은 2년의 존속기간 중이라도 언제든지 임대인에게 계약해지의 통지를 할 수 있다(주임법 제6조의2 제1항). 그러나 임대인은 그와 같은 계약해지권이 없다.

ⓑ 이 경우 임대인이 그 통지를 받은 날부터 3개월이 지나면 계약은 해지된다(주임법 제6조의2 제2항).

(3) 계약갱신요구권

주임법 제6조의3【계약갱신 요구 등】

① 제6조에도 불구하고 임대인은 임차인이 제6조 제1항 전단의 기간 이내에 계약갱신을 요구할 경우 정당한 사유 없이 거절하지 못한다. 다만, 다음 각 호의 어느 하나에 해당하는 경우에는 그러하지 아니하다.
[→ 계약갱신요구권 행사의 명확한 의사표시를 하는 경우로 한정되므로 시행 전 묵시적 갱신이 된 후에도 1회 가능 / 포기·배제특약은 임차인에게 불리한 것으로 무효]

1. 임차인이 2기의 차임액에 해당하는 금액에 이르도록 차임을 연체한 사실이 있는 경우
2. 임차인이 거짓이나 그 밖의 부정한 방법으로 임차한 경우
   [→ 임차인이 허위의 신분(이름, 주민번호 등)으로 계약한 경우 또는 주택 본래 용도가 아닌 불법영업장 등의 목적으로 임차한 경우]
3. 서로 합의하여 임대인이 임차인에게 상당한 보상을 제공한 경우
   [→ 임대인이 임차인에게 이사비 등을 실제 제공한 경우(단 실제 제공하지 않거나 합의되지 않은 일방적인 보상은 제외)]
4. 임차인이 임대인의 동의 없이 목적 주택의 전부 또는 일부를 전대한 경우
5. 임차인이 임차한 주택의 전부 또는 일부를 고의나 중대한 과실로 파손한 경우
   [→ 임대인 동의 없이 무단 증축·개축 또는 개조하거나 파손한 경우, 임차인의 화기 방치 등에 의해 화재로 주택이 파손된 경우]
6. 임차한 주택의 전부 또는 일부가 멸실되어 임대차의 목적을 달성하지 못할 경우
   [→ 주택의 전부 또는 일부가 멸실되어 주거기능이 상실된 경우]
7. 임대인이 다음 각 목의 어느 하나에 해당하는 사유로 목적 주택의 전부 또는 대부분을 철거하거나 재건축하기 위하여 목적 주택의 점유를 회복할 필요가 있는 경우
   가. 임대차계약 체결 당시 공사시기 및 소요기간 등을 포함한 철거 또는 재건축 계획을 임차인에게 구체적으로 고지하고 그 계획에 따르는 경우
   나. 건물이 노후·훼손 또는 일부 멸실되는 등 안전사고의 우려가 있는 경우
   다. 다른 법령에 따라 철거 또는 재건축이 이루어지는 경우
8. 임대인(임대인의 직계존속·직계비속을 포함한다)이 목적 주택에 실제 거주하려는 경우
9. 그 밖에 임차인이 임차인으로서의 의무를 현저히 위반하거나 임대차를 계속하기 어려운 중대한 사유가 있는 경우
   [→ 1호부터 8호까지 이외의 사유로 임대인의 동의 없이 인테리어 공사를 하거나 원상회복이 불가능한 정도로 인테리어 공사를 한 경우 또는 임대차를 지속할 수 없는 경우]

② 임차인은 제1항에 따른 계약갱신요구권을 1회에 한하여 행사할 수 있다. 이 경우 갱신되는 임대차의 존속기간은 2년으로 본다.

③ 갱신되는 임대차는 전 임대차와 동일한 조건으로 다시 계약된 것으로 본다. 다만, 차임과 보증금은 제7조의 범위에서 증감할 수 있다.

④ 제1항에 따라 갱신되는 임대차의 해지에 관하여는 제6조의2를 준용한다.
[→ 임차인은 언제든지 계약해지를 통지할 수 있고, 3개월이 지나면 해지의 효력이 발생]

⑤ 임대인이 제1항 제8호의 사유로 갱신을 거절하였음에도 불구하고 갱신요구가 거절되지 아니하였더라면 갱신되었을 기간이 만료되기 전에 정당한 사유 없이 제3자에게 목적 주택을 임대한 경우 임대인은 갱신거절로 인하여 임차인이 입은 손해를 배상하여야 한다.
⑥ 제5항에 따른 손해배상액은 거절 당시 당사자 간에 손해배상액의 예정에 관한 합의가 이루어지지 않는 한 다음 각 호의 금액 중 큰 금액으로 한다.
1. 갱신거절 당시 월차임(차임 외에 보증금이 있는 경우에는 그 보증금을 제7조의2 각 호 중 낮은 비율에 따라 월 단위의 차임으로 전환한 금액을 포함한다. 이하 "환산월차임"이라 한다)의 3개월분에 해당하는 금액
2. 임대인이 제3자에게 임대하여 얻은 환산월차임과 갱신거절 당시 환산월차임 간 차액의 2년분에 해당하는 금액
3. 제1항 제8호의 사유로 인한 갱신거절로 인하여 임차인이 입은 손해액

판례

임차인이 위 법 제6조의2 제1항에 따라 한 계약해지의 통지가 갱신된 임대차계약 기간이 개시되기 전에 임대인에게 도달한 경우, 그 효력이 발생하는 시점(=해지통지 후 3개월이 지난 때)

임차인이 주택임대차보호법 제6조의3 제1항에 따라 임대차계약의 갱신을 요구하면 임대인에게 갱신거절 사유가 존재하지 않는 한 임대인에게 갱신요구가 도달한 때 갱신의 효력이 발생한다. 갱신요구에 따라 임대차계약에 갱신의 효력이 발생한 경우 임차인은 제6조의2 제1항에 따라 언제든지 계약의 해지통지를 할 수 있고, 해지통지 후 3개월이 지나면 그 효력이 발생하며, 이는 계약해지의 통지가 갱신된 임대차계약 기간이 개시되기 전에 임대인에게 도달하였더라도 마찬가지이다(대판 2024. 1. 11, 2023다258672).

5. 차임 등의 증감청구권

주임법 제7조【차임 등의 증감청구권】

① 당사자는 약정한 차임이나 보증금이 임차주택에 관한 조세, 공과금, 그 밖의 부담의 증감이나 경제사정의 변동으로 인하여 적절하지 아니하게 된 때에는 장래에 대하여 그 증감을 청구할 수 있다. 이 경우 증액청구는 임대차계약 또는 약정한 차임이나 보증금의 증액이 있은 후 1년 이내에는 하지 못한다.
② 제1항에 따른 증액청구는 약정한 차임이나 보증금의 20분의 1(5%)의 금액을 초과하지 못한다. 다만, 특별시·광역시·특별자치시·도 및 특별자치도는 관할 구역 내의 지역별 임대차 시장 여건 등을 고려하여 본문의 범위에서 증액청구의 상한을 조례로 달리 정할 수 있다.

주임법 제10조의2【초과 차임 등의 반환청구】

임차인이 제7조에 따른 증액비율을 초과하여 차임 또는 보증금을 지급하거나 제7조의2에 따른 월차임 산정률을 초과하여 차임을 지급한 경우에는 초과 지급된 차임 또는 보증금 상당금액의 반환을 청구할 수 있다.

경제사정 등의 변동으로 차임증액청구권을 인정하는 경우에는 임차인보호를 위해 대통령령상 일정한 제한이 있다. 즉, 약정한 차임 또는 보증금의 20분의 1을 초과하지 못하고, 또한 증액이 있은 후 1년 이내에는 이를 다시 증액하지 못한다(주임법 시행령 제2조).

판례

주택임대차보호법 제7조의 적용범위
주택임대차보호법 제7조의 규정은 임대차계약의 존속 중 당사자 일방이 약정한 차임 등의 증감을 청구한 때에 한하여 적용되고, 임대차계약이 종료된 후 재계약을 하거나 또는 임대차계약 종료 전이라도 당사자의 합의로 차임 등이 증액된 경우에는 적용되지 않는다(대판 1993. 12. 7, 93다30532).

6. 보증금의 우선변제권

주택임대차보호법은 임차인의 보호를 위해 대항력뿐만 아니라 보증금의 회수에 관해 우선변제권을 인정하고 있다(주임법 제3조의2). 이로써 주택의 임차인은 단순한 채권자의 지위에서 더욱 물권적 지위를 취득하게 되었다. 더욱이 소액보증금의 경우에는 일정한 범위에서 최우선변제권이 인정된다(주임법 제8조).

(1) 보증금의 우선변제

주임법 제3조의2【보증금의 회수】
① 임차인(제3조 제2항 및 제3항의 법인을 포함한다. 이하 같다)이 임차주택에 대하여 보증금반환청구소송의 확정판결이나 그 밖에 이에 준하는 집행권원에 따라서 경매를 신청하는 경우에는 집행개시요건에 관한 '민사집행법' 제41조에도 불구하고 반대의무의 이행이나 이행의 제공을 집행개시의 요건으로 하지 아니한다.
② 제3조 제1항 또는 제2항의 대항요건과 임대차계약증서(제3조 제2항 및 제3항의 경우에는 법인과 임대인 사이의 임대차계약증서를 말한다)상의 확정일자를 갖춘 임차인은 '민사집행법'에 따른 경매 또는 '국세징수법'에 따른 공매를 할 때에 임차주택(대지를 포함한다)의 환가대금에서 후순위권리자나 그 밖의 채권자보다 우선하여 보증금을 변제받을 권리가 있다.
③ 임차인은 임차주택을 양수인에게 인도하지 아니하면 제2항에 따른 보증금을 받을 수 없다.
④ 제2항 또는 제7항에 따른 우선변제의 순위와 보증금에 대하여 이의가 있는 이해관계인은 경매법원이나 체납처분청에 이의를 신청할 수 있다.
⑤ 제4항에 따라 경매법원에 이의를 신청하는 경우에는 민사집행법 제152조부터 제161조까지의 규정을 준용한다.
⑥ 제4항에 따라 이의신청을 받은 체납처분청은 이해관계인이 이의신청일부터 7일 이내에 임차인 또는 제7항에 따라 우선변제권을 승계한 금융기관 등을 상대로 소를 제기한 것을 증명하면 해당 소송이 끝날 때까지 이의가 신청된 범위에서 임차인 또는 제7항에 따라 우선변제권을 승계한 금융기관 등에 대한 보증금의 변제를 유보하고 남은 금액을 배분하여야 한다. 이 경우 유보된 보증금은 소송의 결과에 따라 배분한다.
⑦ 다음 각 호의 금융기관 등이 제2항, 제3조의3 제5항, 제3조의4 제1항에 따른 우선변제권을 취득한 임차인의 보증금반환채권을 계약으로 양수한 경우에는 양수한 금액의 범위에서 우선변제권을 승계한다.
1. 「은행법」에 따른 은행
2. 「중소기업은행법」에 따른 중소기업은행

3. 「한국산업은행법」에 따른 한국산업은행
4. 「농업협동조합법」에 따른 농협은행
5. 「수산업협동조합법」에 따른 수산업협동조합중앙회
6. 「우체국예금 · 보험에 관한 법률」에 따른 체신관서
7. 「한국주택금융공사법」에 따른 한국주택금융공사
8. 「보험업법」 제4조 제1항 제2호 라목의 보증보험을 보험종목으로 허가받은 보험회사
9. 「주택법」에 따른 대한주택보증주식회사
10. 그 밖에 제1호부터 제9호까지에 준하는 것으로서 대통령령으로 정하는 기관

⑧ 제7항에 따라 우선변제권을 승계한 금융기관 등(이하 "금융기관 등"이라 한다)은 다음 각 호의 어느 하나에 해당하는 경우에는 우선변제권을 행사할 수 없다.
1. 임차인이 제3조 제1항 · 제2항 또는 제3항의 대항요건을 상실한 경우
2. 제3조의3 제5항에 따른 임차권등기가 말소된 경우
3. 민법 제621조에 따른 임대차등기가 말소된 경우

⑨ 금융기관 등은 우선변제권을 행사하기 위하여 임차인을 대리하거나 대위하여 임대차를 해지할 수 없다.

① **의의**: 주택임차인이 '대항력'을 위한 요건을 갖추고 임대차계약증서에 '확정일자'를 받은 경우, 경매 시 임차 주택의 환가대금에서 후순위권리자나 그 밖의 일반채권자보다 우선하여 보증금을 변제받을 권리가 있다(동법 제3조의2 제2항).

② **요건**

㉠ 적법한 임대차계약이 있을 것

㉡ 대항력과 확정일자의 구비

ⓐ 의의 및 취지

- 우선변제권은 주택의 인도와 주민등록이라는 대항요건을 구비한 임차인에게만 인정된다. 또한 대항요건의 구비 외에 임대차계약증서에 확정일자를 받은 경우이어야 한다.
- 이처럼 주임법이 확정일자를 요구하는 것은 임대차의 존재 사실을 제3자에게 공시하고자 하는 것이 아니라, 임대인과 임차인 사이의 담합으로 임차보증금의 액수를 사후에 변경하는 것을 방지하고자 하는 데에 그 취지가 있다(대판 1999. 6. 11, 99다7992).

ⓑ 대항요건의 존속시기: 임차인이 주택임대차보호법에 의한 대항력과 우선변제권을 인정받기 위한 주택의 인도와 주민등록이라는 요건은 그 대항력 및 우선변제권의 취득 시에만 구비하면 족한 것이 아니고 경매절차의 배당요구의 종기까지 계속 존속하고 있어야 한다(대판 2002. 8. 13, 2000다61466).[23]

---

23 민사집행법 제84조 제1항에 의하면, 경매개시결정에 따른 압류의 효력이 생긴 때에는 집행법원은 절차에 필요한 기간을 감안하여 배당요구를 할 수 있는 종기를 첫 매각기일 이전으로 정하도록 하고 있다(이하 동일).

판례

확정일자 ★

주택에 관하여 임대차계약을 체결한 임차인이 자신의 지위를 강화하기 위한 방편으로 따로 전세권설정계약서를 작성하고 전세권설정등기를 한 경우에, 따로 작성된 전세권설정계약서가 원래의 임대차계약서와 계약일자가 다르다고 하여도 계약당사자, 계약목적물 및 보증금액(전세금액) 등에 비추어 동일성을 인정할 수 있다면 그 전세권설정계약서 또한 원래의 임대차계약에 관한 증서로 볼 수 있고, 등기필증에 찍힌 등기관의 접수인은 첨부된 등기원인계약서에 대하여 민법 부칙 제3조 제4항 후단에 의한 확정일자에 해당한다고 할 것이므로, 위와 같은 전세권설정계약서가 첨부된 등기필증에 등기관의 접수인이 찍혀 있다면 그 원래의 임대차에 관한 계약증서에 확정일자가 있는 것으로 보아야 할 것이고, 이 경우 원래의 임대차는 대지 및 건물 전부에 관한 것이나 사정에 의하여 전세권설정계약서는 건물에 관하여만 작성되고 전세권등기도 건물에 관하여만 마쳐졌다고 하더라도 전세금액이 임대차보증금액과 동일한 금액으로 기재된 이상 대지 및 건물 전부에 관한 임대차의 계약증서에 확정일자가 있는 것으로 봄이 상당하다(대판 2002. 11. 8, 2001다51725).

우선변제권의 요건 – 배당요구의 종기까지 계속될 것

달리 공시방법이 없는 주택임대차에 있어서 임차인이 주택임대차보호법에 의한 대항력과 우선변제권을 인정받기 위한 주택의 인도와 주민등록이라는 요건은 그 대항력 및 우선변제권의 취득 시에만 구비하면 족한 것이 아니고 경매절차의 배당요구의 종기까지 계속 존속하고 있어야 한다(대판 2002. 8. 13, 2000다61466).

저당권설정등기 이후에 보증금을 증액한 경우

대항력을 갖춘 임차인이 저당권설정등기 이후에 임대인과 보증금을 증액하기로 합의하고 초과부분을 지급한 경우 임차인이 저당권설정등기 이전에 취득하고 있던 임차권으로 선순위로서 저당권자에게 대항할 수 있음은 물론이나 저당권설정등기 후에 건물주와의 사이에 임차보증금을 증액하기로 한 합의는 건물주가 저당권자를 해치는 법률행위를 할 수 없게 된 결과 그 합의 당사자 사이에서만 효력이 있는 것이고 저당권자에게는 대항할 수 없다고 할 수밖에 없으므로 임차인은 위 저당권에 기하여 건물을 경락받은 소유자의 건물명도 청구에 대하여 증액전 임차보증금을 상환받을 때까지 그 건물을 명도할 수 없다고 주장할 수 있을 뿐이고 저당권설정등기 이후에 증액한 임차보증금으로써는 소유자에게 대항할 수 없는 것이다(대판 1990. 8. 14, 90다카11377).

㉢ 임차주택이 경매 또는 공매에 의해 매각되었을 것: 경매나 공매에 의하지 않고 단순히 매매・교환 등의 법률행위에 의해 임차주택이 양도되었다면 대항력의 여부만 문제되고 우선변제권은 인정될 여지가 없다.

③ 행사방법

㉠ 배당요구(또는 우선권행사의 신고)

ⓐ 우선변제적 효력이 있는 임대차 보증금반환채권은 당연히 배당을 받을 수 있는 채권(= 당연배당채권)이 아니고, 배당요구가 필요한 배당요구채권이므로 임차인이 경락기일까지 배당요구를 한 경우에 한하여 배당을 받을 수 있다(대판 1998. 10. 13, 98다12379). 대항요건을 갖춘 임대차의 존재가 등기부상 공시되지 않기 때문에, 배당요구가 없다면 경매법원으로서는 그러한 임차권의 존재를 알 수 없기 때문이다.

ⓑ 따라서 임차인이 적법한 배당요구를 하였더라면 배당받을 수 있었던 금액 상당의 금원이 후순위채권자에게 배당되었다고 하더라도, 그에게 부당이득반환청구를 할 수 없다(대판 1998. 10. 13, 98다12379).

ⓛ 강제경매신청에서 집행개시요건의 완화 : 일반적으로 동시이행관계에 있는 채권의 경우 상환급부판결을 받아 강제집행을 하는 경우 집행개시의 요건으로 반대급부의 이행의 제공을 하여야 한다. 그런데 주택임대차의 경우 임차인의 목적물반환의무와 임대인의 보증금반환의무는 동시이행의 관계에 있으나, 임차인이 임차보증금을 반환받기 위해 보증금반환채권에 대한 집행권원을 얻어 임차주택의 경매신청을 하기 위해 주택을 반환하면 대항력 및 우선변제권이 소멸한다는 문제가 발생한다. 왜냐하면 주택의 인도와 주민등록은 그 대항력 및 우선변제권의 취득 시에만 구비하면 족한 것이 아니고 경매절차의 배당요구의 종기인 경락기일까지 계속 존속하고 있어야 하기 때문이다(대판 2002. 8. 13, 2000다61466). 따라서 동법은 이를 해결하기 위해서 주택임차인이 스스로 임차보증금을 반환받기 위하여 집행권원을 얻어 경매청구를 하는 경우, 주택을 인도하지 않고도 경매신청을 할 수 있도록 신설하였다(주임법 제3조의2 제1항).

판례

보증금 전액을 배당받지 못한 경우, 제2경매절차에서 우선변제권이 인정되는지 여부(소극) ★

주택임대차보호법상의 대항력과 우선변제권의 두 가지 권리를 겸유하고 있는 임차인이 우선변제권을 선택하여 제1경매절차에서 보증금 전액에 대하여 배당요구를 하였으나, 보증금 전액을 배당받을 수 없었던 때에는 경락인에게 대항하여 이를 반환받을 때까지 임대차관계의 존속을 주장할 수 있을 뿐이고, 임차인의 우선변제권은 경락으로 인하여 소멸하는 것이므로 제2경매절차에서 우선변제권에 의한 배당을 받을 수 없다(대판 1997. 8. 22, 96다53628).

주택임대차보호법 제3조의2 제7항에서 정한 금융기관이 임차인으로부터 보증금반환채권을 계약으로 양수하여 양수한 금액의 범위에서 우선변제권을 승계한 다음 경매절차에서 배당요구를 하여 보증금 중 일부를 배당받은 경우, 주택임대차의 대항요건이 존속되는 한 임차인은 보증금반환채권을 양수한 금융기관이 보증금 잔액을 반환받을 때까지 임차주택의 양수인을 상대로 임대차관계의 존속을 주장할 수 있는지 여부(적극) ★

주택임차인은 주택임대차보호법 제3조 제1항에서 정한 주택의 인도와 주민등록을 구비하면 대항력을 취득하고 대항요건이 존속되는 한 대항력은 계속 유지된다. 한편 주택임대차보호법에 정한 대항력과 우선변제권 두 가지 권리를 겸유하고 있는 임차인이 먼저 우선변제권을 선택하여 임차주택에 대하여 진행되고 있는 경매절차에서 배당요구를 하였으나 보증금 전액을 배당받지 못한 경우 임차인은 여전히 대항요건을 유지함으로써 임대차관계의 존속을 주장할 수 있으므로, 임차인이 대항력을 구비한 후 임차주택을 양수한 자는 그와 같이 존속되는 임대차의 임대인 지위를 당연히 승계한다.

이는 주택임대차보호법 제3조의2 제7항에서 정한 금융기관이 임차인으로부터 보증금반환채권을 계약으로 양수함으로써 양수한 금액의 범위에서 우선변제권을 승계한 다음 경매절차에서 배당요구를 하여 보증금 중 일부를 배당받은 경우에도 마찬가지이다. 따라서 주택임대차의 대항요건이 존속되는 한 임차인은 보증금반환채권을 양수한 금융기관이 보증금 잔액을 반환받을 때까지 임차주택의 양수인을 상대로 임대차관계의 존속을 주장할 수 있다(대판 2023. 2. 2, 2022다255126).

④ 내용

㉠ 우선변제권 판단의 기준시점

ⓐ 다른 권리자에 대한 선순위인지의 판단은 확정일자를 기준으로 한다(대판 1992. 10. 13, 92다30597). 따라서 대항력을 먼저 구비한 후에 확정일자를 받으면 확정일자일이 기준이 된다.

ⓑ 그러나 확정일자가 대항력의 구비와 같은 날 또는 그 이전에 갖춘 경우에는 대항력과 마찬가지로 '대항요건을 갖춘 그 다음날'을 기준으로 한다(대판 1999. 3. 23, 98다46938).

판례

임차인이 주택의 인도와 주민등록을 마친 당일 또는 그 이전에 임대차계약증서상에 확정일자를 갖춘 경우, 우선변제권의 발생 시기(= 주택의 인도와 주민등록을 마친 다음날) ★★

주택임대차보호법 제3조 제1항은, 임대차는 그 등기가 없는 경우에도 임차인이 주택의 인도와 주민등록을 마친 때에는 그 익일부터 제3자에 대하여 효력이 생긴다고 규정하고 있고, 같은 법 제3조의2 제1항은, 같은 법 제3조 제1항의 대항요건과 임대차계약증서상의 확정일자를 갖춘 임차인은 경매 등에 의한 환가대금에서 후순위권리자 기타 채권자보다 우선하여 보증금을 변제받을 권리가 있다고 규정하고 있는바, 주택의 임차인이 주택의 인도와 주민등록을 마친 당일 또는 그 이전에 임대차계약증서상에 확정일자를 갖춘 경우 같은 법 제3조의2 제1항에 의한 우선변제권은 같은 법 제3조 제1항에 의한 대항력과 마찬가지로 주택의 인도와 주민등록을 마친 다음날을 기준으로 발생한다(대판 1998. 9. 8, 98다26002).

㉡ 우선변제권의 대상: 임차인은 임차주택의 환가대금으로부터 우선변제를 받을 뿐만 아니라 건물만의 임차인이라 해도 대지의 환가대금으로부터 우선변제를 받을 수 있다(주임법 제3조의2 제2항).

판례

임차인의 우선변제권의 대상(대판(전) 2007. 6. 21, 2004다26133) ★★★

① 주택임대차 성립 당시 임대인의 소유였던 대지가 타인에게 양도되어 임차주택과 대지의 소유자가 서로 달라지게 된 경우, 임차인이 대지의 환가대금에 대하여 우선변제권을 행사할 수 있는지 여부(적극)

대항요건 및 확정일자를 갖춘 임차인과 소액임차인은 임차주택과 그 대지가 함께 경매될 경우뿐만 아니라 임차주택과 별도로 그 대지만이 경매될 경우에도 그 대지의 환가대금에 대하여 우선변제권을 행사할 수 있고, 이와 같은 우선변제권은 이른바 법정담보물권의 성격을 갖는 것으로서 임대차 성립 시의 임차 목적물인 임차주택 및 대지의 가액을 기초로 임차인을 보호하고자 인정되는 것이므로, 임대차 성립 당시 임대인의 소유였던 대지가 타인에게 양도되어 임차주택과 대지의 소유자가 서로 달라지게 된 경우에도 마찬가지이다.

② 미등기 또는 무허가 건물도 주택임대차보호법의 적용대상이 되는지 여부(적극)

주택임대차보호법은 주택의 임대차에 관하여 민법에 대한 특례를 규정함으로써 국민의 주거생활의 안정을 보장함을 목적으로 하고 있고, 주택의 전부 또는 일부의 임대차에 관하여 적용된다고 규정하고 있을 뿐 임차주택이 관할관청의 허가를 받은 건물인지, 등기를 마친 건물인지 아닌지를 구별하고 있지 아니하므로, 어느 건물이 국민의 주거생활의 용도로 사용되는 주택에 해당하는 이상 비록 그 건물에 관하여 아직 등기를 마치지 아니하였거나 등기가 이루어질 수 없는 사정이 있다고 하더라도 다른 특별한 규정이 없는 한 같은 법의 적용대상이 된다.

㉢ 임차주택의 인도: 임차인이 임차주택의 환가대금에서 우선배당된 보증금을 수령하기 위해서는 임차주택을 양수인에게 인도하여야 한다(주임법 제3조의2 제3항).

⑤ 임차권등기명령제도

(2) 소액보증금의 최우선변제권

주임법 제8조 【보증금 중 일정액의 보호】
① 임차인은 보증금 중 일정액을 다른 담보물권자보다 우선하여 변제받을 권리가 있다. 이 경우 임차인은 주택에 대한 경매신청의 등기 전에 제3조 제1항의 요건을 갖추어야 한다.
③ 제1항에 따라 우선변제를 받을 임차인 및 보증금 중 일정액의 범위와 기준은 제8조의2에 따른 주택임대차위원회의 심의를 거쳐 대통령령으로 정한다. 다만, 보증금 중 일정액의 범위와 기준은 주택가액(대지의 가액을 포함한다)의 2분의 1을 넘지 못한다.

① **의의**: 소액임차인은 보증금 중 일정액에 관하여 그 순위를 따지지 않고 다른 담보물권자보다 우선하여 변제받을 권리가 있다(주임법 제8조). 이를 소액임차인의 최우선변제권이라 한다.

② 요건

㉠ 소액임차인

ⓐ 보증금의 액수

시행령 제11조 【우선변제를 받을 임차인의 범위】
법 제8조에 따라 우선변제를 받을 임차인은 보증금이 다음 각 호의 구분에 의한 금액 이하인 임차인으로 한다.
1. 서울특별시 : 1억 6천 500만 원
2. '수도권정비계획법'에 따른 과밀억제권역(서울특별시는 제외한다), 세종특별자치시, 용인시, 화성시 및 김포시 : 1억 4천 500만 원
3. 광역시('수도권정비계획법'에 따른 과밀억제권역에 포함된 지역과 군지역은 제외한다), 안산시, 광주시, 파주시, 이천시 및 평택시 : 8천 500만 원
4. 그 밖의 지역 : 7천 500만 원

ⓑ 구체적으로 문제된 판례사안

판례

보증금의 감액으로 후에 소액임차인이 된 경우의 보호 여부(원칙적 적극) ★★★
실제 임대차계약의 주된 목적이 주택을 사용·수익하려는 것인 이상, 처음 임대차계약을 체결할 당시에는 보증금액이 많아 주택임대차보호법상 소액임차인에 해당하지 않았지만 그 후 새로운 임대차계약에 의하여 정당하게 보증금을 감액하여 소액임차인에 해당하게 되었다면, 그 임대차계약이 통정허위표시에 의한 계약이어서 무효라는 등의 특별한 사정이 없는 한 그러한 임차인은 같은 법상 소액임차인으로 보호받을 수 있다(대판 2008. 5. 15, 2007다23203).

기존채권의 우선 회수를 주된 목적으로 한 임차인 ★★★
주택임대차보호법의 입법목적과 제도의 취지 등을 고려할 때, 채권자가 채무자 소유의 주택에 관하여 채무자와 임대차계약을 체결하고 전입신고를 마친 다음 그곳에 거주하였다고 하더라도 실제 임대차계약의 주된 목적이 주택을 사용수익하려는 것에 있는 것이 아니고, 실제적으로는 소액임차인으로 보호받아 선순위 담보권자에 우선하여 채권을 회수하려는 것에 주된 목적이 있었던 경우에는 그러한 임차인을 주택임대차보호법상 소액임차인으로 보호할 수 없다(대판 2001. 5. 8, 2001다14733).

ⓛ 대항력의 구비: 임차인은 주택에 대한 '경매신청의 등기 전'에 제3조 제1항의 대항력(주택의 인도와 주민등록)을 갖추어야 한다(주임법 제8조 제1항 제2문). 그러나 확정일자까지 갖추어야 하는 것은 아니다.

ⓒ 임차주택이 경매 또는 공매에 의해 매각되었을 것

③ **내용 및 효과**

㉠ 보증금 중 일정액의 최우선변제권: 임차인은 '보증금 중 일정액'을 다른 담보물권자보다 우선하여 변제받을 권리가 있다(동법 제8조 제1항 제1문). 즉, 다른 담보물권이 성립하여 있더라도 그 성립의 선후에 관계없이 최우선변제권을 가진다.

ⓛ 최우선변제권이 인정되는 '보증금 중 일정액'의 범위

시행령 제10조【보증금 중 일정액의 범위 등】
① 법 제8조에 따라 우선변제를 받을 보증금 중 일정액의 범위는 다음 각 호의 구분에 의한 금액 이하로 한다.
1. 서울특별시: 5천 500만 원
2. '수도권정비계획법'에 따른 과밀억제권역(서울특별시는 제외한다), 세종특별자치시, 용인시, 화성시 및 김포시: 4천 800만 원
3. 광역시('수도권정비계획법'에 따른 과밀억제권역에 포함된 지역과 군지역은 제외한다), 안산시, 광주시, 파주시, 이천시 및 평택시: 2천 800만 원
4. 그 밖의 지역: 2천 500만 원

② 임차인의 보증금 중 일정액이 주택가액의 2분의 1을 초과하는 경우에는 주택가액의 2분의 1에 해당하는 금액까지만 우선변제권이 있다.
③ 하나의 주택에 임차인이 2명 이상이고, 그 각 보증금 중 일정액을 모두 합한 금액이 주택가액의 2분의 1을 초과하는 경우에는 그 각 보증금 중 일정액을 모두 합한 금액에 대한 각 임차인의 보증금 중 일정액의 비율로 그 주택가액의 2분의 1에 해당하는 금액을 분할한 금액을 각 임차인의 보증금 중 일정액으로 본다.
④ 하나의 주택에 임차인이 2명 이상이고 이들이 그 주택에서 가정공동생활을 하는 경우에는 이들을 1명의 임차인으로 보아 이들의 각 보증금을 합산한다.

ⓒ 배당요구채권: 소액임차인의 우선변제권도 배당요구가 필요한 배당요구채권이다(대판 2002. 1. 22, 2001다70702). 따라서 경락기일까지 배당요구를 한 경우에 한하여 배당을 받을 수 있다. 그리고 이 경우 대항요건은 배당요구의 종기까지 유지되어야 한다.

(3) 대항력과 우선변제권을 겸유한 임차인의 지위

① **선택적 행사**: 대항력과 우선변제권을 겸유하고 있는 임차인은 이 두 가지 권리 중 하나를 선택하여 행사할 수 있다(대판 1993. 12. 24, 93다39676).

② **우선변제권을 행사하였으나 보증금 전액을 배당받지 못한 경우**: 주택임대차보호법상의 대항력과 우선변제권의 두 가지 권리를 겸유하고 있는 임차인이 우선변제권을 선택하여 제1경매절차에서 보증금 전액에 대하여 배당요구를 하였으나, 보증금 전액을 배당받을 수 없었던 때에는 경락인에게 대항하여 이를 반환받을 때까지 임대차관계의 존속을 주장할 수 있을 뿐이고, 임차인의 우선변제권은 경락으로 인하여 소멸하는 것이다(대판 1997. 8. 22, 96다53628).

7. 임차인 사망과 주택임차권의 승계

주임법 제9조【주택 임차권의 승계】

① 임차인이 상속인 없이 사망한 경우에는 그 주택에서 가정공동생활을 하던 사실상의 혼인 관계에 있는 자가 임차인의 권리와 의무를 승계한다.
② 임차인이 사망한 때에 사망 당시 상속인이 그 주택에서 가정공동생활을 하고 있지 아니한 경우에는 그 주택에서 가정공동생활을 하던 사실상의 혼인 관계에 있는 자와 2촌 이내의 친족이 공동으로 임차인의 권리와 의무를 승계한다.
③ 제1항과 제2항의 경우에 임차인이 사망한 후 1개월 이내에 임대인에게 제1항과 제2항에 따른 승계 대상자가 반대의사를 표시한 경우에는 그러하지 아니하다.
④ 제1항과 제2항의 경우에 임대차 관계에서 생긴 채권·채무는 임차인의 권리의무를 승계한 자에게 귀속된다.

8. 강행규정

주임법 제10조【강행규정】

이 법에 위반된 약정으로서 임차인에게 불리한 것은 그 효력이 없다.

9. 소액사건심판법의 준용

주임법 제13조【'소액사건심판법'의 준용】

임차인이 임대인에 대하여 제기하는 보증금반환청구소송에 관하여는 '소액사건심판법' 제6조, 제7조, 제10조 및 제11조의2를 준용한다.

10. 기타

주임법 제3조의5【경매에 의한 임차권의 소멸】

임차권은 임차주택에 대하여 「민사집행법」에 따른 경매가 행하여진 경우에는 그 임차주택의 경락에 따라 소멸한다. 다만, 보증금이 모두 변제되지 아니한, 대항력이 있는 임차권은 그러하지 아니하다.

주임법 제8조의2【주택임대차위원회】

① 제8조에 따라 우선변제를 받을 임차인 및 보증금 중 일정액의 범위와 기준을 심의하기 위하여 법무부에 주택임대차위원회(이하 "위원회"라 한다)를 둔다.

② 위원회는 위원장 1명을 포함한 9명 이상 15명 이하의 위원으로 성별을 고려하여 구성한다.

③ 위원회의 위원장은 법무부차관이 된다.

④ 위원회의 위원은 다음 각 호의 어느 하나에 해당하는 사람 중에서 위원장이 임명하거나 위촉하되, 제1호부터 제5호까지에 해당하는 위원을 각각 1명 이상 임명하거나 위촉하여야 하고, 위원 중 2분의 1 이상은 제1호 · 제2호 또는 제6호에 해당하는 사람을 위촉하여야 한다.

1. 법학 · 경제학 또는 부동산학 등을 전공하고 주택임대차 관련 전문지식을 갖춘 사람으로서 공인된 연구기관에서 조교수 이상 또는 이에 상당하는 직에 5년 이상 재직한 사람
2. 변호사 · 감정평가사 · 공인회계사 · 세무사 또는 공인중개사로서 5년 이상 해당 분야에서 종사하고 주택임대차 관련 업무경험이 풍부한 사람
3. 기획재정부에서 물가 관련 업무를 담당하는 고위공무원단에 속하는 공무원
4. 법무부에서 주택임대차 관련 업무를 담당하는 고위공무원단에 속하는 공무원(이에 상당하는 특정직 공무원을 포함한다)
5. 국토교통부에서 주택사업 또는 주거복지 관련 업무를 담당하는 고위공무원단에 속하는 공무원
6. 그 밖에 주택임대차 관련 학식과 경험이 풍부한 사람으로서 대통령령으로 정하는 사람

⑤ 그 밖에 위원회의 구성 및 운영 등에 필요한 사항은 대통령령으로 정한다.

주임법 제12조【미등기 전세에의 준용】

주택의 등기를 하지 아니한 전세계약에 관하여는 이 법을 준용한다. 이 경우 "전세금"은 "임대차의 보증금"으로 본다.

주임법 제14조【주택임대차분쟁조정위원회】

① 이 법의 적용을 받는 주택임대차와 관련된 분쟁을 심의 · 조정하기 위하여 대통령령으로 정하는 바에 따라 「법률구조법」 제8조에 따른 대한법률구조공단(이하 "공단"이라 한다)의 지부, 「한국토지주택공사법」에 따른 한국토지주택공사(이하 "공사"라 한다)의 지사 또는 사무소 및 「한국감정원법」에 따른 한국감정원(이하 "감정원"이라 한다)의 지사 또는 사무소에 주택임대차분쟁조정위원회(이하 "조정위원회"라 한다)를 둔다. 특별시 · 광역시 · 특별자치시 · 도 및 특별자치도(이하 "시 · 도"라 한다)는 그 지방자치단체의 실정을 고려하여 조정위원회를 둘 수 있다.

주임법 제16조【조정위원회의 구성 및 운영】

① 조정위원회는 위원장 1명을 포함하여 5명 이상 30명 이하의 위원으로 성별을 고려하여 구성한다.

② 조정위원회의 위원은 조정위원회를 두는 기관에 따라 공단 이사장, 공사 사장, 감정원 원장 또는 조정위원회를 둔 지방자치단체의 장이 각각 임명하거나 위촉한다.

주임법 제21조【조정의 신청 등】

① 제14조 제2항 각 호의 어느 하나에 해당하는 주택임대차분쟁의 당사자는 해당 주택이 소재하는 지역을 관할하는 조정위원회에 분쟁의 조정을 신청할 수 있다.

③ 조정위원회의 위원장은 다음 각 호의 어느 하나에 해당하는 경우 신청을 각하한다. 이 경우 그 사유를 신청인에게 통지하여야 한다.
1. 이미 해당 분쟁조정사항에 대하여 법원에 소가 제기되거나 조정 신청이 있은 후 소가 제기된 경우
2. 이미 해당 분쟁조정사항에 대하여 「민사조정법」에 따른 조정이 신청된 경우나 조정신청이 있은 후 같은 법에 따른 조정이 신청된 경우
3. 이미 해당 분쟁조정사항에 대하여 이 법에 따른 조정위원회에 조정이 신청된 경우나 조정신청이 있은 후 조정이 성립된 경우
4. 조정신청 자체로 주택임대차에 관한 분쟁이 아님이 명백한 경우
5. 피신청인이 조정절차에 응하지 아니한다는 의사를 통지한 경우
6. 신청인이 정당한 사유 없이 조사에 응하지 아니하거나 2회 이상 출석요구에 응하지 아니한 경우

주임법 제22조 【조정절차】
① 조정위원회의 위원장은 신청인으로부터 조정신청을 접수한 때에는 지체 없이 조정절차를 개시하여야 한다.
② 조정위원회의 위원장은 제1항에 따라 조정신청을 접수하면 피신청인에게 조정신청서를 송달하여야 한다. 이 경우 제21조 제2항을 준용한다.

주임법 제26조 【조정의 성립】
② 제1항에 따라 조정안을 통지받은 당사자가 통지받은 날부터 14일 이내에 수락의 의사를 서면으로 표시하지 아니한 경우에는 조정을 거부한 것으로 본다.

주임법 제30조 【주택임대차표준계약서 사용】
주택임대차계약을 서면으로 체결할 때에는 법무부장관이 국토교통부장관과 협의하여 정하는 주택임대차표준계약서를 우선적으로 사용한다. 다만, 당사자가 다른 서식을 사용하기로 합의한 경우에는 그러하지 아니하다.

02 상가건물 임대차보호법상의 상가건물임대차

1. 목적

상가건물 임대차보호법 제1조 【목적】
이 법은 상가건물 임대차에 관하여 '민법'에 대한 특례를 규정하여 국민 경제생활의 안정을 보장함을 목적으로 한다.

2. 성립 및 적용범위

(1) 표준계약서의 작성

상가건물 임대차보호법 제19조 【표준계약서의 작성 등】
법무부장관은 보증금, 차임액, 임대차기간, 수선비 분담 등의 내용이 기재된 상가건물임대차표준계약서를 정하여 그 사용을 권장할 수 있다.

(2) 적용되는 상가임대차 – 소액상가임대차

상가건물 임대차보호법 제2조【적용범위】
① 이 법은 상가건물(제3조 제1항에 따른 사업자등록의 대상이 되는 건물을 말한다)의 임대차(임대차 목적물의 주된 부분을 영업용으로 사용하는 경우를 포함한다)에 대하여 적용한다. 다만, 대통령령으로 정하는 보증금액을 초과하는 임대차에 대하여는 그러하지 아니하다.
② 제1항 단서에 따른 보증금액을 정할 때에는 해당 지역의 경제 여건 및 임대차 목적물의 규모 등을 고려하여 지역별로 구분하여 규정하되, 보증금 외에 차임이 있는 경우에는 그 차임액에 '은행법'에 따른 은행의 대출금리 등을 고려하여 대통령령으로 정하는 비율을 곱하여 환산한 금액을 포함하여야 한다.
③ 제1항 단서에도 불구하고 제10조 제1항, 제2항, 제3항 본문 및 제10조의2부터 제10조의9까지의 규정 및 제19조는 제1항 단서에 따른 보증금액을 초과하는 임대차에 대하여도 적용한다.

시행령 제2조【적용범위】
① 상가건물 임대차보호법(이하 "법"이라 한다) 제2조 제1항 단서에서 "대통령령으로 정하는 보증금액"이란 다음 각 호의 구분에 의한 금액을 말한다.
1. 서울특별시: 9억 원
2. 「수도권정비계획법」에 따른 과밀억제권역(서울특별시는 제외) 및 부산광역시: 6억 9천만 원
3. 광역시(「수도권정비계획법」에 따른 과밀억제권역에 포함된 지역과 군지역, 부산광역시는 제외한다), 세종특별자치시, 파주시, 화성시, 안산시, 용인시, 김포시 및 광주시: 5억 4천만 원
4. 그 밖의 지역: 3억 7천만 원

② 법 제2조 제2항의 규정에 의하여 보증금 외에 차임이 있는 경우의 차임액은 월 단위의 차임액으로 한다.
③ 법 제2조 제2항에서 '대통령령으로 정하는 비율'이라 함은 1분의 100을 말한다.

상가건물 임대차보호법 제17조【미등기전세에의 준용】
목적건물을 등기하지 아니한 전세계약에 관하여 이 법을 준용한다. 이 경우 "전세금"은 "임대차의 보증금"으로 본다.

① **상임법상의 상가건물 임대차의 의미**: 상가건물 임대차보호법의 목적과 같은 법 제2조 제1항 본문, 제3조 제1항에 비추어 보면, 상가건물 임대차보호법이 적용되는 상가건물 임대차는 사업자등록 대상이 되는 건물로서 임대차 목적물인 건물을 영리를 목적으로 하는 영업용으로 사용하는 임대차를 가리킨다.

② **상임법이 적용되는 상가건물에 해당하는지 여부 – 상가건물의 판단기준**
㉠ 판례는 상가건물 임대차보호법이 적용되는 상가건물에 해당하는지는 공부상 표시가 아닌 건물의 현황·용도 등에 비추어 영업용으로 사용하느냐에 따라 실질적으로 판단하여야 하고, 단순히 상품의 보관·제조·가공 등 사실행위만이 이루어지는 공장·창고 등은 영업용으로 사용하는 경우라고 할 수 없으나, 그곳에서 그러한 사실행위와 더불어 영리를 목적으로 하는 활동이 함께 이루어진다면 상가건물 임대차보호법 적용대상인 상가건물에 해당한다고 보았다(대판 2011. 7. 28, 2009다40967).

㉡ 이에 따라 판례는 임차인이 상가건물의 일부를 임차하여 도금작업을 하면서 임차부분에 인접한 컨테이너 박스에서 도금작업의 주문을 받고 완성된 도금제품을 고객에 인도하여 수수료를 받는 등 영업활동을 해 온 사안에서, 임차부분과 이에 인접한 컨테이너 박스는 일체로서 도금작업과 더불어 영업활동을 하는 하나의 사업장이므로 위 임차부분은 상가건물 임대차보호법이 적용되는 상가건물에 해당한다고 하였다(대판 2011. 7. 28, 2009다40967).

(3) 민법 제621조의 건물임대차

상가건물 임대차보호법 제7조【민법에 따른 임대차등기의 효력 등】
① '민법' 제621조에 따른 건물임대차등기의 효력에 관하여는 제6조 제5항 및 제6항을 준용한다.

(4) 적용되지 않는 임대차

상가건물 임대차보호법 제16조【일시사용을 위한 임대차】
이 법은 일시사용을 위한 임대차임이 명백한 경우에는 적용하지 아니한다.

3. 대항력

상가건물 임대차보호법 제3조【대항력 등】
① 임대차는 그 등기가 없는 경우에도 임차인이 건물의 인도와 「부가가치세법」 제8조, 「소득세법」 제168조 또는 「법인세법」 제111조에 따른 사업자등록을 신청하면 그 다음 날부터 제3자에 대하여 효력이 생긴다.
② 임차건물의 양수인(그 밖에 임대할 권리를 승계한 자를 포함한다)은 임대인의 지위를 승계한 것으로 본다.
③ 이 법에 따라 임대차의 목적이 된 건물이 매매 또는 경매의 목적물이 된 경우에는 「민법」 제575조 제1항·제3항 및 제578조를 준용한다.
④ 제3항의 경우에는 「민법」 제536조를 준용한다.

판례

상가건물임대차의 대항력 및 우선변제권(대판 2006. 1. 13, 2005다64002) ★

① 상가건물의 임차인이 임대차보증금 반환채권에 대하여 상가건물 임대차보호법상 대항력 또는 우선변제권을 가지기 위한 요건
상가건물의 임차인이 임대차보증금 반환채권에 대하여 상가건물 임대차보호법 제3조 제1항 소정의 대항력 또는 같은 법 제5조 제2항 소정의 우선변제권을 가지려면 임대차의 목적인 상가건물의 인도 및 부가가치세법 등에 의한 사업자등록을 구비하고, 관할세무서장으로부터 확정일자를 받아야 하며, 그 중 사업자등록은 대항력 또는 우선변제권의 취득요건일 뿐만 아니라 존속요건이기도 하므로, 배당요구의 종기까지 존속하고 있어야 한다.

② 상가건물을 임차하고 사업자등록을 마친 사업자가 임차 건물의 전대차 등으로 당해 사업을 개시하지 않거나 사실상 폐업한 경우, 임차인이 상가건물 임대차보호법상의 대항력 및 우선변제권을 유지하기 위한 방법

부가가치세법 제5조 제4항, 제5항의 규정 취지에 비추어 보면, 상가건물을 임차하고 사업자등록을 마친 사업자가 임차 건물의 전대차 등으로 당해 사업을 개시하지 않거나 사실상 폐업한 경우에는 그 사업자등록은 부가가치세법 및 상가건물 임대차보호법이 상가임대차의 공시방법으로 요구하는 적법한 사업자등록이라고 볼 수 없고, 이 경우 임차인이 상가건물 임대차보호법상의 대항력 및 우선변제권을 유지하기 위해서는 건물을 직접 점유하면서 사업을 운영하는 전차인이 그 명의로 사업자등록을 하여야 한다.

대항력 취득요건으로서 사업자등록

상가건물 임대차보호법 제3조 제1항에서 건물의 인도와 더불어 대항력의 요건으로 규정하고 있는 사업자등록은 거래의 안전을 위하여 임차권의 존재를 제3자가 명백히 인식할 수 있게 하는 공시방법으로 마련된 것이다. 따라서 사업자등록이 어떤 임대차를 공시하는 효력이 있는지 여부는 일반 사회통념상 그 사업자등록으로 당해 임대차건물에 사업장을 임차한 사업자가 존재하고 있다고 인식할 수 있는지 여부에 따라 판단하여야 한다. 한편 상가건물 임대차보호법 제4조와 그 시행령 제3조 및 부가가치세법 제5조와 그 시행령 제7조에 의하면, 사업자가 상가건물의 일부분을 임차하는 경우에는 사업자등록신청서에 해당 부분의 도면을 첨부하여야 하고, 이해관계인은 임대차의 목적이 건물의 일부분인 경우 그 부분 도면의 열람 또는 제공을 요청할 수 있도록 하고 있으므로, 건물의 일부분을 임차한 경우 그 사업자등록이 제3자에 대한 관계에서 유효한 임대차의 공시방법이 되기 위해서는 특별한 사정이 없는 한 사업자등록신청시 그 임차 부분을 표시한 도면을 첨부하여야 할 것이다(대판 2008. 9. 25, 2008다56678).

4. 존속기간

상가건물 임대차보호법 제9조【임대차기간 등】

① 기간을 정하지 아니하거나 기간을 1년 미만으로 정한 임대차는 그 기간을 1년으로 본다. 다만, 임차인은 1년 미만으로 정한 기간이 유효함을 주장할 수 있다.

② 임대차가 종료한 경우에도 임차인이 보증금을 돌려받을 때까지는 임대차 관계는 존속하는 것으로 본다.

상가건물 임대차보호법 제10조【계약갱신 요구 등】

① 임대인은 임차인이 임대차기간이 만료되기 6개월 전부터 1개월 전까지 사이에 계약갱신을 요구할 경우 정당한 사유 없이 거절하지 못한다. 다만, 다음 각 호의 어느 하나의 경우에는 그러하지 아니하다.

1. 임차인이 3기의 차임액에 해당하는 금액에 이르도록 차임을 연체한 사실이 있는 경우
2. 임차인이 거짓이나 그 밖의 부정한 방법으로 임차한 경우
3. 서로 합의하여 임대인이 임차인에게 상당한 보상을 제공한 경우
4. 임차인이 임대인의 동의 없이 목적 건물의 전부 또는 일부를 전대한 경우
5. 임차인이 임차한 건물의 전부 또는 일부를 고의나 중대한 과실로 파손한 경우
6. 임차한 건물의 전부 또는 일부가 멸실되어 임대차의 목적을 달성하지 못할 경우
7. 임대인이 다음 각 목의 어느 하나에 해당하는 사유로 목적 건물의 전부 또는 대부분을 철거하거나 재건축하기 위하여 목적 건물의 점유를 회복할 필요가 있는 경우
   가. 임대차계약 체결 당시 공사시기 및 소요기간 등을 포함한 철거 또는 재건축 계획을 임차인에게 구체적으로 고지하고 그 계획에 따르는 경우

나. 건물이 노후·훼손 또는 일부 멸실되는 등 안전사고의 우려가 있는 경우
다. 다른 법령에 따라 철거 또는 재건축이 이루어지는 경우
8. 그 밖에 임차인이 임차인으로서의 의무를 현저히 위반하거나 임대차를 계속하기 어려운 중대한 사유가 있는 경우

② 임차인의 계약갱신요구권은 최초의 임대차기간을 포함한 전체 임대차기간이 10년을 초과하지 아니하는 범위에서만 행사할 수 있다(2018. 10. 16. 개정).

③ 갱신되는 임대차는 전 임대차와 동일한 조건으로 다시 계약된 것으로 본다. 다만, 차임과 보증금은 제11조에 따른 범위에서 증감할 수 있다.

④ 임대인이 제1항의 기간 이내에 임차인에게 갱신 거절의 통지 또는 조건 변경의 통지를 하지 아니한 경우에는 그 기간이 만료된 때에 전 임대차와 동일한 조건으로 다시 임대차한 것으로 본다. 이 경우에 임대차의 존속기간은 1년으로 본다.

⑤ 제4항의 경우 임차인은 언제든지 임대인에게 계약해지의 통고를 할 수 있고, 임대인이 통고를 받은 날부터 3개월이 지나면 효력이 발생한다.

상가건물 임대차보호법 제10조의2【계약갱신의 특례】

제2조 제1항 단서에 따른 보증금액을 초과하는 임대차의 계약갱신의 경우에는 당사자는 상가건물에 관한 조세, 공과금, 주변 상가건물의 차임 및 보증금, 그 밖의 부담이나 경제사정의 변동 등을 고려하여 차임과 보증금의 증감을 청구할 수 있다.

상가건물 임대차보호법 제10조의9【계약갱신요구 등에 관한 임시 특례】

임차인이 이 법(법률 제17490호 상가건물 임대차보호법 일부개정 법률을 말한다) 시행일부터 6개월까지의 기간 동안 연체한 차임액은 제10조 제1항 제1호, 제10조의4 제1항 단서 및 제10조의8의 적용에 있어서는 차임연체액으로 보지 아니한다. 이 경우 연체한 차임액에 대한 임대인의 그 밖의 권리는 영향을 받지 아니한다.

판례

상가건물 임차인의 갱신요구권(대판 2014. 4. 30, 2013다35115)

① 임대인의 갱신 거절 통지에 정당한 사유가 없는 경우, 임대인의 갱신 거절 통지의 선후와 관계없이 임차인의 계약갱신요구권 행사로 종전 임대차가 갱신되는지 여부(적극)

임차인의 계약갱신요구권에 관한 구 상가건물 임대차보호법(2009. 1. 30. 법률 제9361호로 개정되기 전의 것, 이하 '법'이라 한다) 제10조 제1항 내지 제3항과 임대인의 갱신 거절의 통지에 관한 법 제10조 제4항의 문언 및 체계와 아울러, 법 제10조 제1항에서 정하는 임차인의 계약갱신요구권은 임차인의 주도로 임대차계약의 갱신을 달성하려는 것인 반면 법 제10조 제4항은 기간의 만료로 인한 임대차관계의 종료에 임대인의 적극적인 조치를 요구하는 것으로서 이들 두 법조항상의 각 임대차갱신제도는 취지와 내용을 서로 달리하는 것인 점 등을 종합하면, 법 제10조 제4항에 따른 임대인의 갱신 거절의 통지에 법 제10조 제1항 제1호 내지 제8호에서 정한 정당한 사유가 없는 한 그와 같은 임대인의 갱신 거절의 통지의 선후와 관계없이 임차인은 법 제10조 제1항에 따른 계약갱신요구권을 행사할 수 있고, 이러한 임차인의 계약갱신요구권의 행사로 인하여 종전 임대차는 법 제10조 제3항에 따라 갱신된다.

② 임차인이 계약갱신요구권을 행사한 이후 임차인과 임대인이 신규 임대차계약의 형식으로 체결한 계약을 임대차에 관한 재계약으로 볼 것인지 여부(한정 소극)

임차인이 계약갱신요구권을 행사한 이후 임차인과 임대인이 종전 임대차기간이 만료할 무렵 신규 임대차계약의 형식을 취한 경우에도 그것이 임차인의 계약갱신요구권 행사에 따른 갱신의 실질을 갖는다고 평가되는 한 이를 두고 종전 임대차에 관한 재계약으로 볼 것은 아니다.

③ 상가건물 임대차보호법 제11조 제1항에 따른 차임 증액비율을 초과하여 지급된 차임에 대하여 임차인이 부당이득으로 반환을 구할 수 있는지 여부(적극)

구 상가건물 임대차보호법(2009. 1. 30. 법률 제9361호로 개정되기 전의 것, 이하 '법'이라 한다)의 입법 목적, 차임의 증감청구권에 관한 규정의 체계 및 취지 등에 비추어 보면, 법 제11조 제1항에 따른 증액비율을 초과하여 지급하기로 하는 차임에 관한 약정은 증액비율을 초과하는 범위 내에서 무효이고, 임차인은 초과 지급된 차임에 대하여 부당이득으로 반환을 구할 수 있다.

상가건물 임대차보호법의 적용을 받는 상가건물의 임대차기간 중 어느 때라도 차임이 3기분에 달하도록 연체된 사실이 있는 경우, 임대인이 임차인의 계약갱신 요구를 거부할 수 있는지 여부(적극) ★★★

상가건물 임대차보호법(이하 '상가임대차법'이라고 한다) 제10조의8은 임대인이 차임연체를 이유로 계약을 해지할 수 있는 요건을 '차임연체액이 3기의 차임액에 달하는 때'라고 규정하였다. 반면 임대인이 임대차기간 만료를 앞두고 임차인의 계약갱신 요구를 거부할 수 있는 사유에 관해서는 '3기의 차임액에 해당하는 금액에 이르도록 차임을 연체한 사실이 있는 경우'라고 문언을 달리하여 규정하고 있다(상가임대차법 제10조 제1항 제1호). 그 취지는 임대차계약 관계는 당사자 사이의 신뢰를 기초로 하므로, 종전 임대차기간에 차임을 3기분에 달하도록 연체한 사실이 있는 경우에까지 임차인의 일방적 의사에 의하여 계약관계가 연장되는 것을 허용하지 아니한다는 것이다. 위 규정들의 문언과 취지에 비추어 보면, 임대차기간 중 어느 때라도 차임이 3기분에 달하도록 연체된 사실이 있다면 임차인과의 계약관계 연장을 받아들여야 할 만큼의 신뢰가 깨어졌으므로 임대인은 계약갱신 요구를 거절할 수 있고, 반드시 임차인이 계약갱신요구권을 행사할 당시에 3기분에 이르는 차임이 연체되어 있어야 하는 것은 아니다(대판 2021. 5. 13, 2020다255429).

상가건물 임대차보호법 제2조 제1항 단서에 따라 대통령령으로 정한 보증금액을 초과하는 임대차에서 기간을 정하지 않은 경우, 임차인이 같은 법 제10조 제1항에서 정한 계약갱신요구권을 행사할 수 있는지 여부(소극)

상가건물 임대차보호법(이하 '상가임대차법'이라고 한다)에서 기간을 정하지 않은 임대차는 그 기간을 1년으로 간주하지만(제9조 제1항), 대통령령으로 정한 보증금액을 초과하는 임대차는 위 규정이 적용되지 않으므로(제2조 제1항 단서), 원래의 상태 그대로 기간을 정하지 않은 것이 되어 민법의 적용을 받는다. 민법 제635조 제1항, 제2항 제1호에 따라 이러한 임대차는 임대인이 언제든지 해지를 통고할 수 있고 임차인이 통고를 받은 날로부터 6개월이 지남으로써 효력이 생기므로, 임대차기간이 정해져 있음을 전제로 기간 만료 6개월 전부터 1개월 전까지 사이에 행사하도록 규정된 임차인의 계약갱신요구권(상가임대차법 제10조 제1항)은 발생할 여지가 없다(대판 2021. 12. 30, 2021다233730).

상가의 임차인이 임대차기간 만료 1개월 전부터 만료일 사이에 갱신거절의 통지를 한 경우, 임대차계약의 묵시적 갱신이 인정되는지 여부(소극) ★

상가건물 임대차보호법(이하 '상가임대차법'이라 한다) 제10조 제1항은 "임대인은 임차인이 임대차기간이 만료되기 6개월 전부터 1개월 전까지 사이에 계약갱신을 요구할 경우 정당한 사유 없이 거절하지 못한다."라고 정하여 임차인의 계약갱신 요구권을 인정할 뿐이고, 임차인이 갱신거절의 통지를 할 수 있는 기간은 제한하지 않았다. 상가임대차법 제10조 제4항은 "임대인이 제1항의 기간 이내에 임차인에게 갱신거절의 통지 또는 조건변경의 통지를 하지 아니한 경우에는 그 기간이 만료된 때에 전 임대차와 동일한 조건으로 다시 임대차한 것으로 본다."라고 정하여 묵시적 갱신을 규정하면서 임대인의 갱신거절 또는 조건변경의 통지기간을 제한하였을 뿐, 주택임대차보호법 제6조 제1항 후문과 달리 상가의 임차인에 대하여는 기간의 제한을 두지 않았다. 상가임대차법에 임차인의 갱신거절 통지기간에 대하여 명시적인 규정이 없는 이상 원칙으로 돌아가 임차인의 갱신거절 통지기간은 제한이 없다고 보아야 한다.

상가의 임차인이 임대차기간 만료 1개월 전부터 만료일 사이에 갱신거절의 통지를 한 경우 해당 임대차계약은 묵시적 갱신이 인정되지 않고 임대차기간의 만료일에 종료한다고 보아야 한다(대판 2024. 6. 27, 2023다307024).

상가임대차법 제10조의9의 의미와 입법취지

상가건물 임대차보호법(이하 '상가임대차법'이라 한다) 제10조의9는 2020. 9. 29.부터 6개월 동안(이하 '특례기간'이라 한다)의 연체 차임액을 '계약갱신의 거절사유(제10조 제1항 제1호)', '권리금 회수기회의 제외사유(제10조의4 제1항 단서)' 및 '계약 해지사유(제10조의8)'에서 정한 연체 차임액에서 제외하되, 임대인의 연체 차임액에 대한 그 밖의 권리에는 영향을 미치지 아니한다고 규정하였다. 이는 '코로나19' 여파로 국내 소비지출이 위축되고 상가임차인의 매출과 소득이 급감하는 가운데 임대료가 상가임차인의 영업활동에 큰 부담이 되는 실정임을 고려하여, 특례기간의 차임 연체를 이유로 한 임대인의 계약 해지 등 일부 권리의 행사를 제한함으로써 경제적 위기 상황에서 영업기반 상실의 위험으로부터 임차인을 구제하기 위하여 신설된 임시 특례규정이다(대판 2023. 4. 13, 2022다309337).

5. 확정일자 부여 및 임대차정보의 제공 등

상가건물 임대차보호법 제4조【확정일자 부여 및 임대차정보의 제공 등】

① 제5조 제2항의 확정일자는 상가건물의 소재지 관할 세무서장이 부여한다.
② 관할 세무서장은 해당 상가건물의 소재지, 확정일자 부여일, 차임 및 보증금 등을 기재한 확정일자부를 작성하여야 한다. 이 경우 전산정보처리조직을 이용할 수 있다.
③ 상가건물의 임대차에 이해관계가 있는 자는 관할 세무서장에게 해당 상가건물의 확정일자 부여일, 차임 및 보증금 등 정보의 제공을 요청할 수 있다. 이 경우 요청을 받은 관할 세무서장은 정당한 사유 없이 이를 거부할 수 없다.
④ 임대차계약을 체결하려는 자는 임대인의 동의를 받아 관할 세무서장에게 제3항에 따른 정보제공을 요청할 수 있다.
⑤ 확정일자부에 기재하여야 할 사항, 상가건물의 임대차에 이해관계가 있는 자의 범위, 관할 세무서장에게 요청할 수 있는 정보의 범위 및 그 밖에 확정일자 부여사무와 정보제공 등에 필요한 사항은 대통령령으로 정한다.

6. 권리금

상가건물 임대차보호법 제10조의3【권리금의 정의 등】

① 권리금이란 임대차 목적물인 상가건물에서 영업을 하는 자 또는 영업을 하려는 자가 영업시설·비품, 거래처, 신용, 영업상의 노하우, 상가건물의 위치에 따른 영업상의 이점 등 유형·무형의 재산적 가치의 양도 또는 이용대가로서 임대인, 임차인에게 보증금과 차임 이외에 지급하는 금전 등의 대가를 말한다.
② 권리금 계약이란 신규임차인이 되려는 자가 임차인에게 권리금을 지급하기로 하는 계약을 말한다.

상가건물 임대차보호법 제10조의3【권리금의 정의 등】

① 권리금이란 임대차 목적물인 상가건물에서 영업을 하는 자 또는 영업을 하려는 자가 영업시설·비품, 거래처, 신용, 영업상의 노하우, 상가건물의 위치에 따른 영업상의 이점 등 유형·무형의 재산적 가치의 양도 또는 이용대가로서 임대인, 임차인에게 보증금과 차임 이외에 지급하는 금전 등의 대가를 말한다.

② 권리금 계약이란 신규임차인이 되려는 자가 임차인에게 권리금을 지급하기로 하는 계약을 말한다.

상가건물 임대차보호법 제10조의4【권리금 회수기회 보호 등】

① 임대인은 임대차기간이 끝나기 6개월 전부터 임대차 종료 시까지 다음 각 호의 어느 하나에 해당하는 행위를 함으로써 권리금 계약에 따라 임차인이 주선한 신규임차인이 되려는 자로부터 권리금을 지급받는 것을 방해하여서는 아니 된다. 다만, 제10조 제1항 각 호의 어느 하나에 해당하는 사유가 있는 경우에는 그러하지 아니하다.

1. 임차인이 주선한 신규임차인이 되려는 자에게 권리금을 요구하거나 임차인이 주선한 신규임차인이 되려는 자로부터 권리금을 수수하는 행위
2. 임차인이 주선한 신규임차인이 되려는 자로 하여금 임차인에게 권리금을 지급하지 못하게 하는 행위
3. 임차인이 주선한 신규임차인이 되려는 자에게 상가건물에 관한 조세, 공과금, 주변 상가건물의 차임 및 보증금, 그 밖의 부담에 따른 금액에 비추어 현저히 고액의 차임과 보증금을 요구하는 행위
4. 그 밖에 정당한 사유 없이 임대인이 임차인이 주선한 신규임차인이 되려는 자와 임대차계약의 체결을 거절하는 행위

② 다음 각 호의 어느 하나에 해당하는 경우에는 제1항 제4호의 정당한 사유가 있는 것으로 본다.

1. 임차인이 주선한 신규임차인이 되려는 자가 보증금 또는 차임을 지급할 자력이 없는 경우
2. 임차인이 주선한 신규임차인이 되려는 자가 임차인으로서의 의무를 위반할 우려가 있거나 그 밖에 임대차를 유지하기 어려운 상당한 사유가 있는 경우
3. 임대차 목적물인 상가건물을 1년 6개월 이상 영리목적으로 사용하지 아니한 경우
4. 임대인이 선택한 신규임차인이 임차인과 권리금 계약을 체결하고 그 권리금을 지급한 경우

③ 임대인이 제1항을 위반하여 임차인에게 손해를 발생하게 한 때에는 그 손해를 배상할 책임이 있다. 이 경우 그 손해배상액은 신규임차인이 임차인에게 지급하기로 한 권리금과 임대차 종료 당시의 권리금 중 낮은 금액을 넘지 못한다.

④ 제3항에 따라 임대인에게 손해배상을 청구할 권리는 임대차가 종료한 날부터 3년 이내에 행사하지 아니하면 시효의 완성으로 소멸한다.

⑤ 임차인은 임대인에게 임차인이 주선한 신규임차인이 되려는 자의 보증금 및 차임을 지급할 자력 또는 그 밖에 임차인으로서의 의무를 이행할 의사 및 능력에 관하여 자신이 알고 있는 정보를 제공하여야 한다.

상가건물 임대차보호법 제10조의5【권리금 적용 제외】

제10조의4는 다음 각 호의 어느 하나에 해당하는 상가건물 임대차의 경우에는 적용하지 아니한다.

1. 임대차 목적물인 상가건물이 「유통산업발전법」 제2조에 따른 대규모점포 또는 준대규모점포의 일부인 경우(다만, 전통시장 및 상점가 육성을 위한 특별법 제2조 제1호에 따른 전통시장은 제외한다)
2. 임대차 목적물인 상가건물이「국유재산법」에 따른 국유재산 또는 「공유재산 및 물품 관리법」에 따른 공유재산인 경우

상가건물 임대차보호법 제10조의6【표준권리금계약서의 작성 등】
국토교통부장관은 임차인과 신규임차인이 되려는 자가 권리금 계약을 체결하기 위한 표준권리금계약서를 정하여 그 사용을 권장할 수 있다.
상가건물 임대차보호법 제10조의7【권리금 평가기준의 고시】
국토교통부장관은 권리금에 대한 감정평가의 절차와 방법 등에 관한 기준을 고시할 수 있다.

판례

상가건물임대차보호법상의 권리금, 대항력 및 우선변제권(대판 2017. 7. 11, 2016다261175)
임차권양도계약과 이에 수반하여 체결되는 권리금계약이 별개의 계약인지 여부(적극) 및 위 계약 전부가 하나의 계약인 것과 같은 불가분의 관계에 있다고 보아야 하는 경우
권리금은 상가건물의 영업시설·비품 등 유형물이나 거래처, 신용, 영업상의 노하우(know-how) 혹은 점포위치에 따른 영업상의 이점 등 무형의 재산적 가치의 양도 또는 일정 기간 동안의 이용대가이다. 임차권양도계약에 수반되어 체결되는 권리금계약은 임차권양도계약과는 별개의 계약이지만 위 두 계약의 체결 경위와 계약 내용 등에 비추어 볼 때, 권리금계약이 임차권양도계약과 결합하여 전체가 경제적·사실적으로 일체로 행하여진 것으로서, 어느 하나의 존재 없이는 당사자가 다른 하나를 의욕하지 않았을 것으로 보이는 경우에는 그 계약 전부가 하나의 계약인 것과 같은 불가분의 관계에 있다고 보아야 한다.

상가건물 임대차보호법에 따른 임대인의 권리금 회수기회 방해로 인한 손해배상책임의 법적 성질(=법정책임) 및 그 손해배상채무의 지체책임이 발생하는 시기(= 임대차 종료일 다음 날) ★
상가건물 임대차보호법(이하 '상가임대차법'이라고 한다)이 보호하고자 하는 권리금의 회수기회란 임대차 종료 당시를 기준으로 하여 임차인이 임대차 목적물인 상가건물에서 영업을 통해 창출한 유·무형의 재산적 가치를 신규임차인으로부터 회수할 수 있는 기회를 의미한다. 이러한 권리금 회수기회를 방해한 임대인이 부담하게 되는 손해배상액은 임대차 종료 당시의 권리금을 넘지 않도록 규정되어 있는 점, 임대인에게 손해배상을 청구할 권리의 소멸시효 기산일 또한 임대차가 종료한 날인 점 등 상가임대차법 규정의 입법 취지, 보호법익, 내용이나 체계를 종합하면, 임대인의 권리금 회수기회 방해로 인한 손해배상책임은 상가임대차법이 그 요건, 배상범위 및 소멸시효를 특별히 규정한 법정책임이고, 그 손해배상채무는 임대차가 종료한 날에 이행기가 도래하여 그다음 날부터 지체책임이 발생하는 것으로 보아야 한다(대판 2023. 2. 2, 2022다260586).

행사기간 만료로 계약갱신요구권을 행사할 수 없는 경우에도 임대인이 권리금 회수기회 보호의무를 부담하는지 여부(적극) ★
구 상가임대차법 제10조의4의 제1항 단서는 "다만, 제10조 제1항 각 호의 어느 하나에 해당하는 사유가 있는 경우에는 그러하지 아니하다."라고 하여 제10조 제1항 각 호에서 정한 계약갱신 거절사유가 있는 경우에는 임대인이 권리금 회수기회 보호의무를 부담하지 않는다고 하고 있다. 그러나 임차인의 계약갱신요구권 행사기간의 만료를 권리금 회수기회 보호의무의 예외사유로 정하고 있지 않다. 구 상가임대차법 제10조의4의 문언과 내용, 입법 취지에 비추어 보면, 같은 법 제10조 제2항에 따라 최초의 임대차기간을 포함한 전체 임대차기간이 5년을 초과하여 임차인이 계약갱신요구권을 행사할 수 없는 경우에도 임대인은 같은 법 제10조의4 제1항에 따른 권리금 회수기회 보호의무를 부담한다(대판 2019. 5. 16, 2017다225312, 2017다225329).

임대인이 스스로 영업할 계획이라는 이유만으로 임차인이 주선한 신규 임차인이 되려는 자와 임대차계약의 체결을 거절할 수 있는 정당한 사유에 해당하는지 여부(소극)
임대인이 스스로 영업할 계획이라는 이유만으로 임차인이 주선한 신규 임차인이 되려는 자와 임대차계약의 체결을 거절한 것에는 구 상가임대차법 제10조의4 제1항 제4호에서 정한 정당한 사유가 있다고 볼 수 없다(대판 2020. 9. 3, 2018다252441, 2018다252458).

7. 우선변제권

(1) 보증금의 회수

상가건물 임대차보호법 제5조【보증금의 회수】
① 임차인이 임차건물에 대하여 보증금반환청구소송의 확정판결, 그 밖에 이에 준하는 집행권원에 의하여 경매를 신청하는 경우에는 「민사집행법」 제41조에도 불구하고 반대의무의 이행이나 이행의 제공을 집행개시의 요건으로 하지 아니한다.
② 제3조 제1항의 대항요건을 갖추고 관할 세무서장으로부터 임대차계약서상의 확정일자를 받은 임차인은 '민사집행법'에 따른 경매 또는 '국세징수법'에 따른 공매 시 임차건물(임대인 소유의 대지를 포함한다)의 환가대금에서 후순위권리자나 그 밖의 채권자보다 우선하여 보증금을 변제받을 권리가 있다.
③ 임차인은 임차건물을 양수인에게 인도하지 아니하면 제2항에 따른 보증금을 받을 수 없다.
④ 제2항 또는 제7항에 따른 우선변제의 순위와 보증금에 대하여 이의가 있는 이해관계인은 경매법원 또는 체납처분청에 이의를 신청할 수 있다.
⑤ 제4항에 따라 경매법원에 이의를 신청하는 경우에는 「민사집행법」 제152조부터 제161조까지의 규정을 준용한다.
⑥ 제4항에 따라 이의신청을 받은 체납처분청은 이해관계인이 이의신청일부터 7일 이내에 임차인 또는 제7항에 따라 우선변제권을 승계한 금융기관 등을 상대로 소를 제기한 것을 증명한 때에는 그 소송이 종결될 때까지 이의가 신청된 범위에서 임차인 또는 제7항에 따라 우선변제권을 승계한 금융기관 등에 대한 보증금의 변제를 유보하고 남은 금액을 배분하여야 한다. 이 경우 유보된 보증금은 소송 결과에 따라 배분한다.
⑦ 다음 각 호의 금융기관 등이 제2항, 제6조 제5항 또는 제7조 제1항에 따른 우선변제권을 취득한 임차인의 보증금반환채권을 계약으로 양수한 경우에는 양수한 금액의 범위에서 우선변제권을 승계한다.
1. 「은행법」에 따른 은행
2. 「중소기업은행법」에 따른 중소기업은행
3. 「한국산업은행법」에 따른 한국산업은행
4. 「농업협동조합법」에 따른 농협은행
5. 「수산업협동조합법」에 따른 수협은행
6. 「우체국예금·보험에 관한 법률」에 따른 체신관서
7. 「보험업법」 제4조 제1항 제2호 라목의 보증보험을 보험종목으로 허가받은 보험회사
8. 그 밖에 제1호부터 제7호까지에 준하는 것으로서 대통령령으로 정하는 기관

⑧ 제7항에 따라 우선변제권을 승계한 금융기관 등(이하 "금융기관 등"이라 한다)은 다음 각 호의 어느 하나에 해당하는 경우에는 우선변제권을 행사할 수 없다.
1. 임차인이 제3조 제1항의 대항요건을 상실한 경우
2. 제6조 제5항에 따른 임차권등기가 말소된 경우
3. 「민법」 제621조에 따른 임대차등기가 말소된 경우

⑨ 금융기관 등은 우선변제권을 행사하기 위하여 임차인을 대리하거나 대위하여 임대차를 해지할 수 없다.

(2) 경매로 인한 임차권 소멸

상가건물 임대차보호법 제8조【경매에 의한 임차권의 소멸】
임차권은 임차건물에 대하여 '민사집행법'에 따른 경매가 실시된 경우에는 그 임차건물이 매각되면 소멸한다. 다만, 보증금이 전액 변제되지 아니한 대항력이 있는 임차권은 그러하지 아니하다.

(3) 임차권등기명령

상가건물 임대차보호법 제6조【임차권등기명령】
① 임대차가 종료된 후 보증금이 반환되지 아니한 경우 임차인은 임차건물의 소재지를 관할하는 지방법원, 지방법원지원 또는 시·군법원에 임차권등기명령을 신청할 수 있다.
④ 임차권등기명령신청을 기각하는 결정에 대하여 임차인은 항고할 수 있다.
⑤ 임차권등기명령의 집행에 따른 임차권등기를 마치면 임차인은 제3조 제1항에 따른 대항력과 제5조 제2항에 따른 우선변제권을 취득한다. 다만, 임차인이 임차권등기 이전에 이미 대항력 또는 우선변제권을 취득한 경우에는 그 대항력 또는 우선변제권이 그대로 유지되며, 임차권등기 이후에는 제3조 제1항의 대항요건을 상실하더라도 이미 취득한 대항력 또는 우선변제권을 상실하지 아니한다.
⑥ 임차권등기명령의 집행에 따른 임차권등기를 마친 건물(임대차의 목적이 건물의 일부분인 경우에는 그 부분으로 한정한다)을 그 이후에 임차한 임차인은 제14조에 따른 우선변제를 받을 권리가 없다.
⑧ 임차인은 제1항에 따른 임차권등기명령의 신청 및 그에 따른 임차권등기와 관련하여 든 비용을 임대인에게 청구할 수 있다.
⑨ 금융기관 등은 임차인을 대위하여 제1항의 임차권등기명령을 신청할 수 있다. 이 경우 제3항·제4항 및 제8항의 "임차인"은 "금융기관 등"으로 본다.

(4) 소액보증금의 최우선변제권

상가건물 임대차보호법 제14조【보증금 중 일정액의 보호】
① 임차인은 보증금 중 일정액을 다른 담보물권자보다 우선하여 변제받을 권리가 있다. 이 경우 임차인은 건물에 대한 경매신청의 등기 전에 제3조 제1항의 요건을 갖추어야 한다.
② 제1항의 경우에 제5조 제4항부터 제6항까지의 규정을 준용한다.
③ 제1항에 따라 우선변제를 받을 임차인 및 보증금 중 일정액의 범위와 기준은 임대건물가액(임대인 소유의 대지가액을 포함한다)의 2분의 1 범위에서 해당 지역의 경제 여건, 보증금 및 차임 등을 고려하여 대통령령으로 정한다.

시행령 제6조【우선변제를 받을 임차인의 범위】
법 제14조의 규정에 의하여 우선변제를 받을 임차인은 보증금과 차임이 있는 경우 법 제2조 제2항의 규정에 의하여 환산한 금액의 합계가 다음 각호의 구분에 의한 금액 이하인 임차인으로 한다.
1. 서울특별시 : 6천 500만 원
2. 「수도권정비계획법」에 따른 과밀억제권역(서울특별시는 제외한다) : 5천 500만 원
3. 광역시(「수도권정비계획법」에 따른 과밀억제권역에 포함된 지역과 군지역은 제외한다), 안산시, 용인시, 김포시 및 광주시 : 3천 8백만 원
4. 그 밖의 지역 : 3천만 원

시행령 제7조【우선변제를 받을 보증금의 범위 등】
① 법 제14조의 규정에 의하여 우선변제를 받을 보증금 중 일정액의 범위는 다음 각호의 구분에 의한 금액 이하로 한다.
  1. 서울특별시 : 2천 200만 원
  2. 「수도권정비계획법」에 따른 과밀억제권역(서울특별시는 제외한다) : 1천 900만 원
  3. 광역시(「수도권정비계획법」에 따른 과밀억제권역에 포함된 지역과 군지역은 제외한다), 안산시, 용인시, 김포시 및 광주시 : 1천 300만 원
  4. 그 밖의 지역 : 1천만 원
② 임차인의 보증금 중 일정액이 상가건물의 가액의 2분의 1을 초과하는 경우에는 상가건물의 가액의 2분의 1에 해당하는 금액에 한하여 우선변제권이 있다.
③ 하나의 상가건물에 임차인이 2인 이상이고, 그 각 보증금 중 일정액의 합산액이 상가건물의 가액의 2분의 1을 초과하는 경우에는 그 각 보증금 중 일정액의 합산액에 대한 각 임차인의 보증금 중 일정액의 비율로 그 상가건물의 가액의 2분의 1에 해당하는 금액을 분할한 금액을 각 임차인의 보증금 중 일정액으로 본다.

8. 차임연체와 차임증감청구권

상가건물 임대차보호법 제10조의8【차임연체와 해지】
임차인의 차임연체액이 3기의 차임액에 달하는 때에는 임대인은 계약을 해지할 수 있다.

상가건물 임대차보호법 제11조【차임 등의 증감청구권】
① 차임 또는 보증금이 임차건물에 관한 조세, 공과금, 그 밖의 부담의 증감이나 「감염병의 예방 및 관리에 관한 법률」 제2조 제2호에 따른 제1급 감염병 등에 의한 경제사정의 변동으로 인하여 상당하지 아니하게 된 경우에는 당사자는 장래의 차임 또는 보증금에 대하여 증감을 청구할 수 있다. 그러나 증액의 경우에는 대통령령으로 정하는 기준에 따른 비율을 초과하지 못한다.
② 제1항에 따른 증액 청구는 임대차계약 또는 약정한 차임 등의 증액이 있은 후 1년 이내에는 하지 못한다.
③ 「감염병의 예방 및 관리에 관한 법률」 제2조 제2호에 따른 제1급 감염병에 의한 경제사정의 변동으로 차임 등이 감액된 후 임대인이 제1항에 따라 증액을 청구하는 경우에는 증액된 차임 등이 감액 전 차임 등의 금액에 달할 때까지는 같은 항 단서를 적용하지 아니한다.

시행령 제4조【차임 등 증액청구의 기준】
법 제11조 제1항의 규정에 의한 차임 또는 보증금의 증액청구는 청구당시의 차임 또는 보증금의 100분의 5의 금액을 초과하지 못한다.
상가건물 임대차보호법 제11조의2【폐업으로 인한 임차인의 해지권】
① 임차인은 「감염병의 예방 및 관리에 관한 법률」 제49조 제1항 제2호에 따른 집합 제한 또는 금지 조치(같은 항 제2호의2에 따라 운영시간을 제한한 조치를 포함한다)를 총 3개월 이상 받음으로써 발생한 경제사정의 중대한 변동으로 폐업한 경우에는 임대차계약을 해지할 수 있다.
② 제1항에 따른 해지는 임대인이 계약해지의 통고를 받은 날부터 3개월이 지나면 효력이 발생한다.
상가건물 임대차보호법 제12조【월차임 전환 시 산정률의 제한】
보증금의 전부 또는 일부를 월 단위의 차임으로 전환하는 경우에는 그 전환되는 금액에 다음 각 호 중 낮은 비율을 곱한 월차임의 범위를 초과할 수 없다.
1. 「은행법」에 따른 은행의 대출금리 및 해당 지역의 경제 여건 등을 고려하여 대통령령으로 정하는 비율
2. 한국은행에서 공시한 기준금리에 대통령령으로 정하는 배수를 곱한 비율

시행령 제5조【월차임 전환시 산정률】
① 법 제12조 제1호에서 "대통령령으로 정하는 비율"이란 연 1할 2푼을 말한다.
② 법 제12조 제2호에서 "대통령령으로 정하는 배수"란 4.5배를 말한다.

9. 전대차관계에 대한 적용 등

상가건물 임대차보호법 제13조【전대차관계에 대한 적용 등】
① 제10조, 제10조의2, 제10조의8, 제10조의9(제10조 및 제10조의8에 관한 부분으로 한정한다), 제11조 및 제12조는 전대인과 전차인의 전대차관계에 적용한다.
② 임대인의 동의를 받고 전대차계약을 체결한 전차인은 임차인의 계약갱신요구권 행사기간 이내에 임차인을 대위하여 임대인에게 계약갱신요구권을 행사할 수 있다.

10. 강행규정

상가건물 임대차보호법 제15조【강행규정】
이 법의 규정에 위반된 약정으로서 임차인에게 불리한 것은 효력이 없다.

11. 소액사건심판법의 적용

상가건물 임대차보호법 제18조【'소액사건심판법'의 준용】
임차인이 임대인에게 제기하는 보증금반환청구소송에 관하여는 '소액사건심판법' 제6조 · 제7조 · 제10조 및 제11조의2를 준용한다.

제7절 고용

제655조【고용의 의의】
고용은 당사자 일방이 상대방에 대하여 노무를 제공할 것을 약정하고 상대방이 이에 대하여 보수를 지급할 것을 약정함으로써 그 효력이 생긴다.

제656조【보수액과 그 지급시기】
① 보수 또는 보수액의 약정이 없는 때에는 관습에 의하여 지급하여야 한다.
② 보수는 약정한 시기에 지급하여야 하며 시기의 약정이 없으면 관습에 의하고 관습이 없으면 약정한 노무를 종료한 후 지체 없이 지급하여야 한다.

제657조【권리의무의 전속성】
① 사용자는 노무자의 동의없이 그 권리를 제3자에게 양도하지 못한다.
② 노무자는 사용자의 동의없이 제3자로 하여금 자기에 갈음하여 노무를 제공하게 하지 못한다.
③ 당사자 일방이 전2항의 규정에 위반한 때에는 상대방은 계약을 해지할 수 있다.

제658조【노무의 내용과 해지권】
① 사용자가 노무자에 대하여 약정하지 아니한 노무의 제공을 요구한 때에는 노무자는 계약을 해지할 수 있다.
② 약정한 노무가 특수한 기능을 요하는 경우에 노무자가 그 기능이 없는 때에는 사용자는 계약을 해지할 수 있다.

제659조【3년 이상의 경과와 해지통고권】
① 고용의 약정기간이 3년을 넘거나 당사자의 일방 또는 제3자의 종신까지로 된 때에는 각 당사자는 3년을 경과한 후 언제든지 계약해지의 통고를 할 수 있다.
② 전항의 경우에는 상대방이 해지의 통고를 받은 날로부터 3월이 경과하면 해지의 효력이 생긴다.

제660조【기간의 약정이 없는 고용의 해지통고】
① 고용기간의 약정이 없는 때에는 당사자는 언제든지 계약해지의 통고를 할 수 있다.
② 전항의 경우에는 상대방이 해지의 통고를 받은 날로부터 1월이 경과하면 해지의 효력이 생긴다.
③ 기간으로 보수를 정한 때에는 상대방이 해지의 통고를 받은 당기후의 1기를 경과함으로서 해지의 효력이 생긴다.

제661조【부득이한 사유와 해지권】
고용기간의 약정이 있는 경우에도 부득이한 사유있는 때에는 각 당사자는 계약을 해지할 수 있다. 그러나 그 사유가 당사자 일방의 과실로 인하여 생긴 때에는 상대방에 대하여 손해를 배상하여야 한다.

제662조【묵시의 갱신】
① 고용기간이 만료한 후 노무자가 계속하여 그 노무를 제공하는 경우에 사용자가 상당한 기간 내에 이의를 하지 아니한 때에는 전고용과 동일한 조건으로 다시 고용한 것으로 본다. 그러나 당사자는 제660조 규정에 의하여 해지의 통고를 할 수 있다.
② 전항의 경우에는 전고용에 대하여 제3자가 제공한 담보는 기간의 만료로 인하여 소멸한다.

제663조【사용자파산과 해지통고】
① 사용자가 파산선고를 받은 경우에는 고용기간의 약정이 있는 때에도 노무자 또는 파산관재인은 계약을 해지할 수 있다.
② 전항의 경우에는 각당사자는 계약해지로 인한 손해의 배상을 청구하지 못한다.

01 의의 및 성질

1. 고용이란 당사자 일방(노무자)이 상대방에 대하여 노무를 제공할 것을 약정하고, 상대방(사용자)이 이에 대해 보수를 지급할 것을 약정함으로써 그 효력이 생기는 계약이다(제655조). 위임은 유상 · 무상일 수 있고(제686조), 수임인은 위임사무의 목적에 따라 그의 재량으로 사무를 독립적으로 처리할 수 있다(제680조). 이에 비해 고용은 노무의 대가를 지급하여야 하는 유상만이 인정될 뿐이고, 노무자는 사용자의 지시에 복종하여야 하는 점에서 다르다.

2. 고용의 법적 성질은 유상 · 쌍무 · 낙성 · 불요식계약이고, 인적 신뢰관계를 바탕으로 하는 계속적 채권관계이다.

02 성립

1. 성립요건

고용은 낙성계약이므로, 노무자의 노무제공의사와 사용자의 보수지급의사의 합치로 성립하며, 그 합의는 적어도 노무의 제공과 보수의 지급에 관하여 행하여져야 한다.

판례

보수에 관한 합의

고용은 노무를 제공하는 노무자에 대하여 사용자가 보수를 지급하기로 하는 계약이므로, 고용계약에 있어서 보수는 고용계약의 본질적 부분을 구성하고, 따라서 보수 지급을 전제로 하지 않는 고용계약은 존재할 수 없으나, 보수 지급에 관한 약정은 그 방법에 아무런 제한이 없고 반드시 명시적임을 요하는 것도 아니며, 관행이나 사회통념에 비추어 노무의 제공에 보수를 수반하는 것이 보통인 경우에는 당사자 사이에 보수에 관한 묵시적 합의가 있었다고 봄이 상당하다(대판 1999. 7. 9, 97다58767).

2. 무효 · 취소의 소급효 제한

고용계약상 노무가 제공된 후에 계약이 무효임이 드러나거나 취소된 경우에는, 계약관계는 장래를 향하여서만 그 효력을 잃는다고 하여야 한다.

03 효력

1. 노무자의 의무

(1) 노무자는 계약에서 정한 노무를 스스로 제공할 의무를 지는데, 고용은 계속적 채권관계로서 인적 신뢰관계를 기초로 하므로, 노무자는 사용자의 동의 없이 제3자로 하여금 자기에 갈음하여 노무를 제공하게 하지 못한다(제657조 제2항). 한편 사용자도 노무자의 동의 없이 그 권리를 제3자에게 양도하지 못한다(제657조 제1항).

(2) 사용자가 노무자에 대하여 약정하지 아니한 노무의 제공을 요구한 때에는 노무자는 계약을 해지할 수 있고(제658조 제1항), 약정한 노무가 특수한 기능을 요하는 경우에 노무자가 그 기능이 없는 때에는 사용자는 계약을 해지할 수 있다(제658조 제2항).

2. 사용자의 의무

(1) **보수지급의무**

사용자는 노무제공에 대한 대가로 보수를 지급하여야 한다. ① 보수의 종류와 액수에 관하여 약정이 없는 때에는 관습에 의하여 지급하여야 한다(제656조 제1항). 또한 ② 보수는 약정한 시기에 지급하여야 하며 시기의 약정이 없으면 관습에 의하고 관습이 없으면 약정한 노무를 종료한 후 지체 없이 지급하여야 한다(제656조 제2항). 보수채권은 3년간 행사하지 않으면 시효로 소멸한다(제163조 제1항).

(2) **안전배려의무(보호의무)**

사용자는 근로계약에 수반되는 신의칙상의 부수적 의무로서 피용자가 노무를 제공하는 과정에서 생명, 신체, 건강을 해치는 일이 없도록 인적·물적 환경을 정비하는 등 필요한 조치를 강구하여야 할 보호의무를 부담하고, 이러한 보호의무를 위반함으로써 피용자가 손해를 입은 경우 이를 배상할 책임이 있다. 그리고 보호의무위반을 이유로 사용자에게 손해배상책임을 인정하기 위하여는 특별한 사정이 없는 한 그 사고가 피용자의 업무와 관련성을 가지고 있을 뿐 아니라 또한 그 사고가 통상 발생할 수 있다고 하는 것이 예측되거나 예측할 수 있는 경우라야 할 것이고, 그 예측가능성은 사고가 발생한 때와 장소, 가해자의 분별능력, 가해자의 성행, 가해자와 피해자의 관계 기타 여러 사정을 고려하여 판단하여야 한다(대판 2001. 7. 27, 99다56734).[24]

24 야간에 회사 기숙사 내에서 발생한 입사자들 사이의 구타행위에 대하여 회사의 보호의무위반이나 불법행위상의 과실책임을 인정하지 않은 사례이다.

04 종료

1. 고용기간의 만료

당사자가 고용기간을 정한 경우 그 기간의 만료로 고용은 종료한다. 다만 (1) 고용기간이 만료한 후 노무자가 계속하여 그 노무를 제공하는 경우에 사용자가 상당한 기간 내에 이의를 하지 아니한 때에는 전고용과 동일한 조건으로 다시 고용한 것으로 본다(제662조 제1항). 그러나 (2) 이와 같은 묵시의 갱신이 있는 경우 기간의 정함이 없는 것으로 보므로, 각 당사자는 언제든지 해지통고를 할 수 있고 상대방이 해지통고를 받은 날로부터 1월이 경과하면 해지의 효력이 생긴다(제662조 제2항).

2. 해지통고

(1) 기간의 약정이 있는 경우

① 고용의 약정기간이 3년을 넘거나 당사자의 일방 또는 제3자의 종신까지로 된 때에는 각 당사자는 3년을 경과한 후 언제든지 계약해지의 통고를 할 수 있다(제659조 제1항).

② 이 경우에는 상대방이 해지의 통고를 받은 날로부터 3월이 경과하면 해지의 효력이 생긴다(제659조 제2항).

(2) 기간의 약정이 없는 경우

① 고용기간의 약정이 없는 때에는 당사자는 언제든지 계약해지의 통고를 할 수 있다(제660조 제1항).

② 이 경우에는 상대방이 해지의 통고를 받은 날로부터 1월이 경과하면 해지의 효력이 생긴다(제660조 제2항).

3. 해지

민법은 제657조 및 제658조에 의한 해지 이외에도 다음과 같은 해지사유를 규정하고 있다.

(1) 고용기간의 약정이 있는 경우에도 부득이한 사유가 있는 때에는 각 당사자는 계약을 해지할 수 있다(제661조).

(2) 또한 사용자가 파산선고를 받은 경우에는 고용기간의 약정이 있는 때에도 노무자 또는 파산관재인은 계약을 해지할 수 있다(제663조).

4. 당사자의 사망

노무자의 사망시에는 고용은 종료하나, 사용자가 사망한 경우에는 원칙적으로 고용은 존속되는 것으로 본다.

제8절 도급

> **제664조 【도급의 의의】**
> 도급은 당사자 일방이 어느 일을 완성할 것을 약정하고 상대방이 그 일의 결과에 대하여 보수를 지급할 것을 약정함으로써 그 효력이 생긴다.

01 도급의 의의 및 성질

1. 도급이란 당사자 일방(수급인)이 어떤 일을 완성할 것을 약정하고, 상대방(도급인)이 그 일의 결과에 대해 보수를 지급할 것을 약정함으로써 성립하는 계약이다(제664조). 그 법적 성질은 낙성·불요식계약이고 일의 완성에 대한 대가로 보수를 지급하므로 쌍무·유상계약이다.
2. 도급은 위임과 같이 타인의 노무를 이용하는 노무공급계약의 일종이나, 일의 완성(=노무에 의한 일정한 결과의 발생)을 목적으로 한다는 점에서 단순히 일의 처리 자체에 목적을 두는 위임과 구별된다.

02 성립

1. 의사의 합치

'도급계약'은 당사자의 약정으로 성립하는 낙성계약이며, 불요식계약이다. 다만, 건설산업기본법에서는 일정한 서면으로 명백히 할 것을 요하고 있으나(제22조 제2항) 도급계약을 요식행위로 규정하는 취지는 아니어서 서면으로 작성하지 않는 건설공사의 도급계약이 무효로 되는 것은 아니다.

2. 목적

도급은 일의 완성을 목적으로 한다. 일의 완성을 목적으로 하지 않고 일의 처리를 목적으로 하면 위임이 된다. 도급에 있어서는 일의 결과가 완성될 것을 요한다. 수급인이 자신이 직접 하지 않더라도 일을 완성하기만 하면 된다.

3. 동시이행관계

> **제665조 【보수의 지급시기】**
> ① 보수는 그 완성된 목적물의 인도와 동시에 지급하여야 한다. 그러나 목적물의 인도를 요하지 아니하는 경우에는 그 일을 완성한 후 지체없이 지급하여야 한다.
> ② 전항의 보수에 관하여는 제656조 제2항의 규정을 준용한다.

(1) 목적물의 인도를 요하는 도급계약은 목적물의 인도와 보수지급은 동시이행의 관계에 있다.

판례

도급계약에서 정한 일의 완성 이전에 계약이 해제된 경우, 수급인이 도급인에게 보수를 청구할 수 있는지 여부(원칙적 소극) / 예외적으로 이미 완성된 부분에 대한 수급인의 보수청구권이 인정될 수 있는 경우 및 이에 해당하는지 판단하는 기준(소극) ★

도급계약에서 수급인의 보수는 완성된 목적물의 인도와 동시에 지급하여야 하고, 인도를 요하지 않는 경우 일을 완성한 후 지체 없이 지급하여야 하며, 도급인은 완성된 목적물의 인도의 제공이나 일의 완성이 있을 때까지 보수 지급을 거절할 수 있으므로, 도급계약에서 정한 일의 완성 이전에 계약이 해제된 경우 수급인으로서는 도급인에게 보수를 청구할 수 없음이 원칙이다.

다만 당해 도급계약에 따라 수급인이 일부 미완성한 부분이 있더라도 계약해제를 이유로 이를 전부 원상회복하는 것이 신의성실의 원칙 등에 비추어 공평·타당하지 않다고 평가되는 특별한 경우라면 예외적으로 이미 완성된 부분에 대한 수급인의 보수청구권이 인정될 수 있고, 그와 같은 경우에 해당하는지는 도급인과 수급인의 관계, 당해 도급계약의 목적·유형·내용 및 성질, 수급인이 도급계약을 이행함에 있어 도급인의 관여 여부, 수급인이 도급계약에 따라 이행한 결과의 정도 및 그로 인해 도급인이 얻을 수 있는 실질적인 이익의 존부, 계약해제에 따른 원상회복 시 사회적·경제적 손실의 발생 여부 등을 종합적으로 고려하여 판단하여야 한다(대판 2023. 3. 30, 2022다289174).

(2) 목적물의 인도를 요하지 아니하는 도급계약은 일의 완성의무과 보수지급은 동시이행의 관계가 아니다(즉, 일의 완성이 선이행의무이다).

03 효력

1. 수급인의 의무

(1) 일의 완성의무 및 목적물인도의무

① 수급인은 약정된 기한 내에 계약의 내용에 좇아 일을 완성할 의무를 진다(제664조). 도급의 목적인 '일'의 내용이 물건에 관한 것이면 완성물을 인도하여야 한다.

② "목적물의 인도는 완성된 목적물에 대한 단순한 점유의 이전만을 의미하는 것이 아니라 도급인이 목적물을 검사한 후 그 목적물이 계약내용대로 완성되었음을 명시적 또는 묵시적으로 시인하는 것(검수)까지 포함하는 의미이다"(대판 2006. 10. 13, 2004다21862).

③ 특별한 사정이 없는 한 반드시 수급인 자신이 직접 일을 완성하여야 하는 것은 아니고, 이행보조자 또는 이행대행자를 사용하더라도 계약을 불이행하였다고 볼 수 없다(대판 2002. 4. 12, 2001다82545·82552).

판례

공사도급계약에 있어서 반드시 수급인 자신이 직접 일을 완성해야 하는지 여부(소극) ★
공사도급계약에 있어서 당사자 사이에 특약이 있거나 일의 성질상 수급인 자신이 하지 않으면 채무의 본지에 따른 이행이 될 수 없다는 등의 특별한 사정이 없는 한 반드시 수급인 자신이 직접 일을 완성하여야 하는 것은 아니고, 이행보조자 또는 이행대행자를 사용하더라도 공사도급계약에서 정한 대로 공사를 이행하는 한 계약을 불이행하였다고 볼 수 없다(대판 2002. 4. 12, 2001다82545 · 82552).

(2) 수급인의 담보책임

제667조【수급인의 담보책임】
① 완성된 목적물 또는 완성전의 성취된 부분에 하자가 있는 때에는 도급인은 수급인에 대하여 상당한 기간을 정하여 그 하자의 보수를 청구할 수 있다. 그러나 하자가 중요하지 아니한 경우에 그 보수에 과다한 비용을 요할 때에는 그러하지 아니하다.
② 도급인은 하자의 보수에 갈음하여 또는 보수와 함께 손해배상을 청구할 수 있다.
③ 전항의 경우에는 제536조(= 동시이행의 항변권)의 규정을 준용한다.
제668조【수급인의 담보책임-도급인의 해제권】
도급인이 완성된 목적물의 하자로 인하여 계약의 목적을 달성할 수 없는 때에는 계약을 해제할 수 있다. 그러나 건물 기타 토지의 공작물에 대하여는 그러하지 아니하다.
제669조【동전-하자가 도급인의 제공한 재료 또는 지시에 기인한 경우의 면책】
전2조의 규정은 목적물의 하자가 도급인이 제공한 재료의 성질 또는 도급인의 지시에 기인한 때에는 적용하지 아니한다. 그러나 수급인이 그 재료 또는 지시의 부적당함을 알고 도급인에게 고지하지 아니한 때에는 그러하지 아니하다.
제672조【담보책임면제의 특약】
수급인은 제667조, 제668조의 담보책임이 없음을 약정한 경우에도 알고 고지하지 아니한 사실에 대하여는 그 책임을 면하지 못한다.

① **의의**: 도급은 유상계약이므로 매도인의 담보책임에 관한 규정이 준용되어야 하나(제567조), 민법은 도급의 특수성을 고려하여 수급인의 담보책임에 관하여 따로 특칙을 두고 있다(제667조~제672조). 즉 매매에서는 원시적 하자가 있는 경우에 해제 · 감액청구 · 완전물급부청구가 인정되지만, 도급에서는 완성된 일에 하자가 있는 경우에 하자보수 · 손해배상 · 해제가 인정된다.

② **성질**

㉠ **법적 성질**: 수급인의 담보책임의 법적 성질에 관해서는, ⓐ 수급인이 일을 완성할 의무를 제대로 이행하지 않은 경우로서 채무불이행책임의 성질을 갖는다는 견해도 있으나, ⓑ 통설은 완성물의 하자에 대한 수급인의 과실을 묻지 않고 민법이 특별히 인정한 책임으로 본다(법정책임 · 무과실책임). 판례도 같은 취지이다(대판 1990. 3. 9, 88다카31866).

㉡ **채무불이행책임과의 관계**: 하자가 수급인의 귀책사유로 인한 경우 도급인은 담보책임 외에 채무불이행(불완전이행)책임을 따로 물을 수 있는지 문제된다.

이에 대해 ⓐ 채무불이행책임은 배제되고 담보책임만 물을 수 있다는 견해와 ⓑ 양자의 경합을 인정하는 견해가 대립한다. ⓒ 판례는 양자는 별개의 권원에 의하여 경합적으로 인정된다고 하였다(대판 2004. 8. 20, 2001다70337).

판례

수급인의 담보책임의 성질과 채무불이행책임과의 경합이 인정되는지 여부 ★★

① 수급인의 하자담보책임은 법이 특별히 인정한 무과실책임으로서 여기에 민법 제396조의 과실상계 규정이 준용될 수는 없다 하더라도 담보책임이 민법의 지도이념인 공평의 원칙에 입각한 것인 이상 하자발생 및 그 확대에 가공한 도급인의 잘못을 참작할 수 있다.

② 도급계약에 따라 완성된 목적물에 하자가 있는 경우, 수급인의 하자담보책임과 채무불이행책임은 별개의 권원에 의하여 경합적으로 인정된다. 목적물의 하자를 보수하기 위한 비용은 수급인의 하자담보책임과 채무불이행책임에서 말하는 손해에 해당한다. 따라서 도급인은 하자보수비용을 민법 제667조 제2항에 따라 하자담보책임으로 인한 손해배상으로 청구할 수도 있고, 민법 제390조에 따라 채무불이행으로 인한 손해배상으로 청구할 수도 있다. 하자보수를 갈음하는 손해배상에 관해서는 민법 제667조 제2항에 따른 하자담보책임만이 성립하고 민법 제390조에 따른 채무불이행책임이 성립하지 않는다고 볼 이유가 없다(대판 2020. 6. 11, 2020다201156).

③ 액젓 저장탱크의 제작·설치공사 도급계약에 의하여 완성된 저장탱크에 균열이 발생한 경우, ㉠ 보수비용은 민법 제667조 제2항에 의한 수급인의 하자담보책임 중 하자보수에 갈음하는 손해배상이고, ㉡ 액젓 변질로 인한 손해배상은 위 하자담보책임을 넘어서 수급인이 도급계약의 내용에 따른 의무를 제대로 이행하지 못함으로 인하여 도급인의 신체·재산에 발생한 손해에 대한 배상으로서 양자는 별개의 권원에 의하여 경합적으로 인정된다(대판 2004. 8. 20, 2001다70337).

③ 요건

㉠ 일의 완성에 하자가 있을 것

ⓐ **하자의 의미**: 수급인의 담보책임이 생기려면 '완성된 목적물 또는 완성 전의 성취된 부분에 하자'가 있어야 한다. '하자'는 그 종류의 물건이 일반적으로 가져야 할 '객관적' 성질(객관적 하자)과 당사자들의 '약정에 의하여 정해진' 성질(주관적 하자) 모두를 고려하여 판단된다. 하자의 원인은 재료의 하자에 있을 수도 있고 시공상의 잘못이나 기타의 것일 수도 있다.

ⓑ **하자와 미완성의 구별 실익과 기준**: 건물에 「하자」가 있는 경우에는 수급인은 도급인에게 공사금의 지급을 청구할 수 있으나, 도급인은 수급인의 하자담보책임을 물어 동시이행의 항변권을 행사할 수 있게 된다. 반면에 건물공사가 「미완성」인 때에는 채무불이행의 문제(현실적으로 지체상금의 지급청구가 문제)로 되며 수급인은 원칙적으로 공사금의 지급을 청구할 수 없게 된다(보수 후불의 원칙).

양자를 구별하는 기준은, ⅰ) 공사가 중단되어 예정된 최후의 공정을 종료하지 못한 경우는 공사의 미완성이고, ⅱ) 그것이 당초 예정된 최후의 공정까지 일단 종료하고 그 주요 구조부분이 약정된 대로 시공되어 사회통념상 건물로서 완성되고, 다만 그것이 불완전하여 보수를 하여야 할 경우에는 공사가 완성되었으나 하자가 있는 것에 해당한다. 개별적 사건에 있어서 최후의 공정이 일단 종료하였는지는 수급인의 주장이나 도급인이 실시하는 준공검사 여부에 구애됨이 없이 건물신축도급계약의 구체적 내용과 신의성실의 원칙에 비추어 객관적으로 판단하여야 한다. 그리고 이와 같은 기준은 공사 도급계약의 수급인이 공사의 준공이라는 일의 완성을 지체한 데 대한 손해배상액의 예정으로서의 성질을 가지는 지체상금에 관한 약정에 있어서도 그대로 적용된다(대판 1994. 9. 30, 94다32986; 대판 2010. 1. 14, 2009다7212).

ⓛ **하자가 도급인이 제공한 재료의 성질 또는 도급인의 지시로 인한 경우가 아닐 것**: 목적물의 하자가 도급인이 제공한 재료의 성질 또는 도급인의 지시에 기인한 때에는 수급인은 담보책임을 지지 아니한다. 그러나 수급인이 그 재료 또는 지시의 부적당함을 알고도 도급인에게 고지하지 아니한 때에는 담보책임을 진다(제669조).

판례

설계도면대로 시공한 경우 수급인의 담보책임 성립 여부

건축 도급계약의 수급인이 설계도면의 기재대로 시공한 경우, 이는 도급인의 지시에 따른 것과 같아서 수급인이 그 설계도면이 부적당함을 알고 도급인에게 고지하지 아니한 것이 아닌 이상, 그로 인하여 목적물에 하자가 생겼다 하더라도 수급인에게 하자담보책임을 지울 수는 없다(대판 1996. 5. 14, 95다24975).

수급인이 도급인의 지시가 부적당함을 알면서 도급인에게 고지하지 아니한 경우, 도급인의 지시에 기인한 완성된 건물의 하자에 대하여 하자담보책임을 지는지 여부(적극)

도급인의 지시에 따라 건축공사를 하는 수급인이 지시가 부적당함을 알면서도 이를 도급인에게 고지하지 아니한 경우에는, 완성된 건물의 하자가 도급인의 지시에 기인한 것이더라도 하자담보책임을 면할 수 없다(대판 2016. 8. 18, 2014다31691 · 31707).

도급계약에 따라 완성된 목적물에 하자가 있는 경우, 수급인의 하자담보책임과 채무불이행책임이 경합적으로 인정되는지 여부(적극) 및 민법 제669조 본문의 규정이 채무불이행책임에도 적용되는지 여부(소극) ★★

① 도급계약에 따라 완성된 목적물에 하자가 있는 경우, 수급인의 하자담보책임과 채무불이행책임은 별개의 권원에 의하여 경합적으로 인정된다. ② 민법 제669조 본문은 완성된 목적물의 하자가 도급인이 제공한 재료의 성질 또는 도급인의 지시에 기인한 때에는 수급인의 하자담보책임에 관한 규정이 적용되지 않는다고 정하고 있다. 그러나 이 규정은 수급인의 하자담보책임이 아니라 민법 제390조에 따른 채무불이행책임에는 적용되지 않는다(대판 2020. 1. 30, 2019다268252).

ⓒ **수급인의 귀책사유는 불요 – 무과실책임**

ⓔ **담보책임면제의 특약이 없을 것**: 당사자 사이에 담보책임이 없음을 약정한 경우 그 특약은 유효하므로, 수급인의 담보책임은 없다. 그러나 이 경우에도 수급인이 알고 고지하지 아니한 사실에 대하여는 그 책임을 면하지 못한다(제672조). 이와 같은 경우에도 담보책임을 면하게 하는 것은 신의성실의 원칙에 위배되기 때문이다.

판례

담보책임면제특약에 대한 제한적 해석의 범위

민법 제672조가 수급인이 담보책임이 없음을 약정한 경우에도 알고 고지하지 아니한 사실에 대하여는 그 책임을 면하지 못한다고 규정한 취지는 그와 같은 경우에도 담보책임을 면하게 하는 것은 신의성실의 원칙에 위배된다는 데 있으므로, 담보책임을 면제하는 약정을 한 경우뿐만 아니라 담보책임기간을 단축하는 등 법에 규정된 담보책임을 제한하는 약정을 한 경우에도, 수급인이 알고 고지하지 아니한 사실에 대하여 그 책임을 제한하는 것이 신의성실의 원칙에 위배된다면 그 규정의 취지를 유추하여 그 사실에 대하여는 담보책임이 제한되지 않는다고 보아야 한다(대판 1999. 9. 21, 99다19032).

④ 담보책임의 내용

㉠ 하자보수청구권

ⓐ 완성된 목적물 또는 완성 전의 성취된 부분에 하자가 있는 때에는 도급인은 수급인에 대하여 상당한 기간을 정하여 그 하자의 보수를 청구할 수 있다(제667조 제1항). 다만 하자가 중요하지 않고 그 보수에 과다한 비용을 요하는 경우에는 하자보수를 청구할 수 없고(제667조 제1항 단서), 손해배상책임만을 물을 수 있다.

ⓑ 수급인의 하자보수의무 및 손해배상의무는 도급인의 보수지급의무와 동시이행의 관계에 있다(대판 1991. 12. 10, 91다33056). 다만 하자 및 손해배상과 대등액의 범위에서만 그러하고, 그 나머지는 도급인이 보수를 지급하여야 한다(대판 1996. 6. 11, 95다12798).

ⓒ 따라서 도급인이 하자보수청구권을 행사하는 경우에는, 도급인의 보수지급의무는 이행지체에 빠지지 않는다. 그러나 도급인이 목적물에 하자가 있다는 이유만으로 하자의 보수나 손해배상을 청구하지 않고 막바로 보수의 지급을 거절할 수는 없다(대판 1991. 12. 10, 91다33056).

판례

수급인의 보수지급청구에 대한 도급인의 동시이행항변권 행사의 범위 ★★

① 기성고에 따라 공사대금을 분할하여 지급하기로 약정한 경우라도 특별한 사정이 없는 한 하자보수의무와 동시이행관계에 있는 공사대금지급채무는 당해 하자가 발생한 부분의 기성공사대금에 한정되는 것은 아니라고 할 것이다. 왜냐하면, 이와 달리 본다면 도급인이 하자발생사실을 모른 채 하자가 발생한 부분에 해당하는 기성공사의 대금을 지급하고 난 후 뒤늦게 하자를 발견한 경우에는 동시이행의 항변권을 행사하지 못하게 되어 공평에 반하기 때문이다.

② 미지급 공사대금에 비해 하자보수비 등이 매우 적은 편이고 하자보수공사가 완성되어도 공사대금이 지급될지 여부가 불확실한 경우, 도급인이 하자보수청구권을 행사하여 동시이행의 항변을 할 수 있는 기성공사대금의 범위는 하자 및 손해에 상응하는 금액으로 한정하는 것이 공평과 신의칙에 부합한다(대판 2001. 9. 18, 2001다9304).

ⓛ 손해배상청구권

ⓐ 도급인은 하자의 보수를 청구하는 대신 그에 '갈음하여' 손해배상을 청구할 수 있다. 또 하자를 보수하고서도 손해가 남는 때에는 따로 그 배상을 청구할 수 있다(제667조 제2항).

ⓑ 하자보수에 갈음하는 손해배상은 i) 하자가 중요한 경우나, ii) 하자가 중요하지 않은 것이더라도 그 보수에 과다한 비용을 요하지 않는 경우에 한한다. 따라서 iii) 하자가 중요하지 않으면서 보수에 과다한 비용을 요하는 경우에는 하자보수청구도 하자보수에 갈음한 손해배상청구도 할 수 없으며(제667조 제1항 단서), 단지 하자로 인해 입은 손해의 배상만 청구할 수 있을 뿐이다.

ⓒ 도급인이 하자보수에 갈음하여 손해배상을 청구하는 경우, 도급인의 손해배상청구권과 수급인의 보수청구권은 동시이행의 관계에 있으므로, 도급인은 그 손해배상액에 상당하는 보수의 지급을 거절할 수 있다(제667조 제3항, 제536조). 판례는 "도급계약에 있어서 완성된 목적물에 하자가 있는 때에는 도급인은 수급인에 대하여 하자의 보수를 청구할 수 있고 그 하자의 보수에 갈음하여 또는 보수와 함께 손해배상을 청구할 수 있는바, 이들 청구권은 특별한 사정이 없는 한 수급인의 공사대금 채권과 동시이행관계에 있는 것이므로, 이와 같이 도급인이 하자보수나 손해배상청구권을 보유하고 이를 행사하는 한에 있어서는 도급인의 공사대금 지급채무는 이행지체에 빠지지 아니하고, 도급인이 하자보수나 손해배상 채권을 자동채권으로 하고 수급인의 공사잔대금 채권을 수동채권으로 하여 상계의 의사표시를 한 다음날 비로소 지체에 빠진다."고 하였다(대판 1996. 7. 12, 96다7250,7267).

판례

'하자보수에 갈음'한 손해배상과 '하자로 인한' 손해배상 - 차이점 ★

① 하자가 중요하지 아니하면서 동시에 그 보수에 과다한 비용을 요하는 경우에는 도급인은 하자보수나 하자보수에 갈음하는 손해배상을 청구할 수 없고 그 하자로 인하여 입은 손해의 배상만을 청구할 수 있는데, 이러한 경우 그 하자로 인하여 입은 통상의 손해는 특별한 사정이 없는 한 수급인이 하자 없이 시공하였을 경우의 목적물의 교환가치와 하자가 있는 현재 상태대로의 교환가치와의 차액이고(교환가치의 차액을 산출하기가 현실적으로 불가능한 경우의 통상의 손해는 하자 없이 시공하였을 경우의 시공비용과 하자 있는 상태대로의 시공비용의 차액), 한편 하자가 중요한 경우에는 그 보수에 갈음하는 즉 실제로 보수에 필요한 비용이 손해배상에 포함된다(대판 1998. 3. 13, 95다30345).

② 건물신축도급계약에 있어서 수급인이 신축한 건물의 하자가 중요하지 아니하면서 동시에 그 보수에 과다한 비용을 요하는 경우에는 도급인은 하자보수나 하자보수에 갈음하는 손해배상을 청구할 수 없고 그 하자로 인하여 입은 손해의 배상만을 청구할 수 있다 할 것인데, 이러한 경우 그 하자로 인하여 입은 통상의 손해를 특별한 사정이 없는 한 도급인이 하자 없이 시공하였을 경우의 목적물의 교환가치와 하자가 있는 현재의 상태대로의 교환가치와의 차액이 되고, 그 하자 있는 목적물을 사용함으로 인하여 발생하는 정신적 고통으로 인한 손해는 수급인이 그러한 사정을 알았거나 알 수 있었을 경우에 한하여 특별손해로서 배상받을 수 있다(대판 1997. 2. 25, 96다45436).

㉢ 계약 해제권

ⓐ 요건 : 완성된 목적물의 하자로 인하여 계약의 목적을 달성할 수 없는 때에는 도급인은 계약을 해제할 수 있다(제668조). 하자보수청구권의 경우와는 달리, 완성 전의 성취된 부분에 하자가 있는 때에는 해제권은 인정되지 않는다.

ⓑ 해제의 제한 : i) 「완성된 목적물이 건물 기타 공작물」인 경우에는, 그 하자로 인해 계약의 목적을 달성할 수 없는 때에도 해제할 수 없다(제668조 단서). 이 경우에도 해제를 인정하면 수급인이 보수를 받지 못하는 점에서 수급인에게 과대한 손해를 주게 되고, 건물을 철거하여 원상회복한다면 사회경제적 손실도 크기 때문이다. 이 점에서 강행규정으로 해석된다(통설). 따라서 이 경우 도급인은 하자의 보수나 손해배상을 청구할 수밖에 없다. 다만 ii) 건물 등이 「완성되기 전」이면 채무불이행의 일반원칙에 따라 해제할 수 있으나, 공작물의 미완성부분에 대해서만 해제의 효력이 발생하고(= 해제의 제한 : 장래효), 도급인은 완성된 부분의 비율(= 기성고 비율)에 따른 보수를 지급하여야 한다(대판 1992. 12. 22, 92다30160 등). 요컨대 이러한 판례이론은 기시공부분에 대해서는 제668조 단서의 취지와 신의칙상 채무불이행을 이유로 하는 경우에도 해제할 수 없는 것으로 하겠다는 것이다.

ⓒ 해제 제한의 적용 여부 : 위와 같은 판례이론은, i) 일정시기까지 공사를 끝내지 못하여 도급인이 계약을 해제한 경우(도급인의 해제)(대판 1986. 9. 9, 85다카1751),[25] ii) 수급인이 건물신축 공사 도중 도급인의 채무불이행을 이유로 계약을 해제한 경우(수급인의 해제)(대판 1993. 3. 26, 91다14116), iii) 당사자 간의 합의로 수급인이 공사를 중단한 경우(합의해제)(대판 1994. 8. 12, 93다42320)에 모두 적용된다.

판례

건물 등의 도급에 있어서 도급인의 해제권 제한(제668조 단서) ★★

(건물이 아직 완공되지 않았지만) 건축공사가 상당한 정도로 진척되어 원상회복이 중대한 사회적, 경제적 손실을 초래하게 되고 완성된 부분이 도급인에게 이익이 되는 경우에는, 도급인이 도급계약을 해제하는 경우에도 계약은 미완성부분에 대하여서만 실효되고 수급인은 해제한 때의 상태 그대로 건물을 도급인에게 인도하고 도급인은 완성부분에 상당한 보수를 지급하여야 한다. (다만) 건물의 완성부분이 도급인에게 이익이 되지 아니하고 원상회복이 중대한 사회적, 경제적 손실을 초래하지 않는 경우에는 계약해제의 소급효를 인정할 수 있다(대판 1992. 12. 22, 92다30160; 대판 2017. 12. 28, 2014다83890).

25 도급인과 수급인 사이에 일정시기까지 공사를 끝내지 못하면 도급인이 계약을 해제하고 공사부분에 대해서는 공사대금을 청구하지 않기로 약정하였는데, 수급인은 속칭 1979년의 10. 26사태, 그에 이은 1980. 5.의 광주사태, 그에 겹친 석유파동 등으로 인한 경제의 불황과 침체로 인한 자금사정의 악화, 물가상승으로 인한 공사비의 증가 등 예기치 못한 사정의 발생에 의하여 결국 공사를 중단한 사안이다. 이에 대법원은 위 약정(약정해제 및 공사비 포기약정)은 수급인에게 불리한 약정으로서 "천재지변 등 불가피한 사유가 아닌 고의로 중단한 경우만으로 제한해석함이 상당하다는 전제 하에 특약조항에서 유보된 약정해제권을 행사할 수는 없으나, 법정해제권을 행사할 수는 있고, 다만 이 경우 제668조 단서의 취지와 신의칙에 비추어 도급계약을 해제하는 경우 미완성부분에 대해서만 도급계약이 실효되고, 수급인은 해제한 때의 상태 그대로 그 건물을 도급인에게 인도하고 도급인은 그 건물의 완성도 등을 참작하여 인도받은 건물에 상당한 보수를 지급하여야 할 의무가 있다"고 하였다.

집합건물 분양계약에 수급인의 담보책임 준용의 의미 – 해제권 제한(제668조 단서) 적용 여부(소극)
집합건물의 소유 및 관리에 관한 법률 제9조 제1항이 위 법 소정의 건물을 건축하여 분양한 자의 담보책임에 관하여 수급인에 관한 민법 제667조 내지 제671조의 규정을 준용하도록 규정한 취지는, 건축업자 내지 분양자로 하여금 견고한 건물을 짓도록 유도하고 부실하게 건축된 집합건물의 소유자를 두텁게 보호하기 위하여 집합건물의 분양자의 담보책임에 관하여 민법상 수급인의 담보책임에 관한 규정을 준용하도록 함으로써 분양자의 담보책임의 내용을 명확히 하는 한편 이를 강행규정화한 것으로서, 분양자가 부담하는 책임의 내용이 민법상 수급인의 담보책임이라는 것이지 그 책임이 분양계약에 기한 것이라거나 아니면 분양계약의 법률적 성격이 도급이라는 취지는 아니며, 통상 대단위 집합건물의 경우 분양자는 대규모 건설업체임에 비하여 수분양자는 경제적 약자로서 수분양자를 보호할 필요성이 높다는 점, 집합건물이 완공된 후 개별분양계약이 해제되더라도 분양자가 집합건물의 부지사용권을 보유하고 있으므로, 계약해제에 의하여 건물을 철거하여야 하는 문제가 발생하지 않을 뿐 아니라 분양자는 제3자와 새로 분양계약을 체결함으로써 그 집합건물 건축의 목적을 충분히 달성할 수 있는 점 등에 비추어 볼 때, 집합건물의 소유 및 관리에 관한 법률 제9조 제1항이 적용되는 집합건물의 분양계약에 있어서는 민법 제668조 단서가 준용되지 않고 따라서 수분양자는 집합건물의 완공 후에도 분양목적물의 하자로 인하여 계약의 목적을 달성할 수 없는 때에는 분양계약을 해제할 수 있다(대판 2003. 11. 14, 2002다2485).

---

⑤ 담보책임의 존속기간

제670조【담보책임의 존속기간】
① 전3조의 규정(= 수급인의 담보책임)에 의한 하자의 보수, 손해배상의 청구 및 계약의 해제는 목적물의 인도를 받은 날로부터 1년 내에 하여야 한다.
② 목적물의 인도를 요하지 아니하는 경우에는 전항의 기간은 일의 종료한 날로부터 기산한다.

제671조【수급인의 담보책임-토지, 건물 등에 대한 특칙】
① 토지, 건물 기타 공작물의 수급인은 목적물 또는 지반공사의 하자에 대하여 인도후 5년간 담보의 책임이 있다. 그러나 목적물이 석조, 석회조, 연와조, 금속 기타 이와 유사한 재료로 조성된 것인 때에는 그 기간을 10년으로 한다.
② 전항의 하자로 인하여 목적물이 멸실 또는 훼손된 때에는 도급인은 그 멸실 또는 훼손된 날로부터 1년 내에 제667조의 권리를 행사하여야 한다.

㉠ 기간

ⓐ **원칙**: 수급인의 담보책임에 의한 하자의 보수, 손해배상의 청구 및 계약의 해제는 목적물의 인도를 받은 날로부터 1년 내에 하여야 한다. 다만 목적물의 인도를 요하지 아니하는 경우에는 일이 종료한 날로부터 1년 내에 하여야 한다(제670조).

ⓑ **예외**: 그러나 토지, 건물 기타 공작물의 수급인은 목적물 또는 지반공사의 하자에 대하여 인도 후 5년간 담보책임이 있다. 그러나 목적물이 석조, 석회조, 연와조, 금속 기타 이와 유사한 재료로 조성된 것인 때에는 그 기간을 10년으로 한다. 그리고 하자로 인하여 목적물이 멸실 또는 훼손된 때에는 도급인은 그 멸실 또는 훼손된 날로부터 1년 내에 보수나 손해배상을 해야 한다(제671조).

㉡ 기간의 성질

ⓐ 민법상 수급인의 하자담보책임에 관한 기간은 제척기간으로서 재판상 또는 재판외의 권리행사기간이며 재판상 청구를 위한 출소기간이 아니다.

ⓑ 도급인의 손해배상청구권에 대하여는 민법 제670조 또는 제671조의 제척기간 규정으로 인하여 소멸시효 규정의 적용이 배제된다고 볼 수 없다.

판례

수급인의 담보책임 기간의 성격 – 제척기간 ★

민법상 수급인의 하자담보책임에 관한 기간은 제척기간으로서 재판상 또는 재판외의 권리행사기간이며 재판상 청구를 위한 출소기간이 아니다(대판 2004. 1. 27, 2001다24891).

수급인의 담보책임에 기한 하자보수에 갈음하는 손해배상청구권에 대하여 소멸시효 규정이 적용되는지 여부(적극) ★★

수급인의 담보책임에 기한 하자보수에 갈음하는 손해배상청구권에 대하여는 민법 제670조 또는 제671조의 제척기간이 적용되고, 이는 법률관계의 조속한 안정을 도모하고자 하는 데에 취지가 있다. 그런데 이러한 도급인의 손해배상청구권에 대하여는 권리의 내용·성질 및 취지에 비추어 민법 제162조 제1항의 채권 소멸시효의 규정 또는 도급계약이 상행위에 해당하는 경우에는 상법 제64조의 상사시효의 규정이 적용되고, 민법 제670조 또는 제671조의 제척기간 규정으로 인하여 위 각 소멸시효 규정의 적용이 배제된다고 볼 수 없다(대판 2012. 11. 15, 2011다56491).[26]

2. 도급인의 의무

(1) 보수지급의무

> **제665조【보수의 지급시기】**
> ① 보수는 그 완성된 목적물의 인도와 동시에 지급하여야 한다. 그러나 목적물의 인도를 요하지 아니하는 경우에는 그 일을 완성한 후 지체 없이 지급하여야 한다(= 후급 원칙).
> ② 전항의 보수에 관하여는 제656조 제2항의 규정을 준용한다.

① 목적물의 인도를 요하는 경우에는 수급인의 '목적물 인도의무'와 도급인의 '보수지급의무'는 동시이행의 관계에 있다. 그러나 목적물의 인도를 요하지 아니하는 경우에는 그 일을 완성한 후 지체 없이 지급하여야 한다(제665조 제1항).

② 수급인의 보수채권은 목적물에 관하여 생긴 채권이므로, 이를 기초로 유치권을 행사할 수 있다(대판 1995. 9. 15, 95다16202·16219).

26 원심이 이와 달리, 민법상 수급인의 하자담보책임인 이 사건 아파트의 하자보수에 갈음한 손해배상청구권에 대하여는 소멸시효가 적용되지 아니하고 제척기간만이 적용된다는 이유로, 위 손해배상청구권이 시효로 소멸하였는지 여부에 관하여는 아무런 판단을 하지 아니한 채, 피고가 제척기간이 도과하기 이전에 원고에게 하자보수를 청구하였으므로 위 손해배상청구권은 소멸하지 아니하였다고만 판단한 데에는 수급인의 담보책임의 소멸시효에 관한 법리를 오해한 나머지 판결에 영향을 미친 위법이 있다고 한 사례이다.

(2) 부동산공사수급인의 저당권설정청구권

> **제666조【수급인의 목적 부동산에 대한 저당권설정청구권】**
> 부동산공사의 수급인은 전조의 보수에 관한 채권을 담보하기 위하여 그 부동산을 목적으로 한 저당권의 설정을 청구할 수 있다.

① 부동산공사의 수급인은 그 보수청구권을 담보하기 위하여 그 목적부동산 위에 저당권의 설정을 부동산소유자인 도급인에게 청구할 수 있다(제666조). 수급인의 저당권설정청구권 행사로 곧바로 저당권이 성립하는 것이 아니다. 즉 저당권설정청구권은 형성권이 아니고 청구권에 불과하다.

② 한편 도급받은 공사의 공사대금채권은 민법 제163조 제3호에 따라 3년의 단기소멸시효가 적용되고, 그 공사에 부수되는 채권도 마찬가지라고 할 것인데, 저당권설정청구권은 공사대금채권을 담보하기 위하여 저당권설정등기절차의 이행을 구하는 채권적 청구권으로서 공사에 부수되는 채권에 해당하므로 그 소멸시효기간 역시 3년이라고 보아야 한다(대판 2016. 10. 27, 2014다211978).

04 종료

1. 일의 완성 전 도급인의 특별해제권

> **제673조【완성전의 도급인의 해제권】**
> 수급인이 일을 완성하기 전에는 도급인은 손해를 배상하고 계약을 해제할 수 있다.

(1) 수급인이 일을 완성하기 전에는 언제든지 도급인은 손해를 배상하고 일방적으로 계약을 해제할 수 있다(제673조). 해제를 하는 이유는 묻지 않는다. 다만 일을 완성한 때에는 아직 인도를 하지 않더라도 본조에 의한 해제는 인정되지 않는다(대판 1995. 8. 22, 95다1521).

(2) 이 경우 손해배상에는 ① 수급인이 이미 지출한 비용과 일을 완성하였더라면 얻었을 이익이 포함된다. 다만 ② 민법 제673조의 취지상 수급인의 과실을 참작하여 과실상계를 할 수는 없되, 공평의 관념상 해제로 인해 수급인이 얻을 이익은 공제할 수 있다(손익상계).

판례

민법 제673조에 의하여 도급계약이 해제된 경우, 도급인이 수급인에 대한 손해배상에 있어서 과실상계나 손해배상예정액의 감액을 주장할 수 있는지 여부(소극) 및 수급인의 손해액 산정에 있어서 손익상계의 적용 여부(적극)(대판 2002. 5. 10, 2000다37296) ★

① 민법 제673조에서 도급인으로 하여금 자유로운 해제권을 행사할 수 있도록 하는 대신 수급인이 입은 손해를 배상하도록 규정하고 있는 것은 도급인의 일방적인 의사에 기한 도급계약 해제를 인정하는 대신, 도급인의 일방적인 계약해제로 인하여 수급인이 입게 될 손해, 즉 수급인이 이미 지출한 비용과 일을 완성하였더라면 얻었을 이익을 합한 금액을 전부 배상하게 하는 것이라 할 것이므로, 위 규정에 의하여 도급계약을 해제한 이상은 특별한 사정이 없는 한 도급인은 수급인에 대한 손해배상에 있어서 과실상계나 손해배상예정액 감액을 주장할 수는 없다.

② 채무불이행이나 불법행위 등이 채권자 또는 피해자에게 손해를 생기게 하는 동시에 이익을 가져다 준 경우에는 공평의 관념상 그 이익은 당사자의 주장을 기다리지 아니하고 손해를 산정함에 있어서 공제되어야만 하는 것이므로, 민법 제673조에 의하여 도급계약이 해제된 경우에도, 그 해제로 인하여 수급인이 그 일의 완성을 위하여 들이지 않게 된 자신의 노력을 타에 사용하여 소득을 얻었거나 또는 얻을 수 있었음에도 불구하고 태만이나 과실로 인하여 얻지 못한 소득 및 일의 완성을 위하여 준비하여 둔 재료를 사용하지 아니하게 되어 타에 사용 또는 처분하여 얻을 수 있는 대가 상당액은 당연히 손해액을 산정함에 있어서 공제되어야 한다.

2. 도급인의 파산

제674조 【도급인의 파산과 해제권】

① 도급인이 파산선고를 받은 때에는 수급인 또는 파산관재인은 계약을 해제할 수 있다. 이 경우에는 수급인은 일의 완성된 부분에 대한 보수 및 보수에 포함되지 아니한 비용에 대하여 파산재단의 배당에 가입할 수 있다.

② 전항의 경우에는 각 당사자는 상대방에 대하여 계약해제로 인한 손해의 배상을 청구하지 못한다.

(1) 도급인이 파산선고를 받은 때에는 수급인 또는 파산관재인은 계약을 해제할 수 있다(제674조 제1항).

(2) 이 경우에는 각 당사자는 상대방에 대하여 계약해제로 인한 손해의 배상을 청구하지 못한다(제674조 제2항).

05 제작물공급계약

1. 의의

제작물공급계약이란 당사자 일방이 전적으로 또는 주로 자기의 재료를 사용하여 제작한 물건을 공급하고 상대방은 그에 대한 보수를 지급할 것을 약정하는 계약을 말한다.

2. 법적 성질

제작물공급계약은 물건의 제작의 측면에서는 도급의 성질을 가지고, 공급의 측면에서는 매매의 성질을 가지기 때문에 그 법적 성질이 문제된다.

이에 대해서, 판례는 제작물이 (1) 대체물인 경우에는 매매로 보아 매매에 관한 규정이 적용되고, (2) 부대체물인 경우에는 도급의 성질을 가지므로 매매에 관한 규정이 당연히 적용된다고 할 수 없다고 한다(대판 1987. 7. 21, 86다카2446).

판례

제작물공급계약의 법적 성질 및 그에 대한 적용 법률 ★

당사자의 일방이 상대방의 주문에 따라 자기 소유의 재료를 사용하여 만든 물건을 공급하기로 하고 상대방이 대가를 지급하기로 약정하는 이른바 제작물공급계약은 그 제작의 측면에서는 도급의 성질이 있고 공급의 측면에서는 매매의 성질이 있어 대체로 매매와 도급의 성질을 함께 가지고 있으므로, 그 적용 법률은 ① 계약에 의하여 제작 공급하여야 할 물건이 대체물인 경우에는 매매에 관한 규정이 적용되지만, ② 물건이 특정의 주문자의 수요를 만족시키기 위한 부대체물인 경우에는 당해 물건의 공급과 함께 그 제작이 계약의 주목적이 되어 도급의 성질을 띠게 된다(대판 2006. 10. 13, 2004다21862).

3. 완성된 제작물의 소유권 귀속과 이전

(1) 도급인이 재료의 전부 또는 주요부분을 제공한 경우

완성된 목적물이 동산이든 부동산이든 이를 묻지 않고, 소유권은 원시적으로 도급인에게 귀속하며, 가공에 관한 제259조는 적용이 없다는 점에 학설과 판례가 일치한다(대판 1962. 7. 5, 4292민상876). 도급인이 소유권을 원시취득한다고 할 때 그 귀속시기에 관해서는 목적물의 완성과 동시에 귀속한다고 본다.

(2) 수급인이 재료의 전부 또는 주요부분을 제공한 경우

① **대체물인 경우**: 소유권 귀속에 관하여 당사자 사이에 명시적 또는 묵시적 특약이 있으면 그 특약에 의하여 정하여지고, 특약이 없는 경우에는 매매의 성질을 가지므로 완성된 제작물의 소유권은 수급인에게 귀속하며, 소유권의 이전에 관해서는 매매에 관한 규정이 적용된다.

② **부대체물인 경우**

㉠ 문제점: 신축건물의 소유권의 귀속에 관하여는 당사자 사이에 특약이 있는 경우에는 특약에 따라 소유관계가 결정될 것이나, 당사자 사이에 특약이 없는 경우, 그 부대체물이 누구의 소유로 귀속되는지에 대해서는 다툼이 있다. 대체로 신축건물의 소유권 귀속에 관한 문제이다.

㉡ **신축건물의 소유권 귀속관계**[27]: 판례는 i) 건물건축도급계약의 수급인이 건물건축자재 일체를 부담하여 신축한 건물은 특약이 없는 한 도급인에게 인도할 때까지는 수급인의 소유라고 할 것(대판 1988. 12. 27, 87다카1138)이라고 판시하여, 원칙적으로 수급인 귀속설의 입장을 취하고 있다. 다만 ii) 당사자 간에 합의를 폭넓게 인정하고 있다. 예컨대, 도급계약에 있어서는 수급인이 자기의 노력과 재료를 들여 건물을 완성하더라도 도급인과 수급인 사이에 도급인 명의로 건축허가를 받아 소유권보존등기를 하기로 하는 등 완성된 건물의 소유권을 도급인에게 귀속시키기로 합의한 것으로 보여질 경우에는 그 건물의 소유권은 도급인에게 원시적으로 귀속된다고 한다(대판 1992. 3. 27, 91다34790; 대판 1990. 4. 24, 89다카18884 참조).

판례

수급인이 재료의 전부 또는 주요부분을 제공한 경우 신축건물의 소유권 귀속관계 ★★

① 수급인이 자기의 노력과 출재로 완성한 건물의 소유권은 도급인과 수급인 사이의 특약에 의하여 달리 정하거나 기타 특별한 사정이 없는 한 수급인에게 귀속된다(대판 1990. 2. 13, 89다카11401).

② 일반적으로 자기의 노력과 재료를 들여 건물을 건축한 사람은 그 건물의 소유권을 원시취득하는 것이고, 다만 도급계약에 있어서는 수급인이 자기의 노력과 재료를 들여 건물을 완성하더라도 도급인과 수급인 사이에 도급인 명의로 건축허가를 받아 소유권보존등기를 하기로 하는 등 완성된 건물의 소유권을 도급인에게 귀속시키기로 합의한 것으로 보여질 경우에는 그 건물의 소유권은 도급인에게 원시적으로 귀속된다(대판 1992. 3. 27, 91다34790).

✔ 도급관계가 존재하지 않는 경우 신축건물의 소유권 귀속의 판단

1. 소유권 귀속의 판단

도급관계가 존재하는 경우에서의 신축건물의 소유권 귀속의 판단과는 달리, 도급관계가 존재하지 않는 경우라면 그 신축건물의 소유권 귀속의 판단은 물권변동에 관한 민법 제187조에 따라 해결되어야 한다.

2. 구체적인 예

(1) 자기명의로 건축허가를 받은 경우

일반적으로 자기의 노력과 재료를 들여 건물을 건축한 사람은 그 건물의 소유권을 원시취득한다. 이는 법률행위에 의한 취득이 아니므로 등기를 요하지 아니한다(제187조).

27 이에 대해 i) 수급인이 소유권을 원시취득하고, 후에 그 건물을 도급인에게 인도하면 소유권이 이전된다는 수급인 귀속설과 ii) 소유권은 도급인에게 원시적으로 귀속되고 수급인은 일의 완성에 대한 보수만을 청구할 수 있는 것으로 해석하는 도급인 귀속설의 대립이 있다.

(2) 타인명의로 건축허가를 받은 경우
판례는 일반적으로 자기의 노력과 재료를 들여 건물을 건축한 사람은 그 건물의 소유권을 원시취득하고, 건축주가 타인명의 건축허가로 건축을 한 경우에도 준공된 건물의 소유권은 건축주가 원시 취득한다고 한다(대판 1991. 2. 12, 90다15174).

(3) 채권담보 목적으로 타인명의로 건축허가를 받은 경우
자신의 노력과 비용으로 건물을 신축하면서 채권담보를 위하여 건축허가를 채권자 명의로 받은 경우 누가 신축건물의 소유권을 원시취득하는지가 문제되는데, 이에 대하여 판례는 단지 채무의 담보를 위하여 채무자가 자기비용과 노력으로 신축하는 건물의 건축허가명의를 채권자 명의로 하였다면 이는 완성될 건물을 담보로 제공키로 하는 합의로서 법률행위에 의한 담보물권의 설정에 다름 아니므로, 완성된 건물의 소유권은 일단 이를 건축한 채무자가 원시적으로 취득한 후 채권자 명의로 소유권보존등기를 마침으로써 담보목적의 범위 내에서 위 채권자에게 그 소유권이 이전된다고 보아야 할 것이며, 이와 달리 위 채권자가 완성될 건물의 소유권을 원시적으로 취득한다고 볼 것이 아니라고 하였다(대판 1990. 4. 24, 89다카18884).

4. 보수의 지급시기 및 보수 지급의 요건인 '목적물 인도'의 의미

제작물공급계약에서 보수의 지급시기에 관하여 당사자 사이의 특약이나 관습이 없으면 도급인은 완성된 목적물을 인도받음과 동시에 수급인에게 보수를 지급하는 것이 원칙이고, 이때 목적물의 인도는 완성된 목적물에 대한 단순한 점유의 이전만을 의미하는 것이 아니라 도급인이 목적물을 검사한 후 그 목적물이 계약내용대로 완성되었음을 명시적 또는 묵시적으로 시인하는 것까지 포함하는 의미이다(대판 2006. 10. 13, 2004다21862).

판례

보수지급시기에 관한 약정의 의미와 수급인이 보수의 지급을 청구하는 경우에 주장 · 증명하여야 할 사항
(대판 2006. 10. 13, 2004다21862)

① 제작물공급계약의 당사자들이 보수의 지급시기에 관하여 "수급인이 공급한 목적물을 도급인이 검사하여 합격하면, 도급인은 수급인에게 그 보수를 지급한다"는 내용으로 한 약정은 도급인의 수급인에 대한 보수지급의무와 동시이행관계에 있는 수급인의 목적물 인도의무를 확인한 것에 불과하므로, 법률행위의 효력 발생을 장래의 불확실한 사실의 성부에 의존하게 하는 법률행위의 부관인 조건에 해당하지 아니할 뿐만 아니라, 조건에 해당한다 하더라도 검사에의 합격 여부는 도급인의 일방적인 의사에만 의존하지 않고 그 목적물이 계약내용대로 제작된 것인지 여부에 따라 객관적으로 결정되므로 순수수의 조건에 해당하지 않는다.

② 도급계약에 있어 일의 완성에 관한 주장 · 입증책임은 일의 결과에 대한 보수의 지급을 청구하는 수급인에게 있고, 제작물공급계약에서 일이 완성되었다고 하려면 당초 예정된 최후의 공정까지 일단 종료하였다는 점만으로는 부족하고 목적물의 주요구조 부분이 약정된 대로 시공되어 사회통념상 일반적으로 요구되는 성능을 갖추고 있어야 하므로, 제작물공급에 대한 보수의 지급을 청구하는 수급인으로서는 그 목적물 제작에 관하여 계약에서 정해진 최후 공정을 일단 종료하였다는 점뿐만 아니라 그 목적물의 주요구조 부분이 약정된 대로 시공되어 사회통념상 일반적으로 요구되는 성능을 갖추고 있다는 점까지 주장 · 입증하여야 한다.

제8절의2 여행계약

제674조의2【여행계약의 의의】
여행계약은 당사자 한쪽이 상대방에게 운송, 숙박, 관광 또는 그 밖의 여행 관련 용역을 결합하여 제공하기로 약정하고 상대방이 그 대금을 지급하기로 약정함으로써 효력이 생긴다.

01 서설

1. 의의 및 성질

(1) 여행계약은 당사자 한쪽이 상대방에게 운송, 숙박, 관광 또는 그 밖의 여행 관련 용역을 결합하여 제공하기로 약정하고 상대방이 그 대금을 지급하기로 하는 약정함으로써 성립하는 계약이다(제674조의2).

(2) 여행계약은 그 실현모습이 다양하고, 계약이 체결되어 종료되기까지 장기간의 시간이 경과하고, 당사자 이외에 많은 사람들이 관여하므로 그 법률관계가 매우 복잡하다. 이러한 여행계약의 법률관계는 종래에 대부분 약관에 의존하였는데, 여행계약의 특수성상 여행자 보호에 미흡하여, 이를 민법상 독립된 전형계약으로 편입시켰다(독일민법도 여행계약을 전형계약으로 편입함).

2. 법적 성질

(1) **도급계약과 유사한 독립계약**

여행계약의 법적 성격에 대하여는 i) 여행이라는 무형적 결과의 실현을 그 내용으로 하는 도급계약의 일종이라고 보는 견해도 있지만(도급계약설), ii) 여행계약의 급부내용은 다수의 서로 다른 급부로 이루어져 있고, 일의 결과인 이들 상이한 부분급부의 실현이 시간적, 장소적, 기능적으로 전체급부와 결부되어 이루어지며, 또한 일의 결과가 무형적이며 개개의 급부 및 그 시간적 연속과 불가분의 관계에 있어서 일정한 시점에 집중되지 아니하는 점에 비추어, 도급계약과 비슷하지만 도급계약 자체는 아닌 독립된 계약이라고 볼 것이다(독립계약설, 다수설).

(2) 여행계약은 낙성, 쌍무, 유상, 불요식계약이다.

02 성립

1. 여행계약은 낙성계약이므로, 여행주최자와 여행자의 합의만으로 성립한다. 그 합의는 여행계약의 본질적 부분인 '운송, 숙박, 관광 또는 그 밖의 여행 관련 용역을 결합하여 제공하는 것'에 관하여 존재해야 한다.

2. 여행계약은 '운송, 숙박, 관광 또는 그 밖의 여행 관련 용역' 중에 어느 하나만을 제공하기로 하는 경우에는 여행계약에 관한 민법규정은 적용되지 않는다(제674조의2).

3. 당사자

(1) 여행자

여행주최자와 여행계약을 체결하고, 여행급부를 제공받는 한편 여행대금의 지급채무를 부담하는 자이다.

(2) 여행주최자

여행자의 계약상대방으로서 여행급부의 전부를 실행할 것을 약속하는 자이다.

4. 기타 관계인

(1) 여행사

직접 여행주최자가 될 수도 있으나 스스로 여행급부를 실현할 의무를 부담하지 아니하고 여행자와 여행주최자 사이의 여행계약을 중개할 뿐인 경우에는 여행계약의 당사자인 여행주최자가 아니다.

(2) 여행실행자

여행주최자와 계약관계를 가지고 여행의 급부 중 일부의 실행을 담당하는 자를 말한다. 예를 들어 동남아여행에서 현지여행사가 여기에 해당한다.

03 효력

1. 여행주최자의 의무

(1) 여행 관련 용역 제공의무

여행주최자는 약정된 내용대로 여행을 실행할 의무가 있다.

(2) 기타의 부수의무

여행주최자는 여행 관련 용역 제공의무 외에 여행계약상의 부수적 의무로서 여행자의 생명·신체·재산 등에 침해가 없도록 주의하여야 하는 안전배려의무를 부담한다.

판례

여행주최자의 부수의무
여행업자는 통상 여행 일반은 물론 목적지의 자연적·사회적 조건에 관하여 전문적 지식을 가진 자로서 우월적 지위에서 행선지나 여행시설의 이용 등에 관한 계약 내용을 일방적으로 결정하는 반면 여행자는 그 안전성을 신뢰하고 여행업자가 제시하는 조건에 따라 여행계약을 체결하게 되는 점을 감안할 때, 여행업자는 기획여행계약의 상대방인 여행자에 대하여 기획여행계약상의 부수의무로서, 여행자의 생명·신체·재산 등의 안전을 확보하기 위하여, 여행목적지·여행일정·여행행정·여행서비스기관의 선택 등에 관하여 미리 충분히 조사·검토하여 전문업자로서의 합리적인 판단을 하고, 또한 그 계약 내용의 실시에 관하여 조우할지 모르는 위험을 미리 제거할 수단을 강구하거나 또는 여행자에게 그 뜻을 고지하여 여행자 스스로 그 위험을 수용할지 여부에 관하여 선택의 기회를 주는 등의 합리적 조치를 취할 신의칙상의 주의의무를 진다(대판 1998. 11. 24, 98다25061).

2. 여행주최자의 담보책임

(1) 의의

① 여행주최자는 여행에 하자가 있는 경우에는 무과실책임으로서 담보책임을 진다(제674조의6, 제674조의7).

② 여행계약은 유상계약이므로 매도인의 담보책임에 관한 규정이 준용된다(제567조). 그럼에도 민법은 그와 별도로 여행주최자의 담보책임에 대하여 특별규정을 두고 있다.

(2) 담보책임의 내용

① 하자시정청구권, 대금감액청구권, 손해배상청구권

제674조의6【여행주최자의 담보책임】
① 여행에 하자가 있는 경우에는 여행자는 여행주최자에게 하자의 시정 또는 대금의 감액을 청구할 수 있다. 다만, 그 시정에 지나치게 많은 비용이 들거나 그 밖에 시정을 합리적으로 기대할 수 없는 경우에는 시정을 청구할 수 없다.
② 제1항의 시정 청구는 상당한 기간을 정하여 하여야 한다. 다만, 즉시 시정할 필요가 있는 경우에는 그러하지 아니하다.
③ 여행자는 시정 청구, 감액 청구를 갈음하여 손해배상을 청구하거나 시정 청구, 감액 청구와 함께 손해배상을 청구할 수 있다.

② **계약의 해지 및 귀환운송의무**

제674조의7【여행주최자의 담보책임과 여행자의 해지권】
① 여행자는 여행에 중대한 하자가 있는 경우에 그 시정이 이루어지지 아니하거나 계약의 내용에 따른 이행을 기대할 수 없는 경우에는 계약을 해지할 수 있다.
② 계약이 해지된 경우에는 여행주최자는 대금청구권을 상실한다. 다만, 여행자가 실행된 여행으로 이익을 얻은 경우에는 그 이익을 여행주최자에게 상환하여야 한다.
③ 여행주최자는 계약의 해지로 인하여 필요하게 된 조치를 할 의무를 지며, 계약상 귀환운송 의무가 있으면 여행자를 귀환운송하여야 한다. 이 경우 상당한 이유가 있는 때에는 여행주최자는 여행자에게 그 비용의 일부를 청구할 수 있다.

㉠ 계약의 해지 : 여행에 '중대한 하자'가 있는 경우 그 시정이 이루어지지 아니하거나 계약의 내용에 따른 이행을 기대할 수 없는 경우에는, 여행자는 계약을 해지할 수 있다(제674조의7 제1항). 계약이 해지된 경우에는 여행주최자는 대금청구권을 상실한다(제674조의7 제2항 본문).

㉡ 귀환운송의무 : 여행계약은 통상적으로 왕복여행으로서 귀환운송을 포함하므로, 계약해지로 인한 귀환운송비용도 원칙적으로 여행주최자가 부담한다(제674조의7 3항 본문). 다만, 상당한 이유가 있는 때에는 여행자에게 그 비용의 일부를 청구할 수 있다(제674조의7 제3항 단서).

③ **존속기간**

제674조의8【담보책임의 존속기간】
제674조의6과 제674조의7에 따른 권리는 여행 기간 중에도 행사할 수 있으며, 계약에서 정한 여행 종료일부터 6개월 내에 행사하여야 한다.

여행자의 시정청구권 · 대금감액청구권 · 손해배상청구권 · 계약해지권은 여행종료일로부터 6개월의 제척기간에 걸린다(제674조의8). 여기서 제척기간의 기산점인 여행종료일은 '실제로 여행이 종료한 날'이 아니라, '계약에서 정한 여행 종료일'이다.

3. 여행자의 의무

제674조의5【대금의 지급시기】
여행자는 약정한 시기에 대금을 지급하여야 하며, 그 시기의 약정이 없으면 관습에 따르고, 관습이 없으면 여행의 종료 후 지체 없이 지급하여야 한다.

4. 편면적 강행규정

> **제674조의9【강행규정】**
> 제674조의3, 제674조의4 또는 제674조의6부터 제674조의8까지의 규정을 위반하는 약정으로서 여행자에게 불리한 것은 효력이 없다.

04 종료

1. 여행개시 전의 해제(사전해제)

> **제674조의3【여행개시 전의 계약해제】**
> 여행자는 여행을 시작하기 전에는 언제든지 계약을 해제할 수 있다. 다만, 여행자는 상대방에게 발생한 손해를 배상하여야 한다.

여행계약은 체결된 이후 상당한 기간이 경과한 후에 여행이 개시되는 경우가 많아 그 기간 동안 여행할 수 없는 사정이 발생할 가능성이 많기 때문에, 여행자에게 사전해제권이 인정된다(제674조의3).

2. 부득이한 사유로 인한 해지(사정변경에 의한 해지)

(1) 의의

> **제674조의4【부득이한 사유로 인한 계약해지】**
> ① 부득이한 사유가 있는 경우에는 각 당사자는 계약을 해지할 수 있다. 다만, 그 사유가 당사자 한쪽의 과실로 인하여 생긴 경우에는 상대방에게 손해를 배상하여야 한다.

여기서「부득이한 사유」란, 당사자 부모의 사망, 질병, 천재지변 등을 말하며, 당사자의 귀책사유에 의한 것이라도 상관없다. 다만 당사자의 귀책사유로 인한 경우에는 손해를 배상하여야 한다(제674조의4 제1항).

(2) 귀환운송의무

> **제674조의4【부득이한 사유로 인한 계약해지】**
> ② 제1항에 따라 계약이 해지된 경우에도 계약상 귀환운송 의무가 있는 여행주최자는 여행자를 귀환운송할 의무가 있다.

(3) 추가비용부담

> **제674조의4【부득이한 사유로 인한 계약해지】**
> ③ 제1항의 해지로 인하여 발생하는 추가 비용은 그 해지 사유가 어느 당사자의 사정에 속하는 경우에는 그 당사자가 부담하고, 누구의 사정에도 속하지 아니하는 경우에는 각 당사자가 절반씩 부담한다.

제9절 현상광고

제675조【현상광고의 의의】
현상광고는 광고자가 어느 행위를 한 자에게 일정한 보수를 지급할 의사를 표시하고 이에 응한 자가 그 광고에 정한 행위를 완료함으로써 그 효력이 생긴다.
제677조【광고부지의 행위】
전조의 규정은 광고있음을 알지 못하고 광고에 정한 행위를 완료한 경우에 준용한다.
→ 광고가 있기 전에 지정행위를 한 자도 보수청구권이 있다.

01 의의 및 성질

1. 현상광고란 당사자의 일방(광고자)이 특정의 행위를 한 자에게 일정한 보수를 지급할 것을 표시하고, 이에 응한 자(응모자)가 그 광고에 정한 지정행위를 완료함으로써 성립하는 계약이다(제675조).

2. 광고자의 공고를 불특정 다수인에 대한 청약으로 보고, 응모자의 그에 대한 응모 및 지정행위의 완료를 승낙으로 보는 계약설이 통설이다. 이에 따르면 현상광고는 유상·편무·요물·불요식계약이다.

02 성립

1. 광고자의 광고

(1) 광고의 내용

광고로 인정되기 위해서는 응모자가 해야 할 행위가 구체적으로 지정되어야 하고, 지정행위를 한 자에게 일정한 보수를 지급한다는 내용이 포함되어야 한다.

(2) 지정행위완료에 정지조건을 붙일 수 있는지 여부

판례는 광고에 정한 행위의 완료에 기한이나 정지조건을 붙일 수 있다는 입장이다(대판 2000. 8. 22, 2000다3675). 예컨대, 경찰이 탈옥수를 수배하면서 "제보로 검거되었을 때에 신고인 또는 제보자에게 현상금을 지급한다"는 내용의 현상광고를 한 경우, 현상광고의 지정행위는 탈옥수의 거처 또는 소재를 경찰에 신고 내지 제보하는 것이고, 탈옥수가 '검거되었을 때'는 지정행위의 완료에 조건을 붙인 것인데, 제보자가 탈옥수의 소재를 발견하고 경찰에 이를 신고함으로써 현상광고의 지정행위는 완료되었고, 그에 따라 경찰관 등이 출동하여 탈옥수가 있던 호프집 안에서 그를 검문하고 나아가 차량에 태워 파출소에까지 데려간 이상 그에 대한 검거는 이루어진 것이므로, 현상광고상의 지정행위 완료에 붙인 조건도 성취되었다고 하였다.

2. 응모자의 지정행위의 완료

광고에 응한 자가 광고에서 정한 행위를 완료하여야 한다. 한편 응모자가 광고 있음을 알지 못하고 지정행위를 완료한 경우에도 현상광고에 관한 규정이 준용된다(제677조).

03 효력

제676조【보수수령권자】
① 광고에 정한 행위를 완료한 자가 수인인 경우에는 먼저 그 행위를 완료한 자가 보수를 받을 권리가 있다.
② 수인이 동시에 완료한 경우에는 각각 균등한 비율로 보수를 받을 권리가 있다. 그러나 보수가 그 성질상 분할할 수 없거나 광고에 1인만이 보수를 받을 것으로 정한 때에는 추첨에 의하여 결정한다.
제679조【현상광고의 철회】
① 광고에 그 지정한 행위의 완료기간을 정한 때에는 그 기간만료전에 광고를 철회하지 못한다.
② 광고에 행위의 완료기간을 정하지 아니한 때에는 그 행위를 완료한 자 있기 전에는 그 광고와 동일한 방법으로 광고를 철회할 수 있다.
③ 전광고와 동일한 방법으로 철회할 수 없는 때에는 그와 유사한 방법으로 철회할 수 있다. 이 철회는 철회한 것을 안 자에 대하여만 그 효력이 있다.

1. 보수수령권자

광고에서 지정한 행위를 완료한 자가 보수를 받을 권리가 있다. 다만 광고에 정한 행위를 완료한 자가 수인인 경우에는 먼저 그 행위를 완료한 자가 보수를 받을 권리가 있다(제676조 제1항). 만약 수인이 동시에 완료한 경우에는 각각 균등한 비율로 보수를 받을 권리가 있다. 그러나 보수가 그 성질상 분할할 수 없거나 광고에 1인만이 보수를 받을 것으로 정한 때에는 추첨에 의하여 결정한다(제676조 제2항).

2. 현상광고의 철회

(1) 광고에 그 지정한 행위의 완료기간을 정한 때에는 그 기간만료 전에 광고를 철회하지 못한다(제679조 제1항). 다만 (2) 광고에 행위의 완료기간을 정하지 아니한 때에는 그 행위를 완료한 자가 있기 전에는 그 광고와 동일한 방법으로 광고를 철회할 수 있다(제679조 제2항).

04 우수현상광고

제678조 【우수현상광고】
① 광고에 정한 행위를 완료한 자가 수인인 경우에 그 우수한 자에 한하여 보수를 지급할 것을 정하는 때에는 그 광고에 응모기간을 정한 때에 한하여 그 효력이 생긴다.
② 전항의 경우에 우수의 판정은 광고중에 정한 자가 한다. 광고 중에 판정자를 정하지 아니한 때에는 광고자가 판정한다.
③ 우수한 자 없다는 판정은 이를 할 수 없다. 그러나 광고 중에 다른 의사표시가 있거나 광고의 성질상 판정의 표준이 정하여져 있는 때에는 그러하지 아니하다.
④ 응모자는 전2항의 판정에 대하여 이의를 하지 못한다.
⑤ 수인의 행위가 동등으로 판정된 때에는 제676조 제2항의 규정을 준용한다.

1. 의의

지정행위를 완료한 자가 수인인 경우에 그 가운데서 가장 우수한 자에게만 보수를 지급할 것을 정한 현상광고를 말한다(제678조 제1항).

2. 성립

(1) 광고와 응모

① 우수현상광고는 반드시 응모기간을 정하여야 하며, 이를 정하지 않은 경우에는 무효이다(제678조 제1항).

② 제3자는 광고에서 정한 바에 따라 응모기간 내에 응모하여야 한다.

(2) 판정

① 우수의 판정은 광고에서 정하여진 자가 하지만, 광고에서 판정자를 정하지 아니한 때에는 광고자가 판정자가 된다(제678조 제2항).

② 또한 다른 의사표시나 광고의 성질상 판정의 표준이 정하여져 있는 경우가 아니면, 우수한 자가 없다는 판정은 할 수 없다(제678조 제3항).

3. 효과

(1) 우수한 자로 판정된 자는 보수청구권을 취득하며, 응모자가 판정이 있었음을 알았는지는 묻지 않는다.

(2) 판정의 효력은 판정이 있었던 때에 발생하고, 소급효가 없다. 또한 판정은 광고자 및 모든 응모자를 구속하며, 이에 대해 누구도 이의를 제기하지 못한다(제678조 제4항).

판례

당선자가 취득하는 손해배상청구권의 소멸시효

① 우수현상광고의 광고자로서 당선자에게 일정한 계약을 체결할 의무가 있는 자가 그 의무를 위반함으로써 계약의 종국적인 체결에 이르지 않게 되어 상대방이 그러한 계약체결의무의 채무불이행을 원인으로 하는 손해배상을 청구한 경우 그 손해배상청구권은 계약이 체결되었을 경우에 취득하게 될 계약상의 이행청구권과 실질적이고 경제적으로 밀접한 관계가 형성되어 있기 때문에, 그 손해배상청구권의 소멸시효기간은 계약이 체결되었을 때 취득하게 될 이행청구권에 적용되는 소멸시효기간에 따른다.

② (예컨대) 우수현상광고의 당선자가 광고주에 대하여 우수작으로 판정된 계획 설계에 기초하여 기본 및 실시설계계약의 체결을 청구할 수 있는 권리를 가지고 있는 경우, 이러한 청구권에 기하여 계약이 체결되었을 경우에 취득하게 될 계약상의 이행청구권은 '설계에 종사하는 자의 공사에 관한 채권'으로서 이에 관하여는 민법 제163조 제3호 소정의 3년의 단기소멸시효가 적용되므로, 위의 기본 및 실시설계계약의 체결의무의 불이행으로 인한 손해배상청구권의 소멸시효 역시 3년의 단기소멸시효가 적용된다(대판 2005. 1. 14, 2002다57119).

제10절 위임

01 서설

1. 의의

> 제680조【위임의 의의】
> 위임은 당사자 일방이 상대방에 대하여 사무의 처리를 위탁하고 상대방이 이를 승낙함으로써 그 효력이 생긴다.

당사자 일방(위임자)이 상대방(수임자)에 대하여 사무의 처리를 위탁하고, 상대방이 이를 승낙함으로써 성립하는 계약을 말한다(제680조). 타인의 노무를 이용하는 계약이라는 점에서 고용・도급과 공통되지만, 수임인이 위탁받은 사무를 자유재량에 의해 처리한다는 점에서 고용과 구별되고, 타인의 사무를 처리한다는 활동 그 자체에 목적을 두는 점에서 도급과 구별된다.

2. 법적 성질

원칙적으로 편무・무상계약이지만, 당사자의 약정으로 위임인의 보수지급의무를 계약내용으로 정할 경우 쌍무・유상계약이 된다(제686조 제1항).

02 성립

1. 당사자들의 의사의 합치

2. 일정한 사무처리의 위탁

(1) 위임은 사무처리의 위탁을 내용으로 한다. 사무에는 법률상 또는 사실상의 모든 행위가 포함되며, 법률행위・준법률행위・사실행위를 불문한다.

(2) 혼인・이혼・입양 등 본인이 직접 의사결정을 해야 하는 가족법상의 법률행위(신분행위)는 위임의 대상이 될 수 없다. 그러나 신분행위에 관한 신고・소송절차수행 등의 사무는 위임의 대상이 될 수 있다.

3. 무상의 원칙

보수의 지급은 위임의 요건이 아니다. 수임인은 특별한 사정이 없는 한 위임에 대하여 보수를 청구하지 못한다(제686조 제1항).

03 효력

1. 수임인의 의무

제681조【수임인의 선관의무】
수임인은 위임의 본지에 따라 선량한 관리자의 주의로써 위임사무를 처리하여야 한다.
제682조【복임권의 제한】
① 수임인은 위임인의 승낙이나 부득이한 사유 없이 제3자로 하여금 자기에 갈음하여 위임사무를 처리하게 하지 못한다.
② 수임인이 전항의 규정에 의하여 제3자에게 위임사무를 처리하게 한 경우에는 제121조, 제123조의 규정을 준용한다.
제683조【수임인의 보고의무】
수임인은 위임인의 청구가 있는 때에는 위임사무의 처리상황을 보고하고 위임이 종료한 때에는 지체 없이 그 전말을 보고하여야 한다.
제684조【수임인의 취득물 등의 인도, 이전의무】
① 수임인은 위임사무의 처리로 인하여 받은 금전 기타의 물건 및 그 수취한 과실을 위임인에게 인도하여야 한다.
② 수임인이 위임인을 위하여 자기의 명의로 취득한 권리는 위임인에게 이전하여야 한다.
제685조【수임인의 금전소비의 책임】
수임인이 위임인에게 인도할 금전 또는 위임인의 이익을 위하여 사용할 금전을 자기를 위하여 소비한 때에는 소비한 날 이후의 이자를 지급하여야 하며 그 외의 손해가 있으면 배상하여야 한다.

(1) 위임사무처리의무

수임인은 위임인으로부터 위탁받은 사무를 처리할 의무를 진다(제680조). 여기서 사무는 법률상 또는 사실상의 모든 행위를 말한다. 민법은 수임인의 위임사무 처리의무와 관련하여 다음의 두 가지를 규정하고 있다.

① **선관주의의무**: 수임인은 선량한 관리자의 주의로써 위임사무를 처리하여야 한다(제681조). 수임인이 선관의무에 위반한 경우에는 채무불이행책임을 진다. 수임인은 유상·무상을 불문하고 선관의무를 부담한다.

② **복위임의 제한**: 위임은 신뢰관계를 기초로 하므로, 수임인은 위임인의 승낙이나 부득이한 사유 없이 제3자로 하여금 자기에 갈음하여 위임사무를 처리하게 하지 못한다(제682조).

(2) 기타 의무 – 부수의무

① **보고의무**: 수임인은 위임인의 청구가 있는 때에는 위임사무의 처리상황을 보고하고 위임이 종료한 때에는 지체 없이 그 전말을 보고하여야 한다(제683조).

② **취득물 등의 인도 · 이전의무**

㉠ 수임인은 위임사무의 처리로 인하여 받은 금전 기타의 물건 및 그 수취한 과실을 위임인에게 인도하여야 한다(제684조 제1항). 수임인이 위임인을 위하여 자기의 명의로 취득한 권리는 위임인에게 이전하여야 한다(제684조 제2항).

㉡ 민법 제684조 제1항은 "수임인은 위임사무의 처리로 인하여 받은 금전 기타의 물건 및 그 수취한 과실을 위임인에게 인도하여야 한다."고 규정하고 있는데, 위임계약이 위임인과 수임인의 신임관계를 기초로 하는 것이라는 점 및 수임인은 위임의 본지에 따라 선량한 관리자의 주의로써 위임사무를 처리하여야 하는 것이라는 점 등을 감안하여 볼 때, 위 조항에서 말하는 '위임사무의 처리로 인하여 받은 금전 기타 물건'에는 수임인이 위임사무의 처리와 관련하여 취득한 금전 기타 물건으로서 이를 수임인에게 그대로 보유하게 하는 것이 위임의 신임관계를 해한다고 사회통념상 생각할 수 있는 것도 포함된다(대판 2010. 5. 27, 2010다4561).

③ **금전소비의 책임**: 수임인이 위임인에게 인도할 금전 또는 위임인의 이익을 위하여 사용할 금전을 자기를 위하여 소비한 때에는 소비한 날 이후의 이자를 지급하여야 하며, 그 외의 손해가 있으면 배상하여야 한다(제685조).

2. 수임인의 권리 - 위임인의 의무

제686조【수임인의 보수청구권】
① 수임인은 특별한 약정이 없으면 위임인에 대하여 보수를 청구하지 못한다.
② 수임인이 보수를 받을 경우에는 위임사무를 완료한 후가 아니면 이를 청구하지 못한다. 그러나 기간으로 보수를 정한 때에는 그 기간이 경과한 후에 이를 청구할 수 있다.
③ 수임인이 위임사무를 처리하는 중에 수임인의 책임 없는 사유로 인하여 위임이 종료된 때에는 수임인은 이미 처리한 사무의 비율에 따른 보수를 청구할 수 있다.

제687조【수임인의 비용선급청구권】
위임사무의 처리에 비용을 요하는 때에는 위임인은 수임인의 청구에 의하여 이를 선급하여야 한다.

제688조【수임인의 비용상환청구권 등】
① 수임인이 위임사무의 처리에 관하여 필요비를 지출한 때에는 위임인에 대하여 지출한 날 이후의 이자를 청구할 수 있다.
② 수임인이 위임사무의 처리에 필요한 채무를 부담한 때에는 위임인에게 자기에 갈음하여 이를 변제하게 할 수 있고 그 채무가 변제기에 있지 아니한 때에는 상당한 담보를 제공하게 할 수 있다.
③ 수임인이 위임사무의 처리를 위하여 과실 없이 손해를 받은 때에는 위임인에 대하여 그 배상을 청구할 수 있다.

(1) 보수청구권

① 위임은 원칙적으로 무상이지만, 당사자 사이에 보수지급에 관한 특약이 있으면 위임인은 수임인에게 보수를 지급하여야 한다(제686조 제1항). 보수의 특약은 묵시적으로도 가능하다. 판례는 위임사무의 성격상 수임인이 맡은 사무가 그의 영업 내지 업무에 관련된 경우(예 부동산중개업자, 변호사, 의사 등)에는 무보수의 특약이 없으면 보수지급의 묵시적 약정이 있는 것으로 보아야 한다는 입장이다(대판 1993. 11. 12, 93다36882).

② 수임인이 보수를 받을 경우에는 위임사무를 완료한 후가 아니면 이를 청구하지 못한다. 그러나 기간으로 보수를 정한 때에는 그 기간이 경과한 후에 이를 청구할 수 있다(제686조 제2항).

③ 수임인이 위임사무를 처리하는 중에 수임인의 책임 없는 사유로 인하여 위임이 종료된 때에는 수임인은 이미 처리한 사무의 비율에 따른 보수를 청구할 수 있다(제686조 제3항).

판례

위임계약에서의 보수청구권 및 위임계약의 무효(대판 2016. 2. 18, 2015다35560)

① **위임계약에서 약정보수액이 부당하게 과다하여 신의성실의 원칙이나 형평의 원칙에 반하는 경우, 수임인이 청구할 수 있는 보수액의 범위**

위임계약에서 보수액에 관하여 약정한 경우에 수임인은 원칙적으로 약정보수액을 전부 청구할 수 있는 것이 원칙이지만, 위임의 경위, 위임업무 처리의 경과와 난이도, 투입한 노력의 정도, 위임인이 업무 처리로 인하여 얻게 되는 구체적 이익, 기타 변론에 나타난 제반 사정을 고려할 때 약정보수액이 부당하게 과다하여 신의성실의 원칙이나 형평의 원칙에 반한다고 볼 만한 특별한 사정이 있는 때에는 예외적으로 상당하다고 인정되는 범위 내의 보수액만을 청구할 수 있다.

② **행정청의 허가 등을 목적으로 하는 신청행위를 대상으로 하는 위임계약이 반사회질서적 성질을 띠고 있어 민법 제103조에 따라 무효인 경우**

어떠한 위임계약이 행정청의 허가 등을 목적으로 하는 신청행위를 대상으로 하는 경우에 신청행위 자체에는 전문성이 크게 요구되지 않고 허가에는 공무원의 재량적 판단이 필요하며, 신청과 관련된 절차에 필수적으로 필요한 비용은 크지 않은 데 반하여 약정보수액은 지나치게 다액으로서, 수임인이 허가를 얻기 위하여 공무원의 직무 관련 사항에 관하여 특별한 청탁을 하면서 뇌물공여 등 로비를 하는 자금이 보수액에 포함되어 있다고 볼만한 특수한 사정이 있는 때에는 위임계약은 반사회질서적인 조건이 결부됨으로써 반사회질서적 성질을 띠고 있어 민법 제103조에 따라 무효이다.

(2) 비용청구권

① 사무의 처리에 소요되는 비용에 대해서는 무상위임이든 유상위임이든 보수와는 별개로 수임인은 그 선급(제687조)이나 상환(제688조)을 청구할 수 있다.

② 수임인이 위임사무의 처리에 관하여 필요비를 지출한 때에는 위임인에 대하여 지출한 날 이후의 이자를 청구할 수 있다(제688조 제1항).

판례

수임인이 선관주의의무를 위반한 이후 위임사무 처리를 위해 지출한 필요비상환청구 인정여부(적극) ★

수임인이 위임사무를 처리하는 과정에서 선관주의의무를 위반한 사실이 있다 하더라도, 그 이후 수임인이 위임사무 처리를 위해 비용을 지출하였고, 해당 비용의 지출 과정에서 수임인이 선량한 관리자로서의 주의를 다하였다면, 수임인은 선행 선관주의의무 위반과 상당인과관계 있는 비용 증가에 대하여 손해배상의무를 부담하는 것은 별론으로 하고 위임인에 대하여 필요비의 상환을 청구할 수 있다(대판 2024. 2. 29, 2023다294470, 2023다294487).

(3) 대변제청구권 · 담보제공청구권

수임인이 위임사무의 처리에 필요한 채무를 부담한 때에는 위임인에게 자기에 갈음하여 이를 변제하게 할 수 있고, 그 채무가 변제기에 있지 아니한 때에는 상당한 담보를 제공하게 할 수 있다(제688조 제2항).

판례

수임인이 위임사무를 처리함에 있어 선관주의의무를 다하지 못한 잘못으로 인해 필요 이상의 비용 등이 발생된 경우, 민법 제688조 제2항에서 규정하는 수임인의 위임인에 대한 소위 대변제청구권의 범위를 제한할 수 있는지 여부(적극) ★

민법 제688조 제2항은 그 전문에서 수임인이 위임사무의 처리에 필요한 채무를 부담한 때에는 위임인에게 자기에 갈음하여 이를 변제하게 할 수 있다고 규정하고 있다. 민법 제681조는 수임인은 위임의 본지에 따라 선량한 관리자의 주의로써 위임사무를 처리하여야 한다고 규정하고, 이러한 선관주의의무의 일환으로 민법 제683조는 수임인은 위임인의 청구가 있는 때에는 위임사무의 처리상황을 보고하고 위임이 종료한 때에는 지체 없이 그 전말을 보고하여야 한다고 규정하고 있다. 이러한 규정의 내용과 그 취지를 종합하여 보면, 수임인이 위임사무 처리와 관련하여 선관주의의무를 다하여 자기의 이름으로 위임인을 위해 필요한 계약을 체결하였다고 하더라도, 이후 그에 따른 채무를 이행하지도 않고 위임인에 대하여 필요한 보고 등의 조치도 취하지 않으면서 방치하여 두거나 계약 상대방의 소제기에 제대로 대응하지 않음으로써 수임인 자신이 계약 상대방에 대하여 부담하여야 할 채무액이 확대된 경우에는, 그 범위가 확대된 부분까지도 당연히 '위임사무의 처리에 필요한 채무'로서 '위임인에게 대신 변제하게 할 수 있는 채무'의 범위에 포함된다고 보기는 어렵다. 이러한 경우 법원으로서는 수임인이 보고의무 등을 다하지 못하거나 계약 상대방이 제기한 소송에 제대로 대응하지 못하여 채무액이 확대된 것인지 등을 심리하여 수임인이 위임인에게 대신 변제하게 할 수 있는 채무의 범위를 정하여야 한다(대판 2018. 11. 29, 2016다48808).

(4) 손해배상청구권

수임인이 위임사무의 처리를 위하여 과실 없이 손해를 받은 때에는 위임인에 대하여 그 배상을 청구할 수 있다(제688조 제3항).

04 종료

제689조【위임의 상호해지의 자유】
① 위임계약은 각 당사자가 언제든지 해지할 수 있다.
② 당사자 일방이 부득이한 사유 없이 상대방의 불리한 시기에 계약을 해지한 때에는 그 손해를 배상하여야 한다.
제690조【사망, 파산등과 위임의 종료】
위임은 당사자 한쪽의 사망이나 파산으로 종료된다. 수임인이 성년후견개시의 심판을 받은 경우에도 이와 같다.
제691조【위임종료시의 긴급처리】
위임종료의 경우에 급박한 사정이 있는 때에는 수임인, 그 상속인이나 법정대리인은 위임인, 그 상속인이나 법정대리인이 위임사무를 처리할 수 있을 때까지 그 사무의 처리를 계속하여야 한다. 이 경우에는 위임의 존속과 동일한 효력이 있다.
제692조【위임종료의 대항요건】
위임종료의 사유는 이를 상대방에게 통지하거나 상대방이 이를 안 때가 아니면 이로써 상대방에게 대항하지 못한다.

1. 종료원인

위임에 특유한 종료원인으로서 민법은 해지, 당사자의 사망 또는 파산, 수임인의 성년후견개시의 심판을 받은 경우를 규정하고 있다.

(1) 해지

① **상호해지의 자유**: 위임계약은 당사자 쌍방의 신뢰관계를 기초로 하기 때문에, 각 당사자는 언제든지 해지할 수 있다(제689조 제1항).

② **해지의 효과**: 해지로 인해 상대방이 손해를 입더라도 손해배상의무가 없음이 원칙이다. 다만 당사자 일방이 부득이한 사유 없이 상대방의 불리한 시기에 계약을 해지한 때에는 그 손해를 배상하여야 한다(제689조 제2항). 이 경우 손해배상의 범위는 위임이 해지되었다는 사실로부터 생기는 손해가 아니라, '적당한 시기에 해지되었더라면 입지 아니하였을 손해'에 한한다(대판 2000. 6. 9, 98다64202 등).

판례

해지의 자유와 손해배상의 범위

민법상의 위임계약은 그것이 유상계약이든 무상계약이든 당사자 쌍방의 특별한 대인적 신뢰관계를 기초로 하는 위임계약의 본질상 각 당사자는 언제든지 이를 해지할 수 있고 그로 말미암아 상대방이 손해를 입는 일이 있어도 그것을 배상할 의무를 부담하지 않는 것이 원칙이며, 다만 상대방이 불리한 시기에 해지한 때에는 그 해지가 부득이한 사유에 의한 것이 아닌 한 그로 인한 손해를 배상하여야 하나, 그 배상의 범위는 위임이 해지되었다는 사실로부터 생기는 손해가 아니라 적당한 시기에 해지되었더라면 입지 아니하였을 손해에 한한다고 볼 것이고, 또한 사무처리의 완료를 조건으로 하여 보수를 지급받기로 하는 내용의 계약과 같은 유상위임계약에 있어서는 시기 여하에 불문하고 사무처리 완료 이전에 계약이 해지되면 당연히 그에 대한 보수청구권을 상실하는 것으로 계약 당시에 예정되어 있어 특별한 사정이 없는 한 해지에 있어서의 불리한 시기란 있을 수 없다 할 것이므로, 수임인의 사무처리 완료 전에 위임계약을 해지한 것만으로 수임인에게 불리한 시기에 해지한 것이라고 볼 수는 없다(대판 2000. 6. 9, 98다64202).

해지의 자유에 대한 제한 ★

등기권리자와 등기의무자 쌍방으로부터 등기절차의 위촉을 받고 그 절차에 필요한 서류를 교부받은 법무사는 절차가 끝나기 전에 등기의무자로부터 등기신청을 보류해 달라는 요청이 있었다 하여도 등기권리자에 대한 관계에 있어서는 그 사람의 동의가 있는 등 특별한 사정이 없는 한 그 요청을 거부해야 할 위임계약상의 의무가 있는 것이므로 등기의무자와 법무사 간의 위임계약은 계약의 성질상 민법 제689조 제1항의 규정에 관계없이 등기권리자의 동의 등 특별한 사정이 없는 한 해제할 수 없다(대판 1987. 6. 23, 85다카2239).

당사자가 민법 제689조 제1항, 제2항과 다른 내용으로 해지사유 및 절차, 손해배상책임 등을 정한 경우, 당사자 간 법률관계도 약정이 정한 바에 따라 규율되는지 여부(원칙적 적극) ★

민법 제689조 제1항・제2항은 임의규정에 불과하므로 당사자의 약정에 의하여 위 규정의 적용을 배제하거나 그 내용을 달리 정할 수 있다. 그리고 당사자가 위임계약의 해지사유 및 절차, 손해배상책임 등에 관하여 민법 제689조 제1항, 제2항과 다른 내용으로 약정을 체결한 경우, 이러한 약정은 당사자에게 효력을 미치면서 당사자 간의 법률관계를 명확히 함과 동시에 거래의 안전과 이에 대한 각자의 신뢰를 보호하기 위한 취지라고 볼 수 있으므로, 이를 단순히 주의적인 성격의 것이라고 쉽게 단정해서는 아니 된다. 따라서 당사자가 위임계약을 체결하면서 민법 제689조 제1항・제2항에 규정된 바와 다른 내용으로 해지사유 및 절차, 손해배상책임 등을 정하였다면, 민법 제689조 제1항, 제2항이 이러한 약정과는 별개 독립적으로 적용된다고 볼 만한 특별한 사정이 없는 한, 위 약정에서 정한 해지사유 및 절차에 의하지 않고는 계약을 해지할 수 없고, 손해배상책임에 관한 당사자 간 법률관계도 위 약정이 정한 바에 의하여 규율된다고 봄이 타당하다(대판 2019. 5. 30, 2017다53265).

(2) 기타 종료원인

위임은 당사자에게 전속적이고 신뢰관계에 기초를 두고 있는 특성상, 당사자 한쪽의 사망이나 파산으로 종료되고, 수임인이 성년후견개시의 심판을 받은 경우에도 종료된다(제690조).

2. 위임종료시의 특칙

위임의 종료로 당사자가 불측의 손해를 입게 되는 것을 방지하기 위해 민법은 다음 두 개의 특칙을 규정하고 있다.

(1) 긴급처리의무

위임종료의 경우에 급박한 사정이 있는 때에는 수임인은 위임인이 위임사무를 처리할 수 있을 때까지 그 사무의 처리를 계속하여야 한다. 이 경우에는 위임의 존속과 동일한 효력이 있다(제691조).

(2) 대항요건

위임종료의 사유는 이를 상대방에게 통지하거나 상대방이 이를 안 때가 아니면 이로써 상대방에게 대항하지 못한다(제692조). 예컨대 위임인의 파산으로 위임계약이 종료하였으나 위임인이 이를 수임인에게 통지하지 않으면 위임관계가 존속하는 것으로 되므로, 위임사무를 처리할 수밖에 없었던 수임인은 그동안의 비용상환 및 보수를 청구할 수 있다.

제11절 임치

01 서설

1. 의의

> **제693조【임치의 의의】**
> 임치는 당사자 일방이 상대방에 대하여 금전이나 유가증권 기타 물건의 보관을 위탁하고 상대방이 이를 승낙함으로써 효력이 생긴다.

임치란 당사자 일방(임치인)이 상대방(수치인)에 대하여 금전이나 유가증권 기타 물건의 보관을 위탁하고 상대방이 이를 승낙함으로써 성립하는 계약을 말한다(제693조).

2. 법적 성질

① 임치는 보수의 지급을 요소로 하지 않기 때문에, 원칙적으로 편무·무상계약이다. 다만 보수의 약정을 할 수 있고, 이 경우에는 쌍무·유상계약이 된다(제701조, 제686조).

② 한편 수치인이 목적물을 수령하는 것은 임치의 성립요건이 아니기 때문에 낙성계약이고, 또한 불요식계약이다.

혼장임치

① 혼장임치란 수치인이 수인의 임치인으로부터 물건을 수취하여 동종·동질의 것과 섞어 보관하다가 어느 임치인으로부터 청구가 있으면 보관하던 물건 중에서 임치받은 것과 같은 양을 반환하기로 하는 임치계약을 말한다.

② 보통의 임치에서는 수치한 물건, 즉 특정물을 반환하여야 하지만, 혼장임치에서는 특정물이 아니라 대체물을 반환한다는 점에서 다르다.

③ 혼장임치에서 임치물의 일부가 멸실 또는 훼손된 경우 또는 마지막으로 반환을 청구한 임치인에게 돌아갈 수량이 부족하게 되거나 훼손된 것만 남아 있는 경우에 수치인은 마지막으로 반환을 청구한 임치인에 대하여 채무불이행책임을 지게 된다.

02 성립

1. 당사자 간의 의사합치

임치는 구법과 달리 임치인이 임치물의 보관을 위탁하고 수치인이 이를 승낙하는 합의만으로 성립한다. 즉 임치물을 수치인에게 인도하지 않더라도 성립한다.

2. 목적물보관의 위탁

(1) 임치는 목적물보관의 위탁을 내용으로 한다.

(2) 목적물은 금전이나 유가증권 기타 물건이지만, 부동산도 임치의 목적물이 될 수 있다.

(3) 목적물은 여기서 보관이란 임치물을 수치인이 점유하여 그 멸실, 훼손을 방지하고 그 원상을 유지하는 것을 의미한다. 따라서 은행의 대여금고처럼 단순히 보관장소만을 제공하는 것은 사용대차 또는 임대차일 수는 있어도 임치는 아니며, 목적물의 개량을 목적으로 하는 계약은 도급이나 위임에 해당한다.

(4) 임치인이 목적물의 소유자이어야 하는 것은 아니다.

3. 임치계약은 무상임을 원칙으로 하기에, 보수는 임치의 요건이 아니다.

03 효력

제694조【수치인의 임치물사용금지】
수치인은 임치인의 동의 없이 임치물을 사용하지 못한다.
제695조【무상수치인의 주의의무】
보수 없이 임치를 받은 자는 임치물을 자기재산과 동일한 주의로 보관하여야 한다.
제696조【수치인의 통지의무】
임치물에 대한 권리를 주장하는 제3자가 수치인에 대하여 소를 제기하거나 압류한 때에는 수치인은 지체 없이 임치인에게 이를 통지하여야 한다.
제697조【임치물의 성질, 하자로 인한 임치인의 손해배상의무】
임치인은 임치물의 성질 또는 하자로 인하여 생긴 손해를 수치인에게 배상하여야 한다. 그러나 수치인이 그 성질 또는 하자를 안 때에는 그러하지 아니하다.
→ 임치인의 무과실책임이다.
제700조【임치물의 반환장소】
임치물은 그 보관한 장소에서 반환하여야 한다. 그러나 수치인이 정당한 사유로 인하여 그 물건을 전치한 때에는 현존하는 장소에서 반환할 수 있다.
제701조【준용규정】
제682조(= 복임권의 제한), 제684조 내지 제687조(= 수임인의 취득물인도의무 · 금전소비책임 · 보수청구권) 및 제688조 제1항, 제2항의 규정(= 수임인의 비용상환청구권)은 임치에 준용한다.

1. 수치인의 의무

(1) 임치물 보관의무

① **보관 및 주의의무의 정도**: 수치인은 임치물을 자기 지배하에 두고 일정한 주의를 기울여 그 원상을 유지하여야 하는데, 무상임치의 경우에는 임치물을 '자기재산과 동일한 주의'로(제695조), 유상임치의 경우에는 '선량한 관리자의 주의'로 보관하여야 한다(제374조).

② **임치물의 사용금지**: 임치는 목적물을 보관하는 데 그 목적이 있으므로, 수치인은 임치인의 동의 없이 임치물을 사용하지 못한다(제694조).

③ **복임치의 제한**: 임치에 관하여는 복위임의 제한에 관한 제682조의 규정이 준용된다(제701조). 따라서 수치인은 임치인의 승낙이나 부득이한 사유 없이는 제3자로 하여금 자기에 갈음하여 보관하게 할 수 없다.

④ **부수적 의무**: 수치인은 임치물에 대한 권리를 주장하는 제3자가 수치인에 대하여 소를 제기하거나 압류한 때에는 지체 없이 임치인에게 이를 통지하여야 한다(제696조). 또한 임치에는 위임에서의 수임인의 취득물 등의 인도·이전의무(제684조)와 수임인의 금전소비의 책임(제685조)에 관한 규정이 준용된다.

(2) 임치물 반환의무

임치가 종료한 경우 수치인은 받은 목적물 그 자체를 반환하여야 한다. 반환장소에 관한 특약이 있으면 그에 따르되, 특약이 없으면 그 보관한 장소에서 반환하여야 한다. 그러나 수치인이 정당한 사유로 인하여 그 물건을 옮겨 보관(전치)한 때에는 현존하는 장소에서 반환할 수 있다(제700조).

2. 임치인의 의무

(1) 임치물의 인도의무 인정 여부

임치는 임치물을 수치인에게 인도하지 않더라도 성립하는데, 그 인도가 없으면 수치인의 보관의무는 구체적으로 발생하지 않게 된다. 이에 임치계약의 효력으로서 임치인에게 임치물의 인도의무, 즉 수치인의 인도청구권이 있는지 문제된다. 이에 대해 다수설은 ①「무상임치」의 경우에는 인도의무를 인정하지 않으나, ②「유상임치」의 경우에는 수치인이 그 임치물 보관에 관하여 경제적 이익을 가지므로 임치인의 인도의무가 인정된다고 한다.

(2) 비용지급의무 · 대변제의무 · 담보제공의무

위임에서 제687조와 제688조 제1항 및 제2항의 규정은 임치에 준용되므로(제701조), 임치인은 비용지급의무·대변제의무·담보제공의무를 진다.

(3) 임치물의 성질 또는 하자로 인한 손해배상의무

임치인은 임치물의 성질 또는 하자로 인하여 생긴 손해를 수치인에게 배상하여야 한다. 그러나 수치인이 그 성질 또는 하자를 안 때에는 배상책임을 부담하지 않는다(제697조).

(4) 보수지급의무

유상임치의 경우 임치인은 보수를 지급하여야 하고, 이에 관해서는 수임인의 보수청구권에 관한 규정(제686조)이 준용된다(제701조).

04 임치의 종료

1. 종료원인

임치는 기간만료 · 목적물의 멸실 등과 같은 계약종료의 일반원인에 의하여 종료한다. 다만 위임종료의 원인인 당사자의 사망 · 파산 · 성년후견개시의 심판은 임치의 종료원인으로서 준용되지 않는다. 민법이 정하는 임치에 특유한 종료원인은 「해지」 하나이다.

2. 해지

> **제698조【기간의 약정 있는 임치의 해지】**
> 임치기간의 약정이 있는 때에는 수치인은 부득이한 사유 없이 그 기간 만료 전에 계약을 해지하지 못한다. 그러나 임치인은 언제든지 계약을 해지할 수 있다.
> **제699조【기간의 약정 없는 임치의 해지】**
> 임치기간의 약정이 없는 때에는 각 당사자는 언제든지 계약을 해지할 수 있다.

① 임치기간의 약정이 있는 때에는 수치인은 부득이한 사유 없이 그 기간 만료 전에 계약을 해지하지 못한다. 그러나 임치인은 언제든지 계약을 해지할 수 있다(제698조).

② 임치기간의 약정이 없는 때에는 각 당사자는 언제든지 계약을 해지할 수 있다(제699조).

05 소비임치

1. 서설

(1) 의의

> **제702조【소비임치】**
> 수치인이 계약에 의하여 임치물을 소비할 수 있는 경우에는 소비대차에 관한 규정을 준용한다. 그러나 반환시기의 약정이 없는 때에는 임치인은 언제든지 그 반환을 청구할 수 있다.

보통의 임치에 있어서는 수치인이 임치한 물건 자체를 반환하여야 한다. 이에 대해 소비임치란 당사자의 계약으로 임치물의 소유권을 수치인에게 이전하여 수치인이 임치물을 소비하고, 그와 동종 · 동질 · 동량의 물건을 임치인에게 반환할 것을 정한 임치를 말한다. 이러한 소비임치의 목적물은 대체물에 한한다.

(2) 법적 성질

소비임치는 「소비대차와 임치의 성질」이 포함되어 있다. 즉 대체물의 소유권을 수치인에게 이전하고 상대방은 그와 같은 종류의 것으로 반환하는 점에서 소비대차로서, 그 물건을 보관하는 점에서 임치로서의 성질이 병존한다.

2. 효과

(1) 소비임치는 수치인이 임치물의 소유권을 취득하고 동종 · 동량의 것을 반환하면 된다는 점에서 소비대차와 유사하기 때문에 소비대차의 규정이 준용된다(제702조 본문).

(2) 그러나 반환시기에 대한 약정이 없는 경우에는 언제든지 임치인은 그 반환을 청구할 수 있다(제702조 단서). 이 점이 소비대차와 다르다(제603조 제2항).

3. 예금계약에서의 특수문제

(1) 법적 성질

예금계약은 금전의 소비임치에 해당하고, 금전의 수수를 전제로 한다는 점에서 요물계약에 해당한다(대판 1977. 4. 26, 74다646).

(2) 예금계약의 성립과 시기

예금계약은 예금자가 예금의 의사를 표시하면서 금융기관에 돈을 제공하고 금융기관이 그 의사에 따라 그 돈을 받아 확인을 하면 그로써 성립하며, 금융기관의 직원이 그 받은 돈을 금융기관에 입금하지 아니하고 이를 횡령하였다고 하더라도 예금계약의 성립에는 아무런 소장이 없다(대판 1996. 1. 26, 95다26919).

(3) 예금계약의 당사자

① **종래 판례**: 금융실명제 시행 후 종래 판례는 원칙적으로 예금명의자를 예금주로 보아야 하지만(대판 1998. 6. 12, 97다18455), 출연자와 금융기관 사이에 예금명의인이 아닌 출연자에게 예금반환채권을 귀속시키기로 하는 명시적 또는 묵시적 약정이 있는 경우에는 그 출연자를 예금주로 하는 금융거래계약이 성립된다고 하였다(대판 2005. 6. 24, 2005다17877).

② **변경 판례**: 그러나 최근 변경된 판례는 "일반적으로 예금명의자를 예금계약의 당사자로 보려는 것이라고 해석하는 것이 경험법칙에 합당하고, 이와 같은 예금계약 당사자의 해석에 관한 법리는, 예금명의자 본인이 금융기관에 출석하여 예금계약을 체결한 경우나 예금명의자의 위임에 의하여 자금 출연자 등의 제3자(이하 '출연자 등'이라 한다)가 대리인으로서 예금계약을 체결한 경우 모두 마찬가지로 적용된다고 보아야 한다. 따라서 본인인 예금명의자의 의사에 따라 예금명의자의 실명확인 절차가 이루어지고 예금명의자를 예금주로 하여 예금계약서를 작성하였음에도 불구하고, 예금명의자가 아닌 출연자 등을 예금계약의 당사자라고 볼 수 있으려면, 금융기관과 출연자 등과 사이에서 실명확인 절차를 거쳐 서면으로 이루어진 예금명의자와의 예금계약을 부정하여 예금명의자의 예금반환청구권을 배제하고 출연자 등과 예금계약을 체결하여 출연자 등에게 예금반환청구권을 귀속시키겠다는 명확한 의사의 합치가 있는 극히 예외적인 경우로 제한되어야 한다. 그리고 이러한 의사의 합치는 금융실명거래 및 비밀보장에 관한 법률에 따라 실명확인 절차를 거쳐 작성된 예금계약서 등의 증명력을 번복하기에 충분할 정도의 명확한 증명력을 가진 구체적이고 객관적인 증거에 의하여 매우 엄격하게 인정하여야 한다"고 하였다(대판(전) 2009. 3. 19, 2008다45828).

(4) 공동명의의 예금

은행에 공동명의로 예금을 하고 은행에 대하여 그 권리를 함께 행사하기로 한 경우에 만일 ① 동업자금을 공동명의로 예금한 경우라면 채권의 준합유관계에 있다고 볼 것이나, ② 공동명의 예금채권자들 각자가 분담하여 출연한 돈을 동업 이외의 특정 목적을 위하여 공동명의로 예치해 둠으로써 그 목적이 달성되기 전에는 공동명의 예금채권자가 단독으로 예금을 인출할 수 없도록 방지·감시하고자 하는 목적으로 공동명의로 예금을 개설한 경우라면, 하나의 예금채권이 분량적으로 분할되어 각 공동명의 예금채권자들에게 공동으로 귀속되고, 각 공동명의 예금채권자들이 예금채권에 대하여 갖는 각자의 지분에 대한 관리처분권은 각자에게 귀속된다(대판 2004. 10. 14, 2002다55908).

제12절 조합

01 서설

제703조【조합의 의의】
① 조합은 2인 이상이 상호출자하여 공동사업을 경영할 것을 약정함으로써 그 효력이 생긴다.
② 전항의 출자는 금전 기타 재산 또는 노무로 할 수 있다.
제705조【금전출자지체의 책임】
금전을 출자의 목적으로 한 조합원이 출자시기를 지체한 때에는 연체이자를 지급하는 외에 손해를 배상하여야 한다.

1. 조합계약 · 조합의 의의

조합계약이란 2인 이상이 상호출자하여 공동사업을 경영할 것을 약정함으로써 성립하는 계약을 말한다(제703조). 이와 같은 조합계약에 의해 성립한 단체를 조합이라 한다. 즉 조합은 공동사업을 경영하기 위해 성립한 단체이다.

2. 사단과의 구별

사람의 결합체인 단체에는 사단과 조합의 두 가지가 있다. 그중 사단에서는 사단 자체가 구성원과는 독립하여 존재하고, 독립된 법인격을 가진다. 이에 반해 조합에서는 조합 자체가 구성원(조합원)과는 독립하여 존재하지 못하고, 조합원 모두가 그 주체가 된다. 이에 따라 양자는 (1) 통일적 조직과 기관의 유무, (2) 의사결정방법, (3) 재산의 소유형태 등에서 차이를 보인다.

02 조합계약의 법적 성질

1. 학설

조합계약의 법적 성질에 대해서는 (1) 기본적으로 계약으로 보면서 조합의 공동목적을 위한 제약이 따르는 데 불과하다고 보는 견해와 (2) 합동행위로서의 성질과 함께 계약의 성질을 모두 갖는 특수한 법률행위로 보는 견해가 대립하고 있다.
이러한 논의실익은 조합계약에 계약법의 일반규정을 어느 정도까지 적용할 것인지의 문제와 결부되지만, 순수한 계약설에 따르더라도 2인 이상이 공동사업의 경영 목적하에 결성된 단체라는 특수성을 고려하여 그 적용 여부를 결정하게 되므로 결론에 있어서 큰 차이가 없다.[28]

---

28 조합계약은 조합원 각자가 서로 출자 내지 협력할 채무를 부담한다는 점에서 유상 · 쌍무 · 낙성 · 불요식계약의 성질을 갖는다고 보는 견해가 일반적이다.

2. 계약법의 일반규정의 적용 여부

조합원이 출자를 하는 것은 조합의 결성을 위한 것이고 조합원 상호 간에 급부가 서로 교환되는 관계가 아니라는 특수성에 기하여 일반적으로 다음과 같이 해석한다.

(1) 쌍무계약에 관한 동시이행의 항변권 · 위험부담

쌍무계약에 관한 동시이행의 항변권이나 위험부담은 적용되지 않는다. 따라서 조합원은 다른 조합원이 출자를 하지 않았음을 이유로 자신의 출자의무를 거절할 수 없으며, 또 어느 조합원의 출자가 그에게 책임 없는 사유로 이행할 수 없게 된 때에 다른 조합원의 출자의무도 같이 소멸하는 것으로 볼 것이 아니다.

(2) 계약의 해제 · 해지

계약의 해제 · 해지에 관한 규정도 적용할 것이 아니다. 따라서 조합의 해산청구를 하거나 조합으로부터 탈퇴를 하거나 또는 다른 조합원을 제명할 수 있을 뿐이지, 어느 조합원이 출자의무를 이행하지 않는 경우 조합계약을 해제하고 상대방에게 원상회복의무를 지울 수 없다(대판 1994. 5. 13, 94다7157).

(3) 유상계약에 관한 담보책임

유상계약에 기한 매도인의 담보책임을 적용할 것이 아니라(즉 출자에 하자가 있는 경우 다른 조합원은 조합계약을 해제한다거나 그의 출자액의 감액청구를 할 수 없다), 출자의 재평가를 통해 처리하여야 한다.

03 조합의 성립

1. 계약에 의한 성립

(1) 성립요건

① **당사자**: 그 성립에는 적어도 2인 이상의 당사자가 있어야 한다. 이 요건은 조합의 존속요건이기도 하다.

② **공동사업의 경영**

㉠ 공동으로 할 「사업」의 종류나 성질에는 제한이 없다. 따라서 영리적이든 비영리적이든 불문한다. 또 계속적이든 일시적이든 묻지 않는다.

㉡ 사업은 「공동」의 것이어야 한다. 즉 이익은 조합원 모두에게 분배되어야 한다. 따라서 영리사업을 목적으로 하면서 당사자 중의 일부만이 이익을 분배받고 다른 자는 전혀 이익분배를 받지 않는 경우에는 조합관계(동업관계)라고 할 수 없다(대판 2000. 7. 7, 98다44666).

㉢ 공동으로 사업을 「경영」하여야 한다. 특정한 사업을 공동경영하는 약정에 한하여 이를 조합계약이라고 할 수 있고, 공동의 목적달성이라는 정도만으로는 조합의 성립요건을 갖추지 못한다(대판 2005. 11. 10, 2003다18876).

판례

부동산을 공동으로 매수한 매수인들 사이의 법률관계를 민법상 조합으로 보기 위한 요건 ★★

수인이 부동산을 공동으로 매수한 경우, 매수인들 사이의 법률관계는 공유관계로서 단순한 공동매수인에 불과할 수도 있고, 수인을 조합원으로 하는 동업체에서 매수한 것일 수도 있는데, 부동산의 공동매수인들이 전매차익을 얻으려는 '공동의 목적 달성'을 위하여 상호 협력한 것에 불과하고 이를 넘어 '공동사업을 경영할 목적'이 있었다고 인정되지 않는 경우 이들 사이의 법률관계는 공유관계에 불과할 뿐 민법상 조합관계에 있다고 볼 수 없다. 공동매수의 목적이 전매차익의 획득에 있을 경우 그것이 공동사업을 위하여 동업체에서 매수한 것이 되려면, 적어도 공동매수인들 사이에서 매수한 토지를 공유가 아닌 동업체의 재산으로 귀속시키고 공동매수인 전원의 의사에 기하여 전원의 계산으로 처분한 후 이익을 분배하기로 하는 명시적 또는 묵시적 의사의 합치가 있어야만 하고, 이와 달리 공동매수 후 매수인별로 토지에 관하여 공유에 기한 지분권을 가지고 각자 자유롭게 지분권을 처분하여 대가를 취득할 수 있도록 한 것이라면 이를 동업체에서 매수한 것으로 볼 수는 없다(대판 2012. 8. 30, 2010다39918).[29]

③ **출자**: 모든 당사자가 출자의무를 부담하여야 한다. 당사자 중 일부가 출자의무를 부담하지 않으면 조합이 아니다. 출자의 종류나 성질에는 제한이 없다. 따라서 금전에 한정되지 않고, 재산 또는 노무로도 할 수 있다(제703조 제2항).

판례

조합의 성립요건 – 공동사업경영 및 이익분배 ★★

조합관계가 있다고 하려면 서로 출자하여 공동사업을 경영할 것을 약정하여야 하며, 영리사업을 목적으로 하면서 당사자 중의 일부만이 이익을 분배받고 다른 자는 전혀 이익분배를 받지 않는 경우에는 조합관계라고 할 수 없다(대판 2000. 7. 7, 98다44666).

(2) 조합계약의 하자와 조합관계

조합계약도 법률행위이므로, 법률행위의 무효·취소는 조합계약에도 통용되지만, 조합체로서 이미 활동을 시작한 후에는 조합의 특수성과 거래안전을 보호하기 위해서 무효·취소의 소급효를 제한하는 것으로 해석함이 통설·판례이다(대판 1972. 4. 25, 71다1833).

29 甲, 乙, 丙 등이 전매차익을 얻을 목적으로 각자 매수자금을 출연하고 이에 상응하는 지분을 정하여 乙 명의로 토지를 매수한 다음 乙, 丙과 친인척 관계에 있는 丁 등에게 명의신탁한 사안에서, 각자의 매수지분에 상응하는 대내적 소유지분의 보유를 서로 인정하고 이에 대하여 개별적인 권리행사를 하여 온 점 등에 비추어 볼 때 甲, 乙, 丙 등은 乙 명의로 토지를 공동매수한 후 처분하여 전매차익을 얻으려는 '공동의 목적 달성'을 위하여 상호 협력한 것일 뿐 이를 넘어 '공동사업을 경영할 목적'이 있었다고 할 수 없는데도, 이들 사이의 법률관계를 민법상 조합이라고 본 원심판결에 부동산 공동매수인 상호 간의 법률관계 등에 관한 법리오해의 위법이 있다고 보았다.

2. 법률규정에 의한 성립

광업법에서는 '공동광업출원인은 조합계약을 한 것으로 본다'고 정하고 있고, 이를 공동광업권자에 준용하고 있다(광업법 제19조 제6항, 제34조 제1항).

04 조합의 업무집행

1. 조합의 대내관계 - 협의의 업무집행

제706조【사무집행의 방법】
① 조합계약으로 업무집행자를 정하지 아니한 경우에는 조합원의 3분의 2 이상의 찬성으로써 이를 선임한다.
② 조합의 업무집행은 조합원의 과반수로써 결정한다. 업무집행자가 수인인 때에는 그 과반수로써 결정한다.
③ 조합의 통상사무는 전항의 규정에 불구하고 각 조합원 또는 각 업무집행자가 전행할 수 있다. 그러나 그 사무의 완료 전에 다른 조합원 또는 다른 업무집행자의 이의가 있는 때에는 즉시 중지하여야 한다.

제707조【준용규정】
조합업무를 집행하는 조합원에는 제681조 내지 제688조의 규정(= 수임인의 선관의무 등 위임규정)을 준용한다.

제708조【업무집행자의 사임, 해임】
업무집행자인 조합원은 정당한 사유 없이 사임하지 못하며 다른 조합원의 일치가 아니면 해임하지 못한다.

제710조【조합원의 업무, 재산상태 검사권】
각 조합원은 언제든지 조합의 업무 및 재산상태를 검사할 수 있다.

(1) 업무집행조합원을 정하지 않은 경우

① 원칙적으로 모든 조합원이 업무집행권을 갖는데, 조합원 간에 의견이 일치하지 않는 때에는 조합원의 과반수로써 결정한다(제706조 제2항).
→ 여기의 과반수는 출자액이나 지분이 아닌 조합원 인원수의 과반수를 말한다.

② 다만, 통상사무는 각 조합원이 단독으로 전행할 수 있지만(제706조 제3항 본문), 다른 조합원의 이의가 있으면 즉시 이를 중지하여야 한다(제706조 제3항 단서).

③ 어떤 조합원이 조합원 전원을 위하여 업무를 집행하는 경우에는 위임에 관한 규정을 준용한다(제707조). 그리고 각 조합원은 언제든지 조합의 업무 및 재산상태를 검사할 수 있다(제710조).

(2) 일부의 조합원을 업무집행조합원으로 선임한 경우

① **업무집행조합원의 선임 · 사임 · 해임**: 업무집행자를 정하지 않은 경우에는 조합원의 3분의 2 이상의 찬성으로 업무집행자를 선임할 수 있다(제706조 제1항). 업무집행자인 조합원은 정당한 사유 없이 사임하지 못하며, 다른 조합원의 일치가 아니면 해임하지 못한다(제708조).

판례

조합의 의결정족수를 정한 제706조 '조합원'의 의미(= 인원수) 및 위 규정의 성격(= 임의규정)
민법 제706조에서는 조합원 3분의 2 이상의 찬성으로 조합의 업무집행자를 선임하고 조합원 과반수의 찬성으로 조합의 업무집행방법을 결정하도록 규정하고 있는바, 여기서 말하는 조합원은 조합원의 출자가액이나 지분이 아닌 조합원의 인원수를 뜻한다. 다만, 위와 같은 민법의 규정은 임의규정이므로, 당사자 사이의 약정으로 업무집행자의 선임이나 업무집행방법의 결정을 조합원의 인원수가 아닌 그 출자가액 내지 지분의 비율에 의하도록 하는 등 그 내용을 달리 정할 수 있고, 그와 같은 약정이 있는 경우에는 그 정한 바에 따라 업무집행자를 선임하거나 업무집행방법을 결정하여야만 유효하다(대판 2009. 4. 23, 2008다4247).

② **업무집행의 방법**

㉠ 업무집행자가 수인인 때에는 그 과반수로서 결정한다(제706조 제2항 제2문).

㉡ 다만 통상사무는 각 업무집행자가 단독으로 전행할 수 있지만(제706조 제3항 본문), 다른 업무집행자의 이의가 있으면 즉시 중지하여야 한다(제706조 제3항 단서).

㉢ 업무집행조합에 대해서도 위임에 관한 규정이 준용되며(제707조), 각 조합원은 언제든지 조합의 업무 및 재산상태를 검사할 수 있다(제710조).

판례

제272조와 제706조의 관계
판례는 조합재산의 처분 · 변경에 관한 행위는 다른 특별한 사정이 없는 한 조합의 특별사무에 해당하며, 따라서 업무집행자가 없는 경우에는 원칙적으로 조합원의 과반수로써 결정하고(대판 1998. 3. 13, 95다30345), 업무집행조합원이 수인이 있는 경우에는 업무집행조합원의 과반수로써 결정할 것이라고 한다(대판 2000. 10. 10, 2000다28506). 결국 판례는 업무집행조합원이 정해져 있든 없든 제706조 제2항을 제272조의 특별규정으로서 우선 적용하는 입장이다.

(3) 제3자에게 업무집행을 위임한 경우

이때에는 조합과 그 제3자 사이에 위임계약이 체결될 것이므로 위임의 규정에 의하게 된다.

2. 조합의 대외관계 - 조합대리

제709조【업무집행자의 대리권추정】
조합의 업무를 집행하는 조합원은 그 업무집행의 대리권 있는 것으로 추정한다.

(1) 업무집행자의 대리권추정

① **조합대리**: 조합은 법인격이 없으므로 제3자와의 관계에서는 조합 자체가 아닌 조합원 전원이 당사자가 되어 전원의 이름으로 하여야 한다(이 점에서 사단의 경우 대표자를 통해 대외적으로 행위를 하고 그 대표행위는 곧 사단 자체의 행위로 의제되는 점과 다르다). 따라서 어느 조합원이 한 행위가 조합원 모두에게 그 효과가 생기려면 대리의 방식을 통해야 한다. 이와 같이 조합의 대외활동이 보통 대리의 형식에 의하기 때문에 조합의 대외관계를 '조합대리'라고 한다.

판례

조합대리에서의 현명의 방식 ★★

민법 제114조 제1항은 "대리인이 그 권한 내에서 본인을 위한 것임을 표시한 의사표시는 직접 본인에게 대하여 효력이 생긴다"라고 규정하고 있으므로, 원칙적으로 대리행위는 본인을 위한 것임을 표시하여야 직접 본인에 대하여 효력이 생기는 것이고, 한편 민법상 조합의 경우 법인격이 없어 조합 자체가 본인이 될 수 없으므로, 이른바 조합대리에 있어서는 본인에 해당하는 모든 조합원을 위한 것임을 표시하여야 하나, 반드시 조합원 전원의 성명을 제시할 필요는 없고, 상대방이 알 수 있을 정도로 조합을 표시하는 것으로 충분하다(대판 2009. 1. 30, 2008다79340).

② **업무집행자의 대리권 추정**: 조합의 업무를 집행하는 조합원은 그 업무집행의 대리권이 있는 것으로 추정한다(제709조). 따라서 업무집행자가 정해지지 않은 때에는 각 조합원이, 업무집행자가 정해진 때에는 업무집행자로 된 조합원이 대리권의 추정을 받는다.

판례

업무집행자의 대리권 추정 규정의 성격(= 임의규정)

민법 제709조에 의하면 조합계약으로 업무집행자를 정하였거나 또는 선임한 때에는 그 업무집행조합원은 조합의 목적을 달성하는 데 필요한 범위에서 조합을 위하여 모든 행위를 할 대리권이 있는 것으로 추정되지만, 위 규정은 임의규정이라고 할 것이므로 당사자 사이의 약정에 의하여 조합의 업무집행에 관하여 조합원 전원의 동의를 요하도록 하는 등 그 내용을 달리 정할 수 있고, 그와 같은 약정이 있는 경우에는 조합의 업무집행은 조합원 전원의 동의가 있는 때에만 유효하다 할 것이어서, 조합의 구성원이 위와 같은 약정의 존재를 주장·입증하면 조합의 업무집행자가 조합원을 대리할 권한이 있다는 추정은 깨어지고, 업무집행자와 사이에 법률행위를 한 상대방이 나머지 조합원에게 그 법률행위의 효력을 주장하기 위하여는 그와 같은 약정에 따른 조합원 전원의 동의가 있었다는 점을 주장·입증할 필요가 있다(대판 2002. 1. 25, 99다62838).

(2) 조합의 당사자능력

① **조합의 당사자능력**: 민사소송법 제52조는 법인 아닌 사단이나 재단에 대하여 대표자나 관리인이 있는 경우에 소송의 당사자능력을 인정하고 있다. 그러나 이 규정은 조합에 유추적용 될 수 없으므로, 조합은 당사자능력이 없다(통설·판례).

② **조합의 소송수행 방법**: 그 결과 조합은 조합원 전원이 필수적 공동소송으로 당사자가 되거나, 선정당사자제도(민사소송법 제53조)를 이용할 수밖에 없다. 또한 업무집행조합원이 정해진 경우에는 조합재산에 관하여 조합원으로부터 임의적 소송신탁을 받아 자기 이름으로 소송을 수행할 수 있다는 것이 판례이다(대판 2001. 2. 23, 2000다68924).

05 조합의 재산관계

1. 조합재산

(1) 의의 및 구성

① 조합은 단체성이 약하기는 하지만 공동사업의 경영을 위해 독자적으로 경제활동을 하므로 조합재산을 가지게 된다. 이 조합재산은 조합의 구성원인 조합원의 개인재산과는 독립된 조합 자신의 고유 재산이다.

② 이러한 조합재산은 조합원이 출자한 재산, 조합의 업무집행을 통해 취득한 재산, 조합재산에서 발생한 재산, 조합의 채무(소극적 재산) 등으로 구성된다.

(2) 조합재산의 합유관계

> 제704조【조합재산의 합유】
> 조합원의 출자 기타 조합재산은 조합원의 합유로 한다.

① 그러나 조합은 법인격이 없으므로 조합재산이 조합 자체에 귀속될 수는 없고, 모든 조합원의 '(준)합유관계'로 귀속되므로(제704조, 제271조), 민법 제271조 내지 제274조의 규정이 그대로 적용된다. 따라서 조합관계가 존속하는 동안 개개의 합유물이나 전체 조합재산의 분할을 청구할 수 없다(제273조 제2항, 제274조 제2항). 다만 i) 조합원 전원의 합의, ii) 조합이 해산되고 청산과정에서의 잔여재산의 분배로서 조합재산에 속하는 합유물분할을 청구할 수 있다. 공유물분할의 자유의 원칙과 비교된다.

② 또한 조합원은 조합재산을 구성하는 개개의 합유물에 대한 각 조합원의 지분을 전원의 동의 없이 처분하지 못한다(제273조 제1항).

판례

민법상 조합에서 다른 조합원의 동의 없이 각자 지분을 자유로이 양도할 수 있도록 조합원 상호 간에 약정하거나 사후적으로 지분 양도를 인정하는 합의를 하는 것이 유효한지 여부(적극) ★

2인 이상이 상호 출자하여 공동사업을 경영할 것을 약정함에 따라 성립한 민법상 조합에서 조합원 지분의 양도는 원칙적으로 다른 조합원 전원의 동의가 있어야 하지만, 다른 조합원의 동의 없이 각자 지분을 자유로이 양도할 수 있도록 조합원 상호 간에 약정하거나 사후적으로 지분 양도를 인정하는 합의를 하는 것은 유효하다(대판 2016. 8. 30, 2014다19790).

③ 조합이 소유권 이외의 재산권을 가질 때 조합은 이를 준합유한다(대판 2001. 2. 23, 2000다68924, 제278조). 따라서 조합채권의 추심이나 채권의 처분은 전 조합원이 공동으로 행사하여야 한다(대결 1991. 5. 15, 91마186).

④ 그러므로 조합재산침해로 인한 손해배상청구권은 조합원 전원의 합유에 속하므로 조합원의 한 사람이 그 채권을 직접 청구할 수 없고(대판 1963. 9. 5, 63다330), 2인 조합에서 조합원 1인이 단독으로 한 조합채권양도행위는 무효이다(대판 1990. 2. 27, 88다카1153).

⑶ 조합재산과 개인재산의 구별

> **제714조【지분에 대한 압류의 효력】**
> 조합원의 지분에 대한 압류는 그 조합원의 장래의 이익배당 및 지분의 반환을 받을 권리에 대하여 효력이 있다.
> **제715조【조합채무자의 상계의 금지】**
> 조합의 채무자는 그 채무와 조합원에 대한 채권으로 상계하지 못한다.

① **지분에 대한 압류**: 조합원에 대한 채권자는 조합원의 합유지분에 대하여 압류할 수 있지만, 그 압류는 그 조합원의 장래의 이익배당 및 지분의 반환을 받을 권리에 대하여 효력이 있을 뿐이다(제714조). 즉 조합원 1인에 대한 채권자는 '조합의 채권자'는 아니므로 '조합재산'에 대해 강제집행할 수 없다(대판 2001. 2. 23, 2000다68924).

02

판례

조합재산을 구성하는 개개의 재산에 대한 합유지분에 관하여 압류 기타 강제집행이 가능한지 여부(소극) ★★

민법 제714조는 "조합원의 지분에 대한 압류는 그 조합원의 장래의 이익배당 및 지분의 반환을 받을 권리에 대하여 효력이 있다."고 규정하여 조합원의 지분에 대한 압류를 허용하고 있으나, 여기에서의 조합원의 지분이란 '전체로서의 조합재산'에 대한 조합원 지분을 의미하는 것이고, 이와 달리 조합재산을 구성하는 '개개의 재산'에 대한 합유지분에 대하여는 압류 기타 강제집행의 대상으로 삼을 수 없다 할 것이다(대결 2007. 11. 30, 2005마1130).

② **조합채무자의 상계금지**: 조합의 채무자는 그 채무와 조합원에 대한 채권으로 상계하지 못한다(제715조).

판례

조합채무자가 그 채무를 조합원 중 1인에 대한 개인 채권과 상계할 수 있는지 여부(소극) ★★

조합에 대한 채무자는 그 채무와 조합원에 대한 채권으로 상계할 수는 없는 것이므로(민법 제715조), 조합으로부터 부동산을 매수하여 잔대금 채무를 지고 있는 자가 조합원 중의 1인에 대하여 개인 채권을 가지고 있다고 하더라도 그 채권과 조합과의 매매계약으로 인한 잔대금 채무를 서로 대등액에서 상계할 수는 없다(대판 1998. 3. 13, 97다6919).

2인 조합에서 1인 탈퇴시 조합채권자가 잔존 조합원에게 채무전부의 이행을 청구할 수 있는지 여부(적극) ★★

조합채무는 조합원들이 조합재산에 의하여 합유적으로 부담하는 채무이고, 두 사람으로 이루어진 조합관계에 있어 그중 1인이 탈퇴하면 탈퇴자와의 사이에 조합관계는 종료된다 할 것이나 특별한 사정이 없는 한 조합은 해산되지 아니하고, 조합원들의 합유에 속한 조합재산은 남은 조합원에게 귀속하게 되므로, 이 경우 조합채권자는 잔존 조합원에게 여전히 그 조합채무 전부에 대한 이행을 청구할 수 있다(대판 1999. 5. 11, 99다1284).

(4) 조합채무에 대한 책임

① **의의**: 조합의 채무는 조합원 개인의 채무와 구별되어 모든 조합원에게 합유적으로 귀속(분할채무가 아니다)되므로, 원칙적으로는 조합채무에 대해서 조합재산이 책임재산이 된다. 그러나 조합은 권리능력이 없으므로 조합 스스로 채무의 주체가 되지 못하고, 결국 각 조합원 모두가 채무자가 된다. 따라서 조합의 채권자는 조합재산에 대해서도 집행할 수 있지만 조합원 각자의 개인재산에 대해서도 집행이 가능하다. 즉 「조합재산에 의한 조합원 모두의 공동책임」과 「각 조합원의 개인재산에 의한 개별책임」이 병존한다. 이 두 책임은 어느 하나가 우선하는 것이 아니라 상호 병존적이므로, 조합 채권자는 처음부터 각 조합원에게 청구할 수도 있다.

② **조합재산에 의한 공동책임**: 조합의 채권자는 조합원 모두를 상대로 하여 채권액 전부에 관한 이행의 소를 제기하고, 그 판결에 기해 조합재산에 대해 강제집행을 할 수 있다.

판례

민법상 조합에서 조합재산에 대한 강제집행의 보전을 위한 가압류의 경우, 조합원 중 1인만을 가압류채무자로 한 가압류명령으로써 조합재산에 가압류집행을 할 수 있는지 여부(소극)

민법상 조합에서 조합의 채권자가 조합재산에 대하여 강제집행을 하려면 조합원 전원에 대한 집행권원을 필요로 하고(즉 조합의 채권자는 조합원 '전원'을 상대로 하여 채권액 전액에 관한 이행의 소를 제기하고, 그 판결에 기하여 '조합재산에 대하여 집행할 수 있다), 조합재산에 대한 강제집행의 보전을 위한 가압류의 경우에도 마찬가지로 조합원 전원에 대한 가압류명령이 있어야 하므로, 조합원 중 1인만을 가압류채무자로 한 가압류명령으로써 조합재산에 가압류집행을 할 수는 없다(대판 2015. 10. 2, 2012다21560).

조합원 중 1인이 조합채무를 면책시킨 경우, 다른 조합원에 대하여 민법 제425조 제1항에 따라 구상권을 행사할 수 있는지 여부(적극) ★

민법 제425조 제1항은 "어느 연대채무자가 변제 기타 자기의 출재로 공동면책이 된 때에는 다른 연대채무자의 부담부분에 대하여 구상권을 행사할 수 있다."라고 정하고 있다. 조합채무는 모든 조합원에게 합유적으로 귀속되므로, 조합원 중 1인이 조합채무를 면책시킨 경우 그 조합원은 다른 조합원에 대하여 민법 제425조 제1항에 따라 구상권을 행사할 수 있다. 이러한 구상권은 조합의 해산이나 청산 시에 손실을 부담하는 것과 별개의 문제이므로 반드시 잔여재산분배 절차에서 행사해야 하는 것은 아니다(대판 2022. 5. 26, 2022다211416).

---

③ **조합원의 개인재산에 의한 책임**

> **제712조【조합원에 대한 채권자의 권리행사】**
> 조합채권자는 그 채권발생당시에 조합원의 손실부담의 비율을 알지 못한 때에는 각 조합원에게 균분하여 그 권리를 행사할 수 있다.
> **제713조【무자력조합원의 채무와 타 조합원의 변제책임】**
> 조합원 중에 변제할 자력 없는 자가 있는 때에는 그 변제할 수 없는 부분은 다른 조합원이 균분하여 변제할 책임이 있다.

㉠ **분할채무의 원칙**: '각 조합원'은 조합채무에 관하여 분할채무를 부담한다. 즉 손실부담의 비율이 미리 조합계약에서 정해져 있었으면 그에 따라서 채무를 부담하고, 그 비율이 정해지지 않은 때에는 균분한 비율로 채무를 부담한다(제408조).

㉡ **조합 채권자의 보호**: 손실부담 비율 특약이 있었더라도 그 손실부담비율을 알지 못한 경우에는 각 조합원에게 균등한 비율로 변제할 것을 청구할 수 있다(제712조). 또한 무자력의 조합원이 있는 경우에는 그 부분에 대하여 다른 조합원들이 균분하여 변제할 책임을 진다(제713조).

㉢ **집행권원**: 조합채권자는 ① 조합원 각자를 상대로 이행의 소를 제기하고 그 집행권원을 얻어 조합원 각자의 개인재산에 대해 강제집행을 하여야 하나(대판 1991. 11. 22, 91다30705), ② 조합원 전원에 대한 집행권원을 가지고 각 조합원이 부담하는 책임액을 증명하여 조합원 각자의 개인재산에 대해 집행할 수도 있다는 것이 통설이다.

2. 손익분배

제711조【손익분배의 비율】

① 당사자가 손익분배의 비율을 정하지 아니한 때에는 각 조합원의 출자가액에 비례하여 이를 정한다.

→ 손실은 일부의 조합원에게만 귀속되어도 되나, 이익분배는 조합의 필수적 요소이므로 조합원 전원에게 분배되어야 한다.

② 이익 또는 손실에 대하여 분배의 비율을 정한 때에는 그 비율은 이익과 손실에 공통된 것으로 추정한다.

(1) 손익비율은 당사자들이 자유로이 정할 수 있으나, 당사자가 손익분배의 비율을 정하지 아니한 때에는 각 조합원의 출자가액에 비례하여 이를 정한다. 또한 이익 또는 손실에 대하여 분배의 비율을 정한 때에는 그 비율은 이익과 손실에 공통된 것으로 추정한다(제711조).

(2) 손실은 일부 조합원만이 부담한다는 약정도 유효하지만, 이익의 분배는 조합의 필수적 요소이므로 조합원 전원에게 분배되어야 한다. 따라서 일부 조합원에게는 이익분배를 하지 않기로 한 경우 그 동업계약은 조합계약이 아니다.

06 조합원의 변동

1. 조합원의 탈퇴

제716조【임의탈퇴】
① 조합계약으로 조합의 존속기간을 정하지 아니하거나 조합원의 종신까지 존속할 것을 정한 때에는 각 조합원은 언제든지 탈퇴할 수 있다. 그러나 부득이한 사유 없이 조합의 불리한 시기에 탈퇴하지 못한다.
② 조합의 존속기간을 정한 때에도 조합원은 부득이한 사유가 있으면 탈퇴할 수 있다.
제717조【비임의탈퇴】
전조의 경우 외에 조합원은 다음 각호의 사유로 인하여 탈퇴된다.
1. 사망
2. 파산
3. 성년후견의 개시
4. 제명
제718조【제명】
① 조합원의 제명은 정당한 사유 있는 때에 한하여 다른 조합원의 일치로써 이를 결정한다.
② 전항의 제명결정은 제명된 조합원에게 통지하지 아니하면 그 조합원에게 대항하지 못한다.
제719조【탈퇴조합원의 지분의 계산】
① 탈퇴한 조합원과 다른 조합원간의 계산은 탈퇴당시의 조합재산상태에 의하여 한다.
② 탈퇴한 조합원의 지분은 그 출자의 종류여하에 불구하고 금전으로 반환할 수 있다.
③ 탈퇴당시에 완결되지 아니한 사항에 대하여는 완결 후에 계산할 수 있다.

(1) 임의탈퇴

① 조합의 존속기간을 정하지 아니하거나 조합원의 종신까지 존속할 것을 정한 때에는 각 조합원은 언제든지 탈퇴할 수 있다(제716조 제1항 본문). 다만 부득이한 사유 없이는 조합에 불리한 시기에 탈퇴하지 못한다(제716조 제1항 단서).

② 조합의 존속기간을 정한 때에도 조합원은 부득이한 사유가 있는 때에는 탈퇴할 수 있다(제716조 제2항).

(2) 비임의탈퇴

조합원은 사망, 파산, 성년후견의 개시, 제명에 의하여 조합에서 자동적으로 탈퇴된다(제717조).

(3) 탈퇴의 효과

① 탈퇴 조합원은 탈퇴에 의하여 조합원으로서의 지위를 상실한다. 그러나 조합 자체는 그대로 존속하며, 조합은 탈퇴 조합원과의 사이에 재산관계를 계산하여야 한다. 탈퇴한 조합원과 다른 조합원 사이의 지분의 계산(지분을 계산하여 환급하는 방법)은 탈퇴 당시의 조합재산 상태에 의하여 한다(제719조 제1항).

② 조합에 있어서 조합원의 1인이 사망한 때에는 민법 제717조에 의하여 그 조합관계로부터 당연히 탈퇴하고 특히 조합계약에서 사망한 조합원의 지위를 그 상속인이 승계하기로 약정한 바 없다면 사망한 조합원의 지위는 상속인에게 승계되지 아니한다(대판 1987. 6. 23, 86다카2951).

→ 상속을 인정하는 특약은 유효하다.

판례

2인 조합에 있어 조합원 1인의 탈퇴시 조합재산 관계

2인으로 된 조합관계에 있어 그중 1인이 탈퇴하면 조합관계는 종료되나 특별한 사정이 없는 한 조합은 해산되지 아니하고 따라서 청산이 뒤따르지 아니하며, 다만 조합원의 합유에 속한 조합재산은 남은 조합원의 단독소유에 속하여 탈퇴자와 남은 자 사이에는 탈퇴로 인한 계산을 하는데 불과하다(대판 1972. 12. 12, 72다1651).

조합계약 당사자 사이에 조합계약을 해제하고 그로 인한 원상회복을 주장할 수 있는지 여부

동업계약과 같은 조합계약에 있어서는 조합의 해산청구를 하거나 조합으로부터 탈퇴를 하거나 또는 다른 조합원을 제명할 수 있을 뿐이지 일반계약에 있어서처럼 조합계약을 해제하고 상대방에게 그로 인한 원상회복의 의무를 부담지울 수는 없다(대판 1994. 5. 13, 94다7157).

2. 조합원의 가입

조합원의 가입에 관해 규정은 없지만, 조합원 전원과의 가입계약에 의하여 가입할 수 있다고 한다(통설).

3. 조합원 지위의 양도

조합계약에서 조합원 지위의 양도를 인정하고 있거나, 조합원 전원의 동의가 있는 경우에는 조합원의 지위를 양도할 수 있다(통설).

판례

조합지분의 양도로 조합원 지위가 상실하는 시기(= 양도양수 약정 시)

조합원은 다른 조합원 전원의 동의가 있으면 그 지분을 처분할 수 있으나 조합의 목적과 단체성에 비추어 조합원으로서의 자격과 분리하여 그 지분권만을 처분할 수는 없으므로, 조합원이 지분을 양도하면 그로써 조합원의 지위를 상실하게 되며, 이와 같은 조합원 지위의 변동은 조합지분의 양도양수에 관한 약정으로써 바로 효력이 생긴다(대판 2009. 3. 12, 2006다28454).

07 조합의 해산과 청산

1. 개관

(1) 조합의 소멸은 그 적극적 활동을 중지하고 청산단계로 넘어가는 '해산절차'와 조합의 재산관계를 정리하는 '청산절차'로 이루어진다.

(2) 민법의 조합의 해산사유와 청산에 관한 규정은 법인에서와 달리 강행규정이 아니므로 당사자가 민법의 조합의 해산사유와 청산에 관한 규정과 다른 내용의 특약을 한 경우, 그 특약은 유효하다(대판 1985. 2. 26, 84다카1921).

2. 해산

제720조【부득이한 사유로 인한 해산청구】
부득이한 사유가 있는 때에는 각 조합원은 조합의 해산을 청구할 수 있다.

(1) 조합의 목적달성 또는 그 목적 달성의 불가능, 존속기간의 만료, 기타 조합계약에서 정한 해산사유가 발생한 때, 조합원 전원의 합의가 있을 때에는 조합원의 해산청구가 없어도 조합은 해산되어 조합관계는 종료한다.

(2) 조합을 존속시킬 수 없는 부득이한 사유가 있는 때에는 각 조합원은 조합의 해산을 청구할 수 있다(제720조).

판례

조합원 사이의 반목·불화로 인한 대립으로 신뢰관계가 파괴되어 조합의 원만한 공동운영을 기대할 수 없게 된 경우가 조합의 해산사유에 관한 민법 제720조 소정의 부득이한 사유에 해당되는지 여부(적극) 및 그 경우 유책당사자에게도 조합의 해산청구권이 있는지 여부(적극) ★
민법 제720조에 규정된 조합의 해산사유인 부득이한 사유에는 경제계의 사정변경이나 조합의 재산상태의 악화 또는 영업부진 등으로 조합의 목적달성이 현저히 곤란하게 되는 객관적 사정이 있는 경우 외에, 조합원 사이의 반목·불화로 인한 대립으로 신뢰관계가 파괴되어 조합의 원만한 공동운영을 기대할 수 없게 된 경우도 포함되며, 위와 같이 공동사업의 계속이 현저히 곤란하게 된 이상 신뢰관계의 파괴에 책임이 있는 당사자라고 하여도 조합의 해산청구권이 있다고 보아야 한다(대판 1993. 2. 9, 92다21098).

3. 청산

(1) 청산인

제721조【청산인】
① 조합이 해산한 때에는 청산은 총조합원 공동으로 또는 그들이 선임한 자가 그 사무를 집행한다.
② 전항의 청산인의 선임은 조합원의 과반수로써 결정한다.
제722조【청산인의 업무집행방법】
청산인이 수인인 때에는 제706조 제2항 후단의 규정(= 과반수에 의한 결정)을 준용한다.
제723조【조합원인 청산인의 사임, 해임】
조합원 중에서 청산인을 정한 때에는 제708조의 규정(= 업무집행조합원의 사임 · 해임제한)을 준용한다.

① 청산이란 해산된 조합의 재산관계를 정리하는 것을 말한다. 청산이 완료되는 때에 조합은 소멸한다.
② 원칙적으로 모든 조합원이 청산인이 되나, 조합원의 과반수로 청산인을 선임할 수 있다(제721조).
③ 청산인이 수인인 때에는 청산사무의 집행은 그 과반수로써 결정한다(제722조).
④ 청산인은 조합원 중에서 선임하여야 하는 것은 아니지만, 조합원 중에서 청산인을 정한 때에는 그 청산인은 정당한 사유 없이 사임하지 못하며 다른 조합원의 일치가 아니면 해임하지 못한다(제723조).

(2) 청산인의 직무 및 권한

제724조【청산인의 직무, 권한과 잔여재산의 분배】
① 청산인의 직무 및 권한에 관하여는 제87조의 규정(= 법인의 청산인의 직무범위)을 준용한다.
② 잔여재산은 각 조합원의 출자가액에 비례하여 이를 분배한다.

청산인의 직무 및 권한에 관하여는 제87조의 규정(= 법인의 청산인의 직무범위)을 준용하므로, 채권의 추심 및 채무의 변제 · 잔여재산의 분배, 하자보수채무 등 직무수행을 위해 필요한 모든 행위를 할 수 있고, 잔여재산은 각 조합원의 출자가액에 비례하여 이를 분배한다(제724조).

제13절 종신정기금

01 의의 및 성질

> **제725조【종신정기금계약의 의의】**
> 종신정기금계약은 당사자 일방이 자기, 상대방 또는 제3자의 종신까지 정기로 금전 기타의 물건을 상대방 또는 제3자에게 지급할 것을 약정함으로써 그 효력이 생긴다.

1. 당사자 일방(종신정기금 채무자)이 자기나 상대방 또는 제3자의 종신까지 정기로 금전 기타의 물건을 지급하기로 약정하는 계약을 말한다(제725조). 오늘날 보험제도의 발달로 민법상 종신정기금은 거의 이용되지 않는다.

2. 종신정기금은 낙성, 불요식계약이다. 대가의 유무에 따라 유상 · 쌍무계약(예 매매에 기초한 매매대금의 종신정기금) 또는 무상 · 편무계약(예 증여에 기초한 종신정기금)이 된다. 종신정기금계약을 발생케 하는 원인행위가 있다는 점에서 유인행위이다. 계속적 채권관계에 해당한다.

02 종신정기금의 성립

1. 의사의 합치

당사자의 합의로 성립한다. 다만, 유증에 의한 종신정기금도 성립할 수 있으며, 종신정기금계약에 관한 규정은 유증에 의한 종신정기금채권에 준용한다(제730조).

> **제730조【유증에 의한 종신정기금】**
> 본절의 규정은 유증에 의한 종신정기금채권에 준용한다.

2. 원인행위의 존재

종신정기금계약을 발생시키는 원인행위가 있어야 한다. 원인행위는 증여일 수도 있고, 매매나 소비대차일 수도 있다. 원인행위에 관해서는 증여 · 매매 · 소비대차 등에 관한 규정이 적용되며, 원인행위의 무효나 취소는 종신정기금계약의 효력에도 영향을 미친다.

3. 금전 기타 대체물의 종신까지 회기적인 급부일 것

4. 반대급부는 있어도 되고 없어도 무방하다.

03 종신정기금의 효력

1. 정기금채권

1개의 포괄적 채권인 기본적 정기금채권이 발생하고, 이에 기해 각 변제기마다 지분적 정기금채권이 발생한다. 정기금채권이 급부의 기준으로 되어 있는 기간의 도중에 소멸하면, 종신정기금은 일수로 계산한다(제726조).

제726조【종신정기금의 계산】
종신정기금은 일수로 계산한다.

2. 종신정기금계약의 해제

(1) 채무불이행

정기금채무자가 채무를 이행하지 않으면 채무불이행의 일반원칙에 따라 채권자는 계약을 해제하거나 손해배상을 청구할 수 있다.

(2) 원본이 제공된 경우의 특칙

제727조【종신정기금계약의 해제】
① 정기금채무자가 정기금채무의 원본을 받은 경우에 그 정기금채무의 지급을 해태하거나 기타 의무를 이행하지 아니한 때에는 정기금채권자는 원본의 반환을 청구할 수 있다. 그러나 이미 지급을 받은 채무액에서 그 원본의 이자를 공제한 잔액을 정기금채무자에게 반환하여야 한다.
② 전항의 규정은 손해배상의 청구에 영향을 미치지 아니한다.
제728조【해제와 동시이행】 제536조의 규정은 전조의 경우에 준용한다.

3. 특정인 사망의 효과

(1) 원칙적으로 종신정기금계약은 특정인의 사망으로 소멸한다.

(2) 채무자 귀책사유로 인한 사망과 채권존속선고

제729조【채무자귀책사유로 인한 사망과 채권존속선고】
① 사망이 정기금채무자의 책임 있는 사유로 인한 때에는 법원은 정기금채권자 또는 그 상속인의 청구에 의하여 상당한 기간 채권의 존속을 선고할 수 있다.
② 전항의 경우에도 제727조의 권리를 행사할 수 있다.

제14절 화해

01 의의 및 성질

> **제731조【화해의 의의】**
> 화해는 당사자가 상호양보하여 당사자 간의 분쟁을 종지할 것을 약정함으로써 그 효력이 생긴다.

1. 화해는 당사자가 서로 양보하여 그들 사이의 분쟁을 종지할 것을 약정함으로써 성립하는 계약이다(제731조).

2. 낙성·불요식계약이다. 또한 통설적 견해는 당사자가 서로 대가적으로 양보하여 상호간에 손실을 입는 점에서 유상·쌍무계약으로 파악한다.

3. 화해계약은 재판 외에서 이루어진다는 점에서 법원의 관여하에 이루어지는 재판상 화해(소송상 화해와 제소 전 화해)와 구별된다.

02 성립요건

화해가 성립하려면 ① 당사자 사이에 분쟁이 있어야 하고, ② 당사자가 서로 양보하여, ③ 분쟁을 끝내려는 합의가 있어야 한다.

1. 당사자 사이에 분쟁의 존재

분쟁이란 법률관계의 존부·범위·모습 등에 관하여 '당사자의 주장이 일치하지 않는 것'이라고 보는 견해가 통설이다. 분쟁의 종류에는 제한이 없다.

2. 당사자의 상호양보

상호양보란 당사자 쌍방이 서로 상대방의 주장을 부분적으로 승인하고 자기주장을 부분적으로 포기하는 것을 말한다. 어느 일방만이 양보하는 것은 화해가 아니라 권리의 승인이나 포기가 된다.

3. 분쟁의 종지에 대한 합의와 처분권한

나중에 사실과 다르다는 것이 드러나도 구속된다는 뜻의 합의가 있어야 한다. 화해는 처분행위이므로 이 합의가 유효하려면 당사자는 처분권한을 가지고 있어야 한다. 따라서 당사자가 임의로 처분할 수 없는 법률관계, 즉 일정한 친족관계의 존부에 관하여는 화해를 하여도 효력이 없다.

03 화해의 효력

1. 계약 일반의 효력

당사자는 화해계약에서 정해진 내용을 이행할 의무를 진다. 한편 화해계약도 법률행위이므로 법률행위 및 계약 일반의 법리가 통용된다. 즉 법률행위의 무효(제103조, 제104조), 취소(제5조, 제110조)에 관한 규정과 계약의 해제에 관한 규정이 적용된다. 다만 착오취소는 문제이다.

2. 법률관계의 확정적 효력

분쟁의 대상이 되었던 법률관계는 화해계약에서 합의한 대로 확정된다. 그러나 확정되는 것은 분쟁의 대상이 되어 합의한 사항에 한하며, 당사자가 다투지 않았던 사항이나 화해의 전제로서 서로 양해하고 있었던 사항은 그렇지 않다.

3. 화해의 창설적 효력

> **제732조【화해의 창설적 효력】**
> 화해계약은 당사자 일방이 양보한 권리가 소멸되고 상대방이 화해로 인하여 그 권리를 취득하는 효력이 있다.

화해에 의하여 법률관계를 확정하는 것은 창설적이다(제732조). 즉 종래의 법률관계가 어떠했는가를 묻지 않고 화해에 의하여 새로운 권리의 취득·상실이 발생한다. 다만, 이 규정은 임의규정이므로 당사자가 다른 특약을 하면 그 특약은 유효하다.

4. 착오를 이유로 한 화해계약의 취소

> **제733조【화해의 효력과 착오】**
> 화해계약은 착오를 이유로 하여 취소하지 못한다. 그러나 화해 당사자의 자격 또는 화해의 목적인 분쟁 이외의 사항에 착오가 있는 때에는 그러하지 아니하다.

(1) 착오취소의 제한

① 화해계약에 관하여도 의사표시의 무효·취소에 관한 일반규정이 적용되나, 화해의 본질상 착오를 이유로는 취소하지는 못한다(제733조 본문). 다만, ㉠ 당사자의 자격 또는 ㉡ 화해의 목적인 분쟁 이외의 사항에 착오가 있는 경우에는 취소할 수 있다(제733조 단서).

② 화해가 사기나 강박에 의한 경우에는 제733조의 제한을 받지 않고, 제110조에 따라 취소할 수 있다(대판 2008. 9. 11, 2008다15278).

판례

화해계약의 창설적 효력과 착오취소의 제한 ★

화해계약이 성립되면 특별한 사정이 없는 한 그 창설적 효력에 의하여 종전의 법률관계를 바탕으로 한 권리의무관계는 말소되는 것으로서 계약당사자 간에는 종전의 법률관계가 어떠하였느냐를 묻지 않고 화해계약에 의하여 새로운 법률관계가 생기는 것이고, 화해계약의 의사표시에 착오가 있더라도 이것이 당사자의 자격이나 화해의 목적인 분쟁 이외의 사항에 관한 것이 아니고 분쟁의 대상인 법률관계 자체에 관한 것인 때에는 이를 취소할 수 없다(대판 1989. 9. 12, 88다카10050).

(2) 분쟁 이외의 사항

'화해의 목적인 분쟁 이외의 사항'이라 함은 분쟁의 대상이 아니라 분쟁의 전제 또는 기초가 된 사항으로서, 쌍방 당사자가 예정한 것이어서 상호 양보의 내용으로 되지 않고 다툼이 없는 사실로 양해된 사항을 말한다(대판 1997. 4. 11, 95다48414).

판례

화해계약의 창설적 효력 및 민법상 화해계약에 있어서 착오를 이유로 취소할 수 있는 '화해의 목적인 분쟁 이외의 사항'의 의미 ★

① 화해계약은 당사자가 상호 양보하여 당사자 간의 분쟁을 종지할 것을 약정하는 것으로(민법 제731조), 당사자 일방이 양보한 권리가 소멸되고 상대방이 화해로 인하여 그 권리를 취득하는 효력이 있다(민법 제732조). 즉, 화해계약이 성립되면 특별한 사정이 없는 한 그 창설적 효력에 따라 종전의 법률관계를 바탕으로 한 권리의무관계는 소멸하고, 계약 당사자 사이에 종전의 법률관계가 어떠하였는지를 묻지 않고 화해계약에 따라 새로운 법률관계가 생긴다. ② 민법상의 화해계약을 체결한 경우 당사자는 착오를 이유로 취소하지 못하고 다만 화해 당사자의 자격 또는 화해의 목적인 분쟁 이외의 사항에 착오가 있는 때에 한하여 이를 취소할 수 있다(민법 제733조). '화해의 목적인 분쟁 이외의 사항'이라 함은 분쟁의 대상이 아니라 분쟁의 전제 또는 기초가 된 사항으로서, 쌍방 당사자가 예정한 것이어서 상호 양보의 내용으로 되지 않고 다툼이 없는 사실로 양해된 사항을 말한다(대판 2020. 10. 15, 2020다227523).

04 불법행위로 인한 손해배상액의 합의와 후발손해

1. 손해배상액 합의의 성질

교통사고와 같은 불법행위가 발생한 경우 가해자와 피해자간에 일정금액을 손해배상액으로 정하는 합의의 법적 성질은 보통 당사자가 손해배상액에 다툼이 있고 이를 서로 양보하여 행해지는 경우 민법상의 화해계약이라 할 수 있다.[30]

[30] 또는 그것과 비슷한 무명계약이라고 할 수 있는 경우도 있겠으나, 이 경우 화해규정을 유추적용하게 되므로 그 법적 성질을 어떻게 보느냐는 실질적인 논의실익이 없다.

2. 후발손해의 청구 인정 여부

배상액의 합의가 화해에 해당하는 경우, 그 후 합의 당시에 당사자가 예상치 못한 후발손해가 발생하더라도 피해자는 따로 그 배상청구를 할 수 없는 것이 원칙이다. 그러나 학설 · 판례는 후발손해에 대해 별도로 청구할 수 있다는 입장이고, 다만 그 이론적 근거에 대한 차이가 있을 뿐이다.

판례는 ① 합의서의 권리포기 문구가 '단순한 예문'에 불과하여 당사자를 구속하지 않는다고 한 경우(대판 1999. 3. 23, 98다64301), ② 권리포기에 관한 합의의 성립을 부정한 경우(대판 1977. 9. 28, 77다1071), ③ 착오를 이유로 취소를 인정한 경우(대판 1981. 4. 14, 80다2452)도 있다. ④ 현재의 주류적 판례는 화해의 '의사표시 해석'의 문제로 접근하여, 일정한 요건하에 화해당시 예상하지 못했던 손해배상청구권까지 포기하는 의사표시로 해석하지 않는다. 즉 "불법행위로 인한 손해배상에 관하여 가해자와 피해자 사이에 피해자가 일정한 금액을 지급받고 그 나머지 청구를 포기하기로 합의가 이루어진 때에는 그 후 그 이상의 손해가 발생하였다 하여 다시 그 배상을 청구할 수 없는 것이지만, 그 합의가 손해의 범위를 정확히 확인하기 어려운 상황에서 이루어진 것이고, 후발손해가 합의 당시의 사정으로 보아 예상이 불가능한 것으로서, 당사자가 후발손해를 예상하였더라면 사회통념상 그 합의금액으로는 화해하지 않았을 것이라고 보는 것이 상당할 만큼 그 손해가 중대한 것일 때에는 당사자의 의사가 이러한 손해에 대해서까지 그 배상청구권을 포기한 것이라고 볼 수 없으므로 다시 그 배상을 청구할 수 있다고 보아야 한다"고 하였다(한정해석설 ; 대판 2008. 7. 10, 2008다21518 등).

행정사
백운정 민법(계약)

부록

기출문제 모범답안
관련 법령

2013년 제1회 행정사 2차 기출문제

민법(계약) 모범답안

| 문제 1 | 甲은 자신이 소유하는 X부동산을 乙에게 팔면서, 乙의 편의를 위하여 매매대금을 지급받지도 않은 상태에서 X부동산의 소유권등기를 乙에게 이전하였다. 그럼에도 불구하고 乙이 약속한 날짜에 매매대금을 지급하지 않자, 甲은 수 차례에 걸쳐 상당한 기간을 정하여 乙에게 대금지급을 촉구하였으나 여전히 乙은 甲에게 대금을 지급하지 않고 있다. 이에 甲이 乙과의 매매계약을 해제한다는 통지를 한 경우, 그 '효과'에 관하여 논술하시오. (40점)

모범답안

Ⅰ 논점의 정리

1. 매도인 甲의 해제가 적법한지와 관련하여, 이행지체로 인한 해제권 발생요건을 검토한다.
2. 甲의 해제가 적법한 경우, 해제의 효과로서 원상회복청구권, 손해배상청구권, 동시이행의 관계 등에 대하여 살펴본다.

Ⅱ 이행지체로 인한 해제의 요건

당사자 일방이 채무를 이행하지 아니하는 때에는 상대방은 상당한 기간을 정하여 그 이행을 최고하고 그 기간 내에 이행하지 아니한 때에는 계약을 해제할 수 있다(제544조).

1. 이행지체가 있을 것(→ 이, 가, 귀, 위)

(1) 채무자의 귀책사유에 의한 이행지체가 성립하여야 한다. 즉, ① 이행기가 도래하고, ② 이행이 가능함에도, ③ 채무자의 귀책사유에 의하여 지체하고, ④ 그 지체가 위법해야 한다.

(2) 동시이행관계의 경우에는 채권자가 자신의 반대급부를 제공하여(제460조 변제제공), 상대방의 동시이행항변권을 상실시켜야 이행지체가 되어 해제할 수 있다(동시이행항변권의 이행지체 저지효, 대판 1987. 1. 20, 85다카2197).

2. 상당한 기간을 정하여 최고할 것(→ 최, 미, 정)

채권자가 상당한 기간을 정하여 최고하여야 한다(제544조 본문).

3. 최고기간 내에 이행이 없을 것

Ⅲ 해제의 효과(→ 소, 원, 배, 동)

1. 계약의 소급적 소멸

계약은 소급하여 무효로 되므로 채권 · 채무는 소멸한다. 계약을 위반한 당사자도 계약의 소멸을 들어 그 이행을 거절할 수 있다(대판 2001. 6. 29, 2001다21441, 21458).

(1) 물권의 당연복귀

① 직접적 효과: 해제의 효과에 대하여는 ㉠ 계약은 처음부터 존재하지 않았던 것으로 된다는 「직접효과설」과 ㉡ 계약관계가 청산관계로 변경될 뿐이라는 「청산관계설」로 견해가 대립한다.
전자가 통설 · 판례이다.

② 물권적 효과: 채권계약이 해제되면 물권행위도 소급하여 무효가 되므로 물권은 말소등기 없이도 당연히 복귀한다(유인론). 따라서 회복자의 원상회복청구권은 소유권에 기한 물권적 청구권의 성질을 가진다.

(2) **제3자의 보호**

계약을 해제한 때에도 제3자의 권리를 해하지 못한다(제548조 제1항 단서).

① 제3자의 요건

㉠ 「해제 전에」 해제된 계약을 기초로 새로이 이해관계를 맺은 자로서, 등기·인도 등의 완전한 권리를 취득한 자이어야 한다(대판 2005. 1. 14, 2003다33004).

㉡ 해제된 계약의 목적물을 가압류한 자는 여기에 해당하지만(대판 2000. 1. 14, 99다40937), 해제된 계약상 채권을 압류한 자는 여기에 해당하지 않는다(대판 2000. 4. 11, 99다51685).

② 제3자 범위의 확장: 제548조 제1항 단서의 제3자는 「해제의 의사표시가 있기 전」에 이해관계를 가진 자를 의미하지만, 통설·판례는 「해제의 의사표시가 있은 후」 그 「말소등기가 있기 이전에」 이해관계를 갖게 된 「선의의」 제3자도 포함하는 것으로 확대해석한다(대판 2005. 6. 9, 2005다6341).

2. 원상회복의무

각 당사자는 상대방에 대하여 원상회복의무가 있다(제548조 제1항 본문). 이 경우 반환할 금전에는 이자를 가산하여야 한다(제2항).

3. 손해배상의무

(1) 계약의 해제는 손해배상의 청구에 영향을 미치지 않으므로(제551조), 채무불이행에 따른 손해배상을 청구할 수 있다.

(2) 손해배상의 범위는 이행이익의 배상이 원칙이나, 그에 갈음한 신뢰이익의 배상도 긍정한다. 다만 과잉배상금지의 원칙상 이행이익의 범위를 초과할 수 없다(대판 2002. 6. 11, 2002다2539).

4. 동시이행관계

계약해제로 부담하는 당사자 쌍방의 원상회복의무(손해배상의무를 포함하여)는 동시이행의 관계에 있다(제549조).

Ⅳ 사안의 해결

1. 甲은 매도인으로서의 소유권이전의무를 먼저 이행했으므로, 乙은 동시이행의 항변권을 가지지 못한다. 그럼에도 약속한 대금기일을 넘겼으므로 이행지체가 성립한다.

2. 甲은 수 차례에 걸쳐 상당한 기간을 정하여 최고하였으므로 해제권이 발생하였다. 따라서 甲의 해제의 의사표시는 적법하다.

3. 甲의 해제로 인하여, 乙은 ① 원상회복의무로서 소유권이전등기를 말소할 의무와, ② 손해배상책임을 진다.

| 문제 2 | 수급인이 재료의 전부를 조달하여 '완성한 물건의 소유권 귀속'에 관하여 약술하시오. (20점)

모범답안

Ⅰ 문제점

수급인은 계약의 내용에 좇아 일을 완성할 의무를 진다(제664조). '일'의 내용이 물건에 관한 것이면 수급인은 완성물의 인도까지 하여야 한다. 이때 도급인이 재료의 전부(또는 주요부분)를 제공한 경우는 동산·부동산을 불문하고 완성물의 소유권은 원시적으로 도급인에게 귀속된다(통설·판례). 이에 반해 수급인이 재료의 전부를 제공한 경우 완성한 물건의 소유권이 누구에게 귀속되는지 문제된다.

Ⅱ 수급인이 재료의 전부 또는 주요부분을 제공한 경우

1. 완성물의 소유권 귀속에 관한 약정이 있는 경우
   완성물의 소유권의 귀속에 관한 약정이 있는 경우에는 그 약정에 따라 소유권의 귀속이 정해진다.

2. 완성물의 소유권 귀속에 관한 약정이 없는 경우
   (1) 判例에 의하면 수급인이 자기의 재료로 건물을 신축한 경우에는 ① 수급인이 원시적으로 소유권을 취득한다고 본다. 다만 ② 건물의 소유권을 도급인에게 귀속시키기로 하는 특약이나 특별한 사정이 넓게 인정된다.
   (2) 도급계약에 있어서는 수급인이 자기의 노력과 재료를 들여 건물을 완성하더라도 도급인과 수급인 사이에 도급인 명의로 건축허가를 받아 소유권보존등기를 하기로 하는 등 완성된 건물의 소유권을 도급인에게 귀속시키기로 합의한 것으로 보여질 경우에는 그 건물의 소유권은 도급인에게 원시적으로 귀속된다(대판 1997. 5. 30, 97다8601).

| 문제 3 | 「주택임대차보호법」상 '묵시적 갱신'에 관하여 약술하시오. (20점)

모범답안

Ⅰ 의의 및 취지

임대차기간이 종료하기 전 일정기간 내에 갱신거절 등의 통지를 하지 아니한 경우, 전 임대차와 동일한 조건으로 다시 임대차한 것으로 보는데(제6조 제1항), 이를 묵시의 갱신이라 한다.
최단기간 보장과 함께 임차인을 보호하기 위하여 인정되는 존속기간 보호제도이다.

Ⅱ 요건

1. 임대인의 경우

임대인이 임대차기간이 끝나기 6개월 전부터 1개월 전까지의 기간에 임차인에게 갱신거절의 통지를 하지 아니하거나 계약조건을 변경하지 아니하면 갱신하지 아니한다는 뜻의 통지를 하지 아니하여야 한다(제6조 제1항).

2. 임차인의 경우

(1) 임차인은 임대차기간이 끝나기 1개월 전까지 통지하지 아니하여야 한다(제1항).

(2) 임차인이 2기의 차임액에 달하도록 연체하거나 그 밖에 임차인으로서의 의무를 현저히 위반한 경우에는 묵시의 갱신을 적용하지 않는다(제3항).

Ⅲ 효과

1. 전 임대차와 동일한 조건

임대차기간이 끝난 때에 전 임대차와 동일한 조건으로 다시 임대차한 것으로 본다(제6조 제1항).

2. 존속기간의 법정

갱신된 임대차의 존속기간은 2년으로 본다(제6조 제2항).

3. 임차인의 해지통고

(1) 임차인은 언제든지 임대인에게 계약해지를 통지할 수 있다(제6조의2 제1항).

(2) 임대인이 해지의 통지를 받은 날부터 3개월이 지나면 해지의 효력이 발생한다(제2항).

Ⅳ 편면적 강행규정

주택임대차보호법은 편면적 강행규정이므로(제10조), 존속기간에 관하여 임차인에게 불리한 약정은 무효이다.

| 문제 4 | 위임계약에서 '수임인의 의무'에 관하여 약술하시오. (20점)

모범답안

Ⅰ 위임계약의 의의

위임이란, 당사자 일방(위임자)이 상대방(수임자)에 대하여 사무의 처리를 위탁하고, 상대방이 이를 승낙함으로써 성립하는 계약을 말한다(제680조).

Ⅱ 수임인의 의무(→ 처, 보, 취, 금)

1. 위임사무의 처리의무(→ 선, 복)

(1) 선관주의의무

수임인은 유·무상에 관계없이 위임의 본지에 따라 선량한 관리자의 주의로써 위임사무를 처리하여야 한다(제681조).

(2) 복임권의 제한

수임인은 위임인의 승낙이나 부득이한 사유없이 제3자로 하여금 자기에 갈음하여 위임사무를 처리하게 하지 못한다(제682조 제1항).

2. 부수적 의무

(1) 보고의무

수임인은 위임인의 청구가 있는 때에는 위임사무의 처리상황을 보고하고 위임이 종료한 때에는 지체없이 그 전말을 보고하여야 한다(제683조).

(2) 취득물 등의 인도 및 이전의무

① 수임인은 위임사무의 처리로 인하여 받은 금전 기타의 물건 및 그 수취한 과실을 위임인에게 인도하여야 한다(제684조 제1항).

② 수임인이 위임인을 위하여 자기의 명의로 취득한 권리는 위임인에게 이전하여야 한다(제2항).

(3) 금전소비의 책임

수임인이 위임인에게 인도할 금전 또는 위임인의 이익을 위하여 사용할 금전을 자기를 위하여 소비한 때에는 소비한 날 이후의 이자를 지급하여야 하며 그 외의 손해가 있으면 배상하여야 한다(제685조).

2014년 제2회 행정사 2차 기출문제

민법(계약) 모범답안

| 문제 1 | 甲은 자신의 토지 위에 5층짜리 상가건물을 신축하기 위하여 乙과 공사기간 1년, 공사대금 30억 원으로 하는 도급계약을 체결하였다. 각각의 독립된 질문에 대하여 답하시오. (40점)

(1) 건축에 필요한 재료의 전부를 제공한 乙이 완공기한 내에 약정한 내용대로 상가건물을 완공하였으나 그 인도기일 전에 강진(强震)으로 인하여 상가건물이 붕괴된 경우, 甲과 乙의 법률관계를 논하시오. (20점)

(2) 乙이 공사일정에 맞춰 기초공사를 마쳤으나 일부 경미한 하자가 발견된 상태에서 甲이 같은 토지 위에 10층짜리 주상복합건물을 대체 신축할 목적으로 위 도급계약을 해제한 경우, 甲과 乙의 법률관계를 논하시오. (20점)

모범답안

물음 1) (20점)

Ⅰ 논점의 정리

강진으로 인하여 건물이 붕괴되었으므로, 수급인 乙의 건물 완공 및 인도채무가 불능이 되었는지 여부, 그에 따라 도급인 甲의 대금지급채무도 소멸하는지가 위험부담과 관련하여 문제된다.

Ⅱ 도급에 있어서의 위험부담

도급도 쌍무계약이므로 위험부담에 관한 제537조·제538조가 적용된다. 도급의 특성상 수급인의 이행불능의 의미가 문제된다.

1. 수급인의 이행불능

(1) 일의 성질상 인도가 필요한 경우

수급인이 목적물을 완성하여 도급인에게 인도하기 전에 이미 성취한 일이 멸실 또는 훼손되어 계약대로 일을 다시 할 수 없게 되는 것을 의미한다. 이때 목적물의 인도는 완성된 목적물에 대한 단순한 점유의 이전만을 의미하는 것이 아니라 **도급인이 목적물을 검사한 후 그 목적물이 계약 내용대로 완성되었음을 명시적 또는 묵시적으로 시인하는 것까지 포함하는** 의미이다(대판 2006. 10. 13, 2004다21862).

(2) 인도가 문제되지 않은 경우

일을 완성하기 전에 어떤 사정으로 이제는 완성할 수 없게 되는 것이다.

2. 사안의 경우

사안의 경우는 건물을 완성하여 인도하여야 하는 경우이므로 완성하여 도급인에게 인도하기 전에, 정확히는 도급인의 검수 전에 이미 성취한 일이 멸실 또는 훼손되어 계약대로 일을 다시 할 수 없게 되는 경우가 불능에 해당한다.

Ⅲ 채무자위험부담주의

1. 의의

쌍무계약의 당사자 일방의 채무가 당사자 쌍방의 책임 없는 사유로 이행할 수 없게 된 때에는 채무자는 상대방의 이행을 청구하지 못한다(제537조).

2. 요건

(1) 쌍방의 귀책사유 없는 불능일 것

채무자의 귀책사유로 인한 불능은 채무불이행책임(제390조)이 성립하고, 채권자의 귀책사유로 인한 불능은 채권자가 위험을 부담하므로(제538조 1항), 채무자위험부담주의가 적용되지 않는다.

(2) 후발적 전부불능일 것

계약성립 후에 불능에 이르러야 한다. 계약성립 당시부터 불능인 '원시적 불능'의 경우에는 계약이 무효가 되므로 위험부담의 문제는 발생하지 않는다.

3. 효과

채권자의 반대급부의무가 소멸하므로, 채무자는 상대방의 이행을 청구하지 못한다(제537조).

Ⅳ 사안의 해결

1. 후발적 불능 여부

건물 건축에는 상당한 기일이 소요되므로, 완공 기한에 즈음하여 건물이 붕괴된 이상 도급계약의 목적 달성은 사회통념상 불능이 되었다고 보아야 한다.

2. 결론

강진에 의하여 건물이 붕괴되었으므로, 乙의 건물완공 및 인도채무는 당사자 쌍방의 귀책사유 없는 후발적 불능에 해당한다. 따라서 乙의 채무는 소멸하며 쌍무계약의 견련성상 위험부담에 의하여 甲의 대금지급채무도 함께 소멸한다(제537조).

물음 2) (20점)

Ⅰ 논점의 정리

1. 甲이 주상복합건물을 대체 신축할 목적으로 단순 변심하여 계약을 해제한 것이 적법한지를 먼저 살펴본다.
2. 甲의 해제가 적법하다면, 해제의 효과로서 甲의 공사대금지급채무도 소멸하는지가 문제된다.

Ⅱ 甲의 해제가 적법한지 여부

1. 수급인의 담보책임을 이유로 한 해제의 인정 여부

(1) 완성된 목적물의 하자로 인하여 계약의 목적을 달성할 수 없는 때에는 도급인은 계약을 해제할 수 있다(제668조).

(2) 乙이 마친 기초공사 부분에서 발생한 하자를 이유로는 甲의 해제는 부적법하다. 목적물이 완성되지 않았으며, 경미한 하자는 그 보수가 가능하여 계약의 목적달성이 불가능하지도 않기 때문이다.

2. 일의 완성 전 도급인의 특별해제권

(1) 수급인이 일을 완성하기 전에는 도급인은 손해를 배상하고 계약을 해제할 수 있다(제673조).

(2) 乙은 기초공사만 마친 상태이므로 아직 일을 완성하기 전 단계에 해당한다. 따라서 甲의 해제는 단순 변심에 의한 것이라고 하더라도 적법하다. 다만 그로 인하여 乙이 입는 손해를 배상하여야 한다.

Ⅲ 해제의 효과

건축공사 도급계약이 중도에 해제된 경우, 공사가 상당한 정도로 진척되었고, 완성된 부분이 도급인에게 이익이 되는 때에는 공작물의 미완성부분에 대해서만 해제의 효력이 발생하므로(해제의 제한), 도급인은 기성고 비율에 따른 보수를 지급하여야 한다(대판 1995. 6. 9, 94다29300, 94다29317).

Ⅳ 사안의 해결

1. 甲의 해제는 적법하지만, 미완성 부분에만 해제의 효과가 발생한다.

2. 甲은 기성고 비율에 따라 乙에게 보수를 지급하여야 한다.

| 문제 2 | 법정해제와 합의해제의 의의 및 효과상의 차이점에 대하여 약술하시오. (20점)

모범답안

Ⅰ 의의상 차이점

1. 의의

계약의 해제는 유효하게 성립한 계약의 효력을 당사자의 일방적 의사표시에 의하여, 계약이 처음부터 없었던 것과 같은 상태로 복귀시키는 **상대방 있는 단독행위**이다. 이러한 해제권은 **당사자의 약정과 법률의 규정**에 의해 인정된다. 이 중 주로 채무불이행에 기해 법률규정에 의해 인정되는 해제권에 의해 이루어지는 경우가 법정해제이다.

2. 의의상 차이점

법정해제는 단독행위이지만, **해제계약(합의해제)**은 해제권의 유무와 관계없이 당사자의 합의로 종전의 계약을 해소하여 원상으로 복귀시키는 것을 내용으로 하는 **새로운 계약**이다.

Ⅱ 요건상 차이점

법정해제는 채무불이행을 전제로 인정되지만, 합의해제는 당사자 간의 합의만 있으면 족하고, 채무불이행을 그 요건으로 하지 않는다.

묵시적 합의해제

계약의 합의해제는 명시적으로뿐만 아니라 당사자 쌍방의 묵시적인 합의에 의하여도 할 수 있으나, 묵시적인 합의해제를 한 것으로 인정되려면 계약이 체결되어 그 일부가 이행된 상태에서 당사자 쌍방이 장기간에 걸쳐 나머지 의무를 이행하지 아니함으로써 이를 방치한 것만으로는 부족하고, 당사자 쌍방에게 계약을 실현할 의사가 없거나 계약을 포기할 의사가 있다고 볼 수 있을 정도에 이르러야 한다(대판 2011. 2. 10, 2010다77385).

Ⅲ 효과상 차이점

1. 계약의 소급소멸

(1) 법정해제와 합의해제 모두 계약은 소급적으로 소멸하며(대판 1994. 9. 13, 94다17093 참고), 유인론에 의하여 물권변동도 소급하여 무효가 되므로 말소등기 없이도 물권이 당연히 복귀한다는 점은 동일하다.

(2) 매매계약이 합의해제된 경우에도 매수인에게 이전되었던 소유권은 당연히 매도인에게 복귀하는 것이므로 합의해제에 따른 매도인의 원상회복청구권은 소유권에 기한 물권적 청구권이므로 소멸시효의 대상이 되지 아니한다(대판 1982. 7. 27, 80다2968).

2. 법정해제 규정의 적용 여부

(1) 합의해제는 계약이므로 사적자치의 원칙에 따라 당사자들이 합의로 정한 바에 따라 그 효과가 부여되며, 채무불이행을 전제로 한 단독행위인 법정해제에 관한 민법규정은 원칙적으로 적용이 없다.

(2) 따라서 합의해제에는 채무불이행으로 인한 손해배상청구권이 인정되지 않으며(대판 1989. 4. 25, 86다카1147), 합의해제로 인하여 반환할 금전에는 그 받은 날로부터 이자를 반드시 가산하여야 하는 것도 아니다(대판 1996. 7. 30, 95다16011). 다만, 제548조 제1항 단서는 유추적용된다(대판 2005. 6. 9, 2005다6341).

| 문제 3 | 임차인의 유익비상환청구권에 대하여 약술하시오. (20점)

모범답안

Ⅰ 임차인의 유익비상환청구권의 의의

1. 필요비

필요비란, 임차물의 수선비 등과 같이 그 보존을 위하여 지출한 비용을 말한다. 필요비는 임대인의 사용・수익하게 할 의무의 한 부분이므로 마땅히 임대인이 부담하여야 한다.

2. 유익비

유익비란, 임차물의 보존을 위하여 반드시 필요한 것은 아니지만, 목적물의 본질을 변화시키지 않고 개량하기 위하여 지출한 비용을 말한다.

Ⅱ 요건 및 효과

1. 필요비

필요비는 유익비와 달리, ① 지출한 즉시 상환청구를 할 수 있으며, ② 가액의 현존 여부와 상관없이 지출비용 전액를 청구할 수 있다.

2. 유익비

(1) 요건

① 임차물의 객관적 가치를 증가케 하는 것이어야 하고(임차인 자신의 주관적 목적상 지출한 비용 ×), ② 그 지출에 의한 개량이 임차물의 구성부분으로 되어 그 소유권이 임대인에게 귀속되어야 한다(독립성의 상실). ③ 임대차 종료시에 그 가액증가가 현존하여야 한다(제626조 제1항).

음식점 영업을 위한 내부공사비(91다15591, 91다15591), 간판설치비(94다20389)는 유익비에 해당하지 않는다.

(2) 효과

임차인이 지출한 금액이나 그 증가액 중 임대인이 선택한 것을 임대인에게 청구할 수 있다. 이 경우 법원은 임대인의 청구에 의하여 상당한 상환기간을 허여할 수 있다(제626조 제2항).

Ⅲ 존속기간

임차인의 필요비・유익비 상환청구권은 임대인이 목적물을 반환받은 날로부터 6개월 내에 행사하여야 한다(제654조, 제617조). 즉, 6개월의 제척기간에 걸린다.

Ⅳ 법적 성질

1. 임의규정

(1) 필요비・유익비 상환청구권에 관한 규정은 임의규정이다. 이를 포기하는 특약은 유효하다.

(2) 임차인이 일체 비용을 부담하여 원상복구하기로 약정한 경우, 유익비의 상환청구권을 포기하는 특약으로 본다(대판 1994. 9. 30, 94다20389).

2. 유치권

임차인은 비용상환청구권에 관하여 유치권을 취득할 수 있다(제320조). 다만 필요비・유익비 상환청구권을 포기하거나(대판 1975. 4. 22, 73다2010), 유익비상환에 대하여 법원이 임대인에게 기간을 허락한 경우에는 유치권이 인정되지 않는다(제320조 제2항 참고).

| 문제 4 | 조합채무에 대한 조합원의 책임 범위에 대하여 약술하시오. (20점)

모범답안

Ⅰ 조합채무의 의의

조합이란 2인 이상이 서로 출자하여 공동사업을 경영할 것을 약정함으로써 성립하는 계약이다. 조합의 채무는 ① 모든 조합원에게 합유적으로 귀속되므로, 조합재산으로 책임을 진다. 더불어 ② 각 조합원이 각자의 개인재산으로도 책임을 진다. 양 책임은 상호 병존적이다.

Ⅱ 조합채무에 대한 책임

1. 조합재산에 의한 공동책임

(1) 조합의 채권자는 채권 전액에 관하여 「조합재산」으로부터 변제를 청구할 권리가 있다.

(2) 조합원 1인에 대한 채권자는 「조합의 채권자」는 아니므로 「조합재산」에 대하여 강제집행할 수 없다(대판 2001. 2. 23, 2000다68924).

2. 조합원의 개인재산에 의한 책임

(1) 분할채무의 원칙

「각 조합원」은 조합채무에 관하여 손실부담의 비율에 따라 분할채무를 부담한다(분할채무의 원칙. 제408조).

(2) 조합 채권자의 보호

① 채권자가 그 채권발생 당시에 손실부담비율을 알지 못한 경우에는 각 조합원에게 균등한 비율로 변제할 것을 청구할 수 있다(제712조).

② 조합원 중에 변제할 자력이 없는 자가 있는 경우에는 그 부분에 대하여 다른 조합원들이 균분하여 변제할 책임을 진다(제713조).

3. 공동책임과 개별책임 관계

공동책임과 개별책임은 보충적인 것이 아니라 병존적으로 존재하므로, 조합채권자는 각 조합원에게 우선하여 개별책임을 청구할 수 있다.

2015년 제3회 행정사 2차 기출문제

민법(계약) 모범답안

| 문제 1 | 甲은 자기 소유의 X토지에 대하여 乙과 매매계약을 체결하였다. 그 계약에 의하면 乙은 甲에게 계약 당일 계약금을 지급하고, 계약일부터 1개월 후에 중도금을 지급하며, 잔금은 계약일부터 2개월 후에 등기에 필요한 서류와 목적물을 인도받음과 동시에 지급하기로 되어 있었다. 甲은 계약 당일 乙로부터 계약금을 지급받았다. 다음 각각 독립된 물음에 답하시오. (40점)

(1) 잔금지급기일이 지났으나 乙은 잔금은 물론 중도금도 지급하지 않았고, 甲도 그때까지 등기에 필요한 서류와 목적물의 인도의무를 이행하지 않았다. 甲이 乙에게 중도금과 잔금의 지급을 청구하자 乙은 등기에 필요한 서류와 목적물을 인도받을 때까지 중도금과 잔금을 둘 다 지급하지 않겠다고 주장하였다. 甲과 乙 사이의 동시이행관계에 관하여 설명하고, 乙의 주장이 타당한지에 관하여 논하시오. (20점)

(2) 乙은 甲에게 중도금과 잔금을 약정한 기일에 지급하였으나, 甲은 등기에 필요한 서류와 목적물의 인도를 미루다가 잔금을 수령한 날부터 3개월 후에 그 의무를 이행하였다. 乙은 甲에 대하여 매매대금 전액에 대한 3개월간의 이자 및 X토지에 대한 3개월간의 차임 상당 손해배상금을 청구하였다. 乙의 청구가 타당한지에 관하여 논하시오. (20점)

모범답안

물음 1) (20점)

Ⅰ 논점의 정리

乙의 중도금 지급의무는 선이행의무이지만, 잔금 지급기일이 경과함으로써 甲의 등기 및 목적물 인도의무와 동시이행의 관계가 성립하는지 문제이다.

Ⅱ 동시이행 항변권의 성립요건

① 동일한 쌍무계약에 기하여 발생한 대가적 채무가 존재하고, ② 상대방의 채무가 변제기에 있어야 하고, ③ 상대방이 자기 채무의 이행 또는 이행의 제공을 하지 않고서 청구하였을 경우, 상대방의 채무를 이행할 때까지 자신의 채무의 이행을 거절할 수 있는 권리를 동시이행의 항변권이라 한다(제536조 제1항).

Ⅲ 선이행의무자가 동시이행 항변권을 행사할 수 있는지

1. 원칙

동시이행의 항변권은 상대방의 채무가 변제기에 있어야만 성립하므로, 선이행의무를 지는 자에게는 동시이행의 항변권이 인정되지 않는다(제536조 제1항 단서).

2. 예외

선이행의무자이더라도 다음의 두 가지 경우에는 동시이행의 항변을 할 수 있다. ① 불안의 항변권(제536조 2항)과 ② 선이행의무의 지체 중 상대방 채무의 변제기도 도래한 때가 그것이다.

(1) 선이행의무자이더라도 상대방의 이행이 곤란할 현저한 사유가 있는 때에는 동시이행의 항변권을 행사할 수 있다(제536조 제2항). 매매의 목적물에 대하여 권리를 주장하는 자가 있는 경우에 매수인이 매수한 권리의 전부나 일부를 잃을 염려가 있는 때에는 매수인은 그 위험의 한도에서 대금의 전부나 일부의 지급을 거절할 수 있다(제588조).

(2) 매수인이 선이행하여야 할 중도금지급을 하지 아니한 채 잔대금지급일을 경과한 경우에는 매수인의 중도금 및 이에 대한 지급일 다음날부터 잔대금지급일까지의 지연손해금과 잔대금의 지급채무는 매도인의 소유권이전등기의무와 동시이행관계에 있다(대판 1991. 3. 27, 90다19930).

Ⅳ 사안의 해결

1. 乙의 중도금 지급의무는 선이행의무이지만, 잔금지급기일이 도래하여 잔금지급의무와 甲의 등기 및 목적물 인도의무가 동시이행의 관계에 있는 결과 중도금 지급의무도 함께 동시이행의 관계이다.

2. 따라서 乙의 동시이행의 항변주장은 타당하다.

물음 2) (20점)

Ⅰ 논점의 정리

제587조에 의하면, 매도인 甲은 목적물을 인도하기까지 과실을 취득할 수 있는 바, 매수인 乙이 대금을 완납한 경우에도 과실수취권이 있는지 문제된다.

Ⅱ 매매 목적물 인도 전 과실의 귀속

1. 제587조의 내용

(1) 목적물 인도 전 과실의 매도인 귀속

매매대금이 완급되지 않는 한, 매도인은 목적물을 인도하기까지의 과실을 취득할 수 있다(제587조). 대금의 일부만을 지급한 경우에도 과실수취권은 매도인에게 있다.

(2) 목적물 인도 전 대금이자 불발생

매수인은 목적물의 인도를 받은 날로부터 대금의 이자를 지급하여야 한다(제587조).

2. 제587조의 전제

(1) 제587조는 매수인이 이행기 이후에도 대금지급의무를 이행하지 않는 것을 전제로 매매목적물의 사용이익과 매매대금의 이자를 간편하게 정산하려는 취지의 규정이다.

(2) 따라서 매수인이 매매대금을 모두 지급한 경우에는, 제587조는 적용이 없으며 그 이후의 과실은 목적물을 인도하기 전이더라도 매수인에게 귀속한다(대판 1993. 11. 9, 93다28928).

3. 사안의 경우

乙은 중도금과 잔금을 약정기일에 모두 지급하였으므로, 제587조는 적용되지 않는다. 따라서 甲은 잔금지급기일 이후부터는 목적물의 과실을 수취할 권한이 없다.

Ⅲ 사안의 해결

1. 甲은 乙로부터 약정기일에 대금을 전부 지급받고도 자신의 채무를 이행하지 않았으므로 이행지체로 인한 손해배상책임을 진다(제390조).

2. 손해배상의 범위는 잔금기일에 이행하였다면 乙이 얻을 수 있었을 이행이익, 즉 3개월간의 차임 상당의 손해배상금이다.

3. 결국, 乙의 3개월간의 차임 상당의 손해배상금 청구는 타당하지만, 매매대금 전액에 대한 이자청구는 타당하지 않다.

| 문제 2 | 매매계약완결권에 관하여 설명하고, 그 가등기에 관하여 약술하시오. (20점)

모범답안

Ⅰ 의의

1. 개념

매매의 일방예약에 의하여 일방 당사자는 상대방에 대하여 예약완결의 의사표시를 할 수 있는 권리를 가지는데, 이를 예약완결권이라고 한다.

2. 성질

예약완결권은 일방의 의사표시만으로써 본계약인 매매를 성립시킨다는 점에서 일종의 형성권이다.

Ⅱ 예약완결권과 가등기

예약완결권은 가등기할 수 있고(부동산등기법 제88조, 제3조), 재산권의 성질도 있어 양도할 수 있다. 예약완결권이 가등기되어 있는 경우라면 가등기에 대한 부기등기의 형식으로 경료할 수 있다(대판(전) 1998. 11. 19, 98다24105).

Ⅲ 행사의 효과

예약완결권은 형성권이므로, 예약완결권을 행사하면 상대방의 승낙을 기다리지 않고 곧바로 본계약이 성립한다.

Ⅳ 예약완결권의 소멸

1. 제척기간의 경과

(1) 매매예약의 완결권은 형성권으로서

① 당사자 사이에 행사기간을 약정한 때에는 그 기간 내에, ② 행사기간의 약정이 없는 때에는 그 예약이 성립한 때로부터 10년 내에 이를 행사하여야 하고, 그 기간이 지나면 제척기간의 경과로 인하여 소멸한다.

(2) 행사시기

행사시기를 특별히 약정한 경우에도 당초 권리의 발생일로부터 10년이 경과되면 소멸하며, 약정에 따라 권리를 행사할 수 있는 때로부터 10년이 되는 날까지로 연장되지 않는다(대판 1995. 11. 10, 94다22682).

2. 최고에 의한 소멸

예약자는 상당한 기간을 정하여 매매완결 여부의 확답을 상대방에게 최고할 수 있고, 그 기간 내에 확답을 받지 못하면 예약은 효력을 잃는다(제564조).

| 문제 3 | 준소비대차의 의의, 성립요건 및 효과에 관하여 설명하시오. (20점)

모범답안

Ⅰ 의의

준소비대차란, 소비대차에 의하지 아니하고 다른 계약에 의하여 당사자 일방이 금전 기타 대체물을 지급할 의무가 있는 경우에, 당사자 사이에 그 목적물을 소비대차의 목적으로 한다는 합의를 말한다(제605조).

Ⅱ 요건(→ 당, 기, 합)

1. 당사자

기존채무의 당사자와 준소비대차계약의 당사자가 일치하여야 한다.

2. 기존채무가 유효할 것

기존채무가 무효이거나 부존재하면 준소비대차는 성립하지 않는다(대판 1962. 1. 18, 4294민상493). 기존채무가 소비대차상의 채무인 경우에도 성립할 수 있다(대판 1994. 5. 13, 94다8400).

3. 합의

기존채무의 목적을 소비대차의 목적으로 한다는 합의가 있어야 한다.

Ⅲ 효과

1. 구채무의 소멸 · 신채무의 성립

준소비대차는 소비대차의 효력이 생긴다(제605조). 그리하여 기존채무는 소멸하고 소비대차에 의하여 신채무가 성립한다.

2. 구채무와 신채무의 동일성

(1) 기존존채무와 신채무는 원칙적으로 동일성이 있으므로, 기존채무에 관하여 존재하는 담보 · 보증 및 동시이행의 항변권은 그대로 존속한다.

(2) 대환의 경우
현실적인 자금의 수수 없이 형식적으로만 신규대출을 하여 기존채무를 변제하는 대환은 특별한 사정이 없는 한 형식적으로는 대출이지만, 실질적으로는 기존채무의 변제기의 연장에 불과하므로 준소비대차로 보아야 한다(대판 2003. 8. 19, 2003다11516).

(3) 소멸시효의 독립성
소멸시효는 준소비대차에 따른 신채무를 기초로 결정된다.

| 문제 4 | 토지임차인의 지상물매수청구권의 의의와 법적 성질, 그 권리의 행사로 발생하는 법률관계를 설명하고, 임대차 종료 전에 임차인이 그 지상물매수청구권을 포기하기로 하는 임대인과 약정한 경우 그 약정의 효력에 관하여 약술하시오. (20점)

모범답안

Ⅰ 의의

토지임차인은 임대차 기간이 만료한 경우에 건물·수목 기타 지상시설이 현존한 때에는 임대인에게 계약의 갱신을 청구할 수 있고(제643조, 제283조 1항), 임대인이 그 갱신을 거절한 경우에는 지상물의 매수를 청구할 수 있다(제643조, 제283조 2항).

Ⅱ 법적 성질

① 계약갱신청구권은 청구권일 뿐이므로 임대인이 거절할 수 있으나, 지상물매수청구권은 형성권이다. ② 계약갱신청구권 및 지상물매수청구권은 편면적 강행규정이다(제652조).

Ⅲ 발생 요건

1. 당사자

(1) 청구권자는 지상물의 소유자인 임차인이며(대판 1993. 7. 27, 93다6386), 상대방은 원칙적으로 임차권이 소멸할 당시의 토지소유자인 임대인이다.

(2) 임대목적 토지가 양도된 경우에는 임차인이 대항력을 갖춘 경우에 한하여 양수인(임대인지위의 승계인)에 대하여 매수청구권을 행사할 수 있다.

2. 기간 만료로 종료할 것

(1) 임대차가 기간만료로 종료하여야 한다. 기간을 정하지 않은 임대차에서 임대인의 해지통고로 소멸한 경우에도 인정된다.

(2) 임차인의 차임연체 등 채무불이행으로 임대차계약이 해지된 경우에는 임차인이 계약갱신을 청구할 수 없으므로 이를 전제로 하는 지상물의 매수청구도 할 수 없다(대판 1997. 4. 8, 96다54249).

3. 지상물의 현존

허가를 받지 않은 부적법한 건물이라도 그 대상이 되며(대판 1997. 12. 23, 97다37753), 임대인의 동의를 얻어 신축한 것에 한정되지 않는다(대판 1993. 11. 12, 93다34589).

Ⅳ 행사의 효과

1. 매매계약의 성립

형성권이므로 그 행사로 매매계약이 성립한다. 임차인의 지상물의 소유권이전의무와 임대인의 대금지급의무는 동시이행관계에 있다(대판 1998. 5. 8, 98다2389).

2. 부당이득반환의무 인정 여부

민법 제643조 소정의 매수청구권을 행사한 후에 그 임대인인 대지의 소유자로부터 매수대금을 지급받을 때까지 그 지상건물 등의 인도를 거부할 수 있다고 하여도, 지상건물 등의 점유·사용을 통하여 그 부지를 계속하여 점유·사용하는 한 그로 인한 부당이득으로서 부지의 임료 상당액은 이를 반환할 의무가 있다(대판 2001. 6. 1, 99다60535).

Ⅴ 지상권매수청구권의 포기특약

토지임차인의 지상물매수청구권에 관한 규정은 강행규정이며, 이에 위반하는 것으로서 임차인에게 불리한 약정은 그 효력이 없다(제652조). 토지 임대인과 임차인 사이에 임대차기간 만료 후 임차인이 지상건물을 철거하여 토지를 인도하고, 만약 지상건물을 철거하지 아니할 경우에는 그 소유권을 임대인에게 이전하기로 한 약정은, 민법 제643조 소정의 임차인의 **지상물매수청구권을 배제키로 하는 약정으로서 임차인에게 불리한 것이므로** 민법 제652조의 규정에 의하여 **무효이다**(대판 1991. 4. 23, 90다19695). 그러나 임대차계약의 과정을 전체적으로 살펴보아 그러한 특약이 실질적으로 임차인에게 불리하지 않은 것이라면 그 특약은 유효하다.

2016년 제4회 행정사 2차 기출문제

민법(계약) 모범답안

| 문제 1 | 2016. 9. 1. 甲(매도인)은 별장으로 사용하는 X건물에 대하여 乙(매수인)과 매매계약을 체결하였다. 이 계약에 따라 乙은 계약체결 당일에 계약금을 지급하였고, 2016. 9. 30. 乙의 잔금지급과 동시에 甲은 乙에게 소유권 이전에 필요한 서류를 교부해주기로 하였다. 다음 각 독립된 물음에 답하시오. (40점)

(1) 2016. 9. 1. 계약체결 당시 위 X건물이 甲의 소유가 아니라 제3자 丙의 소유인 경우에, 위 매매계약의 효력 및 甲과 乙 사이의 법률관계에 관하여 논하시오. (20점)

(2) 만약 甲의 소유인 X건물이 계약체결 전날인 2016. 8. 31. 인접한 야산에서 발생한 원인불명의 화재로 인하여 전부 멸실되었을 경우에, 위 매매계약의 효력 및 甲과 乙 사이의 법률관계에 관하여 논하시오. (20점)

모범답안

물음 1) (20점)

Ⅰ 논점의 정리

1. 권리의 전부가 타인에게 속하는 경우, 매매계약이 무효인지 여부를 먼저 확정한다.
2. 매매계약이 유효라고 한다면 매도인 甲이 그 권리를 취득하여 이전하지 못하였을 경우, 甲의 담보책임을 살펴본다.

Ⅱ 타인권리 매매의 효력

1. 매매계약은 처분행위가 아니라, 의무부담행위이므로 처분권한이 없는 자의 계약도 유효하다.
2. 우리 민법도 제569조에서 타인권리의 매매가 유효함을 전제로, 재산권이전의무를 규정하고 있다.

Ⅲ 매도인의 담보책임

1. 요건

매도인이 그 권리를 취득하여 매수인에게 이전할 수 없는 때에는 담보책임이 발생한다(제570조).

2. 해제권 및 손해배상청구권

(1) 매수인의 선·악의를 불문하고 계약해제권이 인정되나(제570조 본문), 손해배상청구권은 선의의 매수인에게만 인정된다(제570조 단서).

(2) 매도인은 선의의 매수인에 대하여 불능 당시의 시가를 기준으로 계약이 완전히 이행된 것과 동일한 경제적 이익을 배상할 의무, 즉 이행이익의 배상을 한다(대판 1967. 5. 18, 66다2618 전원합의체).

3. 제척기간

권리의 흠결에서 매도인의 담보책임은 1년의 제척기간이 적용됨이 일반적이지만(제573조), 권리의 전부가 타인에게 속한 경우에는 제척기간의 제한을 받지 않는다.

Ⅳ 선의 매도인의 해제권

1. 선의의 매도인이 매매의 목적이 된 권리를 취득하여 이전할 수 없는 때에는, 매도인은 손해를 배상하고 계약을 해제할 수 있다(제571조 제1항).
2. 매수인이 악의인 때에는 선의의 매도인은 손해배상 없이 계약을 해제할 수 있다(제2항).

Ⅴ 사안의 해결

1. 甲과 乙 사이의 매매계약은 유효하다.
2. 甲이 X건물의 소유권을 취득하여 乙에게 이전하지 못하는 경우, 乙은 매매계약을 해제할 수 있다. 만일 乙이 선의라면 손해배상도 함께 청구할 수 있다.
3. 甲이 X건물이 자신에게 속하지 아니함을 몰랐던 경우라면, 甲은 계약을 해제할 수 있다. 이 경우 乙이 선의라면 손해배상을 해 주어야 한다.

물음 2) (20점)

Ⅰ 논점의 정리

계약체결 전날 매매 목적물인 X건물이 전부 멸실된 경우이므로, **매매계약의 효력이 있는지 여부와 계약이 무효인 경우 甲과 乙의 계약체결상의 과실책임이 인정될 수 있는지** 문제된다.

Ⅱ 甲과 乙의 매매계약의 효력유무

1. 계약의 유효요건

계약은 계약 당사자의 서로 대립하는 두 개의 의사표시의 합치에 의하여 성립하는 법률행위이다. 법률행위인 계약이 유효하기 위해서는 법률행위의 유효요건인 목적이 확정가능, 실천 가능, 적법성, 사회적 타당성을 갖추어야 한다.

2. 사안의 경우

사안의 경우는 계약체결시 이미 X건물이 전부 멸실된 원시적, 객관적 전부 불능 상태이므로, 계약은 실현이 불가능하다. 따라서 위 **매매계약은 무효**이다. 따라서 甲과 乙의 매매계약에 따른 법률관계는 인정되지 않는다. 따라서 이미 이행한 부분은 부당이득반환을 청구할 수 있다. 따라서 계약체결 당일에 계약금을 지급한 乙은 甲에게 부당이득반환을 청구할 수 있다.

이와 더불어 제535조의 계약체결상의 과실책임이 인정되는지와 제750조의 불법행위책임이 문제된다.

Ⅲ 제535조의 계약체결상의 과실책임 인정 여부

1. 요건

제535조상의 계약체결상 과실책임이 성립하기 위해서는 ① 계약체결행위가 있었을 것, ② 계약 목적이 원시적·객관적·전부 불능일 것, ③ 배상의무자의 악의 또는 과실이 존재할 것, ④ 상대방은 선의·무과실일 것을 요한다.

2. 효과

(1) 손해배상청구권의 발생

일방 당사자는 상대방이 그 계약의 유효를 믿었음으로 인하여 받은 손해(= 신뢰이익)를 배상하여야 하는데, 다만 그 배상액은 계약이 유효함으로 인하여 생길 이익액(= 이행이익)을 넘지 못한다(제535조 제1항).

(2) 부당이득반환청구와의 관계

계약 당시에 이미 채무의 이행이 불가능했다면 특별한 사정이 없는 한 채권자가 이행을 구하는 것은 허용되지 않고, 이미 이행한 급부는 법률상 원인 없는 급부가 되어 부당이득의 법리에 따라 반환청구할 수 있으며, 나아가 민법 제535조에서 정한 계약체결상의 과실책임을 추궁하는 등으로 권리를 구제받을 수 있다(대판 2017. 10. 12, 2016다9643).

(3) 사안의 적용

① 甲과 乙의 매매계약 체결행위가 있었으나, ② 계약 목적인 X건물이 전부 멸실된 원시적 · 객관적 · 전부 불능으로 인하여 계약이 무효가 되었고, ③ 매도인 甲은 X건물의 전부 멸실 사실에 대해 매매계약 체결 전 그 사실을 알았거나 알 수 있었야 것이고, ④ 매수인 乙은 선의로 추정되므로, 甲이 乙의 악의 또는 과실을 입증하지 않는 한 모든 요건이 충족된다. 이미 지급한 계약금의 부당이득반환 청구와 함께 신뢰이익 배상청구도 가능하다.

3. 제750조의 불법행위책임인정 여부

제750조의 기한 불법행위책임은 ① 고의 또는 과실로 인한 ② 위법행위로 ③ 타인에게 손해를 가하고, ④ 이들 간에 인과관계가 있을 경우에 가해자가 피해자에게 그 손해를 배상할 책임이다.
사안의 경우는 매도인 甲의 위법한 행위로 인한 것이 아니라, 인접한 야산에서 발생한 원인불명의 화재로 인한 경우이므로 인정될 수 없다.

Ⅳ 사안의 해결

1. 甲과 乙의 매매계약은 계약체결시 이미 X건물이 전부 멸실된 원시적, 객관적 전부 불능 인해 무효이다. 그러므로 이미 계약금을 지급한 乙은 甲에게 부당이득반환을 청구할 수 있다.
2. 甲의 위법성이 없어 제750조의 불법행위청구권은 인정되지 않으나, 계약금의 부당이득반환과 더불어 제535조의 계약체결상의 과실책임이 인정되어 신뢰이익에 대한 손해배상도 계약금 청구할 수 있다.

| 문제 2 | **甲(임대인)의 동의 없이 乙(임차인)이 임대목적물을 제3자 丙에게 전대(轉貸)한 경우에 甲, 乙, 丙 사이의 법률관계에 관하여 설명하시오. (20점)**

모범답안

Ⅰ 임대인의 동의가 없는 전대(무단전대)

1. 전대란 임차인이 임대차 관계를 유지하면서 임대차 목적물을 제3자에게 사용·수익하도록 하는 계약을 말한다. 임차권의 양도와 달리 임차인이 그 법적 지위를 그대로 유지한다.
2. 임차인은 임대인의 동의 없이 임차물을 전대하지 못한다(제629조 제1항). 따라서 甲(임대인)의 동의 없이 乙(임차인)이 임대목적물을 제3자 丙에게 전대(轉貸)한 경우 이들의 법률관계가 문제된다.

Ⅱ 甲(임대인), 乙(임차인), 丙(전차인) 사이의 법률관계

1. 전대인(임차인) 乙과 전차인 丙의 관계

(1) 전대차계약은 전대인(임차인) 乙과 전차인 丙간에는 유효하다(대판 1986. 2. 25, 85다카1812).

(2) 전대인 乙은 임대인 甲의 동의를 얻어줄 의무를 부담하고, 전차인 丙에게 담보책임을 진다(제567조).

2. 임대인 甲과 전차인 丙의 관계

(1) 전차인 丙은 임대인 甲에게 임차권을 주장할 수 없다. 전차인 丙의 점유는 불법점유가 된다.

(2) 임대인 甲은 임대차계약을 해지하지 않는 한, 목적물을 직접 자기(임대인)에게 반환할 것을 청구할 수 없고 '임차인에게 반환하라'는 내용으로 방해배제청구를 할 수 있다(제213조).

(3) 임대인 甲은 여전히 전대인에게 차임을 청구할 수 있으므로, 전차인 丙에게 불법점유를 이유로 한 손해배상이나 부당이득반환을 청구할 수 없다.

3. 임대인 甲과 전대인(임차인) 乙의 관계

(1) 임대인 甲은 무단전대을 이유로 임대차 계약을 해지할 수 있다. 그러나 임차인의 무단전대가 임대인에 대한 배신행위가 아니라고 인정되는 특별한 사정이 있는 때에는 임대인은 해지할 수 없다.

(2) 해지하지 않는 한 여전히 차임을 청구할 수 있다.

| 문제 3 | **가해자 甲과 피해자 乙 쌍방의 과실로 교통사고가 발생하였음에도, 甲은 자신의 과실만으로 인해 그 교통사고가 발생한 것으로 잘못 알고 치료비 명목의 합의금에 관하여 乙과 화해계약을 체결하였다. 이러한 경우에 甲은 위 화해계약을 취소할 수 있는지 설명하시오. (20점)**

모범답안

Ⅰ 논점의 정리

가해자 甲이 쌍방의 과실로 교통사고가 발생하였음에도, 甲은 자신의 과실만으로 인해 그 교통사고가 발생한 것으로 잘못 알고 치료비 명목의 합의금에 관하여 피해자 乙과 화해계약을 체결하였다. 이 경우 그 화해계약을 착오로 취소할 수 있는지는 분쟁의 목적 이외의 사항에 관하여 착오인지가 문제된다.

Ⅱ 화해의 의의와 성립요건

화해는 당사자가 서로 양보하여 그들 사이의 분쟁을 끝낼 것을 약정함으로써 성립하는 계약이다(제731조). 따라서 ① 분쟁의 존재, ② 당사자의 상호양보, ③ 당사자의 자격, ④ 분쟁을 끝내는 합의가 있어야 한다.

Ⅲ 화해의 효력

1. 법률관계의 확정

(1) 분쟁의 대상인 법률관계는 화해계약에서 합의한 대로 확정된다.

(2) 법률관계의 확정은 분쟁의 대상이 되어 합의한 사항에 한한다. 당사자가 다투지 않았던 사항이나 화해의 전제로서 서로 양해하고 있었던 사항은 그렇지 않다.

2. 창설적 효력

(1) 화해에 의한 법률관계의 확정은 창설적이다. 즉 당사자일방이 양보한 권리는 소멸되고 상대방이 그 권리를 취득하는 효력이 있다(제732조).

(2) 화해의 창설적 효력은 임의규정이므로, 달리 특약을 할 수 있다.

Ⅳ 화해계약의 착오취소

1. 착오취소의 부정

화해계약은 착오를 이유로 하여 취소하지 못한다(제733조 본문). 그러나 화해당사자의 자격 또는 화해의 목적인 분쟁이외의 사항에 착오가 있는 때에는 그러하지 아니하다(단서).

2. '화해의 목적인 분쟁 이외의 사항'의 의미

'화해의 목적인 분쟁 이외의 사항'이란, 분쟁의 대상이 아니라 분쟁의 전제 또는 기초가 된 사항으로서, 쌍방 당사자가 예정한 것이어서 상호 양보의 내용으로 되지 않고 다툼이 없는 사실로 양해된 사항을 말한다(대판 1997. 4. 11, 95다48414).

Ⅴ 사안의 해결

교통사고에 가해자의 과실이 경합되어 있는데도 오로지 피해자의 과실로 인하여 발생한 것으로 착각하고 화해한 경우, 그 사고가 피해자의 전적인 과실로 인하여 발생하였다는 사실은 쌍방 당사자 사이에 다툼이 없어 양보의 대상이 되지 않았던 사실로서 화해의 목적인 분쟁의 대상이 아니라 그 분쟁의 전제가 되는 사항에 해당하는 것이므로 피해자측은 착오를 이유로 화해계약을 취소할 수 있다(대판 1997. 4. 11, 95다48414). 따라서 甲은 화해계약의 분쟁 이외의 사항에 대한 착오를 이유로 乙과의 화해계약을 취소할 수 있다.

| 문제 4 | 청약과 승낙의 결합에 의하지 아니하고 계약이 성립할 수 있는 경우를 약술하시오. (20점)

모범답안

Ⅰ 서설

민법은 계약성립의 모습으로 ① 청약과 승낙에 의한 계약의 성립(제527조~제531조, 제534조)과 더불어 ② 교차청약(제533조), ③ 의사실현에 의한 계약의 성립(제532조)의 3가지를 규정하고 있다.

Ⅱ 의사실현에 의한 계약의 성립

1. 청약자의 의사표시나 관습에 의하여 승낙의 통지가 필요하지 아니한 경우에는 계약은 승낙의 의사표시로 인정되는 사실이 있는 때에 성립한다(제532조).
2. 예금계약은 예금자가 예금의 의사를 표시하면서 금융기관에 돈을 제공하고 금융기관이 그 의사에 따라 그 돈을 받아 확인을 하면 그로써 성립하며, 금융기관의 직원이 그 받은 돈을 금융기관에 입금하지 아니하고 이를 횡령하였다고 하더라도 예금계약의 성립에는 아무런 영향이 없다(대판 1996. 1. 26, 95다26919).

Ⅲ 교차청약에 의한 계약의 성립

1. 의의

당사자가 서로 같은 내용의 청약을 한 경우, 이를 '교차청약'이라고 한다. 청약에 대응하는 승낙이 없지만 실질적으로 양 당사자의 의사합치가 있으므로 계약이 성립한다(제533조).

2. 계약의 성립시기

양 청약이 상대방에게 도달한 때(제533조), 즉 나중의 청약이 상대방에게 도달하는 때에 계약이 성립한다.

2017년 제5회 행정사 2차 기출문제

민법(계약) 모범답안

| 문제 1 | 乙소유의 X건물은 5층 건물로서 1층과 2층의 공부상 용도는 음식점이었다. 甲은 乙로부터 X건물의 1층과 2층을 5년간 임차하여 대중음식점을 경영하면서 음식점 영업의 편익을 위하여 乙의 동의를 얻어 건물과는 별개인 차양과 유리 출입문 등 영업에 필요한 시설을 1층에 부속시켰다. 한편 甲은 임차한 지 얼마 되지 않아 음식점영업이 부진하자 丙에게 그 건물의 2층에 대한 임차권을 양도하였다. 다음 각 독립된 물음에 답하시오. (40점)

(1) 甲은 임대차 종료시 위 차양과 유리 출입문 등 영업에 필요한 시설에 대하여 부속물매수청구권을 행사할 수 있는지 여부를 설명하시오. (20점)

(2) 丙에게 위 건물의 2층에 대한 임차권을 양도한 경우의 법률관계를 乙의 동의가 있는 경우와 乙의 동의가 없는 경우로 나누어 설명하시오. (20점)

모범답안

물음 1) (20점)

Ⅰ 논점의 정리

甲이 1층 임대차와 관련하여 부속시킨 차양과 유리 출입문 등이 부속물에 해당하는지, 부속물매수청구권의 요건을 충족하는지가 문제이다.

Ⅱ 부속물매수청구권의 요건

1. 건물의 객관적인 편익을 위해 부속시킨 독립된 물건일 것

(1) 건물에 부속된 물건으로 임차인의 소유에 속하고 건물의 구성부분을 이루지 않는 독립한 물건이어야 한다.

(2) 오로지 임차인 자신의 특수목적에 사용하기 위하여 부속된 것일 때는 부속물매수청구권의 대상이 되지 못하며, 건물자체의 구성부분을 이루어 독립된 물건이라고 할 수 없는 경우에는 부속물매수청구권의 대상이 되지 않는다(대판 1983. 2. 22, 80다589).

2. 임대인의 동의를 얻어 부속시켰거나, 임대인으로부터 매수하였을 것

3. 임대차가 종료하였을 것

임대차가 종료하여야 한다. 판례는 임차인의 채무불이행으로 해지된 경우에는 부속물매수청구권을 인정하지 않는다(대판 1990. 1. 23, 88다카7245 · 7252).

Ⅲ 행사의 효과

1. 매매계약의 성립

부속물매수청구권은 형성권이므로, 임차인의 일방적 의사표시에 의하여 부속물에 대한 매매계약이 성립한다. 매매대금은 매수청구권을 행사할 때의 시가로 본다.

2. 유치권 및 동시이행관계

부속물매매대금채권을 확보하기 위하여는 유치권은 인정되지 않는다(대판 1977. 12. 13, 77다115). 다만, 그 매매대금을 지급받을 때까지 부속물의 인도를 거절할 수 있는 동시이행의 항변권이 인정된다.

Ⅳ 사안의 해결

1. 사안의 차양과 유리 출입문 등은 임대인 乙의 동의를 얻어 부속시킨 것으로서, 독립성을 유지하고 있고, 1층 건물의 객관적 편익을 위해 부속시킨 것이다. 따라서 甲은 1층 건물의 임대차 종료시에 부속물매수청구권을 행사할 수 있다.
2. 甲이 부속물매수청구권을 행사하면, 차양과 유리 출입문 등에 관한 시가 상당액으로 매매계약이 성립한다. 따라서 甲은 이 물건의 소유권을 이전해 주어야 하고, 乙은 매매대금을 지급하여야 한다. 양자는 동시이행의 관계에 있다.

물음 2) (20점)

Ⅰ 논점의 정리

1. 임차인은 임대인의 동의 없이 임차권을 양도하지 못한다(제629조 제1항). 건물의 소부분을 양도함에는 임대인의 동의를 요하지 않는다(제632조).
2. 甲은 2층 건물의 임차권을 양도하였는 바, 이는 건물의 소부분이라 할 수 없으므로 乙의 동의가 필요하다.

Ⅱ 乙의 동의가 있는 경우

1. 임차권은 동일성을 유지하면서 丙에게 확정적으로 이전하고, 甲은 임대차관계에서 벗어난다(임대차관계의 승계).
2. 연체차임지급의무나 기타 의무 위반으로 인한 손해배상의무, 보증금반환채권 등은 특약이 없는 한 丙에게 이전되지 않는다.

Ⅲ 乙의 동의가 없는 경우

1. 양도인과 양수인 관계

(1) 양도계약 자체는 유효하다(대판 1986. 2. 25, 85다카1812). 丙은 임차권을 취득하지만, 乙에게 대항할 수 없다.

(2) 甲은 乙의 동의를 얻어줄 의무를 부담하고, 丙에게 담보책임을 진다(제567조).

2. 임대인과 양수인 관계

(1) 丙은 乙에게 임차권을 주장할 수 없다. 丙의 점유는 불법점유가 된다.

(2) 乙은 임대차계약을 해지하지 않는 한, 丙에게 목적물을 직접 자기에게 반환할 것을 청구할 수 없고 '임차인에게 반환하라'는 내용으로 방해배제청구를 할 수 있다(제213조).

(3) 乙은 여전히 甲에게 차임을 청구할 수 있으므로, 丙에게 불법점유를 이유로 한 손해배상이나 부당이득반환을 청구할 수 없다.

3. 임대인과 양도인 관계

(1) 乙은 채무불이행을 이유로 임대차계약을 해지할 수 있다.

(2) 乙은 임대차계약을 해지하지 않는 한 甲에게 여전히 차임을 청구할 수 있다.

| 문제 2 | 「민법」상 증여계약의 특유한 해제원인 3가지를 설명하고, 이행완료 부분에 대한 효력에 관하여 약술하시오. (20점)

모범답안

Ⅰ 서설

증여는 당사자 일방이 무상으로 재산을 상대방에 수여하는 의사를 표시하고 상대방이 승낙함으로써 성립하는 계약이다. 낙성·무상·편무·불요식계약이다.
증여계약에도 증여자의 채무불이행을 전제로 법정해제(제543조 내지 제553조) 규정이 적용됨은 물론이다. 민법은 이에 더하여 특별해제를 규정하고 있다.

Ⅱ 특별해제의 사유(→ 서, 망, 사)

1. 서면에 의하지 않은 증여

(1) 의의

① 증여의 의사가 서면으로 표시되지 아니한 경우에는 각 당사자는 해제할 수 있다(제555조).
② 이 경우 해제는 특수한 철회로서 제척기간의 적용을 받지 않으므로 10년이 경과한 후에도 할 수 있다(대판 2009. 9. 24, 2009다3783).

(2) 서면의 의미

서면에 의하지 아니한 증여의 해제는 ① 경솔하게 증여하는 것을 방지하고 ② 증여자의 의사를 명확하게 하여 분쟁을 피하려는데 있으므로, 증여의사가 문서를 통하여 확실히 알 수 있는 정도로 나타나 있으면 서면에 의한 증여에 해당한다(대판 1988. 9. 27, 86다카2634).

2. 수증자의 망은행위

(1) 의의

수증자가 증여자 또는 그 배우자나 직계혈족에 대하여 범죄행위를 한 때, 수증자가 증여자에 대하여 부양의무를 이행하지 아니하는 때, 증여자는 증여를 해제할 수 있다(제556조 제1항).

(2) 부양의무의 의미

부양의무란, 직계혈족 및 그 배우자 또는 생계를 같이 하는 친족 간의 부양의무(제974조)를 가리키는 것으로서, 친족 간이 아닌 당사자 사이의 약정에 의한 부양의무는 여기에 해당하지 않는다(대판 1996. 1. 26, 95다43358). 그것은 「부담부 증여」에서 '부담'의 불이행일 뿐이다.

(3) 제척기간

해제권은 해제원인 있음을 안 날로부터 6개월을 경과하거나 증여자가 수증자에 대하여 용서의 의사를 표시한 때에는 소멸한다(제556조 제2항).

3. 사정변경에 의한 해제

증여계약 후에 증여자의 재산상태가 현저히 변경되고 그 이행으로 인하여 생계에 중대한 영향을 미칠 경우에는 증여자는 증여를 해제할 수 있다(제557조).

Ⅲ 특별해제의 효과

1. 소급효 제한

증여의 특별해제는 이미 이행한 부분에 대하여는 영향을 미치지 아니한다(제558조). 이는 법정해제에서의 원상회복의무(제548조)에 대한 특칙이다.

2. 이미 이행한 부분

부동산 증여에서 「이미 이행되었다」함은, 부동산의 인도만으로는 부족하고 소유권이전등기절차까지 마친 것을 의미한다(대판 1976. 2. 10, 75다2295).

| 문제 3 | 매매계약 체결시 교부되는 계약금의 종류를 약술하고, 해약금의 효력에 관하여 설명하시오. (20점)

모범답안

Ⅰ 계약금의 의의

1. 계약을 체결할 때에 그 계약에 부수하여 당사자 일방이 상대방에 대하여 교부하는 금전 기타의 유가물을 계약금이라 하고, 그 계약금의 지급을 약정하는 합의를 계약금계약이라고 한다.
2. 계약금계약은 매매의 종된 계약으로서 요물계약이다. 주된 계약인 매매가 무효·취소되면 계약금계약도 당연히 실효된다(부종성).

Ⅱ 계약금의 종류(→ 증, 해, 위)

1. 증약금

계약체결의 증거로서의 의미를 가지는 계약금이다. 모든 계약금은 적어도 증약금으로서의 성질을 가진다.

2. 해약금

해제권을 유보하기 위하여 수수된 계약금을 말한다. 민법은 계약금은 해약금이 추정된다(제565조).

3. 위약계약금

(1) 위약계약금이란, 위약이 있는 경우에 지급해야 하는 계약금을 말한다.

(2) 계약금이 위약계약금으로 되려면 반드시 위약금 특약(예: 위약시에 매도인은 배액상환, 매수인은 포기약정 등)이 있어야 한다.

(3) 위약금은 손해배상액의 예정의 성질을 가지는 것과 위약벌의 성질을 가지는 것이 있는데, 특별한 사정이 없으면 손해배상액의 예정으로 추정한다(제398조 4항).

Ⅲ 해약금의 효력

1. 해약금에 기한 해제의 의의 및 요건

해제권을 유보하기 위하여 수수된 계약금을 말한다. 계약금이 교부된 때에는 당사자의 ① 일방이 이행에 착수할 때까지 ② 교부자는 이를 포기하고 수령자는 그 배액을 상환하여 매매계약을 해제할 수 있는 약정해제권을 유보한 것으로 추정한다(제565조 제1항).

2. 해약금에 기한 해제의 효과

계약은 소급하여 무효가 된다.

(1) **원상회복의무**

해약금에 의한 해제는 당사자 일방의 이행이 있기 전에 한하므로 원상회복의무는 생기지 않는다.

(2) **손해배상의무**

채무불이행을 원인으로 하는 것이 아니므로 손해배상의무는 발생하지 않는다..

(3) **법정해제와의 경합**

채무불이행이 발생하면, 해약금해제와는 별도로 채무불이행을 원인으로 법정해제(제544조 내지 제546조)를 할 수 있고, 해제의 일반적 효과(원상회복의무·손해배상)가 모두 인정된다.

| 문제 4 | **甲과 乙은 甲 소유의 건물을 乙에게 매도하면서 甲의 요청으로 乙은 丙에 대하여 직접 대금지급채무를 부담하는 내용의 제3자를 위한 계약을 체결하였다. 이 경우 丙의 법적 지위를 수익의 의사표시 이전과 이후로 구분하여 설명하시오. (20점)**

모범답안

Ⅰ 제3자를 위한 계약의 의의

제3자를 위한 계약은 계약당사자가 아닌 제3자에게 직접 권리를 취득케 하는 계약으로 보통의 계약 중에 그 법률효과의 일부를 직접 제3자에게 귀속시킨다는 내용의 제3자 약관을 붙인 것을 말한다(제539조).

Ⅱ 제3자를 위한 계약의 성립여부

1. 성립요건

제3자를 위한 계약이 성립하기 위해서는 ① 채권자(요약자)와 채무자(낙약자) 간에 유효한 계약이 성립하여야 하며, ② 그 계약에서 제3자에게 직접적으로 권리를 취득시키려는 약정(수익조항의 존재)이 있어야 하고, ③ 수익자는 계약체결 당시에 처음부터 확정되어 있을 필요는 없고, 또한 현존하고 있어야 하는 것도 아니다. 수익의 의사표시는 제3자를 위한 계약의 성립요건이나 유효요건이 아니고, 제3자가 채권을 취득하기 위한 요건일 뿐이다.

2. 사안의 경우

① 甲과 乙 사이의 甲 소유의 건물 매매계약(기본관계)이 체결되었고, ② 甲(요약자)과 乙 간에 丙이 매매대금을 직접 청구할 수 있다는 약정에 합의한 바, 이는 제3자 乙에게 독자적으로 권리를 인정하는 것으로 제3자 수익약정에 해당한다. ③ 아직 수익의 의사표시가 없다 하더라도, 계약체결 당시에 처음부터 수익자가 확정되어 있으므로 丙을 수익자로 하는 제3자를 위한 계약이 유효하게 성립하였다.

Ⅲ 수익자 甲의 법적 지위(→ 전, 후)

1. 수익의 의사표시의 법적 성질

(1) 제3자의 채권취득의 요건

수익의 의사표시가 없더라도 제3자를 위한 계약은 성립하고 당사자 사이에 효력을 발생한다. 따라서 수익의 의사표시는 제3자를 위한 계약의 성립요건이나 유효요건이 아니고, 제3자가 채권을 취득하기 위한 요건일 뿐이다.

(2) 수익의 의사표시의 방법

수익의 의사표시는 낙약자에 대한 권리취득의 효과를 발생케 한다는 점에서 형성권에 해당한다. 이러한 수익의 의사표시는 낙약자(채무자)에 대해 하여야 하고, 명시적 또는 묵시적(급부의 이행청구, 요약자와 낙약자 간 계약서의 수취인란에 기명날인 등)으로 할 수 있다. 따라서 반드시 서면으로 이루어져야 할 필요는 없다.

2. 수익자 丙의 의사표시 전의 법적 지위

(1) 형성권

수익자는 수익의 의사표시를 할 수 있는 형성권을 가진다.

(2) 비일신전속권

이 권리는 형성권으로 재산권적 특성이 강하므로 일신전속권이 아니므로 양도·상속, 채권자대위권의 목적이 된다(다수설).

3. 수익자 丙의 의사표시 후의 법적 지위

(1) 권리취득(제3자 지위 확정)

① 제3자는 기본계약에서 정해진 권리를 직접 취득한다.
수익의 의사표시가 있으면 제3자는 계약상 권리를 직접 확정적으로 취득한다.

② 당사자 임의로 변경 · 소멸 금지(제541조). 따라서 수익의 의사표시가 있은 후에는 당사자(요약자 및 낙약자)가 이를 변경 또는 소멸시키지 못한다(제541조). 그러나 미리 유보한 경우나 수익자의 동의가 있는 경우에는 가능하다.

(2) 채무불이행시 권리행사

수익자는 계약의 당사자가 아니므로, 제3자인 수익자 甲은 해제권(혹은 해제를 원인으로 한 원상회복청구권)이나 취소권은 행사하지 못한다. 다만 낙약자의 채무불이행이 있는 경우에 제3자는 낙약자에 대해 손해배상을 청구할 수 있다(대판 1994. 8. 12, 92다41559).

2018년 제6회 행정사 2차 기출문제

민법(계약) 모범답안

| 문제 1 | 甲은 2018. 2. 1. 자신의 소유인 X주택을 매매대금 10억 원에 乙에게 매각하는 매매계약을 체결하면서, 계약금은 1억 원으로 약정하였다. 乙은 甲에게 계약금 1억 원 중 3,000만 원은 계약 당일에 지급하였고, 나머지 7,000만 원은 2018. 2. 15. 지급하기로 약정하였다. 다음 각 독립된 물음에 답하시오. (40점)

(1) 甲이 2018. 2. 10. 계약금에 기하여 매매계약을 해제하고자 할 때, 계약금의 법적 의미와 甲은 얼마의 금액을 乙에게 지급하고 매매계약을 해제할 수 있는지에 관하여 설명하시오. (20점)

(2) 乙은 甲에게 2018. 2. 15. 지급하기로 한 나머지 계약금 7,000만 원을 지급하였다. 한편, 위 매매계약에서 중도금 3억 원은 2018. 6. 1. 지급하기로 약정하였다. 乙은 X주택의 시가 상승을 예상하면서 2018. 5. 1. 甲을 만나 중도금 3억 원의 지급을 위하여 자기앞수표를 교부하였으나, 甲은 이의 수령을 거절하였다. 그 후 甲은 2018. 5. 5. 수령한 계약금의 2배인 2억 원의 자기앞수표를 乙에게 교부하면서 매매계약 해제의 의사표시를 하였다. 乙은 이의 수령을 거절하였으며, 甲은 2억 원을 공탁하였다. 이러한 경우, 매매계약이 해제되었는지 여부에 관하여 설명하시오. (20점)

모범답안

물음 1) (20점)

Ⅰ 논점의 정리

1. 계약금의 성질과 관련하여 약정해제권을 발생시키는 해약금으로 인정될 수 있는지 문제이다.
2. 계약금의 일부만 지급한 경우에도 계약금계약이 성립하는지 및 이때 해제를 위하여 甲이 상환하여야 하는 금액이 얼마인지 문제이다.

Ⅱ 해약금 추정

1. 계약금의 의의

(1) 계약을 체결할 때에 계약에 부수하여 당사자 일방이 상대방에 대하여 교부하는 금전 기타의 유가물을 계약금이라 한다.

(2) 계약금계약은 매매의 종된 계약으로서 요물계약이다.

2. 해약금 추정

(1) 해약금이란, 해제권을 유보하기 위하여 수수된 계약금을 말하며, 해약금에 기하여 각 당사자에게는 약정해제권이 발생한다.

(2) 계약금은 특별한 사정이 없는 한 해약금으로 추정되므로, 당사자의 일방이 이행에 착수할 때까지 교부자는 이를 포기하고 수령자는 그 배액을 상환하여 매매계약을 해제할 수 있다(제565조 제1항).

Ⅲ 계약금의 일부만 지급한 경우

1. 계약금의 일부만을 지급하고 잔액은 나중에 지급하기로 한 경우, 계약금의 전부를 지급하지 않는 한 계약금계약은 성립하지 않는다(대판 2008. 3. 13, 2007다73611).
2. 계약금 일부만 지급된 경우 수령자가 매매계약을 해제할 수 있다고 하더라도 해약금의 기준이 되는 금원은 '실제 교부받은 계약금'이 아니라 '약정 계약금'이라고 보아야 한다(대판 2015. 4. 23, 2014다231378).

Ⅳ 사안의 해결

1. 甲과 乙은 계약금을 1억 원으로 약정하였음에도, 그 일부인 3천만 원을 지급하였을 뿐이므로 계약금계약은 성립하지 않았다.
2. 그럼에도 甲이 해약금에 기해 매매계약을 해제하려면, 원래의 약정 계약금을 기준으로 상환하여야 한다. 따라서 이미 지급받은 3천만 원에 더하여 약정 계약금인 1억 원을 상환하여야만 해제할 수 있다(총 1억 3천만 원).

물음 2) (20점)

Ⅰ 논점의 정리

甲의 해약금에 기한 해제는 '당사자 일방의 이행착수 전'에만 가능하므로, 乙의 중도금 지급이 '이행착수'에 해당하는지가 문제이다.

Ⅱ 해약금에 기한 해제

1. 의의 및 요건

당사자의 일방이 이행에 착수할 때까지 계약금의 교부자는 이를 포기하고, 수령자는 그 배액을 상환하여 매매계약을 해제할 수 있다(제565조 제1항).

2. 이행착수의 의미

(1) 이행착수란, 객관적으로 외부에서 인식할 수 있는 정도로 이행행위의 일부를 하거나, 이행을 하기 위하여 필요한 전제행위를 하는 경우를 말하며, 단순히 이행의 준비를 하는 것만으로는 부족하다(대판 2008. 10. 23, 2007다72274).

(2) 특별한 사정이 없는 한 이행기 전의 이행착수도 여기의 이행착수에 해당한다(대판 2006. 2. 10, 2004다11599).

Ⅲ 사안에의 적용

1. 자기앞수표의 제공

매매대금은 현금으로 제공하여야 하지만, 자기앞수표는 현금과 동일한 결제수단이므로 적법한 이행제공이다. 따라서 甲은 그 수령을 거절할 수 없다.

2. 중도금 지급기일 전의 지급

乙이 기한의 이익을 포기할 수 있다. 따라서 중도금 지급기일(2018. 6. 1.) 이전에 이행한 것은 '이행행위의 일부'에 해당하여 적법한 '이행착수'이므로, 甲은 더 이상 해약금에 기한 해제를 할 수 없다.

3. 결론

甲은 해약금에 기한 해제를 할 수 없으므로, 매매계약은 해제되지 않았다.

| 문제 2 | 물건의 하자에 대한 매도인의 담보책임의 성립요건과 책임의 내용을 설명하시오. (20점)

모범답안

Ⅰ 의의

1. 매매의 목적인 「권리」의 흠결 또는 그 권리의 객체인 「물건」에 하자가 있는 경우에 매매계약의 등가성을 보장하기 위하여 매도인이 지는 책임을 매도인의 담보책임이라고 한다.

2. 매도인의 고의·과실을 묻지 않는 무과실책임이다.

Ⅱ 책임의 요건

1. 특정물 매매의 경우

(1) 매매의 목적물에 하자가 있어야 하며, 「하자」란 해당 종류의 물건이 거래에서 요구되는 통상의 품질이나 성능을 갖추지 못한 경우를 말한다.

(2) 하자의 존부는 '매매계약 성립시'를 기준으로 판단한다.

(3) 매수인은 선의·무과실이어야 하며, 그 증명책임은 매도인이 진다(통설).

2. 종류물 매매의 경우

(1) 매매의 목적물은 종류로 지정하였는데, 그 후 특정된 목적물에 하자가 있어야 한다.

(2) 나머지 요건은 특정물 매매에서와 같다.

Ⅲ 책임의 내용

1. 특정물 매매의 경우

(1) 계약의 목적을 달성할 수 없는 경우 계약을 해제할 수 있다(해제권).

(2) 계약해제와 별도로 손해가 있으면 손해배상을 청구할 수 있다(손해배상청구권).

2. 종류물 매매의 경우

(1) 특정물의 하자담보책임이 준용되어 해제권과 손해배상청구권이 인정된다.

(2) 매수인은 계약해제권 또는 손해배상청구권을 행사하지 않고 하자 없는 완전물의 급부를 청구할 수 있다(완전물급부청구권). 계약해제권·손해배상청구권과 완전물급부청구권은 선택적 관계에 있다.

(3) 완전물급부청구가 다른 구제방법에 비하여 지나치게 큰 불이익이 발생하는 경우에는 공평의 원칙상 허용되지 않는다(대판 2014. 5. 16, 2012다72582).

3. 제척기간

매수인은 매매 목적물에 하자가 있음을 안 날'로부터 6월 내에 위의 권리를 행사하여야 한다(제582조).

| 문제 3 | 甲은 乙이 소유한 X토지상에 건물을 지어 음식점을 경영할 목적으로, 乙의 X토지에 대한 임대차 계약을 체결하였다. 그 후 甲은 건물을 신축하여 음식점을 경영하고 있다. 한편, 임대차 계약서에는 '임대차기간 만료시 甲은 X토지상의 건물을 철거하고 원상회복하여 X토지를 반환한다'는 특약이 기재되어 있다. 이러한 경우 임대차기간이 만료된 때에, 甲이 신축한 건물과 관련하여 乙에게 주장할 수 있는 지상물매수청구권에 관하여 설명하시오. (20점)

모범답안

Ⅰ 논점의 정리

토지임차인은 임대차기간이 만료한 경우에 건물·수목 기타 지상시설이 현존한 때에는 임대인에게 계약의 갱신을 청구할 수 있고(제643조, 제283조 1항), 임대인이 그 갱신을 거절한 경우에는 지상물의 매수를 청구할 수 있다(제643조, 제283조 2항). 사안의 경우 특히 지상물매수청구권 포기특약이 있어 이러한 약정의 유효성이 문제된다.

Ⅱ 지상물매수청구권 법적 성질과 포기특약의 유효성

1. 법적 성질

(1) 계약갱신청구권은 청구권일 뿐이므로 임대인이 거절할 수 있으나, 지상물매수청구권은 형성권이다.

(2) 계약갱신청구권 및 지상물매수청구권은 편면적 강행규정이다(제652조).

2. 지상권매수청구권의 포기특약의 유효성

토지임차인의 지상물매수청구권에 관한 규정은 강행규정이며, 이에 위반하는 것으로서 임차인에게 불리한 약정은 그 효력이 없다(제652조). 토지 임대인과 임차인 사이에 임대차기간 만료 후 임차인이 지상건물을 철거하여 토지를 인도하고, 만약 지상건물을 철거하지 아니할 경우에는 그 소유권을 임대인에게 이전하기로 한 약정은, 민법 제643조 소정의 임차인의 **지상물매수청구권을 배제키로 하는 약정으로서 임차인에게 불리한 것이므로** 민법 제652조의 규정에 의하여 **무효이다**(대판 1991. 4. 23, 90다19695). 그러나 임대차계약의 과정을 전체적으로 살펴보아 그러한 특약이 실질적으로 임차인에게 불리하지 않은 것이라면 그 특약은 유효하다.

Ⅲ 성립요건

1. 당사자

(1) 청구권자는 지상물의 소유자인 임차인이며(대판 1993. 7. 27, 93다6386), 상대방은 원칙적으로 임차권이 소멸할 당시의 토지소유자인 임대인이다.

(2) 임대목적 토지가 양도된 경우에는 임차인이 대항력을 갖춘 경우에 한하여 양수인(임대인지위의 승계인)에 대하여 매수청구권을 행사할 수 있다.

2. 임대차기간 만료로 종료할 것

(1) 임대차가 기간만료로 종료하여야 한다. 기간을 정하지 않은 임대차에서 임대인의 해지통고로 소멸한 경우에도 인정된다.

(2) 임차인의 차임연체 등 채무불이행으로 임대차계약이 해지된 경우에는 임차인이 계약갱신을 청구할 수 없으므로 이를 전제로 하는 지상물의 매수청구도 할 수 없다(대판 1997. 4. 8, 96다54249).

3. 지상물의 현존

허가를 받지 않은 부적법한 건물이라도 그 대상이 되며(대판 1997. 12. 23, 97다37753), 임대인의 동의를 얻어 신축한 것에 한정되지 않는다(대판 1993. 11. 12, 93다34589).

4. 갱신청구에 대한 임대인의 갱신거절

임대인이 그 갱신을 거절한 경우에는 지상물의 매수를 청구할 수 있다.

Ⅳ 행사의 효과

1. 매매계약의 성립

형성권이므로 그 행사로 매매계약이 성립한다. 임차인의 지상물의 소유권이전의무와 임대인의 대금지급의무는 동시이행관계에 있다(대판 1998. 5. 8, 98다2389).

2. 부당이득반환의무 인정 여부

민법 제643조 소정의 매수청구권을 행사한 후에 그 임대인인 대지의 소유자로부터 매수대금을 지급받을 때까지 그 지상건물 등의 인도를 거부할 수 있다고 하여도, 지상건물 등의 점유・사용을 통하여 그 부지를 계속하여 점유・사용하는 한 그로 인한 부당이득으로서 부지의 임료 상당액은 이를 반환할 의무가 있다(대판 2001. 6. 1, 99다60535).

Ⅴ 사안의 해결

건물 소유를 위한 토지임대차 계약을 체결한 甲은 계약체결시 '임대차기간 만료시 甲은 X토지상의 건물을 철거하고 원상회복하여 X토지를 반환한다'는 특약 즉 지상물매수청구권 포기특약을 하였다. 그러나 이러한 특약은 임차인의 불리한 약정으로 편면적 강행규정 위반으로 무효이다. 따라서 임차인 甲은 위 성립요건을 충족한다면 지상물매수청구권을 주장할 수 있다.

| 문제 4 | 甲은 2018. 7. 25. X도자기를 乙에게 50만 원에 매각하였다. 매매계약에서 X도자기의 인도일은 2018. 8. 5.로 하면서, X도자기의 인도 시에 甲이 50만 원의 매매대금을 받기로 하였다. 2018. 8. 4. 甲의 친구 丙이 X도자기를 구경하던 중 丙의 과실로 X도자기가 완전히 파손되었다. 이러한 경우 甲은 乙에게 X도자기 매매대금 50만 원의 지급을 청구할 수 있는지 여부를 설명하시오. (20점)

모범답안

Ⅰ 논점의 정리

사안의 경우는, 쌍무계약인 매매계약에서 매도인 甲의 매매목적물 인도의무가 쌍방의 책임 없는 사유로 후발적 불능이 된 경우 이에 상응하는 매수인 乙의 매매대금 지급채무도 소멸하는지가, 위험부담과 관련하여 문제된다.

Ⅱ 채무자 위험부담주의

1. 의의

쌍무계약의 당사자 일방의 채무가 당사자 쌍방의 책임 없는 사유로 이행할 수 없게 된 때에는 채무자는 상대방의 이행을 청구하지 못한다(제537조).

2. 요건

(1) 쌍방의 귀책사유 없는 불능일 것

채무자의 귀책사유로 인한 불능은 채무불이행책임(제390조)이 성립하고, 채권자의 귀책사유로 인한 불능은 채권자가 위험을 부담할 뿐이다(제538조1항).

(2) 후발적 전부불능일 것

계약성립 후에 불능에 이르러야 한다. 계약성립 당시부터 불능인 '원시적 불능'의 경우에는 계약이 무효가 되므로 위험부담의 문제는 발생하지 않는다.

3. 효과

채권자의 반대급부의무가 소멸하므로, 채무자는 상대방의 이행을 청구하지 못한다(제537조).

Ⅲ 사안의 해결

2018. 7. 25. 계약체결 후 2018. 8. 5. 이행기 전인 2018. 8. 4.에 불능이 된 경우이므로 후발적 불능에 해당한다. 丙이 甲의 친구라는 이유로 甲이 책임 있다고 할 수 없으므로, 계약 당사자 아닌 丙의 과실로 불능이 된 X도자기 인도채무는 당사자 쌍방의 귀책사유 없는 후발적 불능에 해당한다. 따라서 甲의 채무는 소멸하며 쌍무계약의 견련성상 위험부담에 의하여 乙의 대금지급채무도 함께 소멸한다(제537조). 따라서 甲은 乙에게 X도자기 매매대금 50만 원의 지급을 청구할 수 없다.

2019년 제7회 행정사 2차 기출문제

민법(계약) 모범답안

| 문제 1 | 乙은 교육관을 건립하기로 하고 그 건립방법에 관하여 5인가량의 설계사를 선정하여 건물에 대한 설계시안 작성을 의뢰한 후 그중에서 최종적으로 1개의 시안을 선정한 다음 그 선정된 설계사와 교육관에 대한 설계계약을 체결하기로 하였다. 甲설계사는 이 제안에 응모하기 위하여 제안서와 견적서 작성비용 300만 원을 지출하였다. 乙은 甲의 시안을 당선작으로 선정하였으나, 그 후 乙은 여러 가지 사정으로 甲과 설계기간, 설계대금 및 그에 따른 제반사항을 정한 구체적인 계약을 체결하지 않고 있다가 당선사실 통지 시로부터 약 2년이 경과한 시점에 甲에게 교육관 건립을 취소하기로 하였다고 통보하였다. 甲은 당선사실 통지 후 설계계약이 체결될 것이라고 기대하고 교육관 설계를 위한 준비비용 500만 원을 지출하였다. 다음 물음에 답하시오. (40점)

(1) 甲은 乙에게 계약체결상의 과실책임을 물을 수 있는지를 논하시오. (30점)

(2) 甲이 乙에게 청구할 수 있는 손해배상책임의 범위에 관하여 설명하시오. (10점)

모범답안

물음 1) (30점)

Ⅰ 논점의 정리

甲과 乙 사이에 계약이 성립하지 않아 甲은 乙에게 계약상 책임을 물을 수 없으므로, 제535조의 계약체결상 과실책임으로 손해배상청구를 할 수 있는지가 문제된다.

Ⅱ 제535조의 계약체결상의 과실책임 인정 여부

1. 성립요건

제535조상의 계약체결상 과실책임이 성립하기 위해서는 ① 계약체결행위가 있었을 것, ② 계약 목적이 원시적·객관적·전부 불능일 것, ③ 배상의무자의 악의 또는 과실이 존재할 것, ④ 상대방은 선의·무과실일 것을 요한다.

2. 적용범위

판례는 계약체결상 과실책임을 제535조에서 정하고 있는 원시적 불능으로 계약이 무효인 경우에만 인정하고, 그 외에는 이를 인정하지 않고 있다.

3. 사안의 경우

사안에서 乙은 甲의 시안을 당선작으로 선정하였으나, 그 후 乙은 甲과 구체적인 계약을 체결하지 않고 있다가 당선사실 통지 시로부터 약 2년이 경과한 시점에 甲에게 교육관 건립을 취소하기로 하였다고 통보한 것이므로, **계약교섭이 부당하게 파기되어 계약이 불성립한 경우**이다. 따라서 제535조에서 정하고 있는 원시적 불능으로 계약이 무효인 경우에만 **계약체결상 과실책임**을 인정하고 있는 판례에 따르면 **인정할 수 없고**, 위 사안은 이를 **불법행위책임(제750조)**으로 해결하고 있다.

Ⅲ 제750조 불법행위로 인한 손해배상책임 인정 여부

1. 성립요건

판례는「① 어느 일방이 교섭단계에서 계약이 확실하게 체결되리라는 정당한 기대 내지 신뢰를 부여하여 ② 상대방이 그 신뢰에 따라 행동하였음에도 ③ 상당한 이유 없이 계약의 체결을 거부하여 손해를 입혔다면 이는 신의성실의 원칙에 비추어 볼 때 위법한 행위로서 불법행위를 구성한다」고 본다(대판 2001. 6. 15, 99다4041).

계약교섭의 부당한 중도파기가 불법행위를 구성하는 경우, 상대방에게 배상책임을 지는 것은 계약체결을 신뢰한 상대방이 입게 된 상당인과관계 있는 손해이고, 한편 계약교섭 단계에서는 아직 계약이 성립된 것이 아니므로 당사자 중 일방이 계약의 이행행위를 준비하거나 이를 착수하는 것은 이례적이라고 할 것이므로 설령 이행에 착수하였다고 하더라도 이는 자기의 위험 판단과 책임에 의한 것이라고 평가할 수 있지만 만일 이행의 착수가 상대방의 적극적인 요구에 따른 것이고, 바로 위와 같은 이행에 들인 비용의 지급에 관하여 이미 계약교섭이 진행되고 있었다는 등의 **특별한 사정이 있는 경우**에는 당사자 중 일방이 계약의 성립을 기대하고 이행을 위하여 지출한 비용 상당의 손해가 상당인과관계 있는 손해에 해당한다.

2. 사안의 적용

사안의 경우, 乙은 甲의 설계시안을 당선작으로 선정하여 설계계약을 체결하기로 신뢰를 부여하고도, 그로부터 약 2년이 경과한 시점에 정당한 이유 없이 계약교섭을 부당하게 파기하여 乙에게 손해를 입혔는바, 乙의 위 행위는 계약자유의 원칙의 한계를 벗어나 위법하다. 따라서 판례에 의하면 甲은 乙에게 제750조에 의하여 손해배상을 청구할 수 있다.

물음 2) (10점)

Ⅰ 논점의 정리

계약교섭의 부당파기로 인한 불법행위에 해당한 위 사안의 경우, 甲이 乙에게 청구할 수 있는 구체적 손해배상책임의 범위에 대해 검토한다.

Ⅱ 계약의 부당파기로 인한 손해배상의 범위

판례는 ① 계약교섭의 부당파기로 인한 손해는 계약이 유효하게 체결된다고 믿었던 것에 의하여 입었던 신뢰손해에 한정되고, 이행이익은 포함되지 않는다. ② 이러한 손해에는「계약체결이 좌절되더라도 어쩔 수 없다고 생각하고 지출한 비용, 예컨대 경쟁입찰에 참가하기 위하여 지출한 제안서, 견적서 작성비용 등은 여기에 포함되지 아니한다(대판 2003. 4. 11, 2001다53059). ③「계약의 성립을 기대하고 이행을 위하여 지출한 비용도 특별한 사정이 없는 한 상당인과관계 있는 손해에 해당하지 않는다」(대판 2004. 5. 28, 2002다32301)고 본다.

Ⅲ 사안의 해결

1. 甲은 ① 설계계약이 유효하게 체결되리라고 믿고 지출한 신뢰손해에 대해서만 손해배상을 청구할 수 있다. ② 제안서와 견적서 작성비용 300만 원은 계약체결이 좌절되더라도 어쩔 수 없다고 생각하고 지출한 비용이므로 손해배상책책임의 범위에 포함되지 아니하며, ③ 교육관 설계를 위한 준비비용 500만 원은 계약의 성립을 기대하고 이행을 위하여 지출한 비용에 해당하므로 손해배상책임의 범위에 포함되지 않는다.
2. 한편, 계약교섭의 부당파기로 甲의 인격적 법익이 침해되어 정신적 고통을 초래하였다면 정신적 고통에 대한 손해배상도 청구할 수 있다(대판 2004. 5. 28, 2002다32301).

| 문제 2 | 甲은 2019년 8월 중순경 乙여행사와 여행기간 5박 6일, 여행지 동남아 X국으로 정하여 기획여행계약을 체결하였다. 이 계약에서 여행주최자 乙의 의무와 담보책임을 설명하시오. (20점)

모범답안

Ⅰ 여행계약의 의의

여행계약은 당사자 한쪽이 상대방에게 운송, 숙박, 관광 또는 그 밖의 여행 관련 용역을 결합하여 제공하기로 약정하고 상대방이 그 대금을 지급하기로 약정함으로써 성립하는 계약이다.

Ⅱ 여행주최자 乙의 의무

1. 여행관련 용역제공의무

여행주최자는 약정된 내용대로 여행을 실행할 의무가 있다.

2. 부수적 의무

여행주최자는 여행계약상의 부수적 의무로서 여행자의 생명·신체·재산을 보호할 안전배려의무를 부담한다.

Ⅲ 여행주최자 乙의 담보책임

1. 의의

(1) 여행주최자는 여행에 하자가 있는 경우, 무과실책임으로서 담보책임을 진다(제674조의6, 제674조의7).

(2) 여행계약은 유상계약이므로 매도인의 담보책임 규정이 준용된다(제567조). 민법은 별도로 특별규정을 두고 있다.

2. 담보책임의 내용

(1) 하자시정청구권, 대금감액청구권, 손해배상청구권

① 여행에 하자가 있는 경우에는 여행자는 여행주최자에게 하자의 시정 또는 대금의 감액을 청구할 수 있다.

② 다만, 그 시정에 지나치게 많은 비용이 들거나 시정을 합리적으로 기대할 수 없는 경우에는 시정을 청구할 수 없다(제674조의6 제1항).

③ 여행자는 시정청구, 감액청구에 갈음하여 손해배상을 청구하거나 시정청구, 감액청구와 함께 손해배상을 청구할 수 있다(제3항).

(2) 계약의 해지 및 귀환운송의무

① 계약의 해지: 여행에 '중대한 하자'가 있는 경우 그 시정이 이루어지지 아니하거나 계약의 내용에 따른 이행을 기대할 수 없는 경우에는, 여행자는 계약을 해지할 수 있다(제674조의7 제1항).

② 귀환운송의무: ㉠ 여행주최자는 여행계약의 해지에도 불구하고 귀환운송의 의무를 부담한다(남효순, 민사법학 20호, 184면). ㉡ 귀환운송비용은 원칙적으로 여행주최자가 부담한다(제674조의7 제3항 본문). 다만, 상당한 이유가 있는 때에는 여행자에게 비용의 일부를 청구할 수 있다(제674조의7 제3항 단서).

3. 담보책임의 존속기간

여행자의 시정청구권·대금감액청구권·손해배상청구권·계약해지권은 계약에서 정한 여행종료일로부터 6개월의 제척기간에 걸린다(제674조의8).

Ⅳ 편면적 강행규정

여행주최자의 의무 및 담보책임에 관한 규정을 위반하는 약정으로서 여행자에게 불리한 것은 효력이 없다(제674조의9).

| 문제 3 | 상가건물 임대차보호법상 권리금의 의의와 임차인의 권리금 회수기회 보호규정에 관하여 설명하시오. (20점)

모범답안

Ⅰ 의의

1. 권리금이란, 토지 또는 건물의 임대차에 부수하여 임대차 목적물이 가지는 특수한 장소적 이익 등의 대가로서 임대인 또는 임차인에게 지급하는 금전이다(「상가건물임대차보호법」 제10조의3 제1항).
2. 권리금 계약이란 신규임차인이 되려는 자가 임차인에게 권리금을 지급하기로 하는 계약을 말한다(제2항).

Ⅱ 권리금의 원칙적 효력

1. 권리금은 임차보증금과 달리, 임대차가 종료하더라도 임대인에게 그 반환을 청구하지 못한다(대판 1989. 2. 28, 87다카823). 다만 임대인의 사정으로 임대차계약이 중도에 해지되는 것과 같은 특별한 사정이 있는 때에는 권리금 중 잔존기간에 상응하는 금액의 반환을 청구할 수 있다(대판 2008. 4. 10, 2007다75993).
2. 임대인이 임대차계약서에 금액의 기재 없이 '모든 권리금을 인정함'이라는 기재를 한 경우, 임차인에게 권리금을 반환하겠다는 약정으로 볼 수 없다(대판 2000. 4. 11, 2000다4517).
3. 상임법은 특별규정으로서 임차인의 권리금 회수기회를 보장하기 위하여 임대인의 방해금지의무를 규정하고 있다.

Ⅲ 권리금 회수기회의 보호

1. 임대인의 방해금지의무(→ 요, 못, 현, 거)

(1) 임대인은 임대차기간이 끝나기 6개월 전부터 종료 시까지,

(2) ① 임차인이 주선한 신규임차인에게 권리금을 요구·수수하는 행위, ② 임차인이 주선한 신규임차인으로 하여금 임차인에게 권리금을 지급하지 못하게 하는 행위, ③ 임차인이 주선한 신규임차인에게 현저히 고액의 차임과 보증금을 요구하는 행위, ④ 정당한 사유 없이 임대인이 임차인이 주선한 신규임차인과의 임대차계약 체결을 거절하는 행위 등을 함으로써,

(3) 임차인이 권리금을 지급받는 것을 방해하여서는 아니 된다(제10조의4 제1항 본문).

2. 위반의 효과

(1) **손해배상책임**

임대인이 방해금지의무를 위반한 때에는 손해배상책임이 있다. 그 손해배상액은 신규임차인이 지급하기로 한 권리금과 임대차 종료 당시의 권리금 중 낮은 금액을 넘지 못한다(제3항).

(2) **소멸시효**

임대인의 방해금지의무 위반으로 인한 손해배상청구권은 임대차가 종료한 날부터 3년 내에 행사하지 아니하면 시효로 소멸한다(제4항).

3. 적용의 배제(→ 갱신거절사유 = 3기, 부정, 무단, 파손, 멸실·재건, 계속)

임대인에게 계약갱신거절의 사유(제10조 제1항 각호)가 있는 경우, 즉 ① 3기의 차임연체, ② 부정한 방법으로 임차, ③ 무단전대, ④ 고의·중과실에 의한 파손, ⑤ 임차물의 멸실·재건축 등으로 임대차를 계속하기 어려운 사정이 있는 등의 경우에는 임대인의 방해금지의무가 인정되지 않는다(제10조의4 제1항 단서).

| 문제 4 | 甲은 乙에게 금전을 차용하기 위하여 2016년 5월 2일 자신의 1억 상당의 X토지를 乙에게 8천만 원에 매도하는 계약을 체결한 후에 등기도 이전해 주었다. 그 후 2016년 5월 12일에 甲과 乙은 X토지를 3년 후에 甲에게 다시 매도할 것을 약정하는 계약을 체결하고, 이 청구권을 보전하기 위하여 甲은 가등기를 하였다. 甲은 2019년 5월 13일에 乙에게 8천만 원을 제시하면서 X토지를 자신에게 매도할 것을 요구하고 있다. 이에 대하여 甲은 본 약정은 환매계약이라고 주장하고, 乙은 재매매의 예약이라고 주장하고 있다. 환매와 재매매의 예약과의 차이점에 관하여 설명하고, 甲의 주장이 타당한지 검토하시오. (20점)

모범답안

Ⅰ 의의

1. 환매

환매란, 매도인이 매매계약과 동시에 환매할 권리를 보유하고, 일정기간 내에 그 환매권을 행사하여 매매목적물을 다시 매수하는 것을 말한다(제590조).

2. 재매매의 예약

재매매의 예약이란, 매도인이 매매계약을 통하여 목적물의 소유권을 이전한 뒤에, 장차 그 목적물을 다시 매수할 것을 예약하는 것을 말한다(제564조).

Ⅱ 차이점(→ 동, 대, 공, 존)

1. 동시성

환매의 특약은 매매계약과 동시에 하여야 하지만(제590조 1항), 재매매의 예약에는 그러한 제한이 없으므로 매매계약 이후에도 가능하다.

2. 대금 및 권리행사 방법

환매대금은 특별한 사정이 없는 한 그 영수한 대금 및 매수인이 부담한 매매비용으로 정해지지만(제590조), 재매매의 예약에는 특별한 규정이 없으므로 당사자의 약정에 의하여 정하여진다.
환매권의 행사에는 환매대금의 제공을 요건으로 하지만(제594조), 재매매의 예약에 따른 예약완결권의 행사에는 대금제공을 요건으로 하지 않는다.

3. 제3자에 대한 공시방법

환매의 경우에는 환매권 등기를 할 수 있으나(제592조), 재매매의 예약의 경우에는 청구권 보전의 가등기를 할 수 있을 뿐이다.

4. 존속기간

(1) 환매기간은 부동산은 5년, 동산은 3년을 넘지 못하지만(제591조 1항), 재매매의 예약에 따른 예약완결의 의사표시는 그 행사기간에 특별한 제한이 없다.

(2) 매매의 예약으로 발생하는 예약완결권은 형성권이므로, 예약이 성립한 때로부터 10년의 제척기간이 적용된다는 것이 판례이다.

Ⅲ 문제의 해결

甲과 乙은 X토지를 3년 후에 甲에게 다시 매도할 것을 약정하는 계약은 원 매매계약이 체결된 2016년 5월 2일 당시가 아니라, 이후 2016년 5월 12일에 체결된 것으로 환매에 해당하지 않고, 재매매의 예약이라고 보아야 한다. 따라서 본 약정이 환매계약이라는 甲의 주장은 타당하지 않다.
결국 2019년 5월 13일에 乙에게 8천만 원을 제시하면서 X토지를 자신에게 매도할 것을 요구하고 甲은 재매매의 예약에 따른 예약완결권의 행사로서 이로 인하여 두 번째 매매계약이 성립하게 된다. 따라서 서로 매매계약상 이행의무를 지게 된다.

2020년 제8회 행정사 2차 기출문제

민법(계약) 모범답안

| 문제 1 | 2018. 10. 10. 甲은 그 소유의 X토지 위에 특수한 기능과 외관을 가진 Y단독주택을 신축하기로 건축업자 乙과 약정하면서(총 공사대금은 10억 원, 공사기간은 계약체결일부터 6개월), 같은 날 계약금의 명목으로 총 공사대금의 10%만 지급하였고, 나머지 공사대금은 완공 이후에 甲의 검수를 거친 뒤 지급하기로 하였다. 그런데 Y단독주택에 관한 건축허가와 소유권보존등기는 甲 명의로 하기로 乙과 약정하였다. 다음 물음에 답하시오. (40점)

(1) Y단독주택을 신축하기 위하여 甲과 乙 사이에 체결된 계약의 법적 성질을 설명하고, Y단독주택이 완성된 경우 그 소유권이 누구에게 귀속하는지에 관하여 설명하시오. (20점)

(2) Y단독주택이 약정한 공사기간 내에 완성되어 甲에게 인도되었으나 2020. 5. 6. 그 주택의 붕괴가 우려되는 정도의 하자가 발견된 경우, 甲은 乙을 상대로 계약을 해제할 수 있는지 여부와 Y단독주택의 철거 및 신축에 필요한 비용에 상응하는 금액을 손해배상으로 청구할 수 있는지 여부에 관하여 설명하시오. (20점)

모범답안

물음 1) (20점)

Ⅰ 논점의 정리

甲이 자기 소유의 X토지 위에 특수한 기능과 외관을 가진 Y단독주택을 신축하기로 건축업자 乙과 약정은 법적 성질이 제작물공급계약인지 여부와 이때 일단 수급인의 노력과 재료로 완성된 위 주택의 소유권의 귀속이 문제된다.

Ⅱ 甲과 乙 사이에 체결된 계약의 법적 성질

1. 제작물공급계약의 의의

당사자 일방이 상대방의 주문에 따라 전적으로 또는 주로 자기 소유의 재료를 사용하여 만든 물건을 공급하기로 약정하고, 이에 대하여 상대방이 그 대가로서 보수를 지급하기로 약정하는 계약을 말한다.

2. 법적 성질

(1) 문제점

제작물공급계약은 제작의 측면에서는 도급의 성질을, 공급의 측면에서는 매매의 성질을 가지기 때문에 그 법적 성질이 문제된다.

(2) 판례

① 判例는 제작물이 ㉠ 대체물인 경우에는 매매로 보아 매매에 관한 규정이 적용되고, ㉡ 부대체물인 경우에는 도급의 성질을 가진다고 본다(대판 1987. 7. 21, 86다카2446).

② 승강기 제작 및 설치 공사계약은 신축건물에 맞추어 일정한 사양으로 특정되므로, 그 대체가 불가능한 제작물의 공급계약이므로 도급의 성질을 가진다(대판 2010. 11. 25, 2010다56685).

3. 사안의 적용

위 계약은 Y단독주택을 신축하는 제작물공급계약이며, 또한 특수한 기능과 외관을 가진 것으로 대체 불가능한 부대체물에 해당하여 도급의 성질을 가진다.

Ⅲ 완성물된 Y단독주택의 소유권귀속

1. 완성물의 소유권귀속에 관한 약정이 없는 경우

(1) 도급인이 재료의 전부(또는 주요부분)를 제공한 경우에는 동산·부동산을 불문하고 완성물의 소유권은 원시적으로 도급인에게 귀속된다(통설·판례).

(2) 그러나 判例에 의하면 수급인이 자기의 재료로 건물을 신축한 경우에는 ① 수급인이 원시적으로 소유권을 취득한다고 본다. 다만 ② 건물의 소유권을 도급인에게 귀속시키기로 하는 특약이나 특별한 사정이 넓게 인정된다.

2. 도급인 명의로 건축허가를 받은 경우

다만 수급인이 자기의 노력과 재료를 들어 건물을 완성하더라도 도급인 명의로 건축허가를 받아 소유권보존등기를 하기로 하는 등 완성된 건물의 소유권을 도급인에게 귀속시키기로 합의한 경우에는 신축건물의 소유권은 도급인에게 원시적으로 귀속된다(대판 1997. 5. 30, 97다8601).

Ⅳ 사안의 해결

수급인 乙이 자기의 노력과 재료를 들어 건물을 완성한 후, 공사대금은 완공 이후에 甲의 검수를 거친 뒤 지급하기로 하면서 단독주택에 관한 건축허가와 소유권보존등기는 도급인 甲 명의로 하기로 약정하였으므로, 이는 판례에 따를 때 완성된 건물의 소유권을 도급인에게 귀속시키기로 합의한 경우에는 해당하여 신축건물의 소유권은 도급인 甲에게 원시적으로 귀속된다.

물음 2) (20점)

Ⅰ 논점의 정리

약정된 도급계약에 따라 완공된 주택의 붕괴가 우려되는 정도의 하자가 발견된 경우, 수급인 乙에게 담보책임을 물어 해제할 수 있는지 여부와 하자보수에 갈음한 손해배상청구를 할 수 있는지 문제된다.

Ⅱ 도급인 甲의 수급인의 담보책임을 이유로 한 해제권의 인정 여부

1. 도급인의 계약해제권

(1) 완성된 목적물의 하자로 인하여 계약의 목적을 달성할 수 없는 때에는 도급인은 계약을 해제할 수 있다(제668조 본문).

(2) 건물 기타 공작물이 완성된 경우에는, 하자로 인해 계약의 목적을 달성할 수 없는 때에도 해제할 수 없다(제668조 단서).

2. 사안의 경우

사안은 주택의 붕괴가 우려되는 계약을 목적을 달성할 수 없을 정도 하자가 발견되었다 하더라도 건물이 이미 완성된 경우이므로 제668조 단서가 적용되어 甲은 수급인의 담보책임에 기한 해제를 할 수 없다,

Ⅲ Y단독주택의 철거 및 신축에 필요한 비용에 상응하는 금액의 손해배상청구 가부

1. 도급인의 손해배상청구권

(1) 도급인은 수급인에게 하자의 보수나 하자의 보수에 갈음한 손해배상을 청구할 수 있다(제667조 제2항). 이때 하자가 중요한 경우에는 비록 보수에 과다한 비용이 필요하더라도 보수에 갈음하는 비용, 즉 실제로 보수에 필요한 비용이 모두 손해배상에 포함된다.

(2) 하자보수에 '갈음하는' 손해배상은 ① 하자가 중요한 경우나, ② 하자가 중요하지 않은 것이더라도 그 보수에 과다한 비용을 요하지 않는 경우에 한한다. 따라서 하자가 중요하지 않으면서 보수에 과다한 비용을 요하는 경우에는 하자보수에 갈음한 손해배상청구을 할 수 없으며(제667조 제1항 단서), 단지「하자로 인한」손해배상만 청구할 수 있다.

(3) 나아가 완성된 건물 기타 토지의 공작물(이하 '건물 등'이라 한다)에 중대한 하자가 있고 이로 인하여 건물 등이 무너질 위험성이 있어서 보수가 불가능하고 다시 건축할 수밖에 없는 경우에는, 특별한 사정이 없는 한 건물 등을 철거하고 다시 건축하는 데 드는 비용 상당액을 하자로 인한 손해배상으로 청구할 수 있다(대판 2016. 8. 18, 2014다31691, 31707).

2. 담보책임의 제척기간

토지, 건물 기타 공작물의 수급인은 그 하자에 대하여 인도 후 5년간 담보책임이 있다. 목적물이 석조, 석회조, 연와조, 금속 등의 재료로 조성된 경우에는 10년으로 한다(제671조 제1항).

3. 사안의 경우

사안은 주택의 붕괴가 우려되는 정도로 중대한 하자이므로 보수가 불가능하고 다시 건축할 수밖에 없는 경우에 해당하므로 건물 등을 철거하고 다시 건축하는 데 드는 비용 상당액을 하자로 인한 손해배상으로 청구할 수 있다. 또한 2018. 10. 10. 계약 체결 후 주택이 약정한 공사기간인 6개월 이내에 완성되어 인도되었고, 그 후 2020. 5. 6. 하자가 발견된 것이므로 최소 5년을 경과하지 않았으므로 여전히 손해배상을 청구할 수 있다.

Ⅳ 사안의 해결

1. 건물이 이미 완성된 경우이므로 제668조 단서가 적용되어 甲은 수급인의 담보책임에 기한 해제를 할 수 없다.
2. 제척기간의 경과의 문제는 없고, 주택의 붕괴가 우려되는 정도로 중대한 하자이므로 보수가 불가능하므로 건물 등을 철거하고 다시 건축하는 데 드는 비용 상당액을 하자로 인한 손해배상으로 청구할 수 있다.

| 문제 2 | **X주택의 임대인 甲이 임대차 종료 후 정당한 사유 없이 보증금을 반환하지 아니하자 임차인 乙이 임차권등기명령을 신청하여 임차권등기가 이루어진 경우, 그 효과에 관하여 설명하시오. (20점)**

모범답안

Ⅰ 임차권등기명령에 기한 임차권등기제도

임대차가 끝난 후 보증금을 반환받지 못한 임차인 乙이 법원으로부터 임차권등기명령을 받아 경료하는 임차권을 등기할 수 있는 제도이다(주택임대차보호법 제3조의3).

Ⅱ 요건

1. 임대차가 종료되고, 보증금을 반환받지 못한 경우이어야 한다.
2. 법원에 임차권등기명령을 신청하여야 한다.
3. 그 임차권등기명령에 따라 임차권등기를 경료하여야 한다.

Ⅲ 효과(→ 대, 우, 소, 담)

1. 대항력과 우선변제권의 취득 및 유지

(1) 임차권등기 이후에는 「주택의 인도」와 「주민등록」의 요건을 구비하지 못하였더라도 대항력 및 우선변제권을 취득한다(제3조의3 제5항 본문).

(2) 임차권등기 이후에는 「주택의 인도」와 「주민등록」의 요건을 상실하더라도 기존의 대항력 및 우선변제권이 그대로 유지된다(단서).

2. 소액보증금 최우선변제권의 배제

임차권등기명령에 따른 임차권등기가 끝난 주택을 그 이후에 임차한 임차인에게는 소액보증금 최우선변제권이 인정되지 않는다(제6항).

3. 담보적 효력

임차권등기명령에 의한 임차권등기는 담보적 기능을 하므로, 임대인의 보증금반환의무가 임차인의 임차권등기 말소의무보다 먼저 이행되어야 할 의무이다(대판 2005. 6. 9, 2005다4529).

Ⅳ 사안의 적용

① 임대인 甲이 임대차 종료 후 정당한 사유 없이 보증금을 반환하지 아니하여, ② 임차인 乙이 임차권등기명령을 신청하여 ③ 임차권등기가 이루어진 경우이므로, 이러한 임차권등기에 의해 임차인 乙은 「주택의 인도」와 「주민등록」의 요건을 구비하지 못하였더라도 대항력 및 우선변제권을 취득하며, 임차권등기 이후에는 「주택의 인도」와 「주민등록」의 요건을 상실하더라도 기존의 대항력 및 우선변제권이 그대로 유지된다. 또한 임차권등기의 담보적 기능을 하므로, 임대인의 보증금반환의무가 임차인의 임차권등기 말소의무보다 먼저 이행되어야 한다,

| 문제 3 | 甲은 그 소유의 X토지를 乙에게 매도하면서 약정기일에 중도금과 잔금이 모두 지급되면 그와 동시에 X토지의 소유권이전등기에 필요한 서류 일체를 乙에게 교부하기로 하였으나 乙이 중도금지급기일에 중도금을 지급하지 않은 상태에서 잔금지급지일이 도래하였다. 이 경우, 甲이 소유권이전등기에 필요한 서류의 제공 없이 乙에게 중도금지급을 청구하였다면 乙은 동시이행의 항변권을 행사할 수 있는지에 관하여 설명하시오. (20점)

모범답안

Ⅰ 논점의 정리

선이행의무를 지는 매수인 乙의 중도금 지급의무가 지체되고 있던 중 잔금지급기일이 도래한 경우, 매도인 甲의 중도금지급청구에 대해 선이행의무자인 매수인 乙에게도 동시이행의 관계가 성립할 수 있는지 문제이다.

Ⅱ 동시이행 항변권의 성립요건

① 동일한 쌍무계약에 기하여 발생한 대가적 채무가 존재하고, ② 상대방의 채무가 변제기에 있어야 하고, ③ 상대방이 자기 채무의 이행 또는 이행의 제공을 하지 않고서 청구하였을 경우, 상대방의 채무를 이행할 때까지 자신의 채무의 이행을 거절할 수 있는 권리를 동시이행의 항변권이라 한다(제536조 제1항).

Ⅲ 선이행의무자가 동시이행 항변권을 행사할 수 있는지

1. 원칙

동시이행의 항변권은 상대방의 채무가 변제기에 있어야만 성립하므로, 선이행의무를 지는 자에게는 동시이행의 항변권이 인정되지 않는다(제536조 제1항 단서).

2. 예외

선이행의무자이더라도 다음의 두 가지 경우에는 동시이행의 항변을 할 수 있다. ① 불안의 항변권(제536조 2항)과 ② 선이행의무의 지체 중 상대방 채무의 변제기도 도래한 때가 그것이다.

(1) 선이행의무자이더라도 상대방의 이행이 곤란할 현저한 사유가 있는 때에는 동시이행의 항변권을 행사할 수 있다(제536조 제2항). 매매의 목적물에 대하여 권리를 주장하는 자가 있는 경우에 매수인이 매수한 권리의 전부나 일부를 잃을 염려가 있는 때에는 매수인은 그 위험의 한도에서 대금의 전부나 일부의 지급을 거절할 수 있다(제588조).

(2) **매수인이 선이행하여야 할 중도금지급을 하지 아니한 채 잔대금지급일을 경과한 경우**에는 **매수인의 중도금 및 이에 대한 지급일 다음날부터 잔대금지급일까지의 지연손해금과 잔대금의 지급채무는 매도인의 소유권이전등기의무**와 동시이행관계에 있다(대판 1991. 3. 27, 90다19930).

Ⅳ 사안의 해결

1. 乙의 중도금 지급의무는 선이행의무이지만, 잔금지급기일이 도래하여 잔금지급의무와 甲의 등기 및 목적물 인도의무가 동시이행의 관계에 있는 결과 중도금지급의무도 함께 동시이행의 관계이다.
2. 따라서 甲이 소유권이전등기에 필요한 서류의 제공 없이 乙에게 중도금지급만을 청구하였다고 하더라도 乙의 동시이행의 항변주장은 타당하다.

| 문제 4 | 임차인의 부속물매수청구권의 의의와 요건 및 효과에 관하여 설명하시오. (20점)

모범답안

Ⅰ 임차인의 부속물매수청구권의 의의

1. 의의

건물 기타 공작물의 임차인이 임대인의 동의를 얻어 부속하거나 임대인으로부터 매수한 부속물이 있는 경우, 임대차의 종료시에 임대인에 대하여 그 매수를 청구할 수 있는 권리이다(제646조).

2. 법적 성질

부속물매수청구권은 형성권이며, 편면적 강행규정이다(제652조). 일시사용을 위한 임대차의 경우에는 적용되지 않는다(제653조).

Ⅱ 발생 요건(→ 객, 독, 동, 매, 종)

1. 건물의 객관적인 편익을 위해 부속시킨 독립된 물건일 것

(1) 건물에 부속된 물건으로 임차인의 소유에 속하고 건물의 구성부분을 이루지 않는 독립한 물건이어야 한다.

(2) 오로지 임차인 자신의 특수목적에 사용하기 위하여 부속된 것일 때는 부속물매수청구권의 대상이 되지 못하며. 건물자체의 구성부분을 이루어 독립된 물건이라고 할 수 없는 경우에는 부속물매수청구권의 대상이 되지 않는다(대판 1983. 2. 22, 80다589).

2. 임대인의 동의를 얻어 부속시켰거나, 임대인으로부터 매수하였을 것

3. 임대차가 종료하였을 것

임대차가 종료하여야 한다. 판례는 임차인의 채무불이행으로 해지된 경우에는 부속물매수청구권을 인정하지 않는다(대판 1990. 1. 23, 88다카7245, 7252).

Ⅲ 행사의 효과

1. 매매계약의 성립

부속물매수청구권은 형성권이므로, 임차인의 일방적 의사표시에 의하여 부속물에 대한 매매계약이 성립한다. 매매대금은 매수청구권을 행사할 때의 시가로 본다.

2. 유치권 및 동시이행관계

부속물매매대금채권을 확보하기 위하여는 유치권은 인정되지 않는다(대판 1977. 12. 13, 77다115). 다만, 그 매매대금을 지급받을 때까지 부속물의 인도를 거절할 수 있는 동시이행의 항변권이 인정된다.

부록

2021년 제9회 행정사 2차 기출문제

민법(계약) 모범답안

| 문제 1 | 甲은 2000, 3.경 늦은 나이에 홀로 탈북하여 현재까지 대한민국에서 거주하고 있다. 甲은 탈북 이후 10여 년간 다양한 일을 하며 모은 돈으로 2010. 5.경 북한음식점을 개업하여 운영하고 있다. 甲은 탈북 이후 어려운 생활 등을 이유로 일에만 전념하다 보니 어느덧 80세를 바라보는 고령이 되었음에도 가족이 없이 홀로 생활하고 있다. 최근 들어서는 더 나이가 든 후에는 어떻게 살아가야 할지에 대한 고민이 많아졌고, 이제는 누군가에게 의지를 하며 여생을 보내고 싶어졌다. 이에 甲은 음식점 개업 초기부터 자신을 도와 성실히 일하던 종업원인 乙에게 자신이 가지고 있는 X토지(시가 10억 원 상당)를 줄테니 앞으로 자신을 부양해 줄 수 있겠냐고 제안을 하였고 乙은 여러 고민 끝에 甲의 제안을 받아들였다. 甲은 2019. 5. 10. 乙에게 토지의 소유권이전등기를 마쳐 주었다. 다음 물음에 답하시오. (40점)

(1) X토지의 소유권을 이전하기 위하여 甲과 乙 사이에 이루어진 합의의 법적 성질은 무엇인지 설명하시오. (10점)

(2) X토지의 소유권을 이전받은 乙은 2019. 12.경 甲이 운영하는 식당을 그만두고 2021. 5.경 현재까지 甲과 약속한 부양도 하지 않고 있다. 이에 억울해 하던 甲은 X토지를 다시 되찾아 오고 싶어 한다. 甲이 X토지를 되찾아 오기 위해 검토해 볼 수 있는 방법들을 제시하고 그 방법들의 당부를 검토하시오. (20점)

(3) 甲이 乙에게 지속적으로 부양의무의 이행을 요구하자, 2021. 6. 7. 乙은 견디다 못해 甲에게 甲과 乙 사이의 기존의 합의를 없던 것으로 하자고 제안하였다. 이에 2021. 6. 10. 甲도 乙의 제안을 받아들여 乙 명의로 되어 있는 X토지의 소유권을 다시 甲에게 원상회복하기로 합의하였다. 한편 乙은 X토지의 소유권을 甲에게 원상회복해 주지 않고 2021. 7. 10. X토지를 丙에게 매도하기로 하고 2021. 8. 10. 丙 앞으로 X토지의 소유권이전등기를 마쳐 주었다. 뒤늦게 이러한 사실을 알게 된 甲은 丙에게 X토지 소유권의 원상회복을 청구하였다. 甲의 이러한 청구는 받아들여질 수 있는지 검토하시오. (10점)

모범답안

물음 1) (10점)

Ⅰ 논점의 정리

사안의 경우 甲이 자신의 X토지의 소유권을 乙에게 이전함과 더불어 乙이 甲에게 부양의무를 지게 되는 데 합의한 계약의 법적 성질이 문제된다. 매매인지 여부와 증여라면 그 법적 성질의 문제된다.

Ⅱ 매매계약의 성립여부

당사자 일방(매도인)이 재산권의 이전을, 상대방(매수인)이 이에 대한 대금의 지급을 약정함으로써 매매계약은 성립한다(제563조). 재산권의 이전의 반대급부로 매매대금이 지급되어야 한다.

사안의 경우는 甲이 X토지의 소유권을 乙에게 이전과 더불어 乙이 甲에게 부양의무를 부담하나, 이를 재산권 이전의 반대급부로 지급되는 금전이라고 볼 수 없어 매매는 아니다.

Ⅲ 부담부 증여의 성립여부

증여란 당사자 일방(증여자)이 무상으로 재산을 상대방(수증자)에게 수여하는 의사를 표시하고 상대방이 이를 승낙함으로써 성립하는 계약을 말한다(제554조). 이때 수증자가 증여를 받으면서 일정한 급부를 하기로 하는 합의가 있는 것을 부담부 증여라고 한다.
사안의 경우 甲이 X토지의 소유권을 乙에게 이전할 것을 청약하고, 이를 乙이 승낙한 바 증여계약이 성립하였고, 이와 더불어 수증자 乙이 甲에게 부양의무를 부담하는 급부에 합의도 있었으므로 부담부 증여에 해당한다. 일반적인 증여와 달리 수증자로 급부의무를 지는 바, 여전히 편무·무상계약인지 등이 문제된다.

Ⅳ 부담부 증여의 법적 성질

1. 편무·무상계약여부

부담부 증여의 경우에는 수증자가 급부의무를 지기는 하나 그것이 증여자의 의무와 대가관계에 있지는 않으므로 그것은 편무·무상계약이다. 다만 증여자는 그 부담의 한도에서 매도인과 같은 담보의 책임이 있다(제559조).

2. 쌍무계약에 관한 규정이 준용여부

부담부 증여에 대하여는 증여에 관한 규정 외에 쌍무계약에 관한 규정이 준용된다(제561조). 그 결과 부담의 무 있는 수증자가 자신의 의무를 이행하지 않은 때에는 비록 **증여계약이 이행되어 있더라도 증여자는 계약을 해제할 수 있고, 그 경우 민법 제558조는 적용되지 아니한다**(대판 1997. 7. 8, 97다2177).

Ⅴ 사안의 해결

X토지의 소유권을 이전하기 위하여 甲과 乙 사이에 이루어진 합의는 수증자 乙이 甲에게 부양의무를 부담하는 부담부 증여이며, 이는 여전히 **편무·무상계약**이다. 그러나 그 부담의 한도에서 매도인과 같은 담보의 책임을 지며, 쌍무계약의 규정이 준용된다.

물음 2) (20점)

Ⅰ 논점의 정리

유효하게 체결된 부담부 증여계약을 다시 찾아올 수 방법으로는 증여의 특수한 해제가 가능한지 여부와 부담의 불이행를 이유로 채무불이행을 이유로 한 해제가 가능한지 문제된다.

Ⅱ 증여의 특수한 해제 가부

1. 논점의 정리

사안의 경우 甲은 2019. 5. 10. 乙에게 토지의 소유권이전등기를 마쳐 주어 이행이 되었다. 이미 이행되었으므로 서면에 의하지 않는 증여, 증여자의 재산상태변경과 증여, 수증자의 망의행위로 인한 증여의 해제는 모두 인정될 수 없는지 문제된다.

2. 수증자의 망은행위로 인한 증여의 해제 가부

(1) 의의 및 성립요건

수증자가 증여자 또는 그 배우자나 직계혈족에 대하여 범죄행위를 한 때(제1호)나 수증자가 증여자에 대하여 부양의무 있는 경우에 이를 이행하지 아니하는 때(제2호)에는 증여자는 그 증여를 해제할 수 있다(제556조 제1항).

(2) **부양의무**

민법 제556조 제1항 제2호에 규정되어 있는 '부양의무'라 함은 민법 제974조에 규정되어 있는 직계혈족 및 그 배우자 또는 생계를 같이 하는 친족 간의 부양의무를 가리키는 것으로서, **친족 간이 아닌 당사자 사이의 약정에 의한 부양의무는 이에 해당하지 아니하여 민법 제556조 제2항이나 민법 제558조가 적용되지 않는다**(대판 1996. 1. 26, 95다43358).

(3) **사안의 경우**

당사자 간 약정에 의한 부양의무는 이에 해당하지 아니하므로, 甲은 제556조에 근거하여 乙의 망은행위를 이유로 증여를 해제할 수는 없다.

Ⅲ 부담부 증여에 있어 부담의 불이행로 인한 해제 가부

1. 부담의 불이행로 인한 해제인정여부

부담부 증여에 대하여는 증여에 관한 규정 외에 쌍무계약에 관한 규정이 준용된다(제561조). 그 결과 부담의무 있는 수증자가 자신의 의무를 이행하지 않은 때에는 비록 증여계약이 이행되어 있더라도 증여자는 계약을 해제할 수 있고, 그 경우 민법 제558조는 적용되지 아니한다(대판 1997. 7. 8, 97다2177).

2. 이행지체에 따른 해제의 성립요건

당사자 일방이 ① **그 채무를 이행하지 아니하는 때에는** ② **상대방은 상당한 기간을 정하여 그 이행을 최고하고** ③ **그 기간 내에 이행하지 아니한 때에는** 계약을 해제할 수 있다.

3. 사안의 적용

甲은 乙에게 상당기간을 정하여 약속한 부양의 이행을 최고하고, 그 기간 내에 乙이 이를 이행하지 않으면 부담의무의 이행지체를 이유로 증여를 해제할 수 있다. 이미 이행한 토지의 반환 및 소유권이전등기의 말소를 청구할 수 있다.

Ⅳ 사안의 해결

사안의 경우 유효하게 체결된 부담부 증여계약을 다시 찾아올 수 방법으로는 부담의 불이행를 이유로 이행지체로 인한 채무불이행을 이유로 한 해제뿐이다. 이로 근거로 이미 이행한 토지의 반환 및 소유권이전등기의 말소를 청구할 수 있다.

물음 3) (10점)

Ⅰ 문제의 소재

해제와 제3자 보호에 관한 제548조 제1항 단서가 甲과 乙의 합의해제에도 유추적용되는지 여부와 丙이 X토지에 대해 보호되는 제3자인지 여부가 문제된다.

Ⅱ 합의해제와 제3자 보호

1. 합의해제의 성립여부

합의해제가 성립하기 위해서는 일반적인 계약의 성립과 마찬가지로, 기존계약의 효력을 소멸시키기로 하는 내용의 청약과 승낙이라는 서로 대립하는 의사표시가 합치되어야 한다.

사안은 乙이 견디다 못해 甲에게 기존의 합의를 없던 것으로 하자고 제안하였고, 이에 甲도 乙의 제안을 받아들이기로 합의하였는바 합의해제에 해당하여 2021. 6. 10. 기존계약은 실효되었다.

2. 합의해제에 제548조 제1항 단서는 유추적용여부

계약의 합의해제에 있어서도 민법 제548조의 계약해제의 경우와 같이 이로써 제3자의 권리를 해할 수 없다(대판 2005. 6. 9, 2005다6341).

3. 제548조 제1항 단서의 제3자의 의미

원칙적으로 해제의 의사표시가 있기 이전에 해제된 계약에서 생긴 법률적 효과를 기초로 하여 새로운 이해관계를 가졌을 뿐 아니라 등기 · 인도 등으로 완전한 권리를 취득한 자를 말한다. 판례는 제3자의 범위에 해제의 의사표시가 있은 후 그 해제에 기한 말소등기가 있기 이전에 이해관계를 갖게 된 선의의 제3자도 포함시킨다.

Ⅲ 문제의 해결

丙은 합의해제 후 말소등기 전에 등기를 이전받아 완전한 소유권을 취득하여 이해관계를 갖게 된 제3자이므로, 선의인 경우에 한하여 제548조 제1항 단서의 제3자에 해당하게 된다. 따라서 만약 甲은 丙를 상대로 X토지 소유권의 원상회복을 청구하였더라도 丙이 선의라면 받아들여질 수 없다.

| 문제 2 | **甲과 乙은 음식점 동업계약을 체결하면서 각각 현금 1억 원씩 투자하였고 음식점 운영으로 발생된 수익금은 50:50으로 나뉘어 분배하기로 하였다. 乙의 탈퇴로 인한 甲과 乙의 법률관계와 위 음식점에 식자재를 납품해 온 丙이 甲에 대하여 대금채무의 이행을 청구할 수 있는지에 관하여 검토하시오. (20점)**

모범답안

Ⅰ 乙의 탈퇴로 인한 甲과 乙의 법률관계

1. 조합의 탈퇴의 의의

조합의 탈퇴란, 특정 조합원이 장래에 향하여 조합원으로서의 지위를 벗어나는 것이다. 이 경우 조합은 나머지 조합원에 의하여 동일성을 유지하며 존속한다(대판 2007. 11. 15, 2007다48370, 48387).

2. 탈퇴의 사유

(1) 조합계약으로 조합의 존속기간을 정하지 아니하거나 조합원의 종신까지 존속할 것을 정한 때에는 각 조합원은 언제든지 탈퇴할 수 있다. 그러나 부득이한 사유없이 조합의 불리한 시기에 탈퇴하지 못한다(제716조 제1항).

(2) 조합의 존속기간을 정한 때에도 조합원은 부득이한 사유가 있으면 탈퇴할 수 있다(제2항).

3. 2인 조합관계에서 1인 탈퇴의 법률관계

2인 조합에서 조합원 1인이 탈퇴하면 조합관계는 종료되지만 특별한 사정이 없는 한 조합이 해산되지 아니하고, 다만 조합원의 합유에 속하였던 조합재산은 남은 조합원의 단독소유에 속하게 되어 기존의 공동사업은 청산절차를 거치지 않고 잔존자가 계속 유지할 수 있고 탈퇴자와 남은 자 사이에는 탈퇴로 인한 계산을 하는 데 불과하다(대판 1972. 12. 12, 72다1651; 대판 2006. 3. 9, 2004다49693, 49709 참고).

4. 사안의 해결

乙의 탈퇴로 인한 조합재산은 남은 조합원 甲의 단독소유로 남고, 탈퇴자 乙과 남은 자 甲 사이에는 탈퇴로 인한 계산을 하여야 한다.

Ⅱ 조합채권자 丙이 甲에 대하여 대금채무의 이행을 청구

1. 조합채권자 丙에 대한 관계

조합채무는 조합원들이 조합재산에 의하여 합유적으로 부담하는 채무이고, 두 사람으로 이루어진 조합관계에 있어 그중 1인이 탈퇴하면 탈퇴자와의 사이에 조합관계는 종료된다 할 것이나 특별한 사정이 없는 한 조합은 해산되지 아니하고, 조합원들의 합유에 속한 조합재산은 남은 조합원에게 귀속하게 되므로, 이 경우 조합채권자는 잔존 조합원에게 여전히 그 조합채무 전부에 대한 이행을 청구할 수 있다(대판 1999. 5. 11, 99다1284).

2. 사안의 해결

음식점에 식자재를 납품해 온 조합채권자 丙은 잔존 조합원 甲에 대하여 대금채무의 전부이행을 청구할 수 있다.

| 문제 3 | 2021. 5. 11. 甲은 비어있는 자기의 X주택을 乙에게 매도하기로 하는 계약을 체결하였는데, 이행기 전에 甲의 승낙을 받고 X주택 내부를 수리하던 중 乙의 과실로 인해 X주택이 전소되었다. 甲은 乙에게 매매대금의 지급을 청구할 수 있는지에 관하여 검토하시오. (20점)

모범답안

Ⅰ 논점의 정리

사안의 경우는, 쌍무계약인 매매계약에서 매도인 甲의 매매목적물인 X주택 인도의무가 매수인 乙의 과실로 인해 후발적 불능인 된 경우, 이에 상응하는 매수인 乙의 매매대금 지급채무도 소멸하는지가, 제538조의 위험부담과 관련하여 문제된다.

Ⅱ 채권자위험부담

1. 의의

쌍무계약의 당사자 일방의 채무가 채권자의 책임 있는 사유로 이행할 수 없게 되거나, 채권자의 수령지체 중에 당사자 쌍방의 책임 없는 사유로 이행할 수 없게 된 경우에는 채무자는 상대방의 이행을 청구할 수 있다(제538조 제1항).

2. 요건

(1) 채권자의 책임 있는 사유로 인한 불능 또는 채권자지체 중의 상대방의 책임 없는 불능일 것

① 「채권자의 책임 있는」 사유로 인한 불능(제538조 제1항 1문): '채권자의 책임 있는 사유'란, 채권자의 행위가 ① 채무의 내용인 급부의 실현을 방해하고 ② 채권자가 이를 피할 수 있었다는 점에서 신의칙상 비난받을 수 있는 경우를 말한다(대판 2011. 1. 27, 2010다25698).

② 「채권자지체」 중의 「쌍방의 책임 없는」 불능(제538조 제1항 2문)

㉠ 「채권자지체」가 성립할 것: 제538조 제1항 제2문 소정의 '채권자의 수령지체'에 해당하기 위해서는 제400조의 채권자지체와는 달리 최소한 현실제공이나 구두제공이 필요하다(대판 2004. 3. 12, 2001다79013; 채권총론편 채권자지체 참고).

㉡ 「쌍방의 책임 없는 사유」로 불능이 되었을 것: 채권자지체 중에는 채무자는 고의나 중과실이 없는 한 면책되므로(제401조), 채권자지체 중 '쌍방의 책임 없는' 사유에는 '채무자의 경과실'로 인한 불능도 포함된다(다수설).

3. 효과

(1) 채무자의 반대급부청구권 존속

채무자는 자신의 급부의무를 면하고, 채권자에 대해 본래의 반대급부도 청구할 수 있다.

(2) 채무자의 이익상환의무(제538조 2항)

채무자가 자기의 채무를 면함으로써 얻은 이익이 있으면 이를 채권자에게 상환하여야 한다. 그 이익은 채무를 면한 것과 상당인과관계에 있는 것에 한한다.

Ⅲ 사안의 해결

사안은 2021. 5. 11. 甲은 X주택을 乙에게 매도하기로 하는 계약을 체결한 후, 이행기 전에 X주택 내부를 수리하던 중 채권자 乙의 과실로 인해 X주택이 전소된 경우로 후발적 불능에 해당한다. 채무자 甲의 과실 없이 채권자 乙의 과실 즉 책임 있는 사유로 인해후발적 불능에 해당하므로, 제538조에 따라 채권자위험부담주의가 적용되어, 甲은 乙에게 X주택 매매대금의 지급을 청구할 수 있다.

| 문제 4 | 상가건물 임대차보호법상 임차인의 갱신청구권에 관하여 설명하시오. (20점)

모범답안

Ⅰ 의의

상가건물 임대차보호법상 임차인이 임대차기간이 만료되기 6개월 전부터 1개월 전까지 사이에 계약갱신을 요구할 있는 권리이다(상가건물임대차보호법 제10조). 그러나 정당한 사유가 있는 경우 임대인은 갱신을 거절할 수 있다.

Ⅱ 임대인의 계약갱신거절사유(상임법 제10조 제1항).

1. 임차인이 3기의 차임액에 해당하는 금액에 이르도록 차임을 연체한 사실이 있는 경우
2. 임차인이 거짓이나 그 밖의 부정한 방법으로 임차한 경우
3. 서로 합의하여 임대인이 임차인에게 상당한 보상을 제공한 경우
4. 임차인이 임대인의 동의 없이 목적 건물의 전부 또는 일부를 전대한 경우
5. 임차인이 임차한 건물의 전부 또는 일부를 고의나 중대한 과실로 파손한 경우
6. 임차한 건물의 전부 또는 일부가 멸실되어 임대차의 목적을 달성하지 못할 경우
7. 임대인이 다음 각 목의 어느 하나에 해당하는 사유로 목적 건물의 전부 또는 대부분을 철거하거나 재건축하기 위하여 목적 건물의 점유를 회복할 필요가 있는 경우
   (1) 임대차계약 체결 당시 공사시기 및 소요기간 등을 포함한 철거 또는 재건축 계획을 임차인에게 구체적으로 고지하고 그 계획에 따르는 경우
   (2) 건물이 노후·훼손 또는 일부 멸실되는 등 안전사고의 우려가 있는 경우
   (3) 다른 법령에 따라 철거 또는 재건축이 이루어지는 경우
8. 그 밖에 임차인이 임차인으로서의 의무를 현저히 위반하거나 임대차를 계속하기 어려운 중대한 사유가 있는 경우

Ⅲ 효과

1. 행사기간

   임차인의 계약갱신요구권은 최초의 임대차기간을 포함한 전체 임대차기간이 10년을 초과하지 아니하는 범위에서만 행사할 수 있다(상임법 제10조 제2항).

2. 갱신내용

   갱신되는 임대차는 전 임대차와 동일한 조건으로 다시 계약된 것으로 본다. 다만, 차임과 보증금은 제11조에 따른 범위에서 증감할 수 있다(상임법 제10조 제3항).

Ⅳ 계약갱신의 특례

제2조 제1항 단서에 따른 보증금액을 초과하는 임대차의 계약갱신의 경우에는 당사자는 상가건물에 관한 조세, 공과금, 주변 상가건물의 차임 및 보증금, 그 밖의 부담이나 경제사정의 변동 등을 고려하여 차임과 보증금의 증감을 청구할 수 있다(제10조의2).

2022년 제10회 행정사 2차 기출문제

민법(계약) 모범답안

| 문제 1 | X주택의 소유자 甲과 Y토지의 소유자 乙은 서로 X주택과 Y토지를 교환하기로 하는 계약을 체결하였다. 이에 따라 甲은 乙에게 X주택의 소유권을 이전해 주었다. 乙은 X주택에 관하여 丙과 임대차계약을 체결하여, 丙은 乙에게 보증금을 지급함과 동시에 X주택을 인도받고 전입신고를 마쳤다. 다음의 독립된 물음에 답하시오. (단, X주택에 관하여 다른 이해관계인은 없음을 전제로 함) (40점)

(1) 2010. 10. 1. 乙은 丙 사이의 임대차계약이 종료되었으나, 2022. 10. 1. 현재 丙은 乙로부터 보증금을 반환받지 못하였음을 이유로 X주택에 계속 거주하여 이를 사용하고 있다. 乙이 X주택의 반환을 청구하자 丙은 보증금의 반환을 요구하였고, 이에 대해 乙은 丙의 보증금반환청구권은 시효로 소멸하였다고 주장한다. 이러한 경우에 丙은 乙로부터 보증금을 반환받을 수 있는지에 관하여 설명하시오. (20점)
(2) 甲은 교환계약에 따라 X주택의 소유권을 乙에게 이전하였음에도 불구하고 乙이 계약을 위반하여 Y토지의 소유권을 甲에게 이전해 주지 않자, 甲은 위 교환계약을 적법하게 해제하였다. 이러한 경우에 丙은 乙과 맺은 임대차계약상의 임차권을 甲에게 주장할 수 있는지에 관하여 설명하시오. (20점)

모범답안

물음 1) (20점)

Ⅰ 논점의 정리

2010. 10. 1. 임대차계약 종료 후 12년이 경과한 임차인 丙이 임대인 乙에게 한 보증금반환청구가 인정되기 위해서는 ① 丙의 보증금반환채권 성립여부 ② 乙의 소멸시효 주장의 인정여부가 문제된다. 특히 임대차 종료 후 동시이행항변권을 근거로 임차목적물을 계속 점유하고 있는 경우, 보증금반환채권에 대한 소멸시효가 진행하는지 여부가 문제이다.

Ⅱ 임차인 丙의 乙에 대한 보증금반환채권 인정여부

2010. 10. 1. 乙과 丙 사이의 임대차계약이 종료하였으므로, 임차인 丙에게는 보증금반환채권이 성립한다.

Ⅲ 임대인 乙의 소멸시효 주장의 인정여부

1. 소멸시효의 성립요건

(1) 권리가 소멸시효의 완성으로 소멸하기 위해서는 ① 권리자가 소멸시효의 대상이 되는 권리를 ② 법률상 행사할 수 있음에도 불구하고 행사하지 않고, ③ 그 불행사가 일정기간 계속되어야 한다.
(2) 사안의 경우 임대차 종료로 인한 보증금반환채권이므로 소멸시효에 걸린다. 이는 일반채권이므로 민법 제162조 제1항에 따라 10년의 소멸시효가 적용된다. 그런데 2022. 10. 1. 현재 丙은 乙로부터 보증금을 반환받지 못하였음을 이유로 X주택에 계속 거주하여 이를 사용하고 있다. 이를 권리불행사를 볼 수 있는지 문제된다.

2. 동시이행항변권과 소멸시효의 진행여부

(1) 동시이행항변권 성립요건

① 동일한 쌍무계약에 기하여 발생한 대가적 채무가 존재하고, ② 상대방의 채무가 변제기에 있어야 하고, ③ 상대방이 자기 채무의 이행 또는 이행의 제공을 하지 않고서 청구하였을 경우, 상대방의 채무를 이행할 때까지 자신의 채무의 이행을 거절할 수 있는 권리를 동시이행의 항변권이라 한다(제536조 제1항).

(2) 임대차 종료시 임차목적물반환의무와 보증금반환의무의 동시이행관계

임대차계약의 기간이 만료된 경우에 임차인이 임차목적물을 명도할 의무와 임대인이 보증금 중 연체차임 등 당해 임대차에 관하여 명도 시까지 생긴 모든 채무를 청산한 나머지를 반환할 의무는 동시이행의 관계가 있다(대판(전) 1977. 9. 28, 77다1241, 1242).

(3) 임대차 종료 후 동시이행항변권을 근거로 임차목적물을 계속 점유하고 있는 경우, 보증금반환채권에 대한 소멸시효가 진행하는지 여부

임차인이 임대차 종료 후 동시이행항변권을 근거로 임차목적물을 계속 점유하는 것은 임대인에 대한 보증금반환채권에 기초한 권능을 행사한 것으로서 보증금을 반환받으려는 계속적인 권리행사의 모습이 분명하게 표시되었다고 볼 수 있다. 따라서 임대차에서 그 기간이 끝난 후 임차인이 보증금을 반환받기 위해 목적물을 점유하고 있는 경우 보증금반환채권에 대한 소멸시효는 진행하지 않는다(대판 2020. 7. 9, 2016다244224, 2016다244231).

따라서 채권성립 후 12년이 경과하였더라도 乙의 소멸시효 주장은 인정될 수 없다.

Ⅳ 사안의 해결

1. 사안에서 2010. 10. 1. 乙과 丙 사이의 임대차계약이 종료하였으므로, 임차인 丙에게는 보증금반환채권이 성립한다. 이에 근거한 임대인 乙의 보증금 반환할 의무와 임차인 丙의 임차목적물을 명도할 의무는 동시이행의 관계이고, 임차인 丙이 보증금을 반환받기 위해 동시이행항변권을 근거로 목적물을 점유하고 있는 경우 보증금반환채권에 대한 소멸시효는 진행하지 않는다.
2. 결국 임차인 丙은 임대인이 보증금 중 연체차임 등 당해 임대차에 관하여 명도 시까지 생긴 모든 채무를 청산한 나머지를 반환할 청구할 수 있다.

물음 2) (20점)

Ⅰ 논점의 정리

乙이 甲과의 교환계약으로 X주택 소유권을 취득한 후 丙에게 주택을 임대한 후에 교환계약이 해제된 경우, 丙이 주택임대차보호법 제3조 소정의 대항요건을 갖추었는지 문제되고, 만약 이를 갖추었다면 해제된 경우에도 제548조 제1항 단서에서 보호하는 제3자에 해당되는지 문제된다.

Ⅱ 계약 해제의 효력

계약은 소급하여 무효로 되므로 채권·채무는 소멸한다. 계약을 위반한 당사자도 계약의 소멸을 들어 그 이행을 거절할 수 있다(대판 2001. 6. 29, 2001다21441, 21458). 채권계약이 해제되면 물권행위도 소급하여 무효가 되므로 물권은 말소등기 없이도 당연히 복귀한다. 따라서 회복자의 원상회복청구권은 소유권에 기한 물권적 청구권의 성질을 가진다.

사안의 경우 교환계약이 적법하게 해제되었으므로, X주택 소유권은 甲에게 말소등기 없이도 당연히 복귀한다.

Ⅲ 丙의 주택임대차보호법 제3조의 대항요건 구비여부

주택임대차는 등기가 없는 경우에도 임차인이 주택의 인도와 주민등록을 마친 때에는 그 익일부터 제3자에 대하여 효력이 생긴다.

사안에서 丙은 위 X주택을 인도받고 전입신고를 마쳤으므로 그 익일부터 대항력을 가진다.

Ⅳ 丙이 제548조 제1항 단서의 제3자에 포함되는지 여부

1. 제548조 제1항 단서의 제3자의 의미

계약을 해제한 때에도 제3자의 권리를 해하지 못한다(제548조 제1항 단서).

(1) 제3자의 요건

「해제 전에」 해제된 계약을 기초로 새로이 이해관계를 맺은 자로서, 등기 · 인도 등의 완전한 권리를 취득한 자이어야 한다(대판 2005. 1. 14, 2003다33004).

(2) 제3자 범위의 확장

제548조 제1항 단서의 제3자는 「해제의 의사표시가 있기 전」에 이해관계를 가진 자를 의미하지만, 판례는 「해제의 의사표시가 있은 후」 그 「말소등기가 있기 이전에」 이해관계를 갖게 된 「선의의」 제3자도 포함하는 것으로 확대해석한다(대판 2005. 6. 9, 2005다6341).

2. 대항력을 갖춘 임차인이 여기의 제3자에 포함되는지 여부

판례는 설문과 같은 사안에서 「주택임대차보호법 제3조 제1항에 의한 대항력을 갖춘 임차인」은 제548조 제1항 단서의 규정에 따라 계약해제로 인하여 권리를 침해받지 않은 제3자에 해당한다고 한다.

3. 甲의 임대차관계의 승계간주

임차주택의 새로운 소유권자인 甲은 임대인의 지위를 승계한 것으로 본다(주택임대차보호법 제3조 제2항). 따라서 차임, 임대차보증금반환청구권, 존속기간 등 임대차계약에 따른 임대인의 권리, 의무가 甲에게 그대로 승계된다.

Ⅴ 사안의 해결

甲과 乙의 X주택의 교환계약해제에도 불구하고, 해제 전에 X주택에 乙과 맺은 임대차계약상의 대항력을 취득한 임차인 丙은 자신의 임차권을 새로운 소유권자인 甲에게도 주장할 수 있다.

| 문제 2 | **甲과 乙은 공동사업을 경영할 목적으로 각각 5천만 원씩을 출자하기로 하는 민법상 조합계약을 체결하면서 A조합을 설립하였다. 이후 乙은 A조합의 업무집행조합원으로서 丙으로부터 1억 원의 조합 운영자금을 차용하였는데, 그 후 乙은 교통사고로 사망하였다. 이러한 경우에 A조합의 존속여부 및 甲이 丙에게 부담하는 조합채무의 범위에 관하여 검토하시오. (단, 乙에게는 상속인이 없음을 전제로 함) (20점)**

모범답안

Ⅰ 논점의 정리

업무집행조합원 乙의 사망이 조합탈퇴에 해당하는지 여부와 탈퇴에 해당하는 경우 A조합의 존속여부와 乙이 업무집행조합으로서 丙에게 부담한 조합채무을 甲이 얼마나 부담하여야 하는지가 문제된다.

Ⅱ 업무집행조합원 乙의 사망으로 인한 A조합의 존속여부

1. 조합의 탈퇴의 의의

조합의 탈퇴란, 특정 조합원이 장래에 향하여 조합원으로서의 지위를 벗어나는 것이다. 이 경우 조합은 나머지 조합원에 의하여 동일성을 유지하며 존속한다(대판 2007. 11. 15, 2007다48370, 48387).

2. 탈퇴의 사유

(1) 조합원은 사망, 파산, 성년후견의 개시, 제명으로 탈퇴된다(제717조).

(2) 조합원이 사망한 때에는 조합계약에서 달리 약정한 바 없다면 사망한 조합원의 지위는 상속인에게 승계되지 아니한다(대판 1987. 6. 23, 86다카2951).

3. 2인 조합관계에서 1인 탈퇴의 법률관계

2인 조합에서 조합원 1인이 탈퇴하면 조합관계는 종료되지만 특별한 사정이 없는 한 조합이 해산되지 아니하고, 다만 조합원의 합유에 속하였던 조합재산은 남은 조합원의 단독소유에 속하게 되어 기존의 공동사업은 청산절차를 거치지 않고 잔존자가 계속 유지할 수 있고 탈퇴자와 남은 자 사이에는 탈퇴로 인한 계산을 하는 데 불과하다(대판 1972. 12. 12, 72다1651; 대판 2006. 3. 9, 2004다49693, 49709 참고).

4. 사안의 적용

다른 약정이 없으므로 제717에 의해 乙은 사망하여 조합에서 탈퇴된다. 2인 조합에서 조합원 1인의 탈퇴로 조합관계는 종료되지만 특별한 사정이 없는 한 조합이 해산되지 아니하고 존속한다. 조합재산은 남은 조합원 甲의 단독소유로 남는다.

Ⅲ 조합채권자 丙에게 甲이 부담하는 조합채무의 범위

1. 조합채권자 丙에 대한 관계

조합채무는 조합원들이 조합재산에 의하여 합유적으로 부담하는 채무이고, 두 사람으로 이루어진 조합관계에 있어 그중 1인이 탈퇴하면 탈퇴자와의 사이에 조합관계는 종료된다 할 것이나 특별한 사정이 없는 한 조합은 해산되지 아니하고, 조합원들의 합유에 속한 조합재산은 남은 조합원에게 귀속하게 되므로, 이 경우 조합채권자는 잔존 조합원에게 여전히 그 조합채무 전부에 대한 이행을 청구할 수 있다(대판 1999. 5. 11, 99다1284).

2. 사안의 적용

乙이 丙으로부터 조합운영자금으로 차용한 1억 원은 조합채무로서 잔존 조합원 甲이 1억 원 전부를 이행할 책임이 있다.

Ⅳ 사안의 해결

1. 乙은 사망하여 조합에서 탈퇴된다. 2인 조합에서 조합원 1인의 탈퇴로 조합관계는 종료되지만 특별한 사정이 없는 한 조합이 해산되지 아니하고 존속한다.
2. 조합재산은 남은 조합원 甲의 단독소유이고, 乙이 丙으로부터 조합운영자금으로 차용한 1억 원은 조합채무로서 잔존 조합원 甲이 1억 원 전부를 이행할 책임이 있다.

| 문제 3 | **X토지가 甲소유임을 알고 있는 乙은 자신의 명의로 X토지를 丙에게 매도하기로 하는 계약을 체결하였다. 乙과 丙 사이에 체결된 X토지에 대한 매매계약의 효력 및 乙이 X토지의 소유권을 丙에게 넘겨주지 못하는 경우에 丙이 乙에게 물을 수 있는 담보책임의 내용에 관하여 설명하시오. (20점)**

모범답안

Ⅰ 논점의 정리

1. 매도인 乙이 X토지가 자기소유가 아닌 甲소유임을 알면서도 丙과 매매계약을 체결한 바, 매매목적물의 권리 전부가 타인에게 속하는 경우로 매매계약이 무효가 되는지가 문제된다.
2. 매매계약이 유효라고 한다면 매도인 乙이 X토지의 소유권을 丙에게 넘겨주지 못하는 경우, 매수인 丙은 매도인 乙에게 어떠한 담보책임을 물을 수 있는지 문제된다.

Ⅱ 전부 타인권리 매매의 효력

1. 매매계약은 처분행위가 아니라, 의무부담행위이므로 처분권한이 없는 자의 계약도 유효하다.
2. 우리 민법도 제569조에서 타인권리의 매매가 유효함을 전제로, 재산권이전의무를 규정하고 있다. 매매의 목적이 된 권리가 매도인이 아닌 타인에게 속한 경우에도 매도인은 매매계약을 체결할 수 있고, 이때 매도인은 그 권리를 취득하여 매수인에게 이전하여야 할 의무를 부담한다(제569조). 이와 같은 법리는 매매의 목적이 된 권리가 매도인과 타인의 공유라고 해도 마찬가지이다(대판 2021. 6. 24, 2021다220666).
3. 사안의 경우 타인인 甲소유임을 알면서도 乙이 자신의 명의로 X토지를 丙에게 매도하기로 하는 계약이라도 乙과 丙 사이의 매매계약은 유효하다.

Ⅲ 매도인 乙의 매수인 丙에 대한 담보책임

1. 매도인의 담보책임의 의의

(1) 매매의 목적인 「권리」의 흠결 또는 그 권리의 객체인 「물건」에 하자가 있는 경우에 매매계약의 등가성을 보장하기 위하여 매도인이 지는 책임을 매도인의 담보책임이라고 한다.

(2) 매도인의 고의·과실을 묻지 않는 무과실책임이다.

2. 전부 타인권리 매매의 담보책임의 요건

타인권리의 매매도 매매계약은 유효하며(제569조), 매도인이 그 권리를 취득하여 매수인에게 이전할 수 없는 때에는 담보책임이 발생한다(제570조).

3. 전부 타인권리 매매의 담보책임의 내용

(1) 해제권 및 손해배상청구권

① 매수인의 선·악의를 불문하고 계약해제권이 인정되나(제570조 본문), 손해배상청구권은 선의의 매수인에게만 인정된다(제570조 단서).

② 매도인은 선의의 매수인에 대하여 불능 당시의 시가를 기준으로 계약이 완전히 이행된 것과 동일한 경제적 이익을 배상할 의무, 즉 이행이익의 배상을 한다(대판(전) 1967. 5. 18, 66다2618).

(2) 제척기간

권리의 흠결에서 매도인의 담보책임은 1년의 제척기간이 적용됨이 일반적이지만(제573조), 권리의 전부가 타인에게 속한 경우에는 제척기간의 제한을 받지 않는다.

4. 사안의 적용

乙이 X토지의 소유권을 丙에게 넘겨주지 못하는 경우에 丙이 乙에게 매도인의 담보책임을 물을 수 있다. 丙이 선의라면 해제권과 손해배상청권이 인정되고, 악의라면 해제권만 인정된다. 이러한 권리는 제척기간의 제한도 없다.

Ⅳ 사안의 해결

1. 乙과 丙 사이의 매매계약은 유효하다.
2. 乙이 X토지의 소유권을 취득하여 丙에게 이전하지 못하는 경우, 丙은 매매계약을 해제할 수 있다. 만일 丙이 선의라면 손해배상도 함께 청구할 수 있다.

부록

| 문제 4 | 화가 甲은 미술 수집상 乙에게 자신의 'A그림을 100만 원에 사달라'는 청약의 2022. 9. 1. 발송하여 그 편지가 동년 9. 5. 乙에게 도달하였다. 한편 그러한 사실을 모르는 乙은 甲에게 'A그림을 100만 원에 팔라'는 청약의 편지를 2022. 9. 3. 발송하여 그 편지가 동년 9. 7. 甲에게 도달하였다. 이러한 경우에 甲과 乙 사이에서 A그림에 대한 매매계약의 성립여부에 관하여 설명하시오. (20점)

모범답안

Ⅰ 논점의 정리

민법은 계약성립의 모습으로 ① 청약과 승낙에 의한 계약의 성립(제527조~제531조, 제534조), ② 교차청약(제533조), ③ 의사실현에 의한 계약의 성립(제532조)의 3가지를 규정하고 있다. 사안의 경우는 甲의 청약과 乙의 청약 즉 청약만 존재하여 교차청약이 인정될 수 있는지 문제된다.

Ⅱ 교차청약에 의한 계약의 성립

1. 의의

당사자가 서로 같은 내용의 청약을 한 경우, 이를 '교차청약'이라고 한다. 청약에 대응하는 승낙이 없지만 실질적으로 양 당사자의 의사합치가 있으므로 계약이 성립한다(제533조).

2. 계약의 성립시기

양 청약이 상대방에게 도달한 때(제533조), 즉 나중의 청약이 상대방에게 도달하는 때에 계약이 성립한다.

Ⅲ A그림에 대한 매매계약의 성립여부

1. 甲은 乙에게 자신의 'A그림을 100만 원에 사달라'는 청약을 乙은 甲에게 'A그림을 100만 원에 팔라'는 청약을 하였으므로 실질적으로 양 당사자의 의사합치가 인정되는 교차청약에 해당한다.
2. 甲과 乙 사이에서 A그림에 대한 매매계약은 양 청약이 상대방에 모두 도달한 때인(제533조) 2022. 9. 7.에 성립한다.

2023년 제11회 행정사 2차 기출문제

민법(계약) 모범답안

| 문제 1 | 甲과 乙은 A시에 건설될 아파트에 대한 분양계약을 체결하였는데, 그 계약서에는 다음과 같은 내용이 포함되어 있었다. 다음 독립된 물음에 답하시오. (40점)

> 제2조 […] ② 계약금은 공급대금의 5%로 하며, 계약체결과 동시에 지불한다. 중도금은 공급대금의 45%로 하며, 계약체결일로부터 1년이 되는 날에 지불한다.
> ③ 수분양자 乙은 분양자 甲의 귀책사유로 인해 입주예정일로부터 3월 이내에 입주할 수 없게 되는 경우 이 계약을 해제할 수 있다. […]
>
> 제3조 […] ② 제2조 제3항에 해당하는 사유로 이 계약이 해제된 때에는 甲은 수분양자 乙에게 공급대금 총액의 10%를 위약금으로 지급한다.
> ③ 제1항과 제2항의 경우 甲은 수분양자 乙에게 이미 납부한 대금에 대하여는 각각 그 받은 날로부터 반환일까지 연리 3%에 해당하는 이자를 가산하여 수분양자 乙에게 환급한다. […]

(1) 2006년 4월 1일 乙은 甲과 분양계약을 체결함과 동시에 계약금 전부를 지불하였다. 2006년 5월 1일 발표된 정부정책으로 인하여 A시에 개발호재가 발생하여, 주변 아파트 시세가 상승하였다. 이에 甲은 乙에게 분양대금의 증액을 요구하였다. 그러나 乙은 이를 거절하고, 2006년 5월 10일 甲의 계좌로 중도금을 송금하였다. 이 경우 甲은 乙에게 계약금의 배액을 지급하고 乙과의 계약을 해제할 수 있는지 설명하시오. (20점)

(2) 乙은 甲의 자금난 등으로 인한 공사 지연으로 그 분양계약 상 입주예정일로부터 3월 이내에 입주할 수 없게 되었다. 이에 수분양자 乙은 분양계약의 규정에 따라 甲의 귀책사유로 인한 입주지연을 이유로 그 분양계약을 해제하였으나, 甲은 乙이 납부한 대금을 반환하고 있지 않다. 乙의 해제권 행사가 적법함을 전제로 하여, 그 법률효과에 관하여 설명하시오. (20점)

모범답안

물음 1) (20점)

Ⅰ 논점의 정리

사안의 경우 甲이 乙에게 계약금의 배액을 지급하고 乙과의 계약을 해제하기 위해서는 甲이 제565조의 해약금에 의한 해제권을 행사할 수 있는지가 문제된다. 특히 2006년 5월 10일 甲의 계좌로 乙의 중도금 송금이 이행기 전의 이행착수로 당사자 일방의 이행착수에 해당하는지가 문제된다.

Ⅱ 甲의 해약금에 의한 해제인정 여부

1. 성립요건

해약금에 기한 해제의 효과가 인정되기 위해서는 ① 계약금을 교부하였을 것 ② 다른 약정이 없을 것 ③ 당사자 일방이 이행에 착수하기 전에 ④ 교부자는 포기하고 수령자는 배액을 상환하여 ⑤ 해제의 의사표시(도달)를 하였을 것이 필요하다(제565조 1항).

사안의 경우 2006년 4월 1일 분양계약을 체결함과 동시에 乙이 계약금 전부를 지불하였는 바, ①의 요건은 충족한다.

2. 다른 약정이 없을 것

사안의 분양계약 제3조는 계약금에 대한 위약금 약정을 한 것이 아니라, **약정해제권과 관련된** 분양계약 제2조 **제3항에 대한 위약금 약정일 뿐이므로 제565조의 다른 약정에 해당하지 않아** 다른 약정은 없는 경우이다.

3. 당사자 일방의 이행착수 전

(1) 당사자 일방의 의미

당사자 일방이란 매매 쌍방 중 어느 일방을 지칭하는 것이고, **상대방이라 국한하여 해석할 것이 아니다.** 즉, 매매계약의 일부 이행에 착수한 당사자뿐만 아니라, 어느 일방이 착수한 경우에는 그 상대방도 해제권을 행사할 수 없다.

(2) 이행의 착수의 의미

① 이행의 착수란 단순히 이행의 준비를 하는 것만으로는 부족하고, 중도금의 제공 등과 같이 채무의 이행행위의 일부를 행하거나 이행에 필요한 전제행위를 하는 것을 말한다(대판 2002. 11. 26, 2002다46492).

② 이행기의 약정이 있다 하더라도 당사자가 채무의 이행기 전에는 착수하지 아니하기로 하는 특약을 하는 등 **특별한 사정이 없는 한 그 이행기 전에 이행에 착수할 수도 있으며** 매매계약 체결 후 매매계약의 대상인 부동산의 시가가 상승하자 **매도인이 매매대금의 인상을 요청한 사실만으로 이행기 전 이행착수를 불허할 만한 특별한 사정이 있는 것도 아니라고** 하였다(대판 2006. 2. 10, 2004다11599).

(3) 사안의 경우

2006년 5월 1일 주변 아파트 시세가 상승하자 乙에게 분양대금의 증액을 요구한 **甲의 행위는** 이행에 착수하였다고 볼 수 없을 뿐만 아니라 이행기 전의 이행착수를 불허할 만한 특별한 사정으로 인정되지도 않는다. 그러나 甲의 분양대금의 증액요구를 거절하고 바로 2006년 5월 10일 **甲의 계좌로 송금한 乙의 행위는 이행착수로 볼 수 있고,** 비록 **이행기**(계약체결일로부터 1년이 되는 날인 2007. 4. 15.) **전의 이행착수라도 인정**된다.

따라서 甲은 일방의 이행착수 전에만 행사할 수 있는 제565조의 해약금에 의한 해제는 할 수 없다.

Ⅲ 사안의 해결

사안의 경우는 ① 甲은 2006년 4월 1일 계약 당일 乙로부터 계약금 전부를 지급받았고, ② 분양계약 규정 제3조는 계약금에 대한 위약금 약정을 한 것이 아니라, **약정해제권과 관련된** 분양계약 규정 **제2조 제3항에 대한 위약금 약정일 뿐이므로 제565조의 다른 약정에 해당하지 않고,** ③ 2006년 5월 1일 주변 아파트 시세가 상승하자 乙에게 분양대금의 증액을 요구한 **甲의 행위는** 이행에 착수하였다고 볼 수 없을 뿐만 아니라 이행기 전의 이행착수를 불허할 만한 특별한 사정으로 인정되지도 않는다. 그러나 甲의 분양대금의 증액을 요구를 거절하고 바로 2006년 5월 10일 **甲의 계좌로 송금한 乙의 행위는 이행착수로 볼 수 있고,** 비록 **이행기**(계약체결일로부터 1년이 되는 날인 2007. 4. 15.) **전의 이행착수라도 인정**된다. 따라서 ③ 요건을 충족하지 못하여, 甲이 계약금의 배액을 지급하고 乙 사이의 분양계약이 **해제할 수 없다.**

물음 2) (20점)

Ⅰ 논점의 정리

사안은 분양계약 제2조 3항에 약정해제권을 유보하였고, 수분양자 乙이 위 규정에 근거한 해제권 행사가 적법함을 전제로 하고 있다. 따라서 乙의 **약정해제권에 법률효과**에 관하여, **乙이 납부한 대금반환**과 더불어 반환받을 수 있는 범위에 **분양계약 제3조 제2항의 약정 위약금과 동조 제3항의 약정이율이 적용될 수 있는지**가 문제된다.

Ⅱ 약정해제권 행사의 법적 효과

1. 약정해제권의 의의

계약의 당사자가 당사자 일방 또는 쌍방을 위하여 해제권의 유보에 관하여 특약을 한 경우에는 계약에 의하여 해제권이 발생한다(제543조 제1항). 특히 매매 기타의 유상계약에서 계약금이 교부된 경우에는 해제권 유보의 특약이 있는 것으로 다루어진다(제565조 참조).

2. 약정해제권의 행사와 효과

⑴ 해제권의 행사방법이나 시기, 효과에 관하여 특약을 한 경우에는 그 특약에 따라야 한다. 다만 특약이 없으면 법정해제권의 발생에 관한 제544조, 제545조, 제546조를 제외한 해제의 불가분성 규정, 원상회복 규정, 제3자 보호규정 등은 법정해제와 동일하게 적용된다.

⑵ 손해배상청구는 그것이 채무불이행을 원인으로 하는 것이 아니기 때문에 인정되지 않는다. 즉 채무불이행을 전제로 하는 손해배상청구는 인정되지 않는다(대판 1983. 1. 18, 81다89 참고).

Ⅲ 乙의 해제권 행사의 법적 효과

1. 계약금과 중도금 반환청구와 및 이자지급청구

⑴ 乙의 약정해제권의 효과 및 원상회복의무

사안의 경우 다른 특약이 없으므로, 법정해제권에 관한 제548조가 적용된다. 계약은 소급하여 무효가 되고, 각 당사자는 원상회복의무가 있다. 乙은 **이미 지급한 계약금과 중도금 지급의 반환을 청구할 수 있다.** 이때 그 각각 지급받은 날부터 이자에 대해서도 반환청구할 수 있다(제548조 제2항).

⑵ 원상회복에 가산한 이자 및 지연손해금

법정해제권 행사의 경우 **당사자 일방이 그 수령한 금전을 반환함에 있어 그 받은 때로부터 법정이자를 부가함을 요하는 것은 민법 제548조 제2항이 규정하는** 바로서, 이는 원상회복의 범위에 속하는 것이며 일종의 부당이득반환의 성질을 가지는 것이고 반환의무의 이행지체로 인한 것이 아니므로, 부동산 매매계약이 해제된 경우 매도인의 매매대금 반환의무와 매수인의 소유권이전등기말소등기 절차이행의무가 동시이행의 관계에 있는지 여부와는 관계없이 매도인이 반환하여야 할 매매대금에 대하여는 그 받은 날로부터 민법 소정의 법정이율인 연 5푼의 비율에 의한 법정이자를 부가하여 지급하여야 하고, **이와 같은 법리는 약정된 해제권을 행사하는 경우라 하여 달라지는 것은 아니다**(대판 2000. 6. 9, 2000다9123). 다만, **당사자 사이에 그 이자에 관하여 특별한 약정이 있으면 그 약정이율이 우선 적용**되고 법정이율이 적용되지 않는다(대판 2013. 4. 26, 2011다50509).

⑶ 사안의 적용

따라서 甲은 乙에게 계약해제에 따른 원상회복으로 계약금(공사대금의 5%)과 중도금(공사대금의 10%)을 반환할 의무를 지며, 당사자 간에 이자에 관한 약정이 있으므로 각 금액을 甲이 지급받은 날로부터 반환시까지는 약정이율인 연리 3%의 이자도 가산하여 반환할 의무가 있다.

2. 분양계약 제3조 제2항의 위약금 지급청구

(1) 乙의 약정해제권의 효과의 위약금 특약 인정여부

사안의 경우 분양계약 제3조 제2항에서 "수분양자 乙은 분양자 甲의 귀책사유로 인해 입주예정일로부터 3월 이내에 입주할 수 없게 되는 사유로 이 계약이 해제된 때에는 甲은 수분양자 乙에게 공급대금 총액의 10%를 위약금으로 지급한다"는 약정을 하였다.

(2) 위약금 약정의 의미

위약금에는 위약벌과 손해배상액의 예정이 있는데, 양자의 구별은 당사자의 의사해석에 따른다. 다만 위약금 약정은 다른 반증이 없는 한 손해배상액의 예정으로 추정된다(제398조 제4항).

사안의 위약금 약정은 위약벌로 볼 만한 사정이 보이지 않으므로 손해배상액 예정으로 볼 수 있다.

(3) 사안의 적용

약정해제권에 기한 손해배상액 예정으로 ① 분양계약 체결시 위약금 합의가 있었고, ② 입주예정일로부터 3월 이내에 입주할 수 없는 채무불이행사실과 ③ 분양자 甲의 귀책사유로 인해 발생하였으므로 손해배상청구권은 인정된다. 따라서 위 위약금 약정에 기해 甲은 수분양자 乙에게 손해가 없다 하여도 甲은 공급대금 총액의 10%를 위약금으로 지급해야 한다.

(4) 해제로 인한 손해배상청구권과 지연손해

해재로 인한 손해배상청권은 지급을 최고한 때부터 지연손해가 발생한다. **계약해제 시 반환할 금전에 가산할 이자에 관하여 당사자 사이에 약정이 있는 경우**에는 특별한 사정이 없는 한 이행지체로 인한 지연손해금도 그 약정이율에 의하기로 하였다고 보는 것이 당사자의 의사에 부합한다. **다만 그 약정이율이 법정이율보다 낮은 경우**에는 약정이율에 의하지 아니하고 **법정이율에 의한 지연손해금을 청구할 수 있다**고 봄이 타당하다. 계약해제로 인한 원상회복 시 반환할 금전에 받은 날로부터 가산할 이자의 지급의무를 면제하는 약정이 있는 때에도 그 금전반환의무가 이행지체 상태에 빠진 경우에는 법정이율에 의한 지연손해금을 청구할 수 있는 점과 비교해 볼 때 그렇게 보는 것이 논리와 형평의 원리에 맞기 때문이다(대판 2013. 4. 26, 2011다50509).

사안의 경우 분양계약 제3조 제3항에 **계약해제 시 반환할 금전에 가산할 이자에 관하여 당사자 사이에 약정이 있는 경우이나 그 약정이율이 법정이율보다 낮은** 3%이므로, 甲은 **공급대금 총액의** 10%를 위약금으로 지급함과 더불어 해제일부터 다 갚는 날 때까지 **법정이율인 연 5%의 비율로 지연손해금도 지급하여야 한다.**

Ⅳ 사안의 해결

사안의 경우 분양계약 제2조 제3항에 의한 乙의 적법한 해제권 행사로 인해 甲은 乙에게 계약해제에 따른 원상회복으로 계약금(공사대금의 5%)과 중도금(공사대금의 10%)을 반환할 의무를 지며, 당사자 간에 이자에 관한 약정이 있으므로 각 금액을 甲이 지급받은 날로부터 반환할 때까지 약정이율인 연리 3%의 이자도 가산하여 반환할 의무가 있다.

해제권의 적용되는 위약금 약정이 손해배상액 예정에 해당하여 甲은 수분양자 乙에게 손해가 없다 하여도 공급대금 총액의 10%를 위약금으로 지급해야 한다. 이에 **계약해제 시 반환할 금전에 가산할 이자에 관하여 당사자 사이에 약정이 법정이율보다 낮은** 3%이므로, 甲은 **공급대금 총액의** 10%를 위약금으로 지급함과 더불어 해제일부터 다 갚는 날 때까지 **법정이률에 의한 지연손해금도 지급하여야 한다.**

| 문제 2 | 승강기 제조업자인 甲은 乙 소유의 X신축건물에 특유한 승강기를 제작 · 설치하는 계약을 乙과 체결하였다. 이 계약의 법적 성질은 무엇이며, 만일 승강기가 완성되어 설치되었다면 그 승강기의 소유권은 누구에게 귀속하는지에 관하여 설명하시오. (20점)

모범답안

Ⅰ 결론

승강기가 완성되어 설치되었다면 그 승강기의 소유권은 도급인 乙에게 귀속한다.

Ⅱ 근거

1. 제작물공급계약의 의의와 법적 성질

(1) 제작물공급계약의 의의

당사자의 일방이 상대방의 주문에 따라 자기 소유의 재료를 사용하여 만든 물건을 공급하기로 하고 상대방이 대가를 지급하기로 약정하는 계약을 말한다. 이른바 제작물공급계약은 그 제작의 측면에서는 도급의 성질이 있고 공급의 측면에서는 매매의 성질이 있어 대체로 매매와 도급의 성질을 함께 가지고 있다.

(2) 법적 성질

그 적용 법률은 ① 계약에 의하여 제작 공급하여야 할 물건이 **대체물인 경우**에는 **매매**에 관한 규정이 적용되지만, ② 물건이 특정의 주문자의 수요를 만족시키기 위한 **부대체물인 경우**에는 당해 물건의 공급과 함께 그 제작이 계약의 주목적이 되어 **도급의 성질**을 가진다고 본다(대판 1987. 7. 21, 86다카2446).

(3) 사안의 경우

① 승강기 제조업자인 甲이 乙 소유의 X신축건물에 특유한 승강기를 제작 · 설치하는 계약은 乙의 주문에 따라 甲이 자기 소유의 재료를 사용하여 만든 물건을 공급하기로 하고 대가를 지급받기로 약정한 제작물공급계약에 해당한다. ② 승강기 제작 및 설치 공사계약은 신축건물에 맞추어 일정한 사양으로 특정되므로, 그 대체가 불가능한 제작물의 공급계약이므로 도급의 성질을 가진다(대판 2010. 11. 25, 2010다56685).

2. 수급인인 甲이 주요 재료를 제공한 승강기의 소유권 귀속관계

(1) 문제점

수급인인 甲이 주요 재료를 제공하여 제작한 경우, 승강기가 누구의 소유인지 검토한다.

(2) 판례

판례는 당사자 사이에 특약이 있는 경우에는 특약에 따라 소유관계가 결정될 것이나, 당사자 사이에 **특약이 없는 한** 그 **제작물은 도급인에게 인도할 때까지는 수급인의 소유**라는 입장이다.

3. 사안의 경우

사안의 승강기 제작 및 설치 공사계약은 대체가 불가능한 **제작물공급계약**이므로 **도급의 성질**을 가지며, 소유권 귀속에 관한 다른 약정은 없는 경우이므로, **만일 승강기가 완성되어 설치되었다면** 도급인 乙에게 인도된 것이므로 수급인 甲이 재료를 제공한 경우라도 그 승강기의 소유권은 **도급인 乙에게 귀속한다.**

| 문제 3 | 甲에게 3억 원의 금전채무를 부담하고 있는 乙은 그 채무의 변제를 위하여 2023. 3. 3. 자신이 소유하는 X부동산을 丙에게 5억 원에 매도하면서, 계약금 1억 원 및 중도금 2억 원은 甲에게 직접 지급하도록 하는 제3자를 위한 계약을 체결하였다. 甲의 법적 지위를 丙에 대한 수익의 의사표시가 있기 이전과 이후로 나누어 설명하시오. (20점)

모범답안

Ⅰ 제3자를 위한 계약의 의의

제3자를 위한 계약은 계약당사자가 아닌 제3자에게 직접 권리를 취득케 하는 계약으로 보통의 계약 중에 그 법률효과의 일부를 직접 제3자에게 귀속시킨다는 내용의 제3자 약관을 붙인 것을 말한다(제539조).

Ⅱ 제3자를 위한 계약의 성립여부

1. 성립요건

제3자를 위한 계약이 성립하기 위해서는 ① 채권자(요약자)와 채무자(낙약자) 간에 유효한 계약이 성립하여야 하며, ② 그 계약에서 제3자에게 직접적으로 권리를 취득시키려는 약정(수익조항의 존재)이 있어야 하고, ③ 수익자는 계약체결 당시에 처음부터 확정되어 있을 필요는 없고, 또한 현존하고 있어야 하는 것도 아니다. 수익의 의사표시는 제3자를 위한 계약의 성립요건이나 유효요건이 아니고, 제3자가 채권을 취득하기 위한 요건일 뿐이다.

2. 사안의 경우

① 乙과 丙 사이의 X부동산 매매계약(기본관계)이 체결되었고, ② 乙(요약자)과 丙 간에 甲이 계약금 1억 원 및 중도금 2억 원을 직접 청구할 수 있다는 약정에 합의한 바, 이는 제3자 乙에게 독자적으로 권리를 인정하는 것으로 제3자 수익약정에 해당한다. ③ 아직 수익의 의사표시가 없다 하더라도, 계약체결 당시에 처음부터 수익자가 확정되어 있으므로 丙을 수익자로 하는 제3자를 위한 계약이 유효하게 성립하였다.

Ⅲ 수익자 甲의 법적 지위(→ 전, 후)

1. 수익의 의사표시의 법적 성질

(1) 제3자의 채권취득의 요건

수익의 의사표시가 없더라도 제3자를 위한 계약은 성립하고 당사자 사이에 효력을 발생한다. 따라서 수익의 의사표시는 제3자를 위한 계약의 성립요건이나 유효요건이 아니고, 제3자가 채권을 취득하기 위한 요건일 뿐이다.

(2) 수익의 의사표시의 방법

수익의 의사표시는 낙약자에 대한 권리취득의 효과를 발생케 한다는 점에서 형성권에 해당한다. 이러한 수익의 의사표시는 낙약자(채무자)에 대해 하여야 하고, 명시적 또는 묵시적(급부의 이행청구, 요약자와 낙약자 간 계약서의 수취인란에 기명날인 등)으로 할 수 있다. 따라서 반드시 서면으로 이루어져야 할 필요는 없다.

2. 수익자 甲의 의사표시 전의 법적 지위

(1) 형성권

수익자는 수익의 의사표시를 할 수 있는 형성권을 가진다.

(2) 비일신전속권

이 권리는 형성권으로 재산권적 특성이 강하므로 일신전속권이 아니므로 양도·상속, 채권자대위권의 목적이 된다(다수설).

3. 수익자 甲의 의사표시 후의 법적 지위

(1) 권리취득(제3자 지위 확정)

① 제3자는 기본계약에서 정해진 권리를 직접 취득한다. 수익의 의사표시가 있으면 제3자는 계약상 권리를 직접 확정적으로 취득한다.

② 당사자 임의로 변경·소멸 금지(제541조). 따라서 수익의 의사표시가 있은 후에는 당사자(요약자 및 낙약자)가 이를 변경 또는 소멸시키지 못한다(제541조). 그러나 미리 유보한 경우나 수익자의 동의가 있는 경우에는 가능하다.

(2) 채무불이행시 권리행사

수익자는 계약의 당사자가 아니므로, 제3자인 수익자 甲은 해제권(혹은 해제를 원인으로 한 원상회복청구권)이나 취소권은 행사하지 못한다. 다만 낙약자의 채무불이행이 있는 경우에 제3자는 낙약자에 대해 손해배상을 청구할 수 있다(대판 1994. 8. 12, 92다41559).

| 문제 4 | 건물의 소유를 목적으로 한 토지임차인의 지상물매수청구권에 관하여 설명하시오. (20점)

모범답안

Ⅰ 의의

토지임차인은 임대차 기간이 만료한 경우에 건물·수목 기타 지상시설이 현존한 때에는 임대인에게 계약의 갱신을 청구할 수 있고(제643조, 제283조 1항), 임대인이 그 갱신을 거절한 경우에는 지상물의 매수를 청구할 수 있다(제643조, 제283조 2항).

Ⅱ 법적 성질

1. 계약갱신청구권은 청구권일 뿐이므로 임대인이 거절할 수 있으나, 지상물매수청구권은 **형성권**이다.
2. 계약갱신청구권 및 지상물매수청구권은 **편면적 강행규정**이다(제652조). 따라서 포기특약은 원칙적으로 임차인에게 불리한 약정이므로 강행규정 위반으로 무효이다.

Ⅲ 발생 요건

1. 당사자

(1) **청구권자는 지상물인 건물의 소유자인 임차인**이며(대판 1993. 7. 27, 93다6386), **상대방**은 원칙적으로 임차권이 **소멸할 당시의 토지소유자인 임대인**이다.

(2) 임대목적 토지가 양도된 경우에는 임차인이 대항력을 갖춘 경우에 한하여 양수인(임대인 지위의 승계인)에 대하여 매수청구권을 행사할 수 있다.

2. 임대차 기간만료로 종료할 것

(1) 임대차가 기간만료로 종료하여야 한다. 기간을 정하지 않은 임대차에서 임대인의 해지통고로 소멸한 경우에도 인정된다.

(2) 임차인의 차임연체 등 채무불이행으로 임대차계약이 해지된 경우에는 임차인이 계약갱신을 청구할 수 없으므로 이를 전제로 하는 지상물의 매수청구도 할 수 없다(대판 1997. 4. 8, 96다54249).

3. 지상물인 건물의 현존

허가를 받지 않은 부적법한 건물이라도 그 대상이 되며(대판 1997. 12. 23, 97다37753), 임대인의 동의를 얻어 신축한 것에 한정되지 않는다(대판 1993. 11. 12, 93다34589).

4. 갱신청구에 대한 임대인의 갱신거절

임대인이 그 갱신을 거절한 경우에는 지상물의 매수를 청구할 수 있다.

Ⅳ 행사의 효과

형성권이므로 그 행사로 매매계약이 성립한다. 임차인의 지상물의 소유권이전의무와 임대인의 대금지급의무는 동시이행관계에 있다(대판 1998. 5. 8, 98다2389).

2024년 제12회 행정사 2차 기출문제

민법(계약) 모범답안

| 문제 1 | 甲은 자신 소유의 X상가건물에서 음식점을 운영해 오다가 2008. 5. 6. 丙에게 X건물을 매도하면서, 丙으로부터 X건물을 보증금 3,000만 원, 월 차임 200만 원, 계약기간 2008. 6. 5.부터 1년으로 정하여 임대차계약을 체결하였다. 이후 甲과 丙의 임대차계약은 묵시적으로 갱신되어 왔다. 乙은 2023. 5. 11. 丙으로부터 X건물을 매수하고 소유권이전등기를 마친 후, 2024. 1. 24. 甲에게 2024. 6. 4. 자로 X건물에 대한 임대차가 종료됨을 통지하였다. 다음 물음에 답하시오. (40점)

(1) 乙의 임대차 종료 통지에 대하여 甲은 임대차계약의 갱신을 요구하였다. 이와 관련하여 상가건물임대차보호법상 계약갱신요구권을 약술하고, 甲의 계약갱신요구의 인정여부, 甲과 乙의 임대차계약의 존속여부에 관하여 검토하시오. (20점)

(2) 甲은 2024. 3. 9. 丁과 X건물에 관하여 5,000만 원의 권리금계약을 체결한 다음, 2024. 3. 22. 乙에게 신규 임차인으로 丁을 주선하며 임대차계약 체결을 요구하였다. 그러나 乙은 자신이 X건물에서 직접 샌드위치 가게를 운영할 계획이라는 이유로 甲의 요구를 거절하였다. 임대인의 권리금 회수기회 보호제도에 관하여 약술하고, 甲의 권리금회수방안에 관하여 검토하시오. (20점)

모범답안

물음 1) (20점)

Ⅰ 논점의 정리

임대인 乙의 임대차 종료 통지에 대하여 임차인 甲이 계약갱신를 요구하고 있는 바, 상가건물임대차보호법상 계약갱신요구권을 살펴보고, 甲과 乙의 임대차계약의 존속여부에 관하여 검토한다.

Ⅱ 상가건물 임대차보호법의 갱신요구권

1. 상임법상 갱신요구권의 의의

상가건물 임대차보호법상 임차인이 **임대차기간이 만료되기 6개월 전부터 1개월 전까지 사이에** 계약갱신을 요구할 수 있는 권리이다. 그러나 **정당한 사유가 있는 경우 임대인은 갱신을 거절할 수 있다**(상가건물임대차보호법 제10조 제1항).

2. 임대인의 갱신거절사유(⇒ 부정, 무단, 파손, 멸실 · 재건, 계속)

임대인에게 계약갱신거절의 사유(제10조 제1항 각호)가 있는 경우, 즉 ① 3기의 차임연체사실, ② 부정한 방법으로 임차, ③ 무단전대, ④ 고의 · 중과실에 의한 파손, ⑤ 임차물의 멸실 · 재건축 등으로 임대차를 계속하기 어려운 사정이 있는 등의 경우에 갱신을 거절할 수 있다.

3. 효과

(1) 행사기간

임차인의 계약갱신요구권은 최초의 임대차기간을 포함한 전체 임대차기간이 10년(2018. 10. 16. 이전 구법 5년)을 초과하지 아니하는 범위에서만 행사할 수 있다(상임법 제10조 제2항).

(2) 갱신내용

갱신되는 임대차는 전 임대차와 동일한 조건으로 다시 계약된 것으로 본다. 다만, 차임과 보증금은 제11조에 따른 범위에서 증감할 수 있다(상임법 제10조 제3항).

Ⅲ 甲의 계약갱신요구권의 인정여부

1. 갱신요구권 성립요건 충족여부

① 임차인이 임대차기간이 만료되기 6개월 전부터 1개월 전까지 사이에 계약갱신을 요구, ② 정당한 거절사유가 없어야 한다. 사안의 경우 정당한 거절사유는 보이지 않는 바, 임대차기간 만료 6개월 전부터 1개월 전까지 사이의 계약갱신요구인지가 문제된다.

甲은 2008. 5. 6. 임대차계약을 체결하여 임대차기간 만료 후 2009. 6. 5.부터 묵시적으로 갱신되었는바, 상임법상 묵시적 갱신의 기간은 1년이므로(상임법 제10조 제4항) 2023. 6. 5. 다시 갱신되어 2024. 6. 4.이 임대차기간 만료이므로 2024. 1. 24.의 갱신요구는 만료 6개월 전 이후에 이루어진 것으로 성립요건은 충족하였다.

2. 행사기간 경과여부

(1) 개정 상임법 적용여부

사안은 현행법 시행 전인 2008. 5. 6. 임대차계약을 체결한 바, 개정된 현행이 적용될 수 있는지 문제된다. 개정 상가임대차법 부칙 제2조의 '이 법 시행 후 최초로 체결되거나 갱신되는 임대차'는 개정 상가임대차법이 시행되는 2018. 10. 16. 이후 처음으로 체결된 임대차 또는 2018. 10. 16. 이전에 체결되었지만 2018. 10. 16. 이후 그 이전에 인정되던 계약 갱신 사유에 따라 갱신되는 임대차를 가리킨다고 보아야 한다. 따라서 개정 법률 시행 후에 개정 전 법률에 따른 의무임대차기간이 경과하여 임대차가 갱신되지 않고 기간만료 등으로 종료된 경우는 이에 포함되지 않는다(대판 2020. 11. 5, 2020다241017). 따라서 구법이 적용되는 경우이다.

(2) 행사기간 경과로 인한 갱신청구권 인정여부

사안의 경우 甲이 임대차 갱신을 요구한 때에는 이미 구법상 의무임대차기간 5년이 경과하였으므로 2018. 10. 16. 개정법시행 이후 기간만료로 종료되어 갱신되지 않는다. 따라서 위 임대차계약에는 개정 상가임대차법 제10조 제2항이 적용되지 않는다. 결론적으로 구법이 적용되는 경우로 갱신요구는 인정될 수 없다.

Ⅳ 甲과 乙의 임대차계약의 존속여부

사안은 상임법상 묵시적 갱신으로(상임법 제10조 제4항) 2024. 6. 4.에 임대차기간이 만료되는 경우이다. 임대차기간 만료 후 임대차기간이 존속하기 위해서는 임차인의 갱신요구가 인정되는 경우이거나 묵시적 갱신이 되어야 한다. 갱신요구권은 최대 행사기간이 경과하여 인정될 수 없고, 묵시적 갱신은 임대인 乙이 갱신기간 내에 갱신거절의 통지를 하였으므로 인정될 수 없다(상임법 제10조 제4항). 2024. 6. 4.에 임대차기간이 만료되면 임대차계약은 소멸한다.

물음 2) (20점)

Ⅰ 논점의 정리

상가임대차보호법상 임대인의 권리금 회수기회 보호제도에 관하여 알아보고, 임차인이 계약갱신요구권을 행사할 수 없는 경우에도 권리금 회수기회 보호의무를 부담하는지 여부와 임대인이 스스로 영업할 계획이라는 이유만으로 정당한 사유가 있다고 볼 수 있는지가 문제된다.

Ⅱ 권리금 회수기회의 보호

1. 권리금의 의의 및 효력

(1) 권리금이란, 토지 또는 건물의 임대차에 부수하여 임대차 목적물이 가지는 특수한 장소적 이익 등의 대가로서 임대인 또는 임차인에게 지급하는 금전이다(상가건물임대차보호법 제10조의3 제1항).

(2) 권리금 계약이란 신규임차인이 되려는 자가 임차인에게 권리금을 지급하기로 하는 계약을 말한다(제2항).

(3) 상임법은 특별규정으로서 임차인의 권리금회수기회를 보장하기 위하여 임대인의 방해금지의무를 규정하고 있다.

2. 상임법상 권리금 회수기회의 보호

(1) 임대인의 방해금지의무(⇒요, 못, 현, 거)

① 임대인은 임대차기간이 끝나기 6개월 전부터 종료 시까지,

② ㉠ 임차인이 주선한 신규임차인에게 권리금을 요구·수수하는 행위, ㉡ 임차인이 주선한 신규임차인으로 하여금 임차인에게 권리금을 지급하지 못하게 하는 행위, ㉢ 임차인이 주선한 신규임차인에게 현저히 고액의 차임과 보증금을 요구하는 행위, ㉣ 정당한 사유 없이 임대인이 임차인이 주선한 신규임차인과의 임대차계약 체결을 거절하는 행위 등을 함으로써,

③ 임차인이 권리금을 지급받는 것을 방해하여서는 아니 된다(제10조의4 제1항 본문).

(2) 위반의 효과

① 손해배상책임: 임대인이 방해금지의무를 위반한 때에는 손해배상책임이 있다. 그 손해배상액은 신규임차인이 지급하기로 한 권리금과 임대차 종료 당시의 권리금 중 낮은 금액을 넘지 못한다(제3항).

② 소멸시효: 임대인의 방해금지의무 위반으로 인한 손해배상청구권은 임대차가 종료한 날부터 3년 내에 행사하지 아니하면 시효로 소멸한다(제4항).

3. 적용의 배제(⇒갱신거절사유=3기, 부정, 무단, 파손, 멸실·재건, 계속)

임대인에게 계약갱신거절의 사유(제10조 제1항 각호)가 있는 경우, 즉 ① 3기의 차임연체사실, ② **부정**한 방법으로 임차, ③ **무단**전대, ④ 고의·중과실에 의한 **파손**, ⑤ 임차물의 멸실·**재건축** 등으로 임대차를 **계속**하기 어려운 사정이 있는 등의 경우에는 임대인의 방해금지의무가 인정되지 않는다(제10조의4 제1항 단서).

Ⅲ 甲의 권리금 회수방안

1. 문제의 소재

사안의 경우 ① 임차인이 계약갱신요구권을 행사할 수 없는 경우에도 권리금 회수기회 보호의무를 부담하는지 여부와 ② 2024. 6. 4. 임대차기간 만료일 전인 2024. 3. 9. 丁과 5,000만 원의 권리금계약을 체결한 다음, 2024. 3. 22. 乙에게 신규 임차인으로 丁을 주선하며 임대차계약 체결을 요구하여(제10조의4 제1항 본문), 임대인 乙은 정당한 사유가 없는 한 권리금 회수기회를 보호하여야 한다. 이때 임대인이 스스로 영업할 계획이라는 이유만으로 정당한 사유가 있다고 볼 수 있는지가 문제된다.

2. 권리금 회수기회 인정여부

구 상가임대차법 제10조의4의 문언과 내용, 입법 취지에 비추어 보면, 같은 법 제10조 제2항에 따라 최초의 임대차기간을 포함한 전체 임대차기간이 5년을 초과하여 임차인이 계약갱신요구권을 행사할 수 없는 경우에도 **임대인은 같은 법 제10조의4 제1항에 따른** 권리금 회수기회 보호의무를 부담한다(대판 2019. 5. 16, 2017다225312, 225329 참조). 또한 임대인이 스스로 영업할 계획이라는 이유만으로 **임차인이 주선한 신규 임차인이 되려는 자와 임대차계약의 체결을 거절한 것**에는 구 상가임대차법 제10조의4 제1항 제4호에서 정한 정당한 사유가 있다고 볼 수 없다(대판 2019. 5. 30, 2018다261124, 261131 등 참조).

3. 사안의 해결

사안의 경우 구 상가임대차법상 상가에 관한 임대기간이 5년을 경과하여 피고가 원고에 대하여 갱신요구권을 행사할 수 없다 하더라도, 구 상가임대차법 제10조의4가 적용되므로 임대인 乙는 甲에 대하여 권리금 회수기회 보호의무를 부담한다. 임대인 자신이 직접 샌드위치 가게를 운영할 계획이 있다는 이유만으로 신규임차인과의 임대차계약의 체결을 **거절한 데에는** 정당한 사유가 있다고 볼 수 없다. 이를 거절한 경우 甲은 乙에게 권리금회수 방해를 원인으로 한 손해배상를 청구할 수 있다(대판 2020. 9. 3, 2018다252441, 2018다252458).

| 문제 2 | 계약체결상의 과실책임(민법 제535조)의 요건 및 효과에 관하여 설명하시오. (20점)

모범답안

Ⅰ 서설

1. 일반적으로 '계약체결상의 과실책임'이란, 계약체결을 위한 준비단계 또는 계약의 성립과정에서 당사자의 일방이 책임 있는 사유로 상대방에게 손해를 끼친 경우, 배상할 책임을 말한다.
2. 민법은 제535조에서 계약이 원시적 불능으로 무효인 경우의 배상책임만을 규정하고 있다.

Ⅱ 제535조의 계약체결상의 과실책임

1. 의의

목적이 불능한 계약을 체결할 때에 그 불능을 알았거나 알수 있었을 자는 상대방이 그 계약의 유효를 믿었음으로 인하여 받은 손해를 배상하여야 한다(민법 제535조).

2. 법적 성질

(1) 학설 및 판례

제535조의 성질에 대하여, ① 계약체결과정 및 계약체결의 준비과정에도 계약유사의 관계를 인정할 수 있다고 하여 일반적 계약체결상의 과실책임을 인정하는 계약책임설, ② 일반적 계약체결상의 과실책임은 우리 민법에서는 인정할 필요가 없고, 불법행위책임으로 규율하면 충분하다는 불법행위책임설이 대립한다. 判例는 불법행위책임설의 입장이다(대판 2003. 4. 11, 2001다53059).

(2) 검토

우리 민법은 독일 민법과 달리 제390조와 제750조에서 채무불이행책임과 불법행위책임에 대하여 포괄적인 일반규정을 두고 있으므로, 계약책임의 영역을 지나치게 넓힐 필요가 없다. 따라서 불법행위책임설이 타당하다.

3. 요건

① 계약체결행위가 있었을 것, ② 계약 목적이 원시적 · 객관적 · 전부 불능일 것, ③ 계약체결 시 배상의무자의 악의 또는 과실이 존재할 것, ④ 상대방은 선의 · 무과실일 것을 요한다.

4. 효과

(1) 과실자는 상대방에게 손해를 배상해야 하며, 손해배상의 범위는 계약의 유효를 믿었음으로 인하여 받은 신뢰이익의 손해에 한정되며, 그 손해액은 이행이익의 손해액을 넘지 못한다(제535조 제1항 단서).

(2) 신뢰손해란, 신뢰가 없었더라면 통상 지출하지 아니하였을 비용 상당의 손해이다. 아직 계약체결에 관한 확고한 신뢰가 부여되기 이전에 계약체결이 좌절되더라도 어쩔 수 없다고 생각하고 지출한 비용은 여기에 포함되지 아니한다.

Ⅲ 제535조의 확대적용 문제

1. 계약교섭의 부당파기의 경우

(1) 요건

판례는 "① 계약당사자 어느 일방이 교섭단계에서 계약이 확실하게 체결되리라는 정당한 신뢰를 부여하여, ② 상대방이 그 신뢰에 따라 행동하였음에도, ③ 상당한 이유 없이 계약의 체결을 거부하여 손해를 입혔다면, 신의성실의 원칙에 비추어 위법한 행위로서 불법행위를 구성한다"고 본다.

(2) 효과

계약의 부당파기자는 불법행위에 기한 손해배상책임을 진다(제750조). 이때 손해배상의 범위는 '계약이 유효하게 체결된다고 믿은 신뢰손해'에 한정된다. 이행이익의 배상을 구할 수는 없다.

2. 계약이 취소된 경우 등

(1) 계약이 숨은 불합의로 불성립하거나, 강행법규 위반으로 무효이거나, 착오 · 제한능력을 이유로 취소된 경우 등에서 ① 제535조를 유추적용하자는 견해와 ② 제750조의 불법행위책임을 적용하자는 견해가 대립하지만, 앞서 살펴본 바와 같은 이유로 후자가 타당하다.

(2) 특히, 경과실로 인한 착오취소의 경우가 문제인데 독일 민법에는 명문규정이 있으나, 우리 민법에는 그러한 규정이 없는 바, 판례는 민법 제109조에서 중과실이 없는 한 취소를 허용하고 있으므로, 위법하지 않다고 하여 불법행위책임을 부정한다(대판 1997. 8. 22, 97다13023).

| 문제 3 | 甲(매도인)은 乙(매수인)과 丙 소유의 건물에 대한 매매계약을 체결하였으나, 그 후 丙 명의의 소유권이전등기가 원인무효로 밝혀져 진정 소유자가 제기한 소유권이전등기 말소등기청구소송에서 丙이 패소함으로써 위 매매계약에 기한 건물의 소유권이전이 불능으로 되었다. 이 경우 乙이 甲에게 주장할 수 있는 권리에 관하여 설명하시오. (20점)

모범답안

Ⅰ 논점의 정리

1. 매도인 甲이 자기 소유가 아닌 丙 소유의 건물에 대한 매매계약을 체결한 바, 매매목적물의 권리 전부가 타인에게 속하는 경우로 매매계약이 무효가 되는지가 문제된다.
2. 매매계약이 유효라고 한다면 매도인 甲의 건물이전의무가 후발적 불능이 된 경우, 매수인 乙은 매도인 甲에게 담보책임과 채무불이행책임을 주장할 수 있는지 여부가 문제된다.

Ⅱ 전부 타인권리 매매의 효력

1. 민법의 규정

우리 민법도 제569조에서 타인권리의 매매가 유효함을 전제로, 재산권이전의무를 규정하고 있다. 매매계약은 처분행위가 아니라, 의무부담행위이므로 처분권한이 없는 자의 계약도 유효하다.

2. 사안의 경우

매매의 목적이 된 권리가 매도인 甲이 아닌 타인에게 속한 경우에도 매도인은 매매계약을 체결할 수 있고(유효), 이때 매도인 甲은 그 권리를 취득하여 매수인 乙에게 이전하여야 할 의무를 부담한다(대판 2021. 6. 24, 2021다220666).

Ⅲ 매도인 甲의 담보책임

1. 매도인의 담보책임의 의의

(1) 매매의 목적인 「권리」의 흠결 또는 그 권리의 객체인 「물건」에 하자가 있는 경우에 매매계약의 등가성을 보장하기 위하여 매도인이 지는 책임을 매도인의 담보책임이라고 한다.

(2) 매도인의 고의·과실을 묻지 않는 무과실책임이다.

2. 전부 타인권리 매매의 담보책임(제570조)의 요건

① 매매 목적물은 현존하나, ② 타인의 권리에 속하기 때문에 그 권리를 취득하여 매수인에게 이전할 수 없어야 한다. ③ 이때 매도인의 귀책사유는 묻지 않는다.

3. 전부 타인권리 매매의 담보책임의 내용

(1) 해제권 및 손해배상청구권

① 매수인의 선·악의를 불문하고 계약해제권이 인정되나(제570조 본문), 손해배상청구권은 선의의 매수인에게만 인정된다(제570조 단서).

② 매도인은 선의의 매수인에 대하여 불능 당시의 시가를 기준으로 계약이 완전히 이행된 것과 동일한 경제적 이익을 배상할 의무, 즉 이행이익의 배상을 한다(대판(전) 1967. 5. 18, 66다2618).

(2) 제척기간

권리의 흠결에서 매도인의 담보책임은 1년의 제척기간이 적용됨이 일반적이지만(제573조), 권리의 전부가 타인에게 속한 경우에는 제척기간의 제한을 받지 않는다.

4. 사안의 적용

건물은 존재하나 소유권을 乙에게 넘겨주지 못하는 경우이므로 매수인 乙이 甲에게 매도인의 담보책임을 물을 수 있다. 乙이 선의라면 해제권과 손해배상청권이 인정되고, 악의라면 해제권만 인정된다. 이러한 권리는 제척기간의 제한도 없다.

Ⅳ 매도인 甲의 채무불이행책임 성립여부

1. 채무불이행책임의 경합여부

타인의 권리를 매매의 목적으로 한 경우에 있어서 그 권리를 취득하여 매수인에게 이전하여야 할 매도인의 의무가 매도인의 귀책사유로 인하여 이행불능이 되었다면 매수인이 매도인의 담보책임에 관한 민법 제570조 단서의 규정에 의해 손해배상을 청구할 수 없다 하더라도 채무불이행 일반의 규정(민법 제546조, 제390조)에 좇아서 계약을 해제하고 손해배상을 청구할 수 있다(대판 1993. 11 23, 93다37328).

2. 사안의 경우

사안의 경우 丙의 소유권 상실로 인한 후발적 불능으로 매도인 甲의 귀책사유는 보이지 않는 바 매도인 甲에게 채무불이행으로 인한 권리는 인정될 수 없다.

Ⅴ 사안의 해결

甲과 乙 사이의 매매계약은 유효하다. 甲이 소유권을 취득하여 乙에게 이전하지 못한 것이 甲의 귀책사유가 없어 채무불이행책임을 물을 수 없다 하여도, 담보책임에 기해 乙은 매매계약을 해제할 수 있다. 또한 乙이 선의라면 손해배상도 함께 청구할 수 있다.

| 문제 4 | 甲 · 乙 · 丙은 공동이행방식의 공동수급체를 결성하여 丁과 건축공사도급계약을 체결하였으며, 업무집행자인 甲은 조합운영자금을 마련하기 위하여 A은행으로부터 1억 원을 차용하였다. 위 공사를 완공하여 공사대금채권을 취득한 甲 · 乙 · 丙은 위 대여금채무에 대하여 어떤 책임을 지는지 설명하시오. (20점)

모범답안

Ⅰ 논점의 정리

1. 업무집행자인 甲이 A은행으로부터 조합운영자금 1억 원을 차용하였는 바, 위 차용금채무가 조합채무에 해당하는지 여부가 문제된다.
2. 만일 조합채무라면 공사대금채권을 취득한 조합원 甲, 乙, 丙이 채권자 丁에게 어떠한 책임을 지는지 검토한다.

Ⅱ 조합의 성립과 조합재산

1. 조합의 의의

(1) 조합계약이란, 2인 이상이 상호출자하여 공동사업을 경영할 것을 약정하는 계약을 말하고[31], 조합계약에 의해 성립한 단체를 조합이라고 한다.

(2) **사안의 경우**
공동수급체는 기본적으로 **민법상의 조합의 성질을 가지는 것이므로** 그 구성원의 일방이 공동수급체의 대표자로서 업무집행자의 지위에 있었다고 한다면 그 구성원들 사이에는 민법상의 조합에 있어서 조합의 업무집행자와 조합원의 관계에 있었다고 할 것이다(대판 2000. 12. 12, 99다49620).

2. 조합채무의 성립

(1) **조합의 업무집행**
조합의 업무집행은 조합원의 과반수로써 결정하되, 업무집행자를 선임한 경우에는 업무집행자의 과반수로써 결정한다.[32]

(2) **사안의 경우**
甲은 단독의 업무집행자이므로 甲의 조합운영자금 차용행위는 조합의 업무집행에 해당한다. 따라서 위 차용금은 조합채무에 해당한다.

Ⅲ 조합채무의 귀속관계

1. 조합재산의 소유형태

(1) 조합원의 출자 기타 조합재산은 조합원의 합유로 한다.[33] 따라서 조합채무 역시 조합재산[34]이므로 조합원 모두의 합유에 속한다.

(2) **사안의 경우**
조합인 공동수급체가 공사를 시행함으로 인하여 도급인에 대하여 가지는 채권은 원칙적으로 **공동수급체의 구성원에게 합유적으로 귀속하는** 것이어서 특별한 사정이 없는 한 구성원 중 1인이 임의로 도급인에 대하여 출자지분의 비율에 따른 급부를 청구할 수 없고, 구성원 중 1인에 대한 채권으로써 그 구성원 개인

---

31 제703조 제1항

32 제706조

33 제704조

34 소극적 조합재산

을 집행채무자로 하여 공동수급체의 도급인에 대한 채권에 대하여 강제집행을 할 수 없다(대판 1997. 8. 26, 97다4401, 대판 2001. 2. 23, 2000다68924 등 참조).

2. 조합채무의 책임귀속

조합의 채무는 i) 모든 조합원에게 합유적으로 귀속되므로 조합재산으로써 책임을 진다. ii) 더불어 각 조합원은 각자의 개인재산으로도 책임을 지며, 양 책임은 병존한다.

(1) 조합재산에 의한 공동책임

① 조합의 채권자는 채권 전액에 관하여 「조합재산」으로부터 변제를 청구할 권리가 있다.

② 조합재산은 조합원의 개인재산과는 독립된 고유재산이므로, 조합원 1인에 대한 채권자는 「조합재산」에 대하여 강제집행할 수 없다.[35]

(2) 조합원의 개인재산에 의한 책임

① 「각 조합원」은 조합채무에 관하여 손실부담의 비율에 따라 분할채무를 부담한다.

② 채권자가 그 채권발생 당시에 손실부담 비율을 알지 못한 경우에는 각 조합원에게 균등한 비율로 변제할 것을 청구할 수 있다.[36]

③ 조합원 중에 변제할 자력이 없는 자가 있는 경우에는 그 부분에 대하여 다른 조합원들이 균분하여 변제할 책임을 진다.[37]

3. 사안의 경우

조합채권자 A은행은 1억 원의 채권으로 조합재산인 공사대금채권에 대하여 책임을 물을 수 있고, 이와 병존하여 각 조합원 甲, 乙, 丙에게 손실부담 비율에 따라 각각 개인책임을 물을 수도 있다(만일 손실부담비율을 알지 못하면 각각 1/3의 개인책임을 물을 수 있다).

Ⅳ 사안의 해결

甲, 乙, 丙은 원칙적으로 공사대금채권인 조합재산으로 대여금채무 1억 원에 대해 책임을 지며, 이와 병존하여 각각 자신의 손실부담비율에 따라 A은행에 대하여 1억 원의 분할책임을 진다. 다만, A은행이 손실부담비율을 알지 못하는 경우는 각각 대여금의 1/3 분할책임을 진다.

35 대판 2001. 2. 23. 2000다68924

36 제712조

37 제713조

민법

[시행 2025. 1. 31.]
[법률 제20432호, 2024. 9. 20., 일부개정]

제3편 채권

제2장 계약

제1절 총칙

제1관 계약의 성립

제527조【계약의 청약의 구속력】 계약의 청약은 이를 철회하지 못한다.

제528조【승낙기간을 정한 계약의 청약】 ① 승낙의 기간을 정한 계약의 청약은 청약자가 그 기간 내에 승낙의 통지를 받지 못한 때에는 그 효력을 잃는다.
② 승낙의 통지가 전항의 기간 후에 도달한 경우에 보통 그 기간 내에 도달할 수 있는 발송인 때에는 청약자는 지체없이 상대방에게 그 연착의 통지를 하여야 한다. 그러나 그 도달 전에 지연의 통지를 발송한 때에는 그러하지 아니하다.
③ 청약자가 전항의 통지를 하지 아니한 때에는 승낙의 통지는 연착되지 아니한 것으로 본다.

제529조【승낙기간을 정하지 아니한 계약의 청약】 승낙의 기간을 정하지 아니한 계약의 청약은 청약자가 상당한 기간 내에 승낙의 통지를 받지 못한 때에는 그 효력을 잃는다.

제530조【연착된 승낙의 효력】 전2조의 경우에 연착된 승낙은 청약자가 이를 새 청약으로 볼 수 있다.

제531조【격지자간의 계약성립시기】 격지자간의 계약은 승낙의 통지를 발송한 때에 성립한다.

제532조【의사실현에 의한 계약성립】 청약자의 의사표시나 관습에 의하여 승낙의 통지가 필요하지 아니한 경우에는 계약은 승낙의 의사표시로 인정되는 사실이 있는 때에 성립한다.

제533조【교차청약】 당사자간에 동일한 내용의 청약이 상호교차된 경우에는 양청약이 상대방에게 도달한 때에 계약이 성립한다.

제534조【변경을 가한 승낙】 승낙자가 청약에 대하여 조건을 붙이거나 변경을 가하여 승낙한 때에는 그 청약의 거절과 동시에 새로 청약한 것으로 본다.

제535조【계약체결상의 과실】 ① 목적이 불능한 계약을 체결할 때에 그 불능을 알았거나 알 수 있었을 자는 상대방이 그 계약의 유효를 믿었음으로 인하여 받은 손해를 배상하여야 한다. 그러나 그 배상액은 계약이 유효함으로 인하여 생길 이익액을 넘지 못한다.
② 전항의 규정은 상대방이 그 불능을 알았거나 알 수 있었을 경우에는 적용하지 아니한다.

제2관 계약의 효력

제536조【동시이행의 항변권】 ① 쌍무계약의 당사자 일방은 상대방이 그 채무이행을 제공할 때까지 자기의 채무이행을 거절할 수 있다. 그러나 상대방의 채무가 변제기에 있지 아니하는 때에는 그러하지 아니하다.
② 당사자 일방이 상대방에게 먼저 이행하여야 할 경우에 상대방의 이행이 곤란할 현저한 사유가 있는 때에는 전항 본문과 같다.

제537조【채무자위험부담주의】 쌍무계약의 당사자 일방의 채무가 당사자쌍방의 책임없는 사유로 이행할 수 없게 된 때에는 채무자는 상대방의 이행을 청구하지 못한다.

제538조【채권자귀책사유로 인한 이행불능】 ① 쌍무계약의 당사자 일방의 채무가 채권자의 책임있는 사유로 이행할 수 없게 된 때에는 채무자는 상대방의 이행을 청구할 수 있다. 채권자의 수령지체 중에 당사자쌍방의 책임없는 사유로 이행할 수 없게 된 때에도 같다.
② 전항의 경우에 채무자는 자기의 채무를 면함으로써 이익을 얻은 때에는 이를 채권자에게 상환하여야 한다.

제539조 【제삼자를 위한 계약】 ① 계약에 의하여 당사자 일방이 제삼자에게 이행할 것을 약정한 때에는 그 제삼자는 채무자에게 직접 그 이행을 청구할 수 있다.
② 전항의 경우에 제삼자의 권리는 그 제삼자가 채무자에 대하여 계약의 이익을 받을 의사를 표시한 때에 생긴다.

제540조 【채무자의 제삼자에 대한 최고권】 전조의 경우에 채무자는 상당한 기간을 정하여 계약의 이익의 향수여부의 확답을 제삼자에게 최고할 수 있다. 채무자가 그 기간 내에 확답을 받지 못한 때에는 제삼자가 계약의 이익을 받을 것을 거절한 것으로 본다.

제541조 【제삼자의 권리의 확정】 제539조의 규정에 의하여 제삼자의 권리가 생긴 후에는 당사자는 이를 변경 또는 소멸시키지 못한다.

제542조 【채무자의 항변권】 채무자는 제539조의 계약에 기한 항변으로 그 계약의 이익을 받을 제삼자에게 대항할 수 있다.

제3관 계약의 해지, 해제

제543조 【해지, 해제권】 ① 계약 또는 법률의 규정에 의하여 당사자의 일방이나 쌍방이 해지 또는 해제의 권리가 있는 때에는 그 해지 또는 해제는 상대방에 대한 의사표시로 한다.
② 전항의 의사표시는 철회하지 못한다.

제544조 【이행지체와 해제】 당사자 일방이 그 채무를 이행하지 아니하는 때에는 상대방은 상당한 기간을 정하여 그 이행을 최고하고 그 기간 내에 이행하지 아니한 때에는 계약을 해제할 수 있다. 그러나 채무자가 미리 이행하지 아니할 의사를 표시한 경우에는 최고를 요하지 아니한다.

제545조 【정기행위와 해제】 계약의 성질 또는 당사자의 의사표시에 의하여 일정한 시일 또는 일정한 기간 내에 이행하지 아니하면 계약의 목적을 달성할 수 없을 경우에 당사자 일방이 그 시기에 이행하지 아니한 때에는 상대방은 전조의 최고를 하지 아니하고 계약을 해제할 수 있다.

제546조 【이행불능과 해제】 채무자의 책임있는 사유로 이행이 불능하게 된 때에는 채권자는 계약을 해제할 수 있다.

제547조 【해지, 해제권의 불가분성】 ① 당사자의 일방 또는 쌍방이 수인인 경우에는 계약의 해지나 해제는 그 전원으로부터 또는 전원에 대하여 하여야 한다.
② 전항의 경우에 해지나 해제의 권리가 당사자 1인에 대하여 소멸한 때에는 다른 당사자에 대하여도 소멸한다.

제548조 【해제의 효과, 원상회복의무】 ① 당사자 일방이 계약을 해제한 때에는 각 당사자는 그 상대방에 대하여 원상회복의 의무가 있다. 그러나 제삼자의 권리를 해하지 못한다.
② 전항의 경우에 반환할 금전에는 그 받은 날로부터 이자를 가하여야 한다.

제549조 【원상회복의무와 동시이행】 제536조의 규정은 전조의 경우에 준용한다.

제550조 【해지의 효과】 당사자 일방이 계약을 해지한 때에는 계약은 장래에 대하여 그 효력을 잃는다.

제551조 【해지, 해제와 손해배상】 계약의 해지 또는 해제는 손해배상의 청구에 영향을 미치지 아니한다.

제552조 【해제권행사여부의 최고권】 ① 해제권의 행사의 기간을 정하지 아니한 때에는 상대방은 상당한 기간을 정하여 해제권행사여부의 확답을 해제권자에게 최고할 수 있다.
② 전항의 기간 내에 해제의 통지를 받지 못한 때에는 해제권은 소멸한다.

제553조 【훼손 등으로 인한 해제권의 소멸】 해제권자의 고의나 과실로 인하여 계약의 목적물이 현저히 훼손되거나 이를 반환할 수 없게 된 때 또는 가공이나 개조로 인하여 다른 종류의 물건으로 변경된 때에는 해제권은 소멸한다.

제2절 증여

제554조 【증여의 의의】 증여는 당사자 일방이 무상으로 재산을 상대방에 수여하는 의사를 표시하고 상대방이 이를 승낙함으로써 그 효력이 생긴다.

제555조【서면에 의하지 아니한 증여와 해제】 증여의 의사가 서면으로 표시되지 아니한 경우에는 각 당사자는 이를 해제할 수 있다.

제556조【수증자의 행위와 증여의 해제】 ① 수증자가 증여자에 대하여 다음 각호의 사유가 있는 때에는 증여자는 그 증여를 해제할 수 있다.

1. 증여자 또는 그 배우자나 직계혈족에 대한 범죄행위가 있는 때
2. 증여자에 대하여 부양의무있는 경우에 이를 이행하지 아니하는 때

② 전항의 해제권은 해제원인있음을 안 날로부터 6월을 경과하거나 증여자가 수증자에 대하여 용서의 의사를 표시한 때에는 소멸한다.

제557조【증여자의 재산상태변경과 증여의 해제】 증여계약 후에 증여자의 재산상태가 현저히 변경되고 그 이행으로 인하여 생계에 중대한 영향을 미칠 경우에는 증여자는 증여를 해제할 수 있다.

제558조【해제와 이행완료부분】 전3조의 규정에 의한 계약의 해제는 이미 이행한 부분에 대하여는 영향을 미치지 아니한다.

제559조【증여자의 담보책임】 ① 증여자는 증여의 목적인 물건 또는 권리의 하자나 흠결에 대하여 책임을 지지 아니한다. 그러나 증여자가 그 하자나 흠결을 알고 수증자에게 고지하지 아니한 때에는 그러하지 아니하다.

② 상대부담있는 증여에 대하여는 증여자는 그 부담의 한도에서 매도인과 같은 담보의 책임이 있다.

제560조【정기증여와 사망으로 인한 실효】 정기의 급여를 목적으로 한 증여는 증여자 또는 수증자의 사망으로 인하여 그 효력을 잃는다.

제561조【부담부증여】 상대부담있는 증여에 대하여는 본절의 규정외에 쌍무계약에 관한 규정을 적용한다.

제562조【사인증여】 증여자의 사망으로 인하여 효력이 생길 증여에는 유증에 관한 규정을 준용한다.

제3절 매매

제1관 총칙

제563조【매매의 의의】 매매는 당사자 일방이 재산권을 상대방에게 이전할 것을 약정하고 상대방이 그 대금을 지급할 것을 약정함으로써 그 효력이 생긴다.

제564조【매매의 일방예약】 ① 매매의 일방예약은 상대방이 매매를 완결할 의사를 표시하는 때에 매매의 효력이 생긴다.

② 전항의 의사표시의 기간을 정하지 아니한 때에는 예약자는 상당한 기간을 정하여 매매완결여부의 확답을 상대방에게 최고할 수 있다.

③ 예약자가 전항의 기간 내에 확답을 받지 못한 때에는 예약은 그 효력을 잃는다.

제565조【해약금】 ① 매매의 당사자 일방이 계약당시에 금전 기타 물건을 계약금, 보증금등의 명목으로 상대방에게 교부한 때에는 당사자간에 다른 약정이 없는 한 당사자의 일방이 이행에 착수할 때까지 교부자는 이를 포기하고 수령자는 그 배액을 상환하여 매매계약을 해제할 수 있다.

② 제551조의 규정은 전항의 경우에 이를 적용하지 아니한다.

제566조【매매계약의 비용의 부담】 매매계약에 관한 비용은 당사자 쌍방이 균분하여 부담한다.

제567조【유상계약에의 준용】 본절의 규정은 매매 이외의 유상계약에 준용한다. 그러나 그 계약의 성질이 이를 허용하지 아니하는 때에는 그러하지 아니하다.

제2관 매매의 효력

제568조【매매의 효력】 ① 매도인은 매수인에 대하여 매매의 목적이 된 권리를 이전하여야 하며 매수인은 매도인에게 그 대금을 지급하여야 한다.

② 전항의 쌍방의무는 특별한 약정이나 관습이 없으면 동시에 이행하여야 한다.

제569조【타인의 권리의 매매】 매매의 목적이 된 권리가 타인에게 속한 경우에는 매도인은 그 권리를 취득하여 매수인에게 이전하여야 한다.

제570조【동전-매도인의 담보책임】 전조의 경우에 매도인이 그 권리를 취득하여 매수인에게 이전할 수 없는 때에는 매수인은 계약을 해제할 수 있다. 그러나 매수인이 계약당시 그 권리가 매도인에게 속하지 아니함을 안 때에는 손해배상을 청구하지 못한다.

제571조【동전-선의의 매도인의 담보책임】 ① 매도인이 계약당시에 매매의 목적이 된 권리가 자기에게 속하지 아니함을 알지 못한 경우에 그 권리를 취득하여 매수인에게 이전할 수 없는 때에는 매도인은 손해를 배상하고 계약을 해제할 수 있다.
② 전항의 경우에 매수인이 계약당시 그 권리가 매도인에게 속하지 아니함을 안 때에는 매도인은 매수인에 대하여 그 권리를 이전할 수 없음을 통지하고 계약을 해제할 수 있다.

제572조【권리의 일부가 타인에게 속한 경우와 매도인의 담보책임】 ① 매매의 목적이 된 권리의 일부가 타인에게 속함으로 인하여 매도인이 그 권리를 취득하여 매수인에게 이전할 수 없는 때에는 매수인은 그 부분의 비율로 대금의 감액을 청구할 수 있다.
② 전항의 경우에 잔존한 부분만이면 매수인이 이를 매수하지 아니하였을 때에는 선의의 매수인은 계약전부를 해제할 수 있다.
③ 선의의 매수인은 감액청구 또는 계약해제외에 손해배상을 청구할 수 있다.

제573조【전조의 권리행사의 기간】 전조의 권리는 매수인이 선의인 경우에는 사실을 안 날로부터, 악의인 경우에는 계약한 날로부터 1년내에 행사하여야 한다.

제574조【수량부족, 일부멸실의 경우와 매도인의 담보책임】 전2조의 규정은 수량을 지정한 매매의 목적물이 부족되는 경우와 매매목적물의 일부가 계약당시에 이미 멸실된 경우에 매수인이 그 부족 또는 멸실을 알지 못한 때에 준용한다.

제575조【제한물권있는 경우와 매도인의 담보책임】 ① 매매의 목적물이 지상권, 지역권, 전세권, 질권 또는 유치권의 목적이 된 경우에 매수인이 이를 알지 못한 때에는 이로 인하여 계약의 목적을 달성할 수 없는 경우에 한하여 매수인은 계약을 해제할 수 있다. 기타의 경우에는 손해배상만을 청구할 수 있다.
② 전항의 규정은 매매의 목적이 된 부동산을 위하여 존재할 지역권이 없거나 그 부동산에 등기된 임대차계약이 있는 경우에 준용한다.
③ 전2항의 권리는 매수인이 그 사실을 안 날로부터 1년 내에 행사하여야 한다.

제576조【저당권, 전세권의 행사와 매도인의 담보책임】 ① 매매의 목적이 된 부동산에 설정된 저당권 또는 전세권의 행사로 인하여 매수인이 그 소유권을 취득할 수 없거나 취득한 소유권을 잃은 때에는 매수인은 계약을 해제할 수 있다.
② 전항의 경우에 매수인의 출재로 그 소유권을 보존한 때에는 매도인에 대하여 그 상환을 청구할 수 있다.
③ 전2항의 경우에 매수인이 손해를 받은 때에는 그 배상을 청구할 수 있다.

제577조【저당권의 목적이 된 지상권, 전세권의 매매와 매도인의 담보책임】 전조의 규정은 저당권의 목적이 된 지상권 또는 전세권이 매매의 목적이 된 경우에 준용한다.

제578조【경매와 매도인의 담보책임】 ① 경매의 경우에는 경락인은 전8조의 규정에 의하여 채무자에게 계약의 해제 또는 대금감액의 청구를 할 수 있다.
② 전항의 경우에 채무자가 자력이 없는 때에는 경락인은 대금의 배당을 받은 채권자에 대하여 그 대금전부나 일부의 반환을 청구할 수 있다.
③ 전2항의 경우에 채무자가 물건 또는 권리의 흠결을 알고 고지하지 아니하거나 채권자가 이를 알고 경매를 청구한 때에는 경락인은 그 흠결을 안 채무자나 채권자에 대하여 손해배상을 청구할 수 있다.

제579조【채권매매와 매도인의 담보책임】 ① 채권의 매도인이 채무자의 자력을 담보한 때에는 매매계약당시의 자력을 담보한 것으로 추정한다.
② 변제기에 도달하지 아니한 채권의 매도인이 채무자의 자력을 담보한 때에는 변제기의 자력을 담보한 것으로 추정한다.

제580조【매도인의 하자담보책임】 ① 매매의 목적물에 하자가 있는 때에는 제575조 제1항의 규정을 준

용한다. 그러나 매수인이 하자있는 것을 알았거나 과실로 인하여 이를 알지 못한 때에는 그러하지 아니하다.

② 전항의 규정은 경매의 경우에 적용하지 아니한다.

제581조【종류매매와 매도인의 담보책임】 ① 매매의 목적물을 종류로 지정한 경우에도 그 후 특정된 목적물에 하자가 있는 때에는 전조의 규정을 준용한다.

② 전항의 경우에 매수인은 계약의 해제 또는 손해배상의 청구를 하지 아니하고 하자없는 물건을 청구할 수 있다.

제582조【전2조의 권리행사기간】 전2조에 의한 권리는 매수인이 그 사실을 안 날로부터 6월 내에 행사하여야 한다.

제583조【담보책임과 동시이행】 제536조의 규정은 제572조 내지 제575조, 제580조 및 제581조의 경우에 준용한다.

제584조【담보책임면제의 특약】 매도인은 전15조에 의한 담보책임을 면하는 특약을 한 경우에도 매도인이 알고 고지하지 아니한 사실 및 제삼자에게 권리를 설정 또는 양도한 행위에 대하여는 책임을 면하지 못한다.

제585조【동일기한의 추정】 매매의 당사자 일방에 대한 의무이행의 기한이 있는 때에는 상대방의 의무이행에 대하여도 동일한 기한이 있는 것으로 추정한다.

제586조【대금지급장소】 매매의 목적물의 인도와 동시에 대금을 지급할 경우에는 그 인도장소에서 이를 지급하여야 한다.

제587조【과실의 귀속, 대금의 이자】 매매계약있은 후에도 인도하지 아니한 목적물로부터 생긴 과실은 매도인에게 속한다. 매수인은 목적물의 인도를 받은 날로부터 대금의 이자를 지급하여야 한다. 그러나 대금의 지급에 대하여 기한이 있는 때에는 그러하지 아니하다.

제588조【권리주장자가 있는 경우와 대금지급거절권】 매매의 목적물에 대하여 권리를 주장하는 자가 있는 경우에 매수인이 매수한 권리의 전부나 일부를 잃을 염려가 있는 때에는 매수인은 그 위험의 한도에서 대금의 전부나 일부의 지급을 거절할 수 있다. 그러나 매도인이 상당한 담보를 제공한 때에는 그러하지 아니하다.

제589조【대금공탁청구권】 전조의 경우에 매도인은 매수인에 대하여 대금의 공탁을 청구할 수 있다.

제3관 환매

제590조【환매의 의의】 ① 매도인이 매매계약과 동시에 환매할 권리를 보류한 때에는 그 영수한 대금 및 매수인이 부담한 매매비용을 반환하고 그 목적물을 환매할 수 있다.

② 전항의 환매대금에 관하여 특별한 약정이 있으면 그 약정에 의한다.

③ 전2항의 경우에 목적물의 과실과 대금의 이자는 특별한 약정이 없으면 이를 상계한 것으로 본다.

제591조【환매기간】 ① 환매기간은 부동산은 5년, 동산은 3년을 넘지 못한다. 약정기간이 이를 넘는 때에는 부동산은 5년, 동산은 3년으로 단축한다.

② 환매기간을 정한 때에는 다시 이를 연장하지 못한다.

③ 환매기간을 정하지 아니한 때에는 그 기간은 부동산은 5년, 동산은 3년으로 한다.

제592조【환매등기】 매매의 목적물이 부동산인 경우에 매매등기와 동시에 환매권의 보류를 등기한 때에는 제삼자에 대하여 그 효력이 있다.

제593조【환매권의 대위행사와 매수인의 권리】 매도인의 채권자가 매도인을 대위하여 환매하고자 하는 때에는 매수인은 법원이 선정한 감정인의 평가액에서 매도인이 반환할 금액을 공제한 잔액으로 매도인의 채무를 변제하고 잉여액이 있으면 이를 매도인에게 지급하여 환매권을 소멸시킬 수 있다.

제594조【환매의 실행】 ① 매도인은 기간 내에 대금과 매매비용을 매수인에게 제공하지 아니하면 환매할 권리를 잃는다.

② 매수인이나 전득자가 목적물에 대하여 비용을 지출한 때에는 매도인은 제203조의 규정에 의하여 이를 상환하여야 한다. 그러나 유익비에 대하여는 법원은 매도인의 청구에 의하여 상당한 상환기간을 허여할 수 있다.

제595조【공유지분의 환매】 공유자의 1인이 환매할 권리를 보류하고 그 지분을 매도한 후 그 목적물의 분할이나 경매가 있는 때에는 매도인은 매수인이 받은 또는 받을 부분이나 대금에 대하여 환매권을 행사할 수 있다. 그러나 매도인에게 통지하지 아니한 매수인은 그 분할이나 경매로써 매도인에게 대항하지 못한다.

제4절 교환

제596조【교환의 의의】 교환은 당사자 쌍방이 금전이외의 재산권을 상호이전할 것을 약정함으로써 그 효력이 생긴다.

제597조【금전의 보충지급의 경우】 당사자 일방이 전조의 재산권이전과 금전의 보충지급을 약정한 때에는 그 금전에 대하여는 매매대금에 관한 규정을 준용한다.

제5절 소비대차

제598조【소비대차의 의의】 소비대차는 당사자 일방이 금전 기타 대체물의 소유권을 상대방에게 이전할 것을 약정하고 상대방은 그와 같은 종류, 품질 및 수량으로 반환할 것을 약정함으로써 그 효력이 생긴다.

제599조【파산과 소비대차의 실효】 대주가 목적물을 차주에게 인도하기 전에 당사자 일방이 파산선고를 받은 때에는 소비대차는 그 효력을 잃는다.

제600조【이자계산의 시기】 이자있는 소비대차는 차주가 목적물의 인도를 받은 때로부터 이자를 계산하여야 하며 차주가 그 책임있는 사유로 수령을 지체할 때에는 대주가 이행을 제공한 때로부터 이자를 계산하여야 한다.

제601조【무이자소비대차와 해제권】 이자없는 소비대차의 당사자는 목적물의 인도전에는 언제든지 계약을 해제할 수 있다. 그러나 상대방에게 생긴 손해가 있는 때에는 이를 배상하여야 한다.

제602조【대주의 담보책임】 ① 이자있는 소비대차의 목적물에 하자가 있는 경우에는 제580조 내지 제582조의 규정을 준용한다.

② 이자없는 소비대차의 경우에는 차주는 하자있는 물건의 가액으로 반환할 수 있다. 그러나 대주가 그 하자를 알고 차주에게 고지하지 아니한 때에는 전항과 같다.

제603조【반환시기】 ① 차주는 약정시기에 차용물과 같은 종류, 품질 및 수량의 물건을 반환하여야 한다.

② 반환시기의 약정이 없는 때에는 대주는 상당한 기간을 정하여 반환을 최고하여야 한다. 그러나 차주는 언제든지 반환할 수 있다.

제604조【반환불능으로 인한 시가상환】 차주가 차용물과 같은 종류, 품질 및 수량의 물건을 반환할 수 없는 때에는 그때의 시가로 상환하여야 한다. 그러나 제376조 및 제377조 제2항의 경우에는 그러하지 아니하다.

제605조【준소비대차】 당사자 쌍방이 소비대차에 의하지 아니하고 금전 기타의 대체물을 지급할 의무가 있는 경우에 당사자가 그 목적물을 소비대차의 목적으로 할 것을 약정한 때에는 소비대차의 효력이 생긴다.

제606조【대물대차】 금전대차의 경우에 차주가 금전에 갈음하여 유가증권 기타 물건의 인도를 받은 때에는 그 인도시의 가액으로써 차용액으로 한다.

제607조【대물반환의 예약】 차용물의 반환에 관하여 차주가 차용물에 갈음하여 다른 재산권을 이전할 것을 예약한 경우에는 그 재산의 예약당시의 가액이 차용액 및 이에 붙인 이자의 합산액을 넘지 못한다.

제608조【차주에 불이익한 약정의 금지】 전2조의 규정에 위반한 당사자의 약정으로서 차주에 불리한 것은 환매 기타 여하한 명목이라도 그 효력이 없다.

제6절 사용대차

제609조【사용대차의 의의】 사용대차는 당사자 일방이 상대방에게 무상으로 사용, 수익하게 하기 위하여 목적물을 인도할 것을 약정하고 상대방은 이를 사용, 수익한 후 그 물건을 반환할 것을 약정함으로써 그 효력이 생긴다.

제610조【차주의 사용, 수익권】 ① 차주는 계약 또는 그 목적물의 성질에 의하여 정하여진 용법으로 이를 사용, 수익하여야 한다.
② 차주는 대주의 승낙이 없으면 제삼자에게 차용물을 사용, 수익하게 하지 못한다.
③ 차주가 전2항의 규정에 위반한 때에는 대주는 계약을 해지할 수 있다.

제611조【비용의 부담】 ① 차주는 차용물의 통상의 필요비를 부담한다.
② 기타의 비용에 대하여는 제594조 제2항의 규정을 준용한다.

제612조【준용규정】 제559조, 제601조의 규정은 사용대차에 준용한다.

제613조【차용물의 반환시기】 ① 차주는 약정시기에 차용물을 반환하여야 한다.
② 시기의 약정이 없는 경우에는 차주는 계약 또는 목적물의 성질에 의한 사용, 수익이 종료한 때에 반환하여야 한다. 그러나 사용, 수익에 족한 기간이 경과한 때에는 대주는 언제든지 계약을 해지할 수 있다.

제614조【차주의 사망, 파산과 해지】 차주가 사망하거나 파산선고를 받은 때에는 대주는 계약을 해지할 수 있다.

제615조【차주의 원상회복의무와 철거권】 차주가 차용물을 반환하는 때에는 이를 원상에 회복하여야 한다. 이에 부속시킨 물건은 철거할 수 있다.

제616조【공동차주의 연대의무】 수인이 공동하여 물건을 차용한 때에는 연대하여 그 의무를 부담한다.

제617조【손해배상, 비용상환청구의 기간】 계약 또는 목적물의 성질에 위반한 사용, 수익으로 인하여 생긴 손해배상의 청구와 차주가 지출한 비용의 상환청구는 대주가 물건의 반환을 받은 날로부터 6월 내에 하여야 한다.

제7절 임대차

제618조【임대차의 의의】 임대차는 당사자 일방이 상대방에게 목적물을 사용, 수익하게 할 것을 약정하고 상대방이 이에 대하여 차임을 지급할 것을 약정함으로써 그 효력이 생긴다.

제619조【처분능력, 권한없는 자의 할 수 있는 단기임대차】 처분의 능력 또는 권한없는 자가 임대차를 하는 경우에는 그 임대차는 다음 각호의 기간을 넘지 못한다.
1. 식목, 채염 또는 석조, 석회조, 연와조 및 이와 유사한 건축을 목적으로 한 토지의 임대차는 10년
2. 기타 토지의 임대차는 5년
3. 건물 기타 공작물의 임대차는 3년
4. 동산의 임대차는 6월

제620조【단기임대차의 갱신】 전조의 기간은 갱신할 수 있다. 그러나 그 기간만료 전 토지에 대하여는 1년, 건물 기타 공작물에 대하여는 3월, 동산에 대하여는 1월 내에 갱신하여야 한다.

제621조【임대차의 등기】 ① 부동산임차인은 당사자간에 반대약정이 없으면 임대인에 대하여 그 임대차등기절차에 협력할 것을 청구할 수 있다.
② 부동산임대차를 등기한 때에는 그때부터 제삼자에 대하여 효력이 생긴다.

제622조【건물등기있는 차지권의 대항력】 ① 건물의 소유를 목적으로 한 토지임대차는 이를 등기하지 아니한 경우에도 임차인이 그 지상건물을 등기한 때에는 제삼자에 대하여 임대차의 효력이 생긴다.
② 건물이 임대차기간만료 전에 멸실 또는 후폐한 때에는 전항의 효력을 잃는다.

제623조【임대인의 의무】 임대인은 목적물을 임차인에게 인도하고 계약존속중 그 사용, 수익에 필요한 상태를 유지하게 할 의무를 부담한다.

제624조【임대인의 보존행위, 인용의무】 임대인이 임대물의 보존에 필요한 행위를 하는 때에는 임차인은 이를 거절하지 못한다.

제625조【임차인의 의사에 반하는 보존행위와 해지권】 임대인이 임차인의 의사에 반하여 보존행위를 하는 경우에 임차인이 이로 인하여 임차의 목적을 달성할 수 없는 때에는 계약을 해지할 수 있다.

제626조【임차인의 상환청구권】 ① 임차인이 임차물의 보존에 관한 필요비를 지출한 때에는 임대인에 대하여 그 상환을 청구할 수 있다.
② 임차인이 유익비를 지출한 경우에는 임대인은

임대차종료 시에 그 가액의 증가가 현존한 때에 한하여 임차인의 지출한 금액이나 그 증가액을 상환하여야 한다. 이 경우에 법원은 임대인의 청구에 의하여 상당한 상환기간을 허여할 수 있다.

제627조【일부멸실 등과 감액청구, 해지권】 ① 임차물의 일부가 임차인의 과실없이 멸실 기타 사유로 인하여 사용, 수익할 수 없는 때에는 임차인은 그 부분의 비율에 의한 차임의 감액을 청구할 수 있다.

② 전항의 경우에 그 잔존부분으로 임차의 목적을 달성할 수 없는 때에는 임차인은 계약을 해지할 수 있다.

제628조【차임증감청구권】 임대물에 대한 공과부담의 증감 기타 경제사정의 변동으로 인하여 약정한 차임이 상당하지 아니하게 된 때에는 당사자는 장래에 대한 차임의 증감을 청구할 수 있다.

제629조【임차권의 양도, 전대의 제한】 ① 임차인은 임대인의 동의없이 그 권리를 양도하거나 임차물을 전대하지 못한다.

② 임차인이 전항의 규정에 위반한 때에는 임대인은 계약을 해지할 수 있다.

제630조【전대의 효과】 ① 임차인이 임대인의 동의를 얻어 임차물을 전대한 때에는 전차인은 직접 임대인에 대하여 의무를 부담한다. 이 경우에 전차인은 전대인에 대한 차임의 지급으로써 임대인에게 대항하지 못한다.

② 전항의 규정은 임대인의 임차인에 대한 권리행사에 영향을 미치지 아니한다.

제631조【전차인의 권리의 확정】 임차인이 임대인의 동의를 얻어 임차물을 전대한 경우에는 임대인과 임차인의 합의로 계약을 종료한 때에도 전차인의 권리는 소멸하지 아니한다.

제632조【임차건물의 소부분을 타인에게 사용케 하는 경우】 전3조의 규정은 건물의 임차인이 그 건물의 소부분을 타인에게 사용하게 하는 경우에 적용하지 아니한다.

제633조【차임지급의 시기】 차임은 동산, 건물이나 대지에 대하여는 매월 말에, 기타 토지에 대하여는 매년 말에 지급하여야 한다. 그러나 수확기있는 것에 대하여는 그 수확후 지체없이 지급하여야 한다.

제634조【임차인의 통지의무】 임차물의 수리를 요하거나 임차물에 대하여 권리를 주장하는 자가 있는 때에는 임차인은 지체없이 임대인에게 이를 통지하여야 한다. 그러나 임대인이 이미 이를 안 때에는 그러하지 아니하다.

제635조【기간의 약정없는 임대차의 해지통고】 ① 임대차기간의 약정이 없는 때에는 당사자는 언제든지 계약해지의 통고를 할 수 있다.

② 상대방이 전항의 통고를 받은 날로부터 다음 각 호의 기간이 경과하면 해지의 효력이 생긴다.

1. 토지, 건물 기타 공작물에 대하여는 임대인이 해지를 통고한 경우에는 6월, 임차인이 해지를 통고한 경우에는 1월
2. 동산에 대하여는 5일

제636조【기간의 약정있는 임대차의 해지통고】 임대차기간의 약정이 있는 경우에도 당사자일방 또는 쌍방이 그 기간내에 해지할 권리를 보류한 때에는 전조의 규정을 준용한다.

제637조【임차인의 파산과 해지통고】 ① 임차인이 파산선고를 받은 경우에는 임대차기간의 약정이 있는 때에도 임대인 또는 파산관재인은 제635조의 규정에 의하여 계약해지의 통고를 할 수 있다.

② 전항의 경우에 각 당사자는 상대방에 대하여 계약해지로 인하여 생긴 손해의 배상을 청구하지 못한다.

제638조【해지통고의 전차인에 대한 통지】 ① 임대차계약이 해지의 통고로 인하여 종료된 경우에 그 임대물이 적법하게 전대되었을 때에는 임대인은 전차인에 대하여 그 사유를 통지하지 아니하면 해지로써 전차인에게 대항하지 못한다.

② 전차인이 전항의 통지를 받은 때에는 제635조 제2항의 규정을 준용한다.

제639조【묵시의 갱신】 ① 임대차기간이 만료한 후 임차인이 임차물의 사용, 수익을 계속하는 경우에 임대인이 상당한 기간 내에 이의를 하지 아니한 때에는 전임대차와 동일한 조건으로 다시 임대차한 것으로 본다. 그러나 당사자는 제635조의 규정에 의하여 해지의 통고를 할 수 있다.

② 전항의 경우에 전임대차에 대하여 제삼자가 제

공한 담보는 기간의 만료로 인하여 소멸한다.

제640조【차임연체와 해지】 건물 기타 공작물의 임대차에는 임차인의 차임연체액이 2기의 차임액에 달하는 때에는 임대인은 계약을 해지할 수 있다.

제641조【동전】 건물 기타 공작물의 소유 또는 식목, 채염, 목축을 목적으로 한 토지임대차의 경우에도 전조의 규정을 준용한다.

제642조【토지임대차의 해지와 지상건물 등에 대한 담보물권자에의 통지】 전조의 경우에 그 지상에 있는 건물 기타 공작물이 담보물권의 목적이 된 때에는 제288조의 규정을 준용한다.

제643조【임차인의 갱신청구권, 매수청구권】 건물 기타 공작물의 소유 또는 식목, 채염, 목축을 목적으로 한 토지임대차의 기간이 만료한 경우에 건물, 수목 기타 지상시설이 현존한 때에는 제283조의 규정을 준용한다.

제644조【전차인의 임대청구권, 매수청구권】 ① 건물 기타 공작물의 소유 또는 식목, 채염, 목축을 목적으로 한 토지임차인이 적법하게 그 토지를 전대한 경우에 임대차 및 전대차의 기간이 동시에 만료되고 건물, 수목 기타 지상시설이 현존한 때에는 전차인은 임대인에 대하여 전전대차와 동일한 조건으로 임대할 것을 청구할 수 있다.

② 전항의 경우에 임대인이 임대할 것을 원하지 아니하는 때에는 제283조 제2항의 규정을 준용한다.

제645조【지상권목적토지의 임차인의 임대청구권, 매수청구권】 전조의 규정은 지상권자가 그 토지를 임대한 경우에 준용한다.

제646조【임차인의 부속물매수청구권】 ① 건물 기타 공작물의 임차인이 그 사용의 편익을 위하여 임대인의 동의를 얻어 이에 부속한 물건이 있는 때에는 임대차의 종료 시에 임대인에 대하여 그 부속물의 매수를 청구할 수 있다.

② 임대인으로부터 매수한 부속물에 대하여도 전항과 같다.

제647조【전차인의 부속물매수청구권】 ① 건물 기타 공작물의 임차인이 적법하게 전대한 경우에 전차인이 그 사용의 편익을 위하여 임대인의 동의를 얻어 이에 부속한 물건이 있는 때에는 전대차의 종료 시에 임대인에 대하여 그 부속물의 매수를 청구할 수 있다.

② 임대인으로부터 매수하였거나 그 동의를 얻어 임차인으로부터 매수한 부속물에 대하여도 전항과 같다.

제648조【임차지의 부속물, 과실 등에 대한 법정질권】 토지임대인이 임대차에 관한 채권에 의하여 임차지에 부속 또는 그 사용의 편익에 공용한 임차인의 소유동산 및 그 토지의 과실을 압류한 때에는 질권과 동일한 효력이 있다.

제649조【임차지상의 건물에 대한 법정저당권】 토지임대인이 변제기를 경과한 최후 2년의 차임채권에 의하여 그 지상에 있는 임차인소유의 건물을 압류한 때에는 저당권과 동일한 효력이 있다.

제650조【임차건물등의 부속물에 대한 법정질권】 건물 기타 공작물의 임대인이 임대차에 관한 채권에 의하여 그 건물 기타 공작물에 부속한 임차인소유의 동산을 압류한 때에는 질권과 동일한 효력이 있다.

제651조 삭제 <2016. 1. 6.>

[2016. 1. 6. 법률 제13710호에 의하여 2013. 12. 26. 헌법재판소에서 위헌결정 된 이 조를 삭제함.]

제652조【강행규정】 제627조, 제628조, 제631조, 제635조, 제638조, 제640조, 제641조, 제643조 내지 제647조의 규정에 위반하는 약정으로 임차인이나 전차인에게 불리한 것은 그 효력이 없다.

제653조【일시사용을 위한 임대차의 특례】 제628조, 제638조, 제640조, 제646조 내지 제648조, 제650조 및 전조의 규정은 일시사용하기 위한 임대차 또는 전대차인 것이 명백한 경우에는 적용하지 아니한다.

제654조【준용규정】 제610조 제1항, 제615조 내지 제617조의 규정은 임대차에 이를 준용한다.

제8절 고용

제655조【고용의 의의】 고용은 당사자 일방이 상대방에 대하여 노무를 제공할 것을 약정하고 상대방이 이에 대하여 보수를 지급할 것을 약정함으로써 그 효력이 생긴다.

제656조【보수액과 그 지급시기】 ① 보수 또는 보수

액의 약정이 없는 때에는 관습에 의하여 지급하여야 한다.

② 보수는 약정한 시기에 지급하여야 하며 시기의 약정이 없으면 관습에 의하고 관습이 없으면 약정한 노무를 종료한 후 지체없이 지급하여야 한다.

제657조 【권리의무의 전속성】 ① 사용자는 노무자의 동의없이 그 권리를 제삼자에게 양도하지 못한다.

② 노무자는 사용자의 동의없이 제삼자로 하여금 자기에 갈음하여 노무를 제공하게 하지 못한다.

③ 당사자 일방이 전2항의 규정에 위반한 때에는 상대방은 계약을 해지할 수 있다.

제658조 【노무의 내용과 해지권】 ① 사용자가 노무자에 대하여 약정하지 아니한 노무의 제공을 요구한 때에는 노무자는 계약을 해지할 수 있다.

② 약정한 노무가 특수한 기능을 요하는 경우에 노무자가 그 기능이 없는 때에는 사용자는 계약을 해지할 수 있다.

제659조 【3년 이상의 경과와 해지통고권】 ① 고용의 약정기간이 3년을 넘거나 당사자의 일방 또는 제삼자의 종신까지로 된 때에는 각 당사자는 3년을 경과한 후 언제든지 계약해지의 통고를 할 수 있다.

② 전항의 경우에는 상대방이 해지의 통고를 받은 날로부터 3월이 경과하면 해지의 효력이 생긴다.

제660조 【기간의 약정이 없는 고용의 해지통고】 ① 고용기간의 약정이 없는 때에는 당사자는 언제든지 계약해지의 통고를 할 수 있다.

② 전항의 경우에는 상대방이 해지의 통고를 받은 날로부터 1월이 경과하면 해지의 효력이 생긴다.

③ 기간으로 보수를 정한 때에는 상대방이 해지의 통고를 받은 당기후의 일기를 경과함으로써 해지의 효력이 생긴다.

제661조 【부득이한 사유와 해지권】 고용기간의 약정이 있는 경우에도 부득이한 사유있는 때에는 각 당사자는 계약을 해지할 수 있다. 그러나 그 사유가 당사자 일방의 과실로 인하여 생긴 때에는 상대방에 대하여 손해를 배상하여야 한다.

제662조 【묵시의 갱신】 ① 고용기간이 만료한 후 노무자가 계속하여 그 노무를 제공하는 경우에 사용자가 상당한 기간 내에 이의를 하지 아니한 때에는 전고용과 동일한 조건으로 다시 고용한 것으로 본다. 그러나 당사자는 제660조의 규정에 의하여 해지의 통고를 할 수 있다.

② 전항의 경우에는 전고용에 대하여 제삼자가 제공한 담보는 기간의 만료로 인하여 소멸한다.

제663조 【사용자파산과 해지통고】 ① 사용자가 파산선고를 받은 경우에는 고용기간의 약정이 있는 때에도 노무자 또는 파산관재인은 계약을 해지할 수 있다.

② 전항의 경우에는 각 당사자는 계약해지로 인한 손해의 배상을 청구하지 못한다.

제9절 도급

제664조 【도급의 의의】 도급은 당사자 일방이 어느 일을 완성할 것을 약정하고 상대방이 그 일의 결과에 대하여 보수를 지급할 것을 약정함으로써 그 효력이 생긴다.

제665조 【보수의 지급시기】 ① 보수는 그 완성된 목적물의 인도와 동시에 지급하여야 한다. 그러나 목적물의 인도를 요하지 아니하는 경우에는 그 일을 완성한 후 지체없이 지급하여야 한다.

② 전항의 보수에 관하여는 제656조 제2항의 규정을 준용한다.

제666조 【수급인의 목적부동산에 대한 저당권설정청구권】 부동산공사의 수급인은 전조의 보수에 관한 채권을 담보하기 위하여 그 부동산을 목적으로 한 저당권의 설정을 청구할 수 있다.

제667조 【수급인의 담보책임】 ① 완성된 목적물 또는 완성전의 성취된 부분에 하자가 있는 때에는 도급인은 수급인에 대하여 상당한 기간을 정하여 그 하자의 보수를 청구할 수 있다. 그러나 하자가 중요하지 아니한 경우에 그 보수에 과다한 비용을 요할 때에는 그러하지 아니하다.

② 도급인은 하자의 보수에 갈음하여 또는 보수와 함께 손해배상을 청구할 수 있다. <개정 2014. 12. 30.>

③ 전항의 경우에는 제536조의 규정을 준용한다.

제668조 【동전-도급인의 해제권】 도급인이 완성된 목적물의 하자로 인하여 계약의 목적을 달성할 수 없

는 때에는 계약을 해제할 수 있다. 그러나 건물 기타 토지의 공작물에 대하여는 그러하지 아니하다.

제669조【동전-하자가 도급인의 제공한 재료 또는 지시에 기인한 경우의 면책】 전2조의 규정은 목적물의 하자가 도급인이 제공한 재료의 성질 또는 도급인의 지시에 기인한 때에는 적용하지 아니한다. 그러나 수급인이 그 재료 또는 지시의 부적당함을 알고 도급인에게 고지하지 아니한 때에는 그러하지 아니하다.

제670조【담보책임의 존속기간】 ① 전3조의 규정에 의한 하자의 보수, 손해배상의 청구 및 계약의 해제는 목적물의 인도를 받은 날로부터 1년 내에 하여야 한다.

② 목적물의 인도를 요하지 아니하는 경우에는 전항의 기간은 일의 종료한 날로부터 기산한다.

제671조【수급인의 담보책임-토지, 건물 등에 대한 특칙】 ① 토지, 건물 기타 공작물의 수급인은 목적물 또는 지반공사의 하자에 대하여 인도 후 5년간 담보의 책임이 있다. 그러나 목적물이 석조, 석회조, 연와조, 금속 기타 이와 유사한 재료로 조성된 것인 때에는 그 기간을 10년으로 한다.

② 전항의 하자로 인하여 목적물이 멸실 또는 훼손된 때에는 도급인은 그 멸실 또는 훼손된 날로부터 1년내에 제667조의 권리를 행사하여야 한다.

제672조【담보책임면제의 특약】 수급인은 제667조, 제668조의 담보책임이 없음을 약정한 경우에도 알고 고지하지 아니한 사실에 대하여는 그 책임을 면하지 못한다.

제673조【완성전의 도급인의 해제권】 수급인이 일을 완성하기 전에는 도급인은 손해를 배상하고 계약을 해제할 수 있다.

제674조【도급인의 파산과 해제권】 ① 도급인이 파산선고를 받은 때에는 수급인 또는 파산관재인은 계약을 해제할 수 있다. 이 경우에는 수급인은 일의 완성된 부분에 대한 보수 및 보수에 포함되지 아니한 비용에 대하여 파산재단의 배당에 가입할 수 있다.

② 전항의 경우에는 각 당사자는 상대방에 대하여 계약해제로 인한 손해의 배상을 청구하지 못한다.

제9절의2 여행계약 〈신설 2015. 2. 3.〉

제674조의2【여행계약의 의의】 여행계약은 당사자 한쪽이 상대방에게 운송, 숙박, 관광 또는 그 밖의 여행 관련 용역을 결합하여 제공하기로 약정하고 상대방이 그 대금을 지급하기로 약정함으로써 효력이 생긴다.

제674조의3【여행 개시 전의 계약 해제】 여행자는 여행을 시작하기 전에는 언제든지 계약을 해제할 수 있다. 다만, 여행자는 상대방에게 발생한 손해를 배상하여야 한다.

제674조의4【부득이한 사유로 인한 계약 해지】 ① 부득이한 사유가 있는 경우에는 각 당사자는 계약을 해지할 수 있다. 다만, 그 사유가 당사자 한쪽의 과실로 인하여 생긴 경우에는 상대방에게 손해를 배상하여야 한다.

② 제1항에 따라 계약이 해지된 경우에도 계약상 귀환운송(歸還運送) 의무가 있는 여행주최자는 여행자를 귀환운송할 의무가 있다.

③ 제1항의 해지로 인하여 발생하는 추가 비용은 그 해지 사유가 어느 당사자의 사정에 속하는 경우에는 그 당사자가 부담하고, 누구의 사정에도 속하지 아니하는 경우에는 각 당사자가 절반씩 부담한다.

제674조의5【대금의 지급시기】 여행자는 약정한 시기에 대금을 지급하여야 하며, 그 시기의 약정이 없으면 관습에 따르고, 관습이 없으면 여행의 종료 후 지체 없이 지급하여야 한다.

제674조의6【여행주최자의 담보책임】 ① 여행에 하자가 있는 경우에는 여행자는 여행주최자에게 하자의 시정 또는 대금의 감액을 청구할 수 있다. 다만, 그 시정에 지나치게 많은 비용이 들거나 그 밖에 시정을 합리적으로 기대할 수 없는 경우에는 시정을 청구할 수 없다.

② 제1항의 시정 청구는 상당한 기간을 정하여 하여야 한다. 다만, 즉시 시정할 필요가 있는 경우에는 그러하지 아니하다.

③ 여행자는 시정 청구, 감액 청구를 갈음하여 손해배상을 청구하거나 시정 청구, 감액 청구와 함께 손해배상을 청구할 수 있다.

제674조의7【여행주최자의 담보책임과 여행자의 해지권】 ① 여행자는 여행에 중대한 하자가 있는 경우에 그 시정이 이루어지지 아니하거나 계약의 내용에 따른 이행을 기대할 수 없는 경우에는 계약을 해지할 수 있다.

② 계약이 해지된 경우에는 여행주최자는 대금청구권을 상실한다. 다만, 여행자가 실행된 여행으로 이익을 얻은 경우에는 그 이익을 여행주최자에게 상환하여야 한다.

③ 여행주최자는 계약의 해지로 인하여 필요하게 된 조치를 할 의무를 지며, 계약상 귀환운송 의무가 있으면 여행자를 귀환운송하여야 한다. 이 경우 상당한 이유가 있는 때에는 여행주최자는 여행자에게 그 비용의 일부를 청구할 수 있다.

제674조의8【담보책임의 존속기간】 제674조의6과 제674조의7에 따른 권리는 여행 기간 중에도 행사할 수 있으며, 계약에서 정한 여행 종료일부터 6개월 내에 행사하여야 한다.

제674조의9【강행규정】 제674조의3, 제674조의4 또는 제674조의6부터 제674조의8까지의 규정을 위반하는 약정으로서 여행자에게 불리한 것은 효력이 없다.

제10절 현상광고

제675조【현상광고의 의의】 현상광고는 광고자가 어느 행위를 한 자에게 일정한 보수를 지급할 의사를 표시하고 이에 응한 자가 그 광고에 정한 행위를 완료함으로써 그 효력이 생긴다.

제676조【보수수령권자】 ① 광고에 정한 행위를 완료한 자가 수인인 경우에는 먼저 그 행위를 완료한 자가 보수를 받을 권리가 있다.

② 수인이 동시에 완료한 경우에는 각각 균등한 비율로 보수를 받을 권리가 있다. 그러나 보수가 그 성질상 분할할 수 없거나 광고에 1인만이 보수를 받을 것으로 정한 때에는 추첨에 의하여 결정한다.

제677조【광고부지의 행위】 전조의 규정은 광고있음을 알지 못하고 광고에 정한 행위를 완료한 경우에 준용한다.

제678조【우수현상광고】 ① 광고에 정한 행위를 완료한 자가 수인인 경우에 그 우수한 자에 한하여 보수를 지급할 것을 정하는 때에는 그 광고에 응모기간을 정한 때에 한하여 그 효력이 생긴다.

② 전항의 경우에 우수의 판정은 광고 중에 정한 자가 한다. 광고 중에 판정자를 정하지 아니한 때에는 광고자가 판정한다.

③ 우수한 자 없다는 판정은 이를 할 수 없다. 그러나 광고 중에 다른 의사표시가 있거나 광고의 성질상 판정의 표준이 정하여져 있는 때에는 그러하지 아니하다.

④ 응모자는 전2항의 판정에 대하여 이의를 하지 못한다.

⑤ 수인의 행위가 동등으로 판정된 때에는 제676조 제2항의 규정을 준용한다.

제679조【현상광고의 철회】 ① 광고에 그 지정한 행위의 완료기간을 정한 때에는 그 기간만료 전에 광고를 철회하지 못한다.

② 광고에 행위의 완료기간을 정하지 아니한 때에는 그 행위를 완료한 자 있기 전에는 그 광고와 동일한 방법으로 광고를 철회할 수 있다.

③ 전광고와 동일한 방법으로 철회할 수 없는 때에는 그와 유사한 방법으로 철회할 수 있다. 이 철회는 철회한 것을 안 자에 대하여만 그 효력이 있다.

제11절 위임

제680조【위임의 의의】 위임은 당사자 일방이 상대방에 대하여 사무의 처리를 위탁하고 상대방이 이를 승낙함으로써 그 효력이 생긴다.

제681조【수임인의 선관의무】 수임인은 위임의 본지에 따라 선량한 관리자의 주의로써 위임사무를 처리하여야 한다.

제682조【복임권의 제한】 ① 수임인은 위임인의 승낙이나 부득이한 사유없이 제삼자로 하여금 자기에 갈음하여 위임사무를 처리하게 하지 못한다.

② 수임인이 전항의 규정에 의하여 제삼자에게 위임사무를 처리하게 한 경우에는 제121조, 제123조의 규정을 준용한다.

제683조【수임인의 보고의무】 수임인은 위임인의 청구가 있는 때에는 위임사무의 처리상황을 보고하고 위임이 종료한 때에는 지체없이 그 전말을 보고하여야 한다.

제684조【수임인의 취득물 등의 인도, 이전의무】 ① 수임인은 위임사무의 처리로 인하여 받은 금전 기타의 물건 및 그 수취한 과실을 위임인에게 인도하여야 한다.

② 수임인이 위임인을 위하여 자기의 명의로 취득한 권리는 위임인에게 이전하여야 한다.

제685조【수임인의 금전소비의 책임】 수임인이 위임인에게 인도할 금전 또는 위임인의 이익을 위하여 사용할 금전을 자기를 위하여 소비한 때에는 소비한 날 이후의 이자를 지급하여야 하며 그 외의 손해가 있으면 배상하여야 한다.

제686조【수임인의 보수청구권】 ① 수임인은 특별한 약정이 없으면 위임인에 대하여 보수를 청구하지 못한다.

② 수임인이 보수를 받을 경우에는 위임사무를 완료한 후가 아니면 이를 청구하지 못한다. 그러나 기간으로 보수를 정한 때에는 그 기간이 경과한 후에 이를 청구할 수 있다.

③ 수임인이 위임사무를 처리하는 중에 수임인의 책임없는 사유로 인하여 위임이 종료된 때에는 수임인은 이미 처리한 사무의 비율에 따른 보수를 청구할 수 있다.

제687조【수임인의 비용선급청구권】 위임사무의 처리에 비용을 요하는 때에는 위임인은 수임인의 청구에 의하여 이를 선급하여야 한다.

제688조【수임인의 비용상환청구권 등】 ① 수임인이 위임사무의 처리에 관하여 필요비를 지출한 때에는 위임인에 대하여 지출한 날 이후의 이자를 청구할 수 있다.

② 수임인이 위임사무의 처리에 필요한 채무를 부담한 때에는 위임인에게 자기에 갈음하여 이를 변제하게 할 수 있고 그 채무가 변제기에 있지 아니한 때에는 상당한 담보를 제공하게 할 수 있다.

③ 수임인이 위임사무의 처리를 위하여 과실없이 손해를 받은 때에는 위임인에 대하여 그 배상을 청구할 수 있다.

제689조【위임의 상호해지의 자유】 ① 위임계약은 각 당사자가 언제든지 해지할 수 있다.

② 당사자 일방이 부득이한 사유없이 상대방의 불리한 시기에 계약을 해지한 때에는 그 손해를 배상하여야 한다.

제690조【사망·파산 등과 위임의 종료】 위임은 당사자 한쪽의 사망이나 파산으로 종료된다. 수임인이 성년후견개시의 심판을 받은 경우에도 이와 같다.

제691조【위임종료시의 긴급처리】 위임종료의 경우에 급박한 사정이 있는 때에는 수임인, 그 상속인이나 법정대리인은 위임인, 그 상속인이나 법정대리인이 위임사무를 처리할 수 있을 때까지 그 사무의 처리를 계속하여야 한다. 이 경우에는 위임의 존속과 동일한 효력이 있다.

제692조【위임종료의 대항요건】 위임종료의 사유는 이를 상대방에게 통지하거나 상대방이 이를 안 때가 아니면 이로써 상대방에게 대항하지 못한다.

제12절 임치

제693조【임치의 의의】 임치는 당사자 일방이 상대방에 대하여 금전이나 유가증권 기타 물건의 보관을 위탁하고 상대방이 이를 승낙함으로써 효력이 생긴다.

제694조【수치인의 임치물사용금지】 수치인은 임치인의 동의없이 임치물을 사용하지 못한다.

제695조【무상수치인의 주의의무】 보수없이 임치를 받은 자는 임치물을 자기재산과 동일한 주의로 보관하여야 한다.

제696조【수치인의 통지의무】 임치물에 대한 권리를 주장하는 제삼자가 수치인에 대하여 소를 제기하거나 압류한 때에는 수치인은 지체없이 임치인에게 이를 통지하여야 한다.

제697조【임치물의 성질, 하자로 인한 임치인의 손해배상의무】 임치인은 임치물의 성질 또는 하자로 인하여 생긴 손해를 수치인에게 배상하여야 한다. 그러나 수치인이 그 성질 또는 하자를 안 때에는 그러하지 아니하다.

제698조【기간의 약정있는 임치의 해지】 임치기간의

약정이 있는 때에는 수치인은 부득이한 사유없이 그 기간만료전에 계약을 해지하지 못한다. 그러나 임치인은 언제든지 계약을 해지할 수 있다.

제699조【기간의 약정없는 임치의 해지】 임치기간의 약정이 없는 때에는 각 당사자는 언제든지 계약을 해지할 수 있다.

제700조【임치물의 반환장소】 임치물은 그 보관한 장소에서 반환하여야 한다. 그러나 수치인이 정당한 사유로 인하여 그 물건을 전치한 때에는 현존하는 장소에서 반환할 수 있다.

제701조【준용규정】 제682조, 제684조 내지 제687조 및 제688조 제1항, 제2항의 규정은 임치에 준용한다.

제702조【소비임치】 수치인이 계약에 의하여 임치물을 소비할 수 있는 경우에는 소비대차에 관한 규정을 준용한다. 그러나 반환시기의 약정이 없는 때에는 임치인은 언제든지 그 반환을 청구할 수 있다.

제13절 조합

제703조【조합의 의의】 ① 조합은 2인 이상이 상호출자하여 공동사업을 경영할 것을 약정함으로써 그 효력이 생긴다.

② 전항의 출자는 금전 기타 재산 또는 노무로 할 수 있다.

제704조【조합재산의 합유】 조합원의 출자 기타 조합재산은 조합원의 합유로 한다.

제705조【금전출자지체의 책임】 금전을 출자의 목적으로 한 조합원이 출자시기를 지체한 때에는 연체이자를 지급하는 외에 손해를 배상하여야 한다.

제706조【사무집행의 방법】 ① 조합계약으로 업무집행자를 정하지 아니한 경우에는 조합원의 3분의 2 이상의 찬성으로써 이를 선임한다.

② 조합의 업무집행은 조합원의 과반수로써 결정한다. 업무집행자 수인인 때에는 그 과반수로써 결정한다.

③ 조합의 통상사무는 전항의 규정에 불구하고 각 조합원 또는 각 업무집행자가 전행할 수 있다. 그러나 그 사무의 완료전에 다른 조합원 또는 다른 업무집행자의 이의가 있는 때에는 즉시 중지하여야 한다.

제707조【준용규정】 조합업무를 집행하는 조합원에는 제681조 내지 제688조의 규정을 준용한다.

제708조【업무집행자의 사임, 해임】 업무집행자인 조합원은 정당한 사유없이 사임하지 못하며 다른 조합원의 일치가 아니면 해임하지 못한다.

제709조【업무집행자의 대리권추정】 조합의 업무를 집행하는 조합원은 그 업무집행의 대리권있는 것으로 추정한다.

제710조【조합원의 업무, 재산상태검사권】 각 조합원은 언제든지 조합의 업무 및 재산상태를 검사할 수 있다.

제711조【손익분배의 비율】 ① 당사자가 손익분배의 비율을 정하지 아니한 때에는 각 조합원의 출자가액에 비례하여 이를 정한다.

② 이익 또는 손실에 대하여 분배의 비율을 정한 때에는 그 비율은 이익과 손실에 공통된 것으로 추정한다.

제712조【조합원에 대한 채권자의 권리행사】 조합채권자는 그 채권발생 당시에 조합원의 손실부담의 비율을 알지 못한 때에는 각 조합원에게 균분하여 그 권리를 행사할 수 있다.

제713조【무자력조합원의 채무와 타조합원의 변제책임】 조합원 중에 변제할 자력없는 자가 있는 때에는 그 변제할 수 없는 부분은 다른 조합원이 균분하여 변제할 책임이 있다.

제714조【지분에 대한 압류의 효력】 조합원의 지분에 대한 압류는 그 조합원의 장래의 이익배당 및 지분의 반환을 받을 권리에 대하여 효력이 있다.

제715조【조합채무자의 상계의 금지】 조합의 채무자는 그 채무와 조합원에 대한 채권으로 상계하지 못한다.

제716조【임의탈퇴】 ① 조합계약으로 조합의 존속기간을 정하지 아니하거나 조합원의 종신까지 존속할 것을 정한 때에는 각 조합원은 언제든지 탈퇴할 수 있다. 그러나 부득이한 사유없이 조합의 불리한 시기에 탈퇴하지 못한다.

② 조합의 존속기간을 정한 때에도 조합원은 부득이한 사유가 있으면 탈퇴할 수 있다.

제717조【비임의 탈퇴】 제716조의 경우 외에 조합원은 다음 각 호의 어느 하나에 해당하는 사유가 있으면 탈퇴된다.

1. 사망
2. 파산
3. 성년후견의 개시
4. 제명(除名)

제718조【제명】 ① 조합원의 제명은 정당한 사유있는 때에 한하여 다른 조합원의 일치로써 이를 결정한다.

② 전항의 제명결정은 제명된 조합원에게 통지하지 아니하면 그 조합원에게 대항하지 못한다.

제719조【탈퇴조합원의 지분의 계산】 ① 탈퇴한 조합원과 다른 조합원간의 계산은 탈퇴당시의 조합재산상태에 의하여 한다.

② 탈퇴한 조합원의 지분은 그 출자의 종류여하에 불구하고 금전으로 반환할 수 있다.

③ 탈퇴당시에 완결되지 아니한 사항에 대하여는 완결 후에 계산할 수 있다.

제720조【부득이한 사유로 인한 해산청구】 부득이한 사유가 있는 때에는 각 조합원은 조합의 해산을 청구할 수 있다.

제721조【청산인】 ① 조합이 해산한 때에는 청산은 총조합원 공동으로 또는 그들이 선임한 자가 그 사무를 집행한다.

② 전항의 청산인의 선임은 조합원의 과반수로써 결정한다.

제722조【청산인의 업무집행방법】 청산인이 수인인 때에는 제706조 제2항 후단의 규정을 준용한다.

제723조【조합원인 청산인의 사임, 해임】 조합원 중에서 청산인을 정한 때에는 제708조의 규정을 준용한다.

제724조【청산인의 직무, 권한과 잔여재산의 분배】 ① 청산인의 직무 및 권한에 관하여는 제87조의 규정을 준용한다.

② 잔여재산은 각 조합원의 출자가액에 비례하여 이를 분배한다.

제14절 종신정기금

제725조【종신정기금계약의 의의】 종신정기금계약은 당사자 일방이 자기, 상대방 또는 제삼자의 종신까지 정기로 금전 기타의 물건을 상대방 또는 제삼자에게 지급할 것을 약정함으로써 그 효력이 생긴다.

제726조【종신정기금의 계산】 종신정기금은 일수로 계산한다.

제727조【종신정기금계약의 해제】 ① 정기금채무자가 정기금채무의 원본을 받은 경우에 그 정기금채무의 지급을 해태하거나 기타 의무를 이행하지 아니한 때에는 정기금채권자는 원본의 반환을 청구할 수 있다. 그러나 이미 지급을 받은 채무액에서 그 원본의 이자를 공제한 잔액을 정기금채무자에게 반환하여야 한다.

② 전항의 규정은 손해배상의 청구에 영향을 미치지 아니한다.

제728조【해제와 동시이행】 제536조의 규정은 전조의 경우에 준용한다.

제729조【채무자귀책사유로 인한 사망과 채권존속선고】 ① 사망이 정기금채무자의 책임있는 사유로 인한 때에는 법원은 정기금채권자 또는 그 상속인의 청구에 의하여 상당한 기간 채권의 존속을 선고할 수 있다.

② 전항의 경우에도 제727조의 권리를 행사할 수 있다.

제730조【유증에 의한 종신정기금】 본절의 규정은 유증에 의한 종신정기금채권에 준용한다.

제15절 화해

제731조【화해의 의의】 화해는 당사자가 상호양보하여 당사자간의 분쟁을 종지할 것을 약정함으로써 그 효력이 생긴다.

제732조【화해의 창설적효력】 화해계약은 당사자 일방이 양보한 권리가 소멸되고 상대방이 화해로 인하여 그 권리를 취득하는 효력이 있다.

제733조【화해의 효력과 착오】 화해계약은 착오를 이유로 하여 취소하지 못한다. 그러나 화해당사자의 자격 또는 화해의 목적인 분쟁 이외의 사항에 착오가 있는 때에는 그러하지 아니하다.

부칙 〈제20432호, 2024. 9. 20.〉

제1조【시행일】 이 법은 2025년 1월 31일부터 시행한다. 다만, 제1004조의2의 개정규정 및 부칙 제4조는 2026년 1월 1일부터 시행한다.

제2조【상속권 상실 선고에 관한 적용례】 제1004조의2의 개정규정은 2024년 4월 25일 이후 상속이 개시되는 경우로서 같은 개정규정 시행 전에 같은 조 제1항 또는 제3항 각 호에 해당하는 행위가 있었던 경우에 대해서도 적용한다.

제3조【상속권 상실 선고에 관한 특례】 2024년 4월 25일 이후 제1004조의2의 개정규정의 시행일인 2026년 1월 1일 전에 상속이 개시된 경우로서 제1004조의2 제3항 각 호의 사유가 있는 사람이 상속인이 되었음을 같은 개정규정 시행 전에 안 공동상속인은 같은 조 제3항 각 호 외의 부분에도 불구하고 같은 개정규정 시행일부터 6개월 이내에 상속권 상실 청구를 할 수 있다. 같은 조 제4항에 따라 상속인이 될 사람 또한 같다.

제4조【다른 법률의 개정】 가사소송법 일부를 다음과 같이 개정한다.

제2조 제1항 제1호 나목에 ⑮를 다음과 같이 신설한다.

⑮ 상속권 상실 선고

제2조 제1항 제2호 가목에 ㉙를 다음과 같이 신설한다.

㉙「민법」제1004조의2 제7항에 따른 상속재산의 보존 및 관리를 위한 처분

부록

약관의 규제에 관한 법률 (약칭 : 약관법)

[시행 2024. 8. 7.]

[법률 제20239호, 2024. 2. 6., 타법개정]

제1장 총칙 〈개정 2010. 3. 22.〉

제1조 【목적】 이 법은 사업자가 그 거래상의 지위를 남용하여 불공정한 내용의 약관(約款)을 작성하여 거래에 사용하는 것을 방지하고 불공정한 내용의 약관을 규제함으로써 건전한 거래질서를 확립하고, 이를 통하여 소비자를 보호하고 국민생활을 균형 있게 향상시키는 것을 목적으로 한다.

제2조 【정의】 이 법에서 사용하는 용어의 정의는 다음과 같다.

1. "약관"이란 그 명칭이나 형태 또는 범위에 상관없이 계약의 한쪽 당사자가 여러 명의 상대방과 계약을 체결하기 위하여 일정한 형식으로 미리 마련한 계약의 내용을 말한다.
2. "사업자"란 계약의 한쪽 당사자로서 상대 당사자에게 약관을 계약의 내용으로 할 것을 제안하는 자를 말한다.
3. "고객"이란 계약의 한쪽 당사자로서 사업자로부터 약관을 계약의 내용으로 할 것을 제안받은 자를 말한다.

제3조 【약관의 작성 및 설명의무 등】 ① 사업자는 고객이 약관의 내용을 쉽게 알 수 있도록 한글로 작성하고, 표준화·체계화된 용어를 사용하며, 약관의 중요한 내용을 부호, 색채, 굵고 큰 문자 등으로 명확하게 표시하여 알아보기 쉽게 약관을 작성하여야 한다.

② 사업자는 계약을 체결할 때에는 고객에게 약관의 내용을 계약의 종류에 따라 일반적으로 예상되는 방법으로 분명하게 밝히고, 고객이 요구할 경우 그 약관의 사본을 고객에게 내주어 고객이 약관의 내용을 알 수 있게 하여야 한다. 다만, 다음 각 호의 어느 하나에 해당하는 업종의 약관에 대하여는 그러하지 아니하다.

1. 여객운송업
2. 전기·가스 및 수도사업
3. 우편업
4. 공중전화 서비스 제공 통신업

③ 사업자는 약관에 정하여져 있는 중요한 내용을 고객이 이해할 수 있도록 설명하여야 한다. 다만, 계약의 성질상 설명하는 것이 현저하게 곤란한 경우에는 그러하지 아니하다.

④ 사업자가 제2항 및 제3항을 위반하여 계약을 체결한 경우에는 해당 약관을 계약의 내용으로 주장할 수 없다.

제4조 【개별 약정의 우선】 약관에서 정하고 있는 사항에 관하여 사업자와 고객이 약관의 내용과 다르게 합의한 사항이 있을 때에는 그 합의 사항은 약관보다 우선한다.

제5조 【약관의 해석】 ① 약관은 신의성실의 원칙에 따라 공정하게 해석되어야 하며 고객에 따라 다르게 해석되어서는 아니 된다.

② 약관의 뜻이 명백하지 아니한 경우에는 고객에게 유리하게 해석되어야 한다.

제2장 불공정약관조항 〈개정 2010. 3. 22.〉

제6조 【일반원칙】 ① 신의성실의 원칙을 위반하여 공정성을 잃은 약관 조항은 무효이다.

② 약관의 내용 중 다음 각 호의 어느 하나에 해당하는 내용을 정하고 있는 조항은 공정성을 잃은 것으로 추정된다.

1. 고객에게 부당하게 불리한 조항
2. 고객이 계약의 거래형태 등 관련된 모든 사정에 비추어 예상하기 어려운 조항
3. 계약의 목적을 달성할 수 없을 정도로 계약에 따르는 본질적 권리를 제한하는 조항

제7조 【면책조항의 금지】 계약 당사자의 책임에 관하여 정하고 있는 약관의 내용 중 다음 각 호의 어느 하나에 해당하는 내용을 정하고 있는 조항은 무효로 한다.

1. 사업자, 이행 보조자 또는 피고용자의 고의 또

는 중대한 과실로 인한 법률상의 책임을 배제하는 조항
2. 상당한 이유 없이 사업자의 손해배상 범위를 제한하거나 사업자가 부담하여야 할 위험을 고객에게 떠넘기는 조항
3. 상당한 이유 없이 사업자의 담보책임을 배제 또는 제한하거나 그 담보책임에 따르는 고객의 권리행사의 요건을 가중하는 조항
4. 상당한 이유 없이 계약목적물에 관하여 견본이 제시되거나 품질·성능 등에 관한 표시가 있는 경우 그 보장된 내용에 대한 책임을 배제 또는 제한하는 조항

제8조【손해배상액의 예정】 고객에게 부당하게 과중한 지연 손해금 등의 손해배상 의무를 부담시키는 약관 조항은 무효로 한다.

제9조【계약의 해제·해지】 계약의 해제·해지에 관하여 정하고 있는 약관의 내용 중 다음 각 호의 어느 하나에 해당되는 내용을 정하고 있는 조항은 무효로 한다.
1. 법률에 따른 고객의 해제권 또는 해지권을 배제하거나 그 행사를 제한하는 조항
2. 사업자에게 법률에서 규정하고 있지 아니하는 해제권 또는 해지권을 부여하여 고객에게 부당하게 불이익을 줄 우려가 있는 조항
3. 법률에 따른 사업자의 해제권 또는 해지권의 행사 요건을 완화하여 고객에게 부당하게 불이익을 줄 우려가 있는 조항
4. 계약의 해제 또는 해지로 인한 원상회복의무를 상당한 이유 없이 고객에게 과중하게 부담시키거나 고객의 원상회복 청구권을 부당하게 포기하도록 하는 조항
5. 계약의 해제 또는 해지로 인한 사업자의 원상회복의무나 손해배상의무를 부당하게 경감하는 조항
6. 계속적인 채권관계의 발생을 목적으로 하는 계약에서 그 존속기간을 부당하게 단기 또는 장기로 하거나 묵시적인 기간의 연장 또는 갱신이 가능하도록 정하여 고객에게 부당하게 불이익을 줄 우려가 있는 조항

제10조【채무의 이행】 채무의 이행에 관하여 정하고 있는 약관의 내용 중 다음 각 호의 어느 하나에 해당하는 내용을 정하고 있는 조항은 무효로 한다.
1. 상당한 이유 없이 급부(給付)의 내용을 사업자가 일방적으로 결정하거나 변경할 수 있도록 권한을 부여하는 조항
2. 상당한 이유 없이 사업자가 이행하여야 할 급부를 일방적으로 중지할 수 있게 하거나 제3자에게 대행할 수 있게 하는 조항

제11조【고객의 권익 보호】 고객의 권익에 관하여 정하고 있는 약관의 내용 중 다음 각 호의 어느 하나에 해당하는 내용을 정하고 있는 조항은 무효로 한다.
1. 법률에 따른 고객의 항변권(抗辯權), 상계권(相計權) 등의 권리를 상당한 이유 없이 배제하거나 제한하는 조항
2. 고객에게 주어진 기한의 이익을 상당한 이유 없이 박탈하는 조항
3. 고객이 제3자와 계약을 체결하는 것을 부당하게 제한하는 조항
4. 사업자가 업무상 알게 된 고객의 비밀을 정당한 이유 없이 누설하는 것을 허용하는 조항

제12조【의사표시의 의제】 의사표시에 관하여 정하고 있는 약관의 내용 중 다음 각 호의 어느 하나에 해당하는 내용을 정하고 있는 조항은 무효로 한다.
1. 일정한 작위(作爲) 또는 부작위(不作爲)가 있을 경우 고객의 의사표시가 표명되거나 표명되지 아니한 것으로 보는 조항. 다만, 고객에게 상당한 기한 내에 의사표시를 하지 아니하면 의사표시가 표명되거나 표명되지 아니한 것으로 본다는 뜻을 명확하게 따로 고지한 경우이거나 부득이한 사유로 그러한 고지를 할 수 없는 경우에는 그러하지 아니하다.
2. 고객의 의사표시의 형식이나 요건에 대하여 부당하게 엄격한 제한을 두는 조항
3. 고객의 이익에 중대한 영향을 미치는 사업자의 의사표시가 상당한 이유 없이 고객에게 도달된 것으로 보는 조항
4. 고객의 이익에 중대한 영향을 미치는 사업자의 의사표시 기한을 부당하게 길게 정하거나 불확정하게 정하는 조항

제13조【대리인의 책임 가중】 고객의 대리인에 의하여 계약이 체결된 경우 고객이 그 의무를 이행하지 아니하는 경우에는 대리인에게 그 의무의 전부 또는 일부를 이행할 책임을 지우는 내용의 약관 조항은 무효로 한다.

제14조【소송 제기의 금지 등】 소송 제기 등과 관련된 약관의 내용 중 다음 각 호의 어느 하나에 해당하는 조항은 무효로 한다.

1. 고객에게 부당하게 불리한 소송 제기 금지 조항 또는 재판관할의 합의 조항
2. 상당한 이유 없이 고객에게 입증책임을 부담시키는 약관 조항

제15조【적용의 제한】 국제적으로 통용되는 약관이나 그 밖에 특별한 사정이 있는 약관으로서 대통령령으로 정하는 경우에는 제7조부터 제14조까지의 규정을 적용하는 것을 조항별·업종별로 제한할 수 있다.

제16조【일부 무효의 특칙】 약관의 전부 또는 일부의 조항이 제3조제4항에 따라 계약의 내용이 되지 못하는 경우나 제6조부터 제14조까지의 규정에 따라 무효인 경우 계약은 나머지 부분만으로 유효하게 존속한다. 다만, 유효한 부분만으로는 계약의 목적 달성이 불가능하거나 그 유효한 부분이 한쪽 당사자에게 부당하게 불리한 경우에는 그 계약은 무효로 한다.

제3장 약관의 규제 〈개정 2010. 3. 22.〉

제17조【불공정약관조항의 사용금지】 사업자는 제6조부터 제14조까지의 규정에 해당하는 불공정한 약관 조항(이하 "불공정약관조항"이라 한다)을 계약의 내용으로 하여서는 아니 된다.

제17조의2【시정 조치】 ① 공정거래위원회는 사업자가 제17조를 위반한 경우에는 사업자에게 해당 불공정약관조항의 삭제·수정 등 시정에 필요한 조치를 권고할 수 있다.

② 공정거래위원회는 제17조를 위반한 사업자가 다음 각 호의 어느 하나에 해당하는 경우에는 사업자에게 해당 불공정약관조항의 삭제·수정, 시정명령을 받은 사실의 공표, 그 밖에 약관을 시정하기 위하여 필요한 조치를 명할 수 있다.

1. 사업자가 「독점규제 및 공정거래에 관한 법률」 제2조제3호의 시장지배적사업자인 경우
2. 사업자가 자기의 거래상의 지위를 부당하게 이용하여 계약을 체결하는 경우
3. 사업자가 일반 공중에게 물품·용역을 공급하는 계약으로서 계약 체결의 긴급성·신속성으로 인하여 고객이 계약을 체결할 때에 약관 조항의 내용을 변경하기 곤란한 경우
4. 사업자의 계약 당사자로서의 지위가 현저하게 우월하거나 고객이 다른 사업자를 선택할 범위가 제한되어 있어 약관을 계약의 내용으로 하는 것이 사실상 강제되는 경우
5. 계약의 성질상 또는 목적상 계약의 취소·해제 또는 해지가 불가능하거나 계약을 취소·해제 또는 해지하면 고객에게 현저한 재산상의 손해가 발생하는 경우
6. 사업자가 제1항에 따른 권고를 정당한 사유 없이 따르지 아니하여 여러 고객에게 피해가 발생하거나 발생할 우려가 현저한 경우

③ 공정거래위원회는 제1항 및 제2항에 따른 시정권고 또는 시정명령을 할 때 필요하면 해당 사업자와 같은 종류의 사업을 하는 다른 사업자에게 같은 내용의 불공정약관조항을 사용하지 말 것을 권고할 수 있다.

제18조【관청 인가 약관 등】 ① 공정거래위원회는 행정관청이 작성한 약관이나 다른 법률에 따라 행정관청의 인가를 받은 약관이 제6조부터 제14조까지의 규정에 해당된다고 인정할 때에는 해당 행정관청에 그 사실을 통보하고 이를 시정하기 위하여 필요한 조치를 하도록 요청할 수 있다.

② 공정거래위원회는 「은행법」에 따른 은행의 약관이 제6조부터 제14조까지의 규정에 해당된다고 인정할 때에는 「금융위원회의 설치 등에 관한 법률」에 따라 설립된 금융감독원에 그 사실을 통보하고 이를 시정하기 위하여 필요한 조치를 권고할 수 있다.

③ 제1항에 따라 행정관청에 시정을 요청한 경우 공정거래위원회는 제17조의2제1항 및 제2항에 따른 시정권고 또는 시정명령은 하지 아니한다.

제19조 【약관의 심사청구】 ① 다음 각 호의 자는 약관 조항이 이 법에 위반되는지 여부에 관한 심사를 공정거래위원회에 청구할 수 있다.

1. 약관의 조항과 관련하여 법률상의 이익이 있는 자
2. 「소비자기본법」 제29조에 따라 등록된 소비자단체
3. 「소비자기본법」 제33조에 따라 설립된 한국소비자원
4. 사업자단체

② 제1항에 따른 약관의 심사청구는 공정거래위원회에 서면이나 전자문서로 제출하여야 한다.

제19조의2 【약관변경으로 인한 심사대상의 변경】 공정거래위원회는 심사대상인 약관 조항이 변경된 때에는 직권으로 또는 심사청구인의 신청에 의하여 심사대상을 변경할 수 있다.

제19조의3 【표준약관】 ① 사업자 및 사업자단체는 건전한 거래질서를 확립하고 불공정한 내용의 약관이 통용되는 것을 방지하기 위하여 일정한 거래 분야에서 표준이 될 약관의 제정·개정안을 마련하여 그 내용이 이 법에 위반되는지 여부에 관하여 공정거래위원회에 심사를 청구할 수 있다.

② 「소비자기본법」 제29조에 따라 등록된 소비자단체 또는 같은 법 제33조에 따라 설립된 한국소비자원(이하 "소비자단체등"이라 한다)은 소비자 피해가 자주 일어나는 거래 분야에서 표준이 될 약관을 제정 또는 개정할 것을 공정거래위원회에 요청할 수 있다.

③ 공정거래위원회는 다음 각 호의 어느 하나에 해당하는 경우에 사업자 및 사업자단체에 대하여 표준이 될 약관의 제정·개정안을 마련하여 심사 청구할 것을 권고할 수 있다.

1. 소비자단체등의 요청이 있는 경우
2. 일정한 거래 분야에서 여러 고객에게 피해가 발생하거나 발생할 우려가 있는 경우에 관련 상황을 조사하여 약관이 없거나 불공정약관조항이 있는 경우
3. 법률의 제정·개정·폐지 등으로 약관을 정비할 필요가 발생한 경우

④ 공정거래위원회는 사업자 및 사업자단체가 제3항의 권고를 받은 날부터 4개월 이내에 필요한 조치를 하지 아니하면 관련 분야의 거래 당사자 및 소비자단체등의 의견을 듣고 관계 부처의 협의를 거쳐 표준이 될 약관을 제정 또는 개정할 수 있다.

⑤ 공정거래위원회는 제1항 또는 제4항에 따라 심사하거나 제정·개정한 약관(이하 "표준약관"이라 한다)을 공시(公示)하고 사업자 및 사업자단체에 표준약관을 사용할 것을 권장할 수 있다.

⑥ 공정거래위원회로부터 표준약관의 사용을 권장받은 사업자 및 사업자단체는 표준약관과 다른 약관을 사용하는 경우 표준약관과 다르게 정한 주요 내용을 고객이 알기 쉽게 표시하여야 한다.

⑦ 공정거래위원회는 표준약관의 사용을 활성화하기 위하여 표준약관 표지(標識)를 정할 수 있고, 사업자 및 사업자단체는 표준약관을 사용하는 경우 공정거래위원회가 고시하는 바에 따라 표준약관 표지를 사용할 수 있다.

⑧ 사업자 및 사업자단체는 표준약관과 다른 내용을 약관으로 사용하는 경우 표준약관 표지를 사용하여서는 아니 된다.

⑨ 사업자 및 사업자단체가 제8항을 위반하여 표준약관 표지를 사용하는 경우 표준약관의 내용보다 고객에게 더 불리한 약관의 내용은 무효로 한다.

제20조 【조사】 ① 공정거래위원회는 다음 각 호의 어느 하나의 경우 약관이 이 법에 위반된 사실이 있는지 여부를 확인하기 위하여 필요한 조사를 할 수 있다.

1. 제17조의2제1항 또는 제2항에 따른 시정권고 또는 시정명령을 하기 위하여 필요하다고 인정되는 경우
2. 제19조에 따라 약관의 심사청구를 받은 경우

② 제1항에 따라 조사를 하는 공무원은 그 권한을 표시하는 증표를 지니고 이를 관계인에게 내보여야 한다.

제21조 삭 제 <2010. 3. 22.>

제22조 【의견 진술】 ① 공정거래위원회는 약관의 내용이 이 법에 위반되는지 여부에 대하여 심의하기 전에 그 약관에 따라 거래를 한 사업자 또는 이해관계인에게 그 약관이 심사 대상이 되었다는 사실을 알려야 한다.

② 제1항에 따라 통지를 받은 당사자 또는 이해관

부록

계인은 공정거래위원회의 회의에 출석하여 의견을 진술하거나 필요한 자료를 제출할 수 있다.

③ 공정거래위원회는 심사 대상이 된 약관이 다른 법률에 따라 행정관청의 인가를 받았거나 받아야 할 것인 경우에는 심의에 앞서 그 행정관청에 의견을 제출하도록 요구할 수 있다.

제23조【불공정약관조항의 공개】 공정거래위원회는 이 법에 위반된다고 심의·의결한 약관 조항의 목록을 인터넷 홈페이지에 공개하여야 한다.

제4장 분쟁의 조정 등 〈신설 2012. 2. 17.〉

제24조【약관 분쟁조정협의회의 설치 및 구성】 ① 제17조를 위반한 약관 또는 이와 비슷한 유형의 약관으로서 대통령령으로 정하는 약관과 관련된 분쟁을 조정하기 위하여 「독점규제 및 공정거래에 관한 법률」 제72조제1항에 따른 한국공정거래조정원(이하 "조정원"이라 한다)에 약관 분쟁조정협의회(이하 "협의회"라 한다)를 둔다.

② 협의회는 위원장 1명을 포함한 9명의 위원으로 구성하며, 위원장은 상임으로 한다.

③ 협의회 위원장은 조정원의 장의 제청으로 공정거래위원회 위원장이 위촉한다.

④ 협의회 위원장이 사고로 직무를 수행할 수 없을 때에는 협의회의 위원장이 지명하는 협의회 위원이 그 직무를 대행한다.

⑤ 협의회 위원은 약관규제·소비자 분야에 경험 또는 전문지식이 있는 사람으로서 다음 각 호의 어느 하나에 해당하는 사람 중에서 조정원의 장의 제청으로 공정거래위원회 위원장이 임명하거나 위촉한다.

1. 공정거래 및 소비자보호 업무에 관한 경험이 있는 4급 이상 공무원(고위공무원단에 속하는 일반직공무원을 포함한다)의 직에 있거나 있었던 사람
2. 판사·검사 직에 있거나 있었던 사람 또는 변호사의 자격이 있는 사람
3. 대학에서 법률학·경제학·경영학 또는 소비자 관련 분야 학문을 전공한 사람으로서 「고등교육법」 제2조제1호·제2호·제4호 또는 제5호에 따른 학교나 공인된 연구기관에서 부교수 이상의 직 또는 이에 상당하는 직에 있거나 있었던 사람
4. 그 밖에 기업경영, 소비자권익 및 분쟁조정과 관련된 업무에 관한 학식과 경험이 풍부한 사람

⑥ 협의회 위원의 임기는 3년으로 하되, 연임할 수 있다.

⑦ 협의회 위원 중 결원이 생긴 때에는 제5항에 따라 보궐위원을 위촉하여야 하며, 그 보궐위원의 임기는 전임자의 남은 임기로 한다.

⑧ 협의회의 회의 등 업무지원을 위하여 별도 사무지원 조직을 조정원 내에 둔다.

⑨ 협의회 위원장은 그 직무 외에 영리를 목적으로 하는 업무에 종사하지 못한다. <신설 2024. 2. 6.>

⑩ 제9항에 따른 영리를 목적으로 하는 업무의 범위에 관하여는 「공공기관의 운영에 관한 법률」 제37조제3항을 준용한다. <신설 2024. 2. 6.>

⑪ 협의회 위원장은 제10항에 따른 영리를 목적으로 하는 업무에 해당하는지에 대한 공정거래위원회 위원장의 심사를 거쳐 비영리 목적의 업무를 겸할 수 있다. <신설 2024. 2. 6.>

제25조【협의회의 회의】 ① 협의회의 회의는 위원 전원으로 구성되는 회의(이하 "전체회의"라 한다)와 위원장이 지명하는 3명의 위원(위원장을 포함할 수 있다)으로 구성되는 회의(이하 "분과회의"라 한다)로 구분된다.

② 분과회의는 전체회의로부터 위임받은 사항에 관하여 심의·의결한다.

③ 전체회의는 위원장이 주재하며, 재적위원 과반수의 출석으로 개의하고, 출석위원 과반수의 찬성으로 의결한다.

④ 분과회의는 위원장 또는 위원장이 지명하는 위원이 주재하며, 구성위원 전원의 출석과 출석위원 전원의 찬성으로 의결한다. 이 경우 분과회의의 의결은 협의회의 의결로 보되, 회의의 결과를 전체회의에 보고하여야 한다.

⑤ 조정의 대상이 된 분쟁의 당사자인 고객(「소비자기본법」 제2조제1호에 따른 소비자는 제외한다. 이하 이 장에서 같다)과 사업자(이하 "분쟁당사자"라 한다)는 협의회의 회의에 출석하여 의견을 진술

하거나 관계 자료를 제출할 수 있다.

제26조 【협의회 위원의 제척 · 기피 · 회피】 ① 협의회 위원은 다음 각 호의 어느 하나에 해당하는 경우에는 해당 분쟁조정사항의 조정에서 제척된다.

1. 협의회 위원 또는 그 배우자나 배우자였던 사람이 해당 분쟁조정사항의 분쟁당사자가 되거나 공동권리자 또는 의무자의 관계에 있는 경우
2. 협의회 위원이 해당 분쟁조정사항의 분쟁당사자와 친족관계에 있거나 있었던 경우
3. 협의회 위원 또는 협의회 위원이 속한 법인이 분쟁당사자의 법률 · 경영 등에 대하여 자문이나 고문의 역할을 하고 있는 경우
4. 협의회 위원 또는 협의회 위원이 속한 법인이 해당 분쟁조정사항에 대하여 분쟁당사자의 대리인으로 관여하거나 관여하였던 경우 및 증언 또는 감정을 한 경우

② 분쟁당사자는 협의회 위원에게 협의회의 조정에 공정을 기하기 어려운 사정이 있는 때에 협의회에 해당 협의회 위원에 대한 기피신청을 할 수 있다.

③ 협의회 위원이 제1항 또는 제2항의 사유에 해당하는 경우에는 스스로 해당 분쟁조정사항의 조정에서 회피할 수 있다.

제27조 【분쟁조정의 신청 등】 ① 제17조를 위반한 약관 또는 이와 비슷한 유형의 약관으로서 대통령령으로 정하는 약관으로 인하여 피해를 입은 고객은 대통령령으로 정하는 사항을 기재한 서면(이하 "분쟁조정 신청서"라 한다)을 협의회에 제출함으로써 분쟁조정을 신청할 수 있다. 다만, 다음 각 호의 어느 하나에 해당하는 경우에는 그러하지 아니하다.

1. 분쟁조정 신청이 있기 이전에 공정거래위원회가 조사 중인 사건
2. 분쟁조정 신청의 내용이 약관의 해석이나 그 이행을 요구하는 사건
3. 약관의 무효판정을 요구하는 사건
4. 삭제 <2023. 6. 20.>
5. 그 밖에 분쟁조정에 적합하지 아니한 것으로 대통령령으로 정하는 사건

② 공정거래위원회는 제1항에 따른 분쟁조정을 협의회에 의뢰할 수 있다.

③ 협의회는 제1항에 따라 분쟁조정 신청서를 접수하거나 제2항에 따라 분쟁조정을 의뢰받은 경우에는 즉시 분쟁당사자에게 통지하여야 한다.

제27조의2 【조정 등】 ① 협의회는 분쟁당사자에게 분쟁조정사항을 스스로 조정하도록 권고하거나 조정안을 작성하여 이를 제시할 수 있다.

② 협의회는 해당 분쟁조정사항에 관한 사실을 확인하기 위하여 필요한 경우 조사를 하거나 분쟁당사자에게 관련 자료의 제출이나 출석을 요구할 수 있다.

③ 협의회는 제27조제1항 각 호의 어느 하나에 해당하는 사건에 대하여는 조정신청을 각하하여야 한다.

④ 협의회는 다음 각 호의 어느 하나에 해당하는 경우에는 조정절차를 종료하여야 한다.

1. 분쟁당사자가 협의회의 권고 또는 조정안을 수락하거나 스스로 조정하는 등 조정이 성립된 경우
2. 조정을 신청 또는 의뢰받은 날부터 60일(분쟁당사자 쌍방이 기간연장에 동의한 경우에는 90일로 한다)이 경과하여도 조정이 성립되지 아니한 경우
3. 분쟁당사자의 일방이 조정을 거부하는 등 조정절차를 진행할 실익이 없는 경우

⑤ 협의회는 제3항에 따라 조정신청을 각하하거나 제4항에 따라 조정절차를 종료한 경우에는 대통령령으로 정하는 바에 따라 공정거래위원회에 조정신청 각하 또는 조정절차 종료의 사유 등과 관계 서류를 서면으로 지체 없이 보고하여야 하고 분쟁당사자에게 그 사실을 통보하여야 한다.

제27조의3 【소송과의 관계】 ① 제27조제1항에 따라 분쟁조정이 신청된 사건에 대하여 신청 전 또는 신청 후 소가 제기되어 소송이 진행 중일 때에는 수소법원(受訴法院)은 조정이 있을 때까지 소송절차를 중지할 수 있다.

② 협의회는 제1항에 따라 소송절차가 중지되지 아니하는 경우에는 해당 사건의 조정절차를 중지하여야 한다.

③ 협의회는 조정이 신청된 사건과 동일한 원인으로 다수인이 관련되는 동종 · 유사 사건에 대한 소송이 진행 중인 경우에는 협의회의 결정으로 조정

절차를 중지할 수 있다.

제28조 【조정조서의 작성과 그 효력】 ① 협의회는 분쟁조정사항의 조정이 성립된 경우 조정에 참가한 위원과 분쟁당사자가 기명날인하거나 서명한 조정조서를 작성한다. 이 경우 분쟁당사자 간에 조정조서와 동일한 내용의 합의가 성립된 것으로 본다.

② 협의회는 조정절차를 개시하기 전에 분쟁당사자가 분쟁조정사항을 스스로 조정하고 조정조서의 작성을 요청하는 경우에는 그 조정조서를 작성한다.

제28조의2 【분쟁조정의 특례】 ① 제27조제1항에도 불구하고 공정거래위원회, 고객 또는 사업자는 제28조에 따라 조정이 성립된 사항과 같거나 비슷한 유형의 피해가 다수 고객에게 발생할 가능성이 크다고 판단한 경우로서 대통령령으로 정하는 사건에 대하여는 협의회에 일괄적인 분쟁조정(이하 "집단분쟁조정"이라 한다)을 의뢰하거나 신청할 수 있다.

② 제1항에 따라 집단분쟁조정을 의뢰받거나 신청받은 협의회는 협의회의 의결로서 제3항부터 제7항까지의 규정에 따른 집단분쟁조정의 절차를 개시할 수 있다. 이 경우 협의회는 분쟁조정된 사안 중 집단분쟁조정신청에 필요한 사항에 대하여 대통령령으로 정하는 방법에 따라 공표하고, 대통령령으로 정하는 기간 동안 그 절차의 개시를 공고하여야 한다.

③ 협의회는 집단분쟁조정의 당사자가 아닌 고객으로부터 그 분쟁조정의 당사자에 추가로 포함될 수 있도록 하는 신청을 받을 수 있다.

④ 협의회는 협의회의 의결로써 제1항 및 제3항에 따른 집단분쟁조정의 당사자 중에서 공동의 이익을 대표하기에 가장 적합한 1인 또는 수인을 대표당사자로 선임할 수 있다.

⑤ 협의회는 사업자가 협의회의 집단분쟁조정의 내용을 수락한 경우에는 집단분쟁조정의 당사자가 아닌 자로서 피해를 입은 고객에 대한 보상계획서를 작성하여 협의회에 제출하도록 권고할 수 있다.

⑥ 협의회는 집단분쟁조정의 당사자인 다수의 고객 중 일부의 고객이 법원에 소를 제기한 경우에는 그 절차를 중지하지 아니하고 소를 제기한 일부의 고객은 그 절차에서 제외한다.

⑦ 집단분쟁조정의 기간은 제2항에 따른 공고가 종료된 날의 다음 날부터 기산한다.

⑧ 집단분쟁조정의 절차 등에 관하여 필요한 사항은 대통령령으로 정한다.

⑨ 조정원은 집단분쟁조정 대상 발굴, 조정에 의한 피해구제 사례 연구 등 집단분쟁조정 활성화에 필요한 연구를 하며, 연구결과를 인터넷 홈페이지에 공개한다.

제29조 【협의회의 조직·운영 등】 제24조부터 제27조까지, 제27조의2, 제27조의3, 제28조 및 제28조의2 외에 협의회의 조직·운영·조정절차 등에 필요한 사항은 대통령령으로 정한다.

제29조의2 【협의회의 재원】 정부는 협의회의 운영, 업무 및 관련 연구에 필요한 경비를 조정원에 출연한다.

제5장 보칙 〈개정 2010. 3. 22.〉

제30조 【적용 범위】 ① 약관이 「상법」 제3편, 「근로기준법」 또는 그 밖에 대통령령으로 정하는 비영리사업의 분야에 속하는 계약에 관한 것일 경우에는 이 법을 적용하지 아니한다.

② 특정한 거래 분야의 약관에 대하여 다른 법률에 특별한 규정이 있는 경우를 제외하고는 이 법에 따른다.

제30조의2 【「독점규제 및 공정거래에 관한 법률」의 준용】 ① 이 법에 따른 공정거래위원회의 심의·의결에 관하여는 「독점규제 및 공정거래에 관한 법률」 제64조부터 제68조까지의 규정을 준용한다.

② 이 법에 따른 공정거래위원회의 처분에 대한 이의신청, 소송 제기 및 불복 소송의 전속관할(專屬管轄)에 대하여는 「독점규제 및 공정거래에 관한 법률」 제96조부터 제98조까지, 제98조의2, 제98조의3 및 제99조부터 제101조까지를 준용한다.

제31조 【인가·심사의 기준】 행정관청이 다른 법률에 따라 약관을 인가하거나 다른 법률에 따라 특정한 거래 분야에 대하여 설치된 심사기구에서 약관을 심사하는 경우에는 제6조부터 제14조까지의 규정을 그 인가·심사의 기준으로 하여야 한다.

제31조의2 【자문위원】 ① 공정거래위원회는 이 법에 따른 약관 심사 업무를 수행하기 위하여 필요하다

고 인정하면 자문위원을 위촉할 수 있다.

② 제1항에 따른 자문위원의 위촉과 그 밖에 필요한 사항은 대통령령으로 정한다.

제6장 벌칙 〈개정 2010. 3. 22.〉

제32조【벌칙】 제17조의2제2항에 따른 명령을 이행하지 아니한 자는 2년 이하의 징역 또는 1억원 이하의 벌금에 처한다.

제33조【양벌규정】 법인의 대표자나 법인 또는 개인의 대리인, 사용인, 그 밖의 종업원이 그 법인 또는 개인의 업무에 관하여 제32조의 위반행위를 하면 그 행위자를 벌하는 외에 그 법인 또는 개인에게도 해당 조문의 벌금형을 과(科)한다. 다만, 법인 또는 개인이 그 위반행위를 방지하기 위하여 해당 업무에 관하여 상당한 주의와 감독을 게을리하지 아니한 경우에는 그러하지 아니하다.

제34조【과태료】 ① 다음 각 호의 어느 하나에 해당하는 자에게는 5천만원 이하의 과태료를 부과한다.

1. 제19조의3제8항을 위반하여 표준약관과 다른 내용을 약관으로 사용하면서 표준약관 표지를 사용한 자
2. 제20조제1항에 따른 조사를 거부·방해 또는 기피한 사업자 또는 사업자단체

② 사업자 또는 사업자단체의 임원 또는 종업원, 그 밖의 이해관계인이 제20조제1항에 따른 조사를 거부·방해 또는 기피한 경우에는 1천만원 이하의 과태료를 부과한다.

③ 다음 각 호의 어느 하나에 해당하는 자에게는 500만원 이하의 과태료를 부과한다.

1. 제3조제2항을 위반하여 고객에게 약관의 내용을 밝히지 아니하거나 그 약관의 사본을 내주지 아니한 자
2. 제3조제3항을 위반하여 고객에게 약관의 중요한 내용을 설명하지 아니한 자
3. 제19조의3제6항을 위반하여 표준약관과 다르게 정한 주요 내용을 고객이 알기 쉽게 표시하지 아니한 자

④ 제30조의2제1항에 따라 준용되는 「독점규제 및 공정거래에 관한 법률」 제66조를 위반하여 질서유지의 명령을 따르지 아니한 자에게는 100만원 이하의 과태료를 부과한다.

⑤ 제1항부터 제4항까지의 규정에 따른 과태료는 대통령령으로 정하는 바에 따라 공정거래위원회가 부과·징수한다.

부칙 〈제20240호, 2024. 2. 6.〉

제1조【시행일】 이 법은 2024년 2월 9일부터 시행한다.

제2조【적용례】 이 법은 이 법 시행 이후 새로 구성되는 협의회의 위원장부터 적용한다.

부록

주택임대차보호법

[시행 2023. 7. 19.]

[법률 제19356호, 2023. 4. 18., 일부개정]

제1조 【목적】 이 법은 주거용 건물의 임대차에 관하여 '민법'에 대한 특례를 규정함으로써 국민 주거생활의 안정을 보장함을 목적으로 한다.

제2조 【적용 범위】 이 법은 주거용 건물(이하 '주택'이라 한다)의 전부 또는 일부의 임대차에 관하여 적용한다. 그 임차주택의 일부가 주거 외의 목적으로 사용되는 경우에도 또한 같다.

제3조 【대항력 등】 ① 임대차는 그 등기가 없는 경우에도 임차인이 주택의 인도와 주민등록을 마친 때에는 그 다음 날부터 제3자에 대하여 효력이 생긴다. 이 경우 전입신고를 한 때에 주민등록이 된 것으로 본다.

② 국민주택기금을 재원으로 하여 저소득층 무주택자에게 주거생활 안정을 목적으로 전세임대주택을 지원하는 법인이 주택을 임차한 후 지방자치단체의 장 또는 그 법인이 선정한 입주자가 그 주택을 인도받고 주민등록을 마쳤을 때에는 제1항(= 대항력)을 준용한다. 이 경우 대항력이 인정되는 법인은 대통령령으로 정한다.

③ 「중소기업기본법」 제2조에 따른 중소기업에 해당하는 법인이 소속 직원의 주거용으로 주택을 임차한 후 그 법인이 선정한 직원이 해당 주택을 인도받고 주민등록을 마쳤을 때에는 제1항을 준용한다. 임대차가 끝나기 전에 그 직원이 변경된 경우에는 그 법인이 선정한 새로운 직원이 주택을 인도받고 주민등록을 마친 다음 날부터 제3자에 대하여 효력이 생긴다.

④ 임차주택의 양수인(그 밖에 임대할 권리를 승계한 자를 포함한다)은 임대인의 지위를 승계한 것으로 본다.

⑤ 이 법에 따라 임대차의 목적이 된 주택이 매매나 경매의 목적물이 된 경우에는 「민법」 제575조 제1항 · 제3항 및 같은 법 제578조를 준용한다.

⑥ 제5항의 경우에는 동시이행의 항변권에 관한 「민법」 제536조를 준용한다.

제3조의2 【보증금의 회수】 ① 임차인(제3조 제2항 및 제3항의 법인을 포함한다. 이하 같다)이 임차주택에 대하여 보증금반환청구소송의 확정판결이나 그 밖에 이에 준하는 집행권원에 따라서 경매를 신청하는 경우에는 집행개시요건에 관한 '민사집행법' 제41조에도 불구하고 반대의무의 이행이나 이행의 제공을 집행개시의 요건으로 하지 아니한다.

② 제3조 제1항 또는 제2항의 대항요건과 임대차계약증서(제3조 제2항 및 제3항의 경우에는 법인과 임대인 사이의 임대차계약증서를 말한다)상의 확정일자를 갖춘 임차인은 '민사집행법'에 따른 경매 또는 '국세징수법'에 따른 공매를 할 때에 임차주택(대지를 포함한다)의 환가대금에서 후순위권리자나 그 밖의 채권자보다 우선하여 보증금을 변제받을 권리가 있다.

③ 임차인은 임차주택을 양수인에게 인도하지 아니하면 제2항에 따른 보증금을 받을 수 없다.

④ 제2항 또는 제7항에 따른 우선변제의 순위와 보증금에 대하여 이의가 있는 이해관계인은 경매법원이나 체납처분청에 이의를 신청할 수 있다.

⑤ 제4항에 따라 경매법원에 이의를 신청하는 경우에는 민사집행법 제152조부터 제161조까지의 규정을 준용한다.

⑥ 제4항에 따라 이의신청을 받은 체납처분청은 이해관계인이 이의신청일부터 7일 이내에 임차인 또는 제7항에 따라 우선변제권을 승계한 금융기관 등을 상대로 소를 제기한 것을 증명하면 해당 소송이 끝날 때까지 이의가 신청된 범위에서 임차인 또는 제7항에 따라 우선변제권을 승계한 금융기관 등에 대한 보증금의 변제를 유보하고 남은 금액을 배분하여야 한다. 이 경우 유보된 보증금은 소송의 결과에 따라 배분한다.

⑦ 다음 각 호의 금융기관 등이 제2항, 제3조의3 제5항, 제3조의4 제1항에 따른 우선변제권을 취득한 임차인의 보증금반환채권을 계약으로 양수한

경우에는 양수한 금액의 범위에서 우선변제권을 승계한다.

1. 「은행법」에 따른 은행
2. 「중소기업은행법」에 따른 중소기업은행
3. 「한국산업은행법」에 따른 한국산업은행
4. 「농업협동조합법」에 따른 농협은행
5. 「수산업협동조합법」에 따른 수산업협동조합중앙회
6. 「우체국예금 · 보험에 관한 법률」에 따른 체신관서
7. 「한국주택금융공사법」에 따른 한국주택금융공사
8. 「보험업법」 제4조 제1항 제2호 라목의 보증보험을 보험종목으로 허가받은 보험회사
9. 「주택도시기금법」에 따른 대한 주택도시보증공사
10. 그 밖에 제1호부터 제9호까지에 준하는 것으로서 대통령령으로 정하는 기관

⑧ 제7항에 따라 우선변제권을 승계한 금융기관등(이하 "금융기관 등"이라 한다)은 다음 각 호의 어느 하나에 해당하는 경우에는 우선변제권을 행사할 수 없다.

1. 임차인이 제3조 제1항 · 제2항 또는 제3항의 대항요건을 상실한 경우
2. 제3조의3 제5항에 따른 임차권등기가 말소된 경우
3. 민법 제621조에 따른 임대차등기가 말소된 경우

⑨ 금융기관 등은 우선변제권을 행사하기 위하여 임차인을 대리하거나 대위하여 임대차를 해지할 수 없다.

제3조의3【임차권등기명령】 ① 임대차가 끝난 후 보증금이 반환되지 아니한 경우 임차인은 임차주택의 소재지를 관할하는 지방법원 · 지방법원지원 또는 시 · 군 법원에 임차권등기명령을 신청할 수 있다.

② 임차권등기명령의 신청서에는 다음 각 호의 사항을 적어야 하며, 신청의 이유와 임차권등기의 원인이 된 사실을 소명(疎明)하여야 한다. <개정 2013. 8. 13.>

1. 신청의 취지 및 이유
2. 임대차의 목적인 주택(임대차의 목적이 주택의 일부분인 경우에는 해당 부분의 도면을 첨부한다)
3. 임차권등기의 원인이 된 사실(임차인이 제3조제1항 · 제2항 또는 제3항에 따른 대항력을 취득하였거나 제3조의2 제2항에 따른 우선변제권을 취득한 경우에는 그 사실)
4. 그 밖에 대법원규칙으로 정하는 사항

③ 다음 각 호의 사항 등에 관하여는 「민사집행법」 제280조 제1항, 제281조, 제283조, 제285조, 제286조, 제288조 제1항, 같은 조 제2항 본문, 제289조, 제290조 제2항 중 제288조제1항에 대한 부분, 제291조, 제292조 제3항 및 제293조를 준용한다. 이 경우 "가압류"는 "임차권등기"로, "채권자"는 "임차인"으로, "채무자"는 "임대인"으로 본다. <개정 2023. 4. 18.>

1. 임차권등기명령의 신청에 대한 재판
2. 임차권등기명령의 결정에 대한 임대인의 이의신청 및 그에 대한 재판
3. 임차권등기명령의 취소신청 및 그에 대한 재판
4. 임차권등기명령의 집행

④ 임차권등기명령의 신청을 기각하는 결정에 대하여 임차인은 항고할 수 있다.

⑤ 임차인은 임차권등기명령의 집행에 따른 임차권등기를 마치면 제3조 제1항 · 제2항 또는 제3항에 따른 대항력과 제3조의2 제2항에 따른 우선변제권을 취득한다. 다만, 임차인이 임차권등기 이전에 이미 대항력이나 우선변제권을 취득한 경우에는 그 대항력이나 우선변제권은 그대로 유지되며, 임차권등기 이후에는 제3조 제1항 · 제2항 또는 제3항의 대항요건을 상실하더라도 이미 취득한 대항력이나 우선변제권을 상실하지 아니한다.

⑥ 임차권등기명령의 집행에 따른 임차권등기가 끝난 주택(임대차의 목적이 주택의 일부분인 경우에는 해당 부분으로 한정한다)을 그 이후에 임차한 임차인은 제8조에 따른 우선변제를 받을 권리가 없다.

⑧ 임차인은 제1항에 따른 임차권등기명령의 신청과 그에 따른 임차권등기와 관련하여 든 비용을 임대인에게 청구할 수 있다.

⑨ 금융기관등은 임차인을 대위하여 제1항의 임차권등기명령을 신청할 수 있다. 이 경우 제3항 · 제4항 및 제8항의 "임차인"은 "금융기관 등"으로 본다.

제3조의4【「민법」에 따른 주택임대차등기의 효력 등】

① 「민법」 제621조에 따른 주택임대차등기의 효력에 관하여는 제3조의3제5항 및 제6항을 준용한다.

② 임차인이 대항력이나 우선변제권을 갖추고 「민

부록

법」 제621조제1항에 따라 임대인의 협력을 얻어 임대차등기를 신청하는 경우에는 신청서에 「부동산등기법」 제74조제1호부터 제6호까지의 사항 외에 다음 각 호의 사항을 적어야 하며, 이를 증명할 수 있는 서면(임대차의 목적이 주택의 일부분인 경우에는 해당 부분의 도면을 포함한다)을 첨부하여야 한다.

1. 주민등록을 마친 날
2. 임차주택을 점유(占有)한 날
3. 임대차계약증서상의 확정일자를 받은 날

제3조의5【경매에 의한 임차권의 소멸】 임차권은 임차주택에 대하여 「민사집행법」에 따른 경매가 행하여진 경우에는 그 임차주택의 경락에 따라 소멸한다. 다만, 보증금이 모두 변제되지 아니한, 대항력이 있는 임차권은 그러하지 아니하다.

제3조의6【확정일자 부여 및 임대차 정보제공 등】 ① 제3조의2 제2항의 확정일자는 주택 소재지의 읍·면사무소, 동 주민센터 또는 시(특별시·광역시·특별자치시는 제외하고, 특별자치도는 포함한다)·군·구(자치구를 말한다)의 출장소, 지방법원 및 그 지원과 등기소 또는 「공증인법」에 따른 공증인(이하 이 조에서 "확정일자부여기관"이라 한다)이 부여한다.

② 확정일자부여기관은 해당 주택의 소재지, 확정일자 부여일, 차임 및 보증금 등을 기재한 확정일자부를 작성하여야 한다. 이 경우 전산처리정보조직을 이용할 수 있다.

③ 주택의 임대차에 이해관계가 있는 자는 확정일자부여기관에 해당 주택의 확정일자 부여일, 차임 및 보증금 등 정보의 제공을 요청할 수 있다. 이 경우 요청을 받은 확정일자부여기관은 정당한 사유 없이 이를 거부할 수 없다.

④ 임대차계약을 체결하려는 자는 임대인의 동의를 받아 확정일자부여기관에 제3항에 따른 정보제공을 요청할 수 있다.

⑤ 제1항·제3항 또는 제4항에 따라 확정일자를 부여받거나 정보를 제공받으려는 자는 수수료를 내야 한다.

⑥ 확정일자부에 기재하여야 할 사항, 주택의 임대차에 이해관계가 있는 자의 범위, 확정일자부여기관에 요청할 수 있는 정보의 범위 및 수수료, 그 밖에 확정일자부여사무와 정보제공 등에 필요한 사항은 대통령령 또는 대법원규칙으로 정한다.

제3조의7【임대인의 정보 제시 의무】 임대차계약을 체결할 때 임대인은 다음 각 호의 사항을 임차인에게 제시하여야 한다.

1. 제3조의6 제3항에 따른 해당 주택의 확정일자 부여일, 차임 및 보증금 등 정보. 다만, 임대인이 임대차계약을 체결하기 전에 제3조의6 제4항에 따라 동의함으로써 이를 갈음할 수 있다.
2. 「국세징수법」 제108조에 따른 납세증명서 및 「지방세징수법」 제5조 제2항에 따른 납세증명서. 다만, 임대인이 임대차계약을 체결하기 전에 「국세징수법」 제109조제1항에 따른 미납국세와 체납액의 열람 및 「지방세징수법」 제6조 제1항에 따른 미납지방세의 열람에 각각 동의함으로써 이를 갈음할 수 있다.

제4조【임대차기간 등】 ① 기간을 정하지 아니하거나 2년 미만으로 정한 임대차는 그 기간을 2년으로 본다. 다만, 임차인은 2년 미만으로 정한 기간이 유효함을 주장할 수 있다.

② 임대차기간이 끝난 경우에도 임차인이 보증금을 반환받을 때까지는 임대차관계가 존속되는 것으로 본다.

제5조 삭제 〈1989. 12. 30.〉

제6조【계약의 갱신】 ① 임대인이 임대차기간이 끝나기 6개월 전부터 2개월 전까지의 기간에 임차인에게 갱신거절의 통지를 하지 아니하거나 계약조건을 변경하지 아니하면 갱신하지 아니한다는 뜻의 통지를 하지 아니한 경우에는 그 기간이 끝난 때에 전 임대차와 동일한 조건으로 다시 임대차한 것으로 본다. 임차인이 임대차기간이 끝나기 2개월 전까지 통지하지 아니한 경우에도 또한 같다.

② 제1항의 경우 임대차의 존속기간은 2년으로 본다.

③ 2기의 차임액에 달하도록 연체하거나 그 밖에 임차인으로서의 의무를 현저히 위반한 임차인에 대하여는 제1항을 적용하지 아니한다.

제6조의2【묵시적 갱신의 경우 계약의 해지】 ① 제6조 제1항에 따라 계약이 갱신된 경우 같은 조 제2항에

도 불구하고 임차인은 언제든지 임대인에게 계약 해지를 통지할 수 있다.

② 제1항에 따른 해지는 임대인이 그 통지를 받은 날부터 3개월이 지나면 그 효력이 발생한다.

제6조의3 【계약갱신 요구 등】 ① 제6조에도 불구하고 임대인은 임차인이 제6조 제1항 전단의 기간 이내에 계약갱신을 요구할 경우 정당한 사유 없이 거절하지 못한다. 다만, 다음 각 호의 어느 하나에 해당하는 경우에는 그러하지 아니하다.

→ 계약갱신요구권 행사의 명확한 의사표시를 하는 경우로 한정되므로 시행 전 묵시적 갱신이 된 후에도 1회 가능 / 포기·배제특약은 임차인에게 불리한 것으로 무효

1. 임차인이 2기의 차임액에 해당하는 금액에 이르도록 차임을 연체한 사실이 있는 경우
2. 임차인이 거짓이나 그 밖의 부정한 방법으로 임차한 경우

→ 임차인이 허위의 신분(이름, 주민번호 등)으로 계약한 경우 또는 주택 본래 용도가 아닌 불법영업장 등의 목적으로 임차한 경우

3. 서로 합의하여 임대인이 임차인에게 상당한 보상을 제공한 경우

→ 임대인이 임차인에게 이사비 등을 실제 제공한 경우(단, 실제 제공하지 않거나 합의되지 않은 일방적인 보상은 제외)

4. 임차인이 임대인의 동의 없이 목적 주택의 전부 또는 일부를 전대한 경우
5. 임차인이 임차한 주택의 전부 또는 일부를 고의나 중대한 과실로 파손한 경우

→ 임대인 동의 없이 무단 증축·개축 또는 개조하거나 파손한 경우, 임차인의 화기 방치 등에 의해 화재로 주택이 파손된 경우

6. 임차한 주택의 전부 또는 일부가 멸실되어 임대차의 목적을 달성하지 못할 경우

→ 주택의 전부 또는 일부가 멸실되어 주거기능이 상실된 경우

7. 임대인이 다음 각 목의 어느 하나에 해당하는 사유로 목적 주택의 전부 또는 대부분을 철거하거나 재건축하기 위하여 목적 주택의 점유를 회복할 필요가 있는 경우
   가. 임대차계약 체결 당시 공사시기 및 소요기간 등을 포함한 철거 또는 재건축 계획을 임차인에게 구체적으로 고지하고 그 계획에 따르는 경우
   나. 건물이 노후·훼손 또는 일부 멸실되는 등 안전사고의 우려가 있는 경우
   다. 다른 법령에 따라 철거 또는 재건축이 이루어지는 경우
8. 임대인(임대인의 직계존속·직계비속을 포함한다)이 목적 주택에 실제 거주하려는 경우
9. 그 밖에 임차인이 임차인으로서의 의무를 현저히 위반하거나 임대차를 계속하기 어려운 중대한 사유가 있는 경우

→ 1호부터 8호까지 이외의 사유로 임대인의 동의 없이 인테리어 공사를 하거나 원상회복이 불가능한 정도로 인테리어 공사를 한 경우 또는 임대차를 지속할 수 없는 경우

② 임차인은 제1항에 따른 계약갱신요구권을 1회에 한하여 행사할 수 있다. 이 경우 갱신되는 임대차의 존속기간은 2년으로 본다.

③ 갱신되는 임대차는 전 임대차와 동일한 조건으로 다시 계약된 것으로 본다. 다만, 차임과 보증금은 제7조의 범위에서 증감할 수 있다.

④ 제1항에 따라 갱신되는 임대차의 해지에 관하여는 제6조의2를 준용한다.

→ 임차인은 언제든지 계약해지를 통지할 수 있고, 3개월이 지나면 해지의 효력이 발생

⑤ 임대인이 제1항 제8호의 사유로 갱신을 거절하였음에도 불구하고 갱신요구가 거절되지 아니하였더라면 갱신되었을 기간이 만료되기 전에 정당한 사유 없이 제3자에게 목적 주택을 임대한 경우 임대인은 갱신거절로 인하여 임차인이 입은 손해를 배상하여야 한다.

⑥ 제5항에 따른 손해배상액은 거절 당시 당사자 간에 손해배상액의 예정에 관한 합의가 이루어지지 않는 한 다음 각 호의 금액 중 큰 금액으로 한다.

1. 갱신거절 당시 월차임(차임 외에 보증금이 있는 경우에는 그 보증금을 제7조의2 각 호 중 낮은 비율에 따라 월 단위의 차임으로 전환한 금액을 포함한다. 이하 "환산월차임"이라 한다)의 3개월분에 해당하는 금액
2. 임대인이 제3자에게 임대하여 얻은 환산월차임

과 갱신거절 당시 환산월차임 간 차액의 2년분에 해당하는 금액
3. 제1항 제8호의 사유로 인한 갱신거절로 인하여 임차인이 입은 손해액

제7조 【차임 등의 증감청구권】 ① 당사자는 약정한 차임이나 보증금이 임차주택에 관한 조세, 공과금, 그 밖의 부담의 증감이나 경제사정의 변동으로 인하여 적절하지 아니하게 된 때에는 장래에 대하여 그 증감을 청구할 수 있다. 이 경우 증액청구는 임대차계약 또는 약정한 차임이나 보증금의 증액이 있은 후 1년 이내에는 하지 못한다.

② 제1항에 따른 증액청구는 약정한 차임이나 보증금의 20분의 1(5%)의 금액을 초과하지 못한다. 다만, 특별시·광역시·특별자치시·도 및 특별자치도는 관할 구역 내의 지역별 임대차 시장 여건 등을 고려하여 본문의 범위에서 증액청구의 상한을 조례로 달리 정할 수 있다.

제7조의2 【월차임 전환 시 산정률의 제한】 보증금의 전부 또는 일부를 월 단위의 차임으로 전환하는 경우에는 그 전환되는 금액에 다음 각 호 중 낮은 비율을 곱한 월차임(月借賃)의 범위를 초과할 수 없다.
1. 「은행법」에 따른 은행에서 적용하는 대출금리와 해당 지역의 경제 여건 등을 고려하여 대통령령으로 정하는 비율
2. 한국은행에서 공시한 기준금리에 대통령령으로 정하는 이율을 더한 비율

제8조 【보증금 중 일정액의 보호】 ① 임차인은 보증금 중 일정액을 다른 담보물권자(擔保物權者)보다 우선하여 변제받을 권리가 있다. 이 경우 임차인은 주택에 대한 경매신청의 등기 전에 제3조 제1항의 요건을 갖추어야 한다.

② 제1항의 경우에는 제3조의2 제4항부터 제6항까지의 규정을 준용한다.

③ 제1항에 따라 우선변제를 받을 임차인 및 보증금 중 일정액의 범위와 기준은 제8조의2에 따른 주택임대차위원회의 심의를 거쳐 대통령령으로 정한다. 다만, 보증금 중 일정액의 범위와 기준은 주택가액(대지의 가액을 포함한다)의 2분의 1을 넘지 못한다.

제8조의2 【주택임대차위원회】 ① 제8조에 따라 우선변제를 받을 임차인 및 보증금 중 일정액의 범위와 기준을 심의하기 위하여 법무부에 주택임대차위원회(이하 "위원회"라 한다)를 둔다.

② 위원회는 위원장 1명을 포함한 9명 이상 15명 이하의 위원으로 성별을 고려하여 구성한다.

③ 위원회의 위원장은 법무부차관이 된다.

④ 위원회의 위원은 다음 각 호의 어느 하나에 해당하는 사람 중에서 위원장이 임명하거나 위촉하되, 제1호부터 제5호까지에 해당하는 위원을 각각 1명 이상 임명하거나 위촉하여야 하고, 위원 중 2분의 1 이상은 제1호·제2호 또는 제6호에 해당하는 사람을 위촉하여야 한다.
1. 법학·경제학 또는 부동산학 등을 전공하고 주택임대차 관련 전문지식을 갖춘 사람으로서 공인된 연구기관에서 조교수 이상 또는 이에 상당하는 직에 5년 이상 재직한 사람
2. 변호사·감정평가사·공인회계사·세무사 또는 공인중개사로서 5년 이상 해당 분야에서 종사하고 주택임대차 관련 업무경험이 풍부한 사람
3. 기획재정부에서 물가 관련 업무를 담당하는 고위공무원단에 속하는 공무원
4. 법무부에서 주택임대차 관련 업무를 담당하는 고위공무원단에 속하는 공무원(이에 상당하는 특정직 공무원을 포함한다)
5. 국토교통부에서 주택사업 또는 주거복지 관련 업무를 담당하는 고위공무원단에 속하는 공무원
6. 그 밖에 주택임대차 관련 학식과 경험이 풍부한 사람으로서 대통령령으로 정하는 사람

⑤ 그 밖에 위원회의 구성 및 운영 등에 필요한 사항은 대통령령으로 정한다.

제9조 【주택 임차권의 승계】 ① 임차인이 상속인 없이 사망한 경우에는 그 주택에서 가정공동생활을 하던 사실상의 혼인 관계에 있는 자가 임차인의 권리와 의무를 승계한다.

② 임차인이 사망한 때에 사망 당시 상속인이 그 주택에서 가정공동생활을 하고 있지 아니한 경우에는 그 주택에서 가정공동생활을 하던 사실상의 혼인 관계에 있는 자와 2촌 이내의 친족이 공동으로 임차인의 권리와 의무를 승계한다.

③ 제1항과 제2항의 경우에 임차인이 사망한 후 1

개월 이내에 임대인에게 제1항과 제2항에 따른 승계 대상자가 반대의사를 표시한 경우에는 그러하지 아니하다.

④ 제1항과 제2항의 경우에 임대차 관계에서 생긴 채권·채무는 임차인의 권리의무를 승계한 자에게 귀속된다.

제10조 【강행규정】 이 법에 위반된 약정으로서 임차인에게 불리한 것은 그 효력이 없다.

제10조의2 【초과 차임 등의 반환청구】 임차인이 제7조에 따른 증액비율을 초과하여 차임 또는 보증금을 지급하거나 제7조의2에 따른 월차임 산정률을 초과하여 차임을 지급한 경우에는 초과 지급된 차임 또는 보증금 상당금액의 반환을 청구할 수 있다.

제11조 【일시사용을 위한 임대차】 이 법은 일시사용하기 위한 임대차임이 명백한 경우에는 적용하지 아니한다.

제12조 【미등기 전세에의 준용】 주택의 등기를 하지 아니한 전세계약에 관하여는 이 법을 준용한다. 이 경우 "전세금"은 "임대차의 보증금"으로 본다.

제13조 【「소액사건심판법」의 준용】 임차인이 임대인에 대하여 제기하는 보증금반환청구소송에 관하여는 '소액사건심판법' 제6조, 제7조, 제10조 및 제11조의2를 준용한다.

제14조 【주택임대차분쟁조정위원회】 ① 이 법의 적용을 받는 주택임대차와 관련된 분쟁을 심의·조정하기 위하여 대통령령으로 정하는 바에 따라 「법률구조법」 제8조에 따른 대한법률구조공단(이하 "공단"이라 한다)의 지부, 「한국토지주택공사법」에 따른 한국토지주택공사(이하 "공사"라 한다)의 지사 또는 사무소 및 「한국감정원법」에 따른 한국감정원(이하 "감정원"이라 한다)의 지사 또는 사무소에 주택임대차분쟁조정위원회(이하 "조정위원회"라 한다)를 둔다. 특별시·광역시·특별자치시·도 및 특별자치도(이하 "시·도"라 한다)는 그 지방자치단체의 실정을 고려하여 조정위원회를 둘 수 있다.

② 조정위원회는 다음 각 호의 사항을 심의·조정한다.

1. 차임 또는 보증금의 증감에 관한 분쟁
2. 임대차 기간에 관한 분쟁
3. 보증금 또는 임차주택의 반환에 관한 분쟁
4. 임차주택의 유지·수선 의무에 관한 분쟁
5. 그 밖에 대통령령으로 정하는 주택임대차에 관한 분쟁

③ 조정위원회의 사무를 처리하기 위하여 조정위원회에 사무국을 두고, 사무국의 조직 및 인력 등에 필요한 사항은 대통령령으로 정한다.

④ 사무국의 조정위원회 업무담당자는 「상가건물 임대차보호법」 제20조에 따른 상가건물임대차분쟁조정위원회 사무국의 업무를 제외하고 다른 직위의 업무를 겸직하여서는 아니 된다.

제15조 【예산의 지원】 국가는 조정위원회의 설치·운영에 필요한 예산을 지원할 수 있다.

제16조 【조정위원회의 구성 및 운영】 ① 조정위원회는 위원장 1명을 포함하여 5명 이상 30명 이하의 위원으로 성별을 고려하여 구성한다.

② 조정위원회의 위원은 조정위원회를 두는 기관에 따라 공단 이사장, 공사 사장, 감정원 원장 또는 조정위원회를 둔 지방자치단체의 장이 각각 임명하거나 위촉한다.

③ 조정위원회의 위원은 주택임대차에 관한 학식과 경험이 풍부한 사람으로서 다음 각 호의 어느 하나에 해당하는 사람으로 한다. 이 경우 제1호부터 제4호까지에 해당하는 위원을 각 1명 이상 위촉하여야 하고, 위원 중 5분의 2 이상은 제2호에 해당하는 사람이어야 한다.

1. 법학·경제학 또는 부동산학 등을 전공하고 대학이나 공인된 연구기관에서 부교수 이상 또는 이에 상당하는 직에 재직한 사람
2. 판사·검사 또는 변호사로 6년 이상 재직한 사람
3. 감정평가사·공인회계사·법무사 또는 공인중개사로서 주택임대차 관계 업무에 6년 이상 종사한 사람
4. 「사회복지사업법」에 따른 사회복지법인과 그 밖의 비영리법인에서 주택임대차분쟁에 관한 상담에 6년 이상 종사한 경력이 있는 사람
5. 해당 지방자치단체에서 주택임대차 관련 업무를 담당하는 4급 이상의 공무원
6. 그 밖에 주택임대차 관련 학식과 경험이 풍부한

사람으로서 대통령령으로 정하는 사람

④ 조정위원회의 위원장은 제3항 제2호에 해당하는 위원 중에서 위원들이 호선한다.

⑤ 조정위원회위원장은 조정위원회를 대표하여 그 직무를 총괄한다.

⑥ 조정위원회위원장이 부득이한 사유로 직무를 수행할 수 없는 경우에는 조정위원회위원장이 미리 지명한 조정위원이 그 직무를 대행한다.

⑦ 조정위원의 임기는 3년으로 하되 연임할 수 있으며, 보궐위원의 임기는 전임자의 남은 임기로 한다.

⑧ 조정위원회는 조정위원회위원장 또는 제3항제2호에 해당하는 조정위원 1명 이상을 포함한 재적위원 과반수의 출석과 출석위원 과반수의 찬성으로 의결한다.

⑨ 그 밖에 조정위원회의 설치, 구성 및 운영 등에 필요한 사항은 대통령령으로 정한다.

제17조 【조정부의 구성 및 운영】 ① 조정위원회는 분쟁의 효율적 해결을 위하여 3명의 조정위원으로 구성된 조정부를 둘 수 있다.

② 조정부에는 제16조 제3항 제2호에 해당하는 사람이 1명 이상 포함되어야 하며, 그 중에서 조정위원회위원장이 조정부의 장을 지명한다.

③ 조정부는 다음 각 호의 사항을 심의·조정한다.

1. 제14조 제2항에 따른 주택임대차분쟁 중 대통령령으로 정하는 금액 이하의 분쟁
2. 조정위원회가 사건을 특정하여 조정부에 심의·조정을 위임한 분쟁

④ 조정부는 조정부의 장을 포함한 재적위원 과반수의 출석과 출석위원 과반수의 찬성으로 의결한다.

⑤ 제4항에 따라 조정부가 내린 결정은 조정위원회가 결정한 것으로 본다.

⑥ 그 밖에 조정부의 설치, 구성 및 운영 등에 필요한 사항은 대통령령으로 정한다.

제18조 【조정위원의 결격사유】 「국가공무원법」 제33조 각 호의 어느 하나에 해당하는 사람은 조정위원이 될 수 없다.

제19조 【조정위원의 신분보장】 ① 조정위원은 자신의 직무를 독립적으로 수행하고 주택임대차분쟁의 심리 및 판단에 관하여 어떠한 지시에도 구속되지 아니한다.

② 조정위원은 다음 각 호의 어느 하나에 해당하는 경우를 제외하고는 그 의사에 반하여 해임 또는 해촉되지 아니한다.

1. 제18조에 해당하는 경우
2. 신체상 또는 정신상의 장애로 직무를 수행할 수 없게 된 경우

제20조 【조정위원의 제척 등】 ① 조정위원이 다음 각 호의 어느 하나에 해당하는 경우 그 직무의 집행에서 제척된다.

1. 조정위원 또는 그 배우자나 배우자이었던 사람이 해당 분쟁사건의 당사자가 되는 경우
2. 조정위원이 해당 분쟁사건의 당사자와 친족관계에 있거나 있었던 경우
3. 조정위원이 해당 분쟁사건에 관하여 진술, 감정 또는 법률자문을 한 경우
4. 조정위원이 해당 분쟁사건에 관하여 당사자의 대리인으로서 관여하거나 관여하였던 경우

② 사건을 담당한 조정위원에게 제척의 원인이 있는 경우에는 조정위원회는 직권 또는 당사자의 신청에 따라 제척의 결정을 한다.

③ 당사자는 사건을 담당한 조정위원에게 공정한 직무집행을 기대하기 어려운 사정이 있는 경우 조정위원회에 기피신청을 할 수 있다.

④ 기피신청에 관한 결정은 조정위원회가 하고, 해당 조정위원 및 당사자 쌍방은 그 결정에 불복하지 못한다.

⑤ 제3항에 따른 기피신청이 있는 때에는 조정위원회는 그 신청에 대한 결정이 있을 때까지 조정절차를 정지하여야 한다.

⑥ 조정위원은 제1항 또는 제3항에 해당하는 경우 조정위원회의 허가를 받지 아니하고 해당 분쟁사건의 직무집행에서 회피할 수 있다.

제21조 【조정의 신청 등】 ① 제14조 제2항 각 호의 어느 하나에 해당하는 주택임대차분쟁의 당사자는 해당 주택이 소재하는 지역을 관할하는 조정위원회에 분쟁의 조정을 신청할 수 있다.

③ 조정위원회의 위원장은 다음 각 호의 어느 하나에 해당하는 경우 신청을 각하한다. 이 경우 그 사유를 신청인에게 통지하여야 한다.

1. 이미 해당 분쟁조정사항에 대하여 법원에 소가

제기되거나 조정 신청이 있은 후 소가 제기된 경우
2. 이미 해당 분쟁조정사항에 대하여 「민사조정법」에 따른 조정이 신청된 경우나 조정신청이 있은 후 같은 법에 따른 조정이 신청된 경우
3. 이미 해당 분쟁조정사항에 대하여 이 법에 따른 조정위원회에 조정이 신청된 경우나 조정신청이 있은 후 조정이 성립된 경우
4. 조정신청 자체로 주택임대차에 관한 분쟁이 아님이 명백한 경우
5. 피신청인이 조정절차에 응하지 아니한다는 의사를 통지한 경우
6. 신청인이 정당한 사유 없이 조사에 응하지 아니하거나 2회 이상 출석요구에 응하지 아니한 경우

제22조【조정절차】 ① 조정위원회의 위원장은 신청인으로부터 조정신청을 접수한 때에는 지체 없이 조정절차를 개시하여야 한다.
② 조정위원회의 위원장은 제1항에 따라 조정신청을 접수하면 피신청인에게 조정신청서를 송달하여야 한다. 이 경우 제21조 제2항을 준용한다.
③ 조정서류의 송달 등 조정절차에 관하여 필요한 사항은 대통령령으로 정한다.

제23조【처리기간】 ① 조정위원회는 분쟁의 조정신청을 받은 날부터 60일 이내에 그 분쟁조정을 마쳐야 한다. 다만, 부득이한 사정이 있는 경우에는 조정위원회의 의결을 거쳐 30일의 범위에서 그 기간을 연장할 수 있다.
② 조정위원회는 제1항 단서에 따라 기간을 연장한 경우에는 기간 연장의 사유와 그 밖에 기간 연장에 관한 사항을 당사자에게 통보하여야 한다.

제24조【조사 등】 ① 조정위원회는 조정을 위하여 필요하다고 인정하는 경우 신청인, 피신청인, 분쟁 관련 이해관계인 또는 참고인에게 출석하여 진술하게 하거나 조정에 필요한 자료나 물건 등을 제출하도록 요구할 수 있다.
② 조정위원회는 조정을 위하여 필요하다고 인정하는 경우 조정위원 또는 사무국의 직원으로 하여금 조정 대상물 및 관련 자료에 대하여 조사하게 하거나 자료를 수집하게 할 수 있다. 이 경우 조정위원이나 사무국의 직원은 그 권한을 표시하는 증표를 지니고 이를 관계인에게 내보여야 한다.
③ 조정위원회위원장은 특별시장, 광역시장, 특별자치시장, 도지사 및 특별자치도지사(이하 "시·도지사"라 한다)에게 해당 조정업무에 참고하기 위하여 인근지역의 확정일자 자료, 보증금의 월차임 전환율 등 적정 수준의 임대료 산정을 위한 자료를 요청할 수 있다. 이 경우 시·도지사는 정당한 사유가 없으면 조정위원회위원장의 요청에 따라야 한다.

제25조【조정을 하지 아니하는 결정】 ① 조정위원회는 해당 분쟁이 그 성질상 조정을 하기에 적당하지 아니하다고 인정하거나 당사자가 부당한 목적으로 조정을 신청한 것으로 인정할 때에는 조정을 하지 아니할 수 있다.
② 조정위원회는 제1항에 따라 조정을 하지 아니하기로 결정하였을 때에는 그 사실을 당사자에게 통지하여야 한다.

제26조【조정의 성립】 ① 조정위원회가 조정안을 작성한 경우에는 그 조정안을 지체 없이 각 당사자에게 통지하여야 한다.
② 제1항에 따라 조정안을 통지받은 당사자가 통지받은 날부터 14일 이내에 수락의 의사를 서면으로 표시하지 아니한 경우에는 조정을 거부한 것으로 본다.
③ 제2항에 따라 각 당사자가 조정안을 수락한 경우에는 조정안과 동일한 내용의 합의가 성립된 것으로 본다.
④ 제3항에 따른 합의가 성립한 경우 조정위원회위원장은 조정안의 내용을 조정서로 작성한다. 조정위원회위원장은 각 당사자 간에 금전, 그 밖의 대체물의 지급 또는 부동산의 인도에 관하여 강제집행을 승낙하는 취지의 합의가 있는 경우에는 그 내용을 조정서에 기재하여야 한다.

제27조【집행력의 부여】 제26조제4항 후단에 따라 강제집행을 승낙하는 취지의 내용이 기재된 조정서의 정본은 「민사집행법」 제56조에도 불구하고 집행력 있는 집행권원과 같은 효력을 가진다. 다만, 청구에 관한 이의의 주장에 대하여는 같은 법 제44조 제2항을 적용하지 아니한다.

제28조【비밀유지의무】 조정위원, 사무국의 직원 또는 그 직에 있었던 자는 다른 법률에 특별한 규정이 있는 경우를 제외하고는 직무상 알게 된 정보를 타인에게 누설하거나 직무상 목적 외에 사용하여서는 아니 된다.

제29조【다른 법률의 준용】 조정위원회의 운영 및 조정절차에 관하여 이 법에서 규정하지 아니한 사항에 대하여는 「민사조정법」을 준용한다.

제30조【주택임대차표준계약서 사용】 주택임대차계약을 서면으로 체결할 때에는 법무부장관이 국토교통부장관과 협의하여 정하는 주택임대차표준계약서를 우선적으로 사용한다. 다만, 당사자가 다른 서식을 사용하기로 합의한 경우에는 그러하지 아니하다.

제31조【벌칙 적용에서 공무원 의제】 공무원이 아닌 주택임대차위원회의 위원 및 주택임대차분쟁조정위원회의 위원은 「형법」 제127조, 제129조부터 제132조까지의 규정을 적용할 때에는 공무원으로 본다.

주택임대차보호법 시행령

[시행 2024. 6. 8.]

[대통령령 제34550호, 2024. 6. 4., 타법개정]

제1조【목적】 이 영은 「주택임대차보호법」에서 위임된 사항과 그 시행에 관하여 필요한 사항을 정함을 목적으로 한다.

제2조【대항력이 인정되는 법인】 「주택임대차보호법」(이하 "법"이라 한다) 제3조 제2항 후단에서 "대항력이 인정되는 법인"이란 다음 각 호의 법인을 말한다.

1. 「한국토지주택공사법」에 따른 한국토지주택공사(이하 "공사"라 한다)
2. 「지방공기업법」 제49조에 따라 주택사업을 목적으로 설립된 지방공사

제3조【고유식별정보의 처리】 다음 각 호의 어느 하나에 해당하는 자는 법 제3조의6에 따른 확정일자 부여 및 임대차 정보제공 등에 관한 사무를 수행하기 위하여 불가피한 경우 「개인정보 보호법 시행령」 제19조 제1호 및 제4호에 따른 주민등록번호 및 외국인등록번호를 처리할 수 있다.

1. 시장(「제주특별자치도 설치 및 국제자유도시 조성을 위한 특별법」 제11조에 따른 행정시장을 포함하며, 특별시장·광역시장·특별자치시장은 제외한다), 군수 또는 구청장(자치구의 구청장을 말한다)
2. 읍·면·동의 장
3. 「공증인법」에 따른 공증인

제4조【확정일자부 기재사항 등】 ① 법 제3조의6 제1항에 따른 확정일자부여기관(지방법원 및 그 지원과 등기소는 제외하며, 이하 "확정일자부여기관"이라 한다)이 같은 조 제2항에 따라 작성하는 확정일자부에 기재하여야 할 사항은 다음 각 호와 같다.

1. 확정일자번호
2. 확정일자 부여일
3. 임대인·임차인의 인적사항
   가. 자연인인 경우
   성명, 주소, 주민등록번호(외국인은 외국인등록번호)
   나. 법인이거나 법인 아닌 단체인 경우
   법인명·단체명, 법인등록번호·부동산등기용등록번호, 본점·주사무소 소재지
4. 주택 소재지
5. 임대차 목적물
6. 임대차 기간
7. 차임·보증금
8. 신청인의 성명과 주민등록번호 앞 6자리(외국인은 외국인등록번호 앞 6자리)

② 확정일자는 확정일자번호, 확정일자 부여일 및 확정일자부여기관을 주택임대차계약증서에 표시하는 방법으로 부여한다.

③ 제1항 및 제2항에서 규정한 사항 외에 확정일자부 작성방법 및 확정일자 부여 시 확인사항 등 확정일자 부여 사무에 관하여 필요한 사항은 법무부령으로 정한다.

제5조【주택의 임대차에 이해관계가 있는 자의 범위】 법 제3조의6 제3항에 따라 정보제공을 요청할 수 있는 주택의 임대차에 이해관계가 있는 자(이하 "이해관계인"이라 한다)는 다음 각 호의 어느 하나에 해당하는 자로 한다.

1. 해당 주택의 임대인·임차인
2. 해당 주택의 소유자
3. 해당 주택 또는 그 대지의 등기기록에 기록된 권리자 중 법무부령으로 정하는 자
4. 법 제3조의2 제7항에 따라 우선변제권을 승계한 금융기관
5. 법 제6조의3 제1항 제8호의 사유로 계약의 갱신이 거절된 임대차계약의 임차인이었던 자
6. 제1호부터 제5호까지의 규정에 준하는 지위 또는 권리를 가지는 자로서 법무부령으로 정하는 자

제6조【요청할 수 있는 정보의 범위 및 제공방법】 ① 제5조 제1호 또는 제5호에 해당하는 자는 법 제3조의6 제3항에 따라 확정일자부여기관에 해당 임대차계약(제5조 제5호에 해당하는 자의 경우에는 갱

신요구가 거절되지 않았더라면 갱신되었을 기간 중에 존속하는 임대차계약을 말한다)에 관한 다음 각 호의 사항의 열람 또는 그 내용을 기록한 서면의 교부를 요청할 수 있다.

1. 임대차목적물
2. 임대인・임차인의 인적사항(제5조 제5호에 해당하는 자는 임대인・임차인의 성명, 법인명 또는 단체명으로 한정한다)
3. 확정일자 부여일
4. 차임・보증금
5. 임대차기간

② 제5조 제2호부터 제4호까지 또는 제6호의 어느 하나에 해당하는 자이거나 임대차계약을 체결하려는 자는 법 제3조의6 제3항 또는 제4항에 따라 확정일자부여기관에 다음 각 호의 사항의 열람 또는 그 내용을 기록한 서면의 교부를 요청할 수 있다.

1. 임대차목적물
2. 확정일자 부여일
3. 차임・보증금
4. 임대차기간

③ 제1항 및 제2항에서 규정한 사항 외에 정보제공 요청에 필요한 사항은 법무부령으로 정한다.

제7조 【수수료】 ① 법 제3조의6 제5항에 따라 확정일자부여기관에 내야 하는 수수료는 확정일자 부여에 관한 수수료와 정보제공에 관한 수수료로 구분하며, 그 구체적인 금액은 법무부령으로 정한다.

② 「국민기초생활 보장법」에 따른 수급자 등 법무부령으로 정하는 사람에 대해서는 제1항에 따른 수수료를 면제할 수 있다.

제8조 【차임 등 증액청구의 기준 등】 ① 법 제7조에 따른 차임이나 보증금(이하 "차임등"이라 한다)의 증액청구는 약정한 차임등의 20분의 1의 금액을 초과하지 못한다.

② 제1항에 따른 증액청구는 임대차계약 또는 약정한 차임등의 증액이 있은 후 1년 이내에는 하지 못한다.

제9조 【월차임 전환 시 산정률】 ① 법 제7조의2 제1호에서 "대통령령으로 정하는 비율"이란 연 1할을 말한다.

② 법 제7조의2 제2호에서 "대통령령으로 정하는 이율"이란 연 2퍼센트를 말한다.

제10조 【보증금 중 일정액의 범위 등】 ① 법 제8조에 따라 우선변제를 받을 보증금 중 일정액의 범위는 다음 각 호의 구분에 의한 금액 이하로 한다.

1. 서울특별시 : 5천 500만 원
2. 「수도권정비계획법」에 따른 과밀억제권역(서울특별시는 제외한다), 세종특별자치시, 용인시, 화성시 및 김포시 : 4천 800만 원
3. 광역시(「수도권정비계획법」에 따른 과밀억제권역에 포함된 지역과 군지역은 제외한다), 안산시, 광주시, 파주시, 이천시 및 평택시 : 2천 800만 원
4. 그 밖의 지역 : 2천 500만 원

② 임차인의 보증금 중 일정액이 주택가액의 2분의 1을 초과하는 경우에는 주택가액의 2분의 1에 해당하는 금액까지만 우선변제권이 있다.

③ 하나의 주택에 임차인이 2명 이상이고, 그 각 보증금 중 일정액을 모두 합한 금액이 주택가액의 2분의 1을 초과하는 경우에는 그 각 보증금 중 일정액을 모두 합한 금액에 대한 각 임차인의 보증금 중 일정액의 비율로 그 주택가액의 2분의 1에 해당하는 금액을 분할한 금액을 각 임차인의 보증금 중 일정액으로 본다.

④ 하나의 주택에 임차인이 2명 이상이고 이들이 그 주택에서 가정공동생활을 하는 경우에는 이들을 1명의 임차인으로 보아 이들의 각 보증금을 합산한다.

제11조 【우선변제를 받을 임차인의 범위】 법 제8조에 따라 우선변제를 받을 임차인은 보증금이 다음 각 호의 구분에 의한 금액 이하인 임차인으로 한다.

1. 서울특별시 : 1억 6천 500만 원
2. 「수도권정비계획법」에 따른 과밀억제권역(서울특별시는 제외한다), 세종특별자치시, 용인시, 화성시 및 김포시 : 1억 4천 500만 원
3. 광역시(「수도권정비계획법」에 따른 과밀억제권역에 포함된 지역과 군지역은 제외한다), 안산시, 광주시, 파주시, 이천시 및 평택시 : 8천 500만 원
4. 그 밖의 지역 : 7천 500만 원

제12조 【주택임대차위원회의 구성】 법 제8조의2 제4

항 제6호에서 "대통령령으로 정하는 사람"이란 다음 각 호의 어느 하나에 해당하는 사람을 말한다.

1. 특별시·광역시·특별자치시·도 및 특별자치도(이하 "시·도"라 한다)에서 주택정책 또는 부동산 관련 업무를 담당하는 주무부서의 실·국장
2. 법무사로서 5년 이상 해당 분야에서 종사하고 주택임대차 관련 업무 경험이 풍부한 사람

제13조【위원의 임기 등】 ① 법 제8조의2에 따른 주택임대차위원회(이하 "위원회"라 한다)의 위원의 임기는 2년으로 하되, 한 차례만 연임할 수 있다. 다만, 공무원인 위원의 임기는 그 직위에 재직하는 기간으로 한다.

② 위원장은 위촉된 위원이 다음 각 호의 어느 하나에 해당하는 경우에는 해당 위원을 해촉할 수 있다.

1. 심신장애로 인하여 직무를 수행할 수 없게 된 경우
2. 직무와 관련한 형사사건으로 기소된 경우
3. 직무태만, 품위손상, 그 밖의 사유로 인하여 위원으로 적합하지 아니하다고 인정되는 경우
4. 위원 스스로 직무를 수행하는 것이 곤란하다고 의사를 밝히는 경우

제14조【위원장의 직무】 ① 위원장은 위원회를 대표하고, 위원회의 업무를 총괄한다.

② 위원장이 부득이한 사유로 인하여 직무를 수행할 수 없을 때에는 위원장이 미리 지명한 위원이 그 직무를 대행한다.

제15조【간사】 ① 위원회에 간사 1명을 두되, 간사는 주택임대차 관련 업무에 종사하는 법무부 소속의 고위공무원단에 속하는 일반직 공무원(이에 상당하는 특정직·별정직 공무원을 포함한다) 중에서 위원회의 위원장이 지명한다.

② 간사는 위원회의 운영을 지원하고, 위원회의 회의에 관한 기록과 그 밖에 서류의 작성과 보관에 관한 사무를 처리한다.

③ 간사는 위원회에 참석하여 심의사항을 설명하거나 그 밖에 필요한 발언을 할 수 있다.

제16조【위원회의 회의】 ① 위원회의 회의는 매년 1회 개최되는 정기회의와 위원장이 필요하다고 인정하거나 위원 3분의 1 이상이 요구할 경우에 개최되는 임시회의로 구분하여 운영한다.

② 위원장은 위원회의 회의를 소집하고, 그 의장이 된다.

③ 위원회의 회의는 재적위원 과반수의 출석으로 개의하고, 출석위원 과반수의 찬성으로 의결한다.

④ 위원회의 회의는 비공개로 한다.

⑤ 위원장은 위원이 아닌 자를 회의에 참석하게 하여 의견을 듣거나 관계 기관·단체 등에게 필요한 자료, 의견 제출 등 협조를 요청할 수 있다.

제17조【실무위원회】 ① 위원회에서 심의할 안건의 협의를 효율적으로 지원하기 위하여 위원회에 실무위원회를 둔다.

② 실무위원회는 다음 각 호의 사항을 협의·조정한다.

1. 심의안건 및 이와 관련하여 위원회가 위임한 사항
2. 그 밖에 위원장 및 위원이 실무협의를 요구하는 사항

③ 실무위원회의 위원장은 위원회의 간사가 되고, 실무위원회의 위원은 다음 각 호의 사람 중에서 그 소속기관의 장이 지명하는 사람으로 한다.

1. 기획재정부에서 물가 관련 업무를 담당하는 5급 이상의 국가공무원
2. 법무부에서 주택임대차 관련 업무를 담당하는 5급 이상의 국가공무원
3. 국토교통부에서 주택사업 또는 주거복지 관련 업무를 담당하는 5급 이상의 국가공무원
4. 시·도에서 주택정책 또는 부동산 관련 업무를 담당하는 5급 이상의 지방공무원

제18조【전문위원】 ① 위원회의 심의사항에 관한 전문적인 조사·연구업무를 수행하기 위하여 5명 이내의 전문위원을 둘 수 있다.

② 전문위원은 법학, 경제학 또는 부동산학 등에 학식과 경험을 갖춘 사람 중에서 법무부장관이 위촉하고, 임기는 2년으로 한다.

제19조【수당】 위원회 또는 실무위원회 위원에 대해서는 예산의 범위에서 수당을 지급할 수 있다. 다만, 공무원인 위원이 그 소관 업무와 직접적으로 관련되어 위원회에 출석하는 경우에는 그러하지 아니하다.

제20조【운영세칙】 이 영에서 규정한 사항 외에 위원

부록

회의 운영에 필요한 사항은 법무부장관이 정한다.

제21조【주택임대차분쟁조정위원회의 설치】 법 제14조 제1항에 따른 주택임대차분쟁조정위원회(이하 "조정위원회"라 한다)를 두는 「법률구조법」 제8조에 따른 대한법률구조공단(이하 "공단"이라 한다), 공사 및 「한국부동산원법」에 따른 한국부동산원(이하 "부동산원"이라 한다)의 지부, 지사 또는 사무소와 그 관할구역은 별표 1과 같다.

제22조【조정위원회의 심의·조정 사항】 법 제14조 제2항 제5호에서 "대통령령으로 정하는 주택임대차에 관한 분쟁"이란 다음 각 호의 분쟁을 말한다.

1. 임대차계약의 이행 및 임대차계약 내용의 해석에 관한 분쟁
2. 임대차계약 갱신 및 종료에 관한 분쟁
3. 임대차계약의 불이행 등에 따른 손해배상청구에 관한 분쟁
4. 공인중개사 보수 등 비용부담에 관한 분쟁
5. 주택임대차표준계약서 사용에 관한 분쟁
6. 그 밖에 제1호부터 제5호까지의 규정에 준하는 분쟁으로서 조정위원회의 위원장(이하 "위원장"이라 한다)이 조정이 필요하다고 인정하는 분쟁

제23조【공단의 지부 등에 두는 조정위원회 사무국】
① 법 제14조제3항에 따라 공단, 공사 및 부동산원의 지부, 지사 또는 사무소에 두는 조정위원회 사무국(이하 "사무국"이라 한다)에는 사무국장 1명을 두며, 사무국장 밑에 심사관 및 조사관을 둔다.
② 사무국장은 공단 이사장, 공사 사장 및 부동산원 원장이 각각 임명하며, 조정위원회의 위원(이하 "조정위원"이라 한다)을 겸직할 수 있다.
③ 심사관 및 조사관은 공단 이사장, 공사 사장 및 부동산원 원장이 각각 임명한다.
④ 사무국장은 사무국의 업무를 총괄하고, 소속 직원을 지휘·감독한다.
⑤ 심사관은 다음 각 호의 업무를 담당한다.

1. 분쟁조정신청 사건에 대한 쟁점정리 및 법률적 검토
2. 조사관이 담당하는 업무에 대한 지휘·감독
3. 그 밖에 위원장이 조정위원회의 사무 처리를 위하여 필요하다고 인정하는 업무

⑥ 조사관은 다음 각 호의 업무를 담당한다.

1. 조정신청의 접수
2. 분쟁조정 신청에 관한 민원의 안내
3. 조정당사자에 대한 송달 및 통지
4. 분쟁의 조정에 필요한 사실조사
5. 그 밖에 위원장이 조정위원회의 사무 처리를 위하여 필요하다고 인정하는 업무

⑦ 사무국장 및 심사관은 변호사의 자격이 있는 사람으로 한다.

제24조【시·도의 조정위원회 사무국】 시·도가 법 제14조제1항 후단에 따라 조정위원회를 두는 경우 사무국의 조직 및 운영 등에 관한 사항은 그 지방자치단체의 실정을 고려하여 해당 시·도 조례로 정한다.

제25조【조정위원회 구성】 법 제16조제3항제6호에서 "대통령령으로 정하는 사람"이란 세무사·주택관리사·건축사로서 주택임대차 관계 업무에 6년 이상 종사한 사람을 말한다.

제26조【조정위원회 운영】 ① 조정위원회는 효율적인 운영을 위하여 필요한 경우에는 분쟁조정사건을 분리하거나 병합하여 심의·조정할 수 있다. 이 경우 당사자에게 지체 없이 그 사실을 통보하여야 한다.
② 조정위원회 회의는 공개하지 아니한다. 다만, 필요하다고 인정되는 경우에는 조정위원회의 의결로 당사자 또는 이해관계인에게 방청을 허가할 수 있다.
③ 조정위원회에 간사를 두며, 사무국의 직원 중에서 위원장이 지명한다.
④ 조정위원회는 회의록을 작성하고, 참여한 조정위원으로 하여금 서명 또는 기명날인하게 하여야 한다.

제27조【조정위원에 대한 수당 등】 조정위원회 또는 조정부에 출석한 조정위원에 대해서는 예산의 범위에서 수당, 여비 및 그 밖에 필요한 경비를 지급할 수 있다.

제28조【조정부에서 심의·조정할 사항】 법 제17조제3항제1호에서 "대통령령으로 정하는 금액 이하의 분쟁"이란 다음 각 호의 어느 하나에 해당하는 분쟁을 말한다.

1. 임대차계약의 보증금이 다음 각 목에서 정하는 금액 이하의 분쟁
   가. 「수도권정비계획법」 제2조제1호에 따른 수도권 지역: 5억원
   나. 가목에 따른 지역 외의 지역: 3억원
2. 조정으로 주장하는 이익의 값(이하 "조정목적의 값"이라 한다)이 2억원 이하인 분쟁. 이 경우 조정목적의 값 산정은 「민사소송 등 인지법」에 따른 소송목적의 값에 관한 산정 방식을 준용한다.

제29조 【조정부의 구성 및 운영】 ① 조정부의 위원은 조정위원 중에서 위원장이 지명한다.
② 둘 이상의 조정부를 두는 경우에는 위원장이 분쟁조정 신청사건을 담당할 조정부를 지정할 수 있다.
③ 조정부의 운영에 관하여는 제26조를 준용한다. 이 경우 "조정위원회"는 "조정부"로, "위원장"은 "조정부의 장"으로 본다.

제30조 【조정의 신청】 ① 조정의 신청은 서면(「전자문서 및 전자거래 기본법」 제2조 제1호에 따른 전자문서를 포함한다. 이하 같다) 또는 구두로 할 수 있다.
② 구두로 조정을 신청하는 경우 조정신청인은 심사관 또는 조사관에게 진술하여야 한다. 이 경우 조정신청을 받은 심사관 또는 조사관은 조정신청조서를 작성하고 신청인으로 하여금 서명 또는 기명날인하도록 하여야 한다.
③ 조정신청서 또는 조정신청조서에는 당사자, 대리인, 신청의 취지와 분쟁의 내용 등을 기재하여야 한다. 이 경우 증거서류 또는 증거물이 있는 경우에는 이를 첨부하거나 제출하여야 한다.

제31조 【조정신청인에게 안내하여야 할 사항】 ① 법 제21조 제2항에서 "대통령령으로 정하는 사항"이란 다음 각 호의 사항을 말한다.
1. 법 제21조 제3항 각 호에 따른 조정 신청의 각하 사유
2. 법 제22조 제2항에 따른 조정절차의 개시 요건
3. 법 제23조의 처리기간
4. 법 제24조에 따라 필요한 경우 신청인, 피신청인, 분쟁 관련 이해관계인 또는 참고인에게 출석하여 진술하게 하거나 필요한 자료나 물건 등의 제출을 요구할 수 있다는 사실
5. 조정성립의 요건 및 효력
6. 당사자가 부담하는 비용

② 제1항에 따른 안내는 안내할 사항이 기재된 서면을 교부 또는 송달하는 방법으로 할 수 있다.

제32조 【조정서류의 송달 등】 ① 위원장은 조정신청을 접수하면 지체 없이 조정신청서 또는 조정신청조서 부본(이하 이 조에서 "조정신청서등"이라 한다)을 피신청인에게 송달하여야 한다.
② 피신청인은 조정에 응할 의사가 있는 경우에는 조정신청서등을 송달받은 날부터 7일 이내에 그 의사를 조정위원회에 통지하여야 한다.
③ 위원장은 제2항에 따른 통지를 받은 경우 피신청인에게 기간을 정하여 신청내용에 대한 답변서를 제출할 것을 요구할 수 있다.

제33조 【수수료】 ① 법 제21조 제1항에 따라 조정을 신청하는 자는 별표 2에서 정하는 수수료를 내야 한다.
② 신청인이 다음 각 호의 어느 하나에 해당하는 경우에는 제1항에 따른 수수료를 면제할 수 있다.
1. 법 제8조에 따라 우선변제를 받을 수 있는 임차인
2. 「국민기초생활 보장법」 제2조 제2호에 따른 수급자
3. 「독립유공자예우에 관한 법률」 제6조에 따라 등록된 독립유공자 또는 그 유족(선순위자 1명만 해당된다. 이하 이 조에서 같다)
4. 「국가유공자 등 예우 및 지원에 관한 법률」 제6조에 따라 등록된 국가유공자 또는 그 유족
5. 「고엽제후유의증 등 환자지원 및 단체설립에 관한 법률」 제4조에 따라 등록된 고엽제후유증환자, 고엽제후유의증환자 또는 고엽제후유증 2세환자
6. 「참전유공자 예우 및 단체설립에 관한 법률」 제5조에 따라 등록된 참전유공자
7. 「5·18민주유공자예우 및 단체설립에 관한 법률」 제7조에 따라 등록 결정된 5·18민주유공자 또는 그 유족
8. 「특수임무유공자 예우 및 단체설립에 관한 법률」 제6조에 따라 등록된 특수임무유공자 또는 그 유족
9. 「의사상자 등 예우 및 지원에 관한 법률」 제5조

에 따라 인정된 의상자 또는 의사자유족

10. 「한부모가족지원법」 제5조 및 제5조의2에 따른 지원대상자

11. 그 밖에 제1호부터 제10호까지의 규정에 준하는 사람으로서 법무부장관과 국토교통부장관이 공동으로 정하여 고시하는 사람 또는 시·도 조례로 정하는 사람

③ 신청인은 다음 각 호의 어느 하나에 해당하는 경우에는 수수료의 환급을 청구할 수 있다.

1. 법 제21조 제3항 제1호 및 제2호에 따라 조정신청이 각하된 경우. 다만, 조정신청 있은 후 신청인이 법원에 소를 제기하거나 「민사조정법」에 따른 조정을 신청한 경우는 제외한다.
2. 법 제21조 제3항 제3호 및 제5호에 따라 조정신청이 각하된 경우
3. 신청인이 조정위원회 또는 조정부의 회의가 소집되기 전에 조정신청을 취하한 경우. 이 경우 환급 금액은 납부한 수수료의 2분의 1에 해당하는 금액으로 한다.

④ 제1항에 따른 수수료의 납부방법 및 제3항에 따른 수수료의 환급절차 등에 관하여 필요한 사항은 법무부장관과 국토교통부장관이 공동으로 정하여 고시하거나 시·도의 조례로 정한다.

제34조 【조정서의 작성】 법 제26조 제4항에 따른 조정서에는 다음 각 호의 사항을 기재하고, 위원장 및 조정에 참여한 조정위원이 서명 또는 기명날인하여야 한다.

1. 사건번호 및 사건명
2. 당사자의 성명, 생년월일 및 주소(법인의 경우 명칭, 법인등록번호 및 본점의 소재지를 말한다)
3. 임차주택 소재지
4. 신청의 취지 및 이유
5. 조정내용(법 제26조 제4항에 따라 강제집행을 승낙하는 취지의 합의를 포함한다)
6. 작성일

제35조 【조정결과의 통지】 ① 조정위원회는 조정절차가 종료되면 그 결과를 당사자에게 통지하여야 한다.

② 조정위원회는 법 제26조 제4항에 따른 조정서가 작성된 경우 조정서 정본을 지체 없이 당사자에게 교부 또는 송달하여야 한다.

부칙 〈제34550호, 2024. 6. 4.〉
(강원특별자치도 설치 및 미래산업글로벌도시 조성을 위한 특별법 시행령)

제1조 【시행일】 이 영은 2024년 6월 8일부터 시행한다.

제2조 부터 제4조까지 생략

제5조 【다른 법령의 개정】 ①부터 ㉙까지 생략

㉚ 주택임대차보호법 시행령 일부를 다음과 같이 개정한다.

별표 1 공단의 관할구역란 및 같은 표 부동산원의 관할구역란 중 "강원도"를 각각 "강원특별자치도"로 한다.

㉛부터 ㊹까지 생략

상가건물 임대차보호법 (약칭 : 상가임대차법)

[시행 2022. 1. 4.]

[법률 제18675호, 2022. 1. 4., 일부개정]

제1조 【목적】 이 법은 상가건물 임대차에 관하여 '민법'에 대한 특례를 규정하여 국민 경제생활의 안정을 보장함을 목적으로 한다.

제2조 【적용범위】 ① 이 법은 상가건물(제3조 제1항에 따른 사업자등록의 대상이 되는 건물을 말한다)의 임대차(임대차 목적물의 주된 부분을 영업용으로 사용하는 경우를 포함한다)에 대하여 적용한다. 다만, 대통령령으로 정하는 보증금액을 초과하는 임대차에 대하여는 그러하지 아니하다.

② 제1항 단서에 따른 보증금액을 정할 때에는 해당 지역의 경제 여건 및 임대차 목적물의 규모 등을 고려하여 지역별로 구분하여 규정하되, 보증금 외에 차임이 있는 경우에는 그 차임액에 '은행법'에 따른 은행의 대출금리 등을 고려하여 대통령령으로 정하는 비율을 곱하여 환산한 금액을 포함하여야 한다.

③ 제1항 단서에도 불구하고 제10조 제1항, 제2항, 제3항 본문 및 제10조의2부터 제10조의9까지의 규정 및 제19조는 제1항 단서에 따른 보증금액을 초과하는 임대차에 대하여도 적용한다.

제3조 【대항력 등】 ① 임대차는 그 등기가 없는 경우에도 임차인이 건물의 인도와 「부가가치세법」 제8조, 「소득세법」 제168조 또는 「법인세법」 제111조에 따른 사업자등록을 신청하면 그 다음 날부터 제3자에 대하여 효력이 생긴다.

② 임차건물의 양수인(그 밖에 임대할 권리를 승계한 자를 포함한다)은 임대인의 지위를 승계한 것으로 본다.

③ 이 법에 따라 임대차의 목적이 된 건물이 매매 또는 경매의 목적물이 된 경우에는 「민법」 제575조 제1항 · 제3항 및 제578조를 준용한다.

④ 제3항의 경우에는 「민법」 제536조를 준용한다.

제4조 【확정일자 부여 및 임대차정보의 제공 등】 ① 제5조 제2항의 확정일자는 상가건물의 소재지 관할 세무서장이 부여한다.

② 관할 세무서장은 해당 상가건물의 소재지, 확정일자 부여일, 차임 및 보증금 등을 기재한 확정일자부를 작성하여야 한다. 이 경우 전산정보처리조직을 이용할 수 있다.

③ 상가건물의 임대차에 이해관계가 있는 자는 관할 세무서장에게 해당 상가건물의 확정일자 부여일, 차임 및 보증금 등 정보의 제공을 요청할 수 있다. 이 경우 요청을 받은 관할 세무서장은 정당한 사유 없이 이를 거부할 수 없다.

④ 임대차계약을 체결하려는 자는 임대인의 동의를 받아 관할 세무서장에게 제3항에 따른 정보제공을 요청할 수 있다.

⑤ 확정일자부에 기재하여야 할 사항, 상가건물의 임대차에 이해관계가 있는 자의 범위, 관할 세무서장에게 요청할 수 있는 정보의 범위 및 그 밖에 확정일자 부여사무와 정보제공 등에 필요한 사항은 대통령령으로 정한다.

제5조 【보증금의 회수】 ① 임차인이 임차건물에 대하여 보증금반환청구소송의 확정판결, 그 밖에 이에 준하는 집행권원에 의하여 경매를 신청하는 경우에는 「민사집행법」 제41조에도 불구하고 반대의무의 이행이나 이행의 제공을 집행개시의 요건으로 하지 아니한다.

② 제3조 제1항의 대항요건을 갖추고 관할 세무서장으로부터 임대차계약서상의 확정일자를 받은 임차인은 '민사집행법'에 따른 경매 또는 '국세징수법'에 따른 공매 시 임차건물(임대인 소유의 대지를 포함한다)의 환가대금에서 후순위권리자나 그 밖의 채권자보다 우선하여 보증금을 변제받을 권리가 있다.

③ 임차인은 임차건물을 양수인에게 인도하지 아니하면 제2항에 따른 보증금을 받을 수 없다.

④ 제2항 또는 제7항에 따른 우선변제의 순위와 보증금에 대하여 이의가 있는 이해관계인은 경매법원 또는 체납처분청에 이의를 신청할 수 있다.

부록

⑤ 제4항에 따라 경매법원에 이의를 신청하는 경우에는 「민사집행법」 제152조부터 제161조까지의 규정을 준용한다.

⑥ 제4항에 따라 이의신청을 받은 체납처분청은 이해관계인이 이의신청일부터 7일 이내에 임차인 또는 제7항에 따라 우선변제권을 승계한 금융기관 등을 상대로 소를 제기한 것을 증명한 때에는 그 소송이 종결될 때까지 이의가 신청된 범위에서 임차인 또는 제7항에 따라 우선변제권을 승계한 금융기관 등에 대한 보증금의 변제를 유보하고 남은 금액을 배분하여야 한다. 이 경우 유보된 보증금은 소송 결과에 따라 배분한다.

⑦ 다음 각 호의 금융기관 등이 제2항, 제6조 제5항 또는 제7조 제1항에 따른 우선변제권을 취득한 임차인의 보증금반환채권을 계약으로 양수한 경우에는 양수한 금액의 범위에서 우선변제권을 승계한다.

1. 「은행법」에 따른 은행
2. 「중소기업은행법」에 따른 중소기업은행
3. 「한국산업은행법」에 따른 한국산업은행
4. 「농업협동조합법」에 따른 농협은행
5. 「수산업협동조합법」에 따른 수협은행
6. 「우체국예금·보험에 관한 법률」에 따른 체신관서
7. 「보험업법」 제4조 제1항 제2호 라목의 보증보험을 보험종목으로 허가받은 보험회사
8. 그 밖에 제1호부터 제7호까지에 준하는 것으로서 대통령령으로 정하는 기관

⑧ 제7항에 따라 우선변제권을 승계한 금융기관 등(이하 "금융기관 등"이라 한다)은 다음 각 호의 어느 하나에 해당하는 경우에는 우선변제권을 행사할 수 없다.

1. 임차인이 제3조 제1항의 대항요건을 상실한 경우
2. 제6조 제5항에 따른 임차권등기가 말소된 경우
3. 「민법」 제621조에 따른 임대차등기가 말소된 경우

⑨ 금융기관 등은 우선변제권을 행사하기 위하여 임차인을 대리하거나 대위하여 임대차를 해지할 수 없다.

제6조 【임차권등기명령】 ① 임대차가 종료된 후 보증금이 반환되지 아니한 경우 임차인은 임차건물의 소재지를 관할하는 지방법원, 지방법원지원 또는 시·군법원에 임차권등기명령을 신청할 수 있다.

④ 임차권등기명령신청을 기각하는 결정에 대하여 임차인은 항고할 수 있다.

⑤ 임차권등기명령의 집행에 따른 임차권등기를 마치면 임차인은 제3조 제1항에 따른 대항력과 제5조 제2항에 따른 우선변제권을 취득한다. 다만, 임차인이 임차권등기 이전에 이미 대항력 또는 우선변제권을 취득한 경우에는 그 대항력 또는 우선변제권이 그대로 유지되며, 임차권등기 이후에는 제3조 제1항의 대항요건을 상실하더라도 이미 취득한 대항력 또는 우선변제권을 상실하지 아니한다.

⑥ 임차권등기명령의 집행에 따른 임차권등기를 마친 건물(임대차의 목적이 건물의 일부분인 경우에는 그 부분으로 한정한다)을 그 이후에 임차한 임차인은 제14조에 따른 우선변제를 받을 권리가 없다.

⑧ 임차인은 제1항에 따른 임차권등기명령의 신청 및 그에 따른 임차권등기와 관련하여 든 비용을 임대인에게 청구할 수 있다.

⑨ 금융기관등은 임차인을 대위하여 제1항의 임차권등기명령을 신청할 수 있다. 이 경우 제3항·제4항 및 제8항의 "임차인"은 "금융기관등"으로 본다.

제7조 【「민법」에 따른 임대차등기의 효력 등】 ① '민법' 제621조에 따른 건물임대차등기의 효력에 관하여는 제6조 제5항 및 제6항을 준용한다.

② 임차인이 대항력 또는 우선변제권을 갖추고 「민법」 제621조제1항에 따라 임대인의 협력을 얻어 임대차등기를 신청하는 경우에는 신청서에 「부동산등기법」 제74조제1호부터 제6호까지의 사항 외에 다음 각 호의 사항을 기재하여야 하며, 이를 증명할 수 있는 서면(임대차의 목적이 건물의 일부분인 경우에는 그 부분의 도면을 포함한다)을 첨부하여야 한다.

1. 사업자등록을 신청한 날
2. 임차건물을 점유한 날
3. 임대차계약서상의 확정일자를 받은 날

제8조 【경매에 의한 임차권의 소멸】 임차권은 임차건물에 대하여 '민사집행법'에 따른 경매가 실시된 경우에는 그 임차건물이 매각되면 소멸한다. 다만, 보증금이 전액 변제되지 아니한 대항력이 있는 임

차권은 그러하지 아니하다.

제9조 【임대차기간 등】 ① 기간을 정하지 아니하거나 기간을 1년 미만으로 정한 임대차는 그 기간을 1년으로 본다. 다만, 임차인은 1년 미만으로 정한 기간이 유효함을 주장할 수 있다.

② 임대차가 종료한 경우에도 임차인이 보증금을 돌려받을 때까지는 임대차 관계는 존속하는 것으로 본다.

제10조 【계약갱신 요구 등】 ① 임대인은 임차인이 임대차기간이 만료되기 6개월 전부터 1개월 전까지 사이에 계약갱신을 요구할 경우 정당한 사유 없이 거절하지 못한다. 다만, 다음 각 호의 어느 하나의 경우에는 그러하지 아니하다.

1. 임차인이 3기의 차임액에 해당하는 금액에 이르도록 차임을 연체한 사실이 있는 경우
2. 임차인이 거짓이나 그 밖의 부정한 방법으로 임차한 경우
3. 서로 합의하여 임대인이 임차인에게 상당한 보상을 제공한 경우
4. 임차인이 임대인의 동의 없이 목적 건물의 전부 또는 일부를 전대한 경우
5. 임차인이 임차한 건물의 전부 또는 일부를 고의나 중대한 과실로 파손한 경우
6. 임차한 건물의 전부 또는 일부가 멸실되어 임대차의 목적을 달성하지 못할 경우
7. 임대인이 다음 각 목의 어느 하나에 해당하는 사유로 목적 건물의 전부 또는 대부분을 철거하거나 재건축하기 위하여 목적 건물의 점유를 회복할 필요가 있는 경우
   가. 임대차계약 체결 당시 공사시기 및 소요기간 등을 포함한 철거 또는 재건축 계획을 임차인에게 구체적으로 고지하고 그 계획에 따르는 경우
   나. 건물이 노후·훼손 또는 일부 멸실되는 등 안전사고의 우려가 있는 경우
   다. 다른 법령에 따라 철거 또는 재건축이 이루어지는 경우
8. 그 밖에 임차인이 임차인으로서의 의무를 현저히 위반하거나 임대차를 계속하기 어려운 중대한 사유가 있는 경우

② 임차인의 계약갱신요구권은 최초의 임대차기간을 포함한 전체 임대차기간이 10년을 초과하지 아니하는 범위에서만 행사할 수 있다.

③ 갱신되는 임대차는 전 임대차와 동일한 조건으로 다시 계약된 것으로 본다. 다만, 차임과 보증금은 제11조에 따른 범위에서 증감할 수 있다.

④ 임대인이 제1항의 기간 이내에 임차인에게 갱신 거절의 통지 또는 조건 변경의 통지를 하지 아니한 경우에는 그 기간이 만료된 때에 전 임대차와 동일한 조건으로 다시 임대차한 것으로 본다. 이 경우에 임대차의 존속기간은 1년으로 본다.

⑤ 제4항의 경우 임차인은 언제든지 임대인에게 계약해지의 통고를 할 수 있고, 임대인이 통고를 받은 날부터 3개월이 지나면 효력이 발생한다.

제10조의2 【계약갱신의 특례】 2조제1항 단서에 따른 보증금액을 초과하는 임대차의 계약갱신의 경우에는 당사자는 상가건물에 관한 조세, 공과금, 주변 상가건물의 차임 및 보증금, 그 밖의 부담이나 경제사정의 변동 등을 고려하여 차임과 보증금의 증감을 청구할 수 있다.

제10조의3 【권리금의 정의 등】 ① 권리금이란 임대차 목적물인 상가건물에서 영업을 하는 자 또는 영업을 하려는 자가 영업시설·비품, 거래처, 신용, 영업상의 노하우, 상가건물의 위치에 따른 영업상의 이점 등 유형·무형의 재산적 가치의 양도 또는 이용대가로서 임대인, 임차인에게 보증금과 차임 이외에 지급하는 금전 등의 대가를 말한다.

② 권리금 계약이란 신규임차인이 되려는 자가 임차인에게 권리금을 지급하기로 하는 계약을 말한다.

제10조의4 【권리금 회수기회 보호 등】 ① 임대인은 임대차기간이 끝나기 6개월 전부터 임대차 종료 시까지 다음 각 호의 어느 하나에 해당하는 행위를 함으로써 권리금 계약에 따라 임차인이 주선한 신규임차인이 되려는 자로부터 권리금을 지급받는 것을 방해하여서는 아니 된다. 다만, 제10조 제1항 각 호의 어느 하나에 해당하는 사유가 있는 경우에는 그러하지 아니하다.

1. 임차인이 주선한 신규임차인이 되려는 자에게 권리금을 요구하거나 임차인이 주선한 신규임차인이 되려는 자로부터 권리금을 수수하는 행위

2. 임차인이 주선한 신규임차인이 되려는 자로 하여금 임차인에게 권리금을 지급하지 못하게 하는 행위
3. 임차인이 주선한 신규임차인이 되려는 자에게 상가건물에 관한 조세, 공과금, 주변 상가건물의 차임 및 보증금, 그 밖의 부담에 따른 금액에 비추어 현저히 고액의 차임과 보증금을 요구하는 행위
4. 그 밖에 정당한 사유 없이 임대인이 임차인이 주선한 신규임차인이 되려는 자와 임대차계약의 체결을 거절하는 행위

② 다음 각 호의 어느 하나에 해당하는 경우에는 제1항 제4호의 정당한 사유가 있는 것으로 본다.
1. 임차인이 주선한 신규임차인이 되려는 자가 보증금 또는 차임을 지급할 자력이 없는 경우
2. 임차인이 주선한 신규임차인이 되려는 자가 임차인으로서의 의무를 위반할 우려가 있거나 그 밖에 임대차를 유지하기 어려운 상당한 사유가 있는 경우
3. 임대차 목적물인 상가건물을 1년 6개월 이상 영리목적으로 사용하지 아니한 경우
4. 임대인이 선택한 신규임차인이 임차인과 권리금 계약을 체결하고 그 권리금을 지급한 경우

③ 임대인이 제1항을 위반하여 임차인에게 손해를 발생하게 한 때에는 그 손해를 배상할 책임이 있다. 이 경우 그 손해배상액은 신규임차인이 임차인에게 지급하기로 한 권리금과 임대차 종료 당시의 권리금 중 낮은 금액을 넘지 못한다.

④ 제3항에 따라 임대인에게 손해배상을 청구할 권리는 임대차가 종료한 날부터 3년 이내에 행사하지 아니하면 시효의 완성으로 소멸한다.

⑤ 임차인은 임대인에게 임차인이 주선한 신규임차인이 되려는 자의 보증금 및 차임을 지급할 자력 또는 그 밖에 임차인으로서의 의무를 이행할 의사 및 능력에 관하여 자신이 알고 있는 정보를 제공하여야 한다.

제10조의5 【권리금 적용 제외】 제10조의4는 다음 각 호의 어느 하나에 해당하는 상가건물 임대차의 경우에는 적용하지 아니한다.
1. 임대차 목적물인 상가건물이 「유통산업발전법」 제2조에 따른 대규모점포 또는 준대규모점포의 일부인 경우(다만, 전통시장 및 상점가 육성을 위한 특별법 제2조 제1호에 따른 전통시장은 제외한다)
2. 임대차 목적물인 상가건물이「국유재산법」에 따른 국유재산 또는 「공유재산 및 물품 관리법」에 따른 공유재산인 경우

제10조의6 【표준권리금계약서의 작성 등】 국토교통부장관은 임차인과 신규임차인이 되려는 자가 권리금 계약을 체결하기 위한 표준권리금계약서를 정하여 그 사용을 권장할 수 있다.

제10조의7 【권리금 평가기준의 고시】 국토교통부장관은 권리금에 대한 감정평가의 절차와 방법 등에 관한 기준을 고시할 수 있다.

제10조의8 【차임연체와 해지】 임차인의 차임연체액이 3기의 차임액에 달하는 때에는 임대인은 계약을 해지할 수 있다.

제10조의9 【계약갱신요구 등에 관한 임시 특례】 임차인이 이 법(법률 제17490호 상가건물 임대차보호법 일부개정 법률을 말한다) 시행일부터 6개월까지의 기간 동안 연체한 차임액은 제10조 제1항 제1호, 제10조의4 제1항 단서 및 제10조의8의 적용에 있어서는 차임연체액으로 보지 아니한다. 이 경우 연체한 차임액에 대한 임대인의 그 밖의 권리는 영향을 받지 아니한다.

제11조 【차임 등의 증감청구권】 ① 차임 또는 보증금이 임차건물에 관한 조세, 공과금, 그 밖의 부담의 증감이나 「감염병의 예방 및 관리에 관한 법률」 제2조 제2호에 따른 제1급 감염병 등에 의한 경제사정의 변동으로 인하여 상당하지 아니하게 된 경우에는 당사자는 장래의 차임 또는 보증금에 대하여 증감을 청구할 수 있다. 그러나 증액의 경우에는 대통령령으로 정하는 기준에 따른 비율을 초과하지 못한다.

② 제1항에 따른 증액 청구는 임대차계약 또는 약정한 차임 등의 증액이 있은 후 1년 이내에는 하지 못한다.

③ 「감염병의 예방 및 관리에 관한 법률」 제2조 제2호에 따른 제1급 감염병에 의한 경제사정의 변동으로 차임 등이 감액된 후 임대인이 제1항에 따라

증액을 청구하는 경우에는 증액된 차임 등이 감액 전 차임 등의 금액에 달할 때까지는 같은 항 단서를 적용하지 아니한다.

제11조의2 【폐업으로 인한 임차인의 해지권】 ① 임차인은 「감염병의 예방 및 관리에 관한 법률」 제49조 제1항제2호에 따른 집합 제한 또는 금지 조치(같은 항 제2호의2에 따라 운영시간을 제한한 조치를 포함한다)를 총 3개월 이상 받음으로써 발생한 경제사정의 중대한 변동으로 폐업한 경우에는 임대차계약을 해지할 수 있다.

② 제1항에 따른 해지는 임대인이 계약해지의 통고를 받은 날부터 3개월이 지나면 효력이 발생한다.

제12조 【월 차임 전환 시 산정률의 제한】 보증금의 전부 또는 일부를 월 단위의 차임으로 전환하는 경우에는 그 전환되는 금액에 다음 각 호 중 낮은 비율을 곱한 월차임의 범위를 초과할 수 없다.

1. 「은행법」에 따른 은행의 대출금리 및 해당 지역의 경제 여건 등을 고려하여 대통령령으로 정하는 비율
2. 한국은행에서 공시한 기준금리에 대통령령으로 정하는 배수를 곱한 비율

제13조 【전대차관계에 대한 적용 등】 ① 제10조, 제10조의2, 제10조의8, 제10조의9(제10조 및 제10조의8에 관한 부분으로 한정한다), 제11조 및 제12조는 전대인과 전차인의 전대차관계에 적용한다.

② 임대인의 동의를 받고 전대차계약을 체결한 전차인은 임차인의 계약갱신요구권 행사기간 이내에 임차인을 대위하여 임대인에게 계약갱신요구권을 행사할 수 있다.

제14조 【보증금 중 일정액의 보호】 ① 임차인은 보증금 중 일정액을 다른 담보물권자보다 우선하여 변제받을 권리가 있다. 이 경우 임차인은 건물에 대한 경매신청의 등기 전에 제3조 제1항의 요건을 갖추어야 한다.

② 제1항의 경우에 제5조 제4항부터 제6항까지의 규정을 준용한다.

③ 제1항에 따라 우선변제를 받을 임차인 및 보증금 중 일정액의 범위와 기준은 임대건물가액(임대인 소유의 대지가액을 포함한다)의 2분의 1 범위에서 해당 지역의 경제 여건, 보증금 및 차임 등을 고려하여 대통령령으로 정한다.

제14조의2 【상가건물임대차위원회】 ① 상가건물 임대차에 관한 다음 각 호의 사항을 심의하기 위하여 법무부에 상가건물임대차위원회(이하 "위원회"라 한다)를 둔다.

1. 제2조제1항 단서에 따른 보증금액
2. 제14조에 따라 우선변제를 받을 임차인 및 보증금 중 일정액의 범위와 기준

② 위원회는 위원장 1명을 포함한 10명 이상 15명 이하의 위원으로 성별을 고려하여 구성한다.

③ 위원회의 위원장은 법무부차관이 된다.

④ 위원회의 위원은 다음 각 호의 어느 하나에 해당하는 사람 중에서 위원장이 임명하거나 위촉하되, 제1호부터 제6호까지에 해당하는 위원을 각각 1명 이상 임명하거나 위촉하여야 하고, 위원 중 2분의 1 이상은 제1호 · 제2호 또는 제7호에 해당하는 사람을 위촉하여야 한다.

1. 법학 · 경제학 또는 부동산학 등을 전공하고 상가건물 임대차 관련 전문지식을 갖춘 사람으로서 공인된 연구기관에서 조교수 이상 또는 이에 상당하는 직에 5년 이상 재직한 사람
2. 변호사 · 감정평가사 · 공인회계사 · 세무사 또는 공인중개사로서 5년 이상 해당 분야에서 종사하고 상가건물 임대차 관련 업무경험이 풍부한 사람
3. 기획재정부에서 물가 관련 업무를 담당하는 고위공무원단에 속하는 공무원
4. 법무부에서 상가건물 임대차 관련 업무를 담당하는 고위공무원단에 속하는 공무원(이에 상당하는 특정직공무원을 포함한다)
5. 국토교통부에서 상가건물 임대차 관련 업무를 담당하는 고위공무원단에 속하는 공무원
6. 중소벤처기업부에서 소상공인 관련 업무를 담당하는 고위공무원단에 속하는 공무원
7. 그 밖에 상가건물 임대차 관련 학식과 경험이 풍부한 사람으로서 대통령령으로 정하는 사람

⑤ 그 밖에 위원회의 구성 및 운영 등에 필요한 사항은 대통령령으로 정한다.

제15조【강행규정】 이 법의 규정에 위반된 약정으로서 임차인에게 불리한 것은 효력이 없다.

제16조【일시사용을 위한 임대차】 이 법은 일시사용을 위한 임대차임이 명백한 경우에는 적용하지 아니한다

제17조【미등기전세에의 준용】 목적건물을 등기하지 아니한 전세계약에 관하여 이 법을 준용한다. 이 경우 "전세금"은 "임대차의 보증금"으로 본다.

제18조【'소액사건심판법'의 준용】 임차인이 임대인에게 제기하는 보증금반환청구소송에 관하여는 '소액사건심판법' 제6조 · 제7조 · 제10조 및 제11조의2를 준용한다.

제19조【표준계약서의 작성 등】 법무부장관은 보증금, 차임액, 임대차기간, 수선비 분담 등의 내용이 기재된 상가건물임대차표준계약서를 정하여 그 사용을 권장할 수 있다.

제20조【상가건물임대차분쟁조정위원회】 ① 이 법의 적용을 받는 상가건물 임대차와 관련된 분쟁을 심의 · 조정하기 위하여 대통령령으로 정하는 바에 따라 「법률구조법」 제8조에 따른 대한법률구조공단의 지부, 「한국토지주택공사법」에 따른 한국토지주택공사의 지사 또는 사무소 및 「한국감정원법」에 따른 한국감정원의 지사 또는 사무소에 상가건물임대차분쟁조정위원회(이하 "조정위원회"라 한다)를 둔다. 특별시 · 광역시 · 특별자치시 · 도 및 특별자치도는 그 지방자치단체의 실정을 고려하여 조정위원회를 둘 수 있다.

② 조정위원회는 다음 각 호의 사항을 심의 · 조정한다.

1. 차임 또는 보증금의 증감에 관한 분쟁
2. 임대차 기간에 관한 분쟁
3. 보증금 또는 임차상가건물의 반환에 관한 분쟁
4. 임차상가건물의 유지 · 수선 의무에 관한 분쟁
5. 권리금에 관한 분쟁
6. 그 밖에 대통령령으로 정하는 상가건물 임대차에 관한 분쟁

③ 조정위원회의 사무를 처리하기 위하여 조정위원회에 사무국을 두고, 사무국의 조직 및 인력 등에 필요한 사항은 대통령령으로 정한다.

④ 사무국의 조정위원회 업무담당자는 「주택임대차보호법」 제14조에 따른 주택임대차분쟁조정위원회 사무국의 업무를 제외하고 다른 직위의 업무를 겸직하여서는 아니 된다.

제21조【주택임대차분쟁조정위원회 준용】 조정위원회에 대하여는 이 법에 규정한 사항 외에는 주택임대차분쟁조정위원회에 관한 「주택임대차보호법」 제14조부터 제29조까지의 규정을 준용한다. 이 경우 "주택임대차분쟁조정위원회"는 "상가건물임대차분쟁조정위원회"로 본다.

제22조【벌칙 적용에서 공무원 의제】 공무원이 아닌 상가건물임대차위원회의 위원 및 상가건물임대차분쟁조정위원회의 위원은 「형법」 제127조, 제129조부터 제132조까지의 규정을 적용할 때에는 공무원으로 본다.

상가건물 임대차보호법 시행령 (약칭: 상가임대차법 시행령)

[시행 2024. 6. 8.]

[대통령령 제34550호, 2024. 6. 4., 타법개정]

제1조【목적】 이 영은 「상가건물 임대차보호법」에서 위임된 사항과 그 시행에 관하여 필요한 사항을 정하는 것을 목적으로 한다.

제2조【적용범위】 ① 「상가건물 임대차보호법」(이하 "법"이라 한다) 제2조제1항 단서에서 "대통령령으로 정하는 보증금액"이란 다음 각 호의 구분에 의한 금액을 말한다.

1. 서울특별시: 9억 원
2. 「수도권정비계획법」에 따른 과밀억제권역(서울특별시는 제외한다) 및 부산광역시: 6억 9천만 원
3. 광역시(「수도권정비계획법」에 따른 과밀억제권역에 포함된 지역과 군지역, 부산광역시는 제외한다), 세종특별자치시, 파주시, 화성시, 안산시, 용인시, 김포시 및 광주시: 5억 4천만 원
4. 그 밖의 지역: 3억 7천만 원

② 법 제2조 제2항의 규정에 의하여 보증금외에 차임이 있는 경우의 차임액은 월 단위의 차임액으로 한다.

③ 법 제2조 제2항에서 "대통령령으로 정하는 비율"이라 함은 1분의 100을 말한다.

제3조【확정일자부 기재사항 등】 ① 상가건물 임대차계약증서 원본을 소지한 임차인은 법 제4조 제1항에 따라 상가건물의 소재지 관할 세무서장에게 확정일자 부여를 신청할 수 있다. 다만, 「부가가치세법」 제8조 제3항에 따라 사업자 단위 과세가 적용되는 사업자의 경우 해당 사업자의 본점 또는 주사무소 관할 세무서장에게 확정일자 부여를 신청할 수 있다.

② 확정일자는 제1항에 따라 확정일자 부여의 신청을 받은 세무서장(이하 "관할 세무서장"이라 한다)이 확정일자 번호, 확정일자 부여일 및 관할 세무서장을 상가건물 임대차 계약증서 원본에 표시하고 관인을 찍는 방법으로 부여한다.

③ 관할 세무서장은 임대차계약이 변경되거나 갱신된 경우 임차인의 신청에 따라 새로운 확정일자를 부여한다.

④ 관할 세무서장이 법 제4조 제2항에 따라 작성하는 확정일자부에 기재하여야 할 사항은 다음 각 호와 같다.

1. 확정일자 번호
2. 확정일자 부여일
3. 임대인·임차인의 인적사항
   가. 자연인인 경우: 성명, 주민등록번호(외국인은 외국인등록번호)
   나. 법인인 경우: 법인명, 대표자 성명, 법인등록번호
   다. 법인 아닌 단체인 경우: 단체명, 대표자 성명, 사업자등록번호·고유번호
4. 임차인의 상호 및 법 제3조 제1항에 따른 사업자등록 번호
5. 상가건물의 소재지, 임대차 목적물 및 면적
6. 임대차기간
7. 보증금·차임

⑤ 제1항부터 제4항까지에서 규정한 사항 외에 확정일자 부여 사무에 관하여 필요한 사항은 법무부령으로 정한다.

제3조의2【이해관계인의 범위】 법 제4조 제3항에 따라 정보의 제공을 요청할 수 있는 상가건물의 임대차에 이해관계가 있는 자(이하 "이해관계인"이라 한다)는 다음 각 호의 어느 하나에 해당하는 자로 한다.

1. 해당 상가건물 임대차계약의 임대인·임차인
2. 해당 상가건물의 소유자
3. 해당 상가건물 또는 그 대지의 등기부에 기록된 권리자 중 법무부령으로 정하는 자
4. 법 제5조 제7항에 따라 우선변제권을 승계한 금융기관 등
5. 제1호부터 제4호까지에서 규정한 자에 준하는 지위 또는 권리를 가지는 자로서 임대차 정보의 제공에 관하여 법원의 판결을 받은 자

부록

제3조의3 【이해관계인 등이 요청할 수 있는 정보의 범위】 ① 제3조의2 제1호에 따른 임대차계약의 당사자는 관할 세무서장에게 다음 각 호의 사항이 기재된 서면의 열람 또는 교부를 요청할 수 있다.

1. 임대인·임차인의 인적사항(제3조 제4항 제3호에 따른 정보를 말한다. 다만, 주민등록번호 및 외국인등록번호의 경우에는 앞 6자리에 한정한다)
2. 상가건물의 소재지, 임대차 목적물 및 면적
3. 사업자등록 신청일
4. 보증금·차임 및 임대차기간
5. 확정일자 부여일
6. 임대차계약이 변경되거나 갱신된 경우에는 변경·갱신된 날짜, 새로운 확정일자 부여일, 변경된 보증금·차임 및 임대차기간
7. 그 밖에 법무부령으로 정하는 사항

② 임대차계약의 당사자가 아닌 이해관계인 또는 임대차계약을 체결하려는 자는 관할 세무서장에게 다음 각 호의 사항이 기재된 서면의 열람 또는 교부를 요청할 수 있다.

1. 상가건물의 소재지, 임대차 목적물 및 면적
2. 사업자등록 신청일
3. 보증금 및 차임, 임대차기간
4. 확정일자 부여일
5. 임대차계약이 변경되거나 갱신된 경우에는 변경·갱신된 날짜, 새로운 확정일자 부여일, 변경된 보증금·차임 및 임대차기간
6. 그 밖에 법무부령으로 정하는 사항

③ 제1항 및 제2항에서 규정한 사항 외에 임대차 정보의 제공 등에 필요한 사항은 법무부령으로 정한다.

제4조 【차임 등 증액청구의 기준】 법 제11조 제1항의 규정에 의한 차임 또는 보증금의 증액청구는 청구당시의 차임 또는 보증금의 100분의 5의 금액을 초과하지 못한다. <개정 2008. 8. 21., 2018. 1. 26.>

제5조 【월차임 전환 시 산정률】 ① 법 제12조 제1호에서 "대통령령으로 정하는 비율"이란 연 1할2푼을 말한다.

② 법 제12조 제2호에서 "대통령령으로 정하는 배수"란 4.5배를 말한다.

제6조 【우선변제를 받을 임차인의 범위】 법 제14조의 규정에 의하여 우선변제를 받을 임차인은 보증금과 차임이 있는 경우 법 제2조 제2항의 규정에 의하여 환산한 금액의 합계가 다음 각호의 구분에 의한 금액 이하인 임차인으로 한다.

1. 서울특별시: 6천 500만 원
2. 「수도권정비계획법」에 따른 과밀억제권역(서울특별시는 제외한다): 5천 500만 원
3. 광역시(「수도권정비계획법」에 따른 과밀억제권역에 포함된 지역과 군지역은 제외한다), 안산시, 용인시, 김포시 및 광주시: 3천 8백만 원
4. 그 밖의 지역: 3천만 원

제7조 【우선변제를 받을 보증금의 범위 등】 ① 법 제14조의 규정에 의하여 우선변제를 받을 보증금중 일정액의 범위는 다음 각호의 구분에 의한 금액 이하로 한다.

1. 서울특별시: 2천 200만 원
2. 「수도권정비계획법」에 따른 과밀억제권역(서울특별시는 제외한다): 1천 900만 원
3. 광역시(「수도권정비계획법」에 따른 과밀억제권역에 포함된 지역과 군지역은 제외한다), 안산시, 용인시, 김포시 및 광주시: 1천 300만 원
4. 그 밖의 지역: 1천만 원

② 임차인의 보증금중 일정액이 상가건물의 가액의 2분의 1을 초과하는 경우에는 상가건물의 가액의 2분의 1에 해당하는 금액에 한하여 우선변제권이 있다.

③ 하나의 상가건물에 임차인이 2인 이상이고, 그 각 보증금중 일정액의 합산액이 상가건물의 가액의 2분의 1을 초과하는 경우에는 그 각 보증금중 일정액의 합산액에 대한 각 임차인의 보증금중 일정액의 비율로 그 상가건물의 가액의 2분의 1에 해당하는 금액을 분할한 금액을 각 임차인의 보증금중 일정액으로 본다.

제7조의2 【상가건물임대차위원회의 구성】 법 제14조의2 제4항 제7호에서 "대통령령으로 정하는 사람"이란 다음 각 호의 어느 하나에 해당하는 사람을 말한다.

1. 특별시·광역시·특별자치시·도 및 특별자치도(이하 "시·도"라 한다)에서 상가건물 정책

또는 부동산 관련 업무를 담당하는 주무부서의 실·국장

2. 법무사로서 5년 이상 해당 분야에서 종사하고 상가건물 임대차 관련 업무 경험이 풍부한 사람

제7조의3 【위원의 임기 등】 ① 법 제14조의2에 따른 상가건물임대차위원회(이하 "위원회"라 한다)의 위원의 임기는 2년으로 하되, 한 차례만 연임할 수 있다. 다만, 공무원인 위원의 임기는 그 직위에 재직하는 기간으로 한다.

② 위원회의 위원장(이하 "위원장"이라 한다)은 위촉된 위원이 다음 각 호의 어느 하나에 해당하는 경우에는 해당 위원을 해촉할 수 있다.

1. 심신장애로 직무를 수행할 수 없게 된 경우
2. 직무와 관련한 형사사건으로 기소된 경우
3. 직무태만, 품위손상, 그 밖의 사유로 위원으로 적합하지 않다고 인정되는 경우
4. 위원 스스로 직무를 수행하는 것이 곤란하다고 의사를 밝히는 경우

제7조의4 【위원장의 직무】 ① 위원장은 위원회를 대표하고, 위원회의 업무를 총괄한다.

② 위원장이 부득이한 사유로 직무를 수행할 수 없을 때에는 위원장이 미리 지명한 위원이 그 직무를 대행한다.

제7조의5 【간사】 ① 위원회에 간사 1명을 두되, 간사는 상가건물 임대차 관련 업무에 종사하는 법무부 소속의 고위공무원단에 속하는 일반직 공무원(이에 상당하는 특정직·별정직 공무원을 포함한다) 중에서 위원장이 지명한다.

② 간사는 위원회의 운영을 지원하고, 위원회의 회의에 관한 기록과 그 밖에 서류의 작성·보관에 관한 사무를 처리한다.

③ 간사는 위원회에 참석하여 심의사항을 설명하거나 그 밖에 필요한 발언을 할 수 있다.

제7조의6 【위원회의 회의】 ① 위원회의 회의는 매년 1회 개최되는 정기회의와 위원장이 필요하다고 인정하거나 위원 3분의 1 이상이 요구하는 경우에 개최되는 임시회의로 구분하여 운영한다.

② 위원장은 위원회의 회의를 소집하고, 그 의장이 된다.

③ 위원회의 회의는 재적위원 과반수의 출석으로 개의하고, 출석위원 과반수의 찬성으로 의결한다.

④ 위원회의 회의는 비공개로 한다.

⑤ 위원장은 위원이 아닌 사람을 회의에 참석하게 하여 의견을 듣거나 관계 기관·단체 등에 필요한 자료, 의견 제출 등 협조를 요청할 수 있다.

제7조의7 【실무위원회】 ① 위원회에서 심의할 안건의 협의를 효율적으로 지원하기 위하여 위원회에 실무위원회를 둔다.

② 실무위원회는 다음 각 호의 사항을 협의·조정한다.

1. 심의안건 및 이와 관련하여 위원회가 위임한 사항
2. 그 밖에 위원장 및 위원이 실무협의를 요구하는 사항

③ 실무위원회의 위원장은 위원회의 간사가 되고, 실무위원회의 위원은 다음 각 호의 사람 중에서 그 소속기관의 장이 지명하는 사람으로 한다.

1. 기획재정부에서 물가 관련 업무를 담당하는 5급 이상의 국가공무원
2. 법무부에서 상가건물 임대차 관련 업무를 담당하는 5급 이상의 국가공무원
3. 국토교통부에서 상가건물 임대차 관련 업무를 담당하는 5급 이상의 국가공무원
4. 중소벤처기업부에서 소상공인 관련 업무를 담당하는 5급 이상의 국가공무원
5. 시·도에서 소상공인 또는 민생경제 관련 업무를 담당하는 5급 이상의 지방공무원

제7조의8 【전문위원】 ① 위원회의 심의사항에 관한 전문적인 조사·연구업무를 수행하기 위하여 5명 이내의 전문위원을 둘 수 있다.

② 전문위원은 법학, 경제학 또는 부동산학 등에 학식과 경험을 갖춘 사람 중에서 법무부장관이 위촉하고, 임기는 2년으로 한다.

제7조의9 【수당】 위원회 또는 실무위원회 위원에게는 예산의 범위에서 수당을 지급할 수 있다. 다만, 공무원인 위원이 그 소관 업무와 직접적으로 관련되어 위원회에 출석하는 경우는 제외한다.

제7조의10 【운영세칙】 이 영에서 규정한 사항 외에 위원회의 운영에 필요한 사항은 법무부장관이 정한다.

제8조 【상가건물임대차분쟁조정위원회의 설치】 법 제20조 제1항에 따른 상가건물임대차분쟁조정위원회(이하 "조정위원회"라 한다)를 두는 「법률구조법」 제8조에 따른 대한법률구조공단(이하 "공단"이라 한다), 「한국토지주택공사법」에 따른 한국토지주택공사(이하 "공사"라 한다) 및 「한국부동산원법」에 따른 한국부동산원(이하 "부동산원"이라 한다)의 지부, 지사 또는 사무소와 그 관할구역은 별표와 같다.

제9조 【조정위원회의 심의 · 조정 사항】 법 제20조 제2항 제6호에서 "대통령령으로 정하는 상가건물 임대차에 관한 분쟁"이란 다음 각 호의 분쟁을 말한다.

1. 임대차계약의 이행 및 임대차계약 내용의 해석에 관한 분쟁
2. 임대차계약 갱신 및 종료에 관한 분쟁
3. 임대차계약의 불이행 등에 따른 손해배상청구에 관한 분쟁
4. 공인중개사 보수 등 비용부담에 관한 분쟁
5. 법 제19조에 따른 상가건물임대차표준계약서의 사용에 관한 분쟁
6. 그 밖에 제1호부터 제5호까지의 규정에 준하는 분쟁으로서 조정위원회의 위원장이 조정이 필요하다고 인정하는 분쟁

제10조 【공단의 지부 등에 두는 조정위원회의 사무국】

① 법 제20조 제3항에 따라 공단, 공사 또는 부동산원의 지부, 지사 또는 사무소에 두는 조정위원회의 사무국(이하 "사무국"이라 한다)에는 사무국장 1명을 각각 두며, 사무국장 밑에 심사관 및 조사관을 각각 둔다.

② 사무국장은 공단 이사장, 공사 사장 및 부동산원 원장이 각각 임명하며, 조정위원회의 위원을 겸직할 수 있다.

③ 심사관 및 조사관은 공단 이사장, 공사 사장 및 부동산원 원장이 각각 임명한다.

④ 사무국장은 사무국의 업무를 총괄하고, 소속 직원을 지휘 · 감독한다.

⑤ 심사관은 다음 각 호의 업무를 담당한다.

1. 분쟁조정 신청 사건에 대한 쟁점정리 및 법률적 검토
2. 조사관이 담당하는 업무에 대한 지휘 · 감독
3. 그 밖에 조정위원회의 위원장이 조정위원회의 사무 처리를 위하여 필요하다고 인정하는 업무

⑥ 조사관은 다음 각 호의 업무를 담당한다.

1. 분쟁조정 신청의 접수
2. 분쟁조정 신청에 관한 민원의 안내
3. 조정당사자에 대한 송달 및 통지
4. 분쟁의 조정에 필요한 사실조사
5. 그 밖에 조정위원회의 위원장이 조정위원회의 사무 처리를 위하여 필요하다고 인정하는 업무

⑦ 사무국장 및 심사관은 변호사의 자격이 있는 사람으로 한다.

제11조 【시 · 도의 조정위원회 사무국】 시 · 도가 법 제20조 제1항 후단에 따라 조정위원회를 두는 경우 사무국의 조직 및 운영 등에 관한 사항은 그 지방자치단체의 실정을 고려하여 해당 지방자치단체의 조례로 정한다.

제12조 【고유식별정보의 처리】 관할 세무서장은 법 제4조에 따른 확정일자 부여에 관한 사무를 수행하기 위하여 불가피한 경우 「개인정보 보호법 시행령」 제19조 제1호 및 제4호에 따른 주민등록번호 및 외국인등록번호가 포함된 자료를 처리할 수 있다.

부칙 〈제34550호, 2024. 6. 4.〉 (강원특별자치도 설치 및 미래산업글로벌도시 조성을 위한 특별법 시행령)

제1조 【시행일】 이 영은 2024년 6월 8일부터 시행한다.

제2조 부터 제4조까지 생략

제5조 【다른 법령의 개정】 ①부터 ⑭까지 생략

⑮ 상가건물 임대차보호법 시행령 일부를 다음과 같이 개정한다.

별표 공단의 관할구역란 및 같은 표 부동산원의 관할구역란 중 "강원도"를 각각 "강원특별자치도"로 한다.

⑯부터 ㊹까지 생략

2025 박문각 행정사 2차

백운정 민법(계약) 기본서

초판인쇄 | 2024. 11. 1. **초판발행** | 2024. 11. 5. **편저자** | 백운정
발행인 | 박 용 **발행처** | (주)박문각출판 **등록** | 2015년 4월 29일 제2019-000137호
주소 | 06654 서울시 서초구 효령로 283 서경 B/D 4층 **팩스** | (02)584-2927
전화 | 교재 문의 (02)6466-7202

저자와의
협의하에
인지생략

[illegible]가 28,000원

ISB[illegible]-11-7262-129-2

ME
MO